# 看图学修轿车——

# 制动系统维修快速入门到精通

◉薛金梅　主编

上海科学技术出版社

## 内 容 提 要

本书以主流轿车制动系统为主，全面系统地阐述了雪佛兰车系、大众宝来车系、别克新世纪车系、日产天籁车系、本田雅阁车系、奥迪 A6L 车系、比亚迪 F3 车系、大众高尔夫车系、马自达 3 车系、马自达 6 睿翼车系、福特嘉年华车系、马自达 M6 睿翼车系和丰田凯美瑞车系等系列轿车制动系统的检查或检测、拆装和故障检修的方法、步骤和技巧。

本书以部件检查、拆装技巧、故障检修为主线将全书贯穿在一起，既可独立成章，又相互联系。本书可供广大汽车维修技术人员在工作中查阅使用，也可作为各汽车院校师生的工具参考书配套使用。

**图书在版编目(CIP)数据**

看图学修轿车—制动系统维修快速入门到精通／薛金梅主编. —上海:上海科学技术出版社,2012.1
ISBN 978-7-5478-0820-7

Ⅰ.①看… Ⅱ.①薛… Ⅲ.①轿车-制动装置-维修
Ⅳ.①U469.110.7

中国版本图书馆 CIP 数据核字（2011）第 080243 号

上海世纪出版股份有限公司
上 海 科 学 技 术 出 版 社 出版、发行
（上海钦州南路 71 号　邮政编码 200235）
新华书店上海发行所经销
常熟市兴达印刷有限公司印刷
开本 787×1092　1/16　印张 21.75
字数：480 千字
2012 年 1 月第 1 版　2012 年 1 月第 1 次印刷
ISBN 978-7-5478-0820-7/U·8
定价：57.00 元

---

# 前言

制动系统是关系到车辆安全的最重要的系统之一，正是基于此原因，很多汽车制造厂不断增加制动系统的功能，不断完善制动系统的性能。近几年轿车制动系统发生了非常大的变化，制动系统不但由原来的机械控制改为电脑控制，而且由原来单一的 ABS 控制系统发展到现在的 ABS、TRC、ASR、ESP、VSC、BAS、EBD、DSC、PTS、DTR 等多种电脑控制系统并存，仅丰田车中就装备了 ABS、TRC、VSC、EBD、BAS、DAC、HAC 七种电控制系统，具备制动防抱死、雪地起步、防止驱动轮打滑、转向防侧滑、动态稳定制动、辅助上坡和下坡行驶及辅助斜坡起步等功能，使轿车在各种工况及路面条件下都能够得到最佳的控制和行驶稳定性。

轿车技术的不断变化和更新给维修人员带来了新问题，不了解这些系统的结构原理，很难进行检测与维修工作。编写此书的目的，就在于把当今轿车电控制动新技术和实用资料加以系统总结、提炼，以提高维修人员的专项维修技能。

本书以部件检查、拆装技巧、故障检修为主线将全书贯穿在一起，既可独立成章，又相互联系。总之，读者通过对本书的学习，可学到自己所需求的各种知识。本书既考虑到了初学者的“入门”，照顾了一般维修人员的“提高”，又兼顾了中层次维修人员的“精通”，因此，指导性和实用性是本书的两大特征。

本书有以下特点：

**1. 图文并茂。**本书引入了“看图学修”理念，以图的形式，生动形象地展示了轿车空调的主要零部件外形、结构组成、拆装过程和故障检修方法，具有较强的现场感，同时配以简洁易懂的文字进行说明，便于理解和掌握。

**2. 理论与实践相结合。**对维修人员来说，不讲理论的维修是提不高的，但关键是所讲的理论知识要能看得懂、用得上。因此本书在介绍理论知识时特别注重和实践相结合，突出与维修密切相关的知识，不讲过深、过繁以及与实践联系不紧密的理论知识。

**3. 注重方法和思路，注重技巧与操作。**制动系统维修是一件操作性和技巧性较强的工作，很多修理方法和技巧是传统教课书中所学不到的。本书作者都是汽车教学和维修中的行家里手，既有比较扎实的理论基础，又有丰富的维修实践经验，书中有很多非常实用的检修方法和检修技巧，其中有不少是经多年实践总结出来的“看家本领”。

**4. 涵盖车型广。**本书精选了国内保有量大、技术含量高、款型新的 12 个车系制动系统，并且全部是在国内生产的新车型。

**5. 针对性强。**本书按车系分章，每章介绍一种制动器型号，读者在修理到某具体型号的制动故障时，可对号入座，完全解决该制动器的问题。

**6. 权威性强。**参加本书编写的人员有国内汽车行业知名专家、相关厂家一线技术人员和相关院校老师，使本书集实用性与权威性于一身。

**7. 内容新颖，通俗易懂。**本书对目前自动变速器的先进技术加以全面介绍。但在叙述上深入浅出，通俗易懂，图文并茂，具有初中以上文化程度的维修人员即可读懂。

本书由薛金梅主编，参加编写的还有孙志红、陈改香、陈百琴、陈文超、陈醒、燕青、张玉柱、张红燕、王银平、任文喜、冯新民、杨峰、张月峰、郭小兵、王雅、周新鸽、孙海涛、孙鹏、田贺贺、陈影、樊晓玲、王晓静、王彬、董小改、王建鹏、郭荣立、潘利杰、张聚才、方金枝、郭会霞、王国敬、任翠兰、胡瑞峰、陈保卫、李书珍、周文彩、孔卫霞、黄杰、张银、彭建中、陈阳、付春友、侯鸿飞、赵迎春、姚媛、高桂红、刘新华、王国顺、宋睿、周翠玲等。

由于作者水平有限，书中不妥之处难免，望读者提出宝贵意见。

作　者

# 目　录

# 第一章　雪佛兰车系制动系统的故障检修

## 第一节　制动系统典型部件的拆装技巧

### 一、总泵储液罐的拆装

仅在更换损坏或泄漏的制动液储液罐时，才可拆卸制动液储液罐。

1. 拆卸程序

(1) 断开制动液储液罐电气插接器，如图 1-1 所示。

(2) 在装备手动变速驱动桥的车辆上，从总泵上断开离合器软管插头卡夹。

(3) 用螺钉旋具向上小心撬松制动液储液罐，如图 1-2 所示。

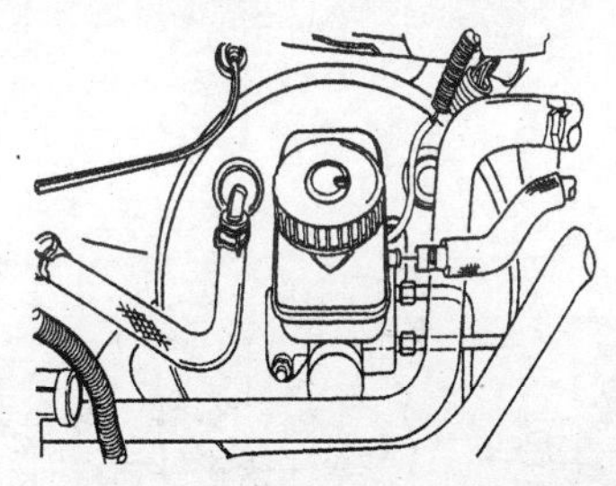

图 1-1　断开制动液储液罐电气插接器

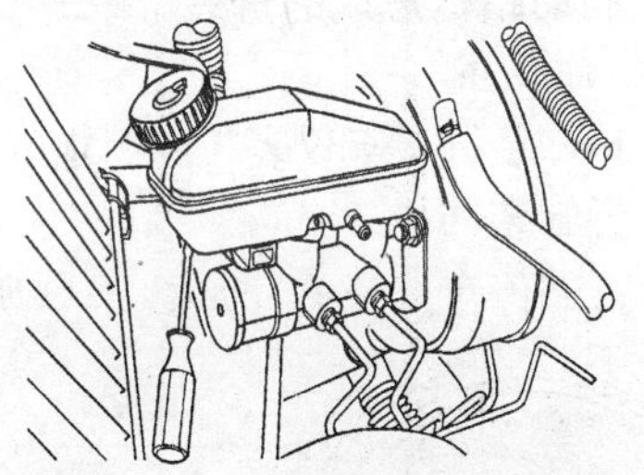

图 1-2　撬松制动液储液罐

(4) 倾斜储液罐并向上拉，将其拆卸。

(5) 从总泵缸体上拆卸制动液储液罐密封件，如图 1-3 所示。

2. 安装程序

(1) 用清洁的制动液润滑新密封件，并将密封件装入总泵缸体。

(2) 将制动液储液罐安装到总泵缸体上，如图 1-4 所示。

(3) 在装备手动变速驱动桥的车辆上，将卡夹连接至总泵上的离合器软管插头，如图 1-5所示。

(4) 添加制动液。

(5) 举升并妥善支撑车辆。

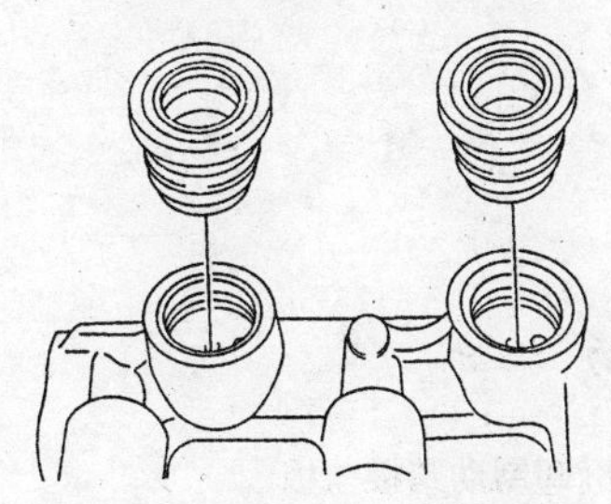

图 1-3　拆卸制动液储液罐密封

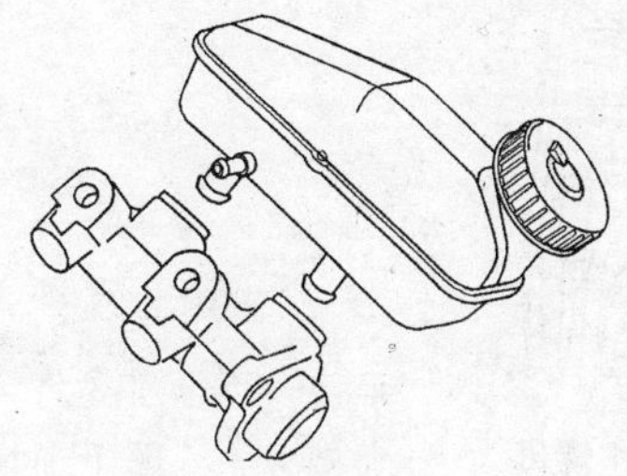

图 1-4　将制动液储液罐安装到总泵缸体上

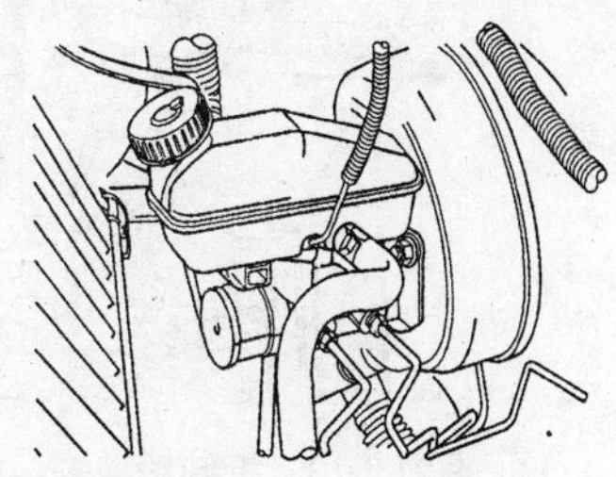

图 1-5　将卡夹连接至总泵上的离合器软管插头

(6) 排放制动系统中的空气。

(7) 降下车辆。

(8) 连接储液罐电气插接器。

## 二、总泵的拆卸

(1) 断开制动液储液罐电气插接器，如图 1-6 所示。

(2) 在装备防抱死制动系统的车辆上，从总泵缸体上断开制动管路。

(3) 在未装备防抱死制动系统的车辆上，从比例阀上断开制动管路。

(4) 在装备手动变速驱动桥的车辆上，从总泵上断开离合器软管插头卡夹。制动管路断开，如图 1-7 所示。

(5) 塞住制动管路开口，以免制动液流失和污染。

(6) 从助力器上拆卸连接螺母。

(7) 拆卸总泵总成，如图 1-8 所示。

(8) 从助力器壳体上拆卸密封件并报废密封件。

(9) 排放制动液。

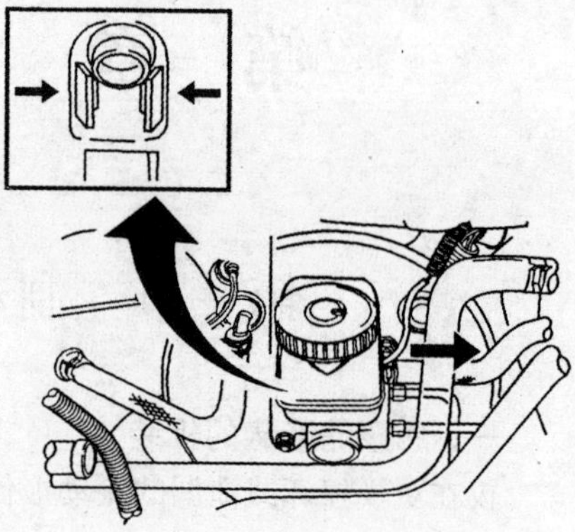

图 1-6　断开制动液储液罐电气插接器

## 三、制动踏板总成的拆装

### 1. 拆卸程序

(1) 拆卸装饰板至仪表板的固定螺钉。

(2) 拆卸装饰板。

(3) 拆卸停车灯开关，如图 1-9 所示。

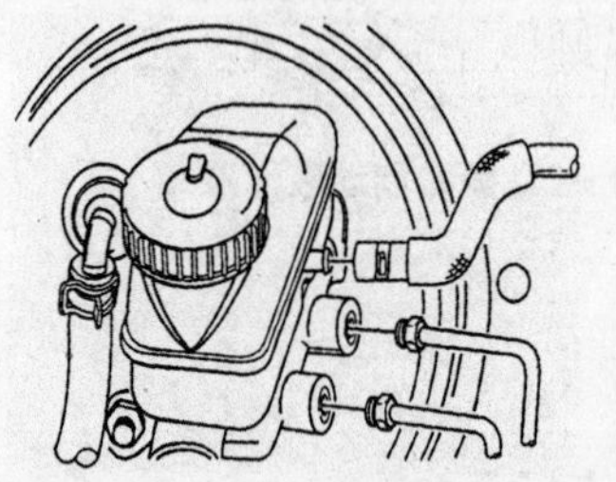

图 1-7　制动管路的断开

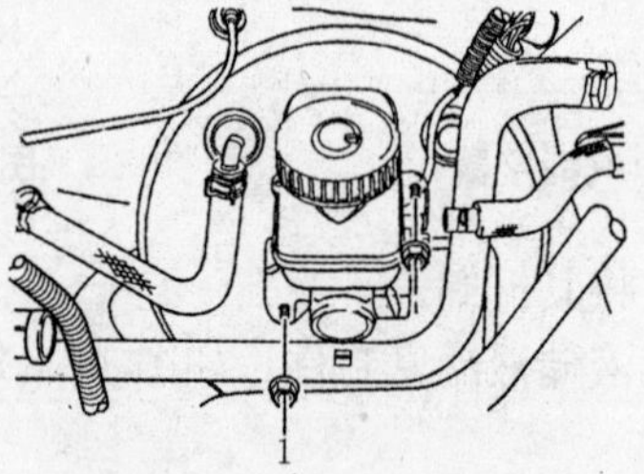


图 1-8　拆卸总泵总成

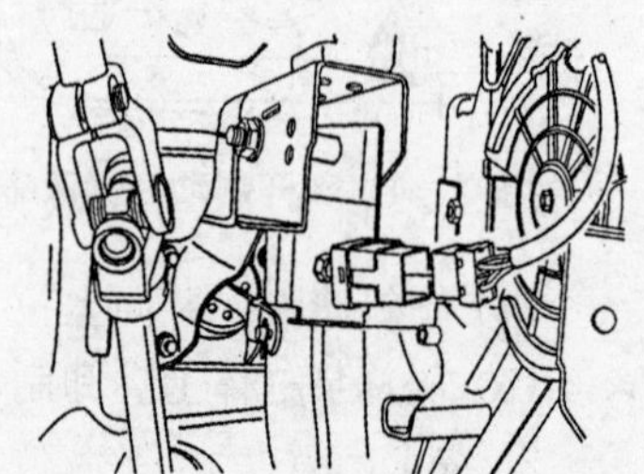

图 1-9　拆卸停车灯开关

(4) 从推杆/制动踏板插头上断开卡环、销和弹簧。

(5) 拆卸踏板安装轴和螺母，如图 1-10 所示。

(6) 拆卸制动踏板，露出制动助力器推杆和踏板至仪表板的托架。

(7) 拆卸制动踏板盖板，如图 1-11 所示。

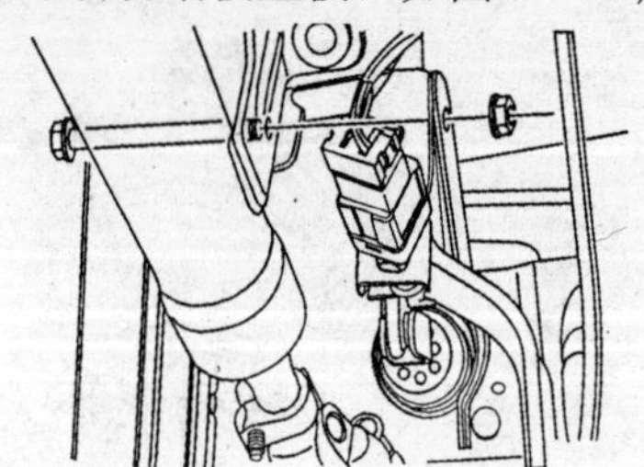

图 1-10　拆卸踏板安装轴和螺母

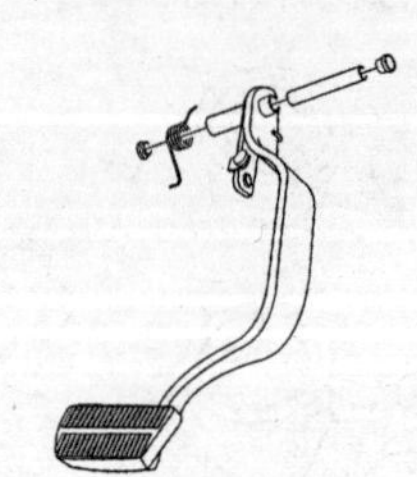

图 1-11　拆卸制动踏板盖板

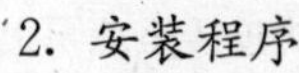

### 2. 安装程序

(1) 必要时，安装新的制动踏板盖板。

(2) 在踏板轴上涂抹润滑脂。

(3) 将制动踏板放置到踏板至仪表板的托架和踏板轴上。

(4) 将螺母放到踏板安装轴上。

(5) 用销和卡环将推杆安装至踏板。

(6) 将轴上的弹簧安装到原来位置。

(7) 将停车灯开关和插接器总成拧入踏板托架内，以连接该总成。

(8) 用螺钉安装装饰板，如图 1－12 所示。

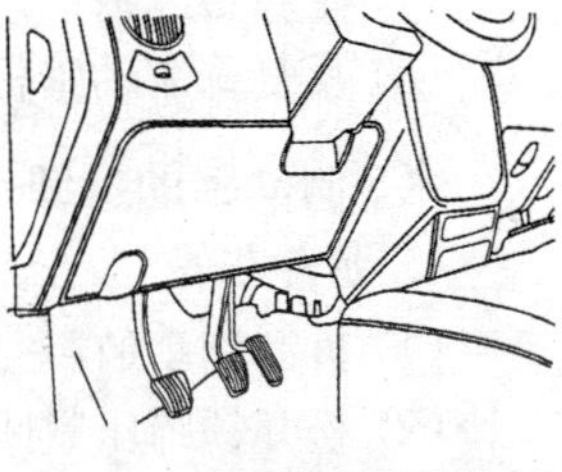

图 1－12 用螺钉安装装饰板

## 四、制动片的拆装

1. 拆卸程序

(1) 举升并妥善支撑车辆。

(2) 为保持车轮平衡，先标记车轮和轮毂的相对位置，然后再拆卸前轮。

(3) 拆卸制动钳总成固定架的下螺栓，如图 1－13 所示。

(4) 向上拔出制动钳活塞壳体，如图 1－14 所示。

(5) 拆卸制动片。

2. 安装程序

(1) 测量最小衬片厚度。

(2) 将制动片装入制动钳，如图 1－15 所示。

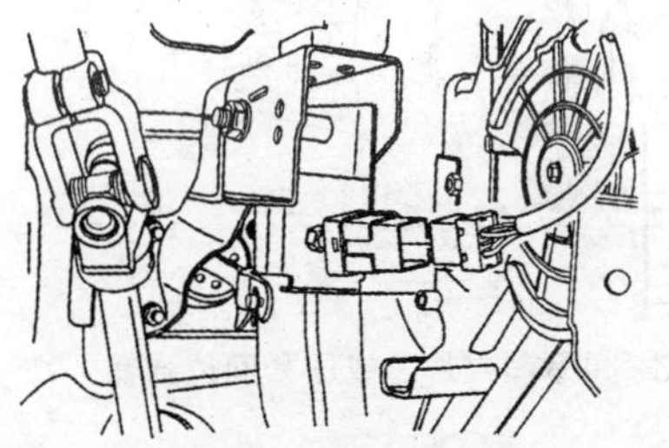

图 1－13 拆卸制动钳总成固定架的下螺栓

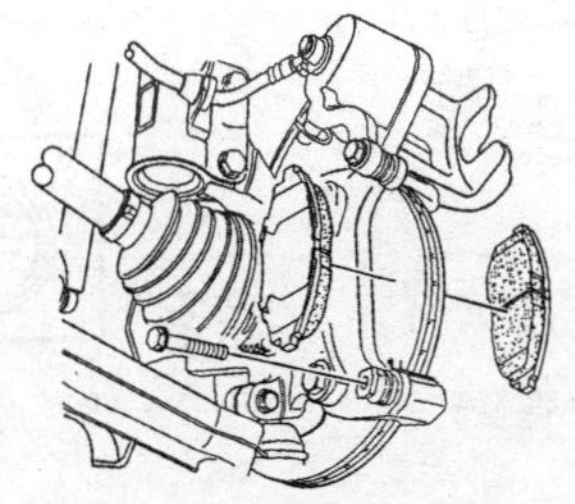

图 1－14 向上拔出制动钳活塞壳体

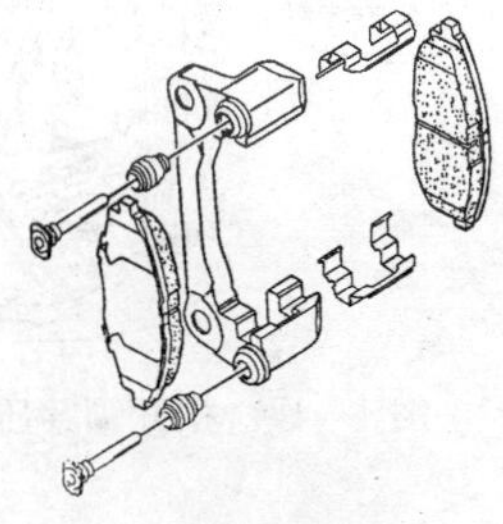

图 1－15 将制动片装入制动钳

(3) 必要时，将活塞向内推。

(4) 向下拉制动钳活塞壳体，并用下螺栓将其固定到固定架上。

(5) 对准拆卸车轮前所做的标记，安装前轮。

(6) 降下车辆。

## 五、制动钳的更换

1. 拆卸程序

(1) 举升并妥善支撑车辆。

(2) 标记前轮相对于轮毂的位置，然后再拆卸车轮。

(3) 拆卸制动软管至制动钳的连接螺栓和垫圈，如图 1－16 所示。

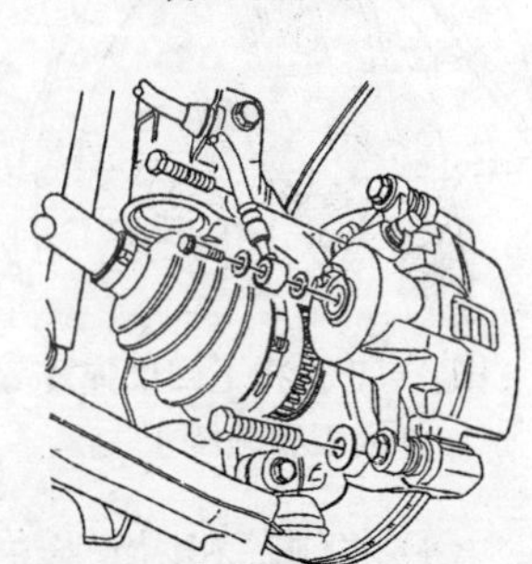

图 1－16 拆卸制动软管至制动钳的连接螺栓和垫圈

(4) 断开制动软管，塞住制动钳和制动软管开口，以免制动液流失和污染。

(5) 从转向节上拆卸制动钳安装螺栓，然后拆卸制动钳总成。

2. 安装程序

(1) 用安装螺栓安装制动钳总成。

(2) 连接制动软管。

(3) 安装前轮。

(4) 降下车辆。

(5) 在总泵中加入清洁的制动液直至适当液位。

(6) 排放制动系统中的空气。

(7) 重新检查液面。

(8) 反复踩制动踏板，使制动片接触制动盘。

## 六、制动蹄的拆卸

1. 拆卸程序

(1) 拆卸制动鼓。

(2) 松开领蹄压紧回位弹簧，如图 1-17 所示。图示为防抱死制动系统（ABS）的制动系统配置。

(3) 断开领蹄连杆弹簧上的上连杆，释放上回位弹簧上的张紧力。

(4) 拆卸上回位弹簧和调节器。

(5) 松开从蹄和摩擦衬片总成压紧回位弹簧，如图 1-18 所示。

(6) 断开右侧的从蹄和摩擦衬片总成。

(7) 断开下回位弹簧。

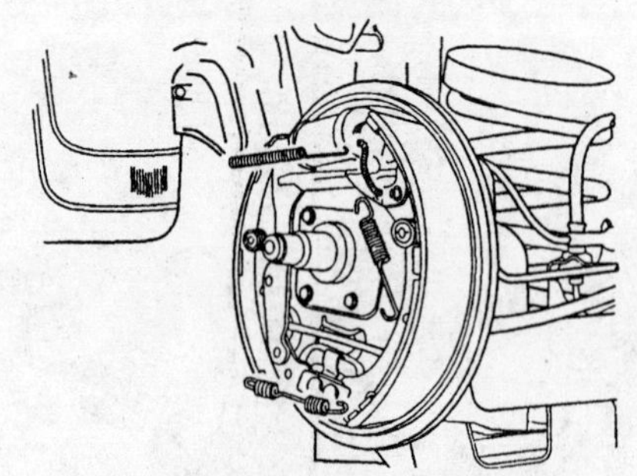

图 1-17　松开领蹄压紧回位弹簧

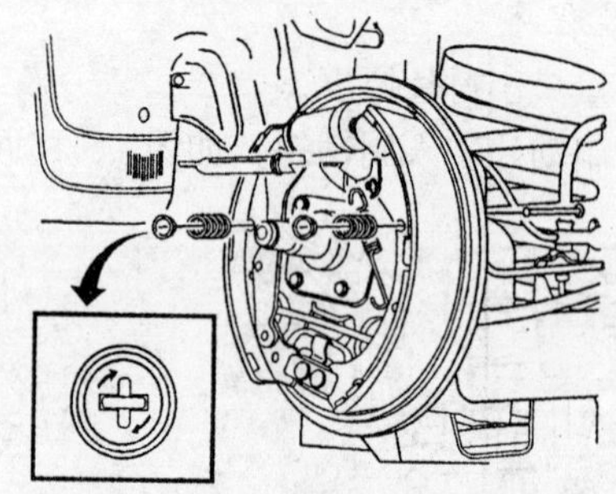

图 1-18　松开从蹄和摩擦衬片总成压紧回位弹簧

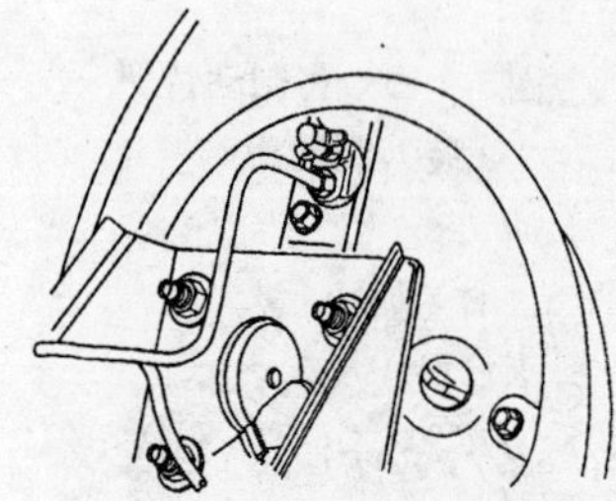

图 1-19　将下回位弹簧紧固到领蹄上

2. 检查程序

(1) 测量最小制动器摩擦衬片厚度。

(2) 清洁调节器总成并涂抹润滑脂。

(3) 检查调节器总成的螺纹是否转动顺畅。

(4) 检查制动部件是否损坏或磨损，更换损坏或磨损的部件。

3. 安装程序

(1) 用压紧弹簧、垫圈和销安装从蹄和摩擦衬片总成。

(2) 确认驻车制动器拉线排布正确并已连接至制动蹄杆。

(3) 将下回位弹簧紧固到制动蹄上。

(4) 将领蹄和调节器总成靠底板放置。

(5) 将下回位弹簧紧固到领蹄上，如图 1-19 所示。

(6) 安装调节器总成。

(7) 将调节器尽可能拧入。

(8) 朝向底板放置弹簧卡夹。

(9) 用压紧弹簧安装领蹄。

(10) 连接领蹄上连杆至弹簧的插头，该插头对上回位弹簧施加张紧力。

(11) 将上回位弹簧从弹簧连杆安装至制动蹄。

(12) 确保调节器总成螺母被一直拉伸到止动点。

(13) 调整后制动器，如图 1-20 所示。

(14) 安装制动鼓。

(15) 调整驻车制动器。

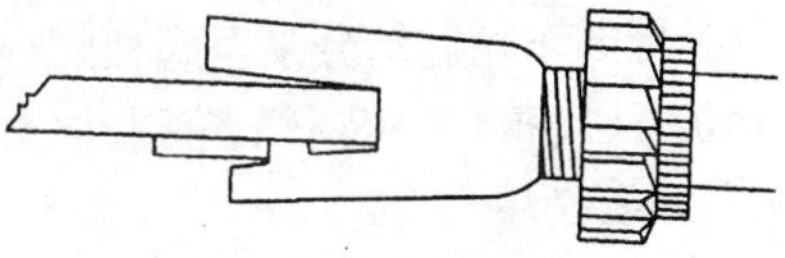

图 1-20 调整后制动器

## 七、鼓式制动器底板的拆装

1. 拆卸程序

(1) 举升并妥善支撑车辆。

(2) 拆卸制动蹄部件，如图 1-21 所示，包括完全拆卸驻车制动器和夹持器。

(3) 拆卸轮毂总成至底板的固定螺母。

(4) 拆卸制动管路并塞住管路开口，以免制动液流失或污染。

(5) 拆卸车轮制动分泵总成。

(6) 拆卸轮毂总成，如图 1-22 所示。

(7) 如果是防抱死制动系统（ABS）制动器，则断开连接车轮速度传感器的电缆。

(8) 分离底板和衬垫。

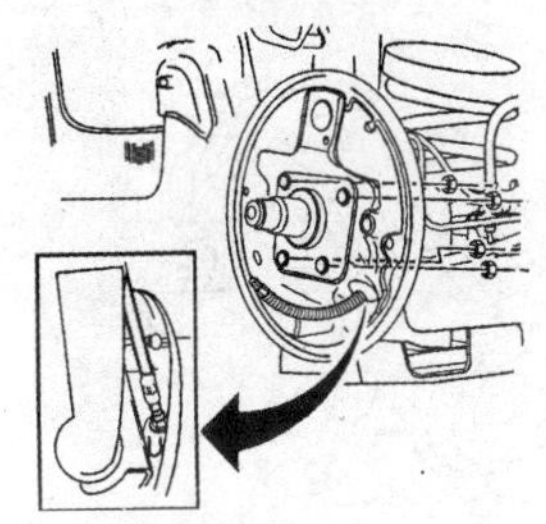

图 1-21 拆卸制动蹄部件

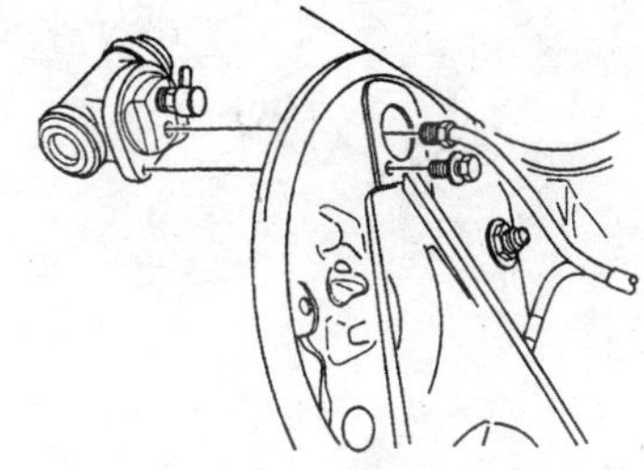

图 1-22 拆卸轮毂总成

2. 安装程序

(1) 将底板连同新衬垫放在轮毂上。图示为防抱死制动系统轮毂。

(2) 将全套轮毂/底板总成装入后安装板内。对于防抱死制动系统制动器，安装螺母并连接车轮速度传感器。

(3) 将车轮制动分泵总成安装到底板上。

(4) 连接制动管路。

(5) 安装制动器部件。

(6) 通过将驻车制动器拉线连接至制动蹄杆，安装驻车制动器拉线及夹持器。

(7) 排放制动器中的空气。

## 八、车轮制动分泵总成的拆装

1. 拆卸程序

(1) 举升并妥善支撑车辆。

(2) 拆卸后轮。

(3) 标记车轮相对于轮毂的位置。

(4) 拆卸制动鼓。

(5) 拆卸制动蹄和摩擦衬片，如图 1-23 所示。

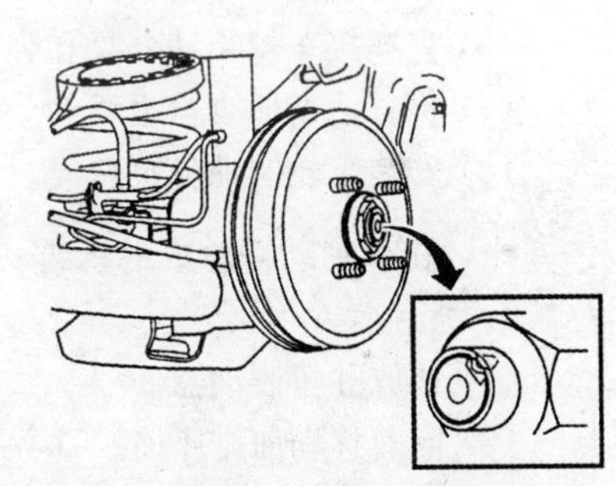

图 1-23 拆卸制动蹄和摩擦衬片

(6) 清除车轮制动分泵制动管路进口、导杆和螺栓周围的肝污和异物。

(7) 从车轮制动分泵上断开制动管路。

(8) 塞住制动管路开口，以免制动液流失或污染。

(9) 拆卸车轮制动分泵至底板螺栓。

(10) 从底板轻轻敲出车轮制动分泵，小心不要损坏排气阀及其帽盖。

2. 安装程序

(1) 用车轮制动分泵螺栓将车轮制动分泵安装到底板上。

(2) 将制动管路连接到车轮制动分泵上。

(3) 安装制动蹄和摩擦衬片及制动鼓。

(4) 排放制动器中的空气。

## 九、车轮制动分泵的拆装

1. 拆卸程序

(1) 从底板上拆卸车轮制动分泵总成。

(2) 从车轮制动分泵的两端拧下护套、活塞和密封件，如图 1-24 所示。

(3) 拆卸弹簧总成。

(4) 拆卸排气阀帽盖和排气阀，如图 1-25 所示。

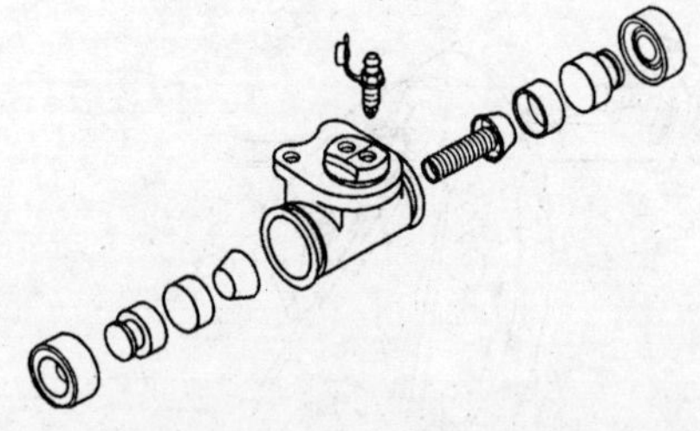

图 1-24 从车轮制动分泵的两端拧下护套、活塞和密封件

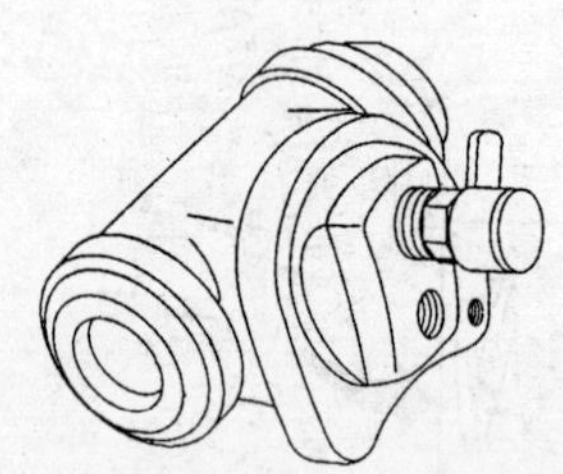

图 1-25 拆卸排气阀帽盖和排气阀

2. 装配程序

(1) 检查车轮制动分泵缸孔和活塞是否有划痕、缺口、腐蚀和磨损。

(2) 用细砂布磨光车轮制动分泵缸孔上的轻微腐蚀。

(3) 在清洁的工业酒精或制动液中清洁所有零件。用不带润滑油的压缩空气吹干所有零件，装配前用清洁的制动液润滑新密封件、活塞和车轮制动分泵缸孔。

(4) 将制动分泵油液薄薄地涂在所有零件上（防尘帽盖除外）。

(5) 将排气阀和帽盖紧固到车轮制动分泵上。

(6) 先连接车轮制动分泵和弹簧总成，然后连接活塞、密封件和护套。

(7) 检查活塞能否自由移动。

(8) 安装车轮制动分泵总成。

## 十、驻车制动杆总成的拆装

1. 拆卸程序

(1) 释放驻车制动器。

(2) 向前移动前排座椅。

(3) 撬开检修孔塑料盖，露出驻车制动器控制台罩至筒状盖板托架螺钉的检修孔。

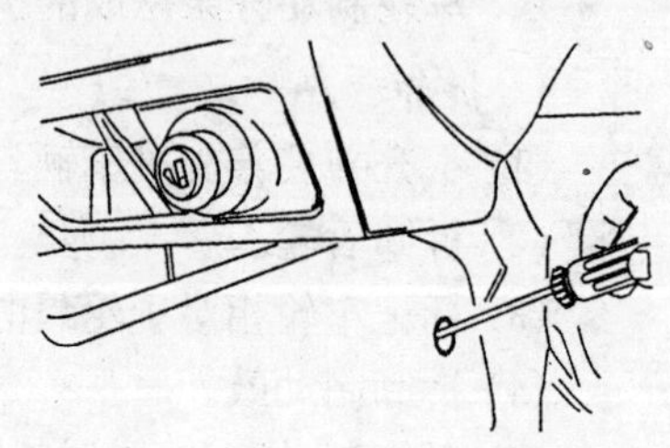

图 1-26 掀开控制台罩

(4) 拆卸驻车制动器控制台罩至筒状盖板托架的固定螺钉。掀开控制台罩，如图 1-26 所示。

(5) 在拆卸调节螺母前，测量推杆端头与调节螺母之间的螺纹长度。

(6) 松开驻车制动杆至车身底部螺栓并拆卸调节螺母，然后拆卸整个驻车制动杆总成并从总成上拆卸拉线。

(7) 断开驻车制动警告灯开关插接器。

(8) 必要时，拆卸通过小螺钉连接至驻车制动杆总成的驻车制动开关。

(9) 检查驻车制动杆拉线和捏手是否损坏，必要时更换。

2. 安装程序

(1) 用螺钉将驻车制动开关紧固至驻车制动杆。

(2) 将驻车制动杆总成紧固至车身底部。将拉线插入至推杆。

(3) 将六角调节螺母紧固到推杆上，紧固量约为拆卸过程中记录的测量值。

(4) 连接驻车制动警告灯开关插接器。

(5) 安装驻车制动器控制台罩至筒状盖板托架的固定螺钉。

(6) 安装塑料盖，以遮住驻车制动器控制台罩到筒状盖板托架螺钉的检修孔。

## 十一、驻车制动器拉线的拆装

1. 拆卸程序

(1) 释放驻车制动杆，如图 1-27 所示。

(2) 拆卸后轮。

(3) 拆卸车辆两侧的驻车制动器拉线卡环。

(4) 拆卸塑料套。

(5) 从驻车制动蹄杆和制动底板上拆卸制动器拉线。

(6) 拆卸将制动器拉线紧固至后桥上托架的螺栓。

(7) 从车辆两侧的后桥安装托架上拆卸螺栓，如图 1-28 所示。

(8) 拆卸将制动器拉线紧固至车辆两侧的车身底部托架的螺栓。拆卸拉线。

(9) 从焊接的车身托架上拆卸驻车制动器拉线，如图 1-29 所示。

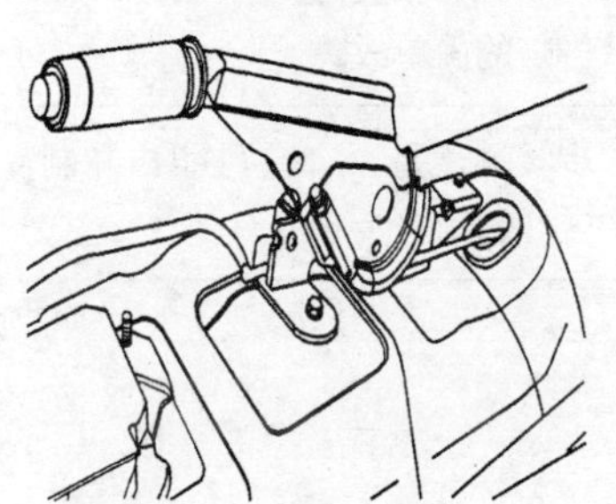

图 1-27 释放驻车制动杆

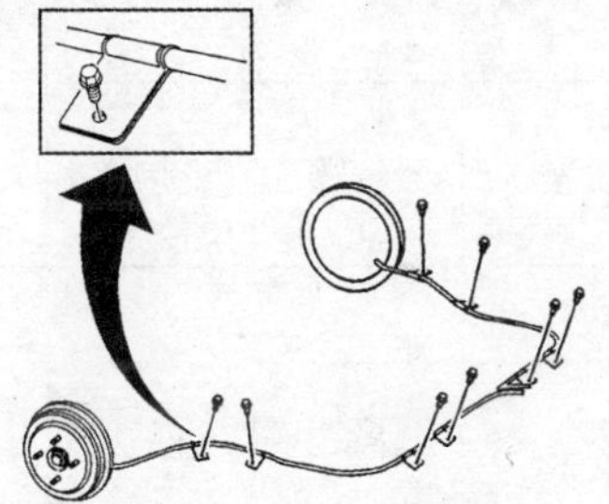

图 1-28 拆卸螺栓

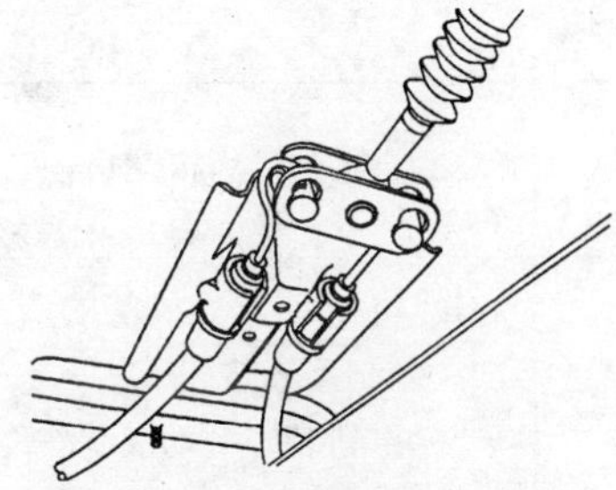

图 1-29 拆卸驻车制动器拉线

2. 安装程序

(1) 穿过制动底板安装新的驻车制动器拉线。如果原来的拉线磨损或损坏，应使用新拉线。将拉线连接到驻车制动器蹄杆上。

(2) 将塑料套插入制动底板并压入卡环。确保驻车制动器拉线排布正确。

(3) 安装制动鼓并紧固轮毂螺母，如图 1-30 所示。

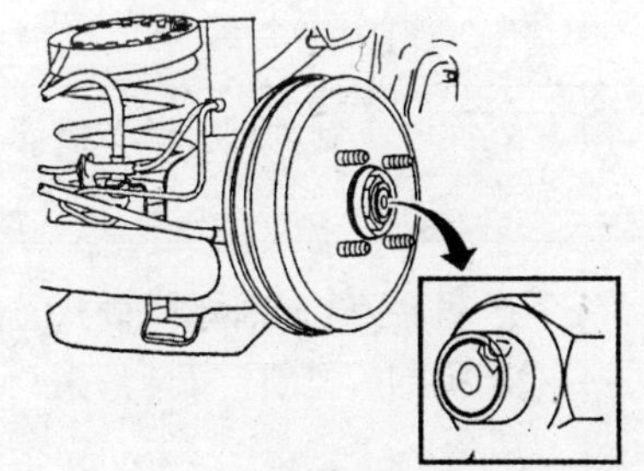

图 1-30 安装制动鼓并紧固轮毂螺母

(4) 安装后轮。

(5) 将驻车制动器拉线安装至车辆两侧的车身底部侧面托架以及靠近车身底部侧面托架的一个托架上。

(6) 将后桥托架上的驻车制动器拉线安装到车辆两侧。

(7) 穿过焊接的车身托架，插入驻车制动器拉线。

(8) 调整驻车制动器拉线长度。

# 第二节 制动系统的故障检修

## 一、制动警告系统的检查

制动警告系统的检查见表 1-1。

表 1-1 制动警告系统检查

| 步骤 | 操作 | 是 | 否 | 测试说明 |
|---|---|---|---|---|
| 1 | 接通点火开关。制动警告灯是否始终启亮 | 至步骤 2 | 至步骤 19 | 一个故障可能存在 3 种症状：制动警告灯始终启亮、制动警告灯从不启亮或者制动警告灯的某个功能失效。本测试将指导您从相应的步骤开始执行程序 |
| 2 | 检查防抱死制动系统警告灯。防抱死制动系统警告灯是否也启亮 | 至步骤 3 | 至步骤 3 | 本测试检查 ABS 是否接通了制动警告灯。如果车辆未配备 ABS，则回答"NO (否)" |
| 3 | 用故障诊断仪检查是否设置故障码并执行相应故障码的诊断程序。灯是否仍启亮 | 至步骤 4 | 系统正常 | — |
| 4 | 完全松开驻车制动器。警告灯是否熄灭 | 系统正常 | 至步骤 5 | 本步骤测试是否存在可能启亮制动警告灯的简单故障 |
| 5 | 检查制动液液面。液面是否正常 | 至步骤 7 | 至步骤 6 | 本步骤测试是否存在可能启亮制动警告灯的简单步骤 |
| 6 | 1. 将与 DOT 3 同等的清洁液压油加注到制动液储液罐中<br>2. 重新装好制动液储液罐盖<br>灯是否仍启亮 | 至步骤 7 | 系统正常 | — |
| 7 | 从制动液传感器开关上拔下线束插接器。灯是否仍启亮 | 至步骤 9 | 至步骤 8 | 本步骤检查制动液液面开关是否有故障 |
| 8 | 更换驻车制动杆开关。修理是否完成 | 系统正常 | — | — |
| 9 | 1. 重新连接制动液液面开关<br>2. 拆卸后控制台罩，露出驻车制动机构<br>3. 完全松开制动器<br>4. 从线束上取下带"BN /BK (棕色 /黑色)"导线的端子。<br>灯是否熄灭 | 至步骤 10 | 至步骤 11 | 本步骤检查驻车制动器开关是否有故障 |

（续表）

| 步骤 | 操　　作 | 是 | 否 | 测试说明 |
| --- | --- | --- | --- | --- |
| 10 | 更换开关。修理是否完成 | 系统正常 | — | — |
| 11 | 将端子重新安装到开关上。车辆是否配备了防抱死制动系统 | 至步骤 12 | 至步骤 14 | — |
| 12 | 拔下插接器 C201。灯是否熄灭 | 至步骤 13 | 至步骤 14 | 本步骤将断开配备了防抱死制动系统的车辆中连接至电子制动控制模块（EBCM）的电路 |
| 13 | 修理插接器 C201 端子 5 和电子制动控制模块（EBCM）上端子 33 之间的棕色电路对地短路故障。修理是否完成 | 系统正常 | — | — |
| 14 | 断开插接器 C213。灯是否仍启亮 | 至步骤 16 | 至步骤 15 | 本步骤断开驻车制动器开关电路 |
| 15 | 修理插接器 C213 和插接器 C201 之间或插接器 C213 和驻车制动器开关之间的棕色电路对地短路故障。修理是否完成 | 系统正常 | — | — |
| 16 | 断开插接器 C201。灯是否熄灭 | 至步骤 17 | 至步骤 18 | 本步骤断开制动液液面开关电路 |
| 17 | 修理插接器 C201 和制动液液面开关之间的棕色电路对地短路故障。修理是否完成 | 系统正常 | — | — |
| 18 | 修理组合仪表的端子 11 和插接器 C201 或插接器 C213 之间的棕色电路对地短路故障。修理是否完成 | 系统正常 | — | 本步骤检查剩下的唯一可能导致制动警告灯启亮的电路 |
| 19 | 在进行以下每项操作后，检查制动灯：<br>1. 使用驻车制动器<br>2. 从制动液储液罐上拆卸罐盖<br>3. 用故障诊断仪指令制动灯启亮<br>在以上任何条件下，制动警告灯是否工作 | 至步骤 32 | 至步骤 20 | — |
| 20 | 接通点火开关。机油压力指示灯是否启亮 | 至步骤 24 | 至步骤 21 | 本步骤测试机油压力指示灯和制动警告灯上是否有蓄电池电压 |
| 21 | 检查熔丝 F4。熔丝是否处于良好状态 | 至步骤 23 | 至步骤 22 | 从本步骤开始将进行一系列操作，以恢复指示灯和警告灯上的电压 |
| 22 | 用另一个 10A 熔丝更换熔丝 F4。现在，制动警告灯是否工作 | 系统正常 | — | — |
| 23 | 检查发动机熔丝盒内的 EF7。EF7 是否处于良好状态 | 至步骤 25 | 至步骤 24 | — |

（续表）

| 步骤 | 操　作 | 是 | 否 | 测试说明 |
| --- | --- | --- | --- | --- |
| 24 | 用另一个 30A 熔丝更换熔丝 EF7。修理是否完成 | 系统正常 | — | — |
| 25 | 1. 从左侧踢脚板后面的接线盒中拔出 C206，即接线盒底部的大插接器<br>2. 用数字电压表测量组合仪表端子 11 上的电压<br>数字电压表显示的电压值是否符合规定（11～14 V） | 至步骤 27 | 至步骤 26 | — |
| 26 | 修理来自仪表板熔丝盒内接线盒熔丝 F4 中端子 11 的粉红色电路的开路故障。修理是否完成 | 系统正常 | — | — |
| 27 | 1. 将线束端子 11 重新连接至接线盒<br>2. 将手伸到组合仪表后部<br>3. 拔下组合仪表 10 针插接器<br>4. 用数字电压表测量组合仪表插接器端子 6 至接地点的电压<br>数字电压表显示的电压值是否符合规定（11～14 V） | 至步骤 28 | 至步骤 29 | — |
| 28 | 修理端子 6 和 11 之间的粉红色电路或从端子 11 的棕色电路至插接器 C201 端子 10 之间的开路故障。修理是否完成 | 系统正常 | — | — |
| 29 | 从灯座上拆下制动指示灯并进行检查。灯泡是否烧坏 | 至步骤 30 | 至步骤 31 | 本步骤检查指示灯灯泡是否烧坏 |
| 30 | 更换制动指示灯。修理是否完成 | 系统正常 | — | — |
| 31 | 1. 将制动指示灯装回组合仪表上的灯座<br>2. 查看组合仪表端子 11 和插接器 C201 端子 10 之间的棕色电路是否存在开路故障<br>3. 修理“棕色/黑色”电路中发现的开路故障。<br>修理是否完成 | 系统正常 | — | 从本步骤开始一系列操作，查找启亮灯所需的接地电路的开始故障 |
| 32 | 检查防抱死制动系统灯。防抱死制动系统灯是否闪亮 | 至步骤 33 | 至步骤 34 | — |
| 33 | 用故障诊断仪确定出现的故障码并根据故障码表进行相应的修理。修理是否完成 | 系统正常 | — | 本步骤检查防抱死制动系统是否曾试图接通但未能接通制动警告灯。如果车辆未配备防抱死制动系统，则回答“NO（否）” |

（续表）

| 步骤 | 操　　作 | 是 | 否 | 测试说明 |
| --- | --- | --- | --- | --- |
| 34 | 尝试完全拉紧驻车制动器。当拉紧驻车制动器时，制动警告灯是否未能启亮 | 至步骤 35 | 至步骤 38 | 从本步骤开始查找驻车制动器开关电路的故障 |
| 35 | 拆卸后控制台，露出驻车制动器机构。用跨接线将棕色导线端子接地。灯是否启亮 | 至步骤 36 | 至步骤 37 | — |
| 36 | 更换驻车制动器开关或修理驻车制动器开关和制动手柄座之间或制动手柄座和车身之间的接地电路。修理是否完成 | 系统正常 | — | — |
| 37 | 修理棕色电路中的开路故障。开路故障可能出现在下列两处之一：<br>1. 组合仪表端子 6 和插接器 C213 端子 15 之间的仪表板线束<br>2. 插接器 C213 端子 10 与驻车制动器开关之间的地板线束<br>修理是否完成 | 系统正常 | — | — |
| 38 | 如果制动警告灯未指示制动液液面过低，则拧开制动液储液罐盖并从制动液中提起传感器。灯是否启亮 | 系统正常 | 至步骤 39 | 本步骤开始查找制动液液面开关电路的故障 |
| 39 | 1. 拔下制动液储液罐盖上传感器的线束插接器<br>2. 用跨接线将线束插接器中的两个端子短接<br>灯是否启亮 | 至步骤 40 | 至步骤 41 | — |
| 40 | 将新的液面传感器开关装入制动液储液罐。修理是否完成 | 系统正常 | — | — |
| 41 | 用跨接线将来自棕色导线的端子 1 接地。灯是否启亮 | 至步骤 42 | 至步骤 43 | — |
| 42 | 修理来自液面传感器开关线束插接器黑色导线的端子 2 和车辆左前角处接地点 G104 之间的黑色电路的对地开路故障。修理是否完成 | 系统正常 | — | — |
| 43 | 修理棕色电路中的开路故障。该开路故障可能在下列两处：<br>1. 组合仪表端子 6 和插接器 C201 端子 10 之间的仪表板线束<br>2. 插接器 C201 端子 10 和液面传感器开关线束插接器端子 1 之间的前端线束<br>修理是否完成 | 系统正常 | — | — |

注：总泵内制动液液面过低将导致制动灯启亮。

## 二、制动警告灯启亮

1. 电路说明

电子控制单元（ECU）通过组合仪表的灯驱动器模块来控制制动警告灯的操作。

当接通点火开关时，蓄电池电压被提供至仪表板组合仪表端子 11 和电子控制单元端子 16。ECU 端子 46 处于“始终通电”状态。

默认状态下，由灯驱动器模块提供接地通路，启亮制动警告灯。

当 ECU 指令制动警告灯熄灭时，ECU 将使 ABS 警告灯的控制电路接地。从而使灯驱动器模块断开灯泡的接地通路。

当点火开关被拧到接通位置时，ECU 启亮制动警告灯 3 s，以进行灯泡检查。只要检测到常规制动系统内或 DBC7.4 ABS 系统内存在故障，ECU 就启亮制动警告灯，通知驾驶员制动系统或 DBC7.4 ABS 系统需要维修。

2. 导致制动警告灯启亮的典型原因

(1) 紧急制动开关有故障。

(2) 制动液液面过低或制动液开关有故障。

(3) 存在设置 DTC C0550（列出所有电磁阀故障码）的故障条件。

(4) 由于 DBC7.4ABS 系统存在以下故障，DRP（动态后轮制动力比例分配）系统被禁用。

① 同一车桥上的两个车轮速度传感器不工作。

② 蓄电池开路或对地短路。

③ 电机接地电路开路或对蓄电池短路。

④ ECU 接地电路开路或对蓄电池电压短路。

⑤ 点火电压电路开路或对地短路。

(5) 组合仪表和 ECU 之间开路。

(6) 车灯接口之间的电路对蓄电池电压短路。

(7) 组合仪表或灯驱动器模块有故障。

(8) ECU 有故障。

3. 制动警告灯启亮的检查方法（见表 1-2）

**表 1-2　制动警告灯启亮**

| 步骤 | 操　　作 | 是 | 否 |
|---|---|---|---|
| 1 | 是否执行了“诊断电路检查” | 至步骤 2 | 至步骤 7 |
| 2 | 观察 ABS 警告灯。ABS 警告灯是否也启亮 | 至步骤 3 | 至步骤 6 |
| 3 | 连接故障诊断仪并检索故障码。是否存在故障码 | 至步骤 8 | 至步骤 4 |
| 4 | 1. 断开点火开关<br>2. 从 ECU 上断开 ECU 线束<br>3. 接通点火开关<br>4. 在 ECU 端子 25 和车身接地之间连接一根带熔丝的跨接线<br>制动警告灯是否熄灭 | 至步骤 10 | 至步骤 5 |
| 5 | 1. 断开点火开关<br>2. ECU 线束仍保持断开状态<br>3. 从仪表板上拆卸组合仪表总成<br>4. 从组合仪表总成上断开组合仪表线束<br>5. 在组合仪表线束端子 6 和线束端子 25 之间连接一个欧姆表<br>电阻值是否在规定范围内（<2 Ω） | 至步骤 9 | 至步骤 11 |

（续表）

| 步骤 | 操　　作 | 是 | 否 |
|---|---|---|---|
| 6 | 很可能是常规制动系统发生故障。参见制动器诊断部分 | | |
| 7 | 执行“诊断电路检查” | | |
| 8 | 至相应故障码的诊断部分 | | |
| 9 | 更换组合仪表总成。是否完成修理 | 至步骤 12 | |
| 10 | 更换 ECU。是否完成修理 | 至步骤 12 | |
| 11 | 修理组合仪表之间的开路或电阻过高故障。是否完成修理 | 至步骤 12 | |
| 12 | 使用故障诊断仪清除故障码。指示灯是否工作正常 | | 系统正常 |

## 三、制动警告灯不工作且未设置故障码

1. 电路说明

ECU 通过组合仪表的灯驱动器模块来控制红色制动警告灯的操作。

当接通点火开关时，蓄电池电压被提供至仪表板组合仪表端子 11 和电子控制单元端子 16。ECU 端子 46 处于“始终通电”状态。

默认状态下，由灯驱动器模块提供接地通路，启亮制动警告灯。

当 ECU 指令制动警告灯熄灭时，ECU 将使制动警告灯的控制电路接地。从而使灯驱动器模块断开灯泡的接地通路。

当点火开关被拧到接通位置时，ECU 启亮制动警告灯 3 s，以进行灯泡检查。只要在常规制动系统内或动态后轮制动力比例分配（DRP）系统内检测到故障，ECU 将启亮制动警告灯，通知驾驶员制动系统或 DRP 系统需要维修。

2. 诊断帮助

导致制动警告灯不工作且未设置故障码的典型原因：

(1) 灯泡故障或灯座松动。

(2) 仪表板熔丝开路。

(3) 组合仪表或灯驱动器模块有故障。

(4) ECU 有故障。

(5) ECU 和组合仪表之间的电路接地。

3. 制动警告灯不工作且未设置故障码的检修方法（见表 1－3）

**表 1－3　制动警告灯不工作且未设置故障码**

| 步骤 | 操　　作 | 值 | 是 | 否 |
|---|---|---|---|---|
| 1 | 是否执行了“诊断电路检查” | | 至步骤 2 | 至步骤 8 |
| 2 | 1. 从 ECU 上断开 ECU 线束<br>2. 接通点火开关<br>制动警告灯是否启亮 | | 至步骤 9 | 至步骤 3 |
| 3 | 检查组合仪表熔丝。熔丝和端子接触是否正常 | | 至步骤 4 | 至步骤 10 |

（续表）

| 步骤 | 操作 | 值 | 是 | 否 |
|---|---|---|---|---|
| 4 | 1. 断开点火开关<br>2. ECU 线束仍保持断开状态<br>3. 从仪表板上拆卸组合仪表总成<br>4. 从组合仪表总成上断开组合仪表线束插接器<br>5. 接触点火开关<br>6. 在组合仪表线束的端子 11 和车身接地之间连接一个电压表。电压是否在规定范围内 | 蓄电池电压 | 至步骤 5 | 至步骤 11 |
| 5 | 1. 断开点火开关<br>2. 组合仪表线束和 ECU 线束仍保持断开状态<br>3. 在组合仪表端子 6 和 25 之间连接一个欧姆表电阻值是否在规定范围内 | OL（开路） | 至步骤 6 | 至步骤 12 |
| 6 | 从组合仪表上拆卸制动警告灯灯泡，检查灯丝是否断开或灯座是否接触不良。灯座和灯泡是否正常 | | 至步骤 7 | 至步骤 13 |
| 7 | 更换组合仪表总成。是否完成修理 | | 至步骤 14 | |
| 8 | 执行“诊断电路检查”。 | | | |
| 9 | 更换 ECU 是否完成修理 | | 至步骤 14 | |
| 10 | 更换熔断的熔丝或修理松动的端子。找出导致熔丝熔断的短路故障（若存在）。是否完成修理 | | 至步骤 14 | |
| 11 | 查找组合仪表供电端子电压过低的原因并加以修理。是否完成修理 | | 至步骤 14 | |
| 12 | 查找组合仪表线束和 ECU 线束之间的对地短路故障并加以修理。是否完成修理 | | 至步骤 14 | 系统正常 |
| 13 | 必要时更换灯泡或灯座。是否完成修理 | | 至步骤 14 | |
| 14 | 使用故障诊断仪清除故障码。指示灯是否工作正常 | | 至步骤 1 | 系统正常 |

## 四、C0035 -左前轮速度传感器开路或短路

1. 电路说明

随着车轮旋转，速度传感器产生的交流电压随车轮速度而增加。ECU 使用此交流信号的频率来计算车轮速度。速度传感器通过“双绞”线连接到 ECU。双绞线能提高抗干扰性，避免因抗干扰性差而设置故障码。

2. 设置故障码的条件

在点火开关接通情况下，只要电子控制单元检测到左前轮速度电路开路，对地短路或对蓄电池短路，就会设置 DTC C0035。

3. 设置故障码时发生的操作

(1) 存储 DTC C0035。

(2) 防抱死制动系统（ABS）被禁用。

(3) ABS 警告灯被指令启亮。

4. 清除故障码的条件

(1) 如果设置 DTC C0035 的条件不再存在，则可使用合适的故障诊断仪清除故障码。

(2) 在 100 个驱动循环内未出现的故障码将从历史数据中清除。

5. 诊断帮助

在诊断间歇性故障码时，应彻底检查导线和连接部件，其中包括：

(1) 拆卸导线的护套并检查导线是否损坏、短路和脏污。

(2) 检查端子是否变形或损坏。

(3) 用备用的阴、阳端子检查端子的接触情况（保持力）。

(4) 从插接器上拆卸端子，检查端子至导线的压接是否正常。

如果驾驶员反映 ABS 警告灯只在潮湿环境下（雨雪天气或洗车时）启亮，则应彻底检查所有车轮速度传感器电路有无进水受潮的迹象。如果故障码不是当前故障码，则模拟进水效果。执行如下程序：用 5%的 NaCl 溶液喷洒可能有故障的部件。在各种路面（路隆、转弯等）条件下，以24 km/h以上的车速路试车辆。如果设置了故障码，更换怀疑有故障的线束或传感器。

在测量车轮速度传感器电阻时，确保车辆处于室温下，因为电阻值会随温度而增加。

如果未严格执行前述步骤，将会导致误诊断、不必要的零部件更换以及 DTC C0035 重新出现。

6. C0035 -左前轮速度传感器开路或短路的故障检修（见表 1-4）

**表 1-4 C0035 -左前轮速度传感器开路或短路**

| 步骤 | 操 作 | 值 | 是 | 否 |
|---|---|---|---|---|
| 1 | 是否执行了“诊断电路检查” | | 至步骤 2 | 至步骤 14 |
| 2 | 1. 断开点火开关<br>2. 检查左前轮速度传感器、跨接线束以及齿环有无外观损坏<br>是否发现任何外观损坏 | | 至步骤 15 | 至步骤 3 |
| 3 | 在各种车速和路况下试车。是否再次设置了 C0035 | | 至步骤 4 | 至步骤 16 |
| 4 | 1. 断开点火开关，将车辆挂到驻车挡<br>2. 举升并妥善支撑车辆<br>3. 从左前轮速度传感器上断开左前跨接线束<br>4. 在左前轮速度传感器的端子 A 和 B 之间连接一个欧姆表<br>电阻值是否在规定范围内 | 800～1 600 Ω（电阻值会随着温度和制造商的不同而有所变化） | 至步骤 5 | 至步骤 17 |
| 5 | 1. 保持左前跨接线束与车轮速度传感器断开<br>2. 在左前轮速度传感器的端子 A 和车身接地之间连接一个欧姆表<br>电阻值是否在规定范围内 | OL（开路） | 至步骤 6 | 至步骤 17 |
| 6 | 1. 从 ECU 上断开 ECU 线束<br>2. 从 ABS 车身线束上断开左前跨接线束<br>3. 在 ECU 线束端子 28 和 ABS 车身线束端子 B 之间连接一个欧姆表<br>电阻值是否在规定范围内 | 小于 2 Ω | 至步骤 7 | 至步骤 18 |

（续表）

| 步骤 | 操　　作 | 值 | 是 | 否 |
|---|---|---|---|---|
| 7 | 1. ECU 线束仍保持与 ECU 断开<br>2. 保持左前跨接线束与 ABS 车身线束断开<br>3. 在 ECU 线束端子 27 和 ABS 车身线束端子 A 之间连接一个欧姆表<br>电阻值是否在规定范围内 | 小于 2 Ω | 至步骤 8 | 至步骤 19 |
| 8 | 1. ECU 线束仍保持与 ECU 断开<br>2. 保持左前跨接线束与 ABS 车身线束断开<br>3. 在 ECU 线束端子 28 和车身接地之间连接一个电压表<br>电压值是否在规定范围内 | 小于 1 V | 至步骤 9 | 至步骤 20 |
| 9 | 1. ECU 线束仍保持与 ECU 断开<br>2. 保持左前跨接线束与 ABS 车身线束断开<br>3. 在 ECU 线束端子 27 和车身接地之间连接一个电压表<br>电压值是否在规定范围内 | 小于 1 V | 至步骤 10 | 至步骤 21 |
| 10 | 1. ECU 线束仍保持与 ECU 断开<br>2. 保持左前跨接线束与 ABS 车身线束断开<br>3. 在 ECU 线束端子 28 和车身接地之间连接一个欧姆表<br>电阻值是否在规定范围内 | OL（开路） | 至步骤 11 | 至步骤 22 |
| 11 | 1. ECU 线束仍保持与 ECU 断开<br>2. 保持左前跨接线束与 ABS 车身线束断开<br>3. 在 ECU 线束端子 27 和车身接地之间连接一个欧姆表<br>电阻值是否在规定范围内 | OL（开路） | 至步骤 12 | 至步骤 23 |
| 12 | 1. ECU 线束仍保持与 ECU 断开<br>2. 保持左前跨接线束与 ABS 车身线束断开<br>3. 在 ECU 线束端子 28 和 27 之间连接一个欧姆表<br>电阻值是否在规定范围内 | OL（开路） | 至步骤 13 | 至步骤 24 |
| 13 | 1. 更换左前轮速度传感器跨接线束<br>2. 在各种车速和路况下试车<br>是否再次设置了 C0035 |  | 至步骤 25 | 系统正常 |
| 14 | 执行“诊断电路检查” |  |  |  |
| 15 | 修理左前轮速度传感器、跨接线束或齿环的损坏。是否完成修理 |  | 至步骤 26 |  |
| 16 | DTC C0035 间歇性出现。参见“诊断帮助” |  |  |  |
| 17 | 更换左前轮速度传感器。是否完成修理 |  | 至步骤 26 |  |

（续表）

| 步骤 | 操作 | 值 | 是 | 否 |
|---|---|---|---|---|
| 18 | 修理端子 28 和 B 之间的开路或电阻过高故障。是否完成修理 | | 至步骤 26 | |
| 19 | 修理端子 27 和 A 之间的开路或电阻过高故障。是否完成修理 | | 至步骤 26 | |
| 20 | 修理端子 28 和 B 之间的对电压短路故障。是否完成修理 | | 至步骤 26 | |
| 21 | 修理端子 27 和 A 之间的对电压短路故障。是否完成修理 | | 至步骤 26 | |
| 22 | 修理端子 28 和 B 之间的对地短路故障。是否完成修理 | | 至步骤 26 | |
| 23 | 修理端子 27 和 A 之间的对地短路故障。是否完成修理 | | 至步骤 26 | |
| 24 | 修理两个电路之间的短路故障。是否完成修理 | | 至步骤 26 | |
| 25 | 更换 ECU。是否完成修理 | | 至步骤 26 | |
| 26 | 使用故障诊断仪清除故障码。当满足设置故障码的条件时，是否再次设置该故障码 | | 至步骤 1 | 系统正常 |

## 五、C0036 -左前轮速度传感器偏差过大

1. 电路说明

随着车轮旋转，速度传感器产生的交流电压随车轮速度而增加。ECU 使用此交流信号的频率来计算车轮速度。速度传感器通过“双绞”线连接到 ECU。双绞线能提高抗干扰性，避免因抗干扰性差而设置故障码。

2. 设置故障码的条件

必须符合所有下述条件，将设置 C0036。

(1) C0035、C0040、C0045 或 C0050 不是当前故障码。

(2) 制动开关断开。

(3) 左前轮速度的加速或减速超过了合理的限值。

3. 设置故障码时发生的操作

(1) 存储 DTC C0036。

(2) ABS 被禁用。

(3) ABS 警告灯被指令启亮。

4. 清除故障码的条件

(1) 如果设置 DTC C0036 的条件不再存在，可用合适的故障诊断仪清除故障码。

(2) 在 100 个驱动循环内未出现的故障码将从历史数据中清除。

5. 诊断帮助

在诊断间歇性故障码时，应彻底检查导线和连接部件。其中包括：

(1) 拆卸导线的护套并检查导线是否损坏、短路和脏污。

(2) 检查端子是否变形或损坏。

(3) 用备用的阴/阳端子检查端子的接触情况（保持力）。

(4) 从插接器上拆卸端子，检查端子至导线的压接是否正常。

如果驾驶员反映ABS警告灯只在潮湿环境下（雨雪天气或洗车时）启亮，则应彻底检查所有车轮速度传感器电路有无进水受潮的迹象。如果故障码不是当前故障码，则模拟进水效果。执行如下程序：用5%的NaCl溶液喷洒可能有故障的部件。在各种路面（路隆、转弯等）条件下，以24 km/h以上的车速路试车辆。如果设置了故障码，更换怀疑有故障的线束或传感器。

应仔细目视检查齿环是否损坏，如开裂或齿被损坏。如果在每个驱动循环中车辆在同一速度下设置该故障码，则有可能是齿环损坏。

如果未严格执行前述步骤，将会导致误诊断、不必要的零部件更换以及DTC C0036重新出现。

6. C0036-左前轮速度传感器偏差过大的故障检修（见表1-5）

**表1-5　C0036-左前轮速度传感器偏差过大**

| 步骤 | 操作 | 值 | 是 | 否 |
|---|---|---|---|---|
| 1 | 是否完成了“诊断电路检查” | | 至步骤2 | 至步骤12 |
| 2 | DTC C0035是否被设置为当前或历史故障码 | | 至步骤13 | 至步骤3 |
| 3 | 1. 断开点火开关<br>2. 检查左前轮速度传感器和跨接线束是否损坏<br>3. 全面彻底地检查左前齿环是否损坏（开裂、缺齿、松动）<br>是否发现任何外观损坏 | | 至步骤14 | 至步骤4 |
| 4 | 1. 将车辆挂驻车挡<br>2. 连接故障诊断仪并选择数据列表<br>3. 监视车轮速度传感器<br>4. 起动车辆并在发动机运行但车辆不移动的状态下监视车轮速度传感器<br>5. 轻踩加速踏板，增加发动机怠速转速<br>是否再次设置C0036或者当车辆在驻车挡且发动机运行时左前轮速度读数超过0 km/h | | 至步骤15 | 至步骤5 |
| 5 | 1. 故障诊断仪仍保持连接<br>2. 监视车轮速度传感器<br>3. 在最大道路限速以内试车，并缓慢减速至零。重复上次操作多次<br>是否再次设置C0036或在行车过程中左前轮速度与任何其他车轮相差超过5 km/h | | 至步骤6 | 至步骤16 |

（续表）

| 步骤 | 操作 | 值 | 是 | 否 |
| --- | --- | --- | --- | --- |
| 6 | 1. 将车辆挂驻车挡，断开点火开关<br>2. 举升并妥善支撑车辆<br>3. 从左前轮速度传感器上断开左前跨接线束<br>4. 在左前轮速度传感器的端子 A 和 B 之间连接一个欧姆表<br>电阻值是否在规定范围内 | 800～1 600 Ω（电阻值会随着温度和制造商的不同而有所变化） | 至步骤 7 | 至步骤 17 |
| 7 | 1. 保持速度传感器与跨接线束断开<br>2. 在左前轮速度传感器的端子 A 和 B 之间连接一个电压表<br>3. 选择交流毫伏挡<br>4. 空转左前轮，同时观察电压表上的电压<br>交流电压是否在规定范围内 | 至少 100 mV | 至步骤 8 | 至步骤 17 |
| 8 | 1. 从 ECU 上断开 ECU 线束<br>2. 从 ABS 车身线束上断开左前跨接线束<br>3. 在 ECU 线束端子 28 和 ABS 车身线束端子 B 之间连接一个欧姆表<br>电阻值是否在规定范围内 | 小于 2 Ω | 至步骤 9 | 至步骤 18 |
| 9 | 1. ECU 线束仍保持与 ECU 断开<br>2. 保持跨接线束与车身线束断开<br>3. 在 ECU 线束端子 27 和 ABS 车身线束端子 A 之间连接一个欧姆表<br>电阻值是否在规定范围内 | 小于 2 Ω | 至步骤 10 | 至步骤 19 |
| 10 | 1. ECU 线束仍保持与 ECU 断开<br>2. 保持跨接线束与车身线束断开<br>3. 在 ECU 线束端子 28 和 27 之间连接一个欧姆表<br>电阻值是否在规定范围内 | OL（开路） | 至步骤 11 | 至步骤 20 |
| 11 | 1. 更换左前跨接线束<br>2. 在各种车速和路况下试车<br>是否再次设置了 C0036 | | 至步骤 21 | 系统正常 |
| 12 | 在执行 DTC C0036 故障表前，先执行“诊断电路检查” | | | |
| 13 | 在执行 DTC C0036 故障表前，先执行 C0035 诊断表 | | | |
| 14 | 修理左前轮速度传感器、跨接线束或齿环的损坏。是否完成修理 | | 至步骤 22 | |
| 15 | 导致 C0036 的原因是点火噪声耦合到左前轮速度传感器电路上<br>检查左前 ABS 车身线束或跨接线束的排布是否存在潜在的点火噪声源，如火花塞导线。必要时，重新排布线路。是否完成修理 | | 至步骤 22 | |

（续表）

| 步骤 | 操　　作 | 值 | 是 | 否 |
|---|---|---|---|---|
| 16 | DTC C0036 间歇性出现，参见“诊断帮助” | | | |
| 17 | 更换左前轮速度传感器。是否完成修理 | | 至步骤 22 | |
| 18 | 修理端子 28 和 B 之间的开路或电阻过高故障。是否完成修理 | | 至步骤 22 | |
| 19 | 修理端子 27 和 A 之间的开路或电阻过高故障。是否完成修理 | | 至步骤 22 | |
| 20 | 修理两条导线之间的短路故障。是否完成修理 | | 至步骤 22 | |
| 21 | 更换 ECU。是否完成修理 | | 至步骤 22 | |
| 22 | 使用故障诊断仪清除故障码。当满足设置故障码的条件时，是否再次设置该故障码 | | 至步骤 1 | 系统正常 |

## 六、C0037 -左前轮速度传感器输入信号为零

1. 电路说明

随着车轮旋转，速度传感器产生的交流电压随车轮速度而增加。ECU 使用此交流信号的频率来计算车轮速度。速度传感器通过“双绞”线连接到 ECU。双绞线能提高抗干扰性，避免因抗干扰性差而设置故障码。

2. 设置故障码的条件

必须符合所有下述条件，将设置 C0037。

(1) C0035、C0040、C0045、C0050 不是当前故障码。

(2) ABS 未起动。

(3) 制动开关断开。

3. 设置故障码时发生的操作

(1) 存储 DTC C0037。

(2) ABS 被禁用。

(3) ABS 警告灯被指令启亮。

4. 清除故障码的条件

(1) 如果设置 DTC C0037 的条件不再存在，可用合适的故障诊断仪清除故障码。

(2) 在 100 个驱动循环内未出现的故障码将从历史数据中清除。

5. 诊断帮助

在诊断间歇性故障码时，应彻底检查导线和连接部件，其中包括：

(1) 拆卸导线的护套并检查导线是否损坏、短路和脏污。

(2) 检查端子是否变形或损坏。

(3) 用备用的阴/阳端子检查端子的接触情况（保持力）。

(4) 从插接器上拆卸端子，检查端子至导线的压接是否正常。

如果驾驶员反映 ABS 警告灯只在潮湿环境下（雨雪天气或洗车时）启亮，则应彻底检查所有车轮速度传感器电路有无进水受潮的迹象。如果故障码不是当前故障码，则模拟进水效果。执行如下程序：用 5%的 NaCl 溶液喷洒可能有故障的部件。在各种路面（路隆、转弯等）条件下，以 24 km/h 以上的车速路试车辆。如果设置了故障码，更换怀疑有故障的线束或传感器。

在测量车轮速度传感器电阻时，确保车辆处于室温下，因为电阻值会随温度而增加。

如果未严格执行前述步骤，将会导致误诊断、不必要的零部件更换以及DTC C0037重新出现。

6. C0037-左前轮速度传感器输入信号为零的故障检修（见表1-6）

**表1-6　C0037-左前轮速度传感器输入信号为零**

| 步骤 | 操　　作 | 值 | 是 | 否 |
|---|---|---|---|---|
| 1 | 是否完成了"诊断电路检查" | | 至步骤2 | 至步骤12 |
| 2 | 1. 断开点火开关<br>2. 检查左前轮速度传感器、插接器、线束以及齿环有无外观损坏<br>是否发现任何外观损坏 | | 至步骤13 | 至步骤3 |
| 3 | DTC C0035是否被设置为当前或历史故障码 | | 至步骤14 | 至步骤4 |
| 4 | 1. 连接故障诊断仪并选择数据列表<br>2. 监视车轮速度传感器<br>3. 在24 km/h以上的速度下试车，然后将车速逐渐减至零，并重复几次<br>是否再次设置C0037或在车辆完全停止之前左前轮速度突然降至零 | | 至步骤5 | 至步骤15 |
| 5 | 1. 断开点火开关<br>2. 举升并妥善支撑车辆<br>3. 从ECU上断开ECU线束<br>4. 在ECU线束端子28和27之间连接一个电压表<br>5. 选择交流毫伏挡<br>6. 空转左前轮，同时观察电压表（电压应随车轮速度增加）<br>交流电压是否在规定的范围内 | 至少100 mV | 至步骤16 | 至步骤6 |
| 6 | 1. 从左前轮速度传感器上断开双针脚式左前跨接线束<br>2. 在左前轮速度传感器的两个车轮速度传感器端子之间连接一个欧姆表<br>电阻值是否在规定范围内 | 800～1 600 Ω（电阻值会随着温度和制造商的不同而有所变化） | 至步骤7 | 至步骤17 |
| 7 | 1. 保持左前跨接线束与左前轮速度传感器断开<br>2. 在左前轮速度传感器的端子A和B之间连接一个电压表<br>3. 选择交流毫伏挡<br>4. 空转左前轮，同时观察电压表（电压应随车轮速度增加）<br>交流电压是否在规定的范围内 | 至少100 mV | 至步骤8 | 至步骤17 |

| 步骤 | 操　　作 | 值 | 是 | 否 |
|---|---|---|---|---|
| 8 | 1. 从ABS车身线束上断开左前跨接线束<br>2. ECU线束仍保持与ECU断开<br>3. 在ECU线束端子28和27之间连接一个欧姆表<br>电阻值是否在规定范围内 | OL（开路） | 至步骤9 | 至步骤18 |
| 9 | 1. ECU线束仍保持与ECU断开<br>2. 保持左前跨接线束与ABS车身线束断开<br>3. 在ECU线束端子27和ABS车身线束端子A之间连接一个欧姆表<br>电阻值是否在规定范围内 | 小于2Ω | 至步骤10 | 至步骤19 |
| 10 | 1. ECU线束仍保持与ECU断开<br>2. 保持左前跨接线束与ABS车身线束断开<br>3. 在ECU线束端子28和ABS车身线束端子B之间连接一个欧姆表<br>电阻值是否在规定范围内 | 小于2Ω | 至步骤11 | 至步骤20 |
| 11 | 1. 更换左前轮速度跨接线束<br>2. 在各种车速和路况下试车<br>是否再次设置C0037 | | 至步骤16 | 系统正常 |
| 12 | 在执行本故障表前，先执行“诊断电路检查” | | | |
| 13 | 修理左前轮速度传感器、跨接线束或齿环的损坏<br>是否完成修理 | | 至步骤21 | |
| 14 | 在执行本表前，先诊断DTC C0035 | | | |
| 15 | DTC C0037间歇性出现。参见诊断帮助 | | | |
| 16 | 更换ECU。是否完成修理 | | 至步骤21 | |
| 17 | 更换左前轮速度传感器。是否完成修理 | | 至步骤21 | |
| 18 | 查找并修理两个电路之间的短路故障。是否完成修理 | | 至步骤21 | |
| 19 | 修理端子27和A之间的开路或电阻过高故障。是否完成修理 | | 至步骤21 | |
| 20 | 修理端子28和B之间的开路或电阻过高故障。是否完成修理 | | 至步骤21 | |
| 21 | 使用故障诊断仪清除故障码。当满足设置故障码的条件时，是否再次设置该故障码 | | 至步骤1 | 系统正常 |

## 七、C0051-右后轮速度传感器偏差过大

1. 电路说明

随着车轮旋转，速度传感器产生的交流电压随车轮速度而增加。ECU 使用此交流信号的频率来计算车轮速度。速度传感器通过“双绞”线连接到 ECU。双绞线能提高抗干扰性，避免因抗干扰性差而设置故障码。

2. 设置故障码的条件

必须符合所有下述条件，将设置 C0051。

(1) C0035、C0040、C0045、C0050 不是当前故障码。

(2) 制动开关断开。

(3) 右后轮速度的加速或减速超过了合理的限值。

3. 设置故障码时发生的操作

(1) 存储 DTC C0051。

(2) ABS 被禁用。

(3) ABS 警告灯被指令启亮。

4. 清除故障码的条件

(1) 如果设置 DTC C0051 的条件不再存在，可用合适的故障诊断仪清除故障码。

(2) 在 100 个驱动循环内未出现的故障码将从历史数据中清除。

5. 诊断帮助

在诊断间歇性故障码时，应彻底检查导线和连接部件。其中包括：

(1) 拆卸导线的护套并检查导线是否损坏、短路和脏污。

(2) 检查端子是否变形或损坏。

(3) 用备用的阴/阳端子检查端子的接触情况（保持力）。

(4) 从插接器上拆卸端子，检查端子至导线的压接是否正常。

如果驾驶员反映 ABS 警告灯只在潮湿环境下（雨雪天气或洗车时）启亮，则应彻底检查所有车轮速度传感器电路有无进水受潮的迹象。如果故障码不是当前故障码，则模拟进水效果。执行如下程序：用 5%的 NaCl 溶液喷洒可能有故障的部件。在各种路面（路隆、转弯等）条件下，以 24 km/h 以上的车速路试车辆。如果设置了故障码，更换怀疑有故障的线束或传感器。

应仔细目视检查齿环是否损坏，如开裂或齿被损坏。如果在每个驱动循环中车辆在同一速度下设置该故障码，则最有可能是齿环已损坏。

如果未严格执行前述步骤，将会导致误诊断、不必要的零部件更换以及 DTC C0051 重新出现。

6. C0051-右后轮速度传感器偏差过大的故障检修（见表 1-7）

表 1-7 C0051-右后轮速度传感器偏差过大

| 步骤 | 操作 | 值 | 是 | 否 |
|---|---|---|---|---|
| 1 | 是否完成了“诊断电路检查” | | 至步骤 2 | 至步骤 12 |
| 2 | DTC C0050 是否被设置为当前或历史故障码 | | 至步骤 13 | 至步骤 3 |
| 3 | 1. 断开点火开关<br>2. 检查右后轮速度传感器和跨接线束是否损坏<br>3. 全面彻底地检查右后齿环是否损坏（开裂、缺齿、松动）<br>是否发现任何外观损坏 | | 至步骤 14 | 至步骤 4 |

（续表）

| 步骤 | 操　　作 | 值 | 是 | 否 |
| --- | --- | --- | --- | --- |
| 4 | 1. 将车辆挂驻车挡<br>2. 连接故障诊断仪并选择数据列表<br>3. 监视车轮速度传感器<br>4. 起动车辆并在发动机运行但车辆不移动的状态下监视车轮速度传感器<br>5. 轻踩加速踏板，增加发动机怠速转速<br>是否再次设置 C0051 或者当车辆在驻车挡且发动机运行时右后轮速度读数超过 0 km/h |  | 至步骤 15 | 至步骤 5 |
| 5 | 1. 故障诊断仪仍保持连接<br>2. 监视车轮速度传感器<br>3. 在最大道路限速以内试车，并缓慢减速至零。重复上次操作多次<br>是否再次设置 C0051 或在行车过程中右后轮速度与任何其他车轮相差超过 5 km/h |  | 至步骤 6 | 至步骤 16 |
| 6 | 1. 将车辆挂驻车挡，断开点火开关<br>2. 举升并妥善支撑车辆<br>3. 从右后轮速度传感器上断开右后跨接线束<br>4. 在右后轮速度传感器的端子 A 和 B 之间连接一个欧姆表<br>电阻值是否在规定范围内 | 800～1 600 Ω（电阻值会随着温度和制造商的不同而有所变化） | 至步骤 7 | 至步骤 17 |
| 7 | 1. 保持速度传感器与跨接线束断开<br>2. 在右后轮速度传感器的端子 A 和 B 之间连接一个电压表<br>3. 选择交流毫伏挡<br>4. 空转右后轮，同时观察电压表上的电压。交流电压是否在规定范围内 | 至少 100 mV | 至步骤 8 | 至步骤 17 |
| 8 | 1. 从 ECU 上断开 ECU 线束<br>2. 从 ABS 车身线束上断开右后跨接线束<br>3. 在 ECU 线束端子 42 和 ABS 车身线束端子 B 之间连接一个欧姆表<br>电阻值是否在规定范围内 | 小于 2 Ω | 至步骤 9 | 至步骤 18 |
| 9 | 1. ECU 线束仍保持与 ECU 断开<br>2. 保持跨接线束与车身线束断开<br>3. 在 ECU 线束端子 42 和 ABS 车身线束端子 A 之间连接一个欧姆表<br>电阻值是否在规定范围内 | 小于 2 Ω | 至步骤 10 | 至步骤 19 |
| 10 | 1. ECU 线束仍保持与 ECU 断开<br>2. 保持跨接线束与车身线束断开<br>3. 在 ECU 线束端子 43 和 42 之间连接一个欧姆表<br>电阻值是否在规定范围内 | OL（开路） | 至步骤 11 | 至步骤 20 |

（续表）

| 步骤 | 操　　作 | 值 | 是 | 否 |
|---|---|---|---|---|
| 11 | 1. 更换右后跨接线束<br>2. 在各种车速和路况下试车<br>是否再次设置了 C0051 | | 至步骤 21 | 系统正常 |
| 12 | 在执行 DTC C0051 故障表前，先执行“诊断电路检查” | | | |
| 13 | 在执行 DTC C0051 故障表前，先执行 C0050 诊断表 | | | |
| 14 | 修理右后轮速度传感器、跨接线束或齿环的损坏。是否完成修理 | | 至步骤 22 | |
| 15 | 导致 C0051 的原因是点火噪声耦合到右后轮速度传感器电路上<br>检查右后 ABS 车身线束或跨接线束的排布是否存在潜在的点火噪声源，如火花塞导线。必要时，重新排布线路。是否完成修理 | | 至步骤 22 | |
| 16 | DTC C0051 间歇性出现，参见“诊断帮助” | | | |
| 17 | 更换右后轮速度传感器。是否完成修理 | | 至步骤 22 | |
| 18 | 修理端子 43 和 B 之间的开路或电阻过高故障。是否完成修理 | | 至步骤 22 | |
| 19 | 修理端子 42 和 A 之间的开路或电阻过高故障。是否完成修理 | | 至步骤 22 | |
| 20 | 修理两条导线之间的短路故障。是否完成修理 | | 至步骤 22 | |
| 21 | 更换 ECU。是否完成修理 | | 至步骤 22 | |
| 22 | 使用故障诊断仪清除故障码。当满足设置故障码的条件时，是否再次设置该故障码 | | 至步骤 1 | 系统正常 |

## 八、C0052 -右后轮速度传感器输入信号为零

1. 电路说明

随着车轮旋转，速度传感器产生的交流电压随车轮速度而增加。电子控制单元（ECU）使用此交流信号的频率来计算车轮速度。速度传感器通过“双绞”线连接到 ECU。双绞线能提高抗干扰性，避免因抗干扰性差而设置故障码。

2. 设置故障码的条件

必须符合所有下述条件，将设置 C0052。

(1) C0035 或 C0040 或 C0045 或 C0050 不是当前故障码。

(2) ABS 未起动。

(3) 制动开关断开。

(4) 右后轮速度等于 0，且所有其他车轮速度传感器大于 8 km/h (5 mile/h) 达至少 2.5 s。

3. 设置故障码时发生的操作

(1) 存储 DTC C0052。

(2) ABS 被禁用。

(3) ABS 警告灯被指令启亮。

4. 清除故障码的条件

(1) 如果设置 DTC C0052 的条件不再存在，可用合适的故障诊断仪清除故障码。

(2) 在 100 个驱动循环内未出现的故障码将从历史数据中清除。

5. 诊断帮助

在诊断间歇性故障码时，应彻底检查导线和连接部件，其中包括：

(1) 拆卸导线的护套并检查导线是否损坏、短路和脏污。

(2) 检查端子是否变形或损坏。

(3) 用备用的阴/阳端子检查端子的接触情况（保持力）。

(4) 从插接器上拆卸端子，检查端子至导线的压接是否正常。

如果驾驶员反映 ABS 警告灯只在潮湿环境下（雨雪天气或洗车时）启亮，则应彻底检查所有车轮速度传感器电路有无进水受潮的迹象。如果故障码不是当前故障码，则模拟进水效果。执行如下程序：用 5%的 NaCl 溶液喷洒可能有故障的部件。在各种路面（路隆、转弯等）条件下，以 24 km/h 以上的车速路试车辆。如果设置了故障码，更换怀疑有故障的线束或传感器。

在测量车轮速度传感器电阻时，确保车辆处于室温下，因为电阻值会随温度而增加。

如果未严格执行前述步骤，将会导致误诊断、不必要的零部件更换以及 DTC C0052 重新出现。

6. C0052-右后轮速度传感器输入信号为零的故障检修（见表 1-8）

**表 1-8　C0052-右后轮速度传感器输入信号为零**

| 步骤 | 操　　作 | 值 | 是 | 否 |
|---|---|---|---|---|
| 1 | 是否完成了“诊断电路检查” | | 至步骤 2 | 至步骤 12 |
| 2 | 1. 断开点火开关<br>2. 检查右后轮速度传感器、插接器、线束以及齿环有无外观损坏<br>是否发现任何外观损坏 | | 至步骤 13 | 至步骤 3 |
| 3 | DTC C0050 是否被设置为当前或历史故障码 | | 至步骤 14 | 至步骤 4 |
| 4 | 1. 连接故障诊断仪并选择数据列表<br>2. 监视车轮速度传感器<br>3. 在 24 km/h 以上的速度下试车，然后将车速逐渐减至零，并重复几次<br>是否再次设置 C0052 或在车辆完全停止之前右后轮速度突然降至零 | | 至步骤 5 | 至步骤 15 |

（续表）

| 步骤 | 操　　作 | 值 | 是 | 否 |
|---|---|---|---|---|
| 5 | 1. 断开点火开关<br>2. 举升并妥善支撑车辆<br>3. 从 ECU 上断开 ECU 线束<br>4. 在 ECU 线束端子 42 和 43 之间连接一个电压表<br>5. 选择交流毫伏挡<br>6. 空转右后轮，同时观察电压表（电压应随车轮速度增加）<br>交流电压是否在规定的范围内 | 至少 100 mV | 至步骤 16 | 至步骤 6 |
| 6 | 1. 从右后轮速度传感器上断开双针脚的右后跨接线束<br>2. 在右后轮速度传感器的两个车轮速度传感器端子之间连接一个欧姆表<br>电阻值是否在规定范围内 | 800～1 600 Ω（电阻值会随着温度和制造商的不同而有所变化） | 至步骤 7 | 至步骤 17 |
| 7 | 1. 保持右后跨接线束与右后轮速度传感器断开<br>2. 在右后轮速度传感器的端子 A 和 B 之间连接一个电压表<br>3. 选择交流毫伏挡<br>4. 空转右后轮，同时观察电压表（电压应随车轮速度增加）<br>交流电压是否在规定的范围内 | 至少 100 mV | 至步骤 8 | 至步骤 17 |
| 8 | 1. 从 ABS 车身线束上断开右后跨接线束<br>2. ECU 线束仍保持与 ECU 断开<br>3. 在 ECU 线束端子 42 和 43 之间连接一个欧姆表<br>电阻值是否在规定范围内 | OL（开路） | 至步骤 9 | 至步骤 18 |
| 9 | 1. ECU 线束仍保持与 ECU 断开<br>2. 保持右后跨接线束与 ABS 车身线束断开<br>3. 在 ECU 线束端子 42 和 ABS 车身线束端子 A 之间连接一个欧姆表<br>电阻值是否在规定范围内 | 小于 2 Ω | 至步骤 10 | 至步骤 19 |
| 10 | 1. ECU 线束仍保持与 ECU 断开<br>2. 保持右后跨接线束与 ABS 车身线束断开<br>3. 在 ECU 线束端子 42 和 ABS 车身线束端子 B 之间连接一个欧姆表<br>电阻值是否在规定范围内 | 小于 2 Ω | 至步骤 11 | 至步骤 20 |
| 11 | 1. 更换右后轮速度跨接线束<br>2. 在各种车速和路况下试车<br>是否再次设置 C0052 |  | 至步骤 16 | 系统正常 |
| 12 | 在执行本故障表前，先执行“诊断电路检查” |  |  |  |

（续表）

| 步骤 | 操　　作 | 值 | 是 | 否 |
|---|---|---|---|---|
| 13 | 修理右后轮速度传感器、跨接线束或齿环的损坏是否完成修理 | | 至步骤 21 | |
| 14 | 在执行本表前，先诊断 DTC C0050 | | | |
| 15 | DTC C0052 间歇性出现。参见“诊断帮助” | | | |
| 16 | 更换电子控制单元（ECU）。是否完成修理 | | 至步骤 21 | |
| 17 | 更换右后轮速度传感器。是否完成修理 | | 至步骤 21 | |
| 18 | 查找并修理 2 个电路之间的短路故障。是否完成修理 | | 至步骤 21 | |
| 19 | 修理端子 43 和 A 之间的开路或电阻过高故障。是否完成修理 | | 至步骤 21 | |
| 20 | 修理端子 42 和 B 之间的开路或电阻过高故障。是否完成修理 | | 至步骤 21 | |
| 21 | 使用故障诊断仪清除故障码。当满足设置故障码的条件时，是否再次设置该故障码 | | 至步骤 1 | 系统正常 |

## 九、C0111 -泵电机电流异常

### 1. 电路说明

泵电机被指令起动时，ECU 能够感测通过泵电机电路的电流是否高于或低于某一固定阈值。

### 2. 设置故障码的条件

当满足以下条件时，将设置 DTC C0111。

(1) 在起动泵电机后 100 ms 以内如果电流没有超出阈值。

(2) 泵电机被指令起动 100 ms 后，电流持续超出电流阈值 11 μs。

(3) 泵电机起动后 0.15 ms 内，其电流超过了电流阈值。

### 3. 设置故障码时发生的操作

(1) ABS 被禁用。

(2) ECU 存储 DTC C0111。

(3) ABS 警告灯被指令启亮。

### 4. 清除故障码的条件

(1) 若设置 DTC C0111 的条件不再存在，则可用合适的故障诊断仪来清除故障码。

(2) 在 100 个驱动循环内未出现的故障码将从历史数据中清除。

### 5. 诊断帮助

导致 DTC C0111 的典型原因：

(1) 泵电机绕组电阻过低或过高。

(2) 电机或泵虽未卡死，但所需的转矩过大。

(3) 泵电机接地电阻过高。

(4) 泵电机的高压侧对地短路。

6. C0111-泵电机运行电流过大的故障检修（见表1-9）

**表1-9 C0111-泵电机运行电流过大**

| 步骤 | 操作 | 值 | 是 | 否 |
| --- | --- | --- | --- | --- |
| 1 | 是否执行了“诊断电路检查” |  | 至步骤2 | 至步骤6 |
| 2 | 连接故障诊断仪，使用故障诊断仪指令泵电机起动。能否起动 |  | 至步骤3 | 至步骤7 |
| 3 | 电机在运行测试过程中是否发出异响 |  | 至步骤16 | 至步骤4 |
| 4 | 1. 断开点火开关<br>2. 断开蓄电池负极电缆<br>3. 从ECU上断开ECU线束<br>4. 从液压控制单元（HCU）上断开ECU<br>5. 在液压控制单元电机插接器的端子1和2之间连接一个欧姆表<br>电阻值是否在规定范围内 | 100～200 mΩ | 至步骤5 | 至步骤16 |
| 5 | 1. 在端子1和液压控制单元电机盖之间连接一个欧姆表<br>2. 在端子2和液压控制单元电机盖之间连接一个欧姆表<br>在以上每一步骤中，电阻读数是否在规定范围内 | 大于100 kΩ | 至步骤14 | 至步骤16 |
| 6 | 执行“诊断电路检查” |  |  |  |
| 7 | 1. 断开点火开关<br>2. 断开蓄电池负极电缆<br>3. 从ECU上断开ECU线束<br>4. 在ECU线束端子31和蓄电池负极电缆之间连接一个欧姆表<br>电阻值是否在规定范围内 | 小于2 Ω | 至步骤8 | 至步骤11 |
| 8 | 1. 沿着蓄电池负极电缆至发动机缸体或底盘接地连接部位，检查该部位是否清洁、连接是否紧固<br>2. 从ECU线束的端子31开始沿着导线进行检查，找到电路对底盘的接地点。检查连接部位是否清洁、紧固<br>两个连接部位是否清洁和紧固 |  | 至步骤9 | 至步骤12 |
| 9 | 1. ECU线束仍保持断开状态<br>2. 从液压控制单元（HCU）上断开ECU<br>3. 检查ECU至液压控制单元之间的插接器是否存在损坏、腐蚀、端子接触不良或出现制动液等<br>端子和插接器是否正常、插接器针孔中是否没有制动液、未被损坏和腐蚀 |  | 至步骤10 | 至步骤13 |

（续表）

| 步骤 | 操作 | 值 | 是 | 否 |
|---|---|---|---|---|
| 10 | 在液压控制单元（HCU）的端子 1 和端子 2 之间连接一个欧姆表。泵电机电阻值是否在规定范围内 | | 至步骤 14 | 至步骤 16 |
| 11 | 查找 ECU 接地电路和底盘接地之间电阻过高的原因并进行修理。是否完成修理 | | 至步骤 17 | |
| 12 | 修理接地不良故障。是否完成修理 | | 至步骤 17 | |
| 13 | 1. 如果发现损坏或腐蚀，应在必要时更换 ECU 或液压控制单元总成<br>2. 如果发现了制动液，应同时更换 ECU 和液压控制单元<br>是否完成修理 | | 至步骤 17 | |
| 14 | 更换 ECU。是否完成修理 | | 至步骤 15 | |
| 15 | 使用故障诊断仪清除故障码。是否再次设置该故障码 | | 至步骤 16 | 系统正常 |
| 16 | 更换液压控制单元。是否完成修理 | | 至步骤 17 | |
| 17 | 使用故障诊断仪清除故障码。是否再次设置该故障码 | | 至步骤 2 | 系统正常 |

## 十、C0113 -泵电机对蓄电池短路或电机接地电路开路或电阻过高

### 1. 电路说明

泵电机在液压控制单元（HCU）内。泵电机电压由 ECU 的端子 46 提供，并由高侧固态驱动器进行控制。泵电机的接地通过 ECU 的端子 31 提供。

### 2. 设置故障码的条件

只有当点火开关处于接通位置且 ECU 检测到泵电机接地电路对电源短路或电阻过高时，才会设置故障码 C0113。

### 3. 设置故障码时发生的操作

(1) 电磁阀继电器触点断开，从而切断泵电机和电磁阀的电源。

(2) 存储 DTC C0113。

(3) ABS 被禁用。

(4) DRP 被禁用。

(5) ABS 警告灯被指令启亮。

(6) 红色制动警告灯被指令启亮。

### 4. 清除故障码的条件

(1) 如果设置 DTC C0113 的条件不再存在，可用合适的故障诊断仪清除故障码。

(2) 在 100 个驱动循环内未出现的故障码将从历史数据中清除。

### 5. 诊断帮助

导致 DTC C0113 的典型原因：

(1) 端子 31 接触不良。

(2) 端子 31（即接地电路）对电压短路。

(3) 端子 31（即接地电路）开路。

(4) 端子 31（即接地电路）对地电阻过高。

(5) ECU 有故障。

6. C0113-泵电机对蓄电池短路或电机接地电路开路或电阻过高的故障检修（见表 1-10）

**表 1-10　C0113-泵电机对蓄电池短路或电机接地电路开路/电阻过高**

| 步骤 | 操　　作 | 值 | 是 | 否 |
|---|---|---|---|---|
| 1 | 是否完成了“诊断电路检查” | — | 至步骤 2 | 至步骤 8 |
| 2 | 1. 断开点火开关<br>2. 从 ECU 上断开 ECU 线束<br>3. 接通点火开关<br>4. 在 ECU 线束的端子 31 和车身接地之间连接一个电压表<br>电压是否在规定范围内 | 小于 1 V | 至步骤 3 | 至步骤 9 |
| 3 | 1. 断开点火开关<br>2. 断开蓄电池负极电缆<br>3. ECU 线束仍保持与 ECU 断开<br>4. 在 ECU 线束端子 31 和蓄电池负极电缆之间连接一个欧姆表<br>电阻值是否在规定范围内 | 小于 2 Ω | 至步骤 4 | 至步骤 10 |
| 4 | 1. 沿着蓄电池负极电缆至发动机缸体或底盘接地连接部位，检查该部位是否清洁、连接是否紧固<br>2. 从 ECU 线束的端子 31 开始沿着电路进行检查，找到电路对底盘的接地点。检查连接部位是否清洁、紧固<br>两个连接部位是否清洁和紧固 | | 至步骤 5 | 至步骤 11 |
| 5 | 1. ECU 线束仍保持与 ECU 断开<br>2. 从液压控制单元（HCU）上断开 ECU<br>3. 检查 ECU 至液压控制单元之间的插接器是否存在损坏、腐蚀、端子接触不良或出现制动液等<br>端子和插接器是否正常、插接器针孔中是否没有制动液、未被损坏和腐蚀 | | 至步骤 6 | 至步骤 12 |
| 6 | 在液压控制单元（HCU）的端子 1 和端子 2 之间连接一个欧姆表。泵电机电阻值是否在规定范围内 | 小于 2 Ω | 至步骤 7 | 至步骤 13 |
| 7 | 更换 ECU。是否完成修理 | | 至步骤 14 | |
| 8 | 执行“诊断电路检查” | | | |

（续表）

| 步骤 | 操作 | 值 | 是 | 否 |
|---|---|---|---|---|
| 9 | 查找端子 31（即接地电路）对电压短路的原因并进行修理。是否完成修理 | | 至步骤 14 | |
| 10 | 查找 ECU 端子 31（即接地电路）与车身接地之间电阻过高的原因并进行修理。是否完成修理 | | 至步骤 14 | |
| 11 | 必要时修理接触不良的接地连接部位。是否完成修理 | | 至步骤 14 | |
| 12 | 1. 如果发现损坏或腐蚀，应在必要时更换 ECU 或液压控制单元总成<br>2. 如果发现了制动液，应同时更换 ECU 和液压控制单元<br>是否完成修理 | | 至步骤 14 | |
| 13 | 更换液压控制单元。是否完成修理 | | 至步骤 14 | |
| 14 | 使用故障诊断仪清除故障码。是否再次设置该故障码 | | 至步骤 1 | 系统正常 |

## 十一、C0121 -电磁阀继电器触点或线圈电路开路

### 1. 电路说明

电磁阀继电器是 ECU 内部的一个部件。蓄电池电压从端子 46 一直提供至继电器开关。当点火开关接通时，蓄电池电压通过端子 16 提供至继电器线圈。然后，ECU 使继电器线圈电路接地，从而使继电器励磁，蓄电池电压由此被提供至电磁阀和电机。只要点火开关保持接通，继电器就会保持在励磁位置，除非设置了导致继电器失磁的故障码。

### 2. 设置故障码的条件

当点火开关接通且 ECU 指令继电器励磁后，如果点火电压高于 10.5 V 且经开关控制的继电器电压降至低于 8.0 V 达 1/4 s，将设置 DTC C0121。根据车辆制造商采用的具体校准设置的不同，上述值可能会有所变化。

### 3. 设置故障码时发生的操作

(1) 电磁阀继电器被指令断开，从而切断电磁阀和泵电机上的蓄电池电压。

(2) ABS 被禁用，ABS 警告灯被启亮。

### 4. 清除故障码的条件

(1) 如果设置 DTC C0121 的条件不再存在，可用合适的故障诊断仪清除故障码。

(2) 在 100 个驱动循环内未出现的故障码将从历史数据中清除。

### 5. 诊断帮助

导致 DTC C0121 的典型原因：

(1) 蓄电池电量不足或放尽。

(2) 蓄电池端子松动或腐蚀。

(3) 蓄电池至发动机缸体的接地不良。

(4) ABS 熔丝接触不良或松动。

(5) ECU 端子 16、46、1 接触不良。

(6) 提供至 ECU 端子 46 的电压过低。

(7) ECU 内部出现故障。

6. C0121 -系统继电器触点断开的故障检修（见表 1 - 11）

**表 1 - 11 C0121 -系统继电器触点断开**

| 步骤 | 操作 | 值 | 是 | 否 |
|---|---|---|---|---|
| 1 | 是否完成了“诊断电路检查” | | 至步骤 2 | 至步骤 6 |
| 2 | 1. 对蓄电池进行负载测试。参见维修手册中的蓄电池部分<br>2. 检查充电系统<br>3. 执行寄生负载测试<br>蓄电池、充电系统测试和寄生负载测试是否成功通过 | 蓄电池电压必须保持在 9.6 V 以上达 10 s，电流消耗不应大于 30 mA | 至步骤 3 | 至步骤 7 |
| 3 | 1. 断开点火开关<br>2. 断开蓄电池正极和负极端子<br>3. 从 ECU 上断开线束<br>4. 检查以下部位是否接触不良：<br>① 蓄电池端子电缆<br>② 负极电缆至发动机缸体或底盘<br>③ 正极电缆至起动机电磁开关或接线盒<br>④ ECU 端子 16、46、1<br>⑤ ECU 接地线至底盘接地点<br>以上所有连接部位是否都没有问题 | | 至步骤 4 | 至步骤 8 |
| 4 | 1. ECU 仍保持断开状态<br>2. 蓄电池电缆仍保持断开状态<br>3. 在 ECU 线束端子 1 和蓄电池负极电缆之间连接一个欧姆表<br>电阻值是否在规定范围内 | 小于 2 Ω | 至步骤 5 | 至步骤 9 |
| 5 | 1. 重新连接蓄电池电缆<br>2. ECU 仍保持断开状态<br>3. 接通点火开关<br>4. 使用一个电压表测量 ECU 线束端子 16 和 46 上的电压<br>两个端子上的电压是否都超过了规定范围 | 蓄电池电压 | 至步骤 11 | 至步骤 10 |
| 6 | 执行“诊断电路检查” | | | |
| 7 | 修理充电系统对蓄电池进行重新充电或更换。查找寄生负载测试电流过大的原因并进行修理。是否完成修理 | | 至步骤 12 | |

（续表）

| 步骤 | 操　　作 | 值 | 是 | 否 |
|---|---|---|---|---|
| 8 | 必要时，修理端子或连接部位。是否完成修理 | | 至步骤 12 | |
| 9 | 查找蓄电池负极电缆和 ECU 线束插接器之间电阻过高的原因并进行修理。是否完成修理 | | 至步骤 12 | |
| 10 | 查找 ECU 端子上电压过低的原因并进行修理。是否完成修理 | | 至步骤 12 | |
| 11 | 更换 ECU。是否完成修理 | | 至步骤 12 | |
| 12 | 使用故障诊断仪清除故障码。是否再次设置该故障码 | | 至步骤 1 | 系统正常 |

## 十二、C0163 -制动开关回路电压过低

1. 电路说明

ECU 监测制动开关输入信号的状态，以确定系统操作是否正常。制动开关信号由车辆提供。

ECU 识别制动开关输入信号的三种状态：电压低、电压高和开路。

2. 设置故障码的条件

当满足以下条件时，将设置 DTC C0163。

(1) 点火开关接通。

(2) 制动踏板不处于接合状态。

(3) 当前未进行制动控制。

(4) 车速超过 24 km/h。

(5) 在两个连续的 1 s 采样中，车辆减速度超过每秒 11.5 km/h。

(6) 上述 5 个条件满足两次。

3. 设置故障码时发生的操作

ECU 存储 DTC C0163。

4. 清除故障码的条件

(1) 如果设置 DTC C0163 的条件不再存在，可用合适的故障诊断仪清除故障码。

(2) 在 100 个驱动循环内未出现的故障码将从历史数据中清除。

5. 诊断帮助

导致 DTC C0163 的典型原因：

(1) 制动传感器的输出电压因短路而低于制动器接合时的电压。

(2) 制动传感器内部故障。

6. C0163 -制动开关回路电压过低的故障检修（见表 1 - 12）。

**表 1 - 12　C0163 -制动开关回路电压过低**

| 步骤 | 操　　作 | 值 | 是 | 否 |
|---|---|---|---|---|
| 1 | 是否完成了“诊断电路检查” | | 至步骤 2 | 至步骤 5 |

（续表）

| 步骤 | 操　作 | 值 | 是 | 否 |
|---|---|---|---|---|
| 2 | 踩下制动踏板，是否有制动灯泡不工作［包括中央高位停车灯（CHMSL），即第三制动灯］ |  | 至步骤6 | 至步骤3 |
| 3 | 1. 断开点火开关<br>2. 从ECU上断开ECU线束<br>3. 用合适的适配电缆，将通用引线盒串联在ECU和ECU线束之间<br>4. 将电压表连接至通用引线盒端子41，然后再连接至通用引线盒端子1或车身接地<br>电压是否在规定范围内 | 小于2 V | 至步骤4 | 至步骤7 |
| 4 | 更换ECU。是否完成修理 |  | 至步骤8 |  |
| 5 | 执行“诊断电路检查” |  |  |  |
| 6 | 拆卸并检查踩下制动踏板时不启亮的灯泡/灯座，更换灯泡或灯座，必要时修理接地部位。是否完成修理 |  | 至步骤8 |  |
| 7 | 检查所有后制动灯接地部位、灯泡、灯座是否接触不良或电阻过高，从而导致ECU的5 V参考电压信号无法被拉低（2 V以下）。是否完成修理 |  | 至步骤8 |  |
| 8 | 使用故障诊断仪清除故障码。当满足设置故障码的条件时<br>是否再次设置该故障码 |  | 至步骤1 | 系统正常 |

## 十三、C0164-制动开关回路电压过高

1. 电路说明

ECU监测制动开关输入信号的状态，以确定系统操作是否正常。制动开关信号由车辆提供。

ECU识别制动开关输入信号的三种状态：电压低、电压高和开路。

2. 设置故障码的条件

满足以下条件时，将设置DTC C0164。

(1) 感测到制动踏板处于接合状态。

(2) 车速超过40 km/h。

(3) 车辆加速度超过每秒8 km/h。

(4) 上述3个条件满足至少2 s。

3. 设置故障码时发生的操作

ECU存储DTC C0164。

4. 清除故障码的条件

(1) 如果设置DTC C0164的条件不再存在，可用合适的故障诊断仪清除故障码。

(2) 在100个驱动循环内未出现的故障码将从历史数据中清除。

5. 诊断帮助

导致 DTC C0164 的典型原因：

(1) 制动传感器的输出电压因短路而高于制动器接合时的电压。

(2) 驾驶员喜欢“双脚并用”（即双脚同时踩在制动踏板和加速踏板上）。

(3) 制动传感器内部出现故障。

6. C0164 -制动开关回路电压过高的故障检修（见表 1 - 13）

表 1 - 13 C0164 -制动开关回路电压过高

| 步骤 | 操 作 | 值 | 是 | 否 |
|---|---|---|---|---|
| 1 | 是否完成了“诊断电路检查” | | 至步骤 2 | 至步骤 5 |
| 2 | 踩下制动踏板。是否有制动灯泡不工作［包括中央高位停车灯（CHMSL），即第三制动灯］ | | 至步骤 6 | 至步骤 3 |
| 3 | 1. 断开点火开关<br>2. 从 ECU 上断开 ECU 线束<br>3. 用合适的适配电缆，将通用引线盒串联在 ECU 和 ECU 线束之间<br>4. 将电压表连接至通用引线盒端子 41，然后再连接至通用引线盒端子 1 或车身接地<br>电压是否在规定范围内 | 小于 2 V | 至步骤 4 | 至步骤 7 |
| 4 | 更换 ECU。是否完成修理 | | 至步骤 8 | |
| 5 | 执行“诊断电路检查” | | | |
| 6 | 拆卸并检查踩下制动踏板时不启亮的灯泡/灯座。更换灯泡/灯座，必要时修理接地部位。是否完成修理 | | 至步骤 8 | |
| 7 | 检查所有后制动灯接地部位/灯泡/灯座是否接触不良或电阻过高，从而导致 ECU 的 5 V 参考电压信号无法被拉低（2 V 以下）。是否完成修理 | | 至步骤 8 | |
| 8 | 使用故障诊断仪清除故障码。当满足设置故障码的条件时，是否再次设置该故障码 | | 至步骤 1 | 系统正常 |

## 十四、C0232 -制动警告灯故障

1. 电路说明

ECU 在针脚 25 上提供低侧驱动性输出。另一端要么连接至灯驱动器模块，要么连接至组合仪表内的一个指示灯。在上述任一情况下，输出电压在未起动状态下被拉高并在起动状态下被拉低。

2. 设置故障码的条件

当点火开关接通并存在以下条件时，将设置 DTC C0012。

(1) 检测到灯驱动器输出电路对蓄电池电压短路，而同时灯驱动器输出被指令起动（也就是输出电压应被拉低）。

(2) 灯驱动器输出电路开路或对地短路导致输出电压被拉低至接地。同时灯驱动器输出被指令关闭（也就是输出电压本应在外部被拉高）。

当ABS警告灯输出连续30 s出现故障时，将设置此故障码。

3. 设置故障码时发生的操作

ECU存储DTC C0012。

4. 清除故障码的条件

(1) 如果设置DTC C0232的条件不再存在，可使用合适的故障诊断仪清除故障码。

(2) 在100个驱动循环内未出现的故障码将从历史数据中清除。

5. 诊断帮助

导致DTC C0232的典型原因：

(1) ABS灯驱动器输出电路开路。

(2) ABS灯驱动器输出对地短路。

(3) ABS灯驱动器对蓄电池电压短路。

6. C0232-制动警告灯故障的故障检修（见表1-14）

**表1-14 C0232-制动警告灯故障**

| 步骤 | 操作 | 值 | 是 | 否 |
|---|---|---|---|---|
| 1 | 是否完成了“诊断电路检查” | | 至步骤2 | 至步骤6 |
| 2 | 1. 对蓄电池进行负载测试<br>2. 检查充电系统<br>3. 执行寄生负载测试<br>蓄电池、充电系统测试和寄生负载测试是否成功通过 | 蓄电池电压必须保持在9.6 V以上达10 s。电流消耗不应大于30 mA | 至步骤3 | 至步骤7 |
| 3 | 1. 断开点火开关<br>2. 断开蓄电池正极和负极端子<br>3. 从ECU上断开线束<br>4. 检查以下部位是否接触不良<br>① 蓄电池端子电缆<br>② 负极电缆至发动机缸体或底盘<br>③ 正极电缆至起动机电磁开关或接线盒<br>④ ECU端子16、46、1<br>⑤ ECU接地线至底盘接地点<br>以上所有连接部位是否都没有问题 | | 至步骤4 | 至步骤8 |
| 4 | 1. ECU仍保持断开状态<br>2. 蓄电池电缆仍保持断开状态<br>3. 在ECU线束端子1和蓄电池负极电缆之间连接一个欧姆表<br>电阻值是否在规定范围内 | 小于2 Ω | 至步骤5 | 至步骤9 |

（续表）

| 步骤 | 操作 | 值 | 是 | 否 |
|---|---|---|---|---|
| 5 | 1. 重新连接蓄电池电缆<br>2. ECU 仍保持断开状态<br>3. 接通点火开关<br>4. 使用一个电压表测量 ECU 线束端子 16 和 46 上的电压<br>两个端子上的电压是否都超过了规定范围 | 蓄电池电压 | 至步骤 11 | 至步骤 10 |
| 6 | 执行“诊断电路检查” | | | |
| 7 | 修理充电系统；对蓄电池进行重新充电或更换；查找寄生负载测试电流过大的原因并进行修理。是否完成修理 | | 至步骤 12 | |
| 8 | 必要时，修理端子或连接部位。是否完成修理 | | 至步骤 12 | |
| 9 | 查找蓄电池负极电缆和 ECU 线束插接器之间电阻过高的原因并进行修理。是否完成修理 | | 至步骤 12 | |
| 10 | 查找 ECU 端子上电压过低的原因并进行修理。是否完成修理 | | 至步骤 12 | |
| 11 | 更换 ECU。是否完成修理 | | 至步骤 12 | |
| 12 | 使用故障诊断仪清除故障码。是否再次设置该故障码 | | 至步骤 1 | 系统正常 |

## 十五、C0900-系统电压过高

1. 电路说明

该电路用于监测提供至 ECU 的电压水平。如果电压高于一定水平，将损坏系统。

2. 设置故障码的条件

只有在车速高于 8 km/h 且提供至端子 46 的电压高于 17 V 达 1 s 时，才会设置 DTC C0900。

3. 设置故障码时发生的操作

(1) 存储 DTC C0900。

(2) ABS 被禁用。

(3) ABS 警告灯被指令启亮。

4. 清除故障码的条件

(1) 如果设置 DTC C0900 的条件不再存在，则可使用合适的故障诊断仪清除故障码。

(2) 在 100 个驱动循环内未出现的故障码将从历史数据中清除。

5. 诊断帮助

导致 DTC C0900 的典型原因：

(1) 充电系统有故障。

(2) 接触不良。

(3) ECU 有故障。

6. C0900-系统电压过高的故障检修（见表 1-15）

**表 1-15 C0900-系统电压过高**

| 步骤 | 操作 | 值 | 是 | 否 |
| --- | --- | --- | --- | --- |
| 1 | 是否执行了“诊断电路检查” | | 至步骤 2 | 至步骤 4 |
| 2 | 1. 将电压表连接至蓄电池正极和负极端子<br>2. 关闭所有附件<br>3. 起动发动机<br>4. 让发动机在 2 000 r/min 的转速下运行几秒，同时监测电压表上的电压<br>电压值是否在规定范围内 | 小于 17.0 V | 至步骤 3 | 至步骤 5 |
| 3 | 1. 连接故障诊断仪并选择 ABS 数据列表<br>2. 使发动机在 2 000 r/min 的转速下运行几秒，同时监测 ABS 数据列表中的蓄电池电压<br>电压值是否在规定范围内 | 小于 17.0 V | 至步骤 6 | 至步骤 7 |
| 4 | 执行“诊断电路检查” | | | |
| 5 | 参见起动和充电系统诊断 | | | |
| 6 | 故障为间歇性的，参见诊断帮助及起动和充电系统诊断 | | | |
| 7 | 更换 ECU。是否完成修理 | | 至步骤 8 | |
| 8 | 使用故障诊断仪清除故障码。当满足设置故障码的条件时，是否再次设置该故障码 | | 至步骤 1 | 系统正常 |

## 十六、B0665-ABS 警告灯故障

1. 电路说明

ECU 在针脚 25 上提供低侧驱动性输出。另一端要么连接至灯驱动器模块，要么连接至组合仪表内的一个指示灯。在上述任一情况下，输出电压在未起动状态下被拉高并在起动状态下被拉低。

2. 设置故障码的条件

当点火开关接通并存在以下条件时，将设置 DTC B0665。

(1) 检测到 ECU 针脚 25 输出电路对蓄电池电压短路。

(2) ECU 针脚 25 输出电路开路或对地短路导致输出电压被拉低至接地。而同时灯驱动器输出被指令关闭（也就是输出电压本应在外部被拉高）。

当 ABS 警告灯输出连接 30 s 出现故障时，将设置此故障码。

3. 设置故障码时发生的操作

ECU 存储 DTC B0665。

4. 清除故障码的条件

(1) 如果设置 B0665 的条件不再存在，可使用合适的故障诊断仪清除故障码。

(2) 在 100 个驱动循环内未出现的故障码将从历史数据中清除。

5. 诊断帮助

导致 DTC B0665 的典型原因：

(1) ECU 针脚 25 和车灯接口之间开路。

(2) ECU 针脚 25 和车灯接口之间对地短路。

(3) ECU 针脚 25 和车灯接口之间对蓄电池电压短路。

(4) ECU 有故障。

6. B0665－ABS 警告灯故障的故障检修（见表 1－16）

**表 1－16 B0665－ABS 警告灯故障**

| 步骤 | 操　　作 | 值 | 是 | 否 |
|---|---|---|---|---|
| 1 | 是否执行了“诊断电路检查” | | 至步骤 2 | 至步骤 6 |
| 2 | 1. 断开点火开关<br>2. 从 ECU 上断开 ECU 线束<br>3. 接通点火开关<br>4. 在 ECU 线束的端子 25 和车身接地之间连接一根带熔丝的跨接线<br>琥珀色 ABS 灯是否熄灭 | | 至步骤 7 | 至步骤 3 |
| 3 | 1. 断开点火开关<br>2. ECU 线束仍保持断开状态<br>3. 从仪表板上拆卸时钟总成<br>4. 从时钟总成上拆卸线束<br>5. 在时钟总成线束端子 4 和 ECU 线束端子 25 之间连接一个欧姆表<br>电阻值是否在规定范围内 | 小于 2 Ω | 至步骤 4 | 至步骤 9 |
| 4 | 此时需要增加步骤，以检查车辆线束是否存在对蓄电池电压短路的状况 | | 至步骤 10 | 至步骤 5 |
| 5 | 更换时钟总成。是否完成修理 | | 至步骤 11 | |
| 6 | 执行“诊断电路检查” | | | |
| 7 | 更换 ECU。是否完成修理 | | 至步骤 11 | |
| 8 | 在更换 ECU 之前，应增加对 ECU 接地的检查 | | | |
| 9 | 修理 ECU 和时钟总成之间的开路或电阻过高故障。是否完成修理 | | 至步骤 11 | |
| 10 | 修理线束的对蓄电池短路故障。是否完成修理 | | 至步骤 11 | |
| 11 | 使用故障诊断仪清除故障码。指示灯是否工作正常 | | 至步骤 1 | 系统正常 |

# 第二章　大众宝来车系制动系统的故障检修

## 第一节　制动系统的结构组成

宝来系列轿车的传动系统可分为普通制动系统和防抱死制动系统。

### 一、前轮制动器（FSⅢ制动钳）

前轮制动器（FSⅢ制动钳）由制动盘、制动摩擦片、制动钳体、导向销、制动管、ABS车轮转速传感器、带齿圈轮毂等组成，其结构组成如图 2-1 所示。

### 二、后轮制动器

后轮制动器由制动盘、带轴承和齿圈的轮毂、ABS车轮转速传感器、制动钳体、制动摩擦片、制动管等组成，其结构组成如图 2-2 所示。

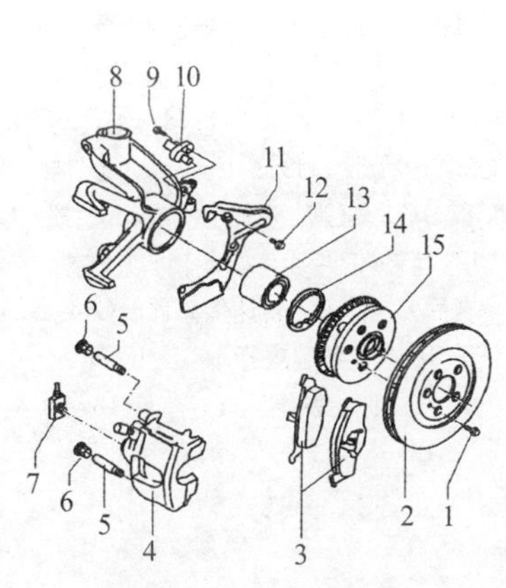


**图 2-1　前轮制动器（FSⅢ制动钳）的结构组成**

1—十字螺栓；2—制动器；3—制动摩擦片；4—制动钳体；5—导向销；6—保护帽；7—带环形连接和中空螺栓的制动管；8—车轮轴承；9—六角台肩螺栓；10—ABS 车轮转速传感器；11—防溅板；12—六角螺栓；13—车轮轴承；14—卡簧；15—带齿圈轮毂

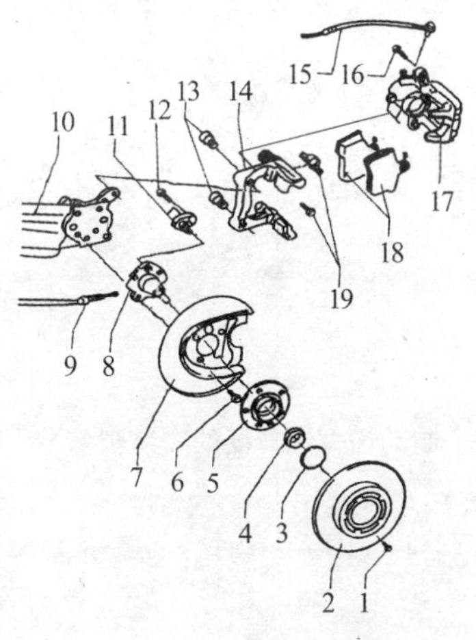


**图 2-2　后轮制动器的结构组成**

1—十字螺栓；2—制动盘；3—护盖；4—轮毂轴承；5—带轴承和齿圈的轮毂；6—六角螺栓；7—防溅板；8—轮毂轴；9—驻车制动拉索；10—后桥；11—ABS 车轮转速传感器；12、13—六角台肩螺栓；14—带导向销和保护盖的制动钳支架；15—制动管；16—自锁六角螺栓；17—制动钳体；18—制动摩擦片；19—制动摩擦片定位弹簧

### 三、制动压力调节器

制动压力调节器安装在轿车后轴的支架上，其位置如图 2-3 所示。制动压力调节器通过弹簧从后轴控制。

**四、防抱死制动系统（ABS）**

宝来系列大多采用轿车 MARK60 型防抱死制动系统，该防抱死制动系统在车上交错布置，并带有真空制动系统，但无机械式制动压力调节器。其压力调节控制采用控制单元中的软件调节。若 ABS 出现故障，则普通的制动系统可正常工作。

防抱死制动系统由 ABS 液压单元、ABS 控制单元、带车轮转速传感器转子的轮毂等组成。ABS 的结构组成如图 2－4 所示。

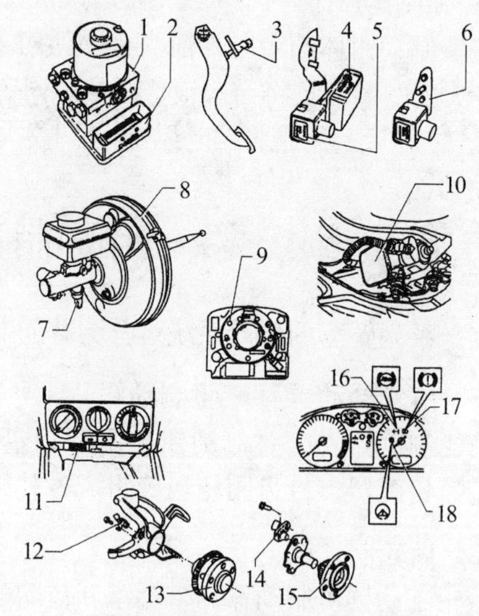


**图 2－4　防抱死制动系统（ABS）的结构组成**

1—ABS 液压单元—N55；2—ABS 控制单元—J104；
3—制动灯开关—F；4—摆动速度传感器—G202；
5—横向加速度传感器—G200；6—纵向加速度传感器—G251；
7—制动压力传感器－G201；8—制动助力器；
9—转向角度传感器－G85；10—制动真空泵－V192；
11—自诊断接口；12—右前/左前车轮转速传感器—G45/G47；
13、15—带转速传感器转子的轮毂；
14—右后/左后车轮转速传感器－G44/G46；
16—ABS 警报指示灯－K47；
17—制动系统警报灯－K118；
18—稳定程序警报灯－K155

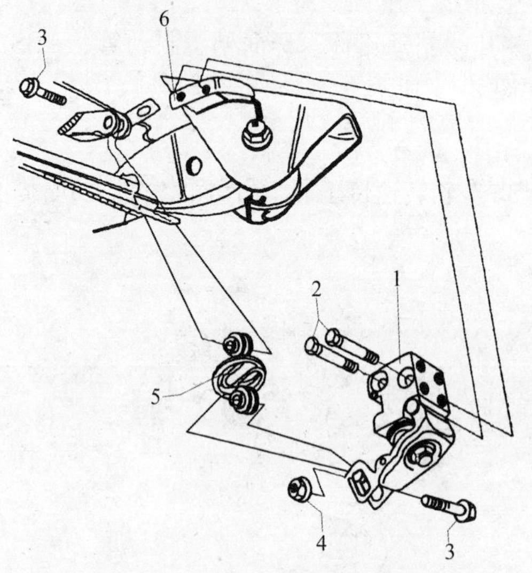


**图 2－3　制动压力调节器的安装位置**

1—制动压力调节器；2—内六角螺栓；
3—六角螺栓；4—螺母；5—弹簧；6—支座架

# 第二节　普通制动系统的拆装与检修

**一、拆装与检修前轮制动器（FSⅢ制动钳）制动摩擦片**

1. 拆卸前轮制动器（FSⅢ制动钳）制动摩擦片

(1) 将轿车停靠在专用检测平台上，关闭点火开关，断开蓄电池负极搭铁线的连接，用轿车举升机举升轿车。用专用工具将轿车的左右两前轮上的螺栓拆下，拆下轿车两前轮。然后将轿车上的保护罩从制动钳体的导向销上用专用工具拆下。接着按图 2－1 将导向销（两个）从制动钳体上拆下。

(2) 用专用工具将制动钳体拆下，然后将制动钳体用金属线固定在车体上，防止受到制动器重力压迫使制动管损坏。接着将制动摩擦片从制动钳体上小心的拆下，并用高度酒精清洗制动钳体。

2. 安装前轮制动器（FSⅢ制动钳）制动摩擦片

(1) 更换新制动摩擦片。将制动储液罐中的制动液用排液瓶抽出，然后将活塞用专用工具压回原位置，接着在制动钳和活塞之间安装新的制动摩擦片。安装时应注意制动摩擦片上的标记，白色标记应朝向活塞侧，带有三个黑色指示标记的制动摩擦片应安装在制动钳体的外侧。

(2) 将制动钳体的下部安装到轿车，然后在车轮轴承座上用专用工具安装组装好的制动钳体。安装制动钳体凸台时，箭头必须朝向车轮轴承座导向销的后面。

(3) 用专用工具将导向销（两个）固定制动器壳体和制动器支架，并用 28 N·m的力矩拧紧。安装完毕后，用脚将制动踏板踩下数次，当制动摩擦片进入正常工作状态后，应检查并添加制动油液。

## 二、拆装与检修后轮制动器制动摩擦片

1. 拆卸后轮制动器制动的摩擦片

(1) 将轿车停靠在专用检测平台上，关闭点火开关，断开蓄电池负极搭铁线的连接，用轿车举升机举升轿车。用专用工具将轿车的左右两后轮上的螺栓拆下，拆下轿车两后轮。用专用工具将制动钳上的卡夹从制动钳上拆下，并将制动器的制动拉杆和驻车制动拉索拆下。

(2) 用专用工具将制动钳体上的螺栓拆下，拆下制动钳体和固定导向销。将制动钳体用导线或金属线固定在轿车车体上。然后用专用工具将制动摩擦片和制动摩擦片的定位弹簧小心拆下并用酒精清洁制动钳体和制动摩擦片的接触面，并将黏合剂和润滑脂清除干净。

2. 安装后轮制动器制动摩擦片

(1) 将制动液储液罐中的制动液用排液瓶抽出。用专用工具将活塞压入缸体中，在制动钳中安装制动摩擦片和制动摩擦片定位弹簧。更换新的外侧制动摩擦片，并将新的外侧制动摩擦片安装到制动钳中，并用专用工具将制动摩擦片上的螺栓（4 个）按照规定力矩拧紧。

(2) 用手将制动拉杆压下，将驻车制动器拉索及卡夹安装到轿车上。调整驻车制动器的拉索间隙，然后将后轮安装到轿车上。用脚踩下制动踏板数次，使驻车制动器进入正常工作状态。最后检查并添加制动油液。

## 三、检修制动压力调节器

(1) 将轿车停靠在专用检测平台上，用举升机举升轿车，在左前制动器及右后分泵制动器上安装压力表，并排除压力表内的气体。降低轿车举升机将轿车后部反复举升几次。用脚将制动踏板踩下，观察压力表上数值应属合表 2-1 中的规定。

**表 2-1 后轴盘式制动器的压力参数** (MPa)

| 前轴参数 | 7 | 10 |
|---|---|---|
| 后轴参数 | 3.6～4.2 | 4.9～5.5 |

(2) 若压力表显示数值过高或过低时，应调整调节器弹簧。调节时切勿踩动制动踏板。将读出压力表上的数值后，将制动踏板松开，重新调节。然后将压力表拆下，排出制动系统中的气体。

## 四、排放制动系统中的空气

(1) 在制动系统中安装专用的排气装置V.A.G1869，将右后轮缸或制动钳中的排气螺栓拆下，释放右后轮缸或制动钳中的气体。然后按照同样的方法释放左后轮缸或制动钳、右前轮缸或制动钳、左前轮缸或制动钳中的气体。若是带 ABS 或 ABS/ EDL 的轿车，当制动系统中的气体排放干净后，应进行道路试验。

(2) 若没有排气装置时，将排气瓶安装到右后轮缸/制动钳中，用专用工具将排气螺栓拆下。用脚踩下制动踏板，排放右后轮缸/制动钳中的制动液，并检查制动储液罐中是否有制动液。当制动液不足时应立即添加。当把排气螺栓安装完毕后，松开制动踏板，反复操作，直到

制动系统中的气体排净为止。然后用同样的方法将左后轮缸/制动钳、右前轮缸/制动钳、左前轮缸/制动钳中的气体排放出来。

## 第三节　防抱死制动系统（ABS）的拆装与检修

### 一、拆装与检修液压单元、制动助力器/制动总泵

液压单元、制动助力器或制动总泵的结构如图 2-5 所示。具体拆装方法如下：

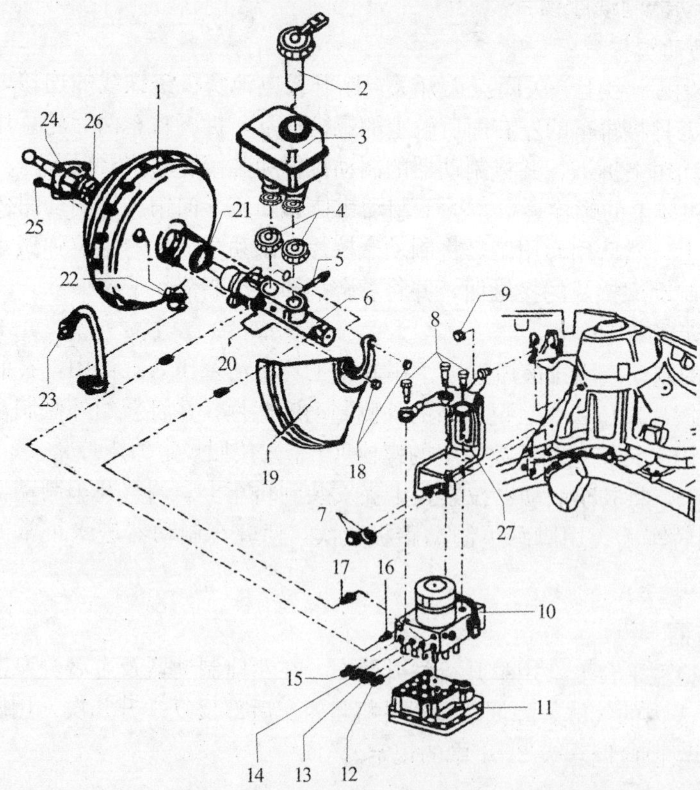


1—制动助力器；
2—护盖；
3—制动液储液罐；
4—密封塞；
5—定位销；
6—制动总泵；
7—自锁六角螺母；
8—安装螺栓；
9—螺母；
10—ABS/EDL 液压单元；
11—控制单元；
12、13、14、15、17—制动管连接插头；
16—制动管连接插接器；
18—制动摩擦片；
19—制动摩擦片定位弹簧

图 2-5　卸液压单元、制动助力器/制动总泵的结构组成

1. 拆卸液压单元、制动助力器/制动总泵

(1) 将轿车停靠在专用检测平台上检查轿车的防盗码，将轿车防盗码解除。关闭点火开关，断开蓄电池负极搭铁线的连接，将空气流量计插接器从空气滤清器进气道位置上拔下，用专用工具将空气滤清器的固定螺栓拆下，将拆下的空气滤清器放置在轿车左侧位置。将吸瓶安装到制动系统上，并将制动液罐中的制动液吸出。

(2) 安装制动踏板压下装置V.A.G1869/2，并将制动踏板压下。在左前制动器排气螺栓上连接盛液瓶软管，接着将排气螺栓用专用工具拆下。用专用工具安装左前排气螺栓，将液压单元的控制单元插接器拔下后将插接器从液压单元上拉出。将洁净的抹布垫在控制单元和液压单元下面。

(3) 检查制动液是否足够。用洁净的抹布将液压单元和制动总泵制动管连插头包好后小心拧开，释放管路中的压力。接着用洁净的抹布把流出的制动液擦拭干净。然后按照相同的方法释放液压单元中的其他制动管插头。用塞子将制动管插头堵住，用专用工具将控制单元支架上的螺栓拆下，并将控制单元和液压单元从支架中拆出。

(4) 从液压单元上拆卸控制单元时，用专用工具按照如图 2-6 所示的螺栓（内六角螺栓）

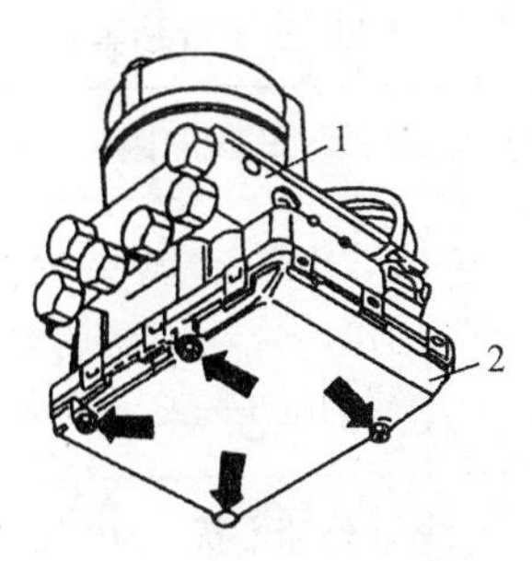


图2-6 拆下控制单元上的内六角螺栓

1—液压单元；2—控制单元

从控制单元上拆下，将控制单元向下拉出。拉出时，切勿使控制单元电磁阀插接器倾斜，否则会使制动液进入控制单元造成控制单元出现故障。将控制单元的电磁线圈用洁净的抹布包住。将控制单元和液压单元拆下。

2. 安装液压单元、制动助力器/制动总泵

安装的顺序与拆卸的顺序相反，并将液压单元密封塞从制动管插头上拆下。安装时切勿使液压单元阀倾斜于控制单元电磁阀。

将控制单元安装到液压单元上，用专用工具将螺栓拧紧到4 N·m的力矩。将液压泵电动机插接器插接到液压泵电动机上。然后在支架上安装ABS单元，并将螺栓拧到ABS单元的固定支架上，将制动管安装到ABS单元上后，将螺栓用专用工具拧紧到规定力矩。安装完毕后，将制动系统按照上述方法排气，并接触防盗码，重新将控制单元中输入编码。

## 二、拆装与检修前轴车轮转速传感器

(1) 拆卸前轴车轮转速传感器

将轿车停靠在专用检测平台上，用轿车举升机举升轿车，按照如图2-7所示将车轮转速传感器和车轮转速传感器的线束插接器拔下。接着将车轮转速传感器上的连接螺栓用专用工具拆下。将车轮转速传感器从车轮轴承座中拆下。

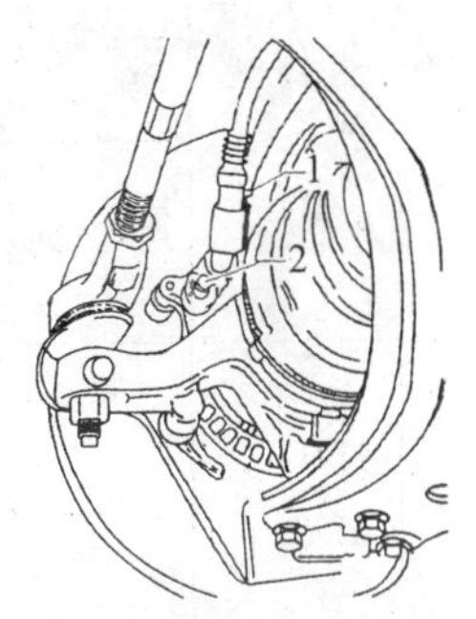


图2-7 分离转速传感器及线束插头

1—车轮转速传感器线束插头；2—车轮转速传感器

(2) 安装前轴车轮转速传感器

用专用工具将润滑脂均匀地涂抹在安装孔内和传感器上，然后将车轮转速传感器安装到车轮轴承座的安装孔内，用专用工具将螺栓拧紧到8 N·m的力矩。将车轮转速传感器线束插接器重新插接到车轮转速传感器上。转动方向盘，将车轮转到左、右的止点位置。用测量仪测量车轮转速传感器和导线之间的间隙是否在规定范围之内。

(3) 检测前轴齿圈

将轿车停靠在专用检测平台上，安装好前车轮转速传感器后，将轿车前轮用专用工具拆下用手转动制动盘，观察齿圈是否有脏污或污物，若有应及时清理干净。检查齿圈是否缺齿或断裂或裂纹，若是则应将轮毂和齿圈拆下后更换新的。

## 三、ABS故障存储器故障代码

ABS故障存储器的故障代码见表2-2。

表2-2 ABS故障存储器的故障代码

| 故障码 | 故障元件 | 故障现象 | 故障原因 | 故障码 | 故障元件 | 故障现象 | 故障原因 |
|---|---|---|---|---|---|---|---|
| 00283 | 左前车轮转速传感器—G47 | 电路异常 | 元器件故障，或G47和J104导线断路 | 00285 | 右前车轮转速传感器—G45 | 电路异常 | 元器件故障，或G45和J104导线断路 |
| | | 异常信号 | G47和J104导线断路或短路或接触不良，外部信号干扰 | | | 异常信号 | G45和J104导线断路或短路或接触不良，外部信号干扰 |
| | | 机械异常 | G47和转速间隙太大，或导线对正极或对地短路，G47故障 | | | 机械异常 | G45和转速间隙太大，或导线对正极或对地短路，G45故障 |

（续表）

| 故障码 | 故障元件 | 故障现象 | 故障原因 |
|---|---|---|---|
| 00287 | 右后轮车轮转速传感器—G44 | 电路异常 | 元器件故障，或G44和J104导线断路 |
| | | 异常信号 | G44和J104导线断路或短路或接触不良，外部信号干扰 |
| | | 机械异常 | G44和转速间隙太大，或导线对正极或对地短路，G44故障 |
| 00290 | 左后车轮转速传感器—G46 | 电路异常 | 元器件故障，或G46和J104导线断路 |
| | | 异常信号 | G46和J104导线断路或短路或接触不良，外部信号干扰 |
| | | 机械异常 | G46和转速间隙太大，或导线对正极或对地短路，G46故障 |
| 00526 | 制动灯开关信号—F | 异常信号 | 制动灯故障，或制动灯开关调节错误，或导线断路或对正极或对地短路 |
| 00538 | 参考电压 | 电路故障 | 导线对正极或对地短路，供电电压小于5 V， G202、 G200、G201存在故障 |
| 00778 | 转向角传感器G85 | 没有信号或通讯 | 元器件故障、G85的30号接线柱或15号接线柱故障，G85和J104间断路或接触异常的故障，无接地点 |
| | | 机械异常 | 元器件故障G85安装错误，G85标准值错误，底盘或G85定位错误，转向盘拆下后，没有进行零点平衡 |
| | | 异常信号 | G85安装错误，底盘定位错误，转向器振动太大 |
| | | 基本设定或自适应未进行或异常 | G85没有发送调整值或错误信号 |
| | | G85故障 | G85故障 |

| 故障码 | 故障元件 | 故障现象 | 故障原因 |
|---|---|---|---|
| 01044 | 控制单元 | 编码异常 | J104编码异常，J104多空插接器的编码的电桥断路或短路 |
| 01130 | ABS系统 | 异常信号 | 外部干扰，J104故障，或电路短路或对正极或对地短路 |
| | 车身电子稳定系统(ESP) | 异常信号 | 外部干扰，J104故障，或电路短路或对正极或对地短路 |
| 01276 | ABS液压泵—V64 | 异常信号 | V64故障，搭铁或正极电路有接触电阻 |
| | | 故障 | 电气电路 |
| | | 电路异常 | V64故障，蓄电池正极熔断器烧断，电路断路或对正极或对地短路 |
| 01312 | 数据总线 | 故障 | 总线断路或对正极或对地短路 |
| 01314 | 发动机控制单元 | 没有信号或无法正常通讯查询故障存储器 | 总线断路或对正极或对地短路，或发动机控制单元存储异常 |
| 01315 | 变速器控制单元 | 没有信号或无法正常通讯 | 总线断路或对正极或对地短路 |
| 01317 | 组合仪表控制单元—J285 | 异常 | 编码异常 |
| 01423 | 横向加速度传感器—G200 | 基本设定或自适应未进行或错误 | 没有进行零点平衡 |

(续表)

| 故障码 | 故障元件 | 故障现象 | 故障原因 |
|---|---|---|---|
| 01432 | 横向加速度传感器－G200 | 电路异常 | G200故障,供电电压小于5 V,电路断路或对正极或对地短路 |
| | | 异常信号 | G200安装错误，或电路断路或对正极或对地短路，或没有进行基本设定 |
| 01435 | 制动压力传感器－G201 | 基本设定或自适应未进行或错误 | 没有进行零点平衡 |
| | | 异常信号 | G201故障，制动灯开关故障或调整异常，电路断路或对正极或对地短路 |
| | | 电路异常 | G201故障，供电电压小于5 V，电路断路或对正极或对地短路 |
| 01486 | 仅指ABS或EDS(电子差速锁）或ASR(驱动防滑系统）或ESP | ESP检查起动 | ESP检查起动 |
| 01542 | 摆动速度传感器－G202 | 电路异常 | G202故障，供电电压小于5 V，电路断路或对正极或对地短路 |
| | | 异常信号 | G202故障，或G202安装错误，电路断路或对正极或对地短路 |
| 01748 | Literatur | 时间过长 | ESP工作检查时间过标准时间 |

## 四、ABS故障查询方法

(1) 连接故障诊断仪，打开故障诊断仪的显示器，在“快速数据传输”里输入“0”和“2”，选择“查询故障存储器”然后按“Q”键确认。若发现故障码，则维修更换故障元器件，维修完毕后则输入“0”和“5”，选择“清除存储器故障码”。查询完毕后，按“→”键将查询的故障码打印出来。然后输入“0”和“6”选择“结束输出，并按“Q”键确认，最后将点火开关关闭，将自诊断插接器拔下。

(2) 清除故障码时，应先按照上属方法查询故障码，当故障排除后，应打开故障存储器按“→”键，输入“0”和“5”选择“清除故障存储器”，然后按“Q”键确认，此时显示器显示“故障存储器已被清除”。然后按“→”键，显示器显示“选择功能”，重复上述步骤，直到显示器显示“未查询故障存储器为止”。在诊断仪中输入“0”和“6”，选择“结束输出”，按“Q”键确认。关闭点火开关，将诊断仪V.A.G1551插接器拔下，将点火开关打开，观察ABS警报灯－K47是否亮2 s后熄灭。

# 第三章　别克新世纪车系制动系统的故障检修

## 第一节　制动系统的拆装技巧

### 一、总泵储液箱的拆装

1. 拆卸程序

(1) 拆卸总泵。

(2) 将总泵泵体上的法兰夹在台钳上。

(3) 用匹配的 1/8 in 冲子小心冲出弹簧销，如图 3-1 所示。

(4) 把储液箱体 1 向上直推以便将其从总泵泵体上取下，如图 3-2 所示。

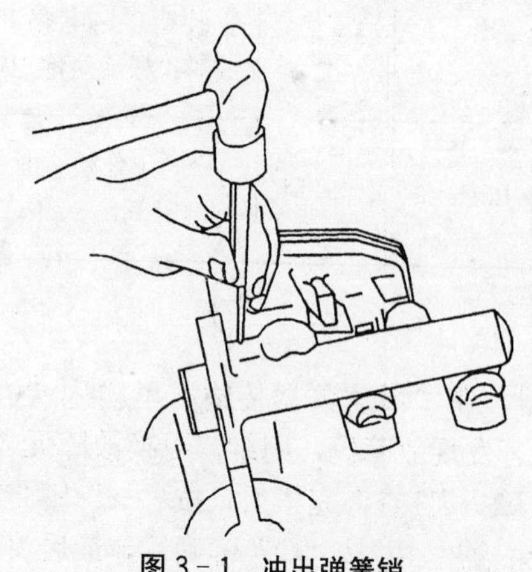

图 3-1　冲出弹簧销

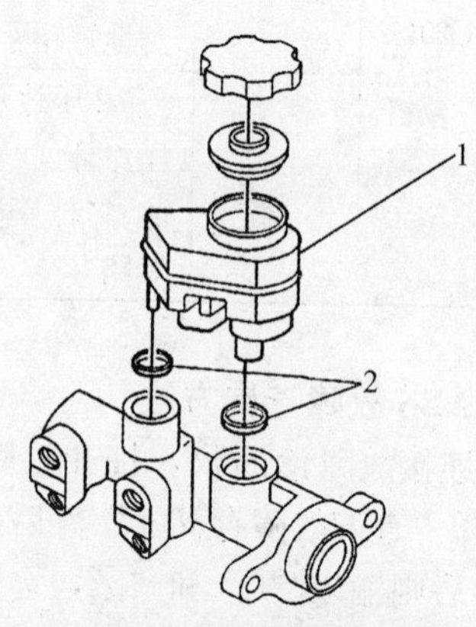


图 3-2　拆卸储液箱体

1—储液箱体；2—O 形密封圈

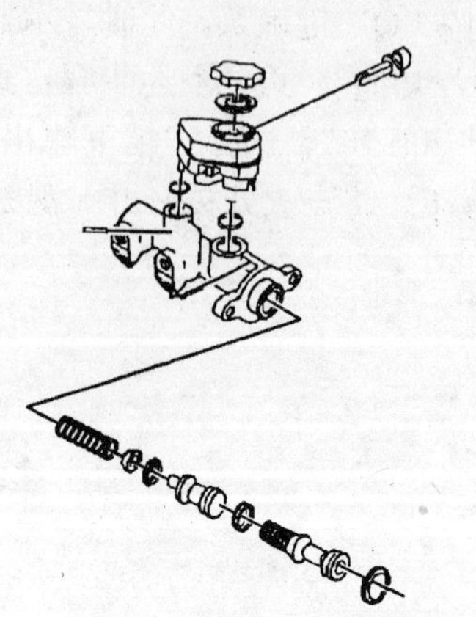

图 3-3　总泵阀体的结构

(5) 从储液箱凹箱中拆卸 O 形密封圈 2。

(6) 检查储液箱是否开裂或变形。必要时，更换储液箱。

(7) 用清洁的变性酒精清理储液箱。

(8) 用不含润滑油的压缩空气干燥储液箱。

2. 安装程序

(1) 总泵阀体的结构如图 3-3 所示。用清洁的制动液润滑新 O 形密封圈 5 和储液箱与壳体的安装附件。

(2) 将 O 形密封圈 5 插到储液箱凹槽中。确保 O 形密封圈 5 正确放置。

(3) 将储液箱连接到总泵泵体上。用手将储液箱向下按入泵体。

(4) 小心安装弹簧销以便固定储液箱。

(5) 安装总泵。

## 二、总泵的更换

1. 拆卸程序

(1) 从总泵上断开制动器管路。

(2) 断开液面传感器电气插头。

(3) 拆卸总泵安装螺母，如图 3-4 所示。

(4) 拆卸总泵。

(5) 泄放总泵储液箱中的所有制动液。

(6) 拆卸总泵储液箱。

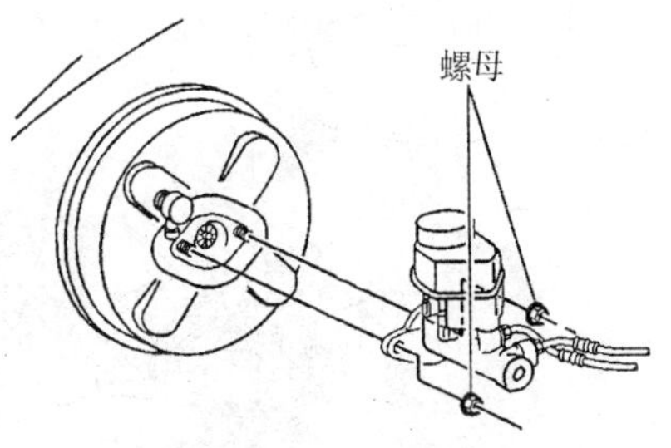


图 3-4 拆卸总泵安装螺母

2. 安装程序

(1) 安装总泵储液箱。

(2) 安装总泵。

(3) 安装总泵安装螺母。

(4) 连接液面传感器电气插头。

(5) 将制动器管路连接到总泵上。

(6) 将制动液加注到总泵储液箱中。

(7) 排放制动系统。

## 三、总泵油液液面传感器的拆装

1. 拆卸程序

(1) 从油液液面传感器上断开电气插头，如图 3-5 所示。

(2) 拆卸液面传感器。用尖嘴钳子压缩总泵外侧的开关锁紧凸舌，如图 3-6 所示。

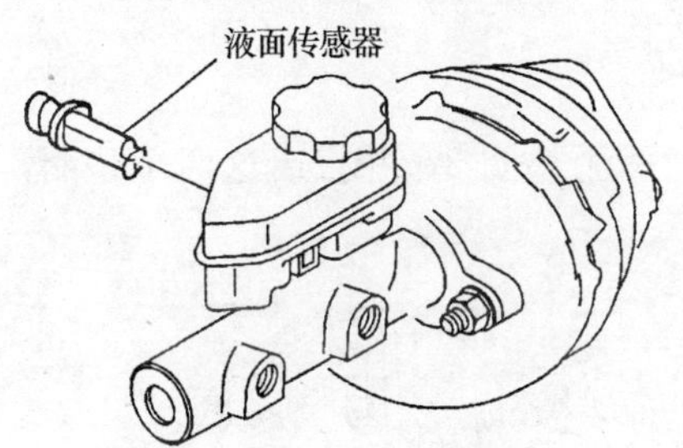


图 3-5 从油液液面传感器上断开电气插头

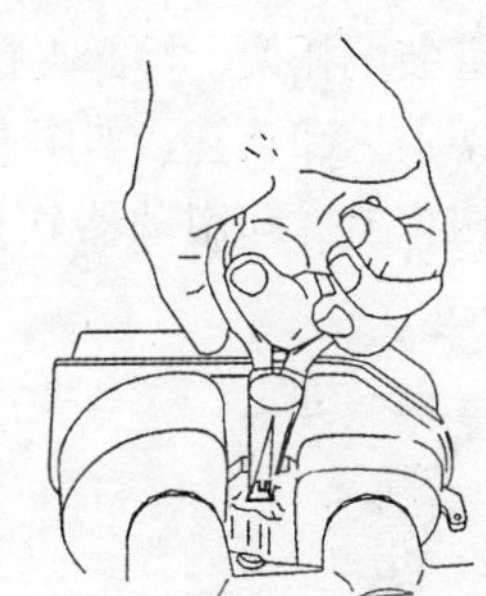

图 3-6 用尖嘴钳子压缩总泵外侧的开关锁紧凸舌

2. 安装程序

(1) 安装油液液面传感器直到锁紧凸舌卡到位。

(2) 将电气插接器连接到液面传感器上。

## 四、制动踏板的拆装

1. 拆卸程序

(1) 拆卸左侧仪表板绝缘体，如图 3-7 所示。

(2) 松开车身控制模块（BCM）并放在一边。

(3) 拆卸停车灯开关。

(4) 拆卸线束夹子。

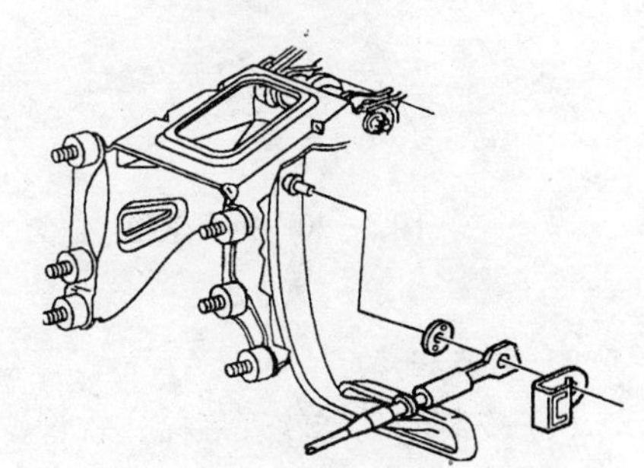

图 3-7 拆卸左侧仪表板绝缘体

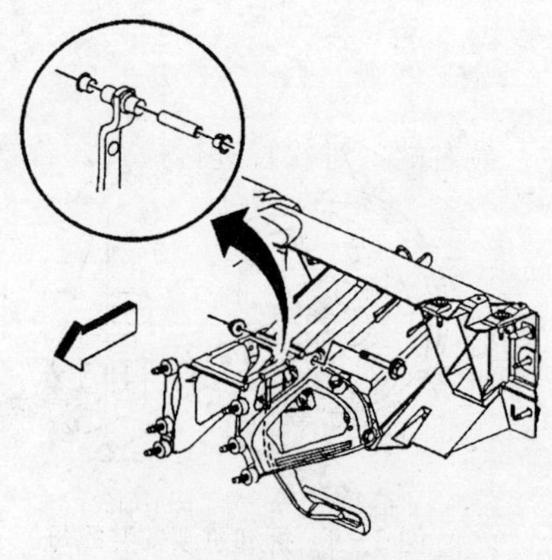

图 3-8　拆卸制动踏板螺母和螺栓

(5) 从制动踏板上拆卸制动踏板推杆固定卡夹。

(6) 拆卸制动踏板推杆和垫圈。

(7) 检查所有零件是否有磨损迹象。必要时，维修或更换磨损的零件。

(8) 拆卸制动踏板螺母和螺栓，如图3-8所示。

(9) 拆卸制动踏板和轴套。

2. 安装程序

(1) 安装制动踏板和轴套。

(2) 安装制动踏板螺母和螺栓，如图 3-9 所示。

(3) 安装制动踏板垫圈和推杆。

(4) 安装制动踏板推杆固定卡夹。

(5) 安装线束夹子。

(6) 安装停车灯开关。

(7) 放置 BCM 到位并夹紧。

(8) 安装左侧仪表板绝缘体。

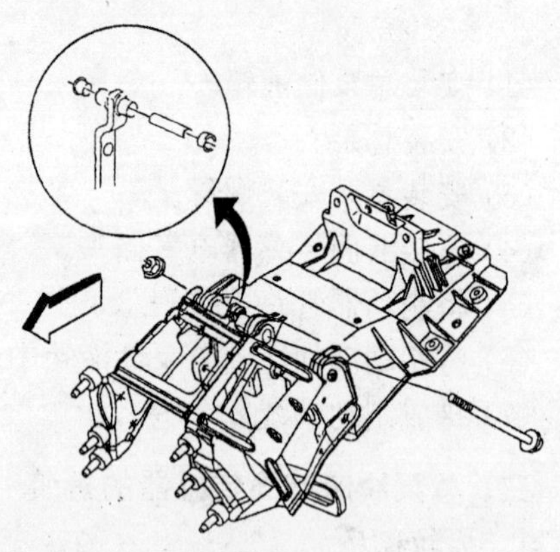

图 3-9　安装制动踏板螺母和螺栓

## 五、制动器软管的拆装

1. 拆卸程序

(1) 升起并适当地支承车辆。

(2) 拆卸前轮胎和前车轮。

(3) 清理制动器软管和插头上的灰尘和异物。

(4) 采用支承扳手夹住软管插头，从制动器软管托架处拆卸制动管路。

(5) 从软管装配托架上拆卸夹持器夹子。

(6) 从托架上拆卸软管，如图 3-10 所示。

(7) 从卡钳 1 上拆卸制动器软管螺栓 3、软管 4、两个垫圈 2，并报废这两个垫圈，如图 3-11所示。

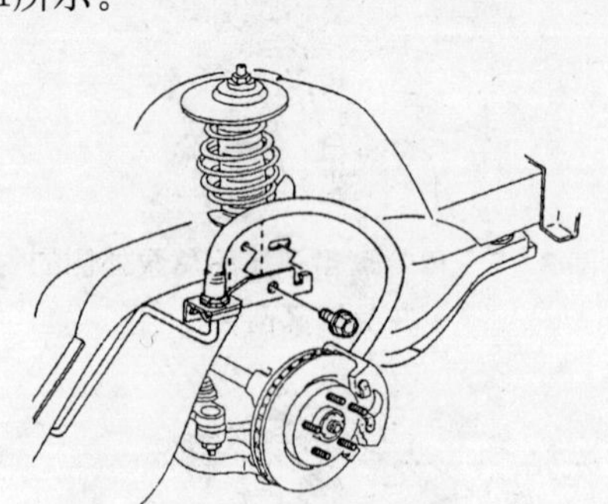

图 3-10　拆下软管

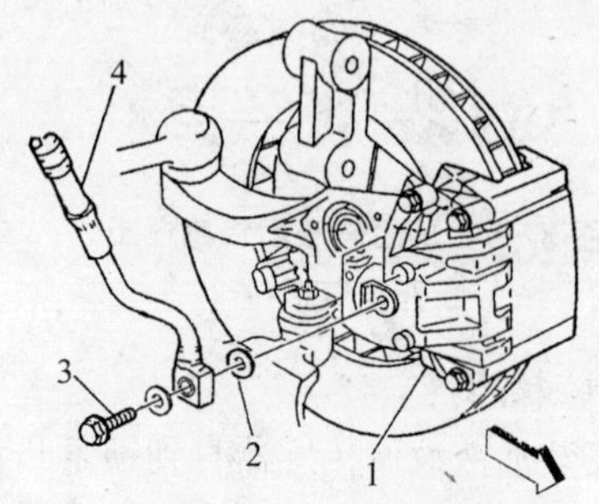


图 3-11　卡钳的拆卸

1—卡钳；2—垫圈；3—螺栓；4—软管

2. 安装程序

(1) 安装制动器软管螺栓、软管、两个垫圈、使用新的垫圈到卡钳上。

(2) 用制动液润滑螺栓螺纹。

(3) 将车身重量座落在悬架上，将制动器软管安装到托架上。

(4) 将夹持器安装到托架处的软管插头上。

(5) 将制动管路连接到制动器软管上。

(6) 安装前轮胎和前车轮。

(7) 确保软管未与任何悬架部件接触。分别转向最左、最右端，对软管进行检查。若软管与部件接触，则拆卸软管并校正其位置。

(8) 降下车辆。

(9) 排放制动器。

## 六、制动衬片的拆装

### 1. 拆卸程序

为了平衡前和后制动性能，对所有的GM车辆推荐使用GM制动器摩擦衬片更换材料（或者等效品)。GM更换制动器零件经过精心挑选，可为制动和控制各种操作条件，提供合适的制动平衡。在车辆上安装与GM推荐的零件替换性能不同材料的前或后制动器衬片，可能改变该车辆既定的制动性能。

(1) 从总泵放出三分之二的制动液。

(2) 升起并适当支承车辆。

(3) 标记车轮和轮毂的相对位置。

(4) 卸下前轮胎和车轮总成，如图3-12所示。

(5) 将活塞推入卡钳缸套，使制动衬片与制动盘之间出间隙，如图3-13所示。

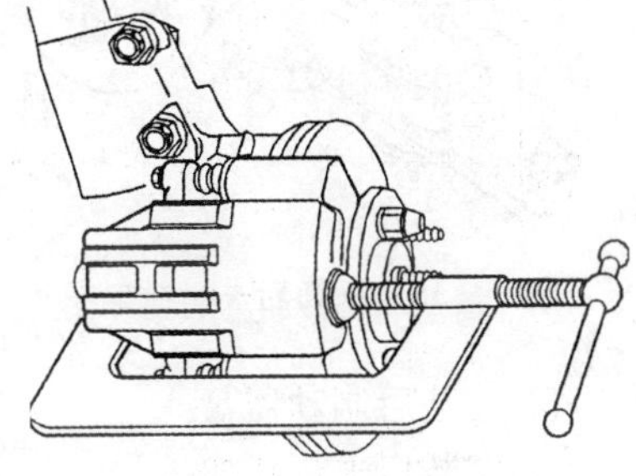

图3-12 卸下前轮胎和车轮总成

① 在卡钳壳体顶部安装一个大的C形卡箍并顶在衬片外侧后部。

② 慢慢地紧固C形卡箍直到活塞进入卡钳缸套足够深度，以使卡钳从制动盘中滑出。

(6) 卸下下端卡钳螺栓。

(7) 向上旋转卡钳以便维修衬片，如图3-14所示。

(8) 从卡钳托架上拆卸制动衬片。

(9) 从卡钳托架上拆卸两个夹持器。

(10) 检查如下零件是否有切口、裂缝或磨损。更换任何损坏的零件。

(11) 检查卡钳螺栓腐蚀或者损坏情况。若发现腐蚀，则在安装卡钳时须使用新件，包括衬套。切勿试图将腐蚀物磨掉。

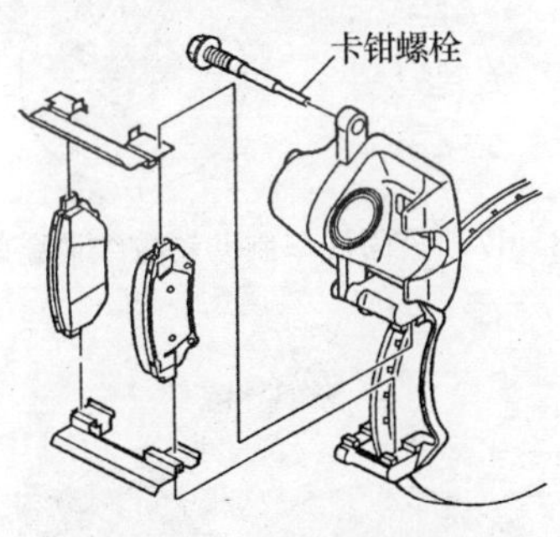


图3-13 多种部件的拆卸

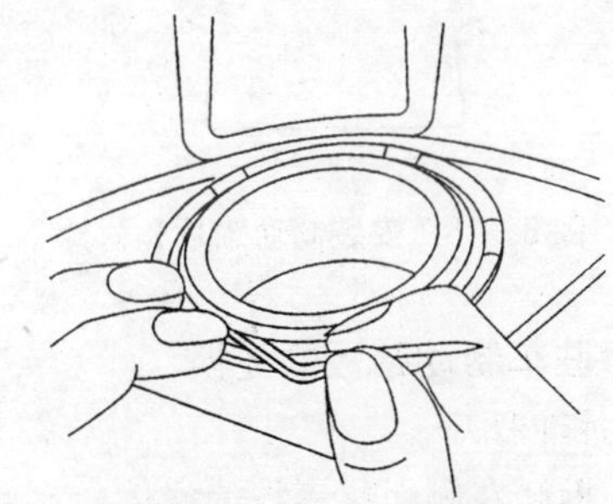

图3-14 向上旋转卡钳

### 2. 安装程序

(1) 从底部把活塞推入卡钳缸套。若所安装的制动衬片是新的，则用一个C形卡箍，以同时将活塞卡住。将一金属板或木块横放在活塞面上。切勿损坏活塞或卡钳护罩。

(2) 把两个夹持器安装在卡钳托架上。

(3) 把衬片安装在卡钳固定件支架上。

(4) 向下将卡钳摆动到衬片上。

(5) 安装下端卡钳螺栓。

(6) 拆卸将制动盘紧固至轮毂上的车轮螺母。

(7) 安装前轮胎和车轮总成。

(8) 降下车辆。

## 七、驻车制动器蹄片的更换

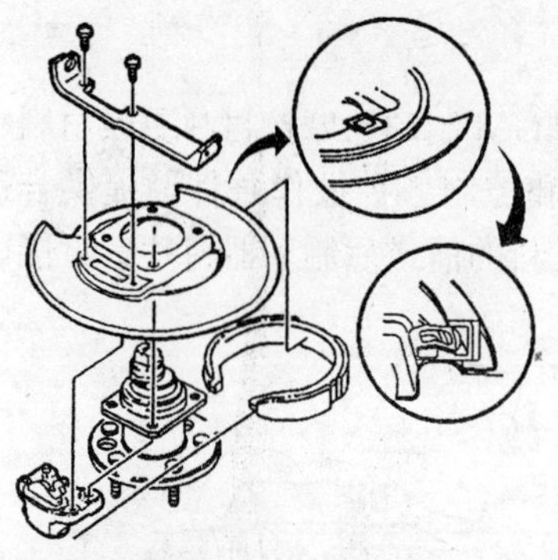

图 3-15　拆卸后卡钳托架

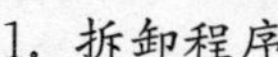

1. 拆卸程序

(1) 拆卸后卡钳托架，如图 3-15 所示。

(2) 拆卸后制动盘。

(3) 拆卸后车轮轮毂。

(4) 拆卸驻车制动器执行器。

(5) 拆卸制动器蹄片。

2. 安装程序

(1) 安装制动蹄片和衬片，如图 3-16 所示。

(2) 安装驻车制动器执行器。

(3) 安装后车轮轮毂。

(4) 调整后驻车制动器蹄片。

(5) 安装后制动器盘。

(6) 安装后卡钳托架。

(7) 调整驻车制动器。

(8) 紧固驻车制动器拉线调整螺母，如图 3-17 所示。

(9) 安装制动盘。缓慢旋转制动盘，同时将制动盘套在轴承总成上。

(10) 安装制动卡钳托架。

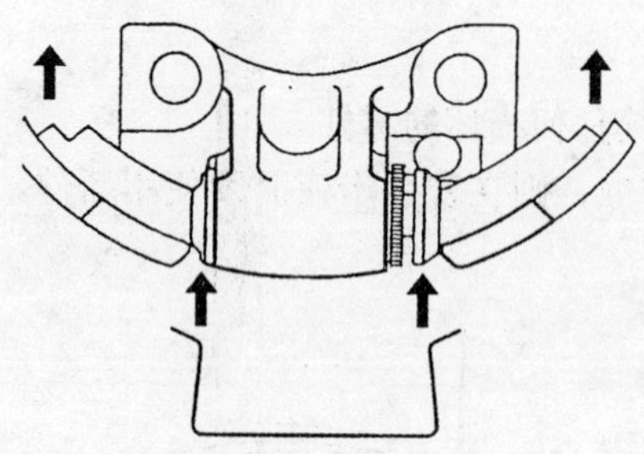

图 3-16　安装制动蹄片和衬片

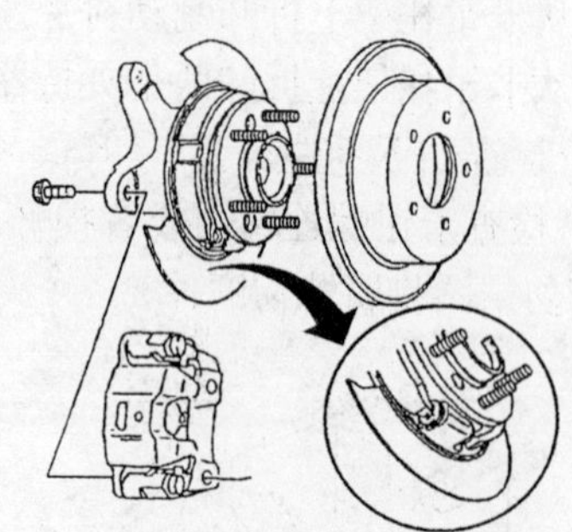

图 3-17　紧固驻车制动器拉线调整螺母

## 八、驻车制动踏板的更换

1. 拆卸程序

(1) 拆卸左侧面仪表板绝缘体。

(2) 拆卸左侧地毯夹持器。

(3) 将地毡向后折起，以便操作。

(4) 升起并适当支承车辆。

(5) 松开驻车制动器拉线和平衡器 2，如图 3-18 所示。

(6) 从后拉线插头夹子处断开前拉线。

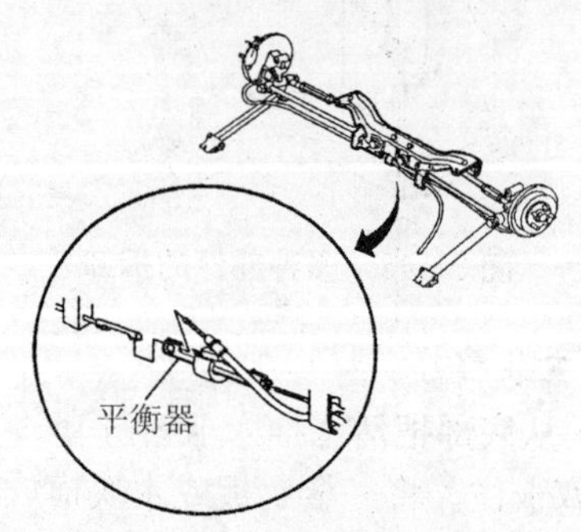


图 3-18　松开驻车制动器拉线和平衡器

(7) 从插头夹子拆卸前拉线。

(8) 使用J37043从车身底部支架拆卸前拉线夹子。

(9) 降下车辆。

(10) 在驻车制动器开关处于断开电气插头，如图3-19所示。

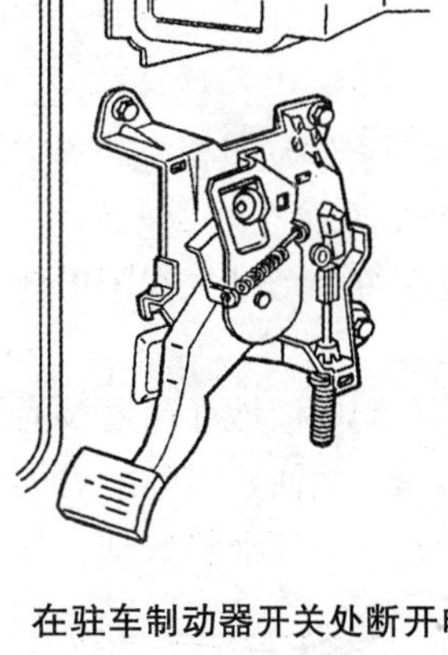

图3-19 在驻车制动器开关处断开电气插头

(11) 从车身装配双头螺栓拆卸三颗杆螺母，如图3-20所示。

(12) 拆卸驻车制动器踏板及驻车制动器拉线。

(13) 从拉杆U形夹上拆卸拉线按钮端部，如图3-21所示。

(14) 使用J37043从驻车制动器踏板拆卸拉线。

(15) 如果需要更换，则拆卸驻车制动器开关。

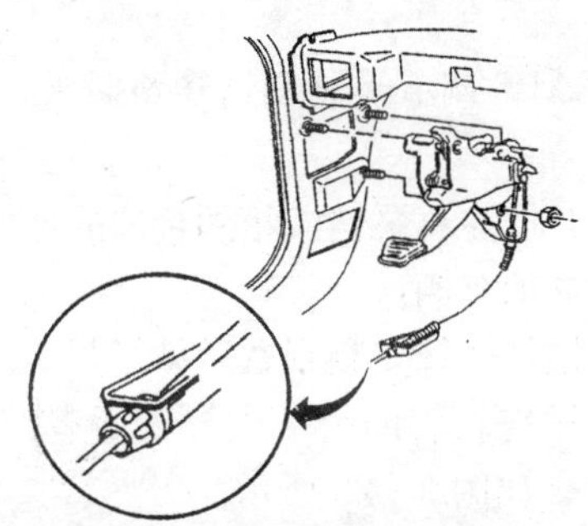

图3-20 拆卸三颗杆螺母

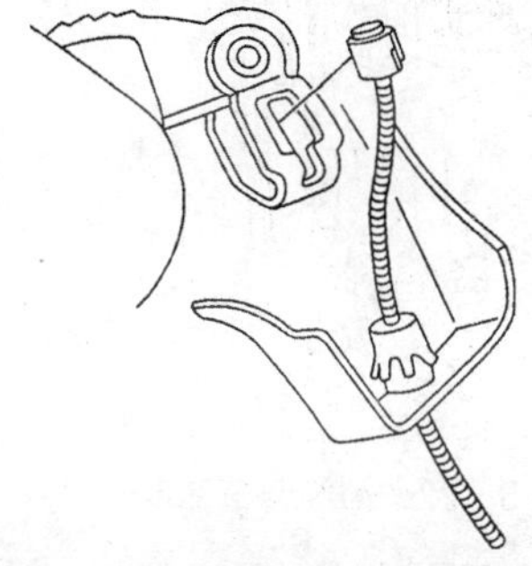

图3-21 拆卸拉线按钮端部

2. 安装程序

(1) 如果拆卸，安装驻车制动器开关。

(2) 将拉线安装到驻车制动器踏板。

(3) 将拉线端部安装到拉杆U形夹。

(4) 安装驻车制动器踏板。

(5) 安装驻车制动器踏板与车身之间的三颗安装螺母。

(6) 在驻车制动器开关上连接电气插头。

(7) 升起并适当支承车辆。

(8) 通过车身底部拉进拉线，并且将拉线夹持到车身底部支架上。

(9) 将前拉线安装到插头夹子上。

(10) 在平衡器处紧固驻车制动器拉线。

(11) 降下车辆。

(12) 安装地毯到位。

(13) 安装左侧地毯夹持器。

(14) 安装驾驶员侧绝缘体衬板。

(15) 调整驻车制动器。

## 第二节　制动系统的检查

1. 制动器系统手动排气程序

制动器系统手动排气程序可能需要一个助手的帮助，以便在排气阀打开或关闭时踩下制动踏板。

确保总泵制动液液面高度没有降到总泵储液箱底部。期间，你会不时受到引导以检查和加注总泵储液箱。然而，实际所需的总泵储液箱加注频率取决于所释放油液的数量。如果制动液液面高度降到总泵储液箱底部，从步骤（1）开始排气程序。

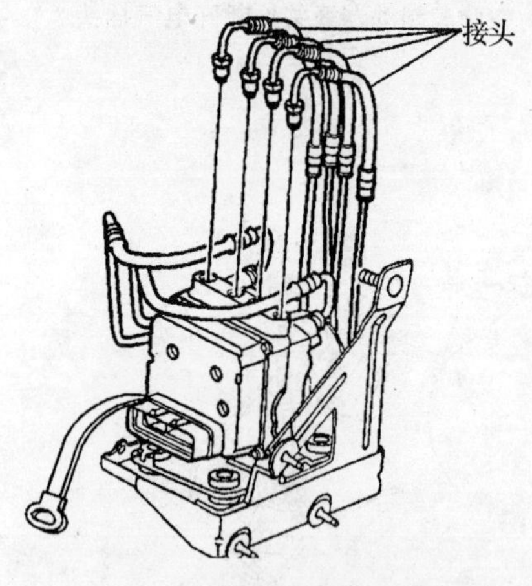


图 3－22　ABS 调节器

（1）必要时检查并加注总泵储液箱到合适的液面高度。

（2）从左侧第一根管路开始缓慢打开 ABS 调节器制动器管路插头 1 以便让制动液流动，如图 3－22 所示。

（3）将制动踏板踩到全程约 75％并保持。

（4）当在制动液中不再发现气泡时，关闭 ABS 调节器制动器管路插头。

（5）对于其余的 ABS 调节器制动器管路插头，重复步骤（2）～（4）。

（6）必要时检查并加注总泵储液箱到合适的液面高度。

（7）升起并适当支承车辆。

（8）将透明塑料排气软管安装到右后排气阀上。

（9）将透明塑料排气软管的另一端浸入盛有部分清洁制动器的清洁容器中，如图 3－23 所示。

（10）打开排气阀。

（11）将制动踏板踩到全程约 75％并保持。

（12）关闭排气阀。

（13）松开制动踏板。

（14）重复步骤（9）～（13），直到制动液中不再出现气泡。

（15）从排气阀上拆卸透明塑料排气软管。

（16）将透明塑料排气软管安装到左前制动器卡钳排气阀上。

（17）将透明塑料排气软管的另一端浸入盛有部分清洁制动器的清洁容器中，如图3－24所示。

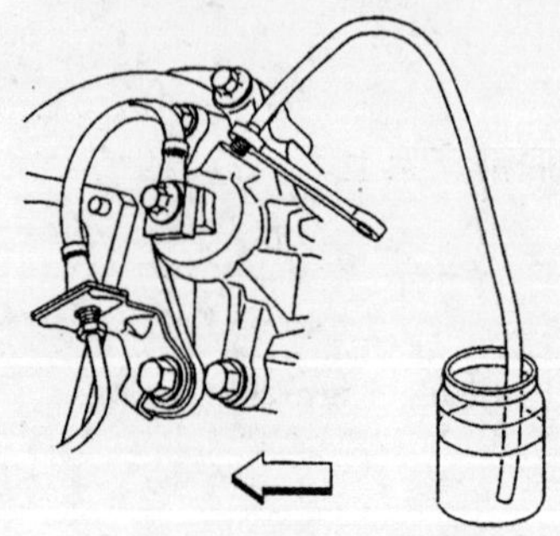

图 3－23　将软管浸入容器中（1）

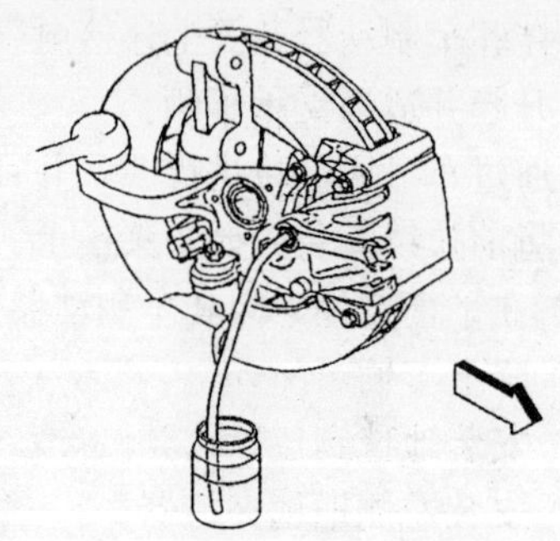

图 3－24　将管子浸入到容器中（2）

（18）打开排气阀。

（19）将制动踏板踩到全程约 75％并保持。

(20) 关闭排气阀。

(21) 松开制动踏板。

(22) 重复步骤 (18) ～ (21)，直到制动液中不再出现气泡。

(23) 从排气阀上拆卸透明塑料排气软管。

(24) 将透明塑料排气软管安装到左后卡钳排气阀上。

(25) 将透明塑料排气软管的另一端浸入盛有部分清洁制动器的清洁容器中，如图 3-25 所示。

(26) 打开排气阀。

(27) 将制动踏板踩到全程约 75%并保持。

(28) 关闭排气阀。

(29) 松开制动踏板。

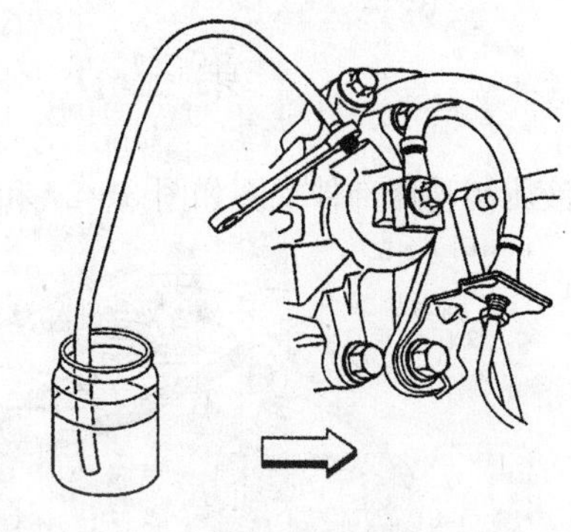

图 3-25 将管子浸入到容器中 (3)

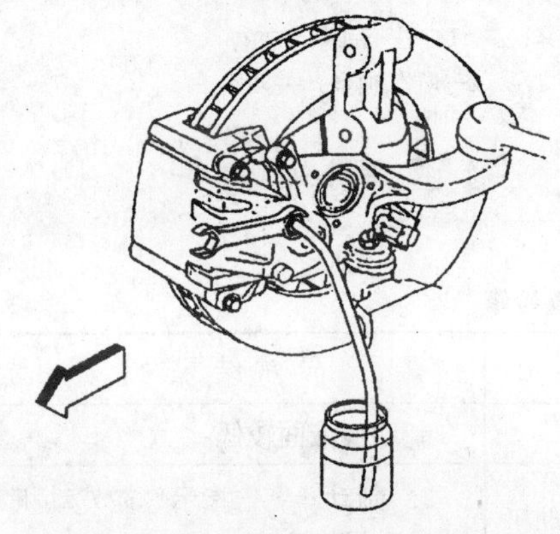

图 3-26 将管子浸入到容器中 (4)

(30) 重复步骤 (26) ～ (29)，直到制动液中不再出现气泡。

(31) 紧固制动器卡钳排气阀的扭矩为 11 N·m。

(32) 从排气阀上拆卸透明塑料排气软管。

(33) 将透明塑料排气软管安装到右前制动卡钳排气阀上。

(34) 将透明塑料排气软管的另一端浸入盛有部分清洁制动器的清洁容器中，如图 3-26 所示。

(35) 打开排气阀。

(36) 将制动踏板踩到全程约 75%并保持。

(37) 关闭排气阀。

(38) 松开制动踏板。

(39) 重复步骤 (36) ～ (38)，直到制动液中不再出现气泡。

(40) 从排气阀上拆卸透明塑料排气软管。

(41) 降下车辆。

(42) 拆卸制动液箱盖板。

(43) 检查储液箱中的制动液液面。

(44) 安装制动液箱盖板。

(45) 将点火开关旋到 RUN (运行) 位置，然后关闭发动机。用适度的车踩下制动踏板并保持住。记录并感受踏板行程。

(46) 如果踏板坚实而连续，且踏板行程不过大，则起动发动机。发动机运转情况下，重新检测踏板行程。

(47) 如果踏板感觉仍然可靠，踏板行程没有超过规定值，那么进行车辆路试。在中等速下进行几次正常停车 (非防抱死制动系统)，确保制动系统的功能正常。

(48) 如果在开始时或发动机起动后踏板脚感松软或行程过大。

(49) 从步骤 (1) 开始，重复手动排气程序。

(50) 进行车辆路试。在中等速下进行几次正常停车 (非防抱死制动系统)，确保制动系统的功能正常。

# 第三节　制动系统的故障检修

液压制动器部件视图如图 3-27 和图 3-28 所示。

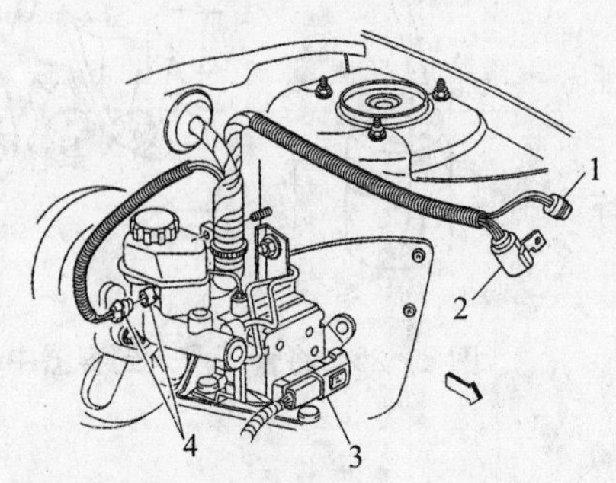


**图 3-27　发动机室隔板上部左后端**

1—双级（2）风口插头（仪表板线束）；2—C111（仪表板线束）；3—电子制动控制模块（EBCM）；4—制动液液面传感器

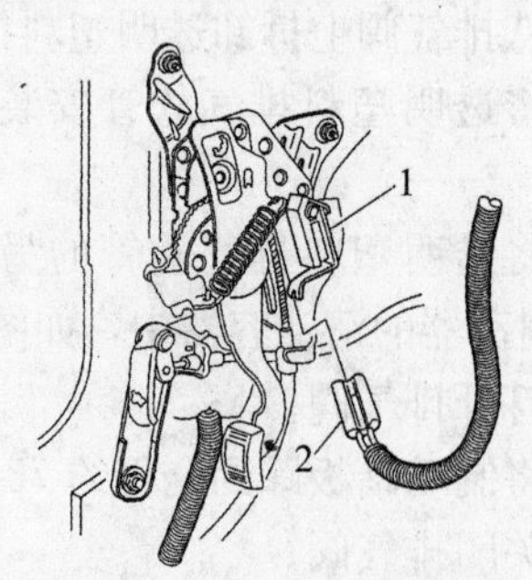


**图 3-28　在仪表板下部左侧**

1—驻车锁紧开关；2—驻车锁紧开关插头

## 一、液压制动器诊断系统的检修

液压制动器诊断系统检修见表 3-1。

**表 3-1　液压制动器诊断系统检修**

| 步骤 | 操　作 | 正 常 结 果 | 异 常 结 果* |
|---|---|---|---|
| 1 | 检查总泵制动液液面 | 制动液液面正常 | 制动液液面较低 |
| 2 | 1. 关闭点火装置<br>2. 确保驻车制动器松开<br>3. 起动发动机 | 1. 制动器警告指示灯在发动机起动时启亮<br>2. 待发动机起动后，制动器警告指示灯熄灭 | 1. 制动器警告指示灯在发动机起动时没有启亮<br>2. 液压制动器诊断系统检测液压制动器诊断系统检测制动器警告指示灯在发动机起动后持续启亮 |
| 3 | 1. 将变速器换挡到 PARK（驻车）位<br>2. 紧踩下制动踏板 | 1. 制动踏板稳定地向地板方向运动大约 50 mm<br>2. 制动踏板停止运动并顶住压力 | 1. 制动踏板运动不稳定（踏板难以踩下或运行不规律）<br>2. 制动踏板太软（到地板的行程过远） |
| 4 | 松开制动踏板 | 制动踏板返回原来的位置 | 制动踏板未返回原来的位置 |
| 5 | 进行制动器系统检测 | 1. 踩制动器时，立即产生制动作用<br>2. 制动器工作平衡并且可测定。无卡滞－制动踏板不跳动<br>3. 踩制动踏板时，方向盘和制动踏板不振动（跳动）<br>4. 不必在制动踏板上费力，车辆便停止<br>5. 制动时不向一侧引驶<br>6. 前、后制动器作用均衡<br>7. 制动器操作时无过大噪声<br>8. 松开制动踏板后，制动器不拖滞（保持接合） | 1. 采用制动后，制动动作延迟<br>2. 轻踩制动踏板时，制动器操作过猛<br>3. 当采用制动时，方向盘或制动踏板跳动<br>4. 制动踏板难以踩下或车辆难以制动停下<br>5. 制动时车辆向一侧引驶<br>6. 前或后制动器工作不均衡<br>7. 制动器发出噪声<br>8. 制动器在制动踏板松开后拖滞（保持接合） |

*如果可能，将测试的结果与运行正常的相同车辆或系统进行比较，以确保测试结果正确。参照相关的症状诊断表以找到适用的异常结果。

## 二、制动器警告系统的检修

制动器警告系统的检修见表 3-2。

**表 3-2 制动器警告系统的检修**

| 步骤 | 操作 | 正常结果 | 异常结果* |
|---|---|---|---|
| 1 | 1. 安装故障诊断仪<br>2. 将点火开关置于 ON(接通)位置<br>3. 用故障诊断仪选择显示 DTC（诊断故障代码）功能<br>4. 测试与制动器警告指示灯操作所有相关的储存 ABS 诊断故障代码 | 在存储器或当前状态中没有存储诊断故障代码 | 1. 诊断故障代码存储在存储器或当前状态<br>2. “故障诊断仪未与 Class2 数据线路通信” |
| 2 | 1. 将点火开关旋到 OFF(关闭)位置<br>2. 从数据连接插头上拆卸故障诊断仪<br>3. 松开驻车制动器<br>4. 将点火开关旋到 ON(接通)位置（发动机关闭） | 制动器警告指示灯保持 OFF（关闭） | 1. “制动器警告指示灯始终接通”<br>2. “制动器警告指示灯有故障不能工作（低制动器液面）”、“制动器警告指示灯有故障不能工作（在灯泡测试期间）”或“制动器有故障不能工作（应用驻车制动器时）” |
| 3 | 1. 起动车辆并让发动机在 PARK（驻车）位置怠速运转<br>2. 将点火开关置于 OFF(关闭)位置。 | 当点火开关在 ON（接通）或是 START（起动）位置时，制动器警告指示灯保持关闭。 | 1. “制动器警告指示灯始终接通”<br>2. “制动器警告有故障不能工作（低制动器液面）”、“制动器警告指示灯有故障不能工作（在灯泡测试期间）”或“制动器有故障不能工作（应用驻车制动器时）” |
| 4 | 1. 将点火开关旋到 ON(接通)位置<br>2. 将驻车制动器置于制动位置<br>3. 松开驻车制动器。 | 当设置驻车制动时，制动器警告指示灯保持接通 | 1. “制动器警告指示灯始终接通”<br>2. “制动器警告有故障不能工作（低制动器液面）”、“制动器警告指示灯有故障不能工作（在灯泡测试期间）”或“制动器有故障不能工作（应用驻车制动器时）” |

*参照相关的症状诊断表以找到适用的异常结果。

## 三、制动器警告指示灯始终接通的检修

制动器警告指示灯始终接通的故障检修见表 3-3。

**表 3-3 制动器警告指示灯始终接通**

| 步骤 | 操作 | 值 | 是 | 否 |
|---|---|---|---|---|
| 1 | 是否进行了声响警告系统检测 | — | 至步骤 2 | — |
| 2 | 是否执行了车身控制模块诊断系统检查 | — | 至步骤 3 | |
| 3 | 测试动力系统控制模块（PCM）诊断故障代码。操作是否完成 | — | 至步骤 4 | — |
| 4 | 1. 将故障诊断仪与数据连接插头（DLC）连接<br>2. 使用故障诊断仪以监视驻车制动开关的输入<br>3. 观察故障诊断仪时，采用驻车制动器然后松开<br>故障诊断仪是否显示驻车制动器输入在采用驻车制动器时被激活 | — | 至步骤 8 | 至步骤 5 |
| 5 | 1. 将点火开关旋到 LOCK（锁止）位置<br>2. 将故障诊断仪与数据连接插头断开<br>3. 断开车身控制模块插接器 C1<br>4. 松开驻车制动器<br>5. 使用数字万用表以便测量 BCM 插头 C1 端子 D5 和蓄电池正极 B+之间的电压<br>电压是否在规定范围内 | 9～14 V | 至步骤 6 | 至步骤 8 |
| 6 | 1. 将数字万用表保持在先前步骤的连接状态<br>2. 断开驻车制动器指示器开关电气插头<br>3. 重新测量电压<br>电压是否在规定范围内 | 9～14 V | 至步骤 7 | 至步骤 9 |
| 7 | 1. 将数字万用表保持在先前步骤的连接状态<br>2. 断开自动前大灯控制模块电气插头 C2<br>3. 重新测量电压<br>电压是否在规定范围内 | 9～14 V | 至步骤 11 | 至步骤 10 |
| 8 | 1. 将故障诊断仪从 DLC 上断开<br>2. 将点火开关置于 LOCK（锁闭）位置<br>3. 关闭所有车门<br>4. 使用驻车制动器<br>5. 紧踩下制动踏板并保持住<br>6. 起动发动机<br>7. 当变速驱动桥换挡到 DRIVE（驱动）位时，听一下钟鸣声<br>8. 当变速驱动桥在 DRIVE 位时，松开驻车制动器。钟鸣声停止<br>9. 将变速驱动桥换挡到 PARK（驻车）位<br>10. 将发动机关闭<br>当将变速驱动桥换挡到 PARK（驻车）位时，一旦松开驻车制动器，车身控制模块是否停止钟鸣声以提醒是驻车制动 | — | 至步骤 12 | 至步骤 13 |

（续表）

| 步骤 | 操作 | 值 | 是 | 否 |
|---|---|---|---|---|
| 9 | 更换驻车制动器指示器开关。维修是否完成 | — | 至步骤 14 | — |
| 10 | 测试电路 1830 与接地短路的情况。维修是否完成 | — | 至步骤 15 | 至步骤 16 |
| 11 | 维修电路 233 的接触不良或开路。维修是否完成 |  | 至步骤 14 | — |
| 12 | 此时未出现功能失效。维修是否完成 | — | 至步骤 14 | — |
| 13 | 1. 更换车身控制模块<br>2. 设置新车身控制模块<br>修理是否完成 | — | 至步骤 14 | — |
| 14 | 1. 将点火开关旋到 LOCK（锁止）位置<br>2. 重新连接插头并重新安装先前拆卸的部件<br>修理是否完成 | — |  | — |
| 15 | 维修电路 1830 中的对接地短路。维修是否完成 | — | 至步骤 14 | — |
| 16 | 更换自动前大灯控制模块。维修是否完成 | — | 至步骤 14 | — |

## 四、牵引力控制指示灯不能工作的检修

当牵引力控制开关被按下使牵引力控制系统中止时，TRAC OFF 指示灯没有亮。牵引力控制指示灯不能工作故障检修见表 3－4。

**表 3－4 牵引力控制指示灯不能工作**

| 步骤 | 操作 | 值 | 是 | 否 |
|---|---|---|---|---|
| 1 | 是否执行防抱死制动系统诊断系统检查 | — | 至步骤 2 |  |
| 2 | 1. 安装故障诊断仪<br>2. 接通点火装置，保持发动机关闭<br>3. 在故障诊断仪清单中选择车身控制模块数据表<br>4. 使用故障诊断仪，按下和松开牵引力控制系统开关时，读取牵引力控制系统开关状态<br>牵引力控制系统开关状态是否随着开关按下和松开正常变化 | — | 至步骤 3 | 至步骤 7 |
| 3 | 在防抱死制动系统/牵引力控制系统使用故障诊断仪，按下和松开牵引力控制系统开关时，读取牵引力控制系统开关状态。牵引力控制系统开关状态是否随着开关按下和松开正常变化 | — | 至步骤 5 | 至步骤 4 |

（续表）

| 步骤 | 操作 | 值 | 是 | 否 |
|---|---|---|---|---|
| 4 | 更换电子制动控制模块。是否完成维修 | — | 至步骤 14 | — |
| 5 | 1. 至故障诊断仪中的仪表板显示的输出控制<br>2. 使用指示灯自检模式接通和关闭所有仪表板指示器<br>3. TRAC OFF 指示器应该按指令接通，然后关闭<br>故障诊断仪是否指令 TRAC OFF 指示灯接通然后关闭 | — | 至步骤 4 | 至步骤 6 |
| 6 | 可疑仪表板组合仪表故障<br>是否完成维修 | — | 至步骤 14 | — |
| 7 | 1. 断开牵引力控制开关插头<br>2. 在车身控制模块数据列表使用故障诊断仪，读取牵引力控制系统开关状态<br>3. 在牵引力控制输入电路与牵引力控制开关线束插头的牵引力控制接地电路端子之间，连接一跨接线<br>跨接线连接时，牵引力控制系统开关是否改变 | — | 至步骤 8 | 至步骤 9 |
| 8 | 更换牵引力控制开关<br>是否完成维修 | — | 至步骤 14 | — |
| 9 | 1. 关闭点火装置<br>2. 测量牵引力控制开关线束插头与已知良好接地之间的牵引力控制接地电路的电阻<br>电阻是否在规定范围之内 | 0～2 Ω | 至步骤 11 | 至步骤 10 |
| 10 | 修理牵引力控制接地电路中的开路或高电阻<br>是否完成维修 | — | 至步骤 14 | — |
| 11 | 1. 断开车身控制模块插头 C2<br>2. 测量牵引力控制开关线束插头和车身控制模块插头之间的牵引力控制输入电路、牵引力控制接地电路的电阻<br>电阻是否在规定范围之内 | 0～2 Ω | 至步骤 13 | 至步骤 12 |
| 12 | 修理牵引力控制接地电路中的开路或高电阻<br>是否完成维修 | — | 至步骤 14 | — |
| 13 | 可疑的车身控制模块有故障<br>是否完成维修 | — | 至步骤 14 | — |
| 14 | 1. 使用故障诊断仪来清除故障诊断代码<br>2. 按支持文件中的规定，在运行诊断故障代码条件下操作车辆<br>是否重新设置了故障诊断代码 | — | 至步骤 2 | 系统正常 |

## 五、DTC C1233 右前车轮车速电路开路或短路的检修

DTC C1233 右前车轮车速电路开路或短路的故障检修见表 3－5。

**表 3－5 DTC C1233 右前车轮车速电路开路或短路**

| 步骤 | 操作 | 值 | 是 | 否 |
|---|---|---|---|---|
| 1 | 是否执行防抱死制动系统诊断系统检查 | — | 至步骤 2 | |
| 2 | 1. 关闭点火装置<br>2. 断开电子制动控制模块线束插头<br>3. 测量车轮转速传感器电路电阻<br>测量电阻是否介于规定的范围内 | 800～1 600 Ω | 至步骤 3 | 至步骤 5 |
| 3 | 检测车轮转速传感器电路是否对电压短路。是否出现对接地短路 | — | 至步骤 8 | 至步骤 4 |
| 4 | 检测车轮转速传感器电路是否对电压短路。是否存在对电压短路 | — | 至步骤 11 | 至步骤 13 |
| 5 | 1. 断开车轮转速传感器插头<br>2. 测量车轮转速传感器上的电阻<br>测量电阻是否介于规定的范围内 | 850～1 350 Ω | 至步骤 6 | 至步骤 15 |
| 6 | 检测车轮转速传感器信号低电路是否开路。是否发现并校正了该条件 | — | 至步骤 17 | 至步骤 7 |
| 7 | 检测车轮转速传感器信号高电路是否开路。是否发现并校正了该条件 | — | 至步骤 17 | |
| 8 | 1. 断开车轮转速传感器插头<br>2. 检测车轮转速传感器信号电路内部是否接地短路<br>车轮转速传感器内部是否接地短路 | — | 至步骤 15 | 至步骤 9 |
| 9 | 检测车轮转速传感器信号低电路是否接地短路。是否发现并校正了该条件 | — | 至步骤 17 | 至步骤 10 |
| 10 | 检测车轮转速传感器信号高电路是否接地短路。是否发现并校正了该条件 | — | 至步骤 17 | |
| 11 | 1. 断开车轮转速传感器插头<br>2. 接通点火装置，保持发动机关闭<br>3. 检测车轮转速传感器信号低电路是否对电压短路<br>是否发现并更正该条件 | — | 至步骤 17 | 至步骤 12 |
| 12 | 检测车轮转速传感器信号高电压是否对电压短路。是否发现并校正了该条件 | — | 至步骤 17 | |
| 13 | 在车轮转速传感器线束插头上检测是否接触不良或端子紧张。是否发现并校正了该条件 | — | 至步骤 17 | 至步骤 14 |

（续表）

| 步骤 | 操　　作 | 值 | 是 | 否 |
|---|---|---|---|---|
| 14 | 检测电子制动控制模块线束插头是否接触不良或端子紧张。是否发现并校正了该条件 | — | 至步骤17 | 至步骤16 |
| 15 | 更换车轮转速传感器。是否完成维修 | — | 至步骤17 | — |
| 16 | 更换电子制动控制模块。是否完成维修 | — | 至步骤17 | — |
| 17 | 1. 使用故障诊断仪以便清除故障代码<br>2. 按支持文件中的规定，在运行诊断故障代码条件下操作车辆<br>是否重新设置了故障诊断代码 | — | 至步骤2 | 系统正常 |

## 六、DTC C1243 制动器压力调节器阀泵马达失速的检修

DTC C1243 制动器压力调节器阀泵马达失速的故障检修见表3-6。

**表3-6　DTC C1243 制动器压力调节器阀泵马达失速**

| 步骤 | 操　　作 | 值 | 是 | 否 |
|---|---|---|---|---|
| 1 | 是否执行防抱死制动系统诊断系统检查 | — | 至步骤2 | |
| 2 | 1. 从制动器压力调节器阀上拆卸电子制动控制模块<br>2. 检查电子制动控制模块到制动器压力调节器阀的插头是否存在引起间断性的条件。例如损坏、腐蚀、端子接触不良或有制动液<br>插头良好，并且插头孔中没有制动液吗 | — | 至步骤4 | 至步骤3 |
| 3 | 1. 如果插头腐蚀或损坏明显，必要时更换制动器压力调节器阀或电子制动控制模块<br>2. 如果有制动液，同时更换制动器压力调节器阀和电子制动控制模块<br>是否完成维修 | — | 至步骤7 | — |
| 4 | 更换制动器压力调节器阀<br>是否完成维修 | — | 至步骤5 | — |
| 5 | 1. 使用故障诊断仪清除诊断故障代码<br>2. 按支持文件中的规定，在运行诊断故障代码条件下操作车辆<br>是否重新设置了故障诊断代码 | — | 至步骤6 | 系统正常 |
| 6 | 更换电子制动控制模块。是否完成维修 | — | 至步骤6 | — |
| 7 | 1. 使用故障诊断仪清除故障诊断代码<br>2. 按支持文件中的规定，在运行诊断故障代码条件下操作车辆<br>是否重新设置了故障诊断代码 | 至步骤2 | 至步骤2 | 系统正常 |

## 七、DTC C1247 制动液液面过低的检修

DTC C1247 制动液液面过低的故障检修见表 3-7。

表 3-7 DTC C1247 制动液液面过低

| 步骤 | 操 作 | 值 | 是 | 否 |
| --- | --- | --- | --- | --- |
| 1 | 是否执行防抱死制动系统诊断系统检查 | — | 至步骤 2 | |
| 2 | 检查总泵制动液液面高度。总泵油箱中制动液液面适合吗 | — | 至步骤 3 | |
| 3 | 1. 安装故障诊断仪<br>2. 接通点火装置，保持发动机关闭<br>3. 使用故障诊断仪，观察防抱死制动系统数据表中的制动液液面参数<br>故障诊断仪指示制动液液面高度正常吗 | — | | 至步骤 4 |
| 4 | 1. 关闭点火装置<br>2. 断开制动液液面指示灯开关<br>3. 接通点火装置，保持发动机关闭<br>4. 使用故障诊断仪，观察防抱死制动系统数据表中的制动液液面参数<br>故障诊断仪指示制动液液面正常吗 | — | 至步骤 6 | 至步骤 5 |
| 5 | 检测制动液液面指示开关信号电路是否与接地短路。是否完成维修 | — | 至步骤 10 | 至步骤 7 |
| 6 | 检查制动液液面指示开关线束插头是否接触不良。是否发现并校正了该条件 | — | 至步骤 10 | 至步骤 8 |
| 7 | 检查仪表板线束插头是否接触不良。是否发现并校正了该条件 | — | 至步骤 10 | 至步骤 9 |
| 8 | 更换制动液液面指示开关。是否完成更换操作 | — | 至步骤 10 | — |
| 9 | 更换仪表板。是否完成更换操作 | — | 至步骤 10 | — |
| 10 | 1. 使用故障诊断仪清除诊断故障代码<br>2. 按支持文件中的规定，在运行诊断故障代码条件下操作车辆<br>是否重新设置了故障诊断代码 | — | 至步骤 2 | 系统正常 |

## 八、DTC C1254 异常关闭的检修

DTC C1254 异常关闭的故障检修见表 3-8。

**表3-8 DTC C1254 异常关闭**

| 步骤 | 操作 | 值 | 是 | 否 |
|---|---|---|---|---|
| 1 | 是否执行防抱死制动系统诊断系统检查 | — | 至步骤2 | |
| 2 | 1. 关闭点火装置<br>重要注意事项：从电子制动控制模块拆卸蓄电池或接地连接将出现下列情况：<br>① 轮胎充气监视器（TIM）无法获得轮胎充气配置参数<br>② 设置 DTC C1245 低轮胎气压检测<br>当诊断完成时，检查轮胎气压并重设置 TIM<br>2. 断开电子制动控制模块线束插头<br>3. 用 J39700-99 拉线适配器。将 J39700 通用多针拉线接线盒仪连接到电子制动控制模块线束插头<br>4. 检测模块接地电路是否开路<br>是否发现并更正该条件 | — | 至步骤8 | 至步骤3 |
| 3 | 蓄电池最近是否断开过 | — | 至步骤8 | 至步骤4 |
| 4 | 测试充电系统。是否发现并校正了该条件 | — | 至步骤8 | 至步骤5 |
| 5 | 检查电子制动控制模块线束插头上是否接触不良或端子是否紧张。是否发现并校正了该条件 | — | 至步骤8 | 至步骤6 |
| 6 | 1. 使用故障诊断仪清除诊断故障代码<br>2. 按支持文件中的规定，在运行诊断故障代码条件下操作车辆<br>是否重新设置了故障诊断代码 | — | 至步骤7 | |
| 7 | 更换电子制动控制模块。是否完成维修 | — | 至步骤8 | — |
| 8 | 1. 使用故障诊断仪清除诊断故障代码<br>2. 按支持文件中的规定，在运行诊断故障代码条件下操作车辆<br>是否重新设置了故障诊断代码 | — | 至步骤2 | 系统正常 |

# 第四章　日产天籁车系制动系统的故障检修

## 第一节　制动系统典型部件的拆装和检查

制动系统的液压管路如图 4－1 所示。

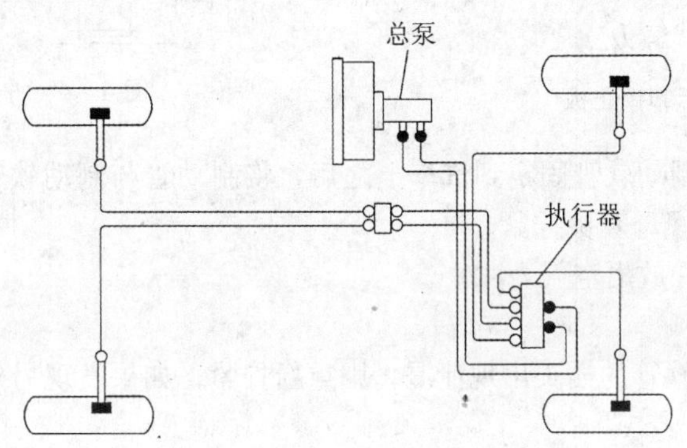


图 4－1　制动系统的液压管路图

### 一、前制动管路和制动软管的拆装

1. 拆卸程序

(1) 排出制动液。

(2) 使用油管螺母扳手断开制动管和制动软管。

(3) 拆卸连接螺栓，然后从制动卡钳零部件拆卸制动软管。

(4) 拆卸锁止板如图 4－2 所示，然后从汽车上断开制动软管。

图 4－2　拆卸锁止板

2. 安装程序

(1) 将制动软管与制动卡钳零部件的伸出部分对齐安装，然后拧紧连接螺栓。注：请勿重复使用铜垫圈。

(2) 将制动软管与制动管相连。临时用手拧紧油管螺母。使用锁止板将它们固定到支架上。

(3) 使用油管螺母套头拧紧。

(4) 加注新制动液并放出空气。

### 二、后制动管路和制动软管的拆装

1. 拆卸程序

(1) 排出制动液。

(2) 使用油管螺母扳手断开制动管和制动软管。

(3) 拆卸连接螺栓，然后从制动卡钳零部件拆卸制动软管。

(4) 拆卸锁止板，如图 4-3 所示，然后从汽车上断开制动软管。

2. 安装程序

(1) 将制动软管的 L 形金属固定装置安装到制动卡钳零部件定位孔上，然后拧紧连接螺栓，如图 4-4 所示。

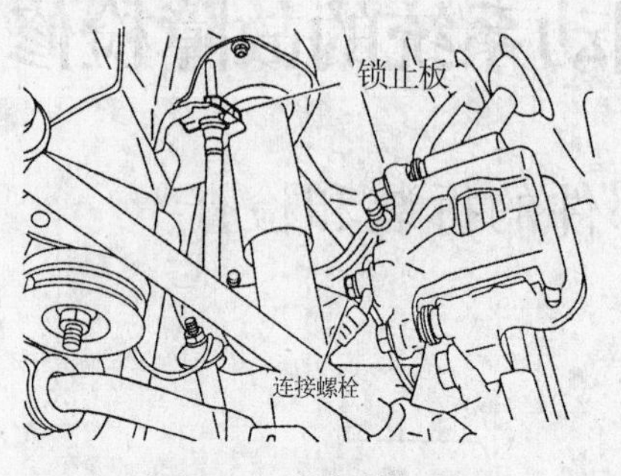

图 4-3 拆卸锁止板

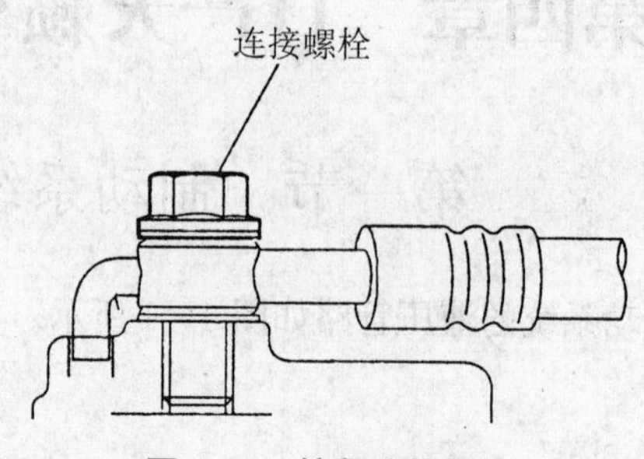

图 4-4 拧紧连接螺栓

(2) 使用锁止板将制动软管固定到汽车上之后，将制动管与制动软管相连。临时用手拧紧油管螺母后，使用油管螺母套头拧紧。

(3) 加注新制动液并放出空气。

3. 安装后检查

如果制动管和制动软管的插头出现泄漏，则重新拧紧；如果发现另外零部件损坏，则进行更换。

(1) 检查制动软管、制动管和插头是否有液体泄漏、损坏、扭曲、变形与其他零部件接触及松动。

(2) 在发动机运转时，施加 785 N 的制动力并持续 5 s，然后检查各零部件有无液体泄漏。

### 三、制动总泵的拆装

制动总泵的结构，如图 4-5 所示。

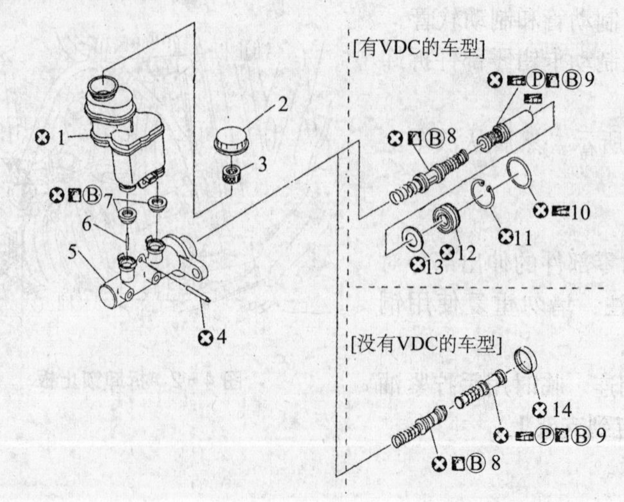


1—储液罐；
2—储液罐盖；
3—机油集滤器（有 VDC 车型）；
4—销；
5—缸体；
6—活塞限位器（有 VDC 车型）；
7—密封环；
8—副活塞组件；
9—主活塞组件；
10—O 形圈；
11—卡环；
12—导向零部件；
13—板；
14—止动器盖

图 4-5 制动总泵的结构

1. 拆卸程序

(1) 排出制动液。

(2) 拆卸制动液液位开关线束插头。

(3) 使用油管螺母扳手断开总泵制动管。

(4) 拆卸总泵固定螺母，然后从汽车上拆下总泵组件。

2. 安装程序

注意：重新加注制动液“DOT 3”。请勿重复使用排放出的制动液。

(1) 将总泵组件安装到制动助力器上，并拧紧螺母，如图 4-6 所示。

(2) 将制动管安装到总泵组件，并临时用手拧紧油管螺母。

(3) 使用油管螺母套头拧紧制动管油管螺母。

(4) 安装制动液液位开关线束插头。

(5) 加注新制动液并放出空气。

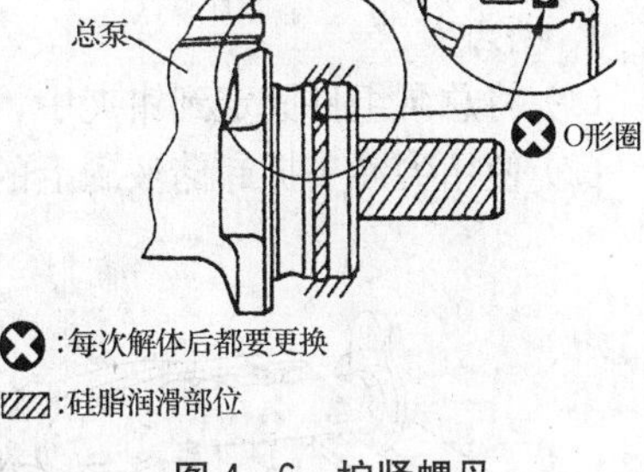


图 4-6　拧紧螺母

## 四、活塞组件的拆卸（没有 VDC 车型）

1. 拆卸程序

(1) 使用平刃螺钉旋具撬起止动盖上的凸台，如图 4-7 所示，并将它从总泵上卸下。

注：拆卸止动盖时握住它，因为总泵中的主活塞组件可能会弹出。

(2) 小心地笔直拉出主活塞组件以免损坏缸内壁。

(3) 使用柔软的木块敲打凸缘（图 4-8），并小心地笔直拉出副活塞组件以免损坏缸体内壁。

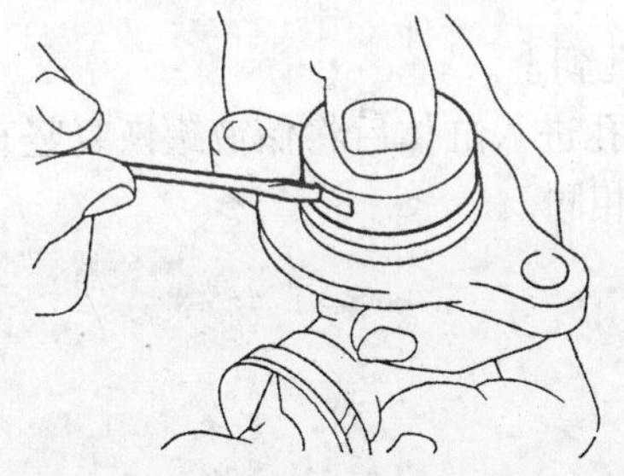

图 4-7　用螺钉旋具撬起止动盖上的凸台

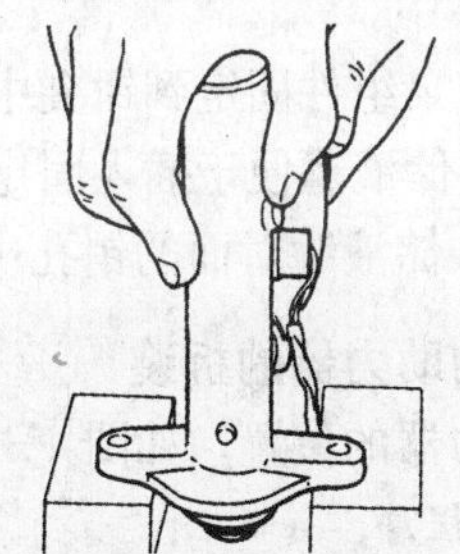

图 4-8　使用柔软的木块敲打凸缘

2. 活塞组件的检查

检查缸体的内壁有无损坏、磨损、腐蚀和小孔。如果发现有上述情况，则更换缸体。

3. 安装程序

(1) 将制动液涂抹到缸体内壁、活塞皮碗和活塞组件之间的结合面上。然后按此顺序将副活塞组件和主活塞组件插入缸体，如图 4-9 所示。

(2) 用限位盖压下活塞，按下止动盖凸台使其牢牢锁入缸体槽沟中，然后安装限位盖，如图4-10所示。

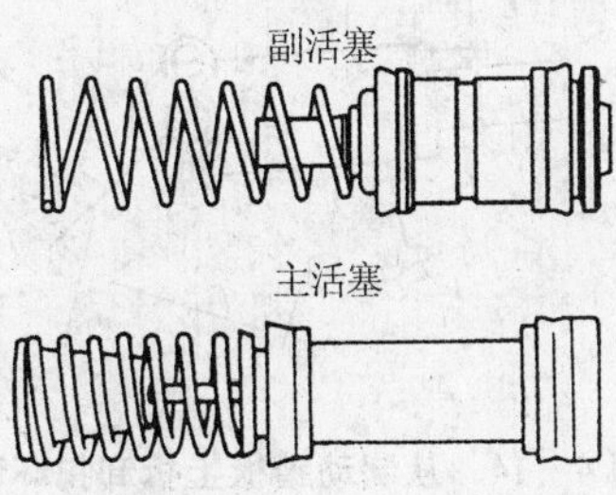


图 4-9　将副活塞组件和主活塞组件插入缸体

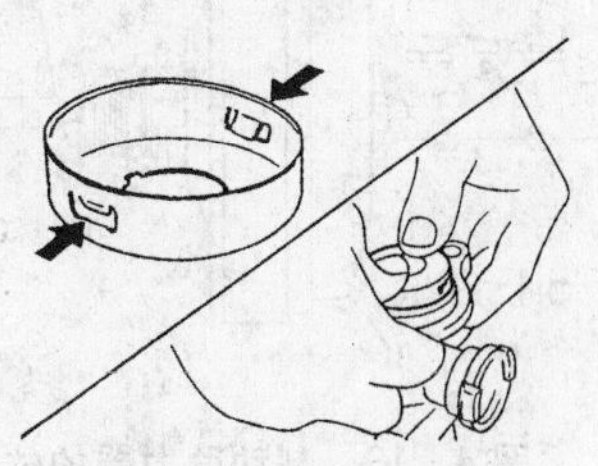

图 4-10　按下止动盖凸台

## 五、储液罐的拆装

1. 拆卸程序

(1) 将总泵组件固定到钳夹中，如图 4－11 所示，缸体上的斜销插入孔朝上。

(2) 使用尖冲头拆卸储液罐上的固定销，如图 4－12 所示。

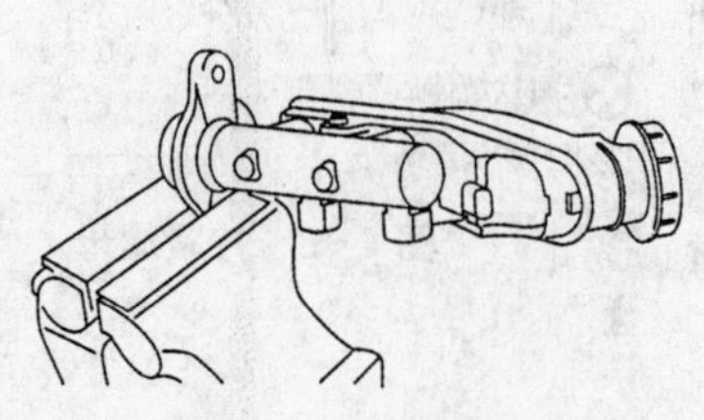

图 4－11　将总泵组件固定到钳夹中

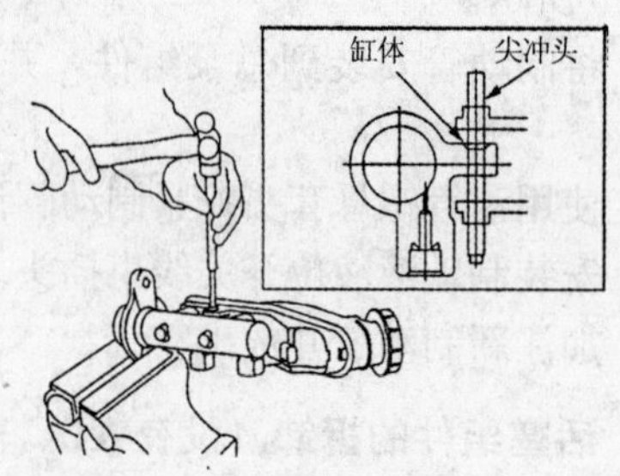


图 4－12　拆卸储液罐上的固定销

(3) 从钳夹上拆卸总泵组件。

(4) 从缸体中拆卸储液罐和密封环。

2. 安装程序

(1) 使用制动液 DOT 3 或橡皮润滑剂涂抹密封环，然后将密封环安装到储液罐上，接着将它安装到缸体中。

(2) 将总泵组件固定到钳夹中，缸体上的斜销插入孔朝上。

(3) 倾斜储液罐便于插入固定销。当固定销通过销孔进入缸体后将储液罐恢复竖直位置。将固定销推入储液罐对面的销孔中，使它与插入边状态相同。

## 六、制动助力器的拆装

制动助力器的位置，如图 4－13 所示。

1. 拆卸程序

(1) 拆卸车颈盖板。

(2) 从制动助力器上拆卸真空软管。

(3) 拆卸制动总泵。

(4) 从制动踏板上拆卸扣环和叉杆销，如图 4－14 所示。

(5) 拆卸制动助力器和制动踏板零部件上的螺母。

(6) 从发动机箱侧面的隔离板上拆卸制动助力器。

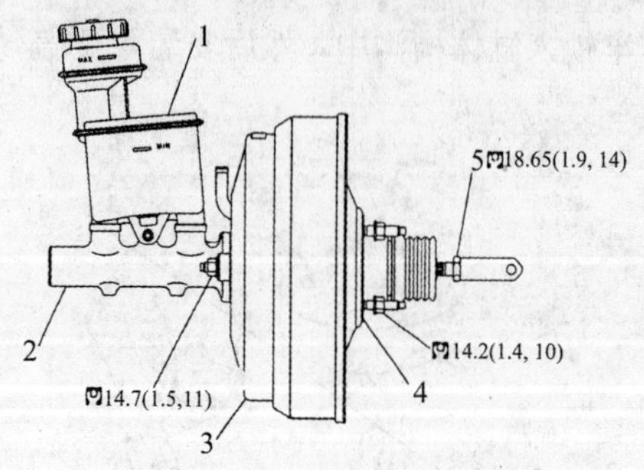


图 4－13　制动助力器的位置

1—储液罐；2—总泵；3—制动助力器；4—衬垫；5—锁紧螺母

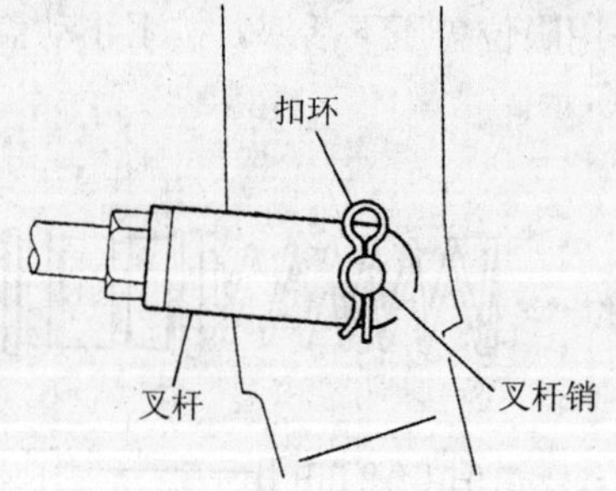


图 4－14　从制动踏板上拆卸扣环和叉杆销

2. 拆卸后检查

(1) 使用手动真空泵对制动助力器施加－66.7 kPa 的真空压力。

(2) 检查输出杆长度，如图 4－15 所示。

在－66.7 kPa 真空压力下的标准尺寸（参考值）：

没有 VDC 车型为 10.4 mm；有 VD 车型为－6.2 mm。

3. 安装程序

(1) 松开锁紧螺母调整输入杆长度使长度 $B$ 在标准范围内。标准值为 125 mm。

(2) 调整长度（$B$）到指定值后临时拧紧锁紧螺母，如图 4－16 所示，然后将制动助力器安装到前隔板上。

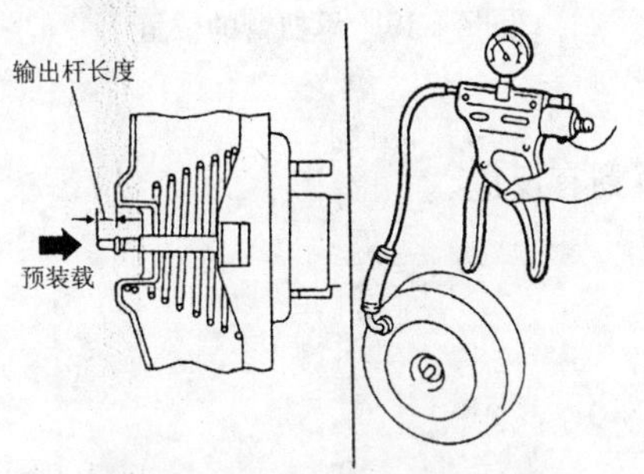


图 4－15　检查输出杆长度

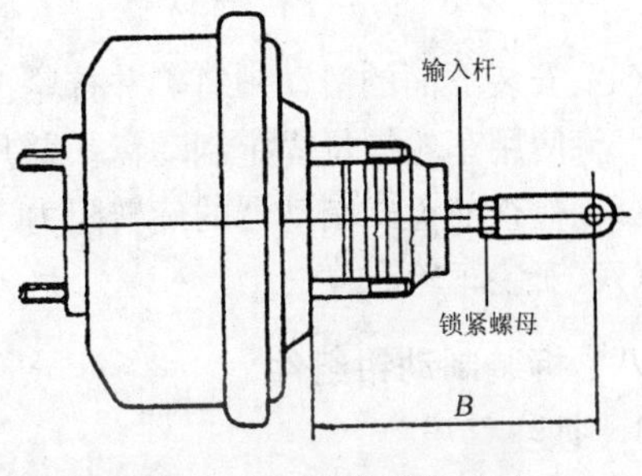


图 4－16　调整长度（B）

(3) 安装制动助力器和制动踏板零部件，然后拧紧到规定的扭矩。

(4) 将制动踏板连接到输入杆挂钩。

(5) 安装制动总泵。

(6) 安装真空软管。

(7) 调整制动踏板自由高度和自由行程。

(8) 拧紧输入杆锁紧螺母到规定的扭矩。

(9) 安装车颈盖板。

(10) 加注新制动液并放出空气。

## 七、拆装制动片

1. 拆卸程序

(1) 使用动力工具从汽车上拆卸轮胎。

(2) 拆卸下面的滑动销钉。

(3) 用绳索吊起缸体，然后拆卸制动片、制动片保持架、垫片和承扭臂上的垫片盖。

注：从承扭臂上拆卸制动片保持架时请按箭头（图 4－17）方向提起制动片保持架以免损坏。

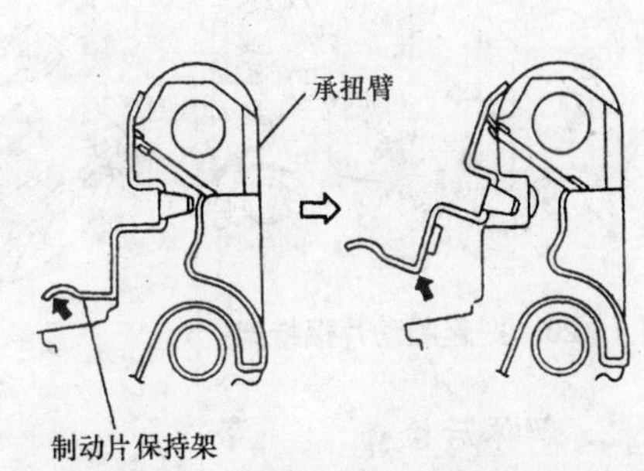


图 4－17　提起制动片保持架

2. 安装程序

(1) 将内垫片和内垫片盖安装到内制动片上，将外垫片安装到外制动片上。

注：按照垫片固定方向牢固安装垫片盖，如图 4－18 所示。

(2) 将制动片保持架和制动片安装到承扭臂上，其位置如图 4－19 所示。

注：牢固组装制动片保持架，使它们不被承扭臂提起。

(3) 安装制动片时要按住活塞，然后将缸体安装到承扭臂上。

注：使用盘式制动活塞工具（通用维修工具）可以轻易按住活塞。注意储液罐中的制动液液位，因为压入活塞时制动液会流回总泵储液罐。

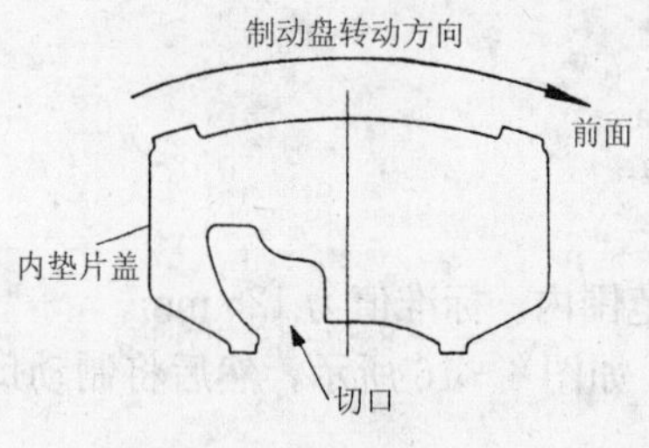


图 4-18　安装垫片盖

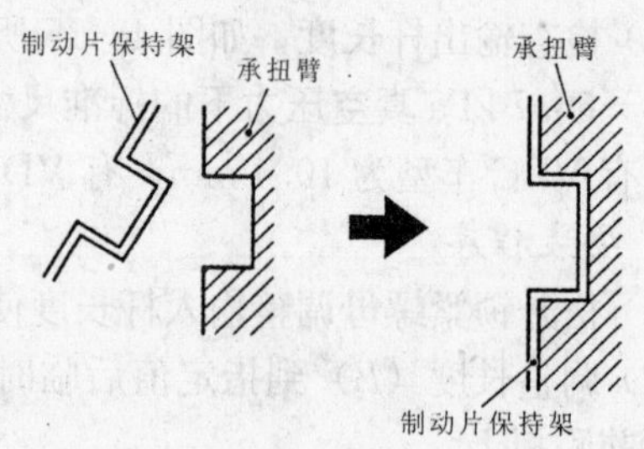


图 4-19　承扭臂的位置

(4) 安装下面的滑动销钉，并拧紧。

(5) 使用车轮螺母固定制动盘。踩几下制动踏板直到有反应。

(6) 检查前盘式制动器的旋转阻力。

(7) 安装车轮。

## 八、拆装制动钳组件

1. 拆卸程序

(1) 拆卸滑动销钉，然后从承扭臂上拆卸缸体。若有必要，从承扭臂上拆卸制动片、垫片、内垫片盖和制动片保持架。

注：从承扭臂上拆卸制动片保持架时请按肩头（如图 4-20 所示）方向提起制动片保持架以免损坏。请勿从承扭臂上跌落制动片、垫片、内垫片盖和制动片保持架。

(2) 从承扭臂上拆卸滑动销和滑动销防尘套。

(3) 如图 4-21 所示，放置一个木块，然后向连接螺栓固定孔中鼓风拆卸活塞和活塞防尘罩。

(4) 使用平刃螺钉旋具从缸体上拆卸活塞密封环，如图4-22所示。

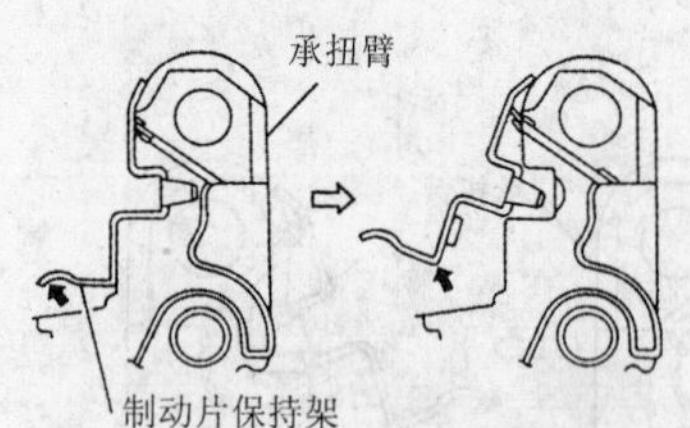


图 4-20　提起制动片保持架

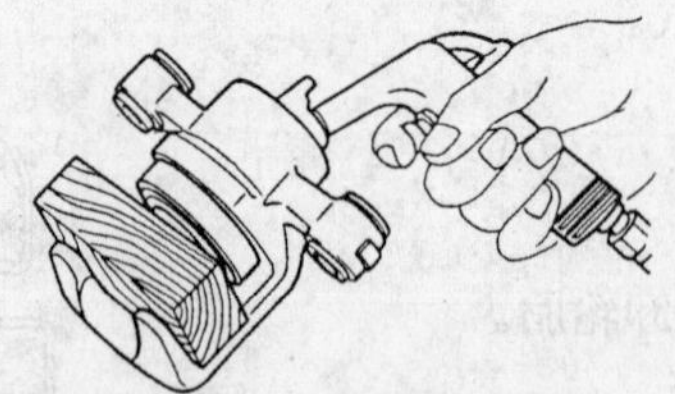

图 4-21　放置一个木块

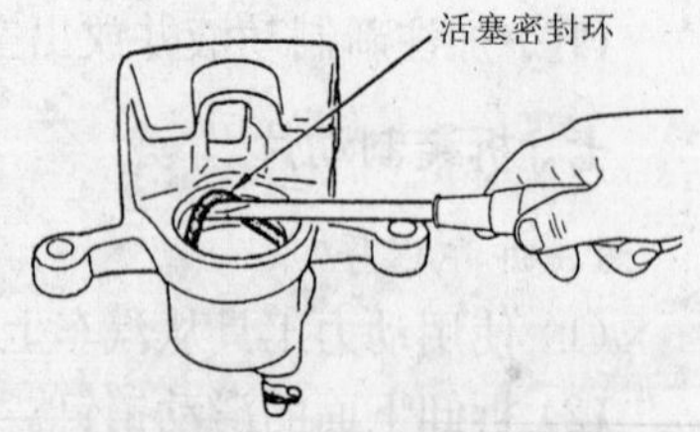


图 4-22　拆卸活塞密封环

2. 解体后检查

(1) 检查承扭臂有无磨损、裂纹和损坏。如果有上述情况，则更换承扭臂。

(2) 检查活塞表面有无腐蚀、磨损和损坏。如果有上述情况，则更换活塞。活塞滑动表面有电镀层。请勿用砂纸打磨。

(3) 检查滑动销钉、销钉螺栓和销钉防尘套有无磨损、损坏和裂纹。如果有上述情况，则更换滑动销钉、销钉螺栓和销钉防尘套。

3. 安装程序

(1) 在活塞密封环上涂抹橡胶润滑脂，并将它安装到缸体中，如图 4-23 所示。

(2) 在活塞上涂抹制动液，活塞防尘罩上涂抹橡胶润滑脂。用活塞防尘罩盖好活塞端口，然后将活塞防尘罩上的缸体侧缘牢牢固定到缸体上的凹槽中，如图 4-24 所示。

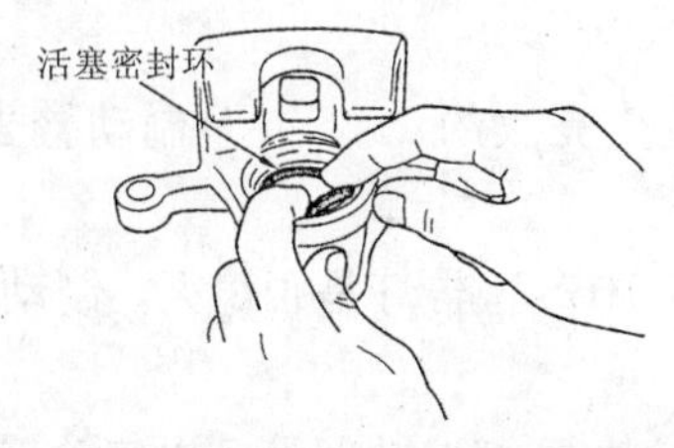


图 4－23　在活塞密封环上涂抹橡胶润滑脂

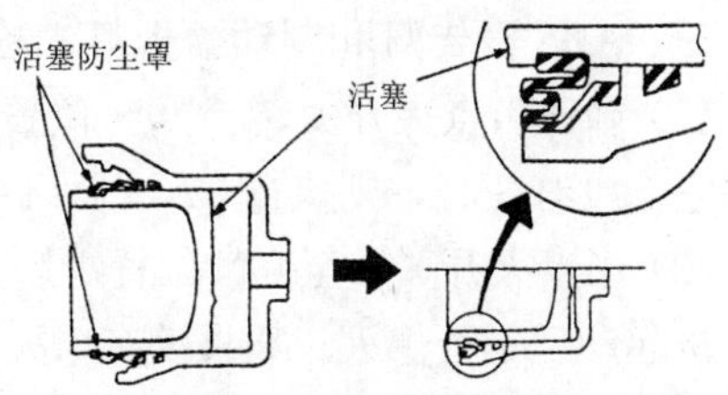


图 4－24　缸体侧缘的固定

(3) 将手伸入缸体并将活塞防尘罩活塞侧缘插入活塞凹槽中。

(4) 将滑动销和滑动销防尘套安装到承扭臂上。

(5) 将内垫片和内垫片盖安装到内制动片上，将外垫片安装到外制动片上。

(6) 将制动片保持架、内制动片组件和外制动片组件安装到承扭臂上。

(7) 安装制动片时要按住活塞，然后将缸体安装到承扭臂上。

(8) 拧紧滑动销钉螺栓。

## 第二节　制动系统的故障检修

### 一、制动盘检查

1. 目视检查

检查制动盘表面有无不均匀磨损、裂纹和严重损坏。如果有上述情况，则更换制动盘。

2. 跳动量检查

(1) 使用车轮螺母将制动盘固定到轮毂上（2 个或多个位置）。

(2) 使用刻度盘指示器检查跳动量，如图 4－25 所示（在制动盘边缘内侧 10 mm 处测量）。跳动量极限为0.04 mm，测量前，确认车轮轴承轴向间隙在规定值以内。

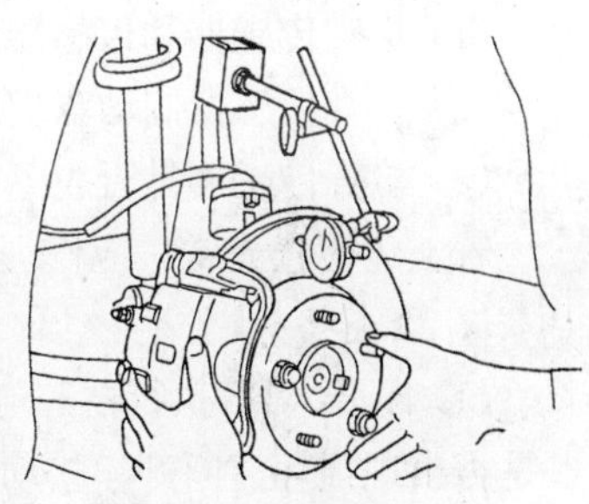

图 4－25　检查跳动量

(3) 如果在执行上述操作后跳动量超过规定值，则更换或用车床加工制动盘。

### 二、检查制动液液位、泄漏和制动片

(1) 检查制动液储液罐中的液面高度。如果液面低，补充制动液。

(2) 检查制动管路和 ABS 执行器以及电气单元（控制单元）附近区域是否发生泄漏。如果发现泄漏，进行下列检查：

① 如果 ABS 执行器和电气单元（控制单元）连接部位松动，将管路的油管螺母拧紧到指定的扭矩。再次检查泄漏情况，确认没有制动液泄漏。

② 如果连接部位的油管螺母和执行器的螺纹部分损坏，请更换损坏的零部件。再次检查泄漏情况，确认没有制动液泄漏。

③ 如果在执行器连接部位以外的地方发现渗漏现象，使用干净的布擦拭然后再次检查。如果仍然有渗漏现象，则更换损坏的零部件。

④ 如果在执行器体上发现渗漏现象，使用干净的布擦拭然后再次检查。如果仍然有渗漏现象，则更换 ABS 执行器和电气单元（控制单元）。

注：不能将 ABS 执行器和电气单元（控制单元）解体。

(3) 检查制动片是否磨损。

### 三、ABS警告灯和制动警告灯的检查

(1) 确认当点火开关转至ON位置时，ABS警告灯变亮大约1 s，并且制动警告灯变亮。如果它们没有变亮，则执行CAN通讯系统诊断。

(2) 当点火开关转至ON位置之后大约1 s后，检查ABS警告灯是否熄灭，制动警告灯在发动机起动后是否熄灭。如果没有熄灭，执行自诊断。

(3) 如果发动机起动后10 s，ABS警告灯没有熄灭，执行ABS执行器和电气单元（控制单元）自诊断。

(4) 完成自诊断之后，必须清除自诊断结果。

注：制动警告灯在驻车制动操作中（当开关处于ON位置时）以及制动液液位传感器工作（制动液不足）时变亮。

### 四、车轮传感器系统的检查

根据CONSULT-Ⅱ诊断仪自诊断结果检查所有零部件，然后确定需要更换哪些。

注：不要在车轮传感器端口之间进行检查。

1. 轮胎检查

检查轮胎气压、磨损情况和规格是否在规定的范围内？否则，应调整轮胎或更换轮胎。若正常，应按下项检查。

2. 检查传感器和传感器制动盘

(1) 检查传感器和传感器制动盘。

(2) 检查传感器制动盘橡胶杠是否损坏。

(3) 检查传感器是否脱落或松动。

若上述检查异常，应修理传感器安装或更换传感器制动盘。若正常，应按下项检查。

3. 检查插头

(1) 断开ABS执行器和电气单元（控制单元）插头，以及故障车轮传感器的插头。检查端口是否出现损坏、断开、松动等，如果发现故障，则进行修理或更换。

(2) 重新连接插头，以30 km/h或更高的速度驾驶车辆约1 min，然后执行自诊断。

若上述检查正常，表明插头端口出现松动、损坏、开路或短路。若异常，则按下项检查。

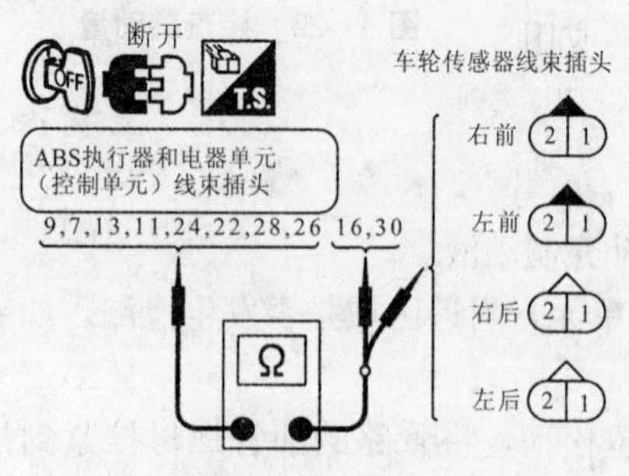


图4-26 检查端口之间的导通性

4. 检查车轮传感器线束

(1) 将点火开关转至OFF位置，断开ABS执行器和电气单元（控制单元）插头以及故障车轮传感器的插头。

(2) 检查端口之间的导通性，如图4-26所示，具体参数见表4-1（同时检查方向盘向左向右转时，以及轮室内传感器线束被移动后的导通性）。

供电电路和信号电路应该导通。接地电路不应导通。

若上述检查异常，应维修ABS执行器和电气单元（控制单元）与车轮传感器之间的线束和插头。若正常，应按下项检查。

5. 检查车轮传感器供电电路

(1) 连接ABS执行器和电气单元（控制单元），以及故障车轮传感器的插头。

**表 4-1 端口的导通性**

| 车轮 | 供电电路 | | 信号电路 | | 接地电路 | |
|---|---|---|---|---|---|---|
| | ABS执行器和电气单元(控制单元)(线束插头E240) | 车轮传感器(线束插头) | ABS执行器和电气单元(控制单元)(线束插头E240) | 车轮传感器(线束插头) | ABS执行器和电气单元(控制单元)(信号)(线束插头E240) | ABS执行器和电气单元(控制单元)(接地)(线束插头E240) |
| 右前(E10) | 24(B) | 1(B) | 9(W) | 2(W) | 24(B),9(W) | 16(B),30(B) |
| 左前(E38) | 22(G) | 1(G) | 7(R) | 2(R) | 22(G),7(R) | |
| 右后(C2) | 28(LG) | 1(LG) | 13(V) | 2(V) | 28(LG),13(V) | |
| 左后(C3) | 26(L) | 1(L) | 11(Y) | 2(Y) | 26(L),11(Y) | |

(2) 将点火开关转至 ON 位置，检查车轮传感器线束插头供电端口与接地之间的电压，如图 4-27 所示。

电压具体参数如下：

① 右前 (E10)　1 (B) -接地：8 V 或更高

② 左前 (E38)　1 (G) -接地：8 V 或更高

③ 右后 (C2)　1 (LG) -接地：8 V 或更高

④ 左后 (C3)　1 (L) -接地：8 V 或更高

若上述检查正常，应更换车轮传感器。若上述检查异常，应更换 ABS 执行器和电气单元（控制单元）。

图 4-27　供电端口与接地之间的电压测量

**五、ABS 执行器、控制单元供电和接地电路的检修**

1. 检查自诊断结果

检查自诊断结果是否显示在屏幕上？若是，应按下项检查。否则，检测结束。

2. 检查插头

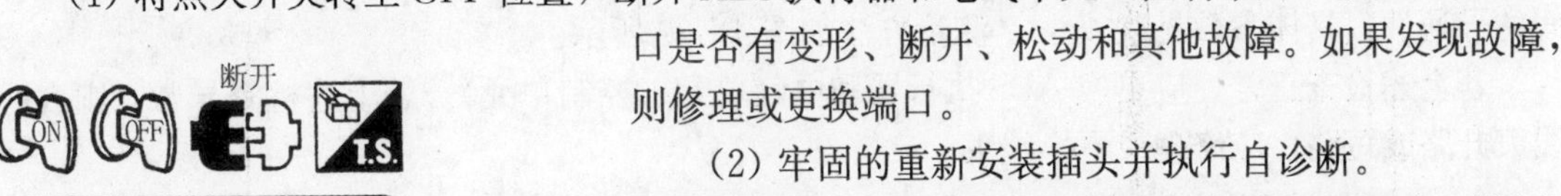

(1) 将点火开关转至 OFF 位置，断开 ABS 执行器和电气单元（控制单元）插头，检查端口是否有变形、断开、松动和其他故障。如果发现故障，则修理或更换端口。

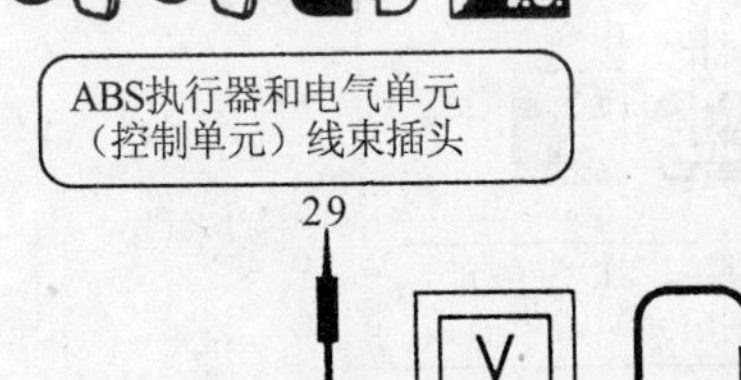


图 4-28　端子和接地之间的测量

(2) 牢固的重新安装插头并执行自诊断。

若上述检查正常，表明插头端口出现松动、损坏、开路或短路。若上述检查异常，则按下项检查。

3. 检查 ABS 执行器和控制单元供电和接地

(1) 将点火开关转至 OFF 位置并断开 ABS 执行器和电气单元（控制单元）插头。

(2) 将点火开关转至 ON 或 OFF 位置，然后检查每个插头端口和接地之间的导通性和电压相关参数见表4-2,检查方法如图 4-28 所示。

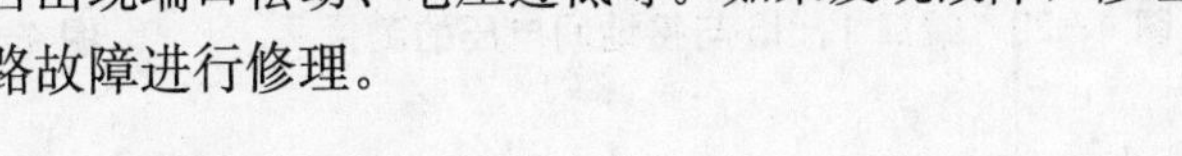

若上述检查正常，应检查蓄电池是否出现端口松动、电压过低等。如果发现故障，修理故障件。若上述检查异常，应对应线束电路故障进行修理。

表 4-2　端口和接地的相关参数（一）

| 信号 | ABS 执行器和电气单元（控制单元）（线束插头 E240） | 接地 | 测量条件 | 测 量 值 |
|---|---|---|---|---|
| 供电 | 29（GR） | — | 点火开关 ON | 蓄电池电压（大约 12 V） |
| | | — | 点火开关 OFF | 大约 0 V |
| 接地 | 16(B),30(B) | — | 点火开关 OFF | 应该导通 |

## 六、ABS 执行器继电器或 ABS 电机继电器电力系统的检修

1. 检查 ABS 执行器和电气单元（控制单元）供电和接地电路

检查自诊断结果是否显示在屏幕上？若是，应按下项检查。否则，检测结束。

2. 检查插头

(1) 将点火开关转至 OFF 位置，断开 ABS 执行器和控制单元插头，检查端口是否有变形、断开、松动和其他故障。如果发现故障，则修理或更换端口。

(2) 牢固地重新连接插头并再次执行诊断。

若上述检查正常，表明插头端口出现松动、损坏、开路或短路。否则，应按下项检查。

3. 检查 ABS 执行器继电器或 ABS 电机继电器供电电路

(1) 将点火开关转至 OFF 位置并断开 ABS 执行器和电气单元（控制单元）插头。

(2) 对于 ABS 执行器继电器，测量线束插头端口15(G/R)与接地电压。对于 ABS 电机继电器，测量线束插头端口1(G/B)与接地之间的电压，具体参数见表4-3。测量方法如图4-29所示。

表 4-3　端口 1、15 与接地间的参数

| ABS 执行器和电气单元（控制单元）（线束插头 E240） | 接 地 | 电 压 |
|---|---|---|
| 1（G/B） | — | 蓄电池电压（大约 12 V） |
| 15（G/R） | — | 蓄电池电压（大约 12 V） |

若检查异常，则表明蓄电池与 ABS 执行器和电气单元（控制单元）之间的电路故障。应维修电路。若正常，应按下项检查。

4. 检查 ABS 执行器和电气单元（控制单元）接地电路

检查 ABS 执行器和电气单元（控制单元）线束插头 E240 端口 16（B），30（B）与接地之间的导通性。具体参数见表 4-2。测量方法如图 4-30 所示。

若上述检查正常，应更换 ABS 执行器和电气单元（控制单元）。若上述检查异常，则表明线束开路或短路，应修理或更换线束。

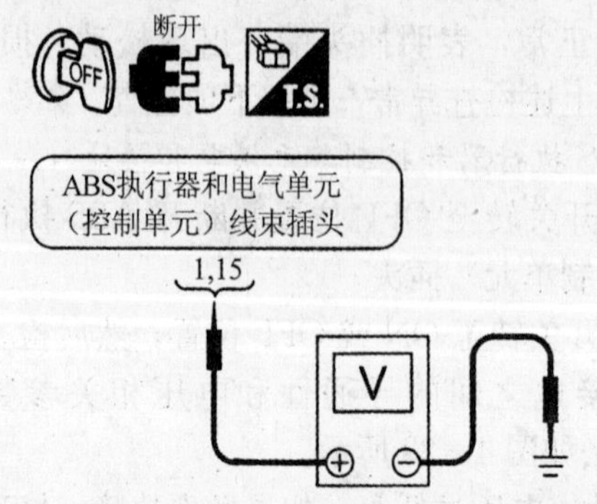


图 4-29　端口 1、15 与接地间电压的测量

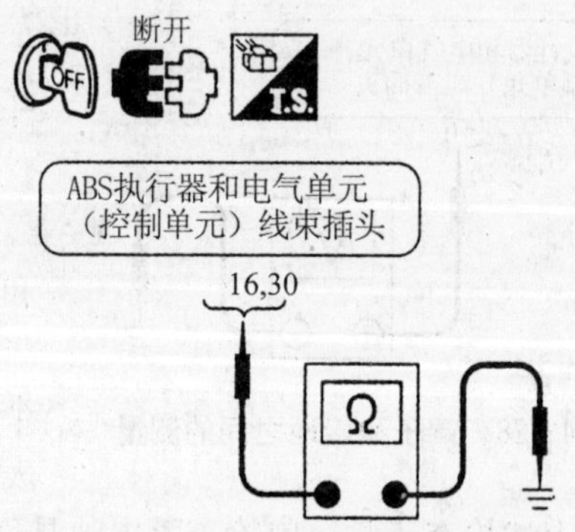


图 4-30　端口 16、30 与接地间导通性的测量

## 七、制动灯系统的检修

1. 检查自诊断结果

检查自诊断结果是否显示在屏幕上。若是，应按下项检查。否则，检测结束。

2. 检查插头

(1) 将点火开关转至 OFF 位置，断开 ABS 执行器和电气单元（控制单元）插头和制动灯开关，检查端口是否有变形、断开、松动和其他故障。如果发现故障，则修理或更换端口。

(2) 牢固地连接插头。

(3) 起动发动机。

(4) 小心地多次踩下制动踏板，然后再次执行自诊断。

若上述检查正常，表明插头端口有松动、损坏、开路或短路。若上述检查异常，则按下项检查。

3. 检查制动灯开关电路

(1) 将点火开关转到 OFF 位置，并断开 ABS 执行器和电气单元（控制单元）插头。

(2) 检查 ABS 执行器和电气单元（控制单元）线束插头 E240 端口 17（R/G）与接地之间的电压。具体参数见表 4-4。测量方法如图 4-31 所示。

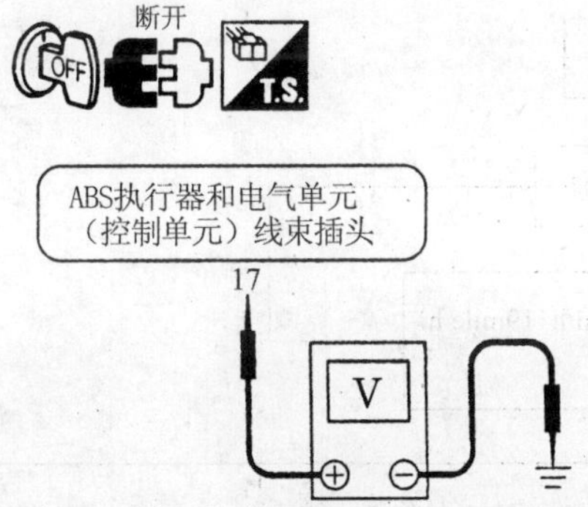


图 4-31 端口 17 与接地之间电压的测量

表 4-4 端口 17 与接地之间的电压参数

| ABS 执行器和电气单元（控制单元）（线束插头 E240） | 接地 | 测量状态 | 电压 |
| --- | --- | --- | --- |
| 17（R/G） | — | 踩下制动踏板 | 蓄电池电压（大约 12 V） |
| | | 松开制动踏板 | 大约 0 V |

若上述检查正常，检测结束。若上述检查异常，则表明制动灯开关电路故障，应维修电路。

## 八、ABS 的诊断流程图

ABS 的诊断流程如图 4-32 所示。

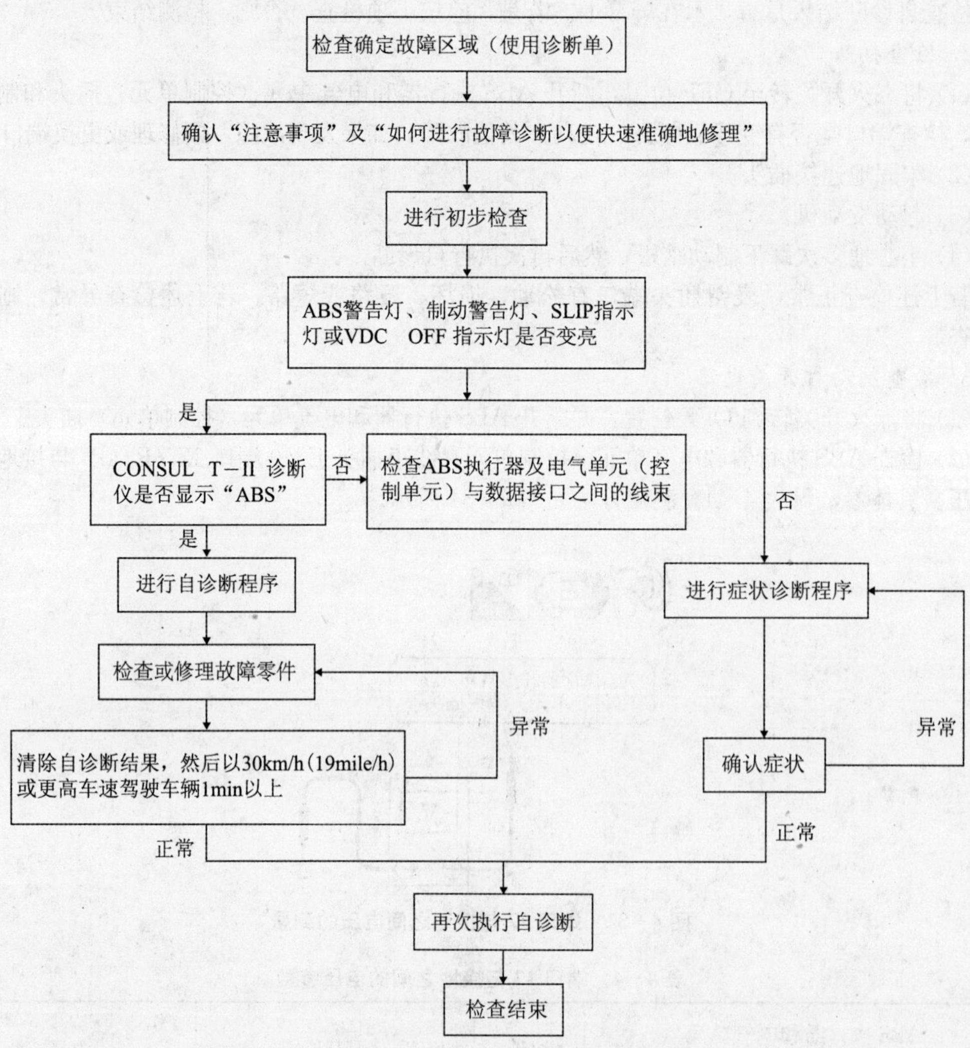


图 4-32 ABS 的诊断流程

# 第五章　本田雅阁车系制动器的故障检修

## 第一节　制动系统典型部件的拆装与更换

### 一、制动总泵的更换

(1) 从泵体上拆下拉线夹如图 5-1 所示。

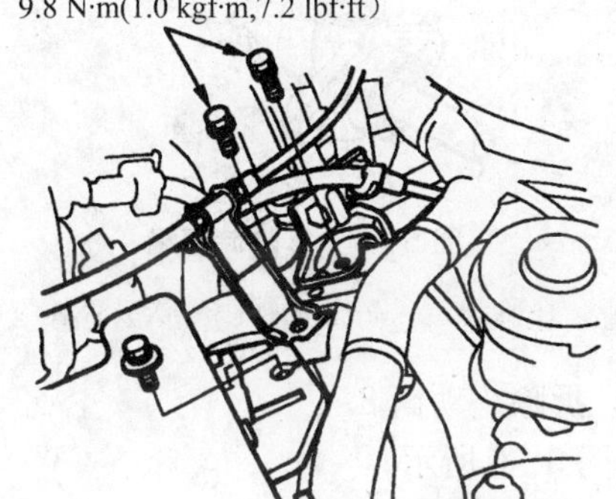


图 5-1　从泵体上拆下拉线夹

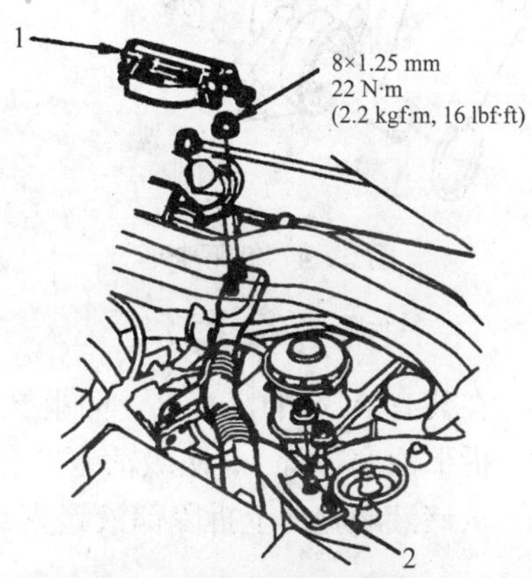


图 5-2　拆卸检查口面板

1—面板；2—支撑杆

(2) 拆下检查口面板 1，然后取下右侧的支撑杆 2，如图 5-2 所示。

(3) 拆下油箱盖，并将制动总泵油箱中的制动液排干。

(4) 拆下制动液液位开关插接器 1，如图 5-3 所示。

(5) 从制动总泵 3 上断开制动管路 2。为了防止溅洒，要用抹布或维修用毛巾包住软管插头。

(6) 拆下制动总泵的固定螺母 4 和垫圈。

(7) 从制动助力器 5 上拆下制动总泵。拆卸制动总泵时，小心不要弯曲或损坏制动管路。

(8) 从制动总泵上拆除推杆密封件 6。

(9) 按拆卸的逆序安装制动总泵，应注意以下事项：

① 只要拆卸制动总泵，拆下的橡胶零件都必须更换新的。

② 重新组装时使用新的推杆密封件。

③ 给新的推杆密封件内孔缘及其外围，涂上推荐用于制动总泵装置中的密封润滑脂。

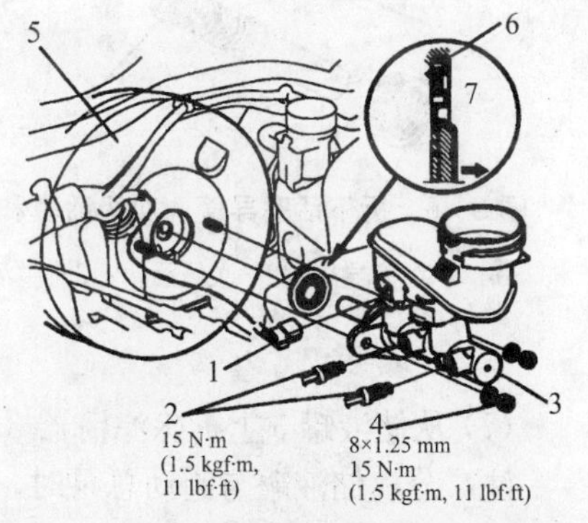


图 5-3　拆下制动液液位开关插接器

1—制动液液位开关插接器；2—制动管路；3—制动总泵；4—螺母；5—制动助力器；6—推杆密封件；7—开槽侧

④ 将推杆密封件装入制动总泵，开槽侧 7 要朝向制动总泵。

⑤ 安装制动总泵后，检查制动踏板高度及自由行程，必要时，进行调整。

## 二、制动总泵的分解

(1) 从制动总泵上拆除推杆密封件。

(2) 向里推动次级活塞 2，卸下卡环 1，如图 5-4 所示。

(3) 拆除储液罐 1，如图 5-5 所示。

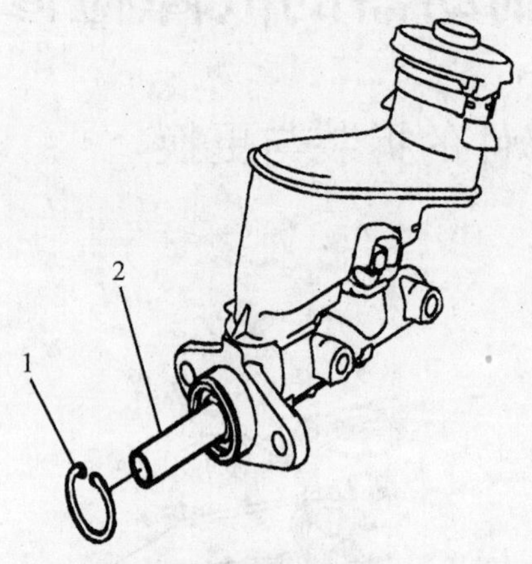


图 5-4　卸下卡环

1—次级活塞；2—卡环

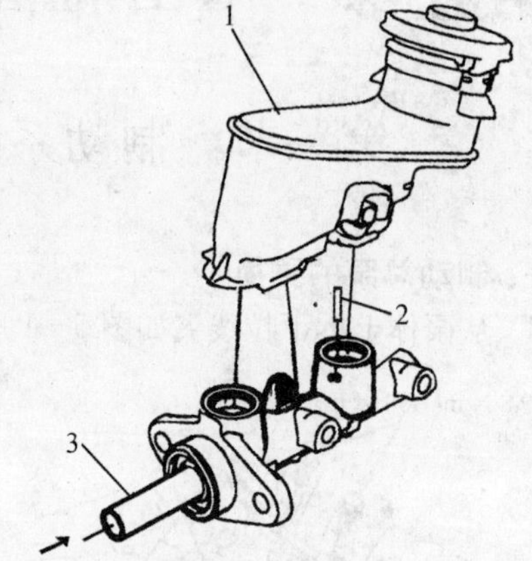


图 5-5　拆除储液罐

1—储液罐；2—止动销；3—次级活塞

(4) 在装有 ABS 的汽车上，向里推动次级活塞 3，拆除止动销 2。

(5) 拆下活塞导管 1、次级活塞 2 和主活塞 3，如图 5-6 所示。

(6) 从储液罐盖 2 上拆除储液罐密封件 1，如图 5-7 所示。

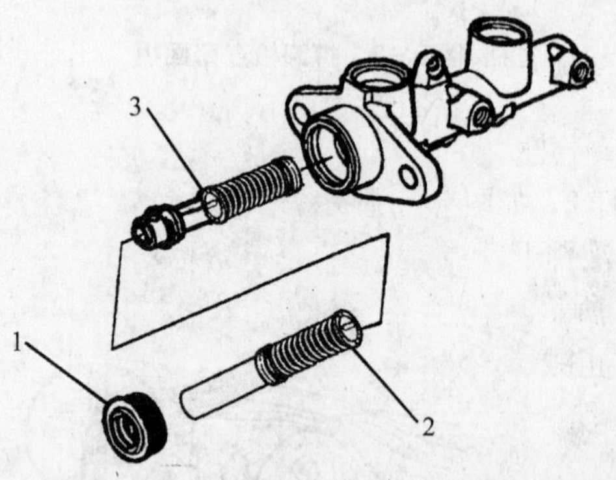


图 5-6　拆下活塞导管、次级活塞和主活塞

1—活塞导管；2—次级活塞；3—主活塞

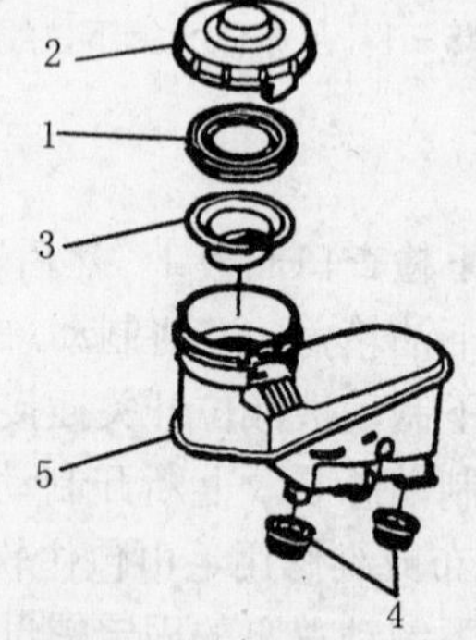


图 5-7　拆除储液罐密封件

1—储液罐密封件；2—储液罐盖；3—滤清器；4—橡胶护圈；5—储液罐

(7) 从储液罐 5 上拆除滤清器 3 和橡胶护圈 4。

注：分离储液罐与制动总泵时，要更换新的橡胶护圈。

## 三、制动总泵的组装

(1) 将储油罐密封圈装进储液罐盖的沟槽里。

(2) 在储液罐上安装滤网、组装好的存储器盖和新橡胶垫圈。制动总泵的组装如图 5-8 和图 5-9 所示。

(3) 给新的主活塞 2：皮碗 1 涂上清洁的制动液，然后将主活塞装入制动总泵，如图 5-10所示。

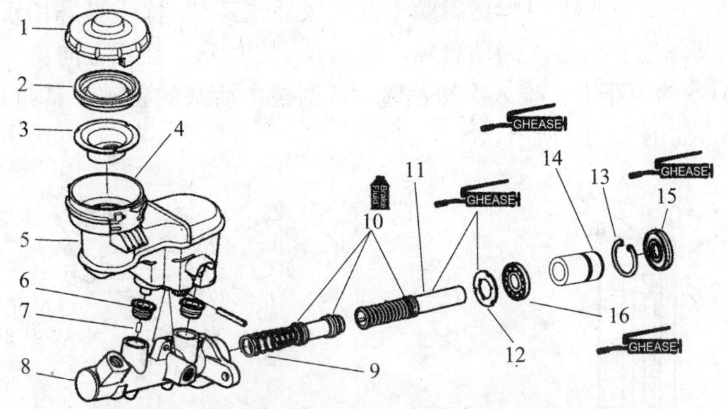


图 5-8 制动总泵的组装（日产 NISSAN 制造）

1—储液罐盖；2—储液罐密封圈；3—滤清器；4—储液罐；5—3 N·m (0. 3kgf·m, 21bf·ft)；6—橡胶护圈；7—止动销；8—制动总泵；9—主活塞；10—活塞皮碗；11—次级活塞；12—O 形密封圈；13—卡环；14—活塞导管；15—推杆密封件；16—次级皮碗

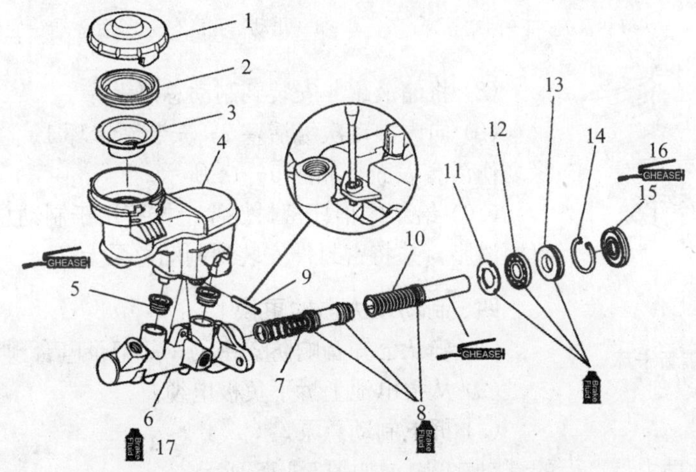


图 5-9 制动总泵的组装（博世 BOSCH 制造）

1—储液罐盖；2—储液罐密封圈；3—滤清器；4—储液罐；5—橡胶护圈；6—制动总泵；7—主活塞；8—活塞皮碗；9—弹簧销；10—次级活塞；11—皮管护圈；12—次级皮碗；13—活塞导管；14—卡环；15—推杆密封件；16—卡环；17—给内孔涂覆

(4) 给新的次级活塞 2：皮碗 1 涂上清洁的制动液，如图 5-11 所示。

(5) 给活塞表面 3 涂上推荐用于制动总泵密封装置的密封润滑脂，然后将次级活塞装入制动总泵。

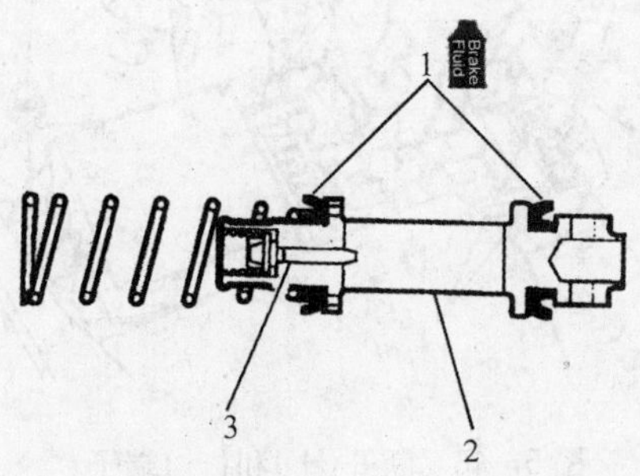


图 5-10 将主活塞装入制动总泵

1—皮碗；2—主活塞；3—制动总泵

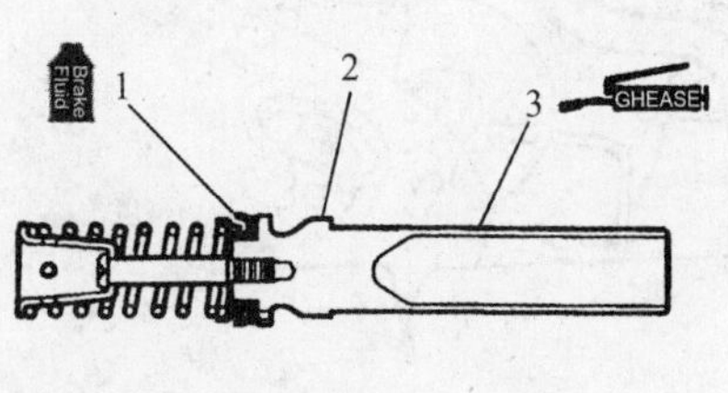


图 5-11 涂上清洁的制动液

1—皮碗；2—次级活塞；3—活塞表面

(6) 给新活塞导管3中的新O形密封圈1和次级活塞盖2，涂上推荐用于制动总泵密封装置的润滑脂，然后将活塞导管装入制动总泵，如图5-12所示，注意方向。

(7) 在装有ABS的汽车上，推入次级活塞2，调整主活塞的狭槽使其与止动销孔1对准，然后装上止动销3，如图5-13所示。

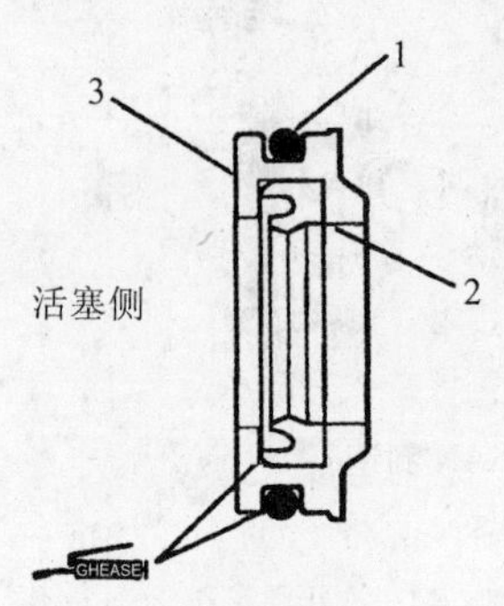


**图5-12 将活塞导管装入制动总泵**

1—O形密封圈；2—次级活塞盖；3—活塞导管

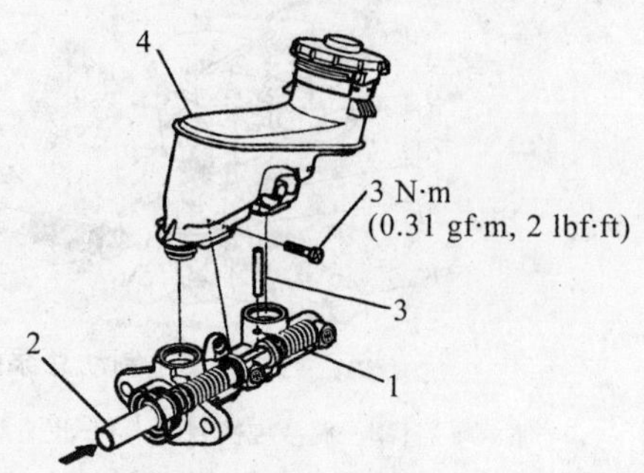


**图5-13 装上止动销**

1—止动销孔；2—次级活塞；3—止动销；4—储液罐

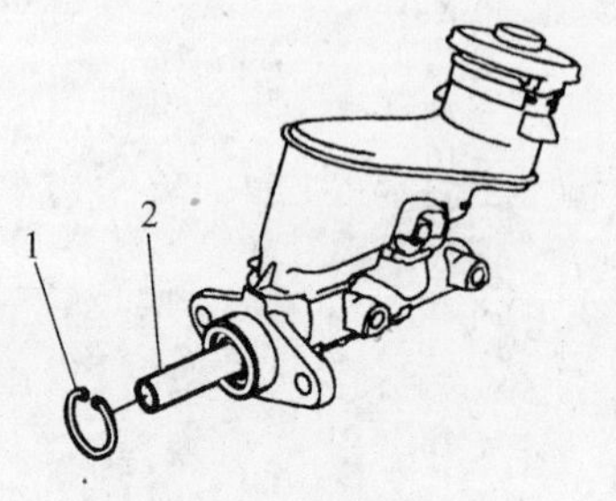


**图5-14 安装新卡环**

1—次级活塞；2—卡环

(8) 将储液罐4安装到制动总泵上。

(9) 向内推动次级活塞2，安装新卡环1。注：不要使卡环边缘划伤活塞表面，如图5-14所示。

(10) 给新的推杆密封件涂上推荐用于制动总泵密封装置的密封润滑脂，并将密封件安装到制动总泵上。

## 四、制动助力器的更换

(1) 确认已知音响防盗密码，并记录电台预置钮频率。

(2) 从蓄电池上拆下负极电缆。

(3) 拆下制动总泵。

(4) 断开制动助力器2上的真空软管1，如图5-15所示。

(5) 拆除熔丝/继电器盒盖。

(6) 断开发动机盖下熔丝/继电器盒2中的（+）和（—）端子1，如图5-16所示。

(7) 拆除发动机盖下熔丝/继电器盒的装配螺栓3，然后，将熔丝/继电器盒拆除。

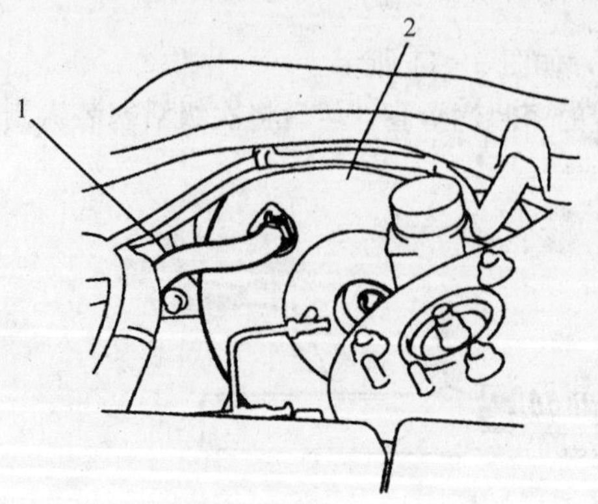


**图5-15 断开制动助力器上的真空软管**

1—制动助力器；2—真空软管

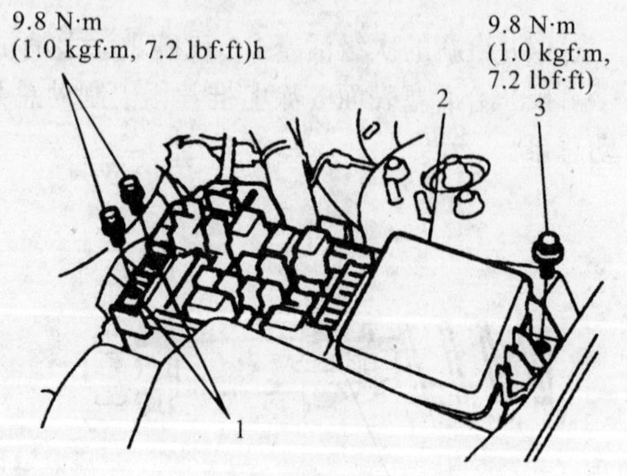


**图5-16 断开(+)和(—)端子**

1—（+）和（—）端子；
2—熔丝/继电器盒；3—螺栓

(8) 拆除空气滤清器总成，如图 5-17 所示。

(9) 从软管夹上拆除主/次制动管路，如图 5-18 所示。

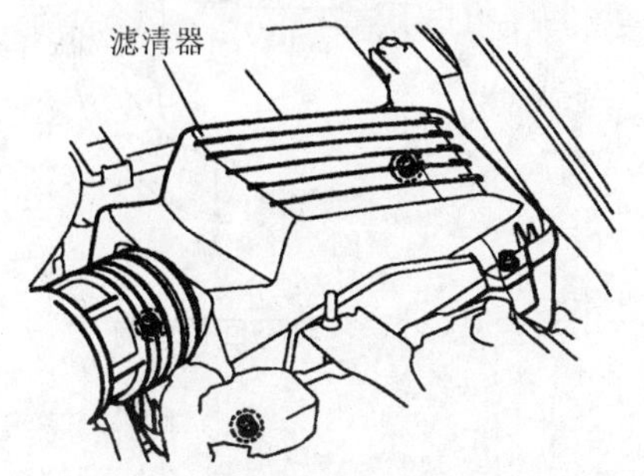


图 5-17 拆除空气滤清器总成

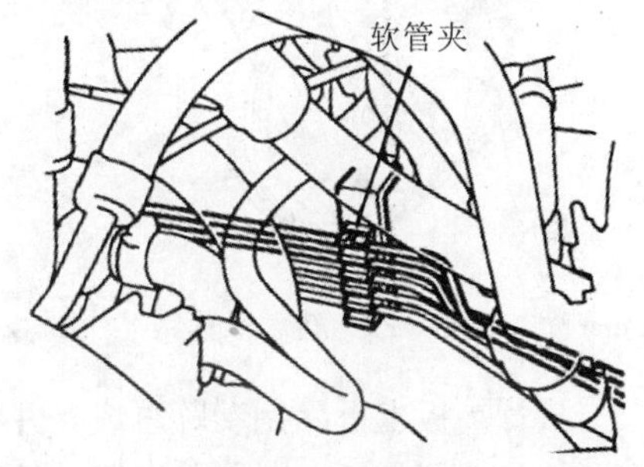


图 5-18 从软管夹上拆除主/次制动管路

(10) 拆除夹子 1 和球头销 2，然后从制动踏板上拆下拨叉，如图 5-19 所示。

(11) 取下制动助力器紧固螺母 3。

(12) 从发动机室拆除制动助力器 1，如图 5-20 所示。

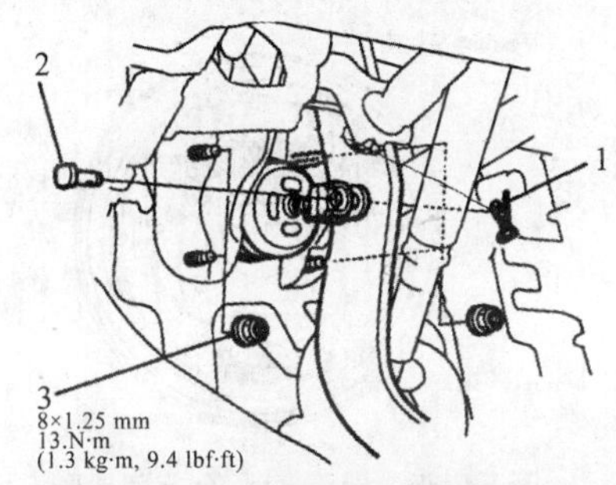


图 5-19 拆除夹子和球头销

1—夹子；2—球头销；3—螺母

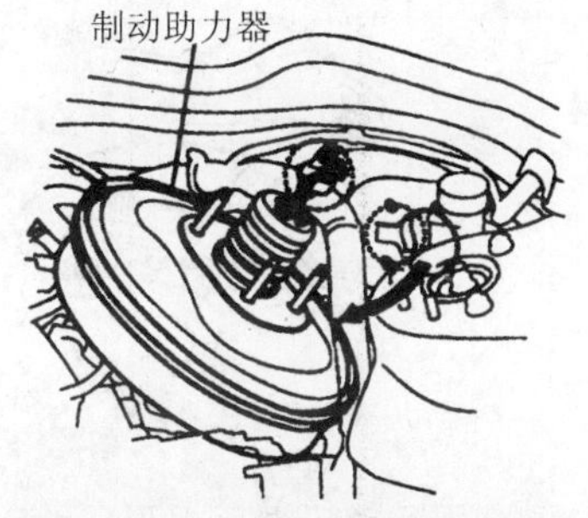


图 5-20 拆除制动助力器

(13) 按与拆卸相反的顺序安装制动助力器，并注意下列事项：

① 安装时使用新夹子。

② 安装了制动助力器和制动总泵之后，给储液罐加注新制动液，给制动系统排气，并调整制动踏板高度和自由行程。

③ 执行 PCM 怠速判断程序。

④ 执行电动车窗控制装置复位程序。

⑤ 确认已知音响防盗密码，并记录电台预置钮频率。

## 五、齿轮驻车制动蹄的更换

1. 拆卸程序

(1) 取下制动鼓。

(2) 利用专用工具，将上回位弹簧与后轮制动蹄脱开，如图 5-21 所示。

(3) 推压护座弹簧，转动张紧销，将其拆下，如图 5-22 所示。

(4) 降低制动蹄总成，拆除下回位弹簧，如图 5-23所示。小心不要损坏车轮制动分泵的防尘罩。

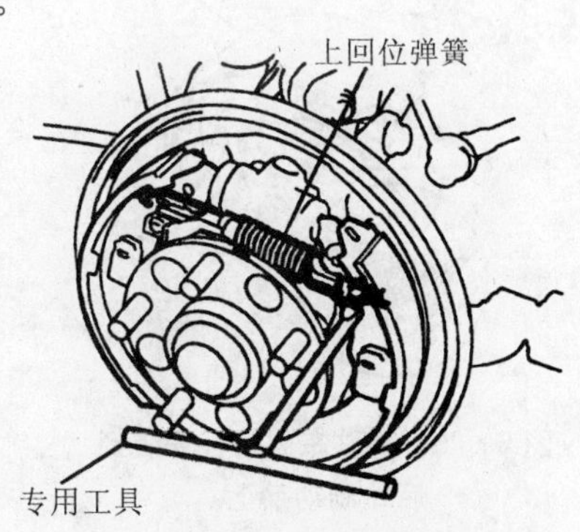


图 5-21 将上回位弹簧与后轮制动蹄脱开

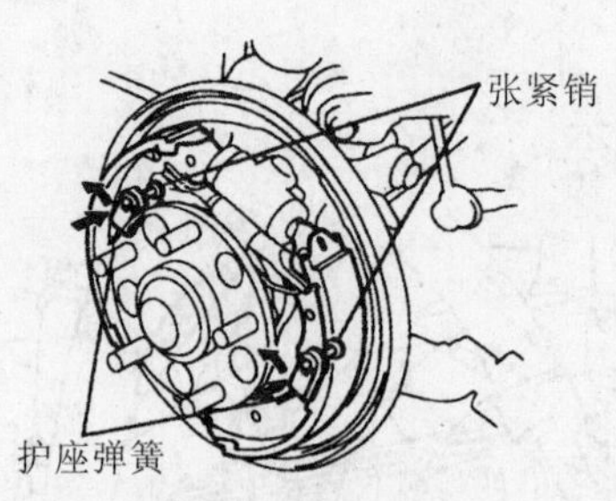


图 5-22 转动张紧销

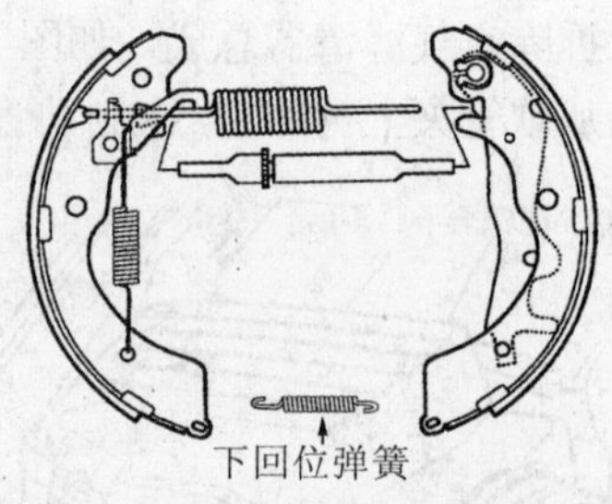


图 5-23 拆除下回位弹簧

(5) 从背垫板上拆除制动蹄总成，并将其分解。

(6) 从驻车制动杆上断开驻车制动拉线，取下制动蹄。

(7) 取下 U 形夹 1 和波形垫圈 2，并从制动蹄 4 上分离驻车制动杆 3，如图 5-24 所示。

2. 安装程序

(1) 如图 5-25 所示，给滑动面涂上 Molykota 44MA 润滑脂。擦干净多余的润滑脂。注：不要让润滑脂接触制动片。

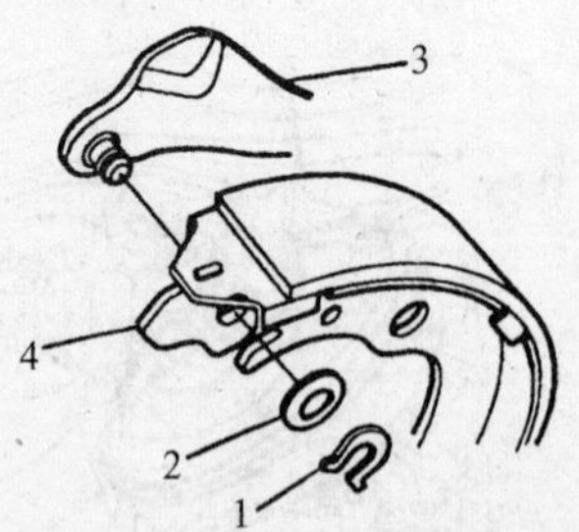


图 5-24 取下 U 形夹和波形垫圈

1—U 形夹；2—波形垫圈；3—驻车制动杆；4—制动蹄

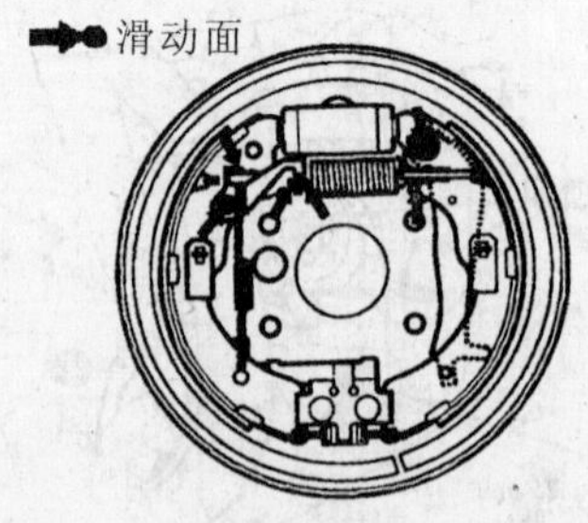


图 5-25 给滑动面涂上润滑脂

(2) 将驻车制动杆 1 安装到后轮制动蹄 2 上，并利用波形垫圈 3 和一个新的 U 形夹 4，将其固定。U 形夹要夹紧，以免弹出，如图 5-26 所示。

(3) 将驻车制动拉线与后轮制动蹄连接。

(4) 将自动调节拉杆 3 和自动调节装置弹簧 4 安装在制动蹄 5 的前侧。

(5) 将制动蹄与 U 形夹 1、调节螺栓 6、U 形夹 2、上回位弹簧 7 和下回位弹簧 8 组装在一起。

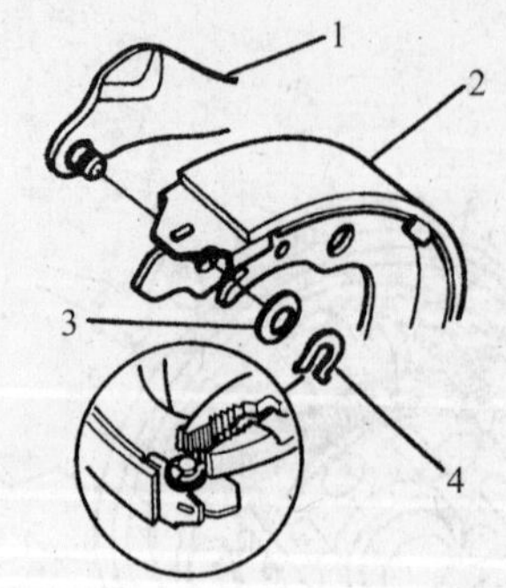


图 5-26 将驻车制动杆安装到后轮制动蹄上

1—驻车制动杆；2—后轮制动蹄；3—波形垫圈；4—U 形夹

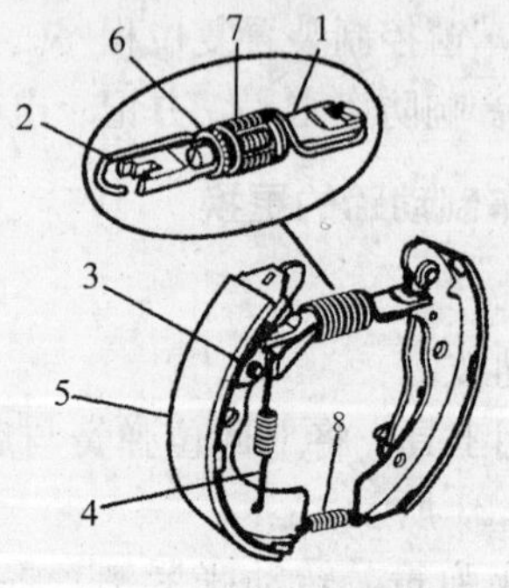


图 5-27 将自动调节拉杆调节装置弹簧安装在制动蹄的前侧

1—制动蹄与 U 形夹；2—U 形夹；3—拉杆；4—装置弹簧；5—制动蹄；6—螺栓；7—上回位弹簧；8—下回位弹簧

注：将调节螺栓完全装到 U 形夹 A 上。

(6) 如图 5－28 所示，在滑动面涂上 Molykota 44MA 润滑脂。擦干净多余的润滑脂。注：不要让润滑脂接触制动片。

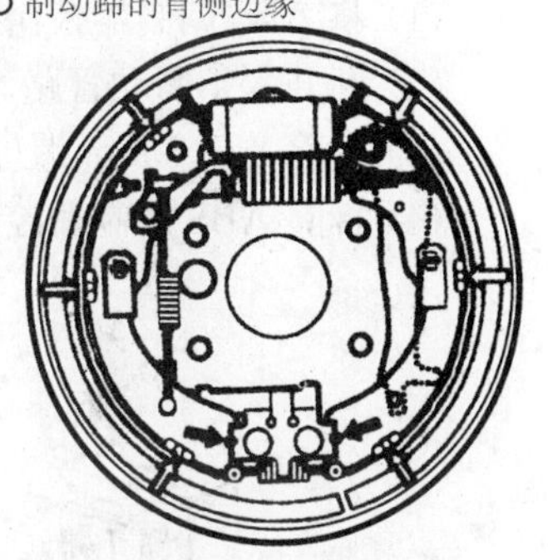


图 5－28 在滑动面涂上润滑脂

(7) 将制动蹄总成安装在托板上，使制动蹄的顶部与车轮制动分泵活塞配合，而制动蹄底部固定在定位板上。

(8) 安装张紧销，使用固定器弹簧，通过推动并转动每个张紧销进行固定，如图 5－29 所示。

(9) 使用专用工具钩住上回位弹簧 2 的端部 1，如图 5－30所示。

(10) 安装制动鼓和后轮。

(11) 如果车轮制动分泵已经拆除，则要给制动系统排气。

(12) 踩动几次制动踏板，来调整自调式制动器。

(13) 调节驻车制动器。

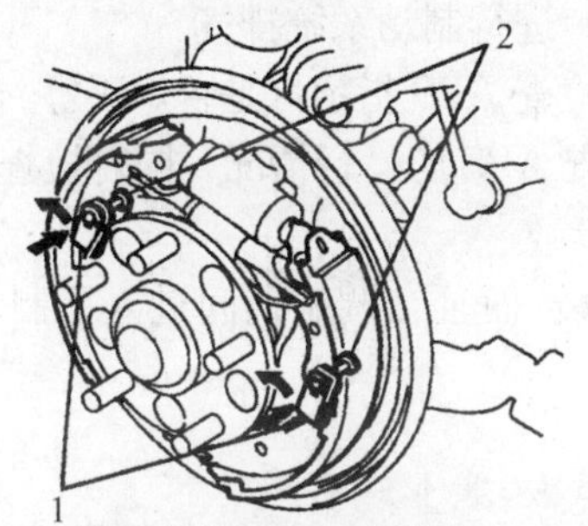


图 5－29 安装张紧销

1—固定器弹簧；2—张紧销

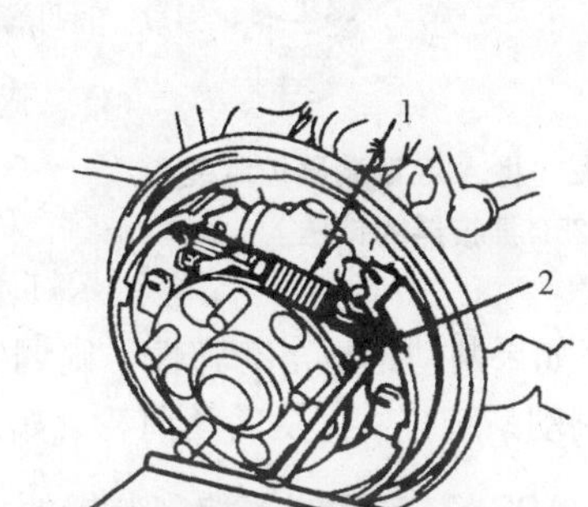


图 5－30 钩住上回位弹簧的端部

1—上回位弹簧；2—端部

## 六、ABS 调制器控制装置的拆装

ABS 调制器控制装置，如图 5－31 所示。

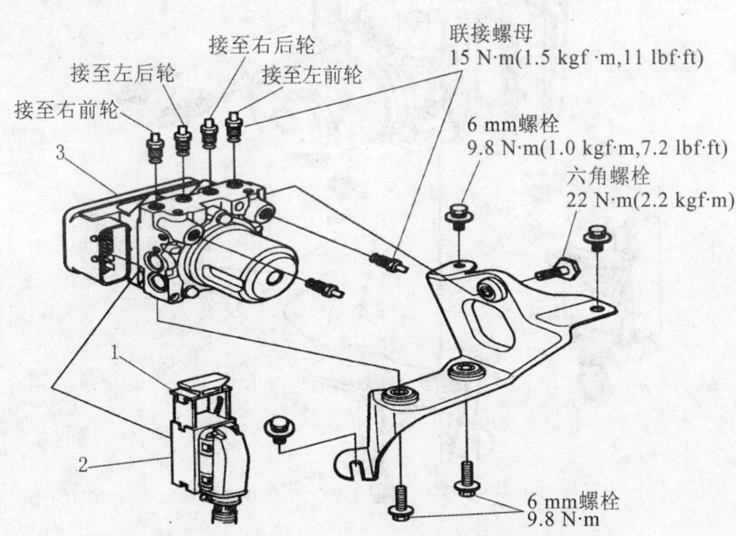


图 5－31 ABS 调制器控制装置

1—锁；2—25P 插接器；3—ABS 调制器控制装置

1. 拆卸程序

(1) 将 ABS 调制器控制装置 25P 插接器 2 的锁 1 拉下，然后断开插接器。

(2) 断开六条制动管路。

(3) 拆除 2 只 6 mm 螺母。

(4) 拆除 ABS 调制器控制装置 3。

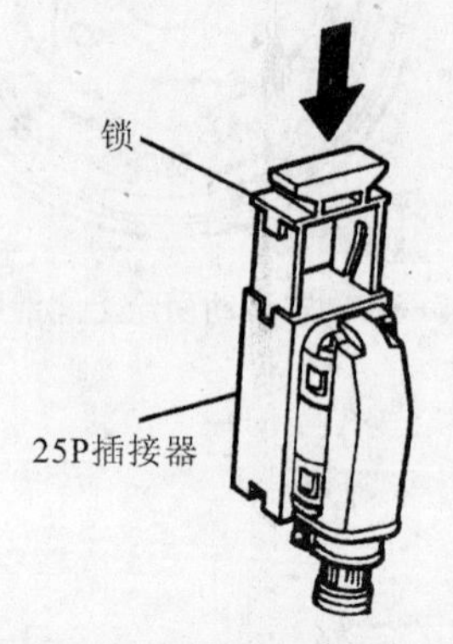


图 5-32 将 ABS 调制器控制装置 25P 插接器的锁推入

2. 安装程序

(1) 安装 ABS 调制器控制装置，然后，将 2 个 6 mm 螺母锁紧。

(2) 重新装上 6 条制动管路，然后，按规定力矩锁紧连接螺母。

(3) 将 ABS 控制装置 25P 插接器与 ABS 控制装置的连接表面对齐。

(4) 将 ABS 调制器控制装置 25P 插接器的锁推入，就位时听到“咔哒”声，如图 5-32 所示。

(5) 开始转动前轮，进行制动系统排气。

(6) 起动发动机，检查 ABS 指示灯是否熄灭。

(7) 进行试车，检查 ABS 的运行情况，同时检查 ABS 指示灯不会亮。

(8) 如果制动踏板富有弹性，则调制器内可能有空气，而且在调制期间进入了制动系统。再次对制动系统排气，从转动前轮开始。

## 七、ABS/TCS 调制器控制装置的拆装

ABS/TCS 调制器控制装置的结构，如图 5-33 所示。

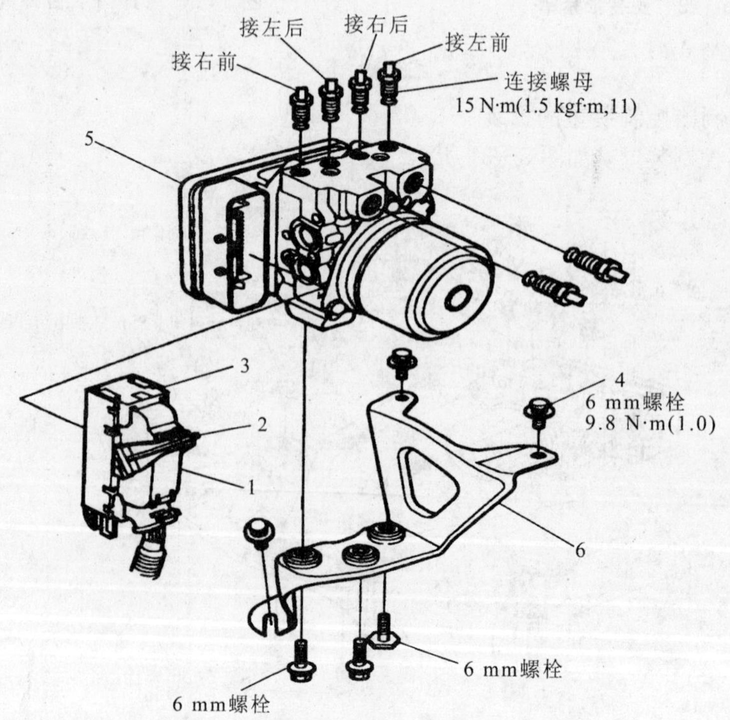


图 5-33 ABS/TCS 调制器控制装置的结构

1—锁；2—操纵杆；3—47P 插接器；4—螺栓；5—ABS/TCS 调制器控制装置；6—托架

1. 拆卸程序

(1) 按下锁 1，然后拉上 ABS/TCS 控制装置 47P 插接器 3 的操纵杆 2，断开插接器。

(2) 断开六条制动管路。

(3) 拆下 3 个 6 mm 螺栓 4。

(4) 拆除 ABS/TCS 调制器控制装置 5 和托架 6。

(5) 拆除两个 6 mm 螺栓和六角螺栓，然后取下托架。

2. 安装程序

(1) 安装托架，然后紧固 2 个 6 mm 螺栓和六角螺栓。

(2) 安装 ABS/TCS 调制器控制装置，然后紧固 2 个 6 mm 螺母。

(3) 重新接上 6 条制动管路，然后上紧螺母。

(4) 对齐 ABS/TCS 控制装置 47P 插接器的联接表面与 ABS/TCS 控制装置。

(5) 将 ABS/TCS 调制器控制装置 47P 插接器的锁推入，就位时听到“咔哒”声。

(6) 开始转动前轮，进行制动系统排气。

(7) 进行 TCS 压力传感器空挡存储。

(8) 起动发动机，检查 ABS、TCS 和 TCS 激励指示灯是否熄灭。

(9) 进行试车，检查 ABS、TCS 和 TCS 激励指示灯是否变亮。

## 第二节 制动系统典型部件的检查

### 一、后轮制动盘的检查

1. 后轮制动盘的振摆

(1) 举升车辆后部，利用安全支撑，在合适的位置将其支撑，拆下后轮。

(2) 拆除制动片。

(3) 检查制动盘表面是否破损或开裂。彻底清洁制动盘，并清除所有锈蚀。

(4) 安装合适的平垫圈及车轮螺母，将螺母锁紧到规定扭矩，使制动盘紧紧贴住轮毂。

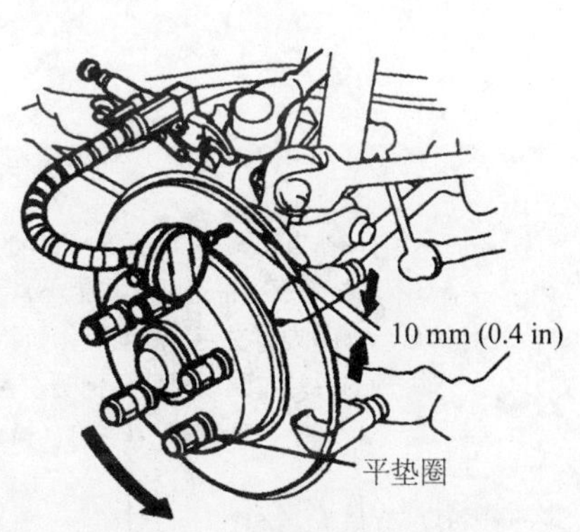


图 5-34 测量从制动盘外缘起处的振摆

(5) 将百分表靠制动盘放置，测量从制动盘外缘起 10 mm 处的振摆，如图 5-34 所示。制动盘振摆的维修极限为 0.10 mm。

(6) 如果制动盘振摆超出维修极限，则修整制动盘。最大修整极限：8.0 mm。

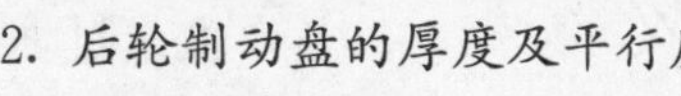

2. 后轮制动盘的厚度及平行度

(1) 举升车辆后部，利用安全支撑，在合适位置将其支撑，拆下后轮。

(2) 拆下制动片。

(3) 使用千分尺，在距制动盘外缘 10 mm、间隔大约为 45°的 8 个点处测量制动盘的厚度，如图 5-35 所示，如果最小测量值小于最大修整极限，则更换制动盘。

制动盘厚度：标准为 9.9～10.1 mm；最大维修极限为 8.0 mm；制动盘平行度最大 0.015 mm。

注：这是厚度测量值的最大容许偏差。

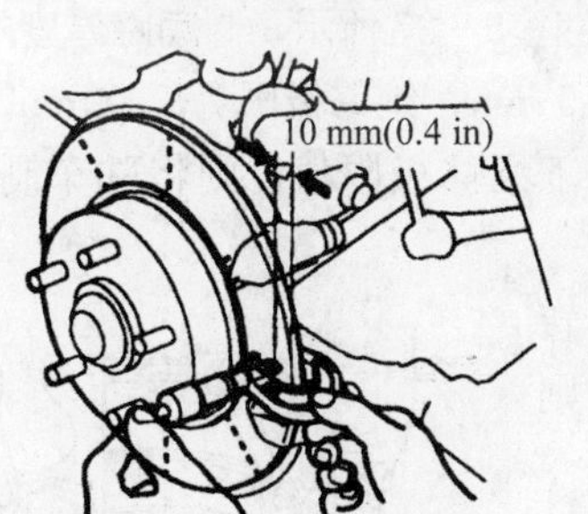


图 5-35 测量制动盘的厚度

(4) 如果制动盘平行度超出维修极限，对制动盘进行修整。

注：如果制动盘超出重新修整极限值，则更换制动盘。

## 二、后轮制动鼓的检查

后轮制动鼓的结构，如图 5－36 所示。

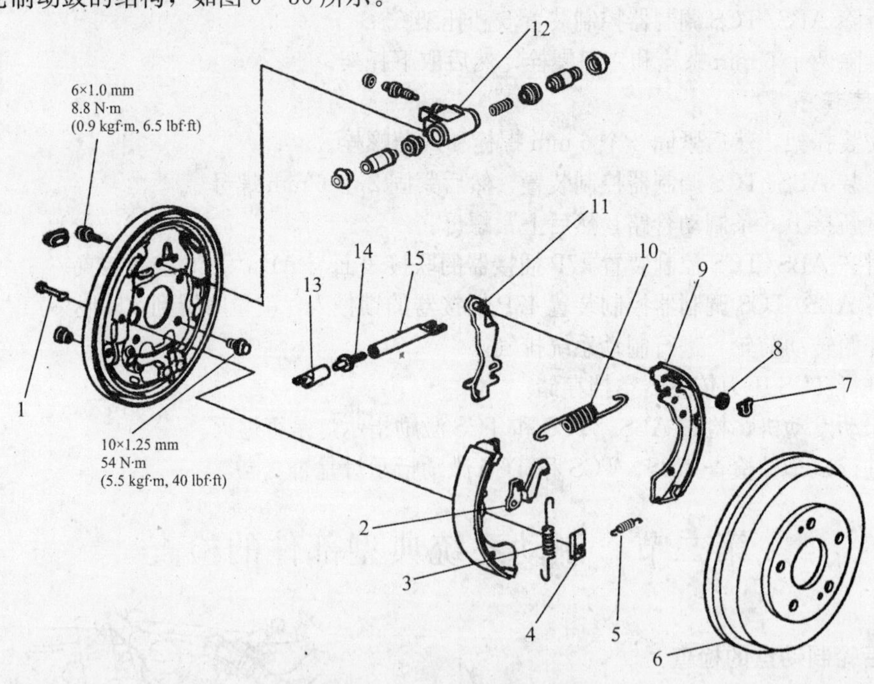


图 5－36　后轮制动鼓的结构

1—张紧销；2—自动调节拉杆；3—自动调节弹簧（检查刚度及损坏）；4—定位弹簧（检查刚度及损坏）；5—下回位弹簧（检查刚度及损坏）；6—制动鼓（检查刚度及损坏）；7—U 形夹；8—波形垫圈；9—制动蹄（如果要再次使用制动蹄，则要在同样的位置标注和组装）；10—上回位弹簧（检查刚度及损坏）；11—驻车制动拉杆（标明左右）；12—制动分泵（检查是否泄漏）；13—U 形夹 B；14—调节螺栓（检查车轮齿是否磨损及损坏）；15—U 形夹 A

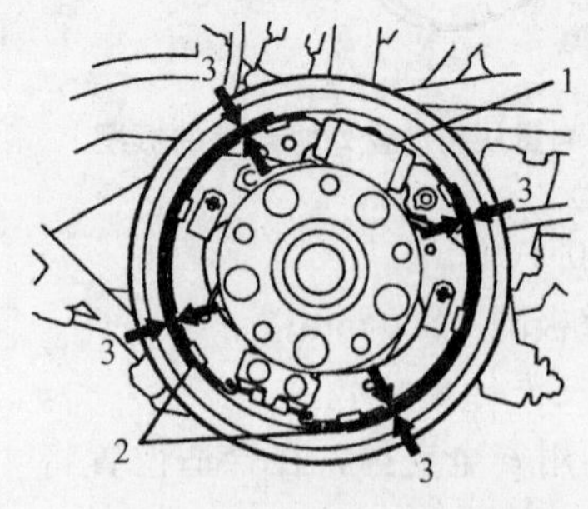


图 5－37　测量制动片厚度

1—车轮制动分泵；2—制动片；3—制动片厚度

(1) 举升车辆后部，利用安全支撑，在合适的位置将其支撑，拆下后轮。

(2) 松开驻车制动器，然后拆除后轮制动鼓。

(3) 检查车轮制动分泵是否泄漏。

(4) 检查制动片是否有开裂、磨光、磨损和污染。

(5) 测量制动片厚度，如图 5－37 所示，制动蹄厚度不计。制动片的标准厚度为 4.5 mm，维修极限为 2.0 mm。

(6) 如果制动片厚度小于维修极限值，则将驻车制动蹄整套更换。

(7) 检查轮毂轴承运转是否平稳。如果需要维修，则将其更换。

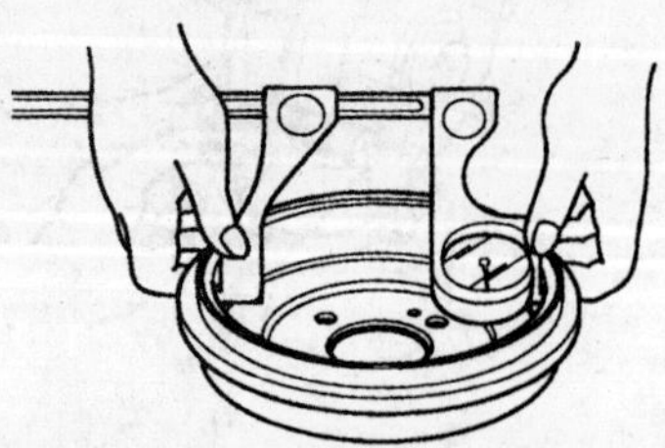

图 5－38　测量制动鼓内径

(8) 用内径游标卡尺测量制动鼓内径，如图 5－38 所示。

制动鼓标准内径为 219.9～220.0 mm，维修极限为 221.0 mm。

(9) 如果制动鼓的内径大于维修极限，则更换后轮制动鼓。

(10) 检查驻车制动鼓上是否有擦痕、凹槽腐蚀和裂纹。

## 三、制动助力器的检查

1. 泄漏测试

(1) 在制动助力器和单向阀之间安装真空表，如图 5-39 所示。

(2) 起动发动机，通过油门踏板，来调节发动机速度，使真空表读数显示在 40.0～66.7 kPa范围内，然后关掉发动机。

(3) 读取真空表的读数。如果 30 s 后真空读数下降值等于或大于 2.7 kPa，则检查止回阀、真空软管、管路、密封件、制动助力器和制动总泵是否泄漏。

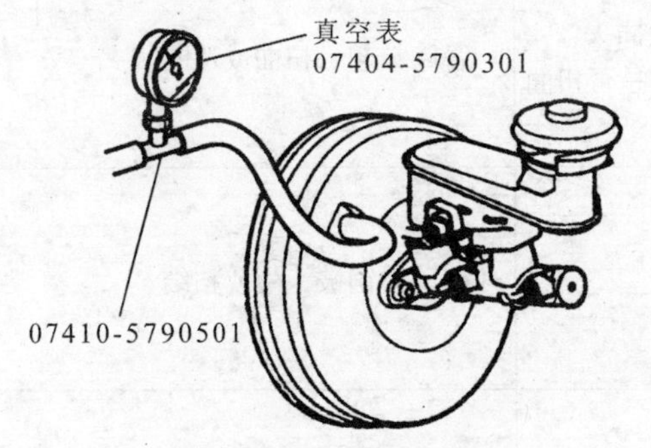


图 5-39 安装真空表

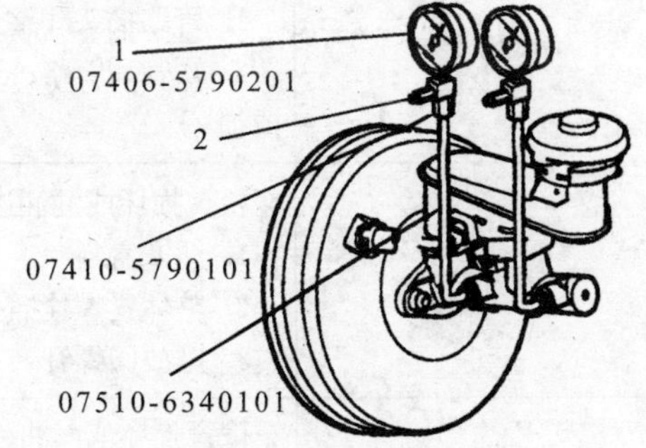


图 5-40 安装真空表

1—压力表；2—阀门

2. 功能测试

(1) 按与泄漏测试同样的方法，安装真空表，如图5-40 所示。

(2) 使用附件（专用工具），将压力表与制动总泵连接。

(3) 通过阀门排气。

(4) 起动发动机，让其怠速运转。

(5) 让助手用 98 N 和 294 N 的力压住制动踏板，如图5-41 所示，用在市场上可以购买到的压力表来测量压力。

(6) 在各种真空条件下，可在压力表上观察到的压力值，见表 5-1。

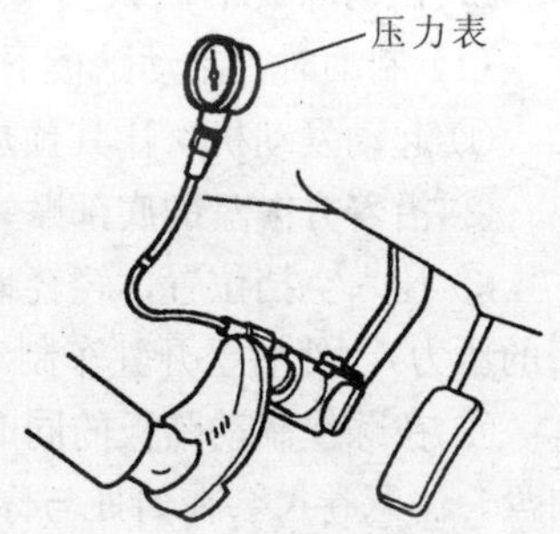


图 5-41 压住制动踏板

表 5-1 真空压力值

<table>
<tr><th rowspan="2">真空助力器真空（kPa）</th><th rowspan="2">制动踏板压力（N）</th><th colspan="2">制动总泵压力（kPa）</th></tr>
<tr><th>有 ABS</th><th>无 ABS</th></tr>
<tr><td rowspan="2">0（0，0）</td><td>98（10，22）</td><td colspan="2">0（0，0）</td></tr>
<tr><td>294（30，66）</td><td colspan="2">1，920（19.6，280）</td></tr>
<tr><td rowspan="2">66.7（500，19.7）</td><td>98（10，22）</td><td colspan="2">6，330（64.5，920）</td></tr>
<tr><td>294（30，66）</td><td colspan="2">12，130（123.7，1，760）</td></tr>
</table>

(7) 如果压力表读数不在上表的限定范围内，则要检查制动总泵。

## 四、制动系统的检查和测试

1. 制动系统的组件检查见表 5-2。

**表 5-2　制动系统的组件检查**

| 组　件 | 检查程序 | 其他检查项目 |
|---|---|---|
| 制动总泵 | 检查损坏或漏油迹象：<br>1. 油箱或油箱油封<br>2. 管路插头<br>3. 制动总泵和助力器之间 | 油箱盖上的油土封鼓起。说明被油污染 |
| 制动软管 | 检查损坏或漏油迹象：<br>1. 管路插头和整体式螺栓插头<br>2. 软管和管路，还要检查是否扭曲或损坏 | 管路鼓起、扭曲或弯曲 |
| 制动钳 | 检查损坏或漏油迹象：<br>1. 活塞密封<br>2. 整体式螺栓插头<br>3. 排放阀螺钉 | 制动钳销被卡死或粘结 |
| ABS 调制器 | 检查损坏或漏油迹象：<br>1. 管路插头<br>2. 调制器 | |

2. 制动系统的测试

(1) 制动时，制动踏板下沉/逐渐失灵。

① 起动发动机，让其预热至工作温度。

② 沿着方向盘的底部贴一片 2 in 的不透光胶纸，并在胶纸上画一条水平参考线。

③ 挂入空挡位置，轻轻地踩下制动踏板并保持此状态（大约相当于让 A/T 车保持缓行所需的压力），然后松开驻车制动器。

④ 在踩住制动踏板的同时，捏住放在其后方的卷尺端部。然后，将卷尺向上拉，直至方向盘，注意卷尺会在何处与你在胶纸上画的参考线对齐。

⑤ 给制动踏板施以稳定的压力，并保持 3 min。

⑥ 观察卷尺。如果位移小于 10 mm，制动总泵是合格的。如果位移超过 10 mm，则更换制动总泵。

(2) 制动片迅速磨损、汽车振动（长时间驾驶后）或制动踏板高而难踩。

① 驾驶汽车直至制动器拖滞，或直至踏板变得高而难踩。在长时间的试车过程中，可能要踩 20 次或更多次的制动踏板。

② 起动发动机，用举升机举升汽车，并用手转动四个车轮。

是否有车轮存在制动器拖滞现象，否则，应寻找其他可能引起制动片磨损、踏板偏高或汽车振动的原因。若是，应按下项检查。

③ 关掉发动机，给制动踏板抽气，使制动助力器内的真空耗尽，然后再次转动车轮，检查是否有制动器拖滞现象。若是，应按下项检查。否则，应更换制动助力器。

④ 不拆除制动管路，松开螺栓，并使制动总泵与助力器分离，然后转动车轮，检查是否存在制动器拖滞现象。若是，应按下项检查。否则，应检查制动踏板位置开关的调整情况和踏板的自由行程。

⑤ 松开制动总泵上的液压管路，然后转动车轮，检查是否存在制动器拖滞现象。若是，应按下项检查，否则，应更换制动总泵。

⑥ 松开各制动钳上的排放阀螺钉，然后转动车轮，检查是否存在制动器拖滞现象。若是，应分解出现制动器咬死车轮上的制动钳，并维修故障。否则，应检查制动总泵盖密封圈是否膨胀、制动总泵中的制动液是否变色或污染、制动管路是否损坏。如果上述任何一项损坏，请予以更换，如果以上项目良好，则更换 ABS 调制器。

## 五、制动踏板和制动踏板位置开关的调整

### 1. 踏板高度

(1) 逆时针转动制动踏板位置开关，如图 5-42 所示，并将其往后拉，直到不再与制动踏板接触。

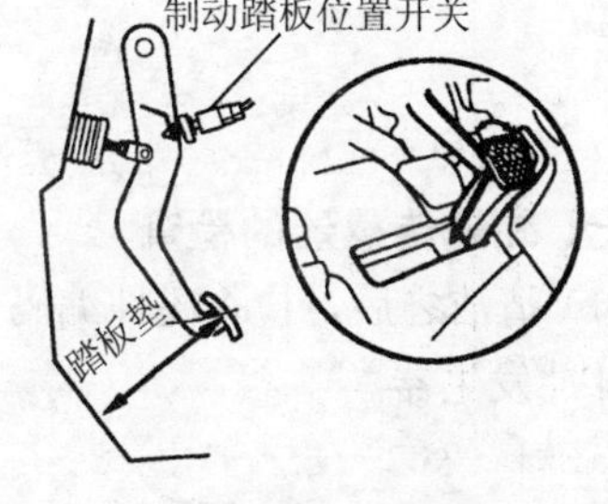

图 5-42 逆时针转动制动踏板位置开关

(2) 卷起覆盖物，在绝缘件切口处，测量至踏板垫左侧的踏板高度。

标准踏板高度（移开地毯）：M/T 为 167 mm，A/T 为 172 mm。

(3) 松开推杆锁紧螺母，如图 5-43 所示，用钳子将推杆旋入或旋出，以达到相对于地板的标准踏板高度。调节完毕，紧固锁紧螺母。推杆压下时不要调整踏板高度。

### 2. 制动踏板位置开关间隙

(1) 压下制动踏板位置开关，如图 5-44 所示，直到其柱塞被完全压紧（螺纹端与踏板臂上的衬垫接触），然后将制动踏板位置开关顺时针转动，直到锁紧。确认踏板松开后制动指示灯熄灭。

(2) 检查制动踏板的自由行程。

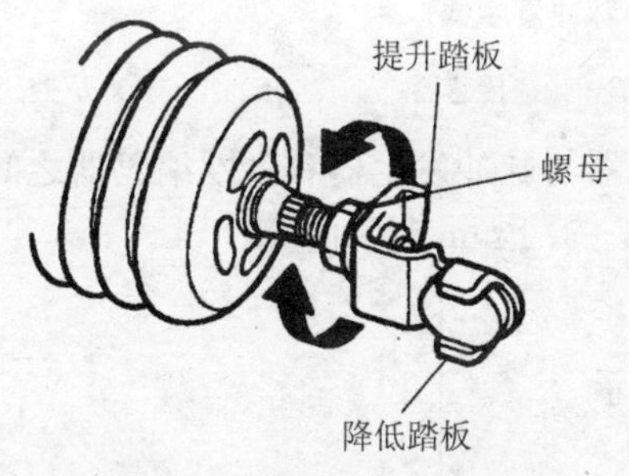

图 5-43 松开推杆锁紧螺母

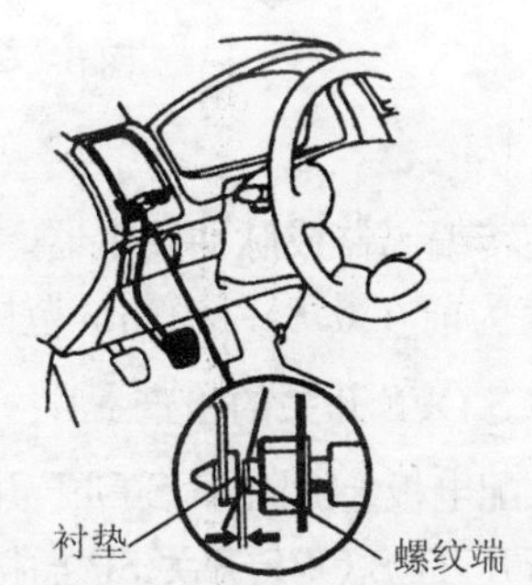

图 5-44 压下制动踏板位置开关

## 六、制动系统排气

(1) 确认储液罐中制动液液位处于最高液位（上液位），如图 5-45 所示。

(2) 将一段干净的排放管接在排放螺钉上。

(3) 由助手缓慢踏压制动踏板几次，然后施加持续不变的压力。

(4) 从左前方开始，松开左前制动器排气螺钉，让空气从系统中释放出来，然后牢固地拧紧排气螺钉。

(5) 按图 5-46 顺序，依次对每个车轮进行上述操作，直到排放管中出来的制动液中见不到气泡为止。

(6) 再次将制动总泵储液罐注满，使液面达到 MAX（最高液位）标线。

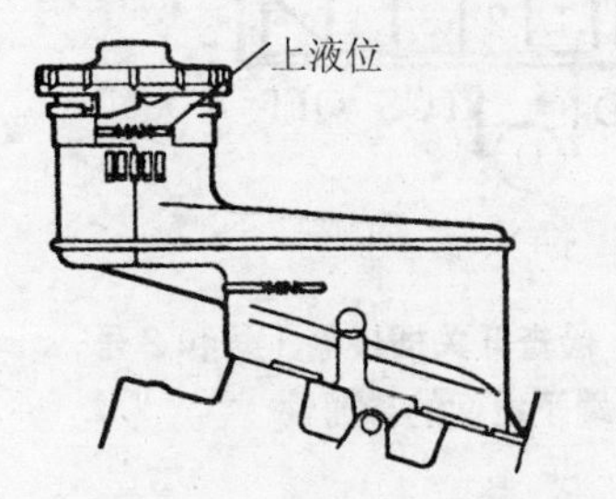

图 5-45 确认储液罐中制动液液位

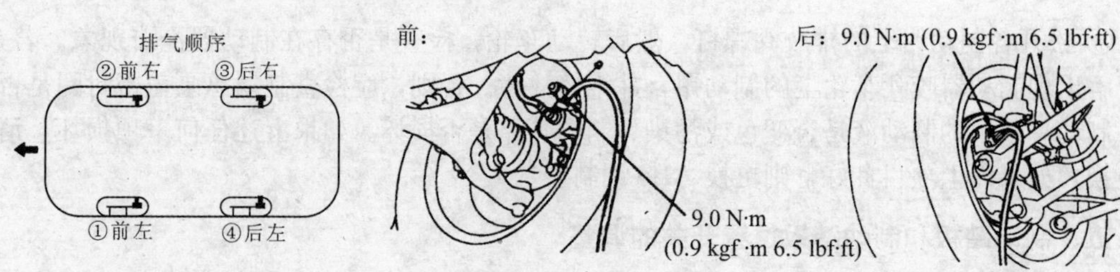


图 5-46　排气

## 七、轮速传感器的检查

(1) 清洁之后，检查磁性编码器和脉冲发生器，如图 5-47 所示。如果需要，则更换编码器或脉冲发生器。

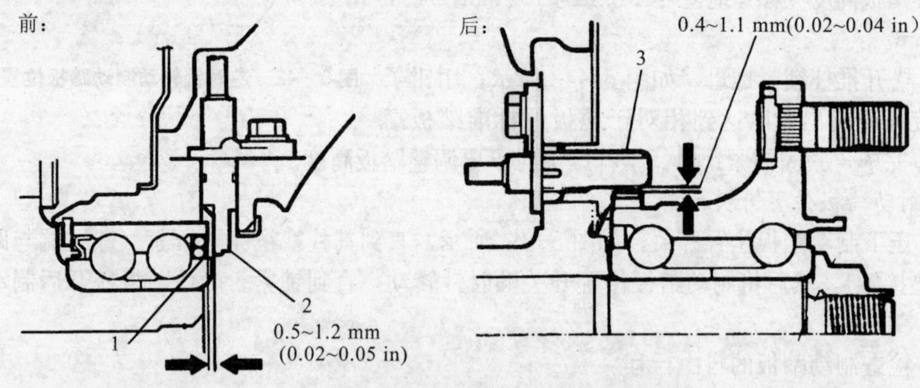


图 5-47　检查磁性编码器和脉冲发生器

1—磁性编码器；2—脉冲发生器；3—轮速传感器

(2) 旋转编码器或脉冲发生器，依次测量轮速传感器与脉冲发生器和磁性编码器之间的气隙。标准值为前在 0.5～1.2 mm 范围内，为后则在 0.4～1.1 mm 范围内。

## 八、TCS OFF 开关的检查

(1) 从配电板上拆除 TCS OFF 开关，如图 5-48 所示。

(2) 断开 TCS OFF 开关 5P 插接器。

(3) 检查 TCS OFF 开关插接器 1 号和 2 号端子之间的导通性。按下开关时应是导通的，如图 5-49 所示。

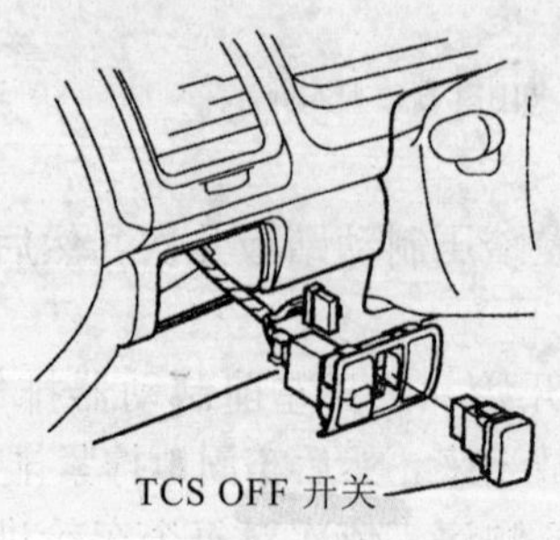


图 5-48　拆除 TCS　OFF 开关

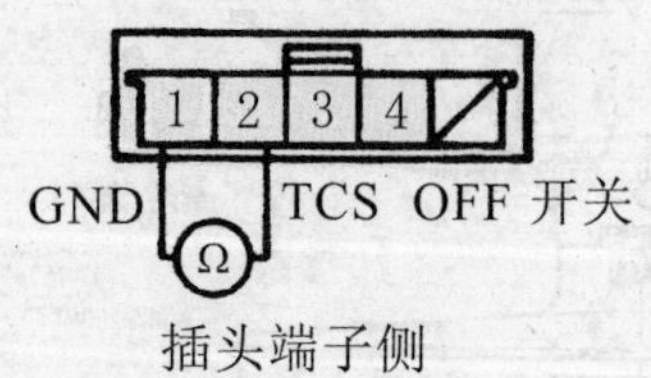


图 5-49　检查开关插接器 1 号和 2 号端子之间的导通性

(4) 检查 TCS OFF 开关插接器端子 3 号和 4 号端子之间的导通性，应一直导通，如图 5-50所示。

## 九、TCS压力传感器空挡存储的检查

(1) 将点火开关转到OFF，连接本田PGM测试仪，如图5-51所示。或HDS与驾驶员侧仪表板下的16P数据链路插接器（DLC）。

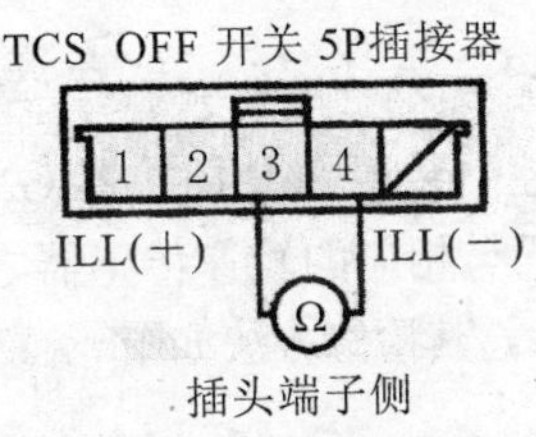


图5-50 检查开关插接器端子3号和4号端子之间的导通性

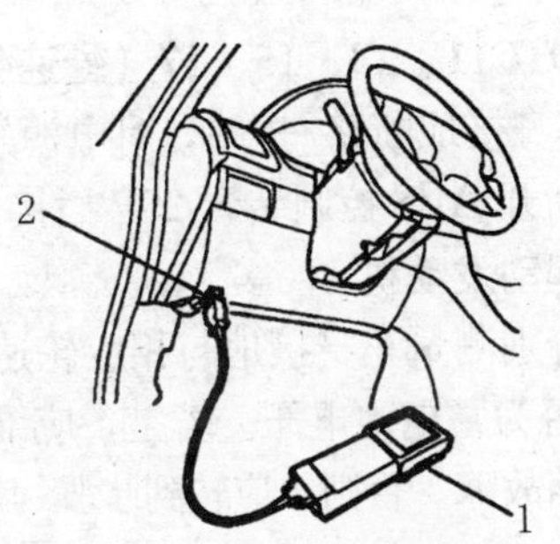


图5-51 连接测试仪

1—PGM测试仪；2—DLC

(2) 利用本田PGM测试仪短接SCS电路与车身接地。

(3) 将点火开关转到ON（Ⅱ）。

(4) ABS指示灯亮2 s。

(5) ABS指示灯熄灭后的2 s之内，按一次TCS OFF开关。

(6) ABS指示灯重新变亮后的2 s之内，按一次TCS OFF开关。

(7) TCS激励指示灯闪烁，系统开始存储压力传感器空挡。

(8) 当ABS指示灯、TCS指示灯和TCS激励指示灯熄灭时，即结束存储过程。如果指示灯不熄灭，则重新试一次。

## 十、轮速传感器的检查

(1) 消除磁性编码器，并进行检查。如有需要，则更换编码器。

(2) 旋转编码器一圈，逐个测量轮速传感器与磁性编码器之间的间隙，如图5-52所示。标准在前为0.5～1.2 mm，在后为0.4～1.1 mm。

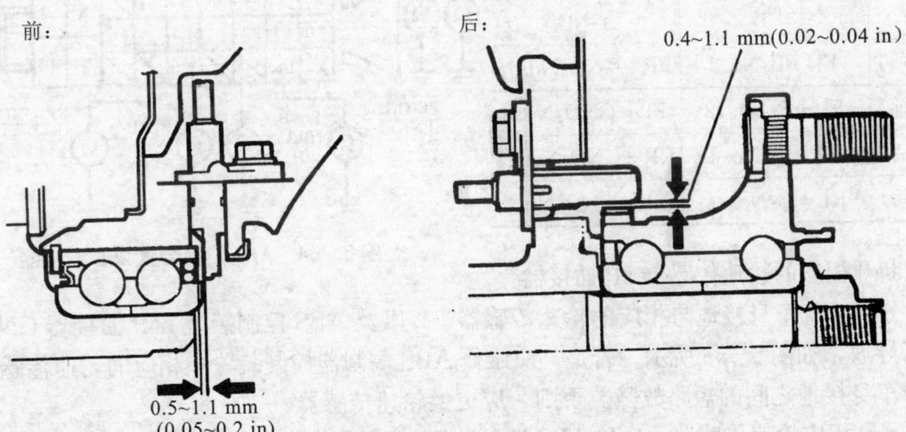


图5-52 测量轮速传感器与磁性编码器之间的间隙

# 第三节　制动系统的故障检修

## 一、DTC11、13、15、17（轮速传感器）

（对车身接地断路/短路，对电源短路）

（1）断开 ABS 控制装置 25P 插接器。

（2）起动发动机。

（3）分别测量车身接地与相应轮速传感器＋B 以及 ABS 控制装置 25P 插接器 GND 端子间的电压是否为蓄电池电压。若是，应维修 ABS 调制器控制装置与相应的轮速传感器之间的导线对电源短路故障。否则，应转到步骤(4)。其端子说明见表 5－3，其检修方法如图5－53所示。

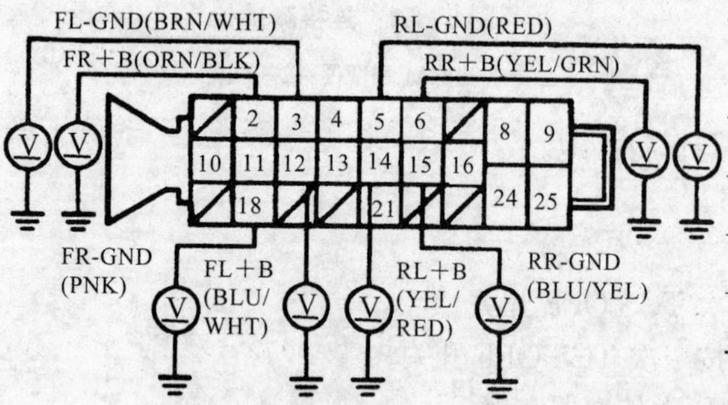

图 5－53　ABS 控制装置 25P 插接器

表 5－3　端子说明

| DTC | 相应端子 | |
|---|---|---|
| | ＋B | GND |
| 11(右一前) | FR＋B:No. 2 | FR－GND:No. 18 |
| 13(左一前) | FL＋B:No. 12 | FL－GND:No. 3 |
| 15(右一后) | RR＋B:No. 6 | RR－GND:No. 15 |
| 17(左一后) | RL＋B:No. 14 | RL－GND:No. 5 |

（4）将点火开关转至 OFF。

（5）分别检查车身接地与相应的轮速传感器＋B 以及 ABS 控制装置 25P 插接器 GND 端子之间是否导通？若是，应转到步骤（6）。否则，应转到步骤（8）。其检测方法如图 5－54 所示，其端子说明见表 5－4。

表 5－4　端子说明

| DTC | 相应端子 | |
|---|---|---|
| | ＋B | GND |
| 11(右一前) | FR＋B:No. 2 | FR－GND:No. 18 |
| 13(左一前) | FL＋B:No. 12 | `FL－GND:No. 3 |
| 15(右一后) | RR＋B:No. 6 | RR－GND:No. 15 |
| 17(左一后) | RL＋B:No. 14 | RL－GND:No. 5 |

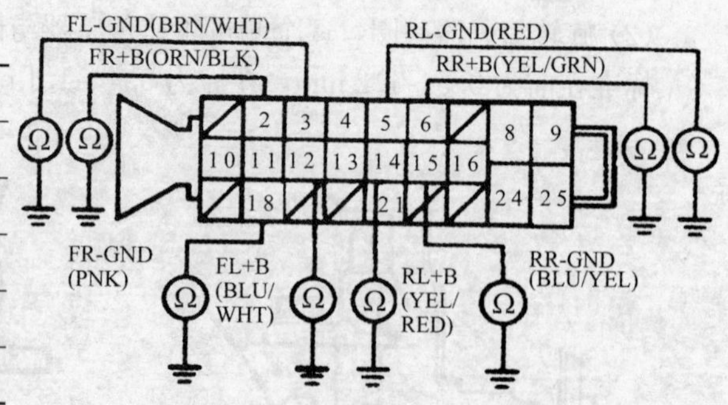

图 5－54　ABS 控制装置 25P 插接器

（6）断开相应的轮速传感器 2P 插接器。

（7）分别检查车身接地与相应的轮速传感器＋B 以及 ABS 控制装置 25P 插接器 GND 端子之间是否导通，如图 5－55 所示。若是，应维修 ABS 调制器控制装置和相应的轮速传感器之间的导线与车身接地之间的短路故障。否则，应更换轮速传感器。

（8）测量相应轮速传感器＋B 和 ABS 控制装置 25P 插接器 GND 端子之间的电阻，然后调转测试仪的正负极探头，测量上述端子之间的电阻。双向测量的电阻是否无穷大（断路），如图 5－56 所示。若是，应转到步骤（9）。否则，应转到步骤（11）。

（9）断开相应的轮速传感器 2P 接插器。

（10）测量相应轮速传感器 2P 插接端子之间的电阻，然后调转正负极探头，测量上述端子之间的电阻。双向测量的电阻是否无穷大（断路），如图 5－57 所示。若是，应更换轮速传感器。

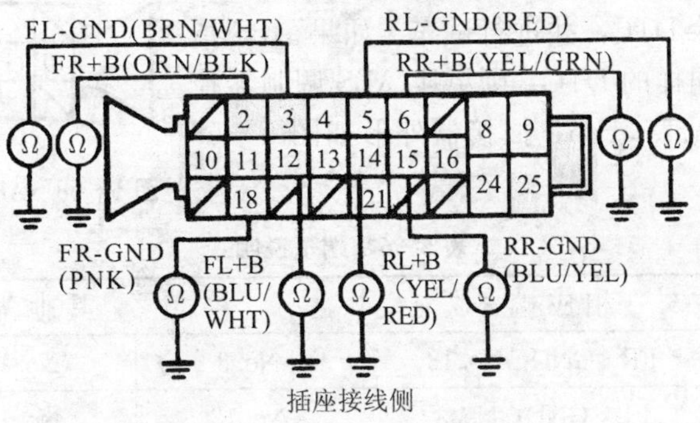


图 5－55 ABS 控制装置 25P 插接器

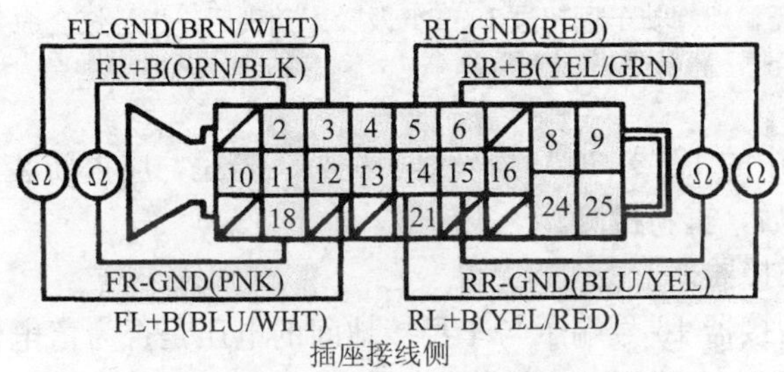


图 5－56 ABS 控制装置 25P 插接器

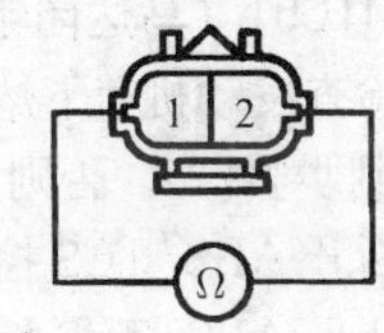

图 5－57 车速传感器 2P 插接器

否则，应维修 ABS 调制器控制装置与轮速传感器之间的导线断路故障。

(11) 断开相应的轮速传感器 2P 接插器。

(12) 检查相应的轮速传感器＋B 和 ABS 控制装置 25P 插接器 GND 端子之间的导通性，然后调转正负极探头，测量上述端子间的导通性。双向是否导通。若是，应维修 ABS 调制器控制装置和轮速传感器之间相互短接的线路故障。否则，应检查 ABS 控制装置 25P 插接器和相应的轮速传感器 2P 插接器是否松动或连接不良。如果连接情况良好，则更换相应的轮速传感器，并重新检查 DTC。如果 DTC 重新出现，则更换 ABS 调制器控制装置。

## 二、DTC12、14、16、18：轮速传感器（电噪声/间歇性中断）

(1) 检查相应的轮速传感器和磁性编码器（前）和脉冲发生器（后），代码说明见表 5－5。

表 5－5 代码说明

| DTC | 相应的轮速传感器 |
|---|---|
| 12 | 右前 |
| 14 | 左前 |
| 16 | 右后 |
| 18 | 左后 |

轮速传感器和脉冲发生器是否正常。若是，应转到步骤（2）。否则，应重新安装或更换相应的轮速传感器或磁性编码器（前）和脉冲发生器（后）。

(2) 断开 ABS 控制装置 25P 插接器。

(3) 检查相应的轮速传感器 GND 端子与其他轮速传感器 GND 端子之间是否导通？若是，

应维修相应的轮速传感器与其他轮速传感器之间的导线短路故障。否则，应清除 DTC，并进行试车。如果 ABS 指示灯变亮，而且指示同样的 DTC，则更换 ABS 调制器控制装置。其端子说明见表 5-6，插接器外形如图 5-58 所示。

ABC控制装置25P插接器

图 5-58 ABS 控制装置 25P 插接器

表 5-6 端子说明

| DTC | 相应端子 | 其他端子 | | |
|---|---|---|---|---|
| 12 | FR-GND：No. 18 | No. 3 | No. 15 | No. 5 |
| 14 | FL-GND：No. 3 | No. 18 | No. 15 | No. 5 |
| 16 | RR-GND：No. 15 | No. 18 | No. 3 | No. 5 |
| 18 | RL-GND：No. 5 | No. 18 | No. 3 | No. 15 |

注：如果由于电噪声而导致 ABS 指示灯亮，则驾驶车辆超过 19 m/h 及噪声消失后，指示灯会熄灭。

## 三、DTC51（马达闭锁）

(1) 检查发动机盖下熔丝/继电器盒中的 17 号(30A)熔丝是否完好。若是，应重新装上熔丝，并转到步骤(2)。否则，应更换熔丝后，重新检测。

(2) 断开 ABS/TCS 控制装置 47P 插接器。

(3) 测量 ABS/TCS 控制装置 47P 插接器 16 号端子与车身接地间的电压是否为蓄电池电压，如图 5-59 所示。若是，应转到步骤(4)。否则，应维修 17 号(30A)熔丝和 ABS/TCS 控制装置之间的接线断路故障。

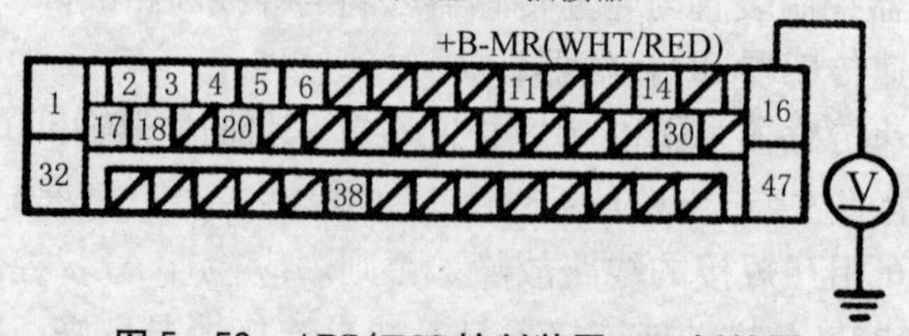


图 5-59 ABS/TCS 控制装置 47P 插接器

(4) 检查 ABS/TCS 控制装置 47P 插接器 47 号端子和车身接地之间是否导通，如图 5-60 所示。若是，应转到步骤(5)。否则，应维修 ABS/TCS 控制装置和车身接地(G203)之间的接线断路故障。

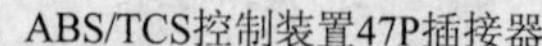


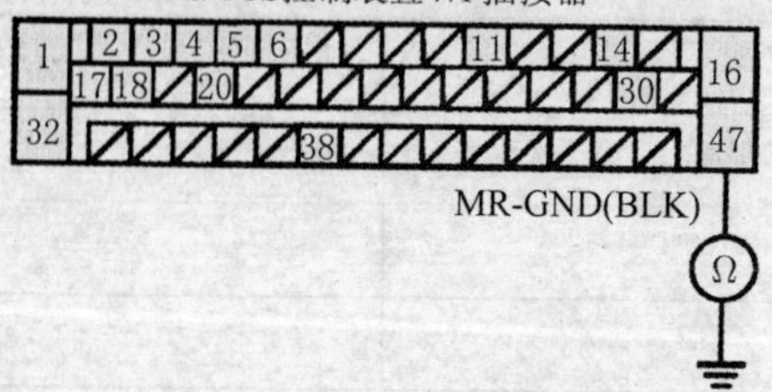


图 5-60 ABS/TCS 控制装置 47P 插接器

(5) 重新接上 ABS/TCS 控制装置 47P 插接器。

(6) 清除 DTC。

(7) 以 15 km/h 或更高车速试车。ABS 指示灯是否亮。是否指示 DTC 51。若是，应更换 ABS/TCS 调制器控制装置。否则，表明此时系统正常。

### 四、DTC 52（马达不转）

(1) 查发动机盖下熔丝/继电器盒中的 17 号（30 A）熔丝是否完好。若是，应重新安装熔丝，然后转到步骤（2）。否则，应更换熔丝，并重新检查。

(2) 开 ABS/TCS 控制装置 47P 插接器。

(3) 测量 ABS/TCS 控制装置 47P 插接器 16 号端子与车身接地之间的电压是否为蓄电池电压，如图 5-61 所示。若是，应转到步骤（4）。否则，应维修 17 号（30 A）熔丝和 ABS/TCS 控制装置之间的接线断路故障。

(4) 检查 ABS/TCS 控制装置 47P 插接器 47P 端子和车身接地之间是否导通，如图 5-62 所示。若是，应检查 ABS/TCS 控制装置 47P 插接器是否松动。按需要用一个确知良好的 ABS/TCS 调制器控制装置替换，并重新检查。否则，应维修 ABS/TCS 控制装置和车身接地（G203）之间的接线断路故障。

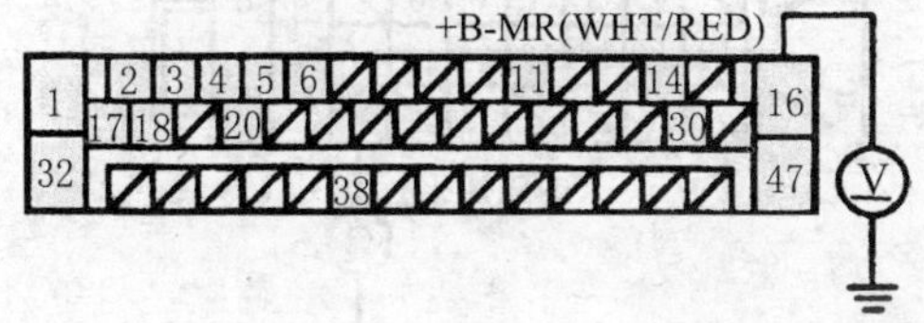


图 5-61　ABS/TCS 控制装置 47P 插接器

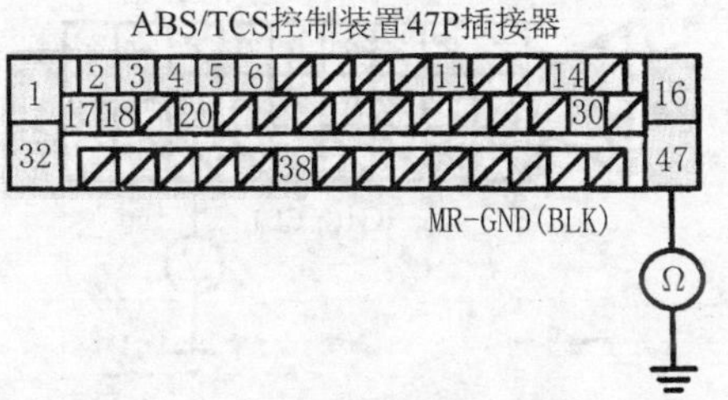

图 5-62　ABS/TCS 控制装置 47P 插接器

### 五、DTC54：ABS 失效保护继电器和 DTC61：FSR＋B 电压低

(1) 检查发动机盖下的熔丝/继电器盒中的 18 号（20A）熔丝是否正常。若是，应重新装上熔丝，转到步骤（2）。否则，应更换熔丝并重新检查。

(2) 清除 DTC。

(3) 进行试车。ABS 指示灯是否亮？是否指示 DTC 54 或 DTC 61？若是，应转到步骤（4）。否则，表明间歇性故障，此时车辆正常。

(4) 断开 ABS 控制装置 25P 插接器。

(5) 测量 ABS 控制装置 25P 插接器 8 号端子和车身接地之间的电压是否为蓄电池电压，如图 5-63所示。若是，应检查 ABS 控制装置 25P 插接器接线是否松动或连接不良。如果连接完好，请更换 ABS 调制器控制装置。否则，应维修发动机盖下熔丝/继电器盒内的 18 号(20 A)熔丝和 ABS 控制装置之间的导线断路故障。

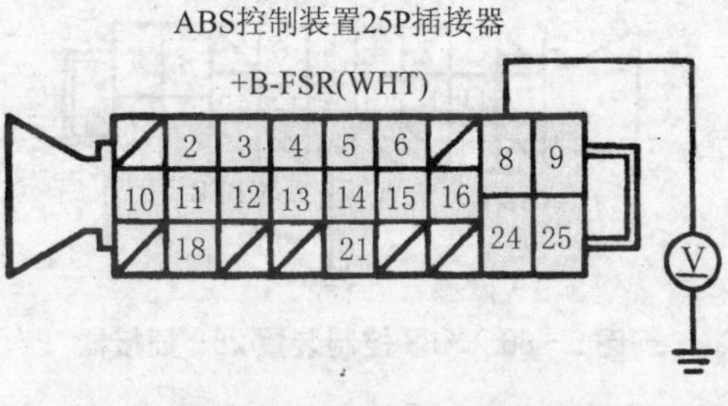

图 5-63　ABS 控制装置 25P 插接器

### 六、DTC 62：FSR＋B 电压高

(1) 清除 DTC。

(2) 以 10 km/h 或更高的车速进行试车。ABS 指示灯是否亮。若是，应转到步骤（3）。否则，表明系统目前正常。

(3) 验证 DTC 是否指示 DTC 62。若是，应转到步骤（4）。否则，应根据 DTC（故障代码）进行相应的故障检修。

(4) 检查充电系统是否正常。若是，应更换 ABS 调制器控制装置。否则，应检修充电系统并重新测试。

## 七、ABS指示灯不熄灭

(1) 断开 ABS 控制装置 25P 插接器。

(2) 将点火开关置于 ON（Ⅱ）。

(3) 测量 ABS 控制装置 25P 插接器 16 号端子与车身接地之间的电压是否为蓄电池电压，如图 5-64 所示。若是，应转到步骤（4）。否则，应维修 21 号（7.5 A）熔丝和 ABS 控制装置之间的导线断路故障。

(4) 点火开关转至 OFF。

(5) 检查 ABS 控制装置 25P 插接器的 24 号端子与车身接地之间是否导通，如图 5-65 所示。若是，应转到步骤（6）。否则，应维修 ABS 控制装置与车身接地（G203）之间的导线断路故障。

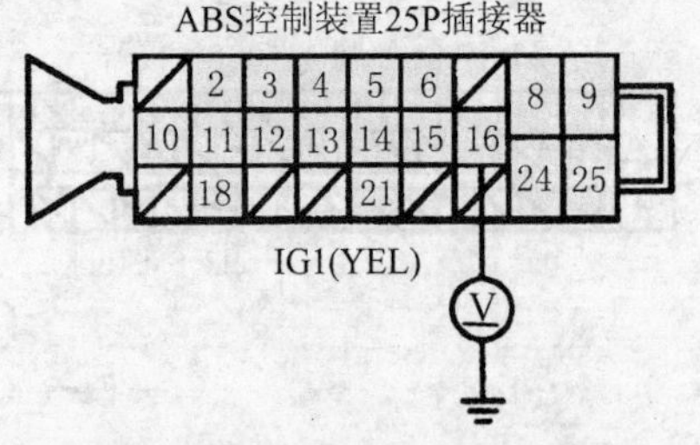


图 5-64　**ABS 控制装置 25P 插接器**

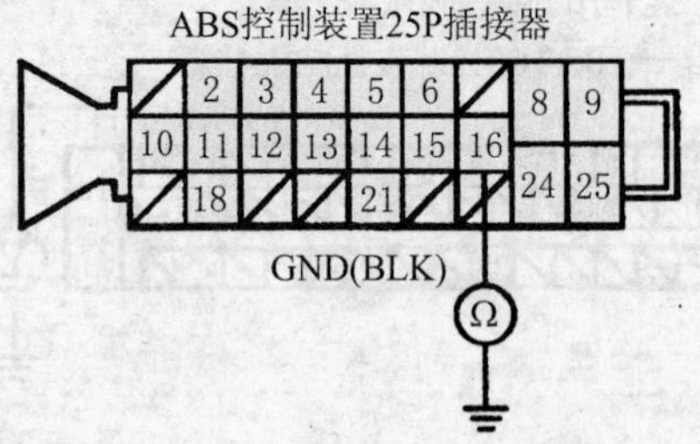


图 5-65　**ABS 控制装置 25P 插接器**

(6) 将点火开关置于 ON（Ⅱ）。

(7) 使用跳线将 ABS 控制装置 25P 插接器的 21 号端子与车身接地短接，如图 5-66 所示。

ABS 指示灯是否熄灭。若是，应检查 ABS 控制装置 25P 插接器的端子是否松动。如有必要，换用一个确知良好的 ABS 调制器控制装置，并重新检测。否则，应转到步骤（8）。

(8) 拆除仪表控制模块，让插接器保持连接。

(9) 使用跳线将仪表控制模块插接器 B（30P）的 27 号端子与车身接地连接，如图 5-67 所示。

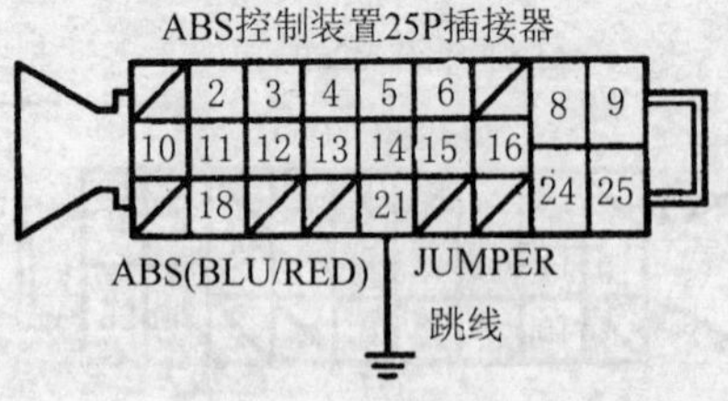


图 5-66　**ABS 控制装置 25P 插接器**

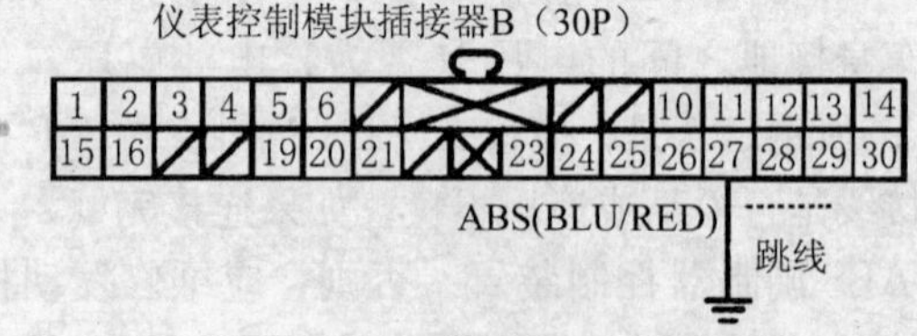


图 5-67　**仪表控制模块插接器 B（30P）**

ABS 指示灯是否熄灭。若是，应维修仪表控制模块和 ABS 控制装置之间的导线断路故障。否则，应检查仪表控制模块插接器是否松动。如果插接器情况良好，则更换仪表控制模块。

## 八、ABS指示灯不亮

(1) 点火开关转到 ON（Ⅱ），观察 ABS 指示灯是否亮几秒钟。若是，表明此时系统正常。否则，应转到步骤（2）。

(2) 点火开关转到 OFF。

(3) 替换一个确知良好的 ABS/TCS 调制器控制装置。

(4) 点火开关转到 ON（Ⅱ）。ABS 指示灯是否亮。若是，应更换 ABS/TCS 调制器控制装置。否则，应执行仪表自诊断程序。

## 九、ABS 指示灯不熄灭，并且不储存 DTC

(1) 检查发动机盖下熔丝/继电器盒的 18 号（40 A）熔丝是否正常。若是，应重新装上熔丝，转到步骤（2）。否则，应更换熔丝，并重新检查。如果熔丝熔断，则检查保险回路中是否与车身接地短接。如果回路正常，则更换 ABS/TCS 调制器控制装置。

(2) 检查仪表下熔丝/继电器盒的 21 号（7.5 A）熔丝是否正常。若是，应重新装上熔丝，转到步骤（3）。否则，应更换熔丝，并重新检查。如果熔丝熔断，则检查保险回路中是否与车身接地短接。如果回路正常，则更换 ABS/TCS 调制器控制装置。

(3) 点火开关转到 OFF。

(4) 拆下 ABS/TCS 控制装置 47P 插接器。

(5) 测量 ABS/TCS 控制装置 47P 插接器 1 号端子和车身接地之间的电压是否为蓄电池电压，如图 5－68 所示。若是，应转到步骤（6）。否则，应维修 18 号（40 A）熔丝和 ABS/TCS 调制器控制装置之间的接线断路故障。

(6) 点火开关转到 ON（Ⅱ）。

(7) 测量 ABS/TCS 控制装置 47P 插接器 38 号端子和车身接地之间的电压是否为蓄电池电压，如图 5－69 所示。若是，应转到步骤（8）。否则，应维修 21 号（7.5 A）熔丝和 ABS/TCS 调制器控制装置之间的接线断路故障。

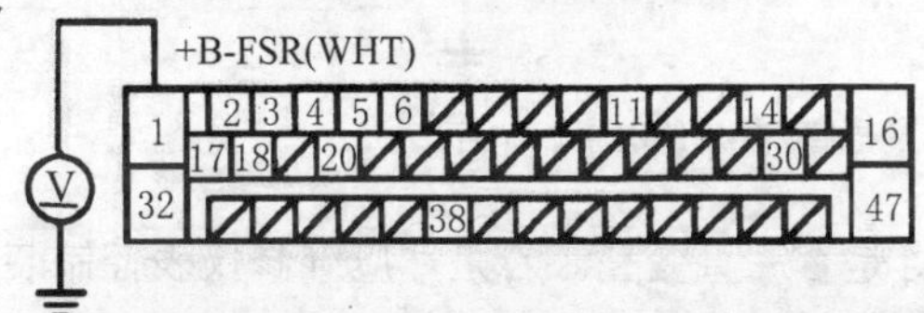


图 5－68 ABS/TCS 控制装置 47P 插接器

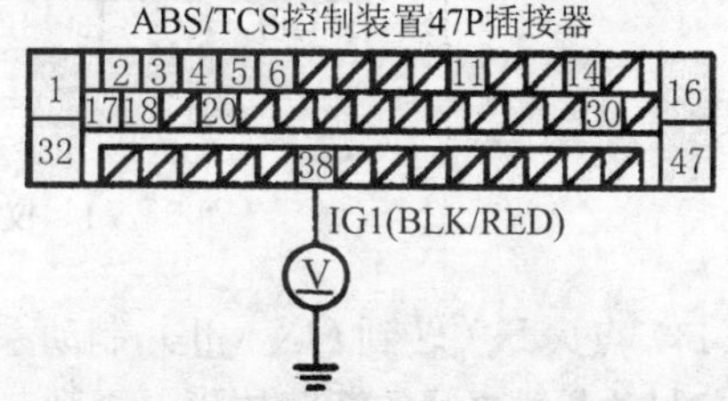


图 5－69 ABS/TCS 控制装置 47P 插接器

(8) 点火开关转到 OFF。

(9) 检查 ABS 控制装置 47P 插接器 32 号端子与车身接地之间是否导通，如图 5－70 所示。若是，应转到步骤（10）。否则，应维修 ABS/TCS 控制装置与车身接地（G203 之间的接线断路故障）。

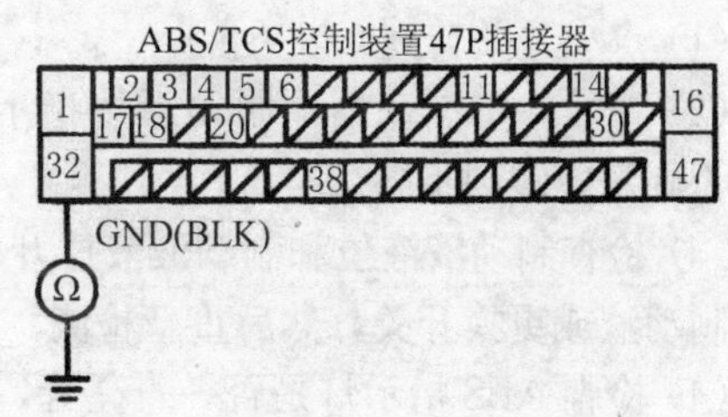


图 5－70 ABS/TCS 控制装置 47P 插接器

(10) 执行仪表自诊断程序，ABS 指示灯是否闪烁。若是，应检查 ABS/TCS 控制装置 47P 插接器中的端子是否松动。如有需要，换用一个确知良好的 ABS/TCS 调节器控制装置，并重新检查。否则，应更换仪表控制装置。

## 十、在进行灯泡检查或使用驻车制动器时，制动系指示灯不亮

(1) 踩住驻车制动器，将点火开关转到 ON（Ⅱ），并观察制动系统指示灯是否变亮。若是，应转到步骤（3）。否则，应转到步骤（2）。

(2) 点火开关转到 OFF，然后再转到 ON（Ⅱ）。ABS 指示灯是否亮几秒钟。若是，应更换仪表总成。否则，应维修指示灯电源电路的断路故障。如有需要，换用一个确知良好的仪表控制装置，并重新检查。

(3) 点火开关转到 OFF。

(4) 释放停车制动器。

(5) 点火开关转到 ON（Ⅱ）。制动系统指示灯是否亮几秒钟。若是，应转到步骤（6）。否则，应检查仪表控制装置插接器的端子是否松动，如有需要，换用一个确知良好的仪表控制装置，并重新检查。

(6) 踩下驻车制动器。制动系统指示灯是否亮。若是，表明此时系统正常。否则，应转到步骤（7）。

(7) 点火开关转到 OFF。

(8) 断开驻车制动开关插接器。

(9) 将点火开关转到 ON（Ⅱ）。

(10) 测量驻车制动器开关插接器端子和车身接地之间的电压是否为蓄电池电压。若是，应更换驻车制动器开关。否则，应转到步骤（11）。

(11) 将点火开关转到 OFF。

(12) 拆除仪表控制装置。

(13) 用一根跳线联接仪表控制装置插接器 B（30P）13 号端子和车身接地，如图 5－71 所示。

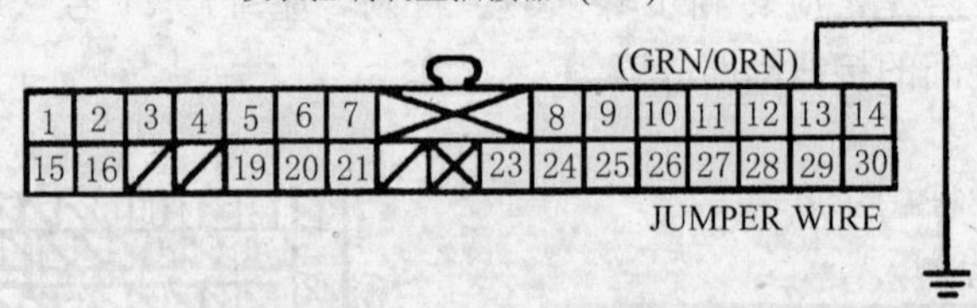


图 5－71　仪表控制装置插接器 B（30P）

(14) 点火开关转到 ON（Ⅱ）制动系统指示灯是否一直变亮。若是，应维修仪表控制装置和驻车制动开关之间的断路故障。否则，更换仪表控制装置。

## 十一、制动系统指示灯不熄灭，且未储存 DTC

(1) 点火开关转到 ON（Ⅱ）。

(2) 释放驻车制动器。制动系统指示灯在几秒钟之后是否熄灭，若是，表明此时系统正常。否则，应转到步骤（3）。

(3) 检查制动液液位和制动液液位开关是否正常，若是，应转到步骤（4）。否则，应重新加注制动液或更换开关，然后重新检测。

(4) 检查 ABS 指示灯是否一直亮着，若是，应阅读 ABS DTC，并对 DTC 进行相应的故障检修。否则，应检查制动系统指示灯电路：

① 仪表控制装置和驻车制动开关之间是否与车身接地短接。

② 仪表控制装置和制动液液位开关之间是否与车身接地短接。

③ 驻车制动开关一直 ON。

④ 制动液液位开关一直 ON。

⑤ 仪表控制装置故障。

⑥ ABS/ TCS 调制器控制装置故障。

## 十二、TCS 指示灯不亮

(1) 将点火开关转到 ON（Ⅱ），观察 TCS 指示灯是否亮几秒钟，若是，表明此时系统正常。否则，应转到步骤（2）。

(2) 将点火开关转到 OFF。

(3) 替换一个确定良好的 ABS/ TCS 调制器控制装置。

(4) 点火开关转到 ON（Ⅱ）。TCS 指示灯是否亮，若是，应更换 ABS/TCS 调制器控制装置。否则，应执行仪表自诊断程序。

**十三、TCS 指示灯不熄灭，并且不储存 DTC**

(1) 检查发动机盖下熔丝/继电器盒的 18 号（40 A）熔丝是否正常，若是，应重新装上熔丝，转到步骤（2)。否则，应更换熔丝，并重新检查。如果熔丝熔断，则检查保险回路是否与车身接地短接。如果回路正常，则更换 ABS/TCS 调制器控制装置。

(2) 检查仪表下熔丝/继电器盒的 21 号（7.5 A）熔丝是否正常，若是，应重新装上熔丝，转到步骤（3)。否则，应更换熔丝，并重新检查。如果熔丝熔断，则检查保险回路是否与车身接地短接。如果回路正常，则更换 ABS/TCS 调制器控制装置。

(3) 点火开关转到 OFF。

(4) 拆下 ABS/TCS 控制装置 47P 插接器。

(5) 测量 ABS/TCS 控制装置 47P 插接器 1 号端子和车身接地之间的电压是否为蓄电池电压，如图 5－72 所示。若是，应转到步骤（6)。否则，应维修 18 号（40 A）熔丝和 ABS/TCS 调制器控制装置之间的接线断路故障。

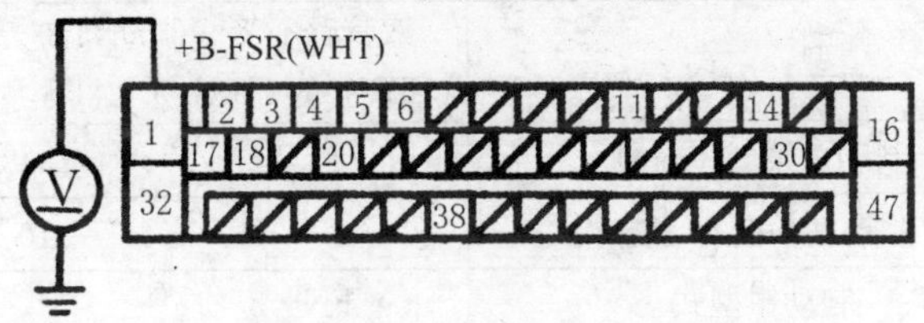


**图 5－72 ABS/TCS 控制装置 47P 插接器**

# 第六章　奥迪 A6L 车系制动系统的故障检修

## 第一节　ABS 制动系统主要元件的故障检修技巧

### 一、制动系统技术数据

奥迪 A6L 轿车制动系统技术数据见表 6-1。

**表 6-1　制动系统技术参数**

| 项　　目 | | 技术参数 | |
|---|---|---|---|
| 制动系统 | 型　式 | 双管路交叉式制动系统，带电子制动力分配装置（EBV）的 Bosch 5.3ABS 系统 | |
| | 制动总泵 Φ（mm） | 23.81 | |
| | 制动助力器 Φ（in） | 10″ | |
| 前轮制动器 | 制动钳型式 | FN－3（15″） | FN－3（16″） |
| | 制动盘 Φ（mm） | 288 | 312 |
| | 制动盘厚（mm） | 25 | 25 |
| | 制动钳活塞 Φ（mm） | 57 | 57 |
| | 带后座板的摩擦衬片厚（mm） | 14 | 14 |
| 后轮制动器 | 制动钳型式 | Fa. Lucas | |
| | 制动盘 Φ（mm） | 232 | |
| | 制动盘厚（mm） | 9 | |
| | 制动钳活塞 Φ（mm） | 38 | |
| | 带后座板的摩擦衬片厚（mm） | 17 | |

### 二、Bosch 5.3 防抱死制动系统（ABS）的检修

1. ABS 系统检修的注意事项

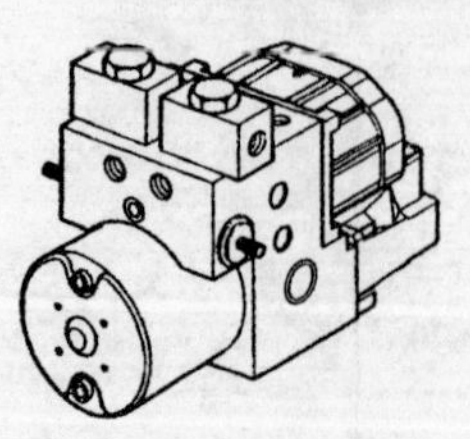

图 6-1　液压控制单元

新型奥迪 A6L 上装有 Bosch 5.3 ABS/EDS 系统，该系统是标准装备。对于前轮驱动车，可选装驱动防滑调节装置（ASR）。ABS 是对角布置，真空制动助力器提供气动制动助力。

如图 6-1 所示，液压单元与控制单元制成一体，称为液压控制单元。上述两件合为一体，减少了出现故障的可能性，如果液压控制单元损坏，必须更换。决不可松开液压控制单元上各部件之间的连接螺栓。进行 ABS 检修时应注意以下几点：

(1) ABS 无需保养。检测、组装和修理工作应由专业人员来完成。如不遵守维修手册中的说明，会损坏系统，影响行车安全。

(2) 维修 ABS 前，用自诊断来确定故障原因。如装上新的液压控制单元，应检查其编码。

(3) 安装前应关闭点火开关。查取收录机防盗码并断开蓄电池地线。

(4) 完成工作后，如该工作需打开制动系统，那么必须给制动系统排气（V.A.G1869）。

(5) 在结束试车前，须保证至少有一次 ABS 控制的制动（可感到制动踏板上有振动）。

(6) 检修 ABS 时，必须保证清洁，不可使用含矿物油的机油润滑脂等。连接部位及其周围在打开前必须彻底清洁，但不可使用腐蚀性清洗剂，如汽油、制动器清洗剂、稀释剂等。拆下的零部件应放在清洁表面并盖好。部件打开后，如不马上进行维修，应将其盖好或密封好（用堵塞修理包 1H0698 311A）。不要使用有绒毛的抹布。

(7) 只有在马上安装时才从包装中取出备件。必须使用原装备件。

(8) 系统打开后，不可使用压缩空气和移动车辆。

(9) 制动液不可流入插头。

(10) 进行油漆工作时，电子控制单元短时可承受 95 ℃，长时间（约 2 h）只可承受 85 ℃。

2. 高/低压检测

检测高/低压之前检查制动系统（制动总泵，制动软管，制动管和制动钳）的功能及是否泄漏。

(1) 高压检测：如图 6-2 所示，拧下前制动钳上的排气螺栓，接上压力表V.A.G1310 或V.A.G1310A，给系统排气。在制动踏板和司机座椅之间装上制动踏板压下装置。在制动踏板上加力，直到压力表上显示 500 kPa 压力，45 s 内，压降不可大于 400 kPa，否则应更换液压控制单元。

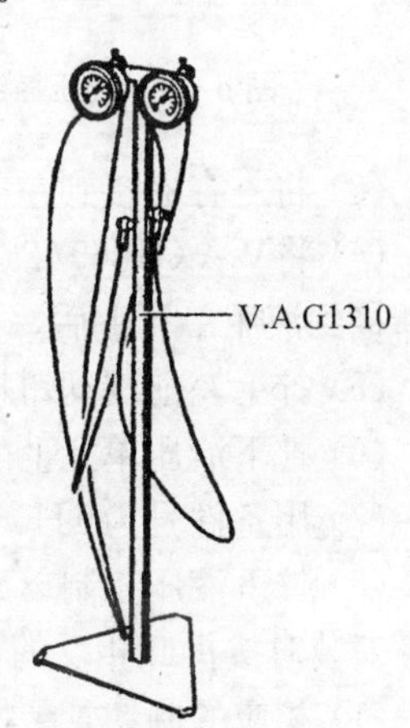


图 6-2 专用压力表

(2) 低压检测：向回调制动踏板压下装置，一直调到表上读数为 600 kPa，3 s 内，压降不应超过 100 kPa。否则，更换液压控制单元。

3. 液压控制单元分解图

液压控制单元分解如图 6-3 所示。奥迪 A6L 上所有制动管拧紧力矩均为 15 N·m。

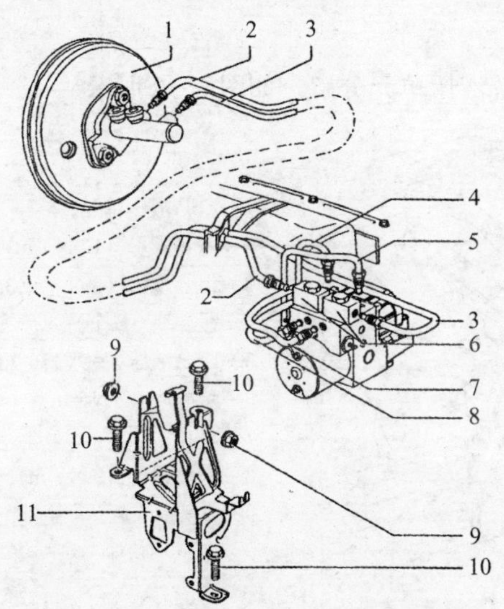


1—制动总泵和制动助力器；
2—制动总泵/压杆活塞油路到液压单元的制动管；
3—制动总泵/浮动活塞油路到液压单元的制动管；
4—液压单元到左前制动钳的制动管；
5—液压单元到右前制动钳的制动管；
6—吸入式缓冲器；
7—液压单元到左后制动钳的制动管；
8—液压单元到右后制动钳的制动管；
9—六角螺母（10 N·m）；
10—六角螺栓（10 N·m）；
11—支架

图 6-3 液压控制单元分解图

4. 液压控制单元的拆装

液压控制单元安装在发动机舱左侧，如图 6-4 所示。液压控制单元的拆卸步骤如下：

(1) 查取收录机防盗码，断开蓄电池。

(2) 如图 6-5 所示，松开（箭头 1）并拔下（箭头 2）控制单元插头。

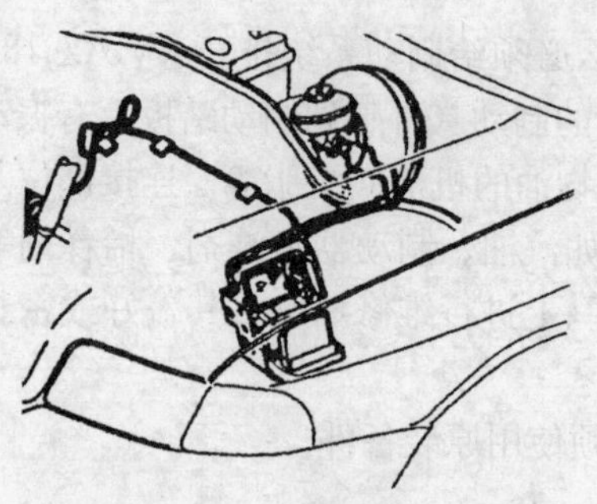

图 6-4　液压控制单元安装位置

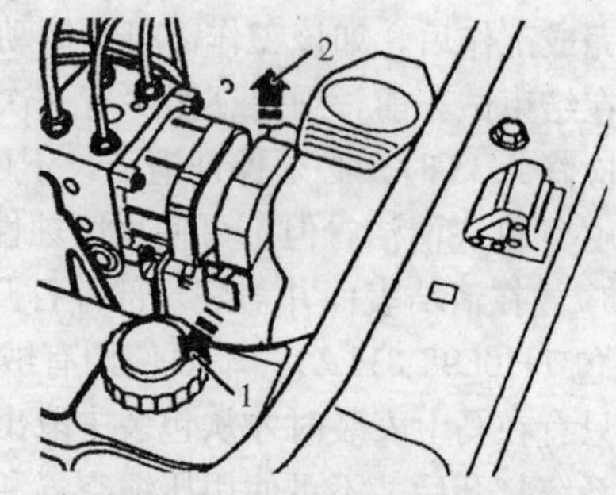


图 6-5　拆下控制单元插头

(3) 将一容器接到左前制动钳排气螺栓处，并打开该螺栓。

(4) 将V.A.G1869/2装到制动踏板和司机座位之间，至少将踏板压下 60 mm。当制动管路重新接到液压单元上后，再取下V.A.G1869/2。

(5) 拧上左前制动钳排气螺栓。注：不可使溢出的制动液进入发动机舱。

(6) 拧下液压单元上的制动管。注：不可弯折制动管。

(7) 用备件号为 1H0698 311A 修理包中的堵塞封住制动管和螺纹孔。

(8) 拧下液压控制单元支架上的六角螺母。拆下液压控制单元。

安装时按拆卸相反的步骤进行，但要注意以下几点：

(1) 相应的制动管装好后，才可取下新液压控制单元上的堵塞。如果先取下液压控制单元上的堵塞，制动液可能溢出这会导致制动液不足和无法排气。

(2) 安装完毕后给制动系统排气。连接蓄电池接线后，给收音机编码。

## 三、带电子稳定程序（ESP）的 Bosch 5.3 防抱死制动系统的检修

ABS 和 ESP 无需保养。检测、组装和修理工作应由专业人员来完成。如不遵守维修手册中的说明，会损坏系统，影响行车安全。

### 1. ESP 液压单元分解图

电子稳定程序（ESP）的 ABS 系统液压单元分解，如图 6-6 所示。

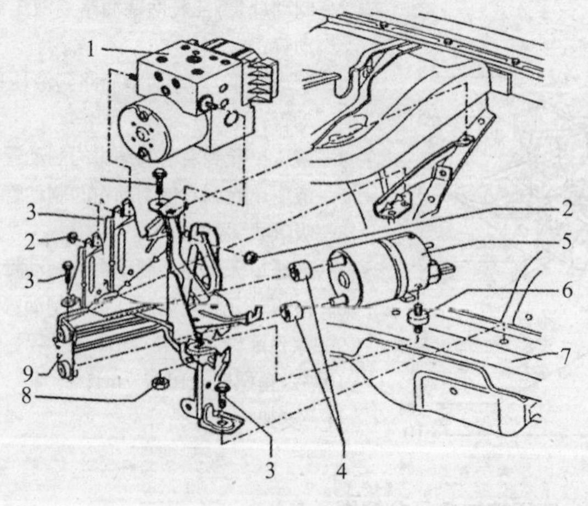


1—ESP 液压单元；
2—六角螺母（12 N·m）；
3—组合螺栓（9 N·m,3 个）；
4—缓冲块（2 个）；
5—ESP 液压泵—V156（带有制动压力开关）；
6—缓冲块（2 N·m）；
7—车身；
8—六角螺母（9 N·m）；
9—支架

图 6-6　**ESP 液压单元分解图**

带液压泵的 ESP 液压单元的制动管路连接，如图 6-7 所示。

### 2. ESP 液压泵的拆装

ESP 液压泵安装在发动机舱左侧的液压控制单元的下方，如图 6-8 所示。ESP 液压泵的拆卸步骤如下：

(1) 查取防盗收录机编码，关闭点火开关，断开蓄电池。

(2) 举升起汽车，拆下左前轮。拆下左前轮衬板。

(3) 如图 6-9 所示，松开插头（箭头所示）。

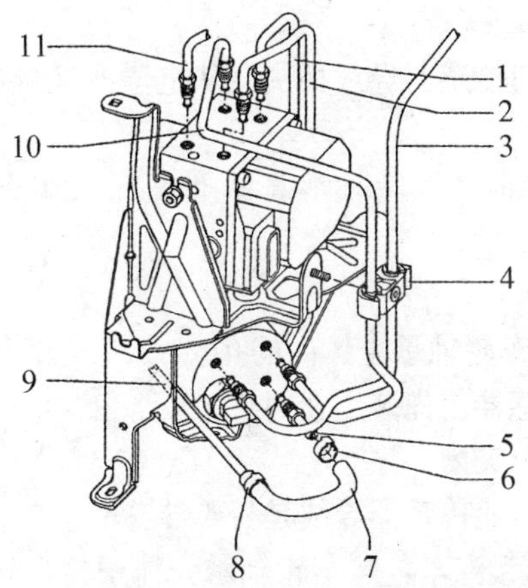


图 6-7 带液压泵的 ESP 液压单元制动管路连接

1—左前制动管；2—右前制动管；3—制动管（接制动总泵/压杆活塞油路的预加压泵）；4—支架；5—连接管；6—软管卡箍；7—软管；8—软管卡箍；9—吸入管；10—制动管（接预加压泵）；11—制动管（接制动总泵——浮动活塞管路）

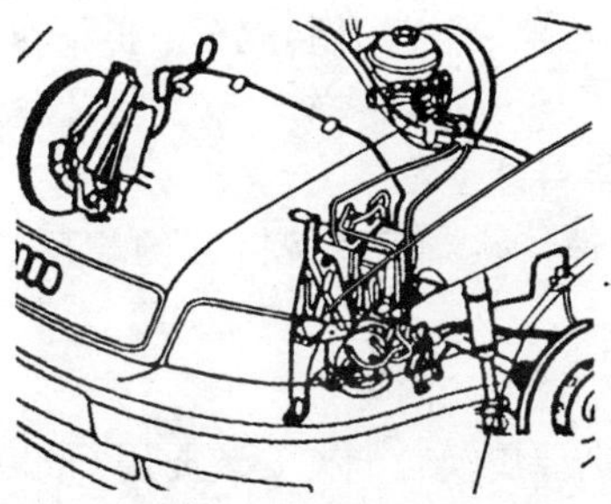

图 6-8 ESP 液压泵安装位置

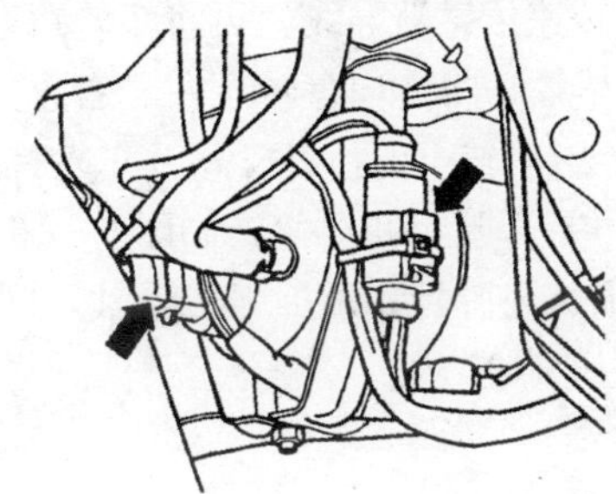

图 6-9 断开插头

(4) 拆下液压油罐护板。松开支架上电缆固定条，如图 6-10 所示。

(5) 如图 6-11 所示，松开箭头所示螺栓，将膨胀罐转向一旁。螺栓的拧紧力矩为 6 N·m。

(6) 松开液压油罐螺栓，如图 6-12 所示，将其转向一旁。液压油罐螺栓的拧紧力矩为 10 N·m，安装时要注意橡胶套。溢出的制动液不能再使用。

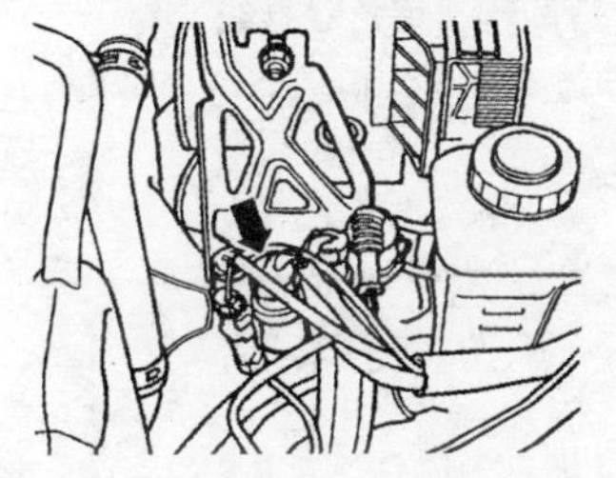

图 6-10 松开支架上的电缆固定条

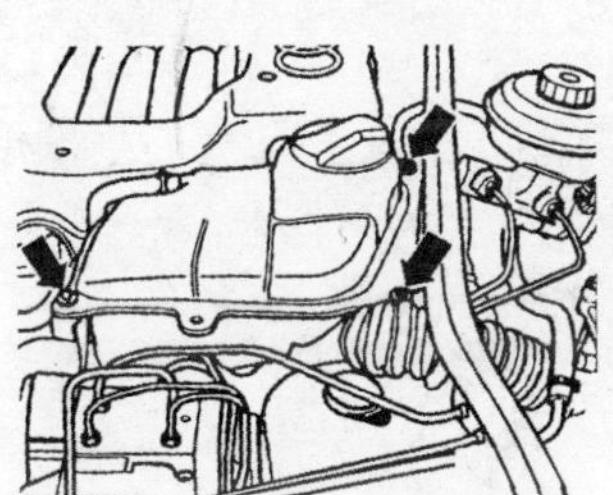

图 6-11 拆卸膨胀罐螺栓

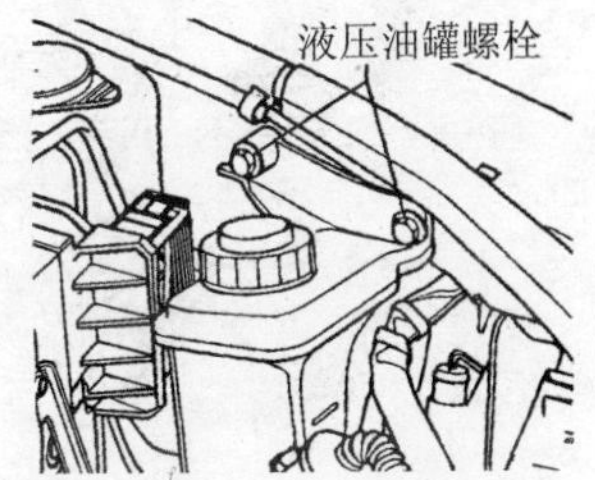


图 6-12 拆卸液压油罐螺栓

(7) 如图 6-13 所示，松开并取下软管的卡箍，拧下制动管。用修理包 1H0698 311A 中的堵塞封住制动管和螺纹孔。

(8) 从支架上松开制动管，拧下六角螺母（图 6-13）。

(9) 拧下 3 个支架紧固六角螺栓，将支架连同液压单元和液压泵向上抬约 30 mm，从发动机舱中取出。

ESP 液压泵的安装与拆卸的顺序相反，但安装时注意相应的制动管接好后，才可去掉液压控制单元上的堵塞，否则会溢出制动液，随后要给带 ESP 的制动系统排气。

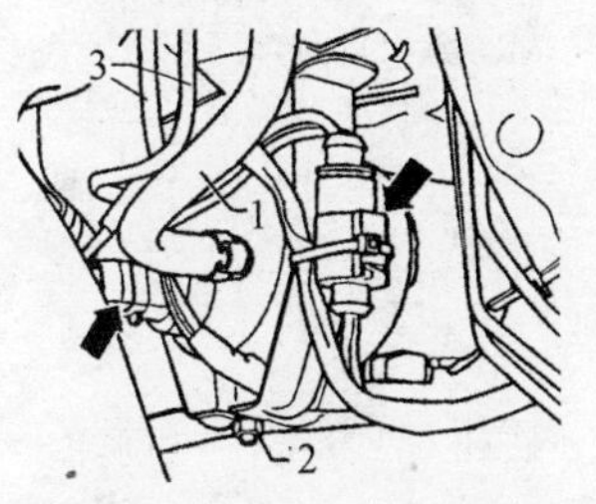


图 6-13 拆卸制动管

1—软管；2—六角螺母；3—制动管

## 四、ABS部件的拆装

1）前桥ABS部件的检修。前桥的分解如图6－14所示。

（1）前轮转速传感器的拆装。前轮转速传感器的拆装步骤如下：

① 松开车轮螺栓，举升起汽车。拆下车轮。

② 如图6－15所示，从车轮罩上松开套，拔下转速传感器导线插头。从定位夹（箭头）上拆下转速传感器导线。

③ 前轮转速传感器安装按拆卸的相反顺序进行，但从车轮轴承壳体上拔下ABS转速传感器。

安装时应注意下述内容：

① 2个卡夹要更换，卡夹安装要用G000 650润滑车轮轴承壳体内的孔。

② 装上传动轴后，再装转速传感器。插入转速传感器前先装上密封件。

③ 先装上转速传感器导线，再将车轮罩套装到定位夹内。

④ 安装完毕后，将方向盘转至左、右止点，检查转速传感器导线是否干涉。

（2）轮速传感器转子的检查。松开车轮螺栓。举升起汽车，从车轮轴承壳体中拉出转速传感器。检查转子是否脏污和损坏，如图6－16所示。

如果转子损坏或脏污，须拆下传动轴，同时更换外等速万向节和转子。外等速万向节与转子是一同作为备件供应的。

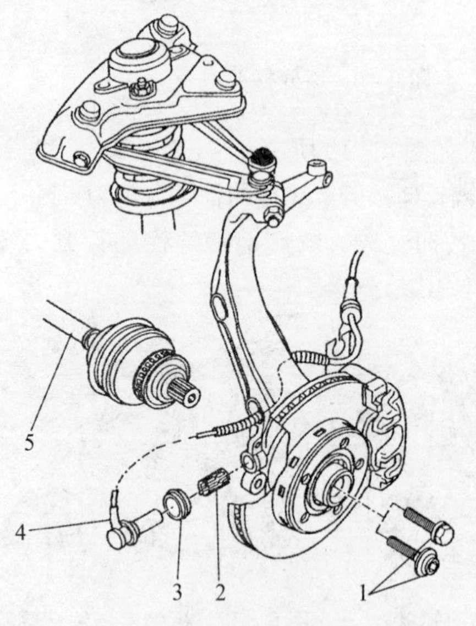


**图6－14　前桥分解图**

1—六角螺栓（M14螺栓：115 N·m＋180°；M16螺栓：190 N·m＋180°）；2—卡夹；3—密封件；4—转速传感器；5—带转子的传动轴

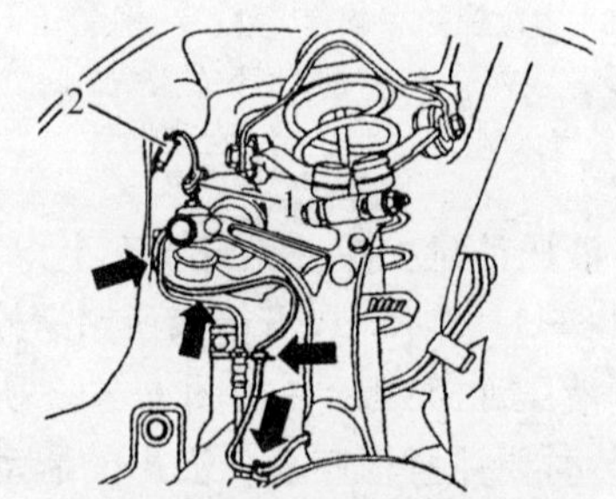


**图6－15　拆卸转速传感器导线**

1—车轮罩套；2—转速传感器导线插头

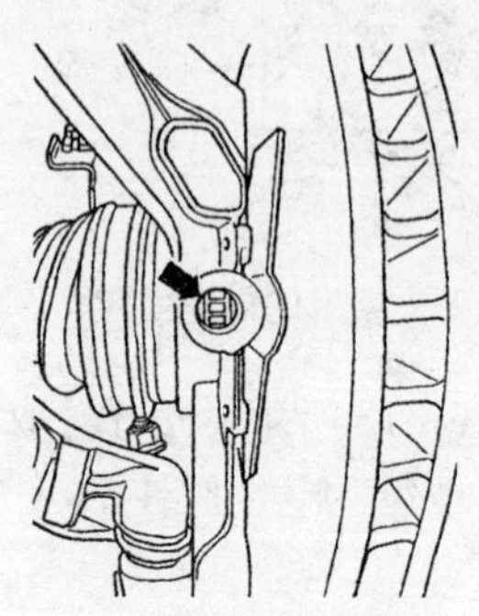

**图6－16　检查转子**

2）后桥ABS部件（前轮驱动）的检修

后桥ABS部件的分解如图6－17所示。

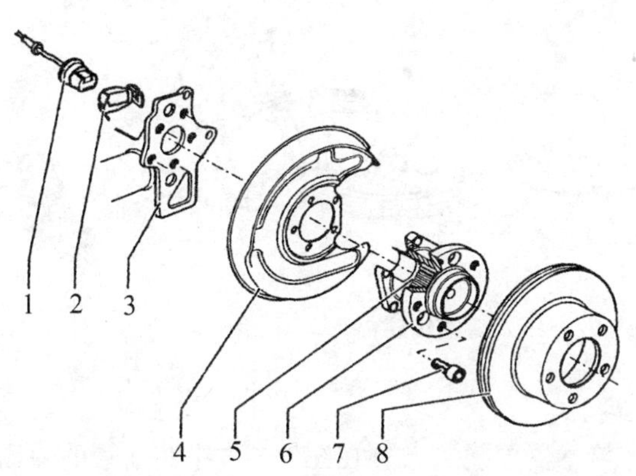


1—转速传感器；
2—卡夹；
3—后桥；
4—挡板；
5—ABS 转速传感器转子；
6—车轮轴承总成；
7—内六角螺栓（60 N·m）；
8—制动盘

图 6－17　后桥 ABS 部件分解图

（1）后轮转速传感器拆装。拆装后轮转速传感器时要使用专用工具 80～200（图 6－18）。后轮转速传感器的拆卸步骤如下：

① 从锁止机构上抬起后座椅。

② 如图 6－19 所示，拔下转速传感器导线插头，压出套管（箭头所示）。

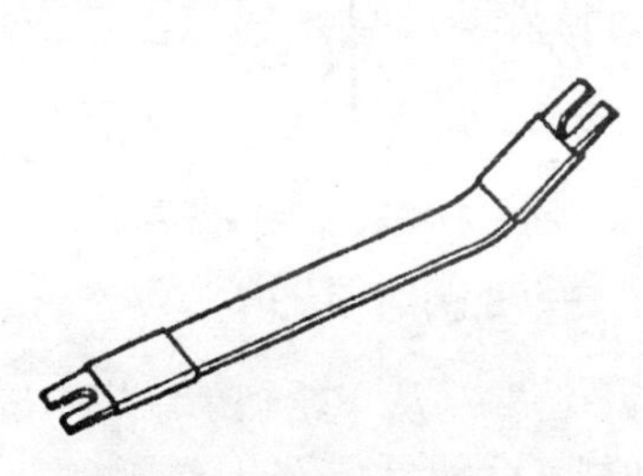

图 6－18　专用工具 80～200

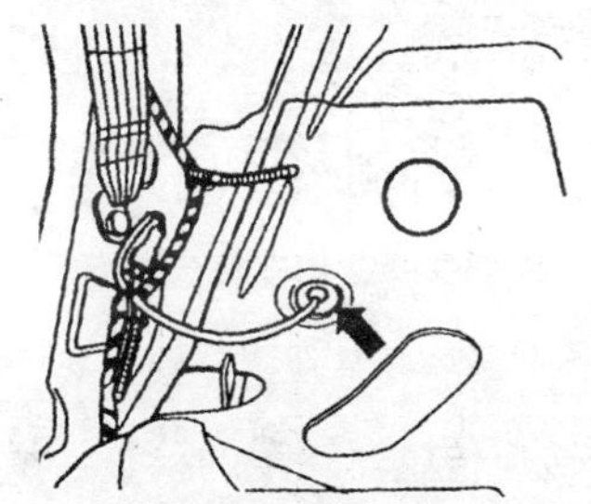

图 6－19　拔下转速传感器导线插头

③ 举升起汽车。从固定夹（图 6－20 箭头所示）上拆下转速传感器导线。拆下转速传感器卡夹。

④ 如图 6－21 所示，用 80～200 从车轮轴承总成上撬出转速传感器。

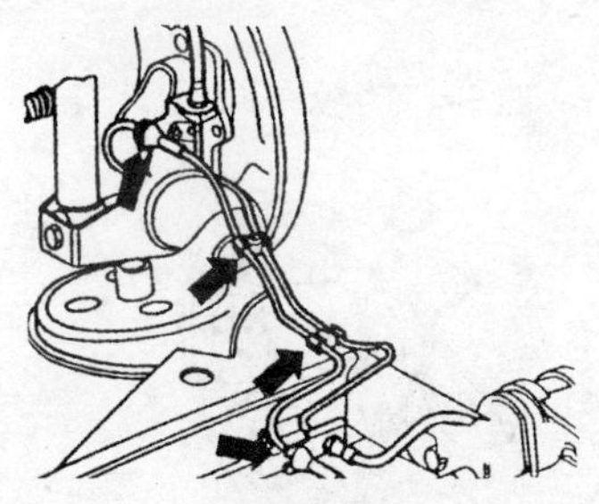

图 6－20　拆卸转速传感器导线

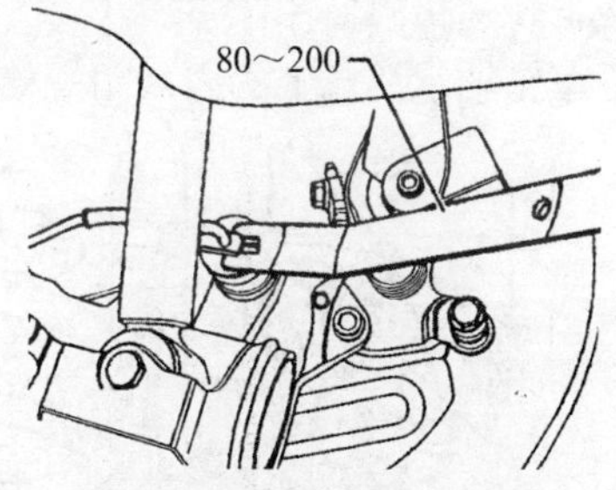


图 6－21　拆卸转速传感器

后轮转速传感器的安装步骤如下：

① 安装前，用制动分泵膏（G000 650）涂转速传感器的 O 形环。

② 压入 ABS 转速传感器。对于左车轮，凸缘 A 朝前；对于右车轮，凸缘 A 朝后，如图 6－22所示。

③ 用手将转速传感器压入车轮轴承壳体。装上转速传感器卡夹。

图 6-22　压入转速传感器

1—转速传感器；2—卡夹；3—凸缘

④ 布置转速传感器导线，注意转速传感器导线应布置在图 6-23 中制动管的两侧。对于左侧车轮，排气系统隔热罩和转速传感器导线之间应留约 2 mm 的间隙；对于右侧车轮（图 6-24），转速传感器导线应布置在燃油管之间。

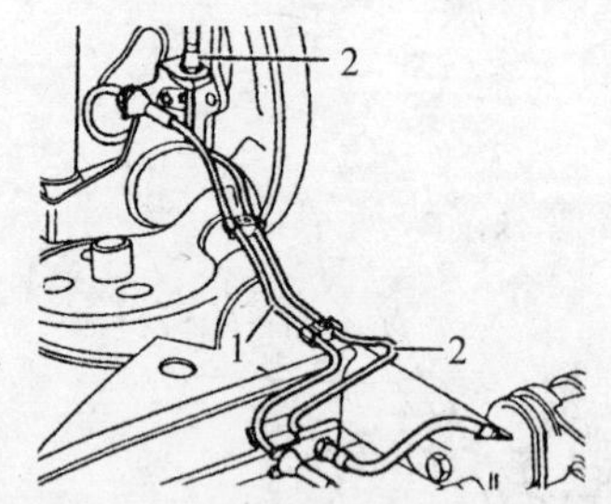


图 6-23　左侧转速传感器导线布置

1—转速传感器导线；2—制动管

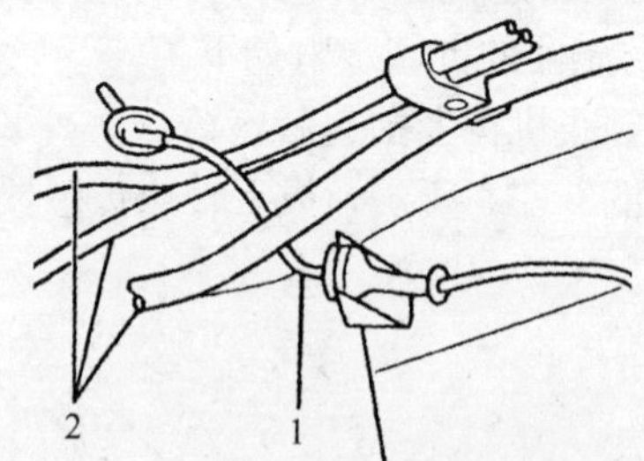


图 6-24　右侧转速传感器导线布置

1—转速传感器导线；2—燃油管

(2) 后轮转速传感器转子的检查。举升起汽车。用 80～200 从车轮轴承总成中撬出转速传感器。通过车轮轴承壳体上的孔，检查转子是否脏污和损坏。如果转子损坏或脏污，将其与车轮轴承总成一同更换。

(3) 前轮驱动车后轮转速传感器转子的拆装。

① 后轮转速传感器转子的拆卸。松开车轮螺栓，举升起汽车。拆下车轮。松开螺栓 A，用金属线将制动钳壳体捆到车身上（图 6-25）。拆下转速传感器卡夹，用 80～200 从车轮轴承总成上撬下转速传感器。

拧下车轮轴承总成上的内六角螺栓（图 6-26），将车轮轴承与挡板一同拆下。

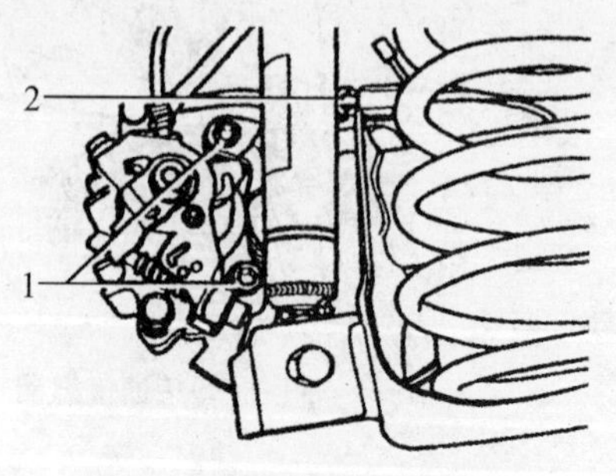


图 6-25　拆卸制动钳螺栓

1—螺栓；2—长夹

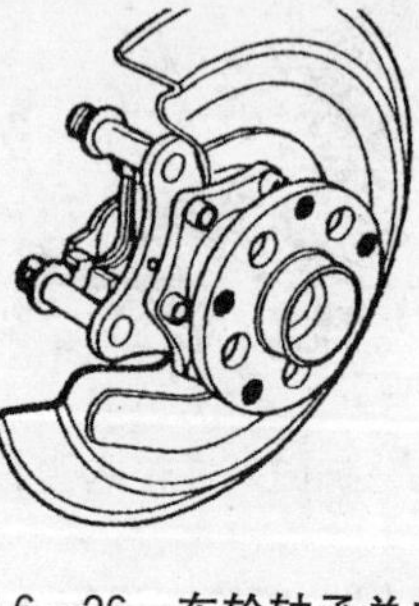

图 6-26　车轮轴承总成

② 后轮转速传感器的安装。如转子损坏或脏污，则更换车轮轴承和转子。用内六角螺栓将新的车轮轴承总成和挡板拧到车桥上（60 N·m）。装上制动盘。以 95 N·m将制动托架拧到车桥上。安装 ABS 转速传感器。装上转速传感器卡夹。

## 五、制动器的检修

### 1. 前轮制动器的维修

前轮 Teves/ Ate 制动器的分解，如图6－27所示。同一车桥上两制动盘应同时更换，拆卸制动盘时，须先拆下制动钳。内部通风制动盘的直径为$\Phi$288（15 in），内部通风制动盘的直径为$\Phi$288（16 in），制动盘的厚度为25 mm，磨损极限为23 mm。

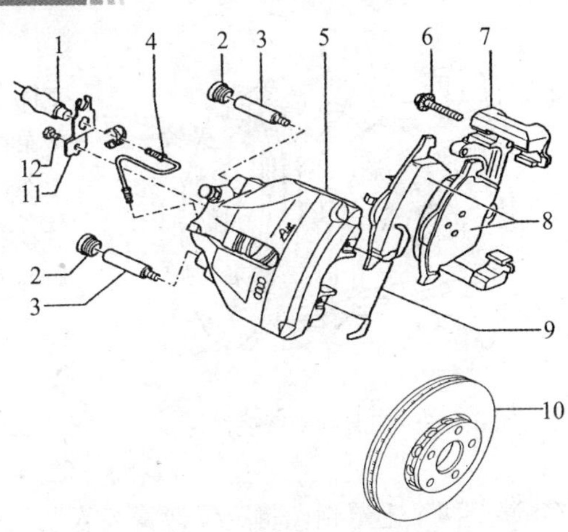


图6－27 前轮制动器分解图

1—制动软管；2—罩帽；3—导向销（25 N·m）；4—制动管(15 N·m)；5—制动钳体；6—加肋螺栓(120 N·m)；7—制动托架；8—制动摩擦衬片；9—定位弹簧；10—制动盘；11—支架；12—六角螺栓（10 N·m）

(1) 制动摩擦衬片的拆卸。如需要重新使用制动摩擦衬片，拆卸前应做上标记，重新安装时，应装在原位置，否则制动会不平稳。

① 如图6－28所示，取下罩帽。

② 如图6－29所示，用螺钉旋具从制动钳体上撬下并取下制动摩擦衬片的定位弹簧。

图6－28 拆下罩帽

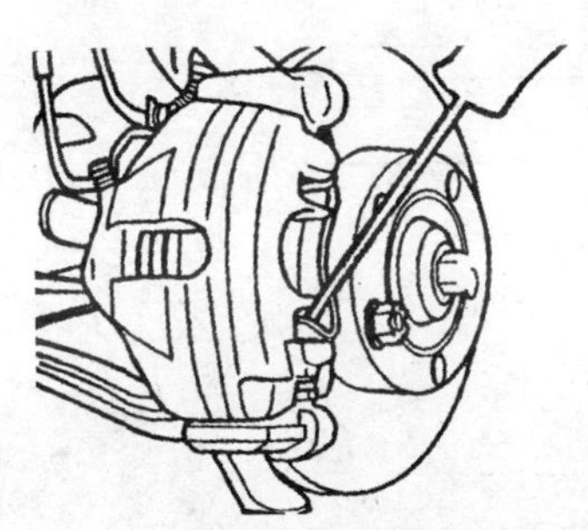

图6－29 拆卸制动摩擦衬片定位弹簧

③ 如图6－30所示，从制动钳上拧下两外导向销。

④ 取下制动钳壳体，注：放下时，不要拉紧或损坏制动软管。从制动钳壳体上或制动托架上拆下制动衬片。

制动摩擦衬片磨损极限为2 mm，包括后挡板磨损极限为7 mm。同一轴的衬片应一同更换。

(2) 制动摩擦片的安装。安装新的摩擦衬片前，用复位工具将活塞压入分泵。压入活塞前，应将制动罐的制动液抽到排放瓶内。否则，如同时补加制动液，制动液会溢出，从而造成损坏。

① 如图6－31所示，压入活塞。

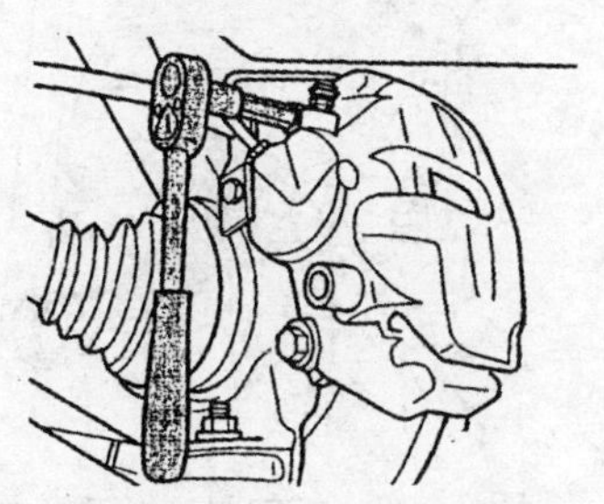

图6－30 拆卸导向销

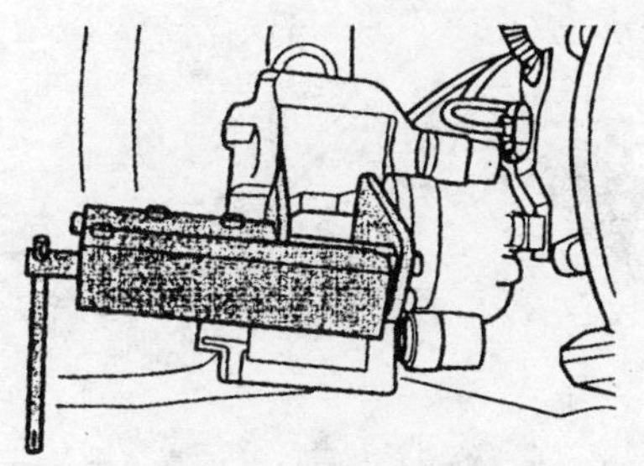

图6－31 压入活塞

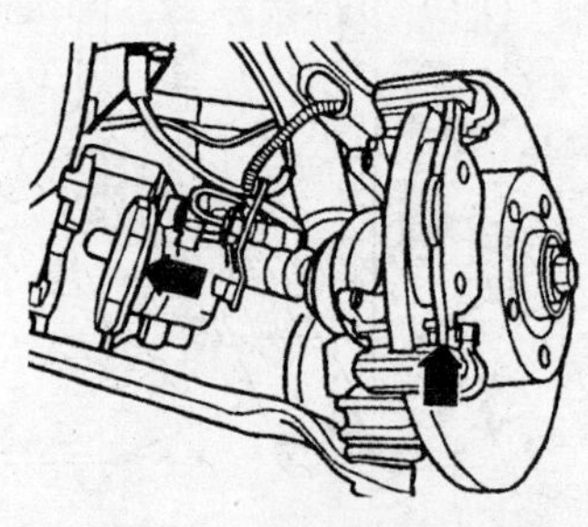

图 6-32 安装制动摩擦衬片

② 将制动摩擦衬片及定位弹簧一同装入制动钳壳体（活塞）。内摩擦衬片（带胀簧）上有一箭头，在车前进时，该箭头指向制动盘旋转方向。如安装错误会产生噪声。

③ 小心揭下外摩擦衬片后挡板上的保护膜。安装新制动衬片前，必须彻底清洁制动钳（不能有油脂）。

④ 将外制动摩擦衬片装到制动托架上（图 6-32）。将带两导向销的制动钳壳体拧到制动托架上（25 N·m）。

⑤ 装上两个上罩帽。将定位弹簧装入制动钳壳体的两个孔内，装入到两孔内后，定位弹簧应压到制动托架下。如果安装错误，摩擦衬片磨损后就不能补偿，制动踏板行程会增大。

⑥ 更换制动摩擦衬片后，在车静止时用力将制动踏板踏下几次，以保证衬片就位。

⑦ 检查制动液液面高度，如需要，补加制动液。

2. 后轮制动器的检修

后轮制动器带自动补偿机构。后轮制动器的分解，如图 6-33 所示。

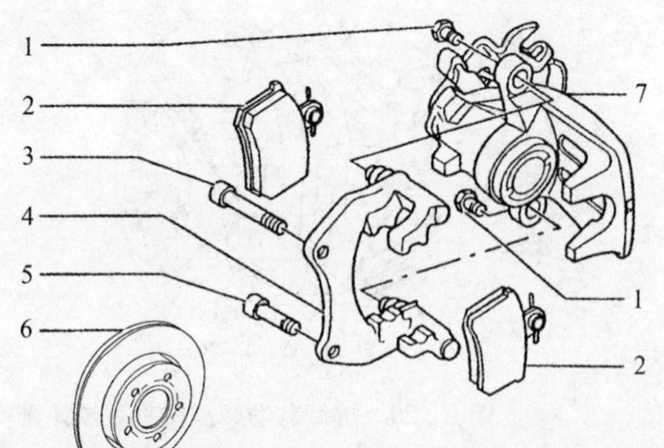


1—自锁螺栓（35 N·m）；
2—制动摩擦衬片；
3—带肋螺栓（95 N·m）；
4—带导向销和保护盖的制动托架；
5—加肋螺栓（95 N·m）；
6—制动盘；
7—制动钳壳体

图 6-33 后轮制动器分解图

制动摩擦衬片的拆卸和安装必备的专用工具有复位工具 3272 和附加工具 3272/1，如图 6-34所示。

(1) 后轮制动摩擦片的拆卸。如果要重新使用制动摩擦衬片，拆卸前应做上标记，重新安装时，应在同一位置，以免制动不平稳。拆下车轮。顶住导向销，拧下制动钳壳体紧固螺栓，如图6-35所示。取下制动摩擦衬片。

检查制支摩擦衬片的厚度，其厚度应为 11 mm，包括后挡板磨损极限为 7 mm。

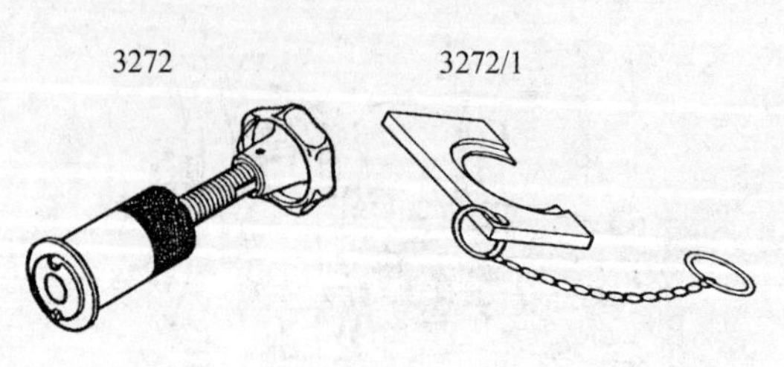


图 6-34 后轮制动摩擦衬片拆装专用工具

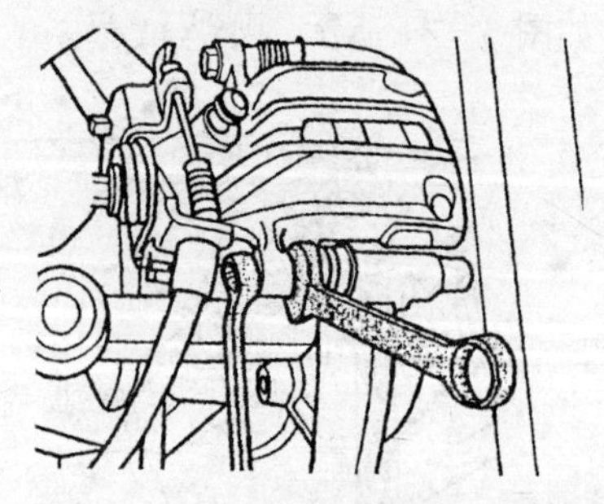

图 6-35 拆卸制动钳紧固螺栓

(2) 后轮制动摩擦衬片的安装。压回活塞时，从制动液罐内抽出少量制动液，抽液时必须使用排放瓶和塑料瓶。制动液有毒，绝不可用嘴通过软管吸出。

① 如图6-36所示，顺时针拧螺纹心轴，逆时针转动滚花边缘，将活塞拧至止点。

② 从制动摩擦衬片后挡板上揭下保护膜。装上制动衬片，如图6-37所示。

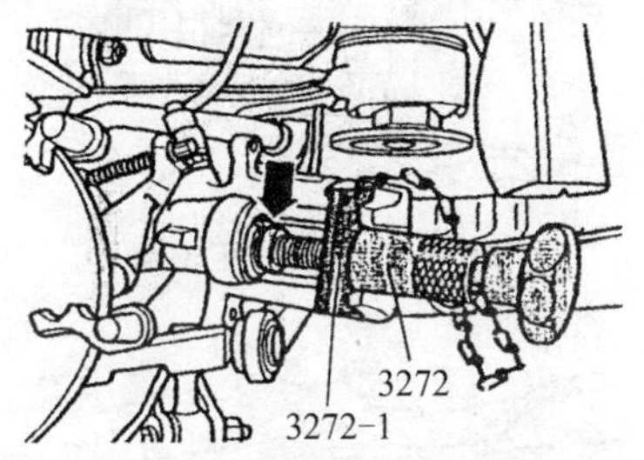

图6-36 用专用工具将活塞拧到底

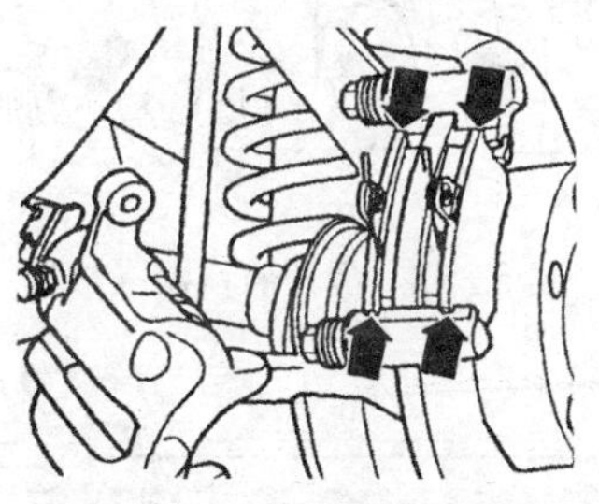
图6-37 装上制动衬片

③ 用新的自锁螺栓固定制动钳壳体，并拧紧制动钳壳体，制动钳紧固自锁螺栓的拧紧力矩为35 N·m。必须拧上修理包中4个自锁六角螺栓。

④ 更换制动摩擦衬片后，应在车静止时用力踏下制动踏板几次，以保证衬片就位。

⑤ 以120 N·m拧紧车轮螺栓。检查制动液液面高度，如需要，补加制动液。

3. 驻车制动器的检修

(1) 驻车制动器拉索的拆装（前轮驱动车）。驻车制动器拉索的调节机构在车底通道内。驻车制动器拉索的拆卸步骤如下：

① 拆下隔热罩1，松开隔热罩2上的紧固螺母，向前推隔热罩，如图6-38所示。

② 如图6-39所示，拆下锁止元件。拧入调节螺母，一直拧到底，此时需用13 mm螺母扳手固定住锁紧螺母。将拉索调节机构压到一起。

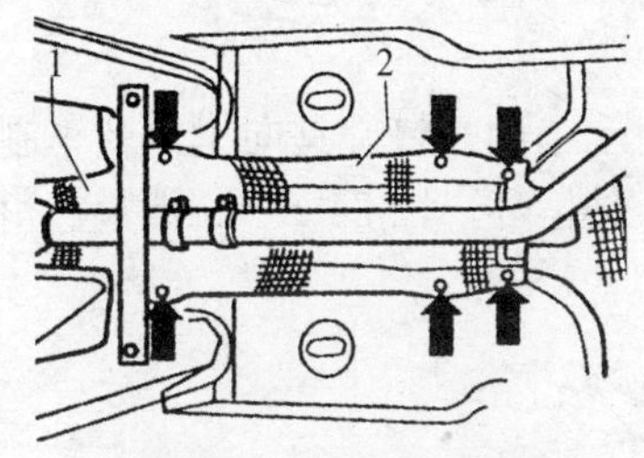

图6-38 拆卸隔热罩

1、2—隔热罩

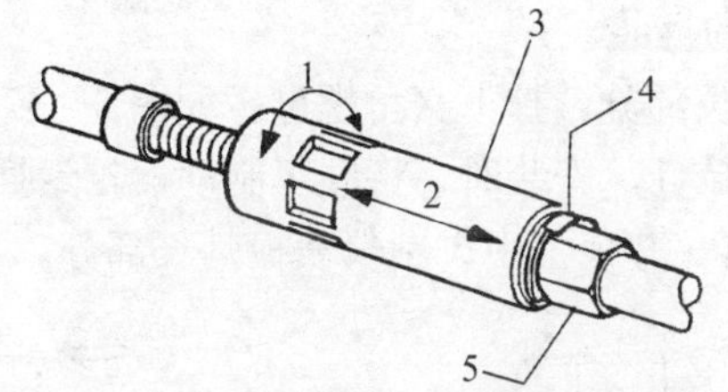

图6-39 将拉索调节机构压到一起

1—细调器；2—粗调器；3—调节螺母；4—锁止元件；5—锁紧螺母

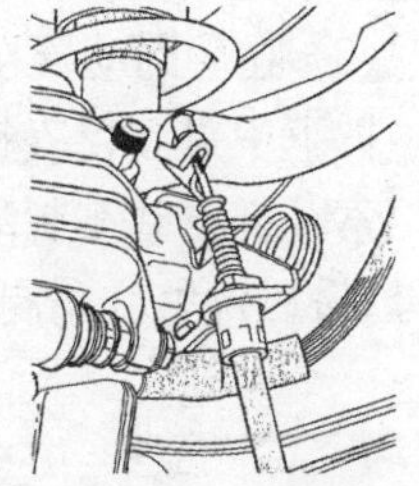
图6-40 从制动钳上拆卸驻车制动拉索

③ 如图6-40所示，从制动钳上拆下驻车制动拉索。注意拆装驻车制动拉索时，不要损坏其护套。

④ 如图6-41所示，从后桥定位件上拧下驻车制动拉索。

⑤ 如图6-42所示，松开后消音器处的隔热板并将其推向一旁。

⑥ 如图6-43所示，松开定位夹并拆下驻车制动拉索。

⑦ 如图6-44所示，用螺钉旋具从支架上撬下驻车制动拉索。拆下中央副仪表板的延长部分。

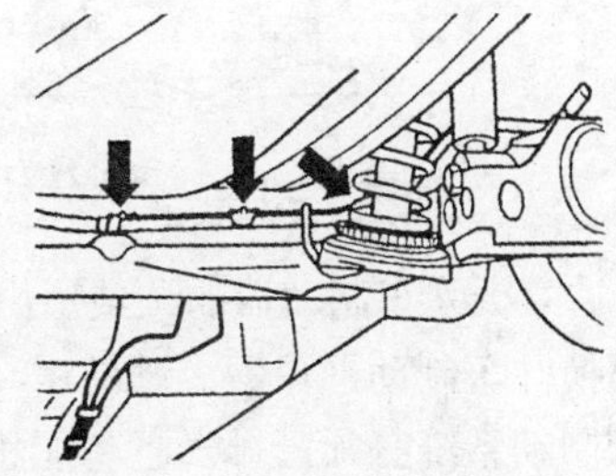
图6-41 拧下驻车制动拉索

⑧ 如图6-45所示，用螺钉旋具向驻车制动杆方向压驻车制动拉索，从定位器上压出滚珠。

⑨ 拆下驻车制动拉索。

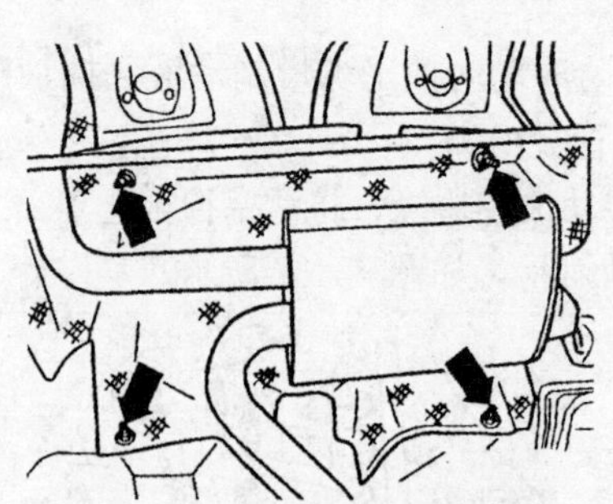

图 6－42　拆开消音器隔热板

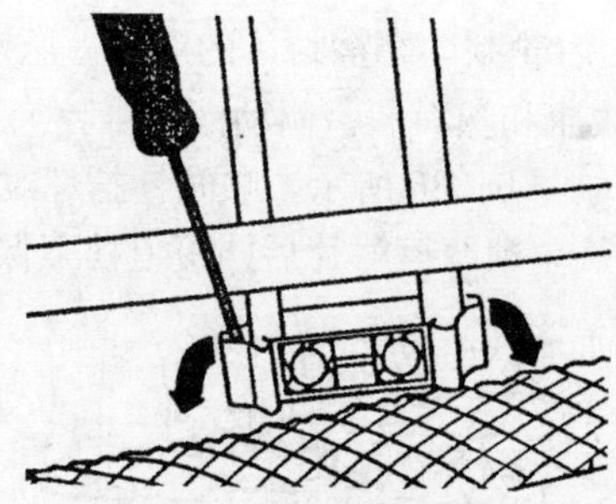

图 6－43　松开定位夹

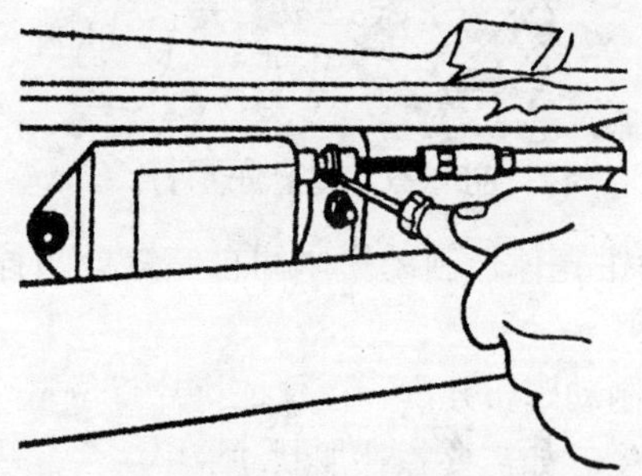

图 6－44　从支架上拆卸驻车制动拉索

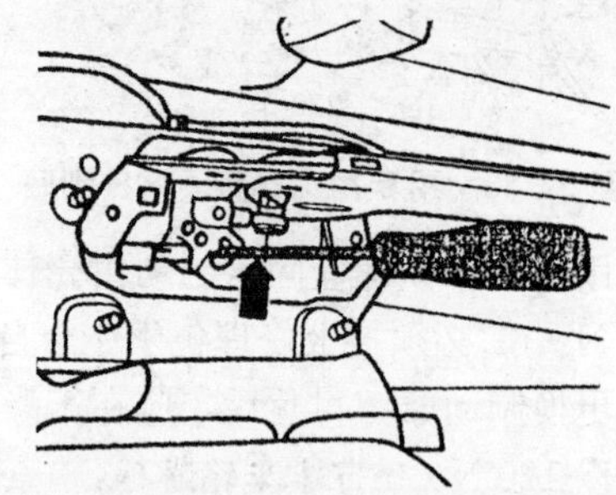

图 6－45　从定位器上压出滚珠

驻车制动器拉索的安装与拆卸步骤相反，但要注意以下几点：

① 如图 6－46 所示，拆下补偿杆处所有塑料件，且这些塑料件不要再装上。

② 用螺钉旋具卡住补偿环使之不能转动，将球头通过支架插入补偿杆。

③ 驻车制动拉索必须卡入支架，将驻车制动拉索装到后桥上并插入车底定位器内。

④ 安装完毕后要调整驻车制动拉索，方法参见“驻车制动器的调整”。

(2) 驻车制动器拉杆的拆装

拆下中央副仪表板延长部分，拧下六角螺母，如图 6－47 所示，用螺钉旋具向里压驻车制动拉索并拆下驻车制动器拉杆。安装时，将驻车制动器拉索插入补偿环，以 25 N·m拧紧六角螺母。最后调整驻车制动器，并装上中央副仪表板延长部分。

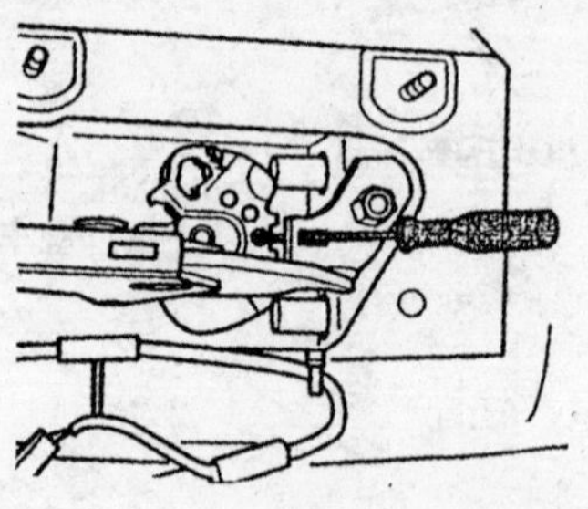

图 6－46　拆下补偿杆处塑料件

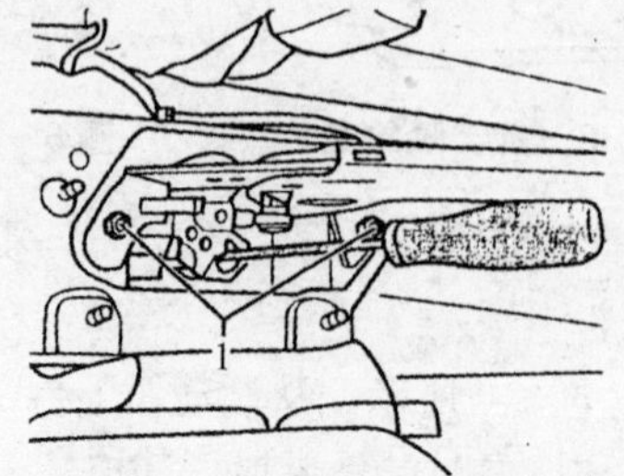


图 6－47　驻车制动器拉杆的拆装

(3) 驻车制动器的调整。由于后轮制动器是自动调整的，故不必调整驻车制动器。只有在更换驻车制动器拉索、制动钳、制动衬片和制动盘时，才需重新调整。调整驻车制动器时要求脚制动系统必须已排气且功能正常。驻车制动器的调整步骤如下：

① 至少用力踏下制动踏板一次，将驻车制动器拉杆松开。

② 拆下后部出风口（中央副仪表板）。拆下补偿环处所有塑料件，这些零件拆下后要换用新的。用螺钉旋具卡住补偿环，使之不能转动。四轮驱动的车，驻车制动器拉索调节装置在后下控制臂的前面。前轮驱动车，驻车制动器拉索调节装置在车底通道内。

③ 拆下锁止元件，用 SW13 的螺母板手固定住锁紧螺母，拧入调节螺母，一直拧到底。压缩粗调器。

④ 拧出调节螺母，拧到可看见锁止元件的槽。插入锁止元件。

⑤ 如图 6-48 所示，同时拉开两拉索护套的粗调器，拉至拉索预张紧，进行这一步时，不可使杠杆离开制动钳。

⑥ 取下补偿环处螺钉旋具，用力拉紧驻车制动器三次。调整完成后，带颜色的 O 形环 1 就看不见了。这是为了保证拉索调节机构不受灰尘和水的侵蚀。

⑦ 检查驻车制动器拉索预张紧，如需要，可拧出或拧入细调器来进行微调，如图 6-49 所示。

⑧ 如图 6-50 所示，拧至杠杆稍稍离开制动钳。注意尺寸 A，应可看到这个小间隙不超过 1.5 mm。

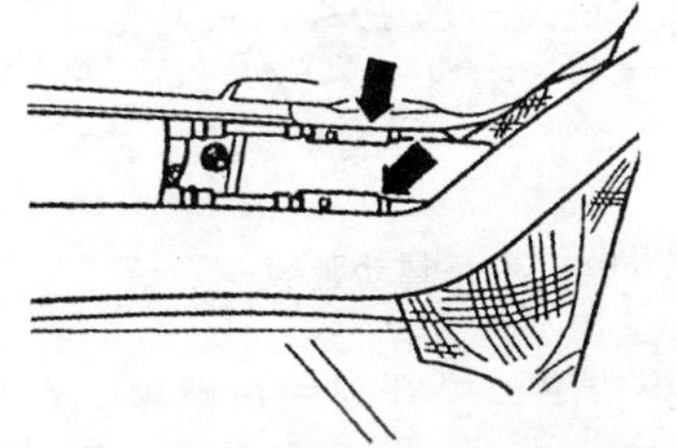

图 6-48 拉开拉索护套粗调器

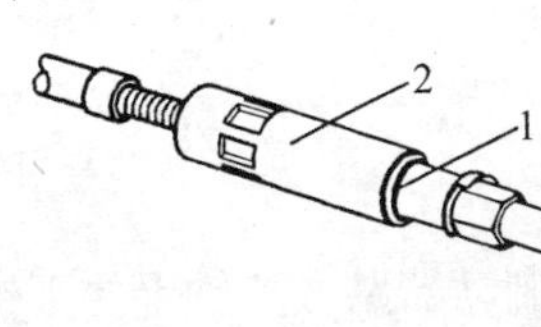


图 6-49 驻车制动拉索微调

1—O 形环；2—细调器

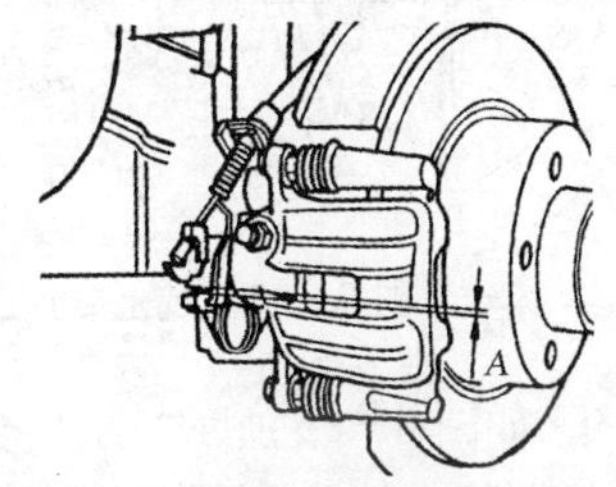


图 6-50 杠杆与制动钳之间的间隙

## 六、制动踏板及附件的检修

制动踏板的分解，如图 6-51 所示。

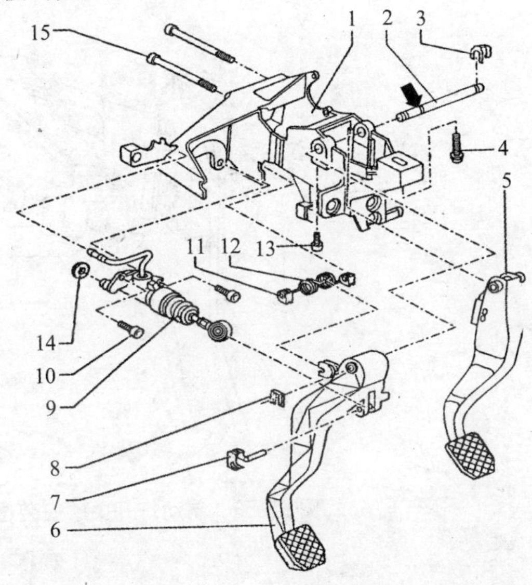


1—支座；
2—离合器和制动踏板枢轴；
3—固定卡子；
4—内六角螺栓（25 N · m）；
5—制动踏板；
6—离合器踏板；
7—销；
8—固定夹子；
9—总泵；
10—六角螺栓（20 N · m）；
11—支承件；
12—偏心弹簧；
13—内六角螺栓（5 N · m）；
14—油封；
15—制动总泵和制动助力器固定螺栓（25 N · m）

图 6-51 制动踏板的分解图

### 1. 制动踏板的拆装

拆装制动踏板必备的专用工具是 T10006，如图 6-52 所示。

图 6-52 制动踏板拆装专用工具

(1) 制动踏板的拆卸。

① 拆下司机一侧杂物箱。

② 拆下制动灯开关，对于装有车速控制装置的车，还要拆下通风阀。

③ 拆下制动灯开关。

④ 如图 6－53 所示，从下面穿上专用工具 T10006。

⑤ 如图 6－54 所示，固定住制动踏板。轻轻拉动专用工具（箭头 1），使球头中的定位凸缘脱开。使专用工具保持拉紧状态，免得球头上定位凸起再次啮合，从球头上拔下制动踏板（箭头 2）。

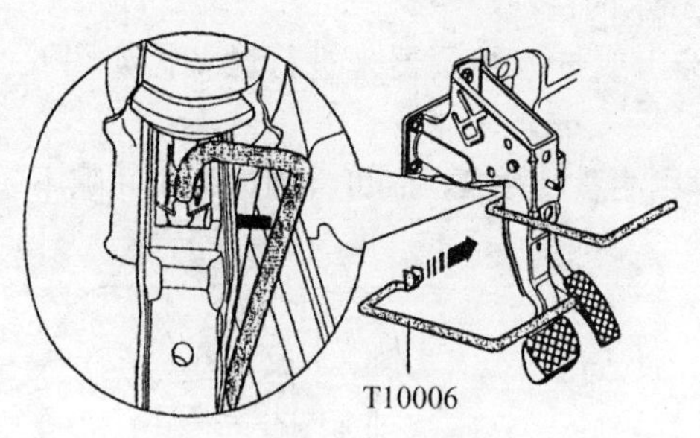


图 6－53 装上专用工具

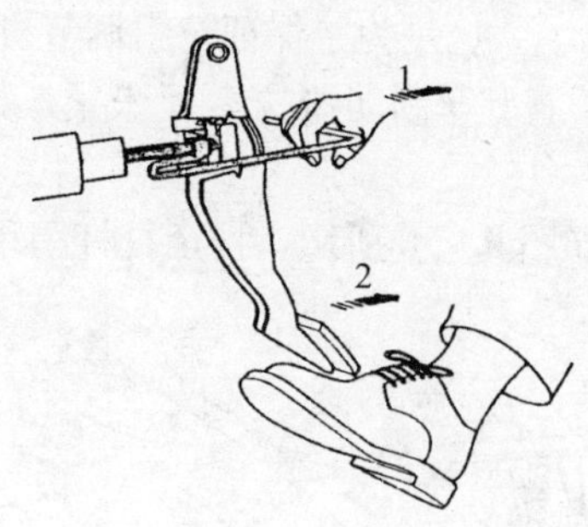


图 6－54 松开制动踏板

⑥ 如图 6－55 所示，从离合器和制动器踏板枢轴上拉下锁止垫圈，松开内六角螺栓，直到其脱离凹槽（箭头）。向左推枢轴，直至可拆下制动踏板。拆下制动踏板。

(2) 制动踏板的安装。安装制动踏板按与拆卸相反的顺序进行，内容如下：

① 锁止垫圈装到枢轴上后才可拧紧内六角螺栓。

② 安装完成后调整制动灯开关和调整车速控制装置通风阀。

③ 制动踏板行程不应因铺脚垫而缩短。

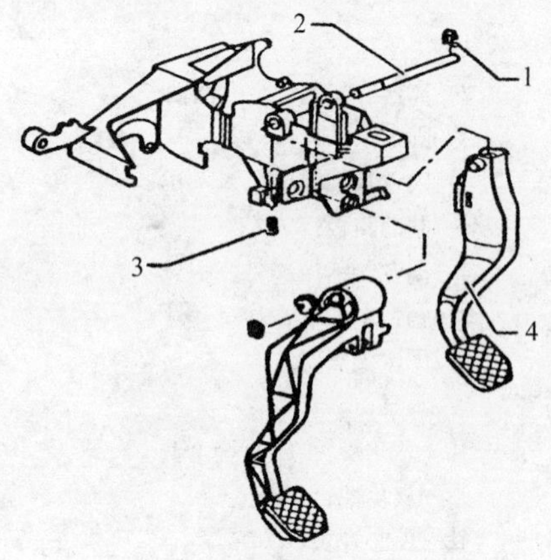


图 6－55 拆卸制动踏板

1—锁止垫圈；2—制动器踏板枢轴；3—六角螺栓；4—踏板

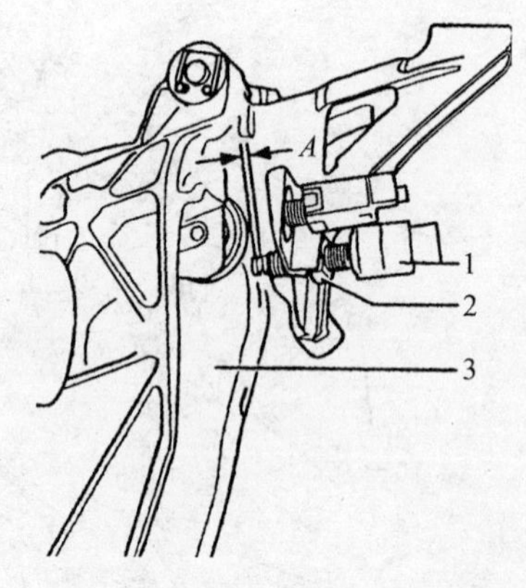


图 6－56 制动灯开关的安装位置

1—制动灯开关；2—六角螺母（M12×1.5，备件号：N 011 020 8）；3—制动踏板

2. 制动灯开关（F）的调整

调整制动灯开关前，脚踏板机构应已装到制动助力器和仪表板支架上。踏板支架上有安装制动灯开关的内螺纹。如图 6－56 所示，在六角螺母和踏板支座中间有一弹性垫圈（备件号为 N 012 042 4）。拧入或拧出制动灯开关，使尺寸 $A=0.1\sim0.5$ mm，然后以 4.5 N·m拧紧六角螺母。拧紧后再次检查尺寸 $A$，如有必要，重新调整至合适为止。

为了保证安装可靠，开关只能安装一次。将制动灯开关插入弹簧卡夹内并压到底如图

6－57所示。在此过程中，制动踏板不可预张紧。如需要，向回转动开关，注意尺寸 $a$，最大不能超过0.7 mm。

3. 车速控制装置通风阀的调整

将通风阀装入已装好的卡夹，压入到底。将制动踏板拉回到止点位置，以压回通风阀。为了保证安装可靠，通风阀只能安装一次。

## 七、制动钳的检修

### 1. 前制动钳的拆装

Teves/Ate 前制动钳的分解如图 6－58 所示。

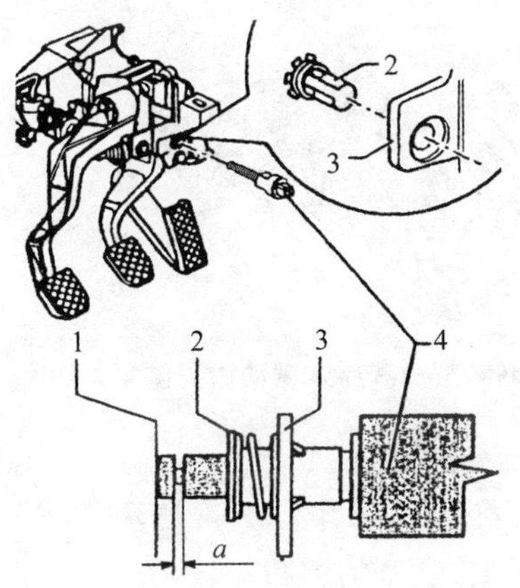


**图 6－57 安装制动灯开关的弹簧卡夹**

1—制动踏板接触面；2—弹簧卡夹（从后面压入踏板支架）；3—踏板支架；4—制动灯开关

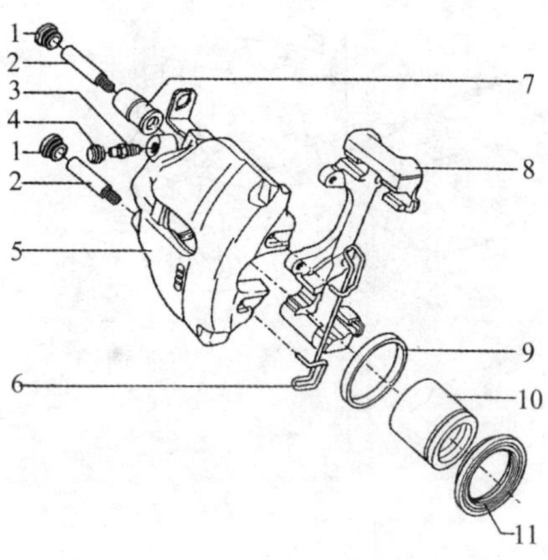


**图 6－58 前制动钳分解图**

1—衬套罩帽；2—导向销（25 N·m）；3—排气阀；4—排气阀防护帽；5—制动钳壳体；6—定位弹簧；7—衬套；8—制动托架；9—密封圈；10—活塞（直径 57 mm）；11—护盖

(1) 前制动钳活塞的拆卸。拆装前制动钳活塞所必备的专用工具有安装楔 3409（图6－59）、活塞复位装置和 G 052 150 A2，如图 6－60 所示，用压缩空气将活塞压离制动钳壳体。

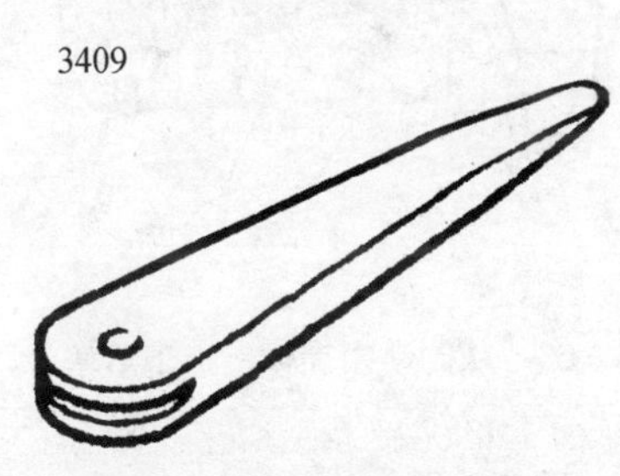


**图 6－59 专用工具 3409**

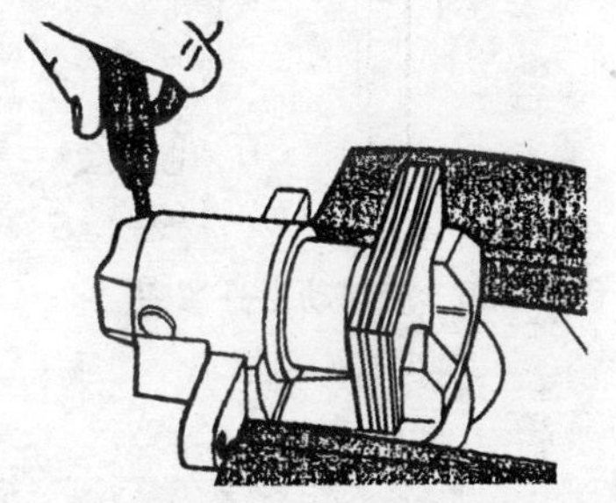

**图 6－60 将活塞压离制动钳壳体**

在空隙处放一木块，以免损坏活塞。如图 6－61 所示，用专用工具 3409 拆下油封，拆卸时，不要损坏分泵表面。

(2) 前制动钳活塞的安装。用酒精清洗活塞和密封圈并晾干。在活塞和密封圈上轻涂一层 G052150A2。将护盖的外密封唇装到活塞上，如图 6－62 所示。将活塞固定在制动钳壳体前部，用 3409 将内密封唇压入分泵槽内，如图 6－63 所示。

如图 6－64 所示，用活塞复位工具将活塞压入制动钳壳体内，这时护盖外密封唇会进入活塞槽内。

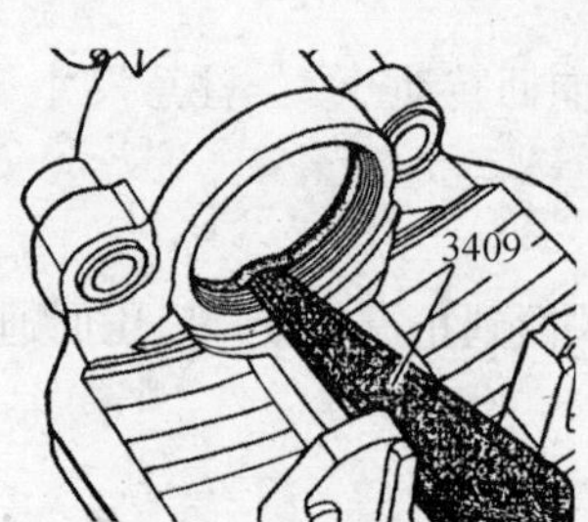


图 6-61　拆卸油封

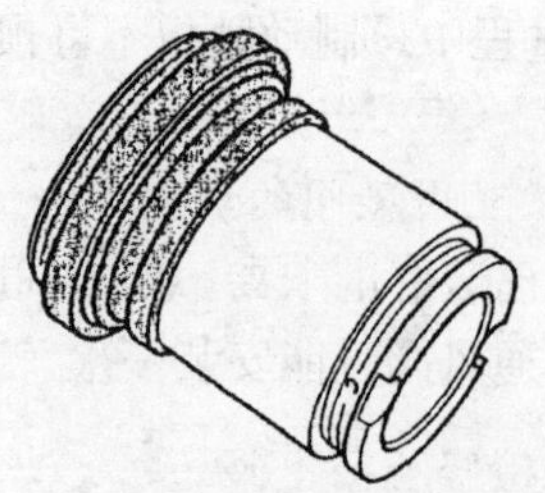

图 6-62　将护盖的外密封唇装到活塞上

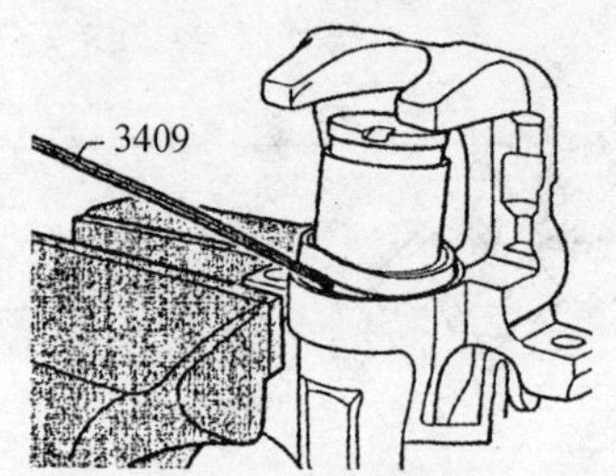


图 6-63　将内密封唇压入分泵槽内

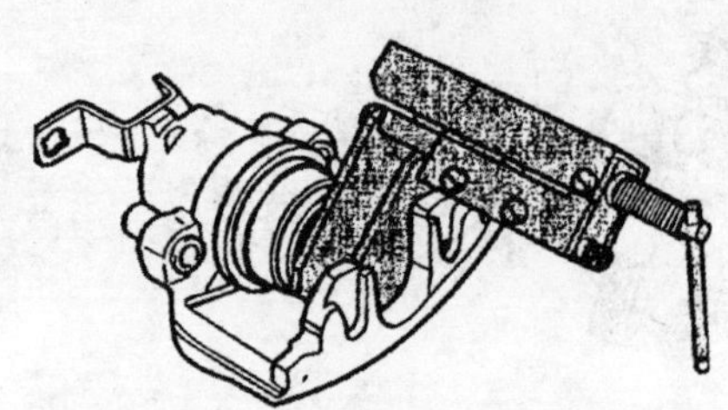

图 6-64　将活塞压入制动钳壳体

2. 后制动钳的拆装

后制动钳的分解，如图 6-65 所示。

(1) 后制动钳活塞的拆卸。

① 从制动钳壳体上拧下活塞，如图 6-66 所示，逆时针转动螺纹心轴 1 并顺时针转动滚花件 2，拆下活塞。

② 如图 6-67 所示，用 3409 拆下密封圈。

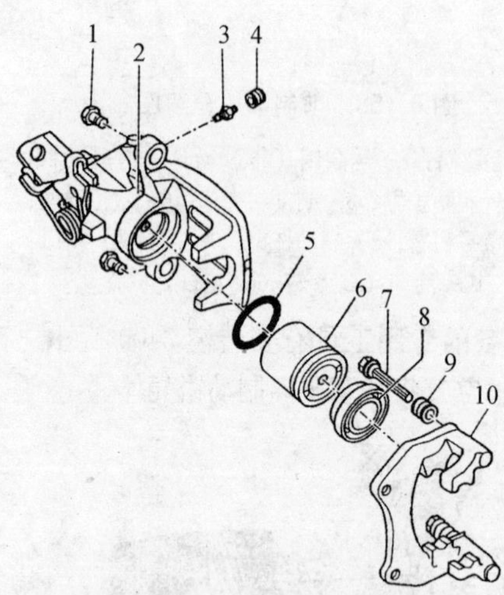


图 6-65　后制动钳分解图

1—自锁螺栓（35 N·m）；
2—制动钳壳体（带手动制动器拉索）；
3—排气阀；
4—排气阀防尘帽；
5—油封；
6—带自动补偿机构的活塞；
7—导向销；
8—盖；
9—制动托架和导向销护盖；
10—带导向销和护盖的制动托架

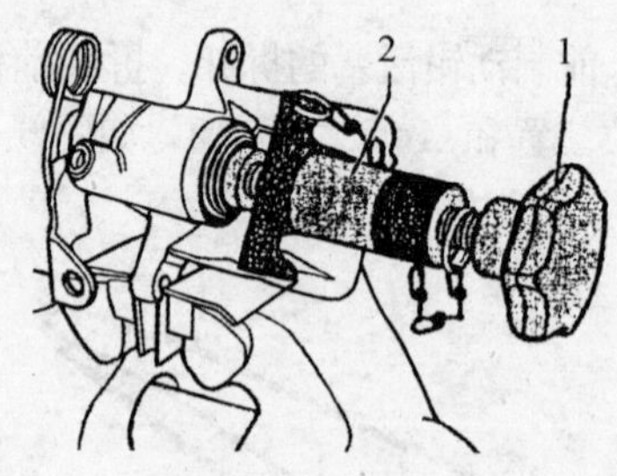


图 6-66　从制动钳壳体上拆下活塞

1—螺纹心轴；2—滚花件

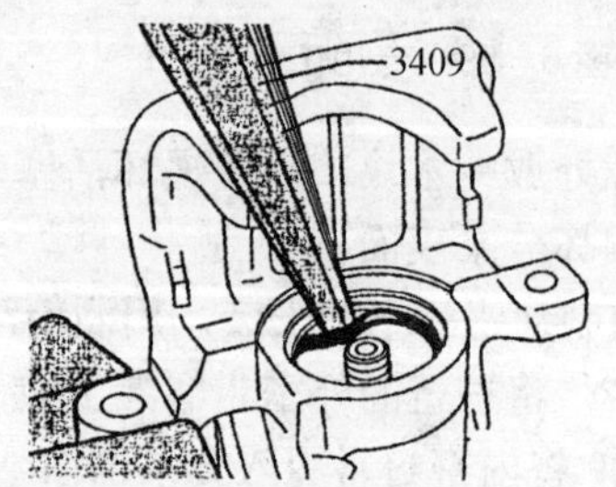


图 6-67　拆卸密封圈

(2) 后制动钳活塞的安装。

① 用酒精清洗活塞和密封圈表面并晾干。安装前，活塞和密封圈上涂 G052150A2。

② 将护盖外密封唇装到活塞上。

③ 如图 6-68 所示，用 3409 装入护盖内密封唇，注意应将活塞固定在制动钳壳体前。

④ 将活塞拧入制动钳壳体。顺时针转动螺纹心轴并逆时针转动滚花件，拧入活塞，护罩外密封唇应进入活塞槽内。

⑤ 给制动钳预放气。如图 6-69 所示，打开排气阀，用通用排气瓶加注制动液，加到从螺纹孔（制动软管端）溢出的制动液无气泡为止，关闭排气阀。注：排气前应按图 6-69 所示放置制动钳。

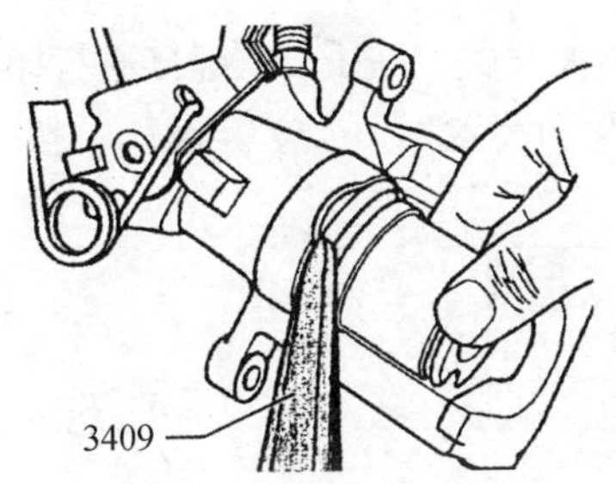

图 6-68 装入护盖内密封唇

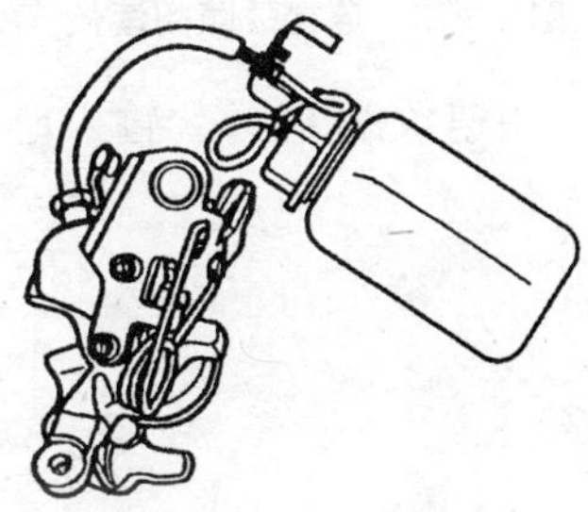
图 6-69 给制动钳放气

## 八、制动系统排气

千万不要使制动液与含矿物油的液体（如机油、汽油、清洁剂）接触。因为矿物油会损坏制动系统的堵塞及衬套。制动液有毒，不可通过软管用嘴吸出。由于其腐蚀性，故不可与油漆接触。制动液具有吸湿性，即它可吸收周围的潮气，因此制动液应保存在密封容器内。

用水冲洗溢出的制动液。系统打开后，不可使用压缩空气或移动车辆。试车中，必须保证 ABS 控制的制动系统至少工作一次（可感到踏板振动）。

制动系统的排气顺序依次为右后制动钳、左后制动钳、右前制动钳和左前制动钳。

### 1. 带 ESP 车的排气过程

注意给 ESP 液压泵排气时，需至少 200 kPa 的预压。因此应检查排气装置上的压力设定。先以普通的方法给所有制动钳排气，然后必须给 ESP 液压泵排气，这一步须使用故障阅读仪来触发液压泵 10 s。

(1) 连接V.A.G1869（图 6-70），按规定顺序拧下排气螺栓，给制动钳排气（如需要，可使用踏板加压）。此时的排气顺序依次为左后制动钳、右前制动钳、右后制动钳和左前制动钳。

(2) 进行排气，一直排到制动液流出时无气泡和泡沫为止。拧上排气螺栓，连接V.A.G1551 并选择地址码。

(3) 如图 6-71 所示，松开烟灰缸，将其从中央副仪表板上取下。

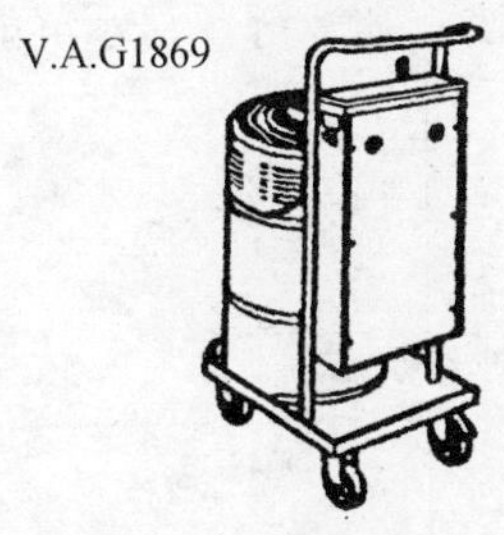

图 6-70 排气装置

图 6-71 拆卸烟灰缸

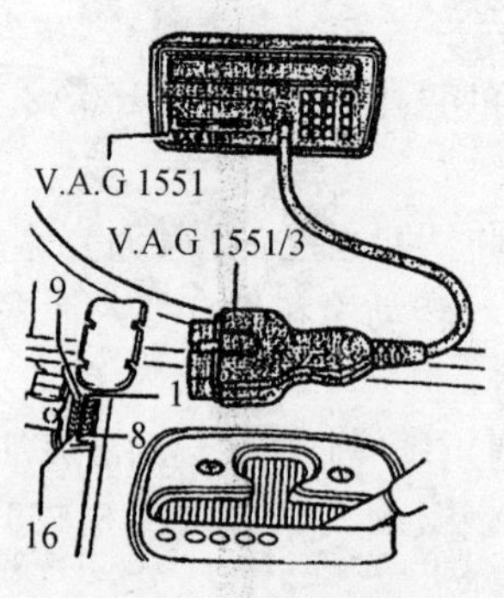


图 6-72 连接故障阅读仪

(4) 取下自诊断插头护板。关闭点火开关，用V.A.G1551/3将故障阅读仪接到自诊断插头上，如图6-72所示。显示屏显示：

| V.A.G自诊断　　帮助<br>1—快速数据传递＊<br>2—闪光码输出＊ |
|---|

＊交替出现

(5) 如果显示屏无显示，检查自诊断插头的连接。

(6) 打开点火开关，按Print键接通打印机，按1键选择“快速数据传递”。输入地址码03“制动系统电子装置”，按Q键确认。按→键。显示屏显示：

| 快速数据传递　　帮助<br>选择功能×× |
|---|

(7) 按1键两次，选择“登录”。显示屏显示：

| 快速数据传递　　Q<br>1—登录 |
|---|

(8) 按Q键确认输入。显示屏显示：

| 1—登录<br>输入代码号××××× |
|---|

(9) 输入代码40168，按Q键确认输入。显示屏显示：

| 快速数据传递　　帮助<br>选择功能×× |
|---|

(10) 按0和4键选择“基本设定”。显示屏显示：

| 快速数据传递　　Q<br>4—基本设定 |
|---|

(11) 按Q键确认输入。显示屏显示：

| 基本设定　　Q<br>输入显示组号××× |
|---|

(12) 在触发预加压泵时，必须打开左前排气螺栓。按0和2键。显示屏显示：

| 基本设定　　2→<br>系统排气　　正常 |
|---|

(13) 拧上排气螺栓。按→键回到初始状态。显示屏显示：

| 快速数据传递　　帮助<br>选择功能×× |
|---|

(14) ESP 液压泵的安装按与拆卸相反的顺序进行。

2. 制动液更换（每两年一次）

用V.A.G1869 给制动系统排气的步骤如下：

(1) 打开制动液罐。制动液罐内应有足够的制动液，这样可保证空气不会从这里进入制动系统。

(2) 如图 6－73 所示，在发动机运转且已拧开右后制动钳上排气螺栓时，踏动制动踏板，使液面达到储液罐连接管高度。

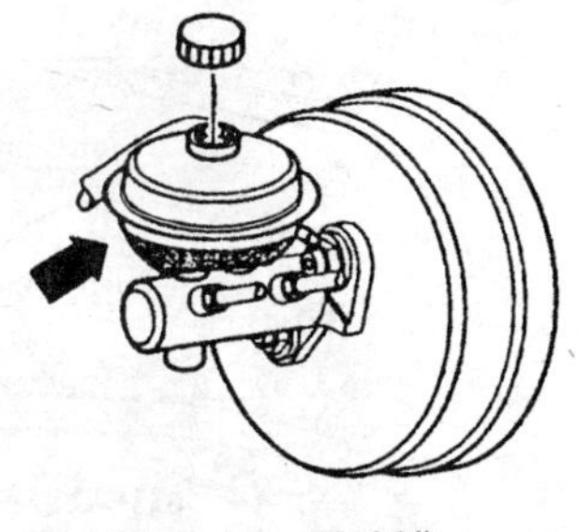

图 6－73　储液罐

(3) 用适当的容器接使用过的制动液，拧上排气螺栓。

(4) 对带装有手动变速器的车，离合器分泵也要用新制动液“冲洗”。其步骤为连接 V.A.G1869，但先不接通。拧开分泵上的排气螺钉。接上收集容器的软管。接通V.A.G1869，使离合器分泵内的制动液流出约 100cm³。最后拧上排气螺栓。

(5) 按右后制动钳、左后制动钳、右前制动钳、左前制动钳的顺序依次将收集容器的软管接到排气螺钉处，打开排气螺钉，使制动液流出约 250 cm³。这样做是为了使新制动液完全取代旧制动液。

(6) 拧上排气螺钉。检查制动踏板压力和自由行程，自由行程最大为踏板行程的 1/3，必要时调整。

## 九、制动助力器/制动总泵的检修

制动总泵和制动助力器可分别单独更换。且必须使用新制动液，并注意制动液罐上的标签内容。制动总泵不可分解，也就不能修理。制动助力器/制动总泵的分解如图 6－74 所示。

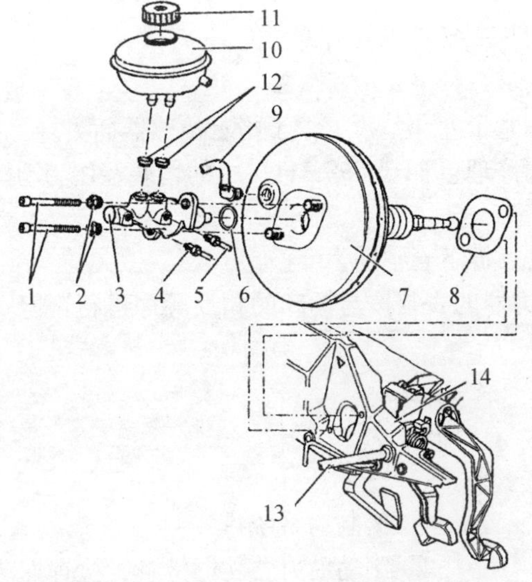


1—螺栓 T45 (25 N · m)；
2—自锁六角螺母 (49 N · m)；
3—制动总泵 (Φ23.81 mm)；
4—制动总泵/浮动活塞管路到液压单元制动管 (15 N · m)；
5—制动总泵/压杆活塞管路到液压制动管 (15 N · m)；
6—油封；7—制动助力器；
8—密封垫；
9—制动助力器真空软管；
10—制动液储液罐；
11—制动液储液罐盖；
12—密封塞；
13—制动液储液罐到离合器总泵供液软管；
14—前壁板

图 6－74　制动助力器/制动总泵分解图

1. 制动总泵的拆装

(1) 制动总泵的拆卸。

① 将排放瓶软管接到左前制动钳排气螺栓上并打开。

② 踏下制动踏板，尽量排出制动液。拧上左前排气螺栓。注意溢出的制动液不能再次使用。

③ 如图 6－75 所示，拔下离合器总泵供液软管并用塞子堵住。拔下浮子指示传感器插头。

④ 如图 6－76 所示，拧下制动总泵上制动管，用修理包 1H 0698 311A 中的堵塞塞住制动管。

⑤ 从制动总泵上拧下螺母，从制动助力器上取下制动总泵。

图 6-75　拆卸供液软管和传感器插头

1—离合器总泵供液软管；2—浮子指示传感器插头

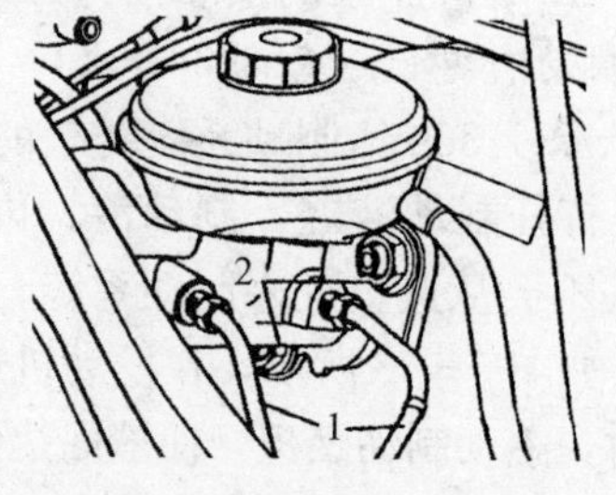


图 6-76　拆卸制动总泵制动管

1—制动总泵制动管；2—螺母

(2) 制动总泵的安装。制动总泵的安装与拆卸的步骤正好相反，但安装时注意下述内容：

① 组装制动总泵和制动助力器时，应保证压杆正确装入制动总泵。

② 轻轻踏下制动踏板，使压杆向制动总泵方向运动，这样可使压杆很容易进入制动总泵。

③ 给离合器液压系统排气。连接V.A.G1869，但先不接通。拧下分泵上排气螺栓，装上收集瓶软管。接通排气装置，使离合器分泵内制动液流出约 100 $cm^3$。拧上排气螺栓。

④ 制动总泵安装后应按规定给制动系统排气。

2. 制动助力器的拆装

汽油发动机的汽车，真空来自进气管；柴油发动机的汽车装有一个真空泵，以产生真空。

(1) 制动助力器的拆卸。

① 拆下驾驶员一侧杂物箱。

② 将排放瓶软管接到左前制动钳排气螺栓上并打开。

③ 踏下制动踏板，尽量排出制动液。拧上左前排气螺栓。

④ 拔下离合器总泵供液软管并用塞子塞住。拔下浮子指示传感器插头。

⑤ 拧下制动总泵上的制动管，用修理包 1H0 698 311A 中的堵塞塞住制动管。从制动助力器上拧下螺栓（T45）。

⑥ 拔下真空助力器上的真空软管，拆下真空助力器。

(2) 制动助力器的安装。制动助力器的安装按与拆卸的相反顺序进行，但安装完成后要进行下述操作：

① 调整制动灯开关。

② 调整车速控制装置通风阀。

③ 给离合器液压系统排气。

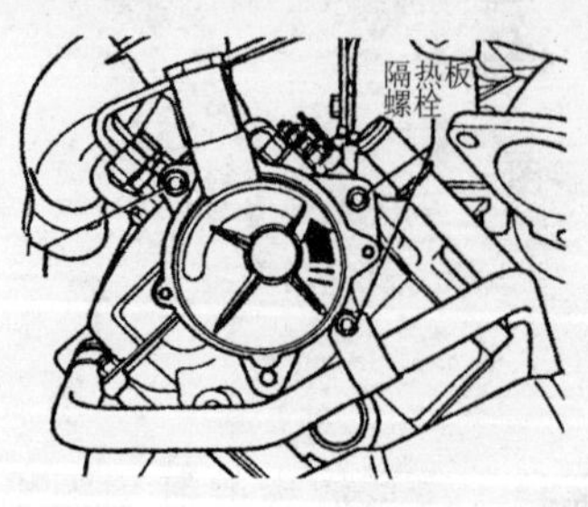


图 6-77　真空泵的拆装

④ 给制动系统排气。

⑤ 制动助力器功能检查。检查方法：在发动机停转时，数次用力踏下制动踏板，以排净真空。然后用中等力量将踏板置于工作位置并起动发动机。如果制动助力器功能正常，应明显感到踏板下沉（助力作用）。如有损坏，应整体更换助力器。

3. 真空泵（柴油发动机）的拆装

如图 6-77 所示，拧下左侧缸盖上真空泵与隔热板螺栓，按箭头方向拧下真空泵。安装真空泵时更换O形环。真空泵与气缸盖的拧紧力矩为 10 N·m。

## 第二节 ABS/ASR 自诊断

### 一、自诊断功能

奥迪 A6L 轿车具有电子差速锁闭系统的制动防抱死系统（ABS+EDS）以及与电子差速锁闭系统的制动防抱死系统（ABS+EDS）配套使用的驱动防滑调节系统 ASR 作为选装件开始配备在前驱动汽车上。ABS 在汽车进行制动时防止车轮抱死，EDS 是借助电子控制对空转驱动轮进行抑制，使发动机功率被传到“未抱死”的车轮上的一种起动辅助装置，在车速 40 km/h以下时，EDS 调节起作用。

驱动防滑调节系统（ASR）是在加速时通过降低发动机功率防止驱动轮打滑并在各种车速范围内均起作用。通过轻击中央控制台上的 ASR 键可以关闭和起动 ASR 系统。如果 ASR 被关闭，则仪表盘上的指示灯亮起。在调节操作过程中指示灯一秒钟闪烁三次。

奥迪 A6L 制动系统两个制动回路对角布置，分别以适当的液压压力控制左前轮和右后轮以及右前轮和左后轮的制动器。在（ABS+EDS）/ASR 控制单元 J104 中装有一个相匹配的软件，它承担了一般制动力调节器功能，因而取消了制动力调节器。为了避免汽车制动器过热，在制动达到某一指定的温度时－EDS 调节不再起作用。在控制单元 J104 中设定了限制温度，控制单元经过计算测定制动器当前的温度。如果根据计算得出制动器的温度低于限制温度，那么 EDS 系统将继续起作用。对 EDS 系统的干预不影响汽车制动装置和 ABS 以及 ASR 的功能。在制动器发热时，即使关闭了点火开关，控制单元也还保持工作状态，还继续工作直到计算出的制动器温度低于设定值，最长工作 1 h，在这段时间内控制单元 J104 以较高的电流（约 500 mA)而不是较小的电流（0.5 mA）工作。

ABS、ABS/EDS 以及 ASR 系统的控制单元具有自诊断能力。自诊断功能是针对系统中电气及电子元器件的，就是说，自诊断只能识别影响电信号的故障。控制单元一般可识别 19 个不同的故障源，在选装 ABS/EDS 时可识别的故障源的数量达到 24 个，在选装 ASR 时则达到 29 个。只有接上故障阅读仪V.A.G1551，使用“快速数据传输”，才可能利用自诊断。操作类型 2“闪烁码输出”在此不存在。只有在停车时及打开点火开关（或发动机运转）的情况下才有可能进入自诊断系统，在车速超过 2.75 km/h 时不可能进行自诊断。如果车速超过 20 km/h,自诊断中断。在自诊断期间，ABS/EDS 不能进行调节。ABS/EDS 指示灯 K47 及制动红色指示灯亮。在装备了 ASR 系统时，ASR 指示灯 K86 也会亮。

在每次行驶之前打开点火开关即进行自检测。自检测的执行是通过 ABS/EDS 系统黄色的指示灯 K47 亮起来提示的。在装备了 ASR 系统时，ASR 指示灯 K86 也附带亮起。约 2 s 后指示灯熄灭。自检测将持续到汽车行驶过程中，因为有些已存在的故障只有在行驶时才可被识别。在自检测时可听到继电器的开关声响及液压单元回油泵的起动噪声声响，在制动踏板上也能感觉到轻微振动。在有一个不只涉及 ASR 系统的故障被识别出时，ABS、ABS/EDS 或 ASR 系统在相应的行驶段将自动关闭。同时在仪表盘上的 ABS/EDS 黄色指示灯 K47 及制动红色指示灯亮。在装备了 ASR 系统时 ASR 指示灯 K86 也要附带的亮。注意在一个故障被识别出以后，普通的汽车制动系统仍保持着正常的工作状态。然而由于 ABS/EDS 系统停止工作，制动力调节器的功能也就随之消失，因此应立即把车送到奥迪服务站检查。

但故障“00526 制动灯开关”和“00668 接线柱 30 车内电压”是例外的。

如果识别出上述两个故障中的任何一个故障，那么只是中断了 EDS 系统功能，指示灯并不亮。在有一个涉及 ASR 系统的故障被识别出时，“只有”ASR 系统指示灯 K86 亮起，ASR 系统将自动关闭。在 ASR 键与控制单元 J104 之间的插头如果出现断路，则 ASR 键不起作用。

如果对正极短路，则打开点火开关后，ASR 指示灯 K86 亮 5 min 后指示灯熄灭，ASR 系统起作用。在涉及到 ASR 系统的故障被识别时，ABS/EDS 系统仍保持有效。

如果电源电压出现问题时，即电压低于容许值，那么 ABS、ABS/EDS 以及 ASR 系统将关闭，所有相应的指示灯亮起。一旦车内电压调整到容许的电压值时，系统将再次开启，指示灯熄灭（在无电压、导线或熔丝断开时，只有 ABS 指示灯亮）。

安装的系统控制单元带有一个故障存储器。如果监控的传感器以及元器件出现故障，故障存储器将把它们储存起来，可用故障阅读仪V.A.G1551 查询故障存储器的内容。系统自诊断可区别出持续故障和偶发故障，如果一个曾被作为“持续故障”而储存的故障在接通点火开关后不再出现，那么该故障变为一个“偶发”故障。唯一例外的是“控制单元损坏”这个故障，该故障只能被当作持续故障储存。对出现的偶发故障还会附加上一个标记，在显示屏（V.A.G1551）的右侧出现“/SP”。如果通过一定次数的行驶一个偶发故障不再出现，说明它被自动消除；持续故障将一直被储存直到通过故障阅读仪V.A.G1551 把故障存储器内容消除为止。

自诊断不仅能进行故障查询和清除，而且还能进行“控制单元识别”、“控制单元编码”和“读取测量数据块”附加功能。ABS/ASR 自诊断功能见表 6-2。

**表 6-2 ABS 自诊断功能表**

| | |
|---|---|
| 01 | 查询控制单元版本 |
| 02 | 查询存储器内容 |
| 05 | 清除故障代码 |
| 06 | 结束输出 |
| 07 | 控制单元编码 |
| 08 | 读取测量数据块 |

## 二、安全措施及故障查询的原则

1. 一般故障诊断

进行（ABS/EDS）/ASR 故障诊断时要注意以下安全措施：

(1) ABS、ABS/EDS 以及 ASR 是一种汽车安全系统，从事该项检修诊断工作要求具备该系统的相关知识。

(2) 在对 ABS、ABS/EDS 以及 ASR 装置进行检修之前原则上要查询故障代码。

(3) 在拔下 ABS、ABS/EDS 以及 ASR 控制单元插头的情况下不要驾车。

(4) ABS、ABS/EDS 以及 ASR 装置的元器件插头只有在关闭点火开关时才可拔下或插上。

(5) 不允许松开液压单元的螺栓。在更换回油泵继电器和电磁阀时，继电器罩盖螺栓除外。

(6) 在涉及与制动液有关的作业时，要注意采取有效的安全防范措施。

(7) 指示灯亮说明在 ABS、ABS/EDS 以及 ASR 系统中有故障。因为某些故障有可能在行驶时才被识别出，因此必须在修理工作结束后进行试车。在试车时车速不低于 60 km/h 的行驶时间应超过 30 s。

2. ABS 故障检测的前提条件

(1) 所有车轮应使用规定的及相同规格的轮胎，轮胎充气压力正确。

(2) 包括制动灯开关及制动灯在内的常规制动装置正常。

(3) 液压系统插头和管路密封良好（目视检查液压单元及制动泵）。

(4) 轮毂轴承及其间隙正常。

(5) 转速传感器安装位置应正确。

(6) 所有熔丝应正常。

(7) 控制单元 J104 插接连接正确，并且将锁紧器锁定。

(8) 回油泵继电器（J105）和电磁阀继电器（J106）插接正确。

(9) 电源电压正常（最小不低于 10.5 V)。

(10) 只有在停车时及打开点火开关（或发动机运转）的情况下才有可能实现进入自诊断系统。在车速超过 2.75 km/h 时不能进入自诊断系统，因此自诊断时四个车轮必须均处于静止状态。

(11) 在 ABS、ABS/EDS 以及 ASR 系统检测期间汽车电气设备不要受到电磁干扰，即汽车要远离高电耗设备（如电焊机)。

## 三、故障自诊断

1. 连接故障阅读仪V.A.G1551

(1) 用诊断导线V.A.G1551/1 把故障阅读仪V.A.G1551 接在左侧水槽内继电器基座 1 中的诊断插座上，诊断导线V.A.G1551/1 黑色插头插在黑色诊断插座上。诊断导线V.A.G1551/1 蓝色插头不用。如果在显示屏上无显示，则检查诊断插头电源。显示屏显示：

| V.A.Gself - diagnosis HELP<br>1—Rapid data transfer*<br>2—Flashing code output* |
|---|
| V.A.G自诊断 帮助<br>1—快速数据传输*<br>2—闪烁编码输出* |

* 交替显示

(2) 打开点火开关。通过V.A.G1551 的 HELP 键（帮助键）可以查询附加的操作说明，“→”键可用于程序过程的切换。按 Print 键（打印键）接通打印机（键内指示灯亮)；按表示操作类型 1“快速数据传输”的 1 键。显示屏显示：

| Rapid data transfer HELP<br>Select function×× |
|---|
| 快速数据传输 帮助<br>选择功能×× |

(3) 按键 0 和 3。(用代码“03”选择“制动器电子设备”)，显示屏显示：

| Rapid data transfer Q<br>03—Brake electronics |
|---|
| 快速数据传输 Q<br>03—制动器电子设备 |

(4) 按 Q 键确认输入。

(5) 如果显示屏显示：

| Control unit not answer!　　HELP |
|---|
| 控制单元无应答！　　帮助 |

或

| K—wire not swithching to earth/ positive　HELP |
|---|
| K—线没有接地或正极　　帮助 |

或

| No signal from control unit　　HELP |
|---|
| 控制单元无信号　　帮助 |

或

| Fault communication buildup HELP　HELP |
|---|
| 连接故障　　帮助 |

按 HELP 键（帮助键）使可能的原因列表打印出来；检查诊断导线“L”、“K”的连接；检查控制单元 J104 的电压源以及接地连接是否正常；可能的故障原因排除后，重新输入“制动器电子设备”识别代码 03，并按 Q 键确认。

（6）如果故障阅读仪V.A.G1551 与控制单元之间的连接过程无故障，那么在显示屏上显示控制单元识别码：

| 4DO 907 379[1)]　　2)　　3)<br>Encoding 00000　　WSC ×××××|
|---|
| 4DO 907 379[1)]　　2)　　3)<br>编码　00000　　WSC ××××× |

注：只有在汽车配有驱动防滑调节系统（ASR）时才显示编码。其中服务站代码 WSC、XXXXX 为上次在控制单元中输入的服务站代码。① 为控制单元识别码。② 为系统说明。③ 为软件版本号。

2. 查询故障代码

（1）连接故障阅读仪，按→键。显示屏显示：

| Rapid data transfer　　HELP<br>Select function　　×× |
|---|
| 快速数据传输　　帮助<br>功能选择×× |

（2）按键 0 和 2，用 02 选择“查询故障代码”功能。显示屏显示：

| Rapid data transfer　　Q<br>02—Interrogate fault memory |
|---|
| 快速数据传输　　Q<br>02—查询故障代码 |

(3) 按 Q 键确认输入。在显示屏上显示存储的故障数目或“没有识别出故障”。

| ×Faults recognized! |
| --- |
| ×识别的故障数量! |

(4) 按→键。存储的故障代码按顺序逐个显示并打印出来，故障代码见表 13 - 2 所列。最后一个故障显示并打印后，按→键。

(5) 如果识别出故障，则结束输出（功能 06），关闭点火开关，排除故障，然后查询并清除故障代码；如果出现的故障不能通过自诊断识别出来，那么通过“电气检测”诊断故障。

3. 清除故障代码并结束输出

(1) 显示屏显示：

| Rapid data transfer HELP<br>Select function ×× |
| --- |
| 快速数据传输 帮助<br>选择功能×× |

(2) 按键 0 和 5，用 05 选择清除故障代码。显示屏显示：

| Rapid data ftansfer Q<br>05—Erase fault memory |
| --- |
| 快速数据传输 Q<br>05—清除故障代码 |

(3) 按 Q 键确认输入。显示屏显示：

| Attention!<br>Fault memory is not interrogated |
| --- |
| 注意!<br>没有查询故障代码 |

(4) 故障存储器内容只能在完成查询后被清除。因此应先清除故障代码，然后再清除故障代码。如果在查询故障代码及“清除故障代码”期间关闭了点火开关或车辆移动超过 20 km/h，故障代码不能清除。

(5) 显示屏显示：

| Rapid data transfer →<br>Fault memory is erased |
| --- |
| 快速数据传输 →<br>故障储存被清除 |

(6) 按“→”键。显示屏显示：

| Rapid data transfer HELP<br>Select function |
| --- |
| 快速数据传输 帮助<br>选择功能×× |

(7) 按 0 和 6 键 (06 表示结束输出)。显示屏显示:

| Rapid data transfer　　Q<br>06—End output |
|---|
| 快速数据传输　　Q<br>06—结束输出 |

(8) 按 Q 键确认输入。显示屏显示:

| Rapid data transfer　　HELP<br>Output is ended |
|---|
| 快速数据传输　　帮助<br>输出结束 |

(9) 关闭点火开关。拆下故障阅读仪V.A.G1551 的插头连接;打开点火开关,ABS/ EDS 指示灯 K47、以及在装备了 ASR 装置时 ASR 指示灯必须亮约 2s 后熄灭。进行试行驶。在试行驶期间,车速不低于 60 km/ h 的行驶时间应超过 30 s,此时 ABS/ EDS 以及 ASR 指示灯和制动指示灯应不亮。

4. 控制单元编码

如果 ABS、ABS/ EDS 系统附加装备了 ASR 系统,必须给控制单元 J104 关于手动变速器和自动变速器编码 (表 6 - 3)。只有在故障阅读仪V.A.G1551 中输入服务站代码后,才能进行控制单元编码。在控制单元识别过程中必须始终显示一组三位数编码。如果车辆的编码没有显示或更换了控制单元,则必须按下列顺序给控制单元编码。

**表 6 - 3　控制单元编码表**

| 变速器类型 | 编码 | 规定状态 |
|---|---|---|
| 手动变速器 | 000 | 控制单元 J104 上的针脚 45 没有设置,在针脚 45 上无电压 |
| 自动变速器 | 001 | 控制单元 J104 通过针脚 45 与变速器控制单元 J217 连接,在针脚 45 上有电压 |

(1) 用诊断导线V.A.G1551/ 1 连接故障阅读仪V.A.G1551。

(2) 选择操作类型 1 “快速数据传输”,按 03 键输入“制动器电子设备”代码,控制单元识别后显示屏显示:

| Rapid data transfer　　HELP<br>Select function ×× |
|---|
| 快速数据传输　　帮助<br>选择功能×× |

(3) 按 0 和 7 键选择“控制单元编码”的功能。显示屏显示:

| Rapid data transfer　　Q<br>07—code control unit |
|---|
| 快速数据传输　　Q<br>07—控制单元编码 |

(4) 按 Q 键确认输入。显示屏显示：

| Code control unit　　Q<br>Enter code number　×××<br>控制单元编码　　Q<br>输入编码　××× |
|---|

(5) 输入相应编码（表 13-2），按 Q 键确认输入。在显示屏上显示出控制单元识别码和输入的编码（如 000）：

| 4DO 907 379 ×System des.　Software st.<br>Coding 00000　　WSC ×××××<br>4DO 907 379 ×System des.　Software st.<br>编码 00000　　WSC ××××× |
|---|

(6) 按"→"键，并用 06 选择功能"结束输出"。

5. 故障代码表

表 6-4 按故障代码列出了控制单元 J104 能识别出的全部故障，这些故障可在V.A.G1551 上显示并在打印机上输出故障存储器内的故障代码一直保存到清除为止。

在更换元器件之前，必须按照电路图检查相应的正极、接地连接及所有插脚；在 ABS、ABS/EDS 以及 ASR 系统的元器件更换后，一定要查询并清除故障代码，进行试车。在试车时，车速不低于 60 km/h 的行驶时间应超过 30 s，此时 ABS/EDS 指示灯 K47、如装备 ASR 装置则 ASR 系统指示灯 K86 和制动指示灯 K33 应不亮。出现的偶发故障附带一个识别标记，在显示屏的右侧显示"/SP"。在检测期间出现偶发故障时，说明接至元器件的连接导线松动（虚接）。在泊车时不能识别的持续故障，在关闭及打开点火开关后，在显示屏的右侧显示"/SP"。

**表 6-4　奥迪 A6L 轿车 ABS/EDS/ASR 系统故障代码表**

| V.A.G1551 打印机输出的故障代码 | 可能的故障原因 | 故障排除 |
|---|---|---|
| 00000<br>没有识别出故障 | 如果出现该显示，自诊断已结束。在故障存储器中没有故障被存储<br>如果相应的指示灯仍然亮着，那么检查以下几点：<br>1. 在车速低于 60 km/h 时，控制单元 J104 电源电压在 10.5 V 以下<br>2. 控制单元 J104 与仪表盘 J218 之间的导线断路（指示灯 K47）<br>如果不能确定故障部位和存在其他方面的故障，说明可能存在机械故障（电磁阀卡住）。通过"电气检测"诊断故障并进行功能检测 | 检查控制单元 J104 的电压源<br>检查导线连接 |

（续表）

| V.A.G1551 打印机输出的故障代码 | 可能的故障原因 | 故障排除 |
|---|---|---|
| 00257<br>左前 ABS 进液阀 N101 | 液压单元 N55 与控制单元 J104 之间的电缆插头中正极或接地导线断路或短路<br>ABS 进液阀 N101 损坏 | 通过“电气检测”，如果没有确定出故障位置，那么检查所有导线和插头是否存在“接触不良”<br>如果以上措施仍无法确定故障位置，那么更换控制单元 |
| 00259<br>右前 ABS 进液阀 N99 | 液压单元 N55 与控制单元 J104 之间的电缆插头中正极或接地的导线断路或短路<br>ABS 进液阀 N99 损坏 | 通过“电气检测”，如果没有确定出故障位置，那么检查所有导线和插头是否存在“接触不良”<br>如果以上措施仍无法确定故障位置，那么更换控制单元 |
| 00265<br>左前 ABS 出液阀 N102 | 液压单元 N55 与控制单元 J104 之间的电缆插头中正极或接地的导线断路或短路<br>ABS 出液阀 N102 损坏 | 通过“电气检测”，如果没有确定出故障位置，那么检查所有导线和插头是否存在“接触不良”<br>如果以上措施仍无法确定故障位置，那么更换控制单元 |
| 00267<br>右前 ABS 出液阀 N100 | 液压单元 N55 与控制单元 J104 之间的电缆插头中正极或接地的导线断路或短路<br>ABS 出液阀 N100 损坏 | 通过“电气检测”，如果没有确定出故障位置，那么检查所有导线和插头是否存在“接触不良”<br>如果以上措施仍无法确定故障位置，那么更换控制单元 |
| 00273<br>左前 ABS 出液阀 N133 | 液压单元 N55 与控制单元 J104 之间的电缆插头中正极或接地的导线断路或短路<br>ABS 出液阀 N133 损坏 | 通过“电气检测”，如果没有确定出故障位置，那么检查所有导线和插头是否存在“接触不良”<br>如果以上措施仍无法确定故障位置，那么更换控制单元 |
| 00274<br>右前 ABS 出液阀 N134 | 液压单元 N55 与控制单元 J104 之间的电缆插头中正极或接地导线断路或短路<br>ABS 出液阀 N134 损坏 | 通过“电气检测”，如果没有确定出故障位置，那么检查所有导线和插头是否存在“接触不良”<br>如果以上措施仍无法确定故障位置，那么更换控制单元 |
| 00275<br>右后 ABS 出液阀 N135 | 液压单元 N55 与控制单元 J104 之间的电缆插头中正极或接地的导线断路或短路<br>ABS 出液阀 N135 损坏 | 通过“电气检测”，如果没有确定出故障位置，那么检查所有导线和插头是否存在“接触不良”<br>如果以上措施仍无法确定故障位置，那么更换控制单元 |
| 00276<br>左后 ABS 出液阀 N136 | 液压单元 N55 与控制单元 J104 之间的电缆插头中正极或接地的导线断路或短路<br>ABS 出液阀 N136 损坏 | 通过“电气检测”，如果没有确定出故障位置，那么检查所有导线和插头是否存在“接触不良”<br>如果以上措施仍无法确定故障位置，那么更换控制单元 |

（续表）

| V.A.G1551 打印机输出的故障代码 | 可能的故障原因 | 故障排除 |
| --- | --- | --- |
| 00283<br>左前转速传感器 G47 *<br>对正极断路或短路 | 齿环变脏或损坏<br>轮毂轴承间隙过大<br>转速传感器 G47 安装不正确<br>转速传感器 G47 损坏<br>接地短路<br>控制单元识别码错误<br>转速传感器 G47 与控制单元 J104 之间的电缆插头中正极的导线断路或短路 | 检查、清洁或更换齿环<br>更换轮毂轴承<br>检查转速传感器安装位置<br>"读取测量数据块"显示区 1"功能检测"<br>如果"读取测量数据块"和"电气检测"均不能明确故障，那么检查所有导线和插头是否存在"接触不良"<br>检查控制单元识别码<br>如果以上措施仍无法确定故障位置，那么更换控制单元 |
| 00283<br>右前转速传感器 G45 *<br>对正极断路或短路 | 齿环变脏或损坏<br>轮毂轴承间隙过大<br>转速传感器 G45 安装不正确<br>转速传感器 G45 损坏<br>接地短路<br>控制单元识别码错误<br>转速传感器 G45 与控制单元 J104 之间的电缆插头中正极的导线断路或短路 | 检查、清洁或更换齿环<br>更换轮毂轴承<br>检查转速传感器安装位置<br>"读取测量数据块"显示区 2"功能检测"<br>如果"读取测量数据块"和"电气检测"均不能明确故障，那么检查所有导线和插头是否存在"接触不良"<br>检查控制单元识别码<br>如果以上措施仍无法确定故障位置，那么更换控制单元 |
| 00283<br>右后转速传感器 G44 *<br>对正极断路或短路 | 齿环变脏或损坏<br>轮毂轴承间隙过大<br>转速传感器 G44 安装不正确<br>转速传感器 G44 损坏<br>接地短路<br>控制单元识别码错误<br>转速传感器 G44 与控制单元 J104 之间的电缆插头中正极的导线断路或短路 | 检查、清洁或更换齿环<br>更换轮毂轴承<br>检查转速传感器安装位置<br>"读取测量数据块"显示区 4"功能检测"<br>如果"读取测量数据块"和"电气检测"均不能明确故障，那么检查所有导线和插头是否存在"接触不良"<br>检查控制单元识别码<br>如果以上措施仍无法确定故障位置，那么更换控制单元 |
| 00283<br>左后转速传感器 G46 *<br>对正极断路或短路 | 齿环变脏或损坏<br>轮毂轴承间隙过大<br>转速传感器 G46 安装不正确<br>转速传感器 G46 损坏<br>接地短路<br>转速传感器 G46 与控制单元 J104 之间的电缆插头中正极的导线断路或短路 | 检查、清洁或更换齿环<br>更换轮毂轴承<br>检查转速传感器安装位置<br>"读取测量数据块"显示区 3"功能检测"<br>如果"读取测量数据块"和"电气检测"均不能明确故障，那么检查所有导线和插头是否存在"接触不良"<br>检查控制单元识别码<br>如果以上措施仍无法确定故障位置，那么更换控制单元 |

（续表）

| V.A.G1551 打印机输出的故障代码 | 可能的故障原因 | 故障排除 |
| --- | --- | --- |
| 00301<br>ABS 回油泵－V39<br>断路或短路 | 至回油泵－V39 的接地连接或接电源连接存在导线断路或接触电阻<br>继电器 J105 与控制单元 J104 之间的电缆插头中正极或接地导线断路或短路<br>ABS 回油泵继电器 J105、回油泵－V39 或液压单元损坏 | 测试确定导线的断路或接触电阻，并排除故障<br>测试确定导线的断路或短路，并排除故障<br>检查继电器 J105、回油泵－V39 和液压单元 N55，“电气检测”，“读取测量数据块”显示区 7 |
| 00302<br>ABS 电磁阀继电器 J106<br>断路或短路 | 至电磁阀继电器 J106 的接地连接中存在连接故障或较大的接触电阻<br>继电器 J106 与控制单元 J104 之间的电缆插头中对正极或接地导线断路或短路<br>电磁阀继电器 J106 或液压单元 N55 损坏 | 测试确定接地连接的接触电阻和损坏的导线，并排除故障<br>测试确定导线的断路或短路，并排除故障<br>检查继电器 J106 和液压单元 N55，“读取测量数据块”显示区 8 |
| 00526<br>制动灯开关 F<br>前轮驱动式：<br>断路或不真实信号 | 制动灯两上灯泡 M9、M10 或控制单元 J104 损坏<br>从制动灯至控制单元的导线损坏<br>制动灯开关、制动灯灯泡 M9 和 M10 或控制单元 J104 之间的电缆插头中对正极或接地导线断路或短路<br>制动灯灯泡 M9 或 M10 损坏<br>制动灯开关损坏 | 测试确定导线的断路或短路，并排除故障<br>更换灯泡<br>检查制动灯开关，“读取测量数据块” |
| 00529<br>发动机转速信息无信号！<br>（只是在配有 ASR 时） | 控制单元 J104 与发动机控制单元之间的电缆插头中对正极或接地导线断路或短路<br>发动机控制单元损坏<br>控制单元 J104 损坏 | 测试确定导线的断路或短路，并排除故障<br>如果组合仪表中的转速表损坏并能够确定导线无故障，那么说明发动机控制单元损坏<br>如果组合仪表中的转速表正常并能够确定导线无故障，那么说明控制单元 J104 损坏 |
| 00532<br>电源电压信号太小 | 控制单元 J104 的电源回路（插口 1）中存在接触电阻<br>车内电网电压不稳<br>一旦电压重新处于正常电压范围，重新接通 ABS、ABS/EDS 以及 ASR 系统及指示灯熄灭。这个故障只在车速超过 6 km/h 出现时，才被储存 | 测试确定导线的断路或短路，并排除故障<br>检查三相交流发动机和稳压器<br>蓄电池损坏 |

（续表）

| V.A.G1551 打印机输出的故障代码 | 可能的故障原因 | 故障排除 |
| --- | --- | --- |
| 00597<br>车轮转速脉冲不同 | 齿环变脏或损坏<br>轮毂轴承间隙过大<br>没有按规定安装转速传感器 G44、G45、G46 或 G47<br>转速传感器 G44、G45、G46 或 G47 损坏<br>车辆上的车轮和轮胎规格不同 | 检查齿环<br>检查轮毂轴承<br>检查转速传感器“电气检测”<br>检查车轮和轮胎规格 |
| 00623<br>ABS/变速器电气连接（只是在配有 ASR 时） | 手动变速器：<br>ABS/EDS/ASR 控制单元 J104 编码错误<br>自动变速器：<br>ABS/EDS/ASR 控制单元 J104 与变速器控制单元 J217 之间的电缆插头中对正极或接地导线断路或短路<br>ABS/EDS/ASR 控制单元 J104 编码错误 | 检查 ABS/EDS/ASR 控制单元 J104 的编码<br>测试确定导线的断路或短路，并排除故障 |
| 00642<br>右前 EDS 换向阀 N166（只是在配有 ABS/EDS 或 ASR 系统时） | 液压单元 N55 与控制单元 J104 之间的电缆插头中正极或接地的导线断路或短路<br>EDS 换向阀－USV2 N166 损坏 | 通过“电气检测”，如果没有确定出故障位置，那么检查所有导线和插头是否存在“接触不良”<br>如果以上措施仍无法确定故障位置，那么更换控制单元 |
| 00643<br>右前 EDS 出液阀 N167（只是在配有 ABS/EDS 或 ASR 系统时） | 液压单元 N55 与控制单元 J104 之间的电缆插头中正极或接地的导线断路或短路<br>EDS 出液阀－ASV2 N167 损坏 | 通过“电气检测”，如果没有确定出故障位置，那么检查所有导线和插头是否存在“接触不良”<br>如果以上措施仍无法确定故障位置，那么更换控制单元 |
| 00644<br>左前 EDS 换向阀 N168（只是在配有 ABS/EDS 或 ASR 系统时） | 液压单元 N55 与控制单元 J104 之间的电缆插头中正极或接地的导线断路或短路<br>EDS 换向阀－USV1 N168 损坏 | 通过“电气检测”，如果没有确定出故障位置，那么检查所有导线和插头是否存在“接触不良”<br>如果以上措施仍无法确定故障位置，那么更换控制单元 |
| 00645<br>左前 EDS 出液阀 N169（只是在配有 ABS/EDS 或 ASR 系统时） | 液压单元 N55 与控制单元 J104 之间的电缆插头中正极或接地的导线断路或短路<br>EDS 出液阀－ASV1 N169 损坏 | 通过“电气检测”，如果没确定出故障位置，那么检查所有导线和插头是否存在“接触不良”<br>如果以上措施仍无法确定故障位置，那么更换控制单元 |

（续表）

| V.A.G1551 打印机输出的故障代码 | 可能的故障原因 | 故障排除 |
| --- | --- | --- |
| 00646<br>ABS/ASR 发动机电气连接 1<br>（只是在配有 ASR 系统时） | 控制单元 J104 与发动机控制单元之间的电缆插头中正极或接地的导线断路或短路<br>发动机控制单元损坏<br>控制单元 J104 损坏 | 测试确定导线的断路或短路，并排除故障<br>更换发动机控制单元<br>更换控制单元 J104 |
| 00647<br>ABS－ASR 发动机电气连接 2<br>（只是在配有 ASR 系统时） | 控制单元 J104 与发动机控制单元之间的电缆插头中正极或接地的导线断路或短路<br>发动控制单元损坏<br>ABS／EDS／ASR 系统控制单元 J104 损坏 | 测试确定导线的断路或短路，并排除故障<br>更换发动机控制单元<br>更换 ABS／EDA／ASR 控制单元 J104 |
| 00668<br>车内电压，接线柱 30 断路<br>（只是在配有 ABS/EDS 或 ASR 系统时） | 控制单元 J104（插口 50）电压源断路或接地短路 | 检查导线连接 |
| 00761<br>发动机控制单元中已储存有故障<br>（只是在配有 ASR 系统时） | 发动机控制单元中储存有故障。在这种情况下发动机控制单元不能降低发动机扭矩 | 排除发动机控制系统中的故障，并清除发动机控制单元故障存储器中的故障代码 |
| 65535<br>控制单元损坏 | 控制单元 J104 损坏 | 更换控制单元 J104。这种情况下故障存储器的内容不能清除。故障存储器中的数据有助于确定控制单元的故障原因。测试有助于产品的不断完善 |

6. 读取测量数据块

测量数据块是由一个带物理单位的四个测量值的显示组和两个不带物理单位测量值的显示组构成。在打开打印机的情况下，显示结果可以被打印在纸带上。

(1) 用诊断导线 V.A.G1551/1 连接故障阅读仪 V.A.G1551 选择操作类型 1“快速数据传输”，按 03 健输入“制动器电子设备”代码，控制单元识别后在显示屏上显示：

| Rapid data transfer　　HELP<br>Select function ×× |
| --- |
| 快速数据传输　　帮助<br>选择功能×× |

(2) 按 0 和 8 键选择“读取测量数据块”功能。显示屏显示：

| Rapid data transfer Q<br>08—Read measured value block |
|---|
| 快速数据传输 Q<br>08—读取测量数据块 |

(3) 按 Q 键确认输入。显示屏显示：

| Read measured value block HELP<br>Enter display group number ×× |
|---|
| 读取测量数据块 帮助<br>输入显示组编号×× |

(4) 按 0 和 1 键。按 Q 键确认输入。显示屏显示：

| Read measured value block →<br>1 km/h 2 km/h 3 km/h 4 km/h |
|---|
| 读取测量数据块 →<br>1 km/h 2 km/h 3 km/h 4 km/h |

显示区 1 和 4 为车轮速度，显示单位是 km/h，该数值是控制单元 J104 根据输入的转速传感器脉部计算得出的。如果汽车在干燥的路面上稳定地加速或移动，在显示区 1 和 4 之间显示值允许误差最大为±1 km/h（舍入误差）。误差过大时，检查转速传感器和齿环。用手转动车轮对转速传感器交叉检查，要防止其余的传动车轮一起转动。如果测出的测量值说明存在故障，则进行功能检测，检测步骤（7）～（10）。

(5) 按“→”键。显示屏显示：

| Read measured value block HELP<br>Enter display group number ×× |
|---|
| 读取测量数据块 帮助<br>输入显示组编号×× |

(6) 按 0 和 2 键。按 Q 键确认输入。显示屏显示：

| Read measured value block →<br>5 6 7 8 |
|---|
| 读取测量数据块 →<br>5 6 7 8 |

显示区 5 至 8 测量值为系统的开关状态。

(7) 按“→”键。显示屏显示：

| Read measured value block HELP<br>Enter display group number ××<br>读取测量数据块 帮助<br>输入显示组编号×× |
|---|

(8) 按 0 和 3 键。按 Q 键确认输入。显示屏显示：

| Read measured value block →<br>9 10 11<br>读取测量数据块 →<br>9 10 11 |
|---|

显示区测量值 9～11 只有在车辆装备了 ASR 系统时才可能查询。

测量数据块的各显示区的说明见表 6-5。

**表 6-5 读取测量数据块的校验表**

| 显示区 | 说 明 | 检 测 条 件 | 在V.A.G1551 上显示 |
|---|---|---|---|
| 1 | 左前轮轮速 (km/h) | | 1 (在停车时) 到 19* |
| 2 | 右前轮轮速 (km/h) | | 1 (在停车时) 到 19* |
| 3 | 左后轮轮速 (km/h) | | 1 (在停车时) 到 19* |
| 4 | 右后轮轮速 (km/h) | | 1 (在停车时) 到 19* |
| 5 | 制动灯开关 | 不操纵制动踏板 | 0 |
| | | 操纵制动踏板 | 1 |
| (6**) | 制动灯开关 | 不操纵制动踏板 | 0 |
| | | 操纵制动踏板 | 1 |
| 6<br>(7**) | ABS 回油泵－V39 电压 | 回油泵不工作 | 0 |
| | | 不允许，回油泵工作 | 1 |
| 7<br>(8**) | ABS 电磁阀继电器 J106 | 继电器已吸合 | 1 |
| | | 继电器没有吸合 | 0 |
| 9*** | 发动机转速 (r/min) | | 以 60 r/min 递进，从 60 r/min 至 6 540 r/min |
| 10*** | 发动机实际扭矩N·m(MMI) | | 显示范围 0～100%，0%～100 N·m (推力)，100%～＋410 N·m, 20～30%怠速 |
| 11*** | ASR 按键 | 不操作 ASR 按键 | 0 |
| | | 操作 ASR 按键 | 1 |

注：* 在车速超过 19 km/h 时控制单元 J104 的自诊断切断。

** 只在全轮驱动车辆上。

*** 只在装备了 ASR 的车辆上。

7. 执行元件诊断

执行元件诊断用来检查执行元件的功能。控制单元根据传感器传来的信号来控制执行元件的动作。执行元件的功能包括在工作状态下，执行元件的所有功能和特性，如电控液压阀由控制单元控制，可打开和关闭；电机继电器由控制单元控制起动，发动机起动并输出功率。

进行执行元件诊断时，应保证被检系统无电气故障，以便发现机械故障。开始执行元件诊断前，先进行故障代码查询。如确定电气系统无故障，那么当执行元件诊断结果与所述不同时，即可断定是机械故障，这时，应更换损坏的部件。对于 Bosch5. 3ABS/ EDS 系统，执行元件诊断可检查电控液压阀和液压控制单元内的泵电机，此外还可检查车轮制动器制动管路是否接好。

进行执行元件诊断时，应举起车辆，使车轮可自由旋转，可由另一修理工来协助检查。在检测过程中，按 C 键可随时退出自诊断。如又需进行执行元件诊断，必须先“结束输出”，中止自诊断，然后再重新开始。为防止执行元件过载，它们只工作 60 s 或 90 s，在此期间如未按→键，执行元件诊断就被中止。在执行元件诊断过程中，ABS/ EDS 警报灯和红色制动系统符号一直在闪亮。因为数次踏下制动踏板会导致制动助力器中无真空，因此只能更加用力踏下踏板才能达到相同的制动效果，最好短时起动发动机以产生真空。

进行执行元件诊断时，V.A.G1551 第二行显示各检测步骤使用缩写见表 6-6。

**表 6-6　V.A.G1551 执行元件“诊断”缩写**

| | |
|---|---|
| E | 进液阀 |
| A | 出液阀 |
| vl | 左前 |
| vr | 右前 |
| hl | 左后 |
| hr | 右后 |
| UBAT | 阀上为蓄电池电压 |
| 0 V | 阀上无电压，0 V |
| Blockiert/frei | 车轮状态，应由另一技工来检查 |
| Hydr—P | 液压泵 |

(1) 连接V.A.G1551 并输入地址码 03“制动器电子装置”，检查控制单元版本号并按→键。

显示屏显示：

| 快速数据传递 帮助 |
|---|
| 选择功能×× |

(2) 按 0 和 3 键选择“执行元件诊断”。显示屏显示：

| 快速数据传递 Q |
|---|
| 03—执行元件诊断 |

(3) 按 Q 键确认输入。显示屏显示：

| 执行元件诊断 → |
|---|
| ABS 液压泵 V39 |

(4) 应可听到 ABS 液压泵在运转。脚放到制动踏板上时可感到振动。这是因为液压泵

在制动管路内产生压力脉动，此脉动传到制动踏板上，但制动管路中的压力脉动不足以抱死车轮。ABS/EDS 液压工作原理如图 6－78 所示。

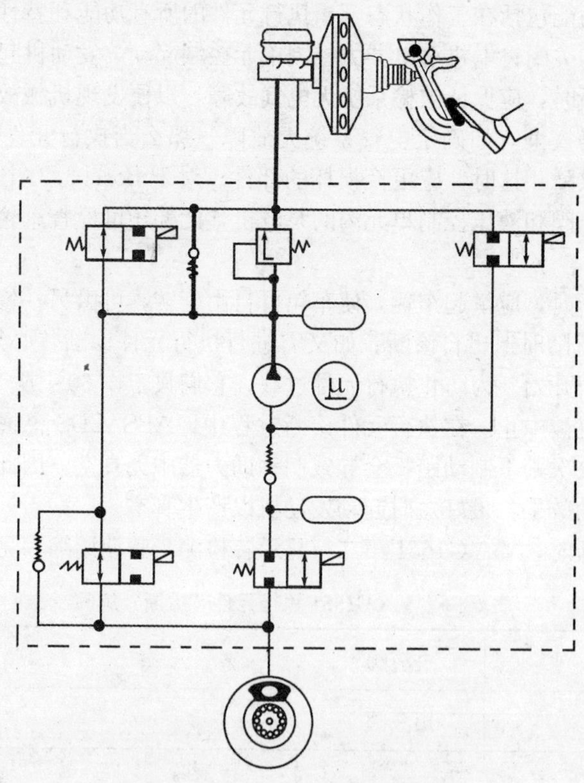


图 6－78　ABS/EDS 液压原理图

(5) 按→键。显示屏显示：

| 执行元件诊断　→ |
| --- |
| 操纵制动器 |

(6) 按→键。显示屏显示：

| 执行元件诊断　→ |
| --- |
| 左前进液阀：0 V |
| 左前出液阀：0 V 左前轮抱住 |

(7) 踏下制动踏板后，四个车轮制动分泵中均产生压力，四个车轮均抱住。当然，前提条件是制动系统中机械及液压部件工作正常，也就是说制动总泵可在四个制动分泵中产生压力，且液压管路及插头无泄漏。如果车轮未抱住，应目视检查制动液罐、制动总泵、液压单元及制动分泵。开始时应注意左前轮，该轮上执行元件应先检查。

(8) 按→键。显示屏显示：

| 执行元件诊断　→ |
| --- |
| 左前进液阀：阀上为蓄电池电压 |
| 左前出液阀：0 V |
| 左前车轮抱住 |

(9) 踏下制动踏板并保持，进液阀被触发，制动管路中断，但制动分泵内仍保持压力，左前轮仍抱住。

(10) 按→键。显示屏显示：

```
执行元件诊断                    →
左前进液阀：阀上为蓄电池电压
左前出液阀：阀上为蓄电池电压
左前轮处于自由状态
```

(11) 踏下制动踏板并保持，左前轮进液阀和出液阀均被触发。液压泵开始运转，通过打开的出液阀减小了制动分泵中的压力。制动踏板不应松动，应紧压在脚上。这时可以转动左前轮。如果左前轮不能转动，应检查左前轮制动管是否接好。如果车轮不能转动且电器系统无故障，说明一个阀有机械故障，应更换液压控制单元。如果制动踏板在脚下松动了，则表明进液阀或与进液阀串连的单向阀泄漏，应更换液压控制单元。

(12) 按→键。显示屏显示：

```
执行元件诊断                    →
左前进液阀：阀上为蓄电池电压
左前出液阀：0 V
左前轮处于自由状态
```

(13) ABS 液压泵－V39 应停止转动。踏下制动踏板并保持，这时只有进液阀被触发并中断制动管路。如进液阀不泄漏，应能转动左前轮。如不能转动车轮，则表示进液阀或与进液阀串联的单向阀泄漏，应更换液压控制单元。

(14) 按→键。显示屏显示：

```
执行元件诊断              →
左前进液阀：0 V
左前出液阀：0 V
左前轮抱住
```

(15) 踏下制动踏板并保持，进液阀不再被触发，也不中断液压管路，可感觉到脚下制动踏板松动。左前轮制动分泵中又建立起压力，车轮抱住。

(16) 按→键。显示屏显示：

```
执行元件诊断        →
松开制动器
```

(17) 按→键。随后进行右前轮、左后轮、右后轮的执行元件自诊断。

(18) 显示屏显示：

```
执行元件诊断        →
踏下制动踏板
```

(19) 按→键。显示屏显示：

```
执行元件诊断        →
右前进液阀：0 V
右前出液阀：0 V
右前轮抱住
```

(20) 按→键。显示屏显示：

```
执行元件诊断                    →
右前进液阀：阀上为蓄电池电压
右前出液阀：0 V
右前轮抱住
```

(21) 按→键。ABS 液压泵－V39 应开始转动，制动踏板不应松动。显示屏显示：

执行元件诊断 →
右前进液阀：阀上为蓄电池电压
右前出液阀：阀上为蓄电池电压
右前轮处于自由状态

(22) 按→键。ABS 液压泵－V39 应停止转动。显示屏显示：

执行元件诊断 →
右前进液阀：阀上为蓄电池电压
右前出液阀：0 V
右前轮处于自由状态

(23) 按→键。应感到制动踏板松动。显示屏显示：

执行元件诊断 →
右前进液阀：0 V
右前出液阀：0 V
右前轮抱住

(24) 按→键。显示屏显示：

执行元件诊断 →
松开制动器

(25) 按→键。显示屏显示：

执行元件诊断 →
踏下制动踏板

(26) 按→键。显示屏显示：

执行元件诊断 →
左后进液阀：0 V
左后出液阀：0 V
左后轮抱住

(27) 按→键。显示屏显示：

执行元件诊断 →
左后进液阀：阀上为蓄电池电压
左后出液阀：0 V
左后轮抱住

(28) 按→键。ABS 液压泵－V39 应开始转动，制动踏板不应松动。显示屏显示：

执行元件诊断 →
左后进液阀：阀上为蓄电池电压
左后出液阀：阀上为蓄电池电压
左后轮处于自由状态

(29) 按→键。ABS 液压泵－V39 应停止转动。显示屏显示：

| 执行元件诊断 → |
| --- |
| 左后进液阀：阀上为蓄电池电压 |
| 左后出液阀：0 V |
| 左后轮处于自由状态 |

(30) 按→键。应能感到制动踏板松动。显示屏显示：

| 执行元件诊断 → |
| --- |
| 左后进液阀：0 V |
| 左后出液阀：0 V |
| 左后轮抱住 |

(31) 按→键。显示屏显示：

| 执行元件诊断 → |
| --- |
| 松开制动踏板 |

(32) 按→键。显示屏显示：

| 执行元件诊断 → |
| --- |
| 踏下制动踏板 |

(33) 按→键。显示屏显示：

| 执行元件诊断 → |
| --- |
| 右后进液阀：0 V |
| 右后出液阀：0 V |
| 右后轮抱住 |

(34) 按→键。显示屏显示：

| 执行元件诊断 → |
| --- |
| 右后进液阀：阀上为蓄电池电压 |
| 右后出液阀：0 V |
| 右后轮抱住 |

(35) 按→键。ABS 液压泵－V39 应开始运转，制动踏板不应松动。显示屏显示：

| 执行元件诊断 → |
| --- |
| 右后进液阀：阀上电压为蓄电池电压 |
| 右后出液阀：阀上电压为蓄电池电压 |
| 右后轮处于自由状态 |

(36) 按→键。ABS 液压泵－V39 应停止转动。显示屏显示：

| 执行元件诊断 → |
| --- |
| 右后进液阀：阀上电压为蓄电池电压 |
| 右后出液阀：0 V |
| 右后轮处于自由状态 |

(37) 按→键。应能感到制动踏板松动。显示屏显示：

| 执行元件诊断 | → |
|---|---|
| 右后进液阀：0 V | |
| 右后出液阀：0 V | |
| 右后轮抱住 | |

(38) 按→键。显示屏显示：

| 执行元件诊断 | → |
|---|---|
| 松开制动踏板 | |

(39) 按→键。显示屏显示：

| 执行元件诊断 | → |
|---|---|
| 右后进液阀：阀上为蓄电池电压 | |
| 右后出液阀：阀上为蓄电池电压 | |
| 右后轮处于自由状态 | |

(40) EDS 转换阀（左）和 EDS 进液阀（右）被触发。ABS/EDS 液压泵－V39 运转 1 s。该泵从制动液罐中抽取制动液，并在 EDS 调节的制动分泵中产生压力，车轮抱住。如果未出现上述情况且无电气故障，说明某阀有机械故障，应更换液压控制单元。

(41) 按→键。显示屏显示：

| 执行元件诊断 | → |
|---|---|
| 结束 | |

(42) 执行元件诊断结束，ABS/EDS 警报灯和制动系统警报灯熄灭。按→键。显示屏显示：

| 快速数据传递 | 帮助 |
|---|---|
| 选择功能×× | |

(43) 如果 ABS/EDS 警报灯不熄灭，表示系统中有故障。按 0 和 6 键选择“结束输出”，按 Q 键确认输入。

# 第三节　ABS 系统电气检测

## 一、电气检测表

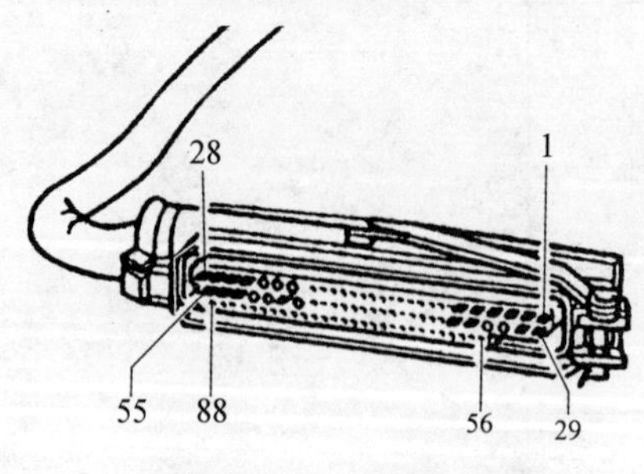

图 6－79　检测箱插孔

进行电气检测时，应准备好检测箱 V.A.G1598/20、全套测量辅助工具 V.A.G1594 和万用表 V.A.G1526 等专用工具。检测箱 V.A.G1598/20 插孔（图 6－79）标记与控制单元 J104 上和插头上接线柱标记要一致。如果测量值与规定值存在误差，按故障代码表中右侧的故障排除栏目中规定的方法进行。

注：由于违反操作规程的检测可能会对系统产生损坏。除在检测表中提到的插接连接外不允许进行其他跨接。

连接检测箱 V.A.G1598/20，并检测 ABS、ABS/EDS 以及 ASR 系统时，关闭点火开关，拆卸控制单元 J104，拔下控制单元 J104 插头，将检测箱 V.A.G1598/20 连接到汽车导线束插座上。电气检测步骤与内容见表 6－7。

表 6-7　ABS/EDS/ASR 系统电气检测表

| 检测步骤 | V.A.G1598/20 插孔 | 检测对象 | 检测条件—附加工作 | 规定值 | 在偏离规定值时应采取的措施 |
|---|---|---|---|---|---|
| 1 | 5+33 | 左前进液阀 N101,出液阀 N102 | 控制单元与液压单元之间的电气导线正常 | 9～22 Ω | 1. 检查控制单元与液压单元之间的电气导线对正极或接地是否短路<br>2. 如果导线正常，则更换液压单元 |
| 2 | 54+26 | 右前进液阀 N 99,出液阀 N100 | | | |
| 3 | 53+25 | 左后进液阀 N134,出液阀 N136 | | | |
| 4 | 6+34 | 右后进液阀 N133,出液阀 N135 | | | |
| 5[1)] | 3+55 | 浮式活塞回路出液阀 N169 推杆活塞回路出液阀 N167 | 控制单元与液压单元之间的电气导线正常 | 12～28 Ω | |
| 6[1)] | 4+27 | 浮式活塞回路换向阀 N168 推杆活塞回路换向阀 N166 | 控制单元与液压单元之间的电气导线正常 | 12～28 Ω | 检查控制单元与液压单元之间的电气导线对正极或接地是否短路<br>如果导线正常，则更换液压单元。 |
| 7 | 9+10[2)]<br>9+10[3)]<br>35+10[4)]<br>36+10[5)] | 左前转速传感器 G47 | 控制单元与液压单元之间的电气导线正常 | 400～2 300 Ω | 1. 检查控制单元与液压单元之间的电气导线对正极或接地是否短路<br>2. 如果导线正常，则更换相应的转速传感器 |
| 8 | 15+14<br>42+14[3)] | 右前转速传感器 G45 | | | |
| 9 | 13+12 | 左后转速传感器 G46 | | | |
| 10 | 11+38 | 右后转速传感器 G44 | | | |
| 11 | 2+37 | 电磁阀继电器 J106 | 控制单元与液压单元之间的电气导线正常 | 30～80 Ω | 1. 检查控制单元与液压单元之间的电气导线对正极或接地是否短路<br>2. 如果导线正常，则更换继电器 |
| 12 | 2+7 | 回油泵继电器 J105 | 控制单元与液压单元之间的电气导线正常 | | 1. 检查控制单元与液压单元之间的电气导线对正极或接地是否短路<br>2. 如果导线正常，则更换继电器 |

（续表）

| 检测步骤 | V.A.G1598/20插孔 | 检测对象 | 检测条件一附加工作 | 规定值 | 在偏离规定值时应采取的措施 |
|---|---|---|---|---|---|
| 13 | 跨接1+2<br>28+37 | 左前进液阀N101和制动管路连接 | 1. 打开点火开关<br>2. 经过5+28插孔跨接<br>3. 操纵制动踏板，踩住不放<br>4. 取消跨接<br>5. 松开制动踏板 | 1. 用手可转动左前轮<br>2. 左前轮抱死 | 1. 如果车轮抱死，那么检查另外是否有车轮可转动。如果可转动，说明液压制动管路接错。检查制动管路连接和插头。确信功能完善，重复检测步骤13<br>2. 如果所有车轮均被抱死，说明进液阀的功能被干扰，见故障代码表故障代码00257 |
| 14 | 跨接1+2<br>28+37 | 右前进液阀N100和制动管路连接 | 1. 打开点火开关<br>2. 经过54+28插孔跨接<br>3. 操纵制动踏板，踩住不放<br>4. 取消跨接<br>5. 松开制动踏板 | 1. 用手可转动右前轮<br>2. 右前轮抱死 | 1. 如果车轮抱死，那么检查另外是否有车轮可转动。如果可转动，说明液压制动管路接错。检查制动管路连接和插头。确信功能完善，重复检测步骤14<br>2. 如果所有车轮均被抱死，说明进液阀的功能被干扰，见故障代码表故障代码00259 |
| 15 | 跨接1+2<br>28+37 | 左后进液阀N134和制动管路连接 | 1. 打开点火开关<br>2. 经过53+28插孔跨接<br>3. 操纵制动踏板，踩住不放<br>4. 取消跨接<br>5. 松开制动踏板 | 1. 用手可转动左后轮<br>2. 左后轮抱死 | 1. 如果车轮抱死，那么检查另外是否有车轮可转动。如果可转动，说明液压制动管路接错。检查制动管路连接和插头。确信功能完善，重复检测步骤15<br>2. 如果所有车轮均被抱死，说明进液阀的功能被干扰，见故障代码表故障代码00274 |
| 16 | 跨接1+2<br>28+37 | 右后进液阀N133和制动管路连接 | 1. 打开点火开关<br>2. 经过6+28插孔跨接<br>3. 操纵制动踏板，踩住不放<br>4. 取消跨接<br>5. 松开制动踏板 | 1. 用手可转动右后轮<br>2. 右后轮抱死 | 1. 如果车轮抱死，那么检查另外是否在车轮可转动。如果可转动，说明液压制动管路接错。检查制动管路连接和插头。确信功能完善，重复检测步骤16<br>2. 如果所有车轮均被抱死，说明进液阀的功能被干扰，见故障代码表故障代码00273 |

（续表）

| 检测步骤 | V.A.G1598/20插孔 | 检测对象 | 检测条件一附加工作 | 规定值 | 在偏离规定值时应采取的措施 |
| --- | --- | --- | --- | --- | --- |
| 17 | 跨接<br>1+2<br>7+37<br>37+28 | 1. 回油泵—V39<br>2. EDS换向阀N168<br>3. EDS出液阀N169<br>4. 液压单元的限压阀N55<br>5. 左前出液阀N102<br>6. 右后出液阀N135 | 1. 在左前制动钳上接上压力表V.A.G1310A和放气<br>2. 跨接3+28插孔<br>3. 打开点火开关，最长10 s，关闭点火开关<br>4. 跨接4+28插孔<br>5. 打开点火开关，最长10 s，关闭点火开关<br>6. 拆下压力表V.A.G1310A的制动器放气 | 1. 开关换向阀N168<br>2. 回油泵—V39工作<br>3. 压力表压力最大5bar<br>4. 开关出液阀N169<br>5. 压力表压力升到：前轮驱动：170±25 bar 全轮驱动：90±25 bar | 1. 回油泵损坏，更换液压单元N55。<br>2. 用电阻测量法检查换向阀N168和出液阀N169，检测步骤5+6。如损坏更换液压单元N55<br>3. 限压阀或左前出液阀N102或右后出液阀N135损坏，更换液压单元N55 |
| 18 | 跨接<br>1+2<br>7+37<br>37+28 | 1. 回油泵—V39<br>2. EDS换向阀N166<br>3. EDS出液阀N167<br>4. 液压单元的限压阀N55<br>5. 右前出液阀N100<br>6. 左后出液阀N136 | 1. 在右前制动钳上接上压力表V.A.G 1310A和放气<br>2. 跨接55+28插孔<br>3. 打开点火开关，最长10 s，关闭点火开关<br>4. 跨接27+28插孔<br>5. 打开点火开关，最长10 s，关闭点火开关<br>6. 拆下压力表V.A.G 1310A的制动器放气 | 1. 开关换向阀N166<br>2. 回油泵—V39工作<br>3. 压力表压力最大5 bar<br>4. 开关出液阀N167<br>5. 压力表压力升到：前轮驱动：170±25 bar 全轮驱动：90±25 bar | 1. 回油泵损坏，更换液压单元N55<br>2. 用电阻测量法检查换向阀N166和出液阀N167，检测步骤5+6。如损坏更换液压单元N55<br>3. 限压阀或右前出液阀N100或左后出液阀N136损坏，更换液压单元N55 |

注：1. 只在装备了Bosch 5 ABS/EDS以及ASR系统的车辆上。
2. 只在装备了Bosch 5 ABS/EDS前轮驱动车辆上。
3. 只在装备了Bosch 5 ABS/EDS全轮驱动车辆上。
4. 只在装备了Bosch 5 ABS前轮驱动车辆上。

## 二、诊断导线V.A.G1551/1的连接和检查诊断插头

检查诊断导线V.A.G1551/1的连通如图6－80所示，相应的连接见表6－8。

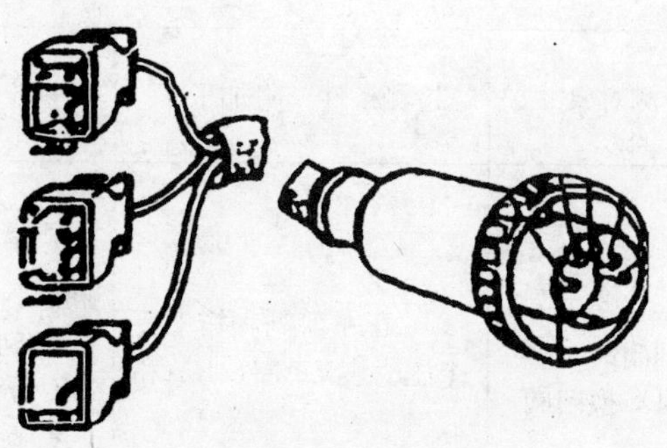

图 6-80　检查诊断导线的连通

表 6-8　检查诊断导线的连接

| 汽车上插头 | 针脚 | 仪器上插头—D—的针脚 |
| --- | --- | --- |
| 黑色—A— | 1<br>2 | 3 蓄电池（—）<br>2 蓄电池（+） |
| 白色—B— | 1<br>2 | 4 L—导线（对于 ABS/EDS 系统不需要）<br>1 K—导线 |
| 蓝色—C— | 1 | 5 灯泡导线<br>（操作类型“快速数据传输”不需要使用） |

对于带有自诊断功能的车辆系统，其诊断插座和分线器“K”和“L”布置在继电器盒 1 内（水槽内左侧）。导线颜色和接在“白色”诊断插座上的其他汽车系统。

在进行连接导线检测前关闭点火开关。检测时应使用万用表V.A.G1526、辅助测量工具组V.A.G1594 和检测箱V.A.G1598/20 进行。检测故障阅读仪V.A.G1551 电压源如图 6-81 所示。

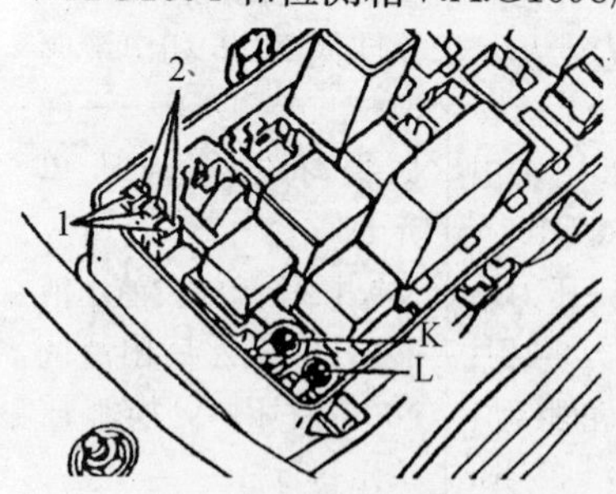


图 6-81　检测故障阅读仪电压源

1—接地；2—接正极

ABS、ABS/EDS 以及 ASR 系统不需要插孔 1、诊断导线“L”。插孔 2、诊断导线“K”用于“快速数据传输”。通过导线“K”与控制单元对话和进行数据交换处理。导线“K”从白色诊断插座经过分线器至各个控制单元。

将检测箱V.A.G1598/20 连接到控制单元 J104 插座上。检查（检测箱）插孔 46 与（诊断插座）插口 2 的导线连接是否断路。在对正极或接地短路时，不用其他方法不可能确定出故障位置。在“K”分线器处，把汽车上具有“快速数据传输”自诊断功能的系统之间的连接逐个断开，检查相应的导线“K”。

按照电路图检查最后断开的控制单元导线。如果确定在导线中无故障和控制单元电源电压正常（大于 10.5 V），则更换控制单元。

在V.A.G1551 的显示屏上显示出“连接故障”时，故障可能在控制单元 J104 中或在与 ABS、ABS/EDS 以及 ASR 系统相应的控制单元中，这些控制单元会干扰连接。在“K”分线器处，把具有“快速数据传输”自诊断功能的汽车系统与白色诊断插座插孔 2 之间的连接逐个断开。连接汽车系统的每根导线断开后，在“快速数据传输”工作类型重新输入代码“03”。如果紧接着显示控制单元识别码，更换最后分离的插接连接的控制单元，重新恢复所有导线连接。如果显示出“控制单元不回答”，说明至控制单元 J104 的连接导线被中断过。

## 三、检测双线式总线系统

总线指用于传递和分配数据的系统。CAN 是“Controller Area Network”的缩写，意为控制单元区域网络。CAN 是一个有两条线的总线系统，通过这两条数据总线，数据可按顺序传到与系统相连的控制单元。

查阅相应电路图，看一下有几个控制单元通过 CAN 相连。检查控制单元上多脚插头是否装好。连接V.A.G1551/1552，按 0 键两次，选择“自动检测”。

检查总线前，须保证所有与数据总线相连的控制单元无功能故障。功能故障指不会直接影响数据总线系统，但会影响某一系统的功能流程的故障。例如：传感器损坏，其结果就是传感器信号不能通过数据总线传递。这种功能故障对数据总线系统有间接影响。如存在功能故障，先排除该故障。记下该故障并消除所有控制单元的故障代码。按 0 和 6 键选择“结束输出”，按 Q 键确认输入。按故障代码表排除功能故障。

排除所有功能故障后，如果控制单元间数据传递仍不正常，检查总线。检查总线故障时，须区分两种可能的情况：

### 1. 两个控制单元通过“双线式总线系统”传递数据

关闭点火开关，断开两个控制单元（图 6-82）。检查数据总线是否断路、短路、对正极或对地短路。如果总线无故障，更换较易拆下（或较便宜）的一个控制单元试一下。如果仍不能正常工作，更换另一个控制单元。

### 2. 三个或更多控制单元通过“双线式总线系统”传递数据

读出控制单元内的故障代码。如图 6-83 所示。如果控制单元 1 与控制单元 2 和控制单元 3 之间无通讯。关闭点火开关，断开与总线相连的控制单元，检查总线是否断路。如果总线无故障，更换控制单元 1。如果所有控制单元均不能发送和接收信号（故障存储器存储“硬件故障”），则关闭点火开关，断开与总线相连的控制单元，检测总线是否短路，是否对正极或对地短路。

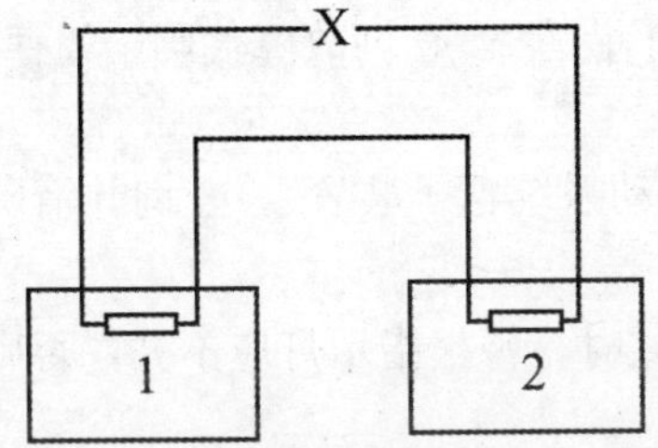


图 6-82 两上控制单元通过 CAN 传递数据

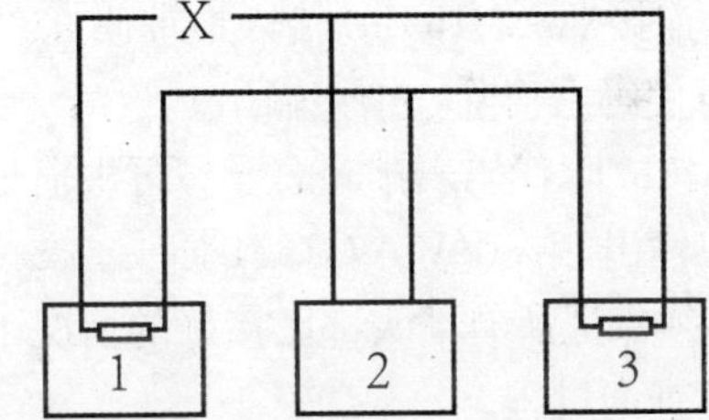


图 6-83 三个控制单元通过 CAN 传递数据

如果总线上查不出引起硬件损坏的原因，检查是否是某一控制单元引起该故障。断开所有通过 CAN 数据总线传递数据的控制单元，关闭点火开关，接上其中一个控制单元。连接 V.A.G1551 或V.A.G1552。打开点火开关，清除刚接上的控制单元的故障代码。用功能 06 来结束输出。关闭并再打开点火开关，打开点火开关 10s 后，用故障阅读仪读出刚接上的控制单元故障存储器内的内容。如显示“硬件损坏”，则更换刚接上的控制单元；如未显示“硬件损坏”，接上下一个控制单元，重复上述过程。

连接蓄电池接线柱后，输入收音机防盗密码，进行玻璃升降器单触功能的基本设定及时钟的调整，对于汽油发动机的汽车，还应进行节气门控制单元的自适应。

## 四、警报指示灯故障诊断功能

如果自诊断查出系统有故障，那么在打开点火开关时，仪表板上警报指示灯亮。组合仪表板有 Low-Line（图 6-84a）和 High-Line（图 6-84b）两种型式。如图 6-84a 所示，Low-

Line 型仪表板上指示灯有：ABS/EDS 警报灯 K47（右侧箭头），制动系统警报灯 K118（中间箭头，红色制动警报符号）和 ASR 警报灯 K86（左侧箭头）。在 Low-Line 型仪表板上，红色的制动警报符号由制动系统警报灯 K118 来照亮；在 High-Line 型仪表板上，该符号出现在驾驶员信息系统显示屏上。如果制动系统功能不正常，ABS/EDS 警报灯 K47 和红色的制动警报符号不亮，这说明故障出在制动系统的机械和液压部件上。

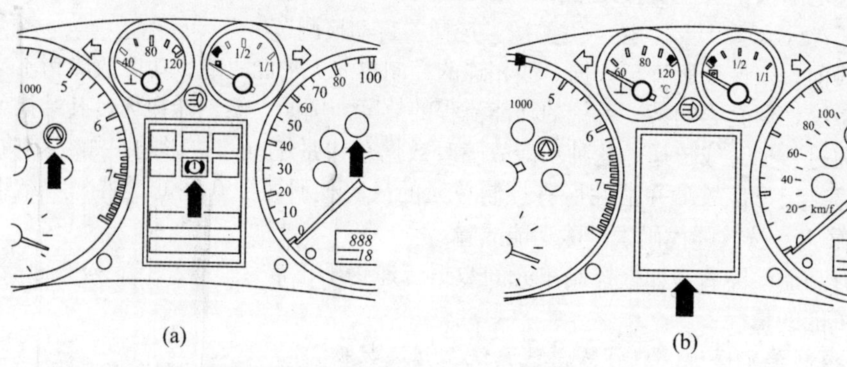


**图 6-84　Low-Line 型和 High-Line 型组合仪表**

a) Low-Line 型；b) High-Line 型

1. 故障诊断检测

有些故障只能在车行驶时才能查到，因此可在试车时检查。将车开到 60 km/h，持续 30s。确认安全后，用力踏下制动踏板以起动 ABS 功能（可感到制动踏板上有振动）。

注：如自诊断发现故障后仍继续开车，有发生事故的可能。这时制动系统的功能已受到影响，因为此时电子制动力分配功能已不再控制后轮制动压力。如果制动力过大，会出现甩尾现象。如有故障，按下述步骤进行故障查寻：

(1) 先打开点火开关，观察警报指示灯。

(2) 连接V.A.G1551，输入地址码 03“制动系统电子装置”。查询故障代码，如存有故障，记下故障代码后清除，结束输出。

(3) 按故障代码表排除故障。再次输地址码 03“制动系统电子装置”，查询并清除故障代码。结束输出，拔下V.A.G1551 插头。

(4) 须保证所有插头都已接好的情况下，路试。路试时，警报指示灯应不亮，否则，重复上述故障查询过程。

试车过程中，如拔下某一控制单元的插头，则会导致另一个控制单元故障存储器内存储一个根本不存在的故障。制动系统的功能将受到影响。由于电子制动力分配功能不再控制后轮制动压力，如制动力过大，会出现甩尾现象，极易发生交通事故。故障诊断排除时应注意以下几点：

(1) 拆装部件前，应关闭点火开关。查取收录机防盗码并断开蓄电池地线。

(2) 重新接上蓄电池后，应再次起动收录机和电动玻璃单触功能。时钟也须重调。

(3) 如果显示某部件有故障，只有在确定该部件导线无故障时，才可更换该部件。该部件导线应能传递信号，检查导线有无插头和接地点有无锈蚀或触点有无松动。如有插头触点弯曲、折断或锈蚀，可用V.A.S11978 来修理；检查导线有无断路或对正极或对地短路。

修理时不允许修理 ABS/EDS 导线及其相关选装系统，但这仅指系统的屏蔽线。

(4) 更换控制单元时，型号不要弄错。先查询控制单元版本号。接好V.A.G1551 后，显示屏上就会出现版本号，或用功能 01“查询控制单元版本号”来查询。也可从位于备胎坑内的汽车数据标签上获取车上的装备情况。1AC 表示防抱死制动系统；1AH 表示带电子差速锁（EDS）的防抱死制动系统；1AJ 表示 EDS 和驱动防滑调节装置（ASR）的防抱死制动系统。

(5) 检修液压单元时，必须保证清洁。仔细清洗液压管插头及其周围区域。不可使用腐蚀性清洁剂，如：制动系统清洗剂、汽油、稀释剂、机油和油脂等含矿物油的物质，只有清洗完插头后才可断开液压管路。拆下的部件要放在干净表面并盖好，不要使用带绒毛的抹布。

(6) 只可使用原装备件，只有在马上要安装时才可打开备件包装。

(7) 制动系统打开后，要对其排气。焊接可能影响 ABS/ EDS，ABS/ EDS/ ASR 功能，应尽量避免。

进行故障诊断检测时还应满足下列要求：

(1) 车轮和轮胎大小及型号要相同，轮胎气压正常。

(2) 制动系统机械和液压部件正常，液压插头和管路无泄漏（对液压单元、制动钳、制动分泵及串连总泵目视检查）。

(3) 车轮轴承和车轮轴承间隙正常。

(4) 转速传感器安装正确。

(5) 供电正常（不低于 10.0 V）。

(6) 控制单元 J104 插头安装正确，定位卡爪已卡紧。

(7) 只有当车静止且点火开关打开（或发动机运转时）才可进行自诊断。如果车轮转速超过 2.75 km/ h 时，自诊断不能进行。车速超过 20 km/ h 时，自诊断中断。

(8) 检测 ABS/ EDS 或 ASR 系统时，须保证汽车电器系统不受电磁干扰，因而应使车远离电流消耗大的设备，如电焊机。

2. Bosch 5.3 ABS/ EDS/ ASR 的功能

Bosch 5.3 系统结构紧凑。液压泵- V39、液压单元 N55 和控制单元 J104 制成一体，称为液压控制单元。不可松开液压控制单元上固定各部件的螺栓。各部件成为一体，减少了发生故障的可能性。液压控制单元不可修理，只能整体更换。制动管路是十字交叉布置的双管路结构：一个管路用于左前和右后制动器，另一个管路用于右前和左后制动器。

Bosch 5.3 系统部件有如下功能：

(1) 电子制动力分配（EBV）：控制单元 J104 内已编制了专用软件，用于进行电子制动力分配，它取代了制动压力调节器。如果 ABS 发生故障，那么用于起动 ABS/ EDS 警报灯的信号就通过控制单元 J104 的触点 21 传至组合仪表。如果 EBV 发生故障，起动红色制动系统警报符号的信号也通过该线传至组合仪表。当 ABS 出现故障时，由于有应急功能，EBV 功能仍有效，信号以脉冲型式传至仪表板。仪表板区分三种情况：无信号、脉冲信号和连续信号（图6 - 85）。ABS/ EDS 警报灯和红色制动系统警报符号根据接受到的信号决定亮不亮。

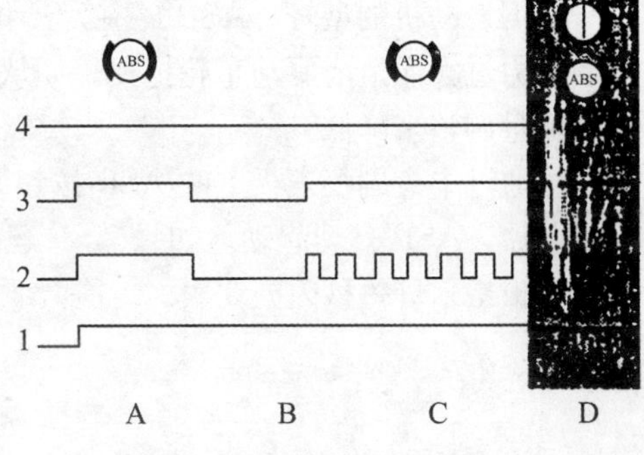


图 6 - 85 EBV 信号传递

1—接线柱 15；
2—起动 ABS/EDS 警报指示灯和红色警报符号的信号；
3—ABS/EDS 警报指示灯供电电压；
4—红色制动系统警报符号的供电电压

如图 6 - 8 所示，在时间间隔“*A*”内，当点火开关打开时，ABS/ EDS 警报指示灯用信号“2”进行自检，该灯亮 2s。在此时间内，组合仪表内部功能将制止起动红色制动系统警报符号。在时间间隔“*B*”内无信号“2”。ABS/ EDS 警报指示灯和红色制动系统警报符号不亮。在时间间隔“*C*”内，自诊断查出一故障，但该故障未导致 EBV 关闭。信号“2”是脉动的，只有 ABS/ EDS 警报到灯亮。在时间间隔“*D*”内，自诊断查出一故障，该故障导致 EBV 关闭。信号“2”是连续的，ABS/EDS 警报灯和红色制动系统警报符号都亮。如果红色制动系统警报符号亮了，这表示电子制动力分配（EBV）已失效，这时用车时要小心。

(2) ABS 功能：ABS 是用来防止车轮在制动过程中被抱死的。ABS 根据各车轮转速、减速及打滑情况，分别调整各制动分泵的制动压力，以保证在制动时，车轮与地面的接触力保持在最佳状态。

(3) EDS 功能：EDS 是起步辅助装置。电子控制的制动作用在旋转的主动车轮上，可对差速器产生一个反作用力矩，于是发动机功率可更好地用于不打滑的车轮。倒车时 EDS 也有效。

为了防止制动系统过热，当达到某一个特定温度时，EDS 调节就失效。这个温度由控制单元 J104 来决定。制动器的实际温度由控制单元按一个计算公式计算出来。如果制动器温度达到某一下限值时，EDS 重新开始工作。这个接通过程不影响制动系统和 ABS 的功能。关闭点火开关后，计算出制动器温度值就存入存储器。当再次打开点火开关时，仪表板发出一时间信号，控制单元 J104 利用该时间信号来判断车已停了多长时间。停车时间用于计算制动器的最新温度。如果停车时间超过 1 h，那么控制单元就认为制动器现在的温度是计算出的最低温度值。如果因温度关系，EDS 切断，那么它可在 20 次点火循环中用测量数据块来显示。

EDS 调节在车速低于 40 km/h 时起作用。当车速达到 40 km/h 时，EDS 自动切断。

液压单元内有真空减振器，它用于在 EDS 工作时，加快车轮制动分泵中压力产生过程。液压单元的压力限制阀工作压力为（$1.7\pm0.25$）$\times10^4$ kPa。

(4) ASR 功能：带 ASR（驱动防滑调节装置）的车，要注意控制单元编码。ASR 功能依赖于控制单元 J104 与发动机控制单元及变速器控制单元之间的数据交换，即这些控制单元间彼此通讯。现在使用的有两种通讯系统，一种是通过几条单独导线的数据传递；另一种是通过 CAN 总线的数据传递。CAN 总线有两条线，所有数据都是用这两条线传递。至于用哪种系统来传递数据，可通过“查询控制单元版本号”及“控制单元版本号”来确定。

ASR 在车加速时，通过减小发动机功率来防止驱动轮打滑。在任何转速范围内 ASR 均有效。EDS 和 ASR 联合使用可改善车的加速状况。

根据发动机的型号，ASR 还有发动机牵引力矩调节功能（MSR）。MSR 用来防止因发动机制动力过大而造成驱动车轮抱死，如从 3 挡降为 2 挡时。发动机的制动作用效果是通过怠速空气流量调整来降低。

可通过中央副仪表板上的 ASR 按钮来接通或断开 ASR。ASR 按钮不影响 MSR。打开点火开关后，ASR 自动起动。如果 ASR 已断开，仪表板上 ASR 警报指示灯会亮。在调节过程中，警报指示灯每秒闪亮 3 次。

# 第七章　比亚迪 F3 车系制动系统的故障检修

## 第一节　常规制动系统的故障检修

### 一、故障诊断

制动系统故障排除见表 7－1，表中数字代表产生故障可能性的顺序，依次检查各零部件，如必要，更换这些零件。

**表 7－1　制动系统故障排除**

| 症　状 | 可能原因 |
|---|---|
| 制动拖滞 | 1. 制动踏板自由行程太小<br>2. 驻车制动拉杆选种调整不当<br>3. 驻车制动拉索卡滞<br>4. 后制动蹄间隙调整不当<br>5. 制动片或衬面破裂或扭曲<br>6. 活塞卡住或冻结<br>7. 张紧或回位弹簧故障 |
| 制动跑偏 | 1. 活塞卡住<br>2. 制动片或衬面有油圬<br>3. 活塞冻结<br>4. 制动盘擦伤 |
| 踏板过低或弹脚 | 1. 制动系统制动液泄漏<br>2. 制动系统有空气<br>3. 制动片或衬面磨损<br>4. 制动片或衬面破裂或扭曲<br>5. 后制动蹄间隙调整不当<br>6. 制动片或衬面有油圬<br>7. 制动片或衬面有硬点<br>8. 制动盘擦伤 |
| 制动器噪声 | 1. 制动片或衬面破裂或扭曲<br>2. 装配螺栓松动<br>3. 制动盘擦伤<br>4. 制动片支撑片松动<br>5. 滑动销磨损<br>6. 制动片或衬面脏<br>7. 制动片或衬面有硬点 |

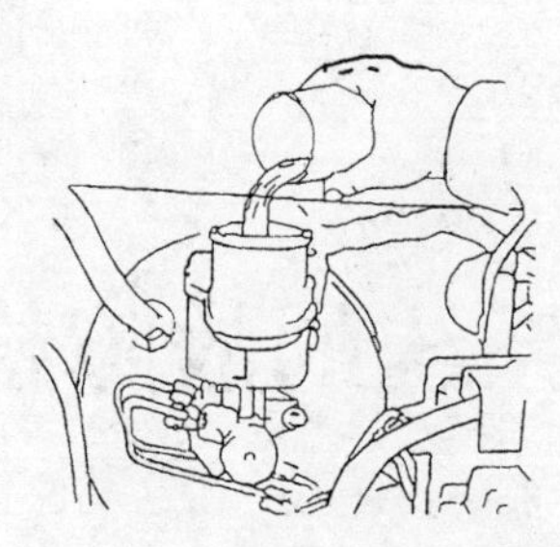

图 7-1　向储液罐内加注制动液

## 二、制动液的放气

如果对制动系统进行修理或认为制动管路中存在空气，则需排净空气。

注：不要将制动液溅到油漆表面，否则必须立刻清洗干净。

(1) 向储液罐内加注制动液，如图 7-1 所示。

(2) 放出制动总泵空气。注：如果制动总泵已被拆解或储液罐变空时，应从制动总泵排放空气。

① 从制动总泵上脱开油管插头。

② 慢慢踩下制动踏板并踩住不动，如图 7-2 所示。

③ 用手指从外侧堵孔，并放松制动踏板，如图 7-3 所示。

④ 重复步骤②和③的操作即可排气。

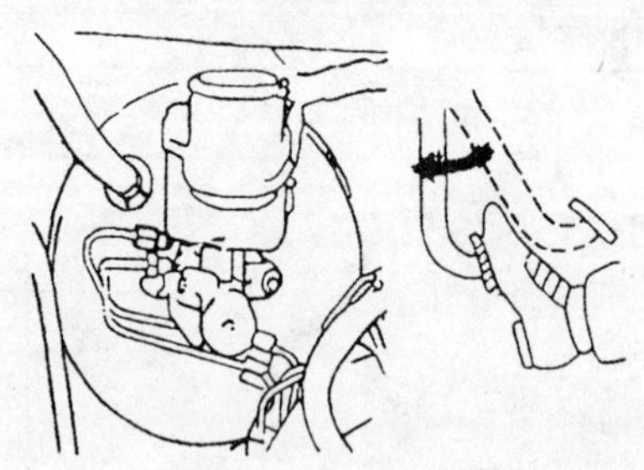

图 7-2　慢慢踩下制动踏板并踩住不动

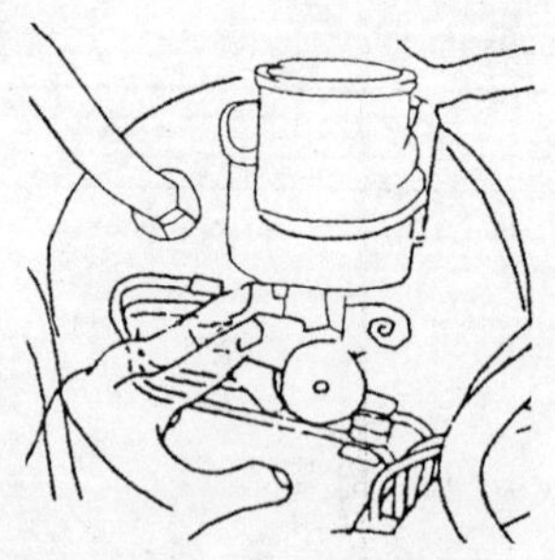

图 7-3　用手指从外侧堵孔

## 三、制动油管排气

制动油管排气如图 7-4 所示。

(1) 把塑料管接在制动钳和分泵上。

(2) 踩下制动踏板几次后踩住不动，拧松放气螺塞。

(3) 在制动液停止流出时拧紧放气螺塞，放松制动踏板。

(4) 重复步骤 (2) 和 (3) 的操作，直至制动液中的空气全部流出为止。

(5) 重复上述步骤，从各个制动分泵上排出空气，拧紧力矩为 8.0 N·m。

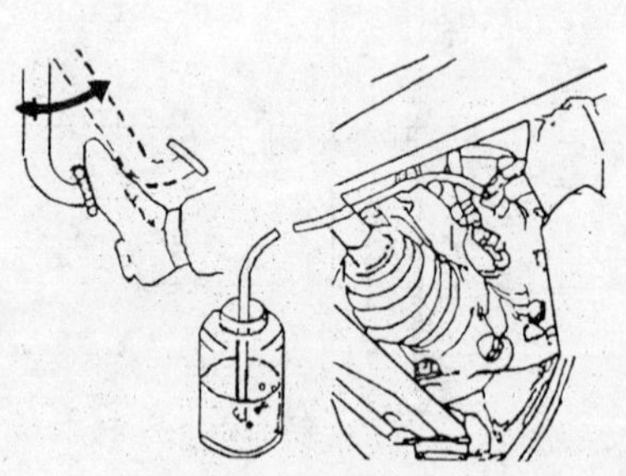

图 7-4　制动油管排气

(6) 检查储液罐中油液面高度，如液面过低，应加注制动液，制动液型号为 DOT3。

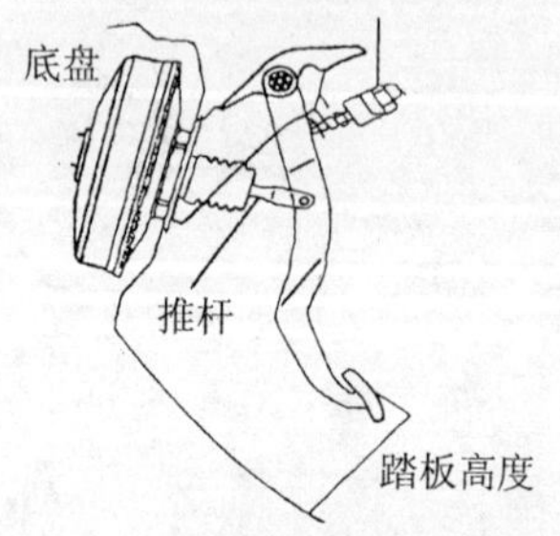


图 7-5　检查并调整制动踏板高度

## 四、制动踏板的检查

1. 制动踏板高度的检查和调整

(1) 检查并调整制动踏板高度，检查制动踏板离地板的高度应为 136～146 mm。如图 7-5 所示。

(2) 调整制动踏板高度。

① 拆下中控台盖板。

② 从制动灯开关上拆下插接器。

③ 松开制动灯开关锁止螺母并拆下制动灯开关。

④ 松开 U 形插头锁止螺母。

⑤ 转动踏板推杆调整踏板高度。

⑥ 拧紧推杆锁止螺母，拧紧力矩为 26 N·m。

⑦ 安装制动灯开关。

⑧ 插上制动灯开关插头。

⑨ 推下制动踏板 5～15 mm，然后转动制动灯开关直至制动灯熄灭，在这个位置将螺母锁止。

⑩ 安装后，踩下制动踏板 5～15 mm 后检查制动灯，制动灯应亮起。

2. 检查踏板自由行程

(1) 熄灭发动机，反复踩制动踏板直至助力器中无真空为止。踩下踏板直至感到有阻力为止，测出如图 7-6 所示的距离。踏板自由行程为 1～6 mm。

图 7-6 踏板自由行程的测量

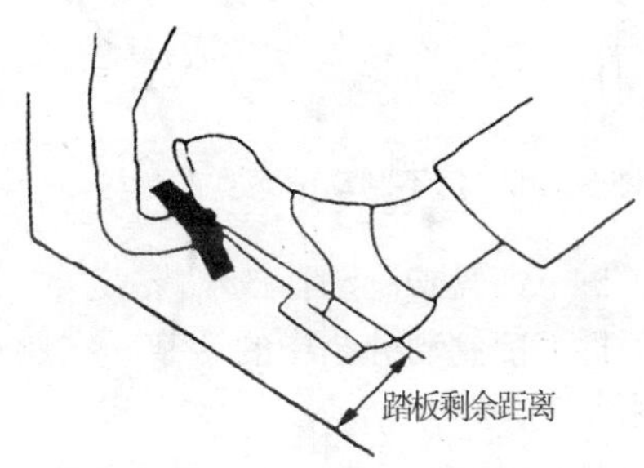


图 7-7 踏板剩余距离的测量

如果间隙不合要求，应检查制动灯开关的间隙。如果间隙合理，应对制动系统进行诊断。制动灯开关间隙应为 0.5～2.4 mm。

(2) 检查踏板剩余距离。松开驻车制动拉杆，在发动机运转状态下，踩下制动踏板，测量如图 7-7 所示踏板剩余距离。用 490 N 的力踩下踏板时，从地板算起的剩余距离应大于 55 mm。如果距离不合要求，应对制动系统进行诊断。

## 五、前制动器的拆装和检修

1. 前制动器的拆装

(1) 拆下前轮。

(2) 排出制动液。注：不要让制动液溅到油漆表面，否则应立刻清洗。

(3) 拆下前盘式制动钳体。

① 从前盘式制动钳体上拆下插头螺栓和垫圈，然后脱开软管，如图 7-8 所示。

② 固定住前盘式制动分泵滑动销后，拆下两个螺栓，如图 7-9 所示。

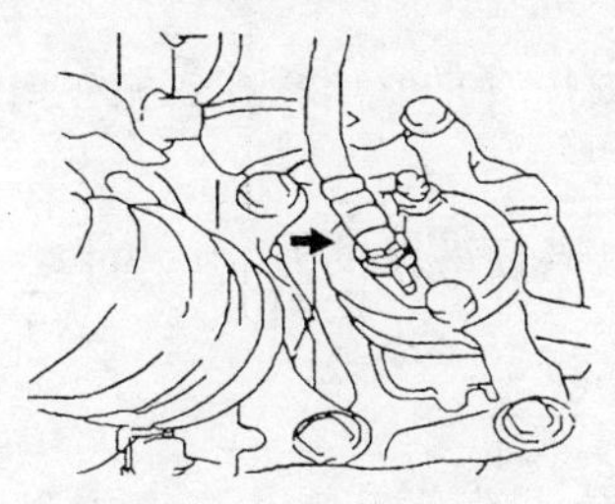

图 7-8 脱开软管

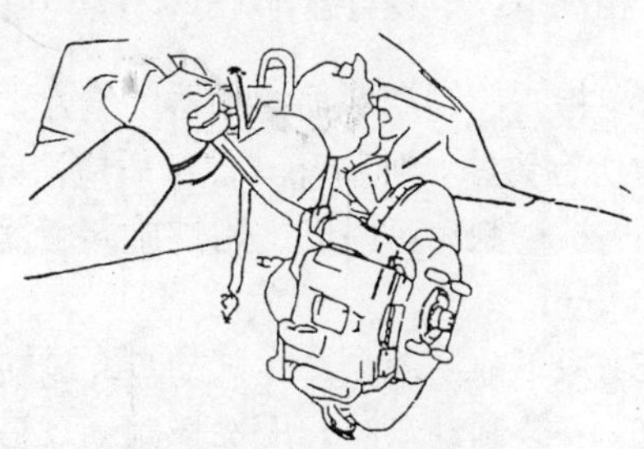

图 7-9 拆下螺栓

(4) 拆下前制动片套件。

即拆下两片带消音垫的制动片。从每块片上拆下 1 号和 2 号消音垫片。

(5) 拆卸前制动片支持片。从制动总泵支架上拆下两个摩擦衬块。

(6) 拆卸前盘式制动分泵滑动销。从盘式制动总泵支架上拆下滑动销。

(7) 拆卸前盘滑动销防尘套。从前盘式制动分泵支架上拆下两个防尘套。

(8) 拆卸左前盘式制动分泵支架。拆下两个螺栓后，如图 7-10 所示，取下左前盘式制动分泵支架，如图 7-11 所示。

(9) 拆下制动分泵防尘套。用螺钉旋具拆下固定环和防尘套，如图 7-11 所示。

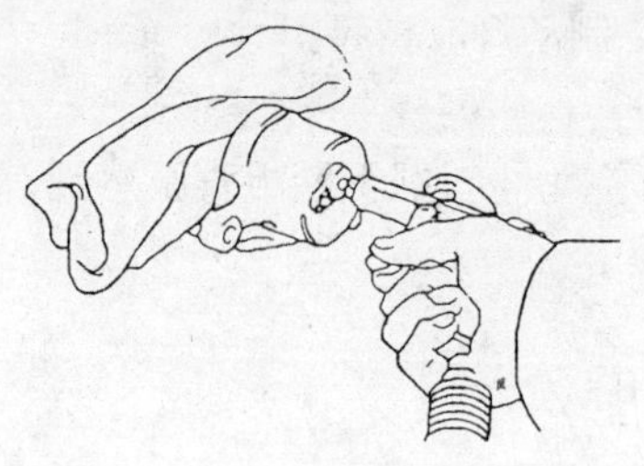

图 7-10　拆下制动分泵支架螺栓

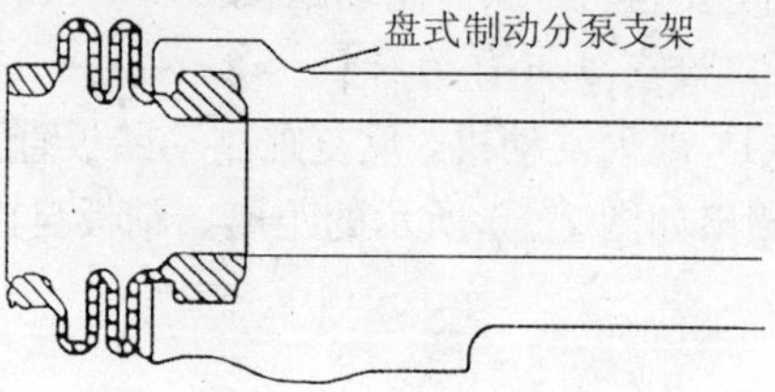

图 7-11　拆下制动分泵支架

(10) 拆下前盘式制动器放气螺塞。

(11) 拆下前制动分泵中的活塞。在制动分泵和活塞间放一块布或近似物。用压缩空气把活塞从制动分泵中吹出。

注：在吹压缩空气时，手指不要放在活塞前面。

(12) 拆卸活塞油封。用螺钉旋具从制动分泵中取下油封，如图 7-12 所示（注：不要溅出制动液）。

2. 前制动器的检查

(1) 检查制动分泵和活塞。检查分泵壁的活塞有无生锈或划伤。

(2) 检查制动片衬面厚度。用直尺测量衬面的厚度，如图 7-13 所示。其标准厚度为 11.0 mm；最小厚度为 1.0 mm。

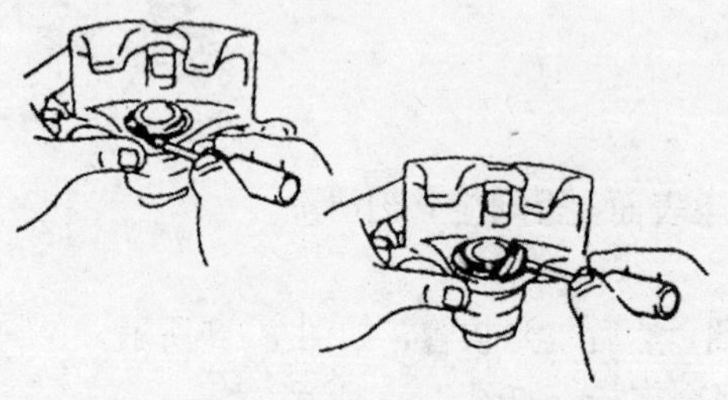

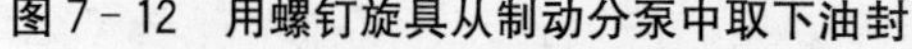

图 7-12　用螺钉旋具从制动分泵中取下油封

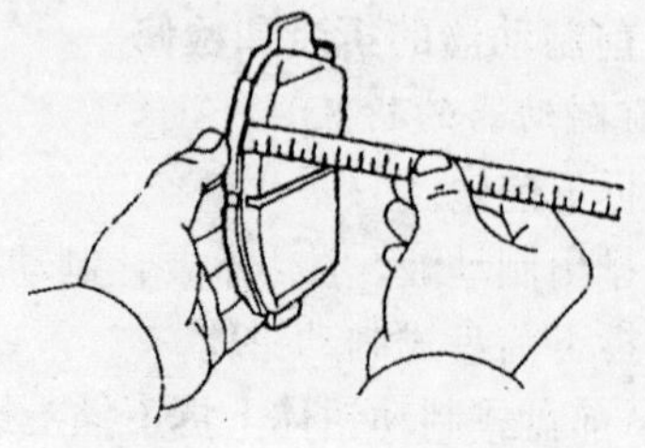

图 7-13　用直尺测量衬面的厚度

(3) 检查前制动磨损指示器的钢片，确保磨损指示器钢片有足够的弹性、无变形破裂或磨损，对所有锈蚀、脏物和其他杂质应清除干净。

(4) 检查制动盘厚度。用螺旋测微器测量制动盘厚度，其标准厚度为 25.0 mm，最小厚度为 23.0 mm。

(5) 取下前制动盘。在制动盘和轮毂上作记号。

(6) 安装制动盘时，应选择制动盘最小的位置进行安装。

(7) 检查制动盘摆动。

① 临时紧固制动盘的拧紧力矩为 103 N·m。

② 用百分表在距制动盘外缘 10 mm 处测量制动盘的摆动量，如图 7－14 所示。其最大摆动为 0.05 mm。

③ 如果制动盘的摆动量达到或超过极限，应检查轴承的轴向间隙和轮毂的摆动，如轴承和轮毂正常，则调整制动盘。

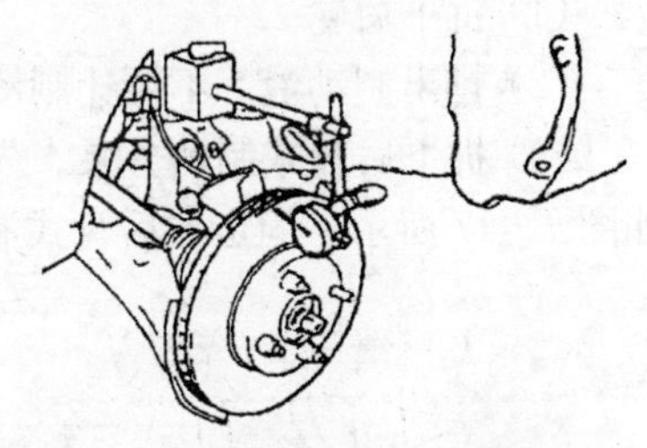

图 7－14　测量制动盘的摆动量

3. 前制动器的安装

(1) 在前制动分泵上临时拧紧制动放气螺塞。

(2) 安装活塞油封。应注意在新活塞油封上涂抹锂皂基乙二醇润滑脂。把新活塞油封装入制动分泵。

(3) 安装制动活塞。在制动活塞上涂抹锂皂基乙二醇润滑脂。把活塞装入前盘式制动分泵。不要强行将活塞旋拧进制动分泵。

(4) 安装制动分泵防尘套。在新制动分泵防尘套上涂抹锂皂基乙二醇润滑脂，并将它装入制动泵。

注：将防尘套靠安装在制动分泵和活塞的凹槽。用螺钉旋具装入定位环。不要损伤制动分泵防尘套。

(5) 安装左前制动分泵支架。用两个螺栓紧固前盘式制动分泵支架，拧紧力矩为 88 N·m。

(6) 安装前盘式制动衬套防尘套。

(7) 安装前盘式制动分泵滑动销。

(8) 安装前制动片支撑片。从前盘式制动分泵支架上拆下两个制动片支撑片。

(9) 安装制动衬块组件。

注：在更换磨损制动衬块时，必须同时更换消音垫片。

每片消音垫片的两侧涂盘式制动润滑脂，如图 7－15 所示。然后在每块制动衬块上安装消音垫片。让磨损指示器向上，安装内侧制动衬块，最后装入外侧制动衬块。

(10) 安装前盘式制动分泵。

用两个螺栓安装前盘式制动分泵，如图 7－16 所示。

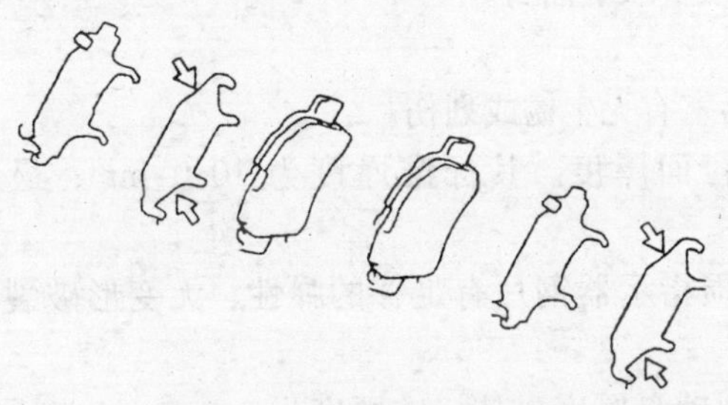

图 7－15　在每片消音垫片的两侧涂盘式制动润滑脂

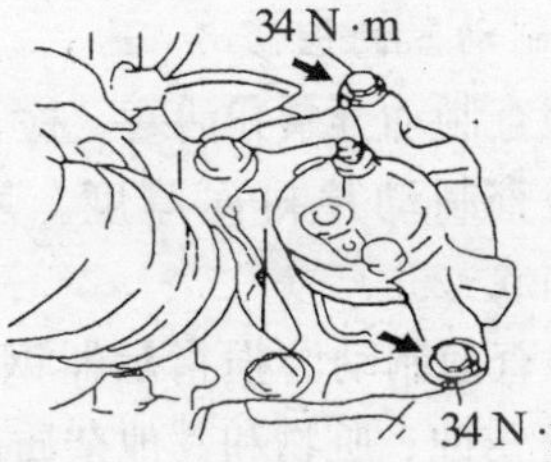

图 7－16　用 2 个螺栓安装前盘式制动分泵

用插头螺栓安装新垫片和软管，拧紧力矩为 30 N·m。

(11) 向储液罐加注制动液。

(12) 排出制动分泵中的空气。

(13) 排出制动管路中的空气。

(14) 检查储液罐的液面高度。

(15) 检查制动液是否泄漏。

(16) 安装前轮。

## 六、后制动器的拆装和检修

1. 后制动器的拆装

(1) 拆下后轮。

(2) 排出制动液。不要让制动液溅到油漆表面，否则应立刻清洗。

(3) 拆下后盘式制动分泵。先从后盘式制动分泵上拆下插头螺栓和垫圈，然后脱开软管，如图 7－17 所示。固定住后盘式制动分泵滑动销后，拆下两个螺栓，如图 7－18 所示。

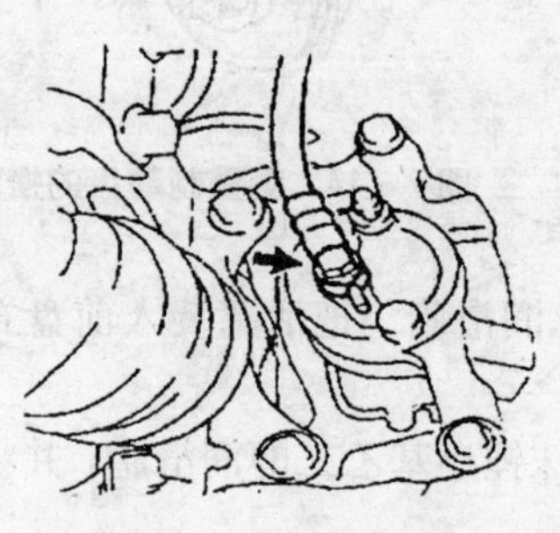

**图 7－17　脱开软管**

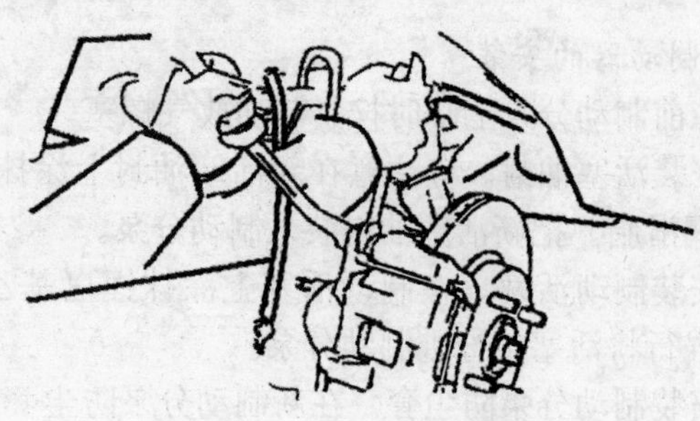

**图 7－18　拆下两个螺栓**

(4) 拆下后制动衬片套件。拆下两片带消音垫的制动片。从每块片上拆下 1 号和 2 号消音垫片。

(5) 拆卸后制动片支持片。从制动总泵支架上拆下两个摩擦衬块。

(6) 拆卸后盘式制动分泵滑动销。从盘式制动总泵支架上拆下滑动销。

(7) 拆卸后盘滑动销防尘套。从后盘式制动分泵支架上拆下两个防尘套。

(8) 拆卸左后盘式制动分泵支架。拆下两个螺栓后，取下左后盘式制动分泵支架。

(9) 拆下制动分泵防尘套。用螺钉旋具拆下固定环和防尘套。

(10) 拆下后盘式制动器放气螺塞。

(11) 拆下后制动分泵中的活塞。在制动分泵和活塞间放一块布或近似物。用压缩空气把活塞从制动分泵中吹出。

注：在吹压缩空气时，手指不要放在活塞前面。

(12) 拆卸活塞油封。用螺钉旋具从制动分泵中取下油封。

2. 后制动器的检修

(1) 检查制动分泵和活塞。检查分泵壁的活塞有无生锈或划伤。

(2) 检查制动片衬面厚度。用直尺测量衬面厚度。其标准厚度为 10.0 mm；最小厚度为 1.0 mm。

(3) 检查前制动磨损指示器钢片。确保磨损指示器钢片有足够的弹性、无变形破裂或磨损，对所有锈蚀、脏物和其他杂质应清除干净。

(4) 检查制动盘厚度。用螺旋测微器测量制动盘厚度，其标准厚度为 9.0 mm，最小厚度为 8.0 mm。

(5) 取下后制动盘。

(6) 安装制动盘。

(7) 检查制动盘摆动。

临时紧固制动盘其拧紧力矩为 103 N·m。用百分表在距制动盘外缘 10 mm 处测量制动盘的摆动量，其最大摆动量为 0.05 mm。

如果制动盘的摆动达到或超过极限，检查轴承的轴向间隙和轮毂的摆动，如轴承和轮毂正常，则调整制动盘。

3. 后制动器的安装

(1) 在后制动分泵上临时拧紧制动放气螺塞。

(2) 在新活塞油封上涂抹锂皂基乙二醇润滑脂。把新活塞油封装入制动分泵。

(3) 在制动活塞上涂抹锂皂基乙二醇润滑脂。把活塞装入前盘式制动分泵。不要强行将活塞旋拧进制动分泵。

(4) 安装制动分泵防尘套。

① 在新制动分泵防尘套上涂抹锂皂基乙二醇润滑脂，并将它装入制动泵。

② 用螺钉旋具装入定位环。

(5) 安装左后制动分泵支架。用两个螺栓紧固后盘式制动分泵支架，拧紧力矩为88 N·m。

(6) 安装后盘式制动衬套防尘套。

(7) 安装后盘式制动分泵滑动销。

(8) 安装后制动片支撑片。从后盘式制动分泵支架上拆下两个制动片支撑片。

(9) 安装制动衬块组件。

(10) 安装后盘式制动分泵。

(11) 向储液罐加注制动液。

(12) 排出制动分泵中的空气。

(13) 排出制动管路中的空气。

(14) 检查储液罐的液面高度。

(15) 检查制动液是否泄漏。

(16) 安装后轮，拧紧力矩为103 N·m。

## 七、驻车制动系统的检修

### 1. 驻车制动系统的故障排除

利用表7-2可以找出故障原因，表中数字代表故障发生可能的顺序，依次检查各个零件，如有必要，应更换。

**表7-2 驻车制动系统的故障排除**

| 症状 | 可能原因 |
| --- | --- |
| 制动阻滞 | 1. 驻车制动拉杆行程失调<br>2. 驻车制动拉索卡滞<br>3. 驻车制动制动蹄间隙失调<br>4. 驻车制动衬面破裂或变形<br>5. 回位或张紧弹簧损坏 |

### 2. 驻车制动系统的调整

(1) 拆下后轮。

(2) 调整制动蹄间隙。

(3) 安装后轮，其拧紧力矩为103 N·m。

(4) 检查驻车制动拉杆行程。拉住驻车制动拉杆并计算发出“咔、咔”声的数目。驻车制动拉杆行程：用196 N拉力发出6~9声“咔、咔”声。

(5) 调整驻车制动拉杆行程，如图7-19所示。

① 拆卸手套箱盖。

② 转动1号调整螺母拉索直至拉杆行程正常为止。

③ 安装手套箱盖。

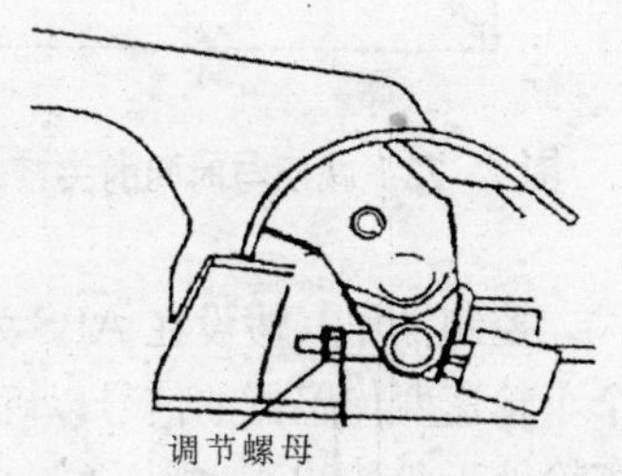


图7-19 调整驻车制动拉杆行程

# 第二节　防抱死制动系统的故障检修

## 一、防抱死制动系统概述

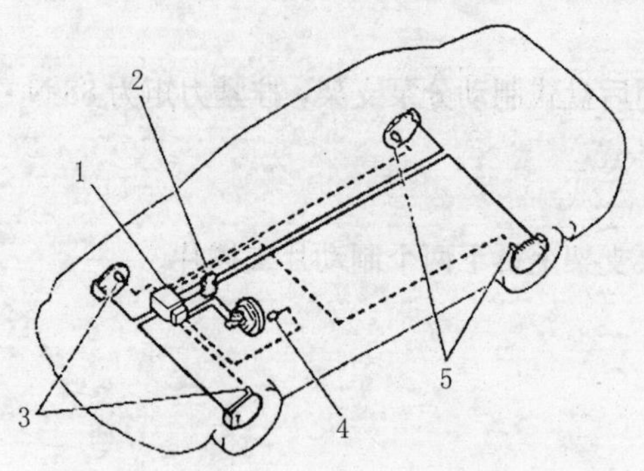


图 7-20　防抱死制动系统元件在车的位置

1—执行器和电子单元（执行器继电器和控制单元）；2—通接头或双比例阀；3—前轮传感器；4—警告灯；5—后轮传感器

防抱死制动系统元件在车的位置如图 7-20所示。

汽车的防抱死制动系统（Anti-Lock BrakeSystem）简称 ABS，是汽车上的一种主动安全装置，用于汽车制动时防止车轮抱死拖滑，以提高汽车制动过程中的方向稳定性、转向控制能力和缩短制动距离，并充分发挥汽车的制动效能。防抱死制动系统受汽车上的 ABS 控制单元控制，其包括电控单元总成（ECU）和液控单元总成（HCU）。在紧急制动时，ABS 通过调节施加到相应车轮上的制动液压力来防止车轮抱死。当 ECU 检测到车轮开始抱死时，ABS 将在以下几个阶段循环工作：

1. 保压阶段

情况描述：当制动器结合（A）并且 ECU 检测到一个车轮达到开始抱死的临界点（1）时，HCU 将控制该车轮的制动液压力以保持制动液压力（B）和防止车轮抱死，如图 7-21 所示。

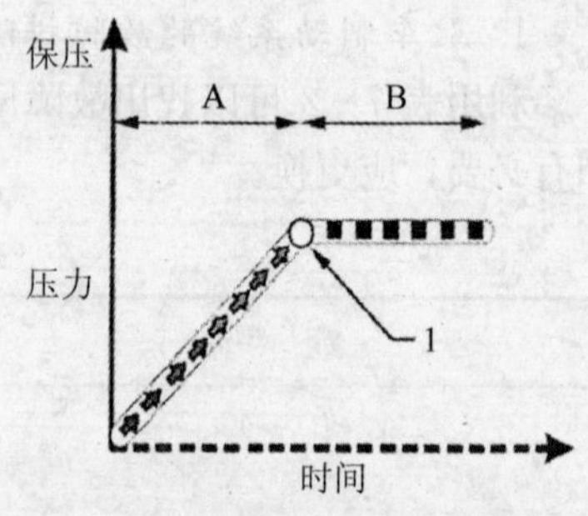


图 7-21　保压和时间的关系

控制操作（假设左后车轮开始抱死）：ECU 监测并比较每个车轮速度传感器的信号以确定车轮是否滑移。如果在制动过程中检测到车轮滑移，ECU 将切换到保压阶段，并向 HCU 发送一个控制信号，以关闭左后进口阀。当左后进口阀和出口阀都关闭时，无论制动踏板所施加的制动液压力为多少，左后制动回路都将被隔离，从而使左后轮制动液压力保持衡定其保压过程。

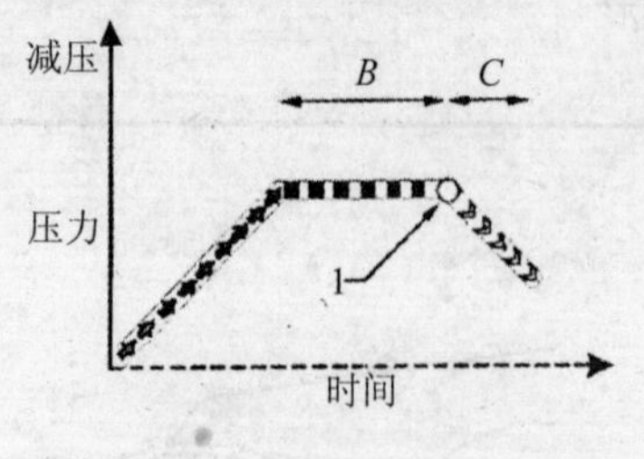


图 7-22　减压与时间的关系过程

2. ABS 阶段——减压

情况描述：如果在 ABS-ECU 检测到 ABS 已处于保压阶段（B）时相应车轮仍处于抱死状态，则 ABS 将在预定点（1）处切换到减压阶段（C）。HCU 调节相关车轮的制动液回路以减小制动液压力并防止车轮抱死。如图 7-22所示。

控制操作（假设在 ABS 处于保压阶段时左后车轮仍处于抱死状态）：ECU 监测并比较每个车轮速度传感器的信号以确定车轮是否滑移。如果当 ABS 处于保压阶段时仍然检测到左后车轮处于滑移状态。则 ECU 将切换到 ABS 减压阶段，ECU 向 HCU 发送控制信号以关闭左后进口阀；打开左后出口阀；运行液压调节泵（在 ABS 阶段，液压调节泵将一直保持可工作状态）。产生下列效应：

当左后出口阀打开时，左后轮制动液先被导入储能器，以保证制动液压力立即下降储能器储存过量的左后轮制动液。液压调节泵积累左后轮制动液回流压力，从而使左后轮制动制动钳释放出来的制动液能够返回到制动总泵，抵消制动踏板压力。在这个阶段中，由于制动踏板仍处于踩下状态，所以从制动钳释放出来的压力必须大于制动总泵施加的压力。

3. ABS阶段——增压

情况描述：如果在减压阶段C减小制动液压力后出现下列情况：

制动液压力到达临界点1，此时施加到相应车轮上的制动力不足ECU确定此时相应车轮制动不足 则ABS从减压阶段切换到增压阶段A，在这个阶段，HCU调节相应车轮的制动回路以增加制动液压力，从而增加制动力并平衡制动过程中的车轮速度。如图7-23所示。

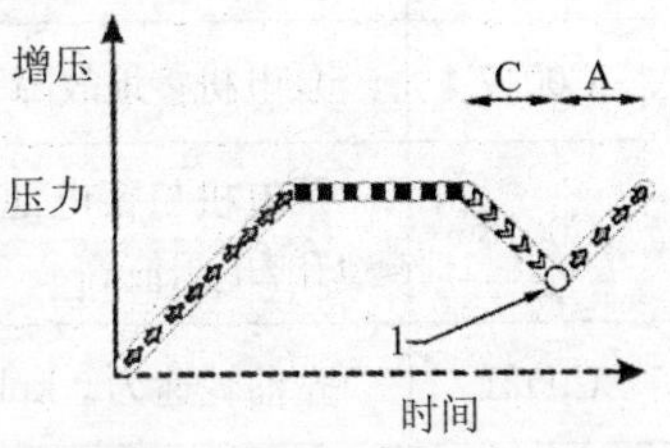

图7-23 增压与时间的关系

控制操作（假设在ABS减压阶段施加的制动力减小从而导致左后轮制动不足）：ECU监测并比较每个车轮速度传感器的信号以确定车轮是否滑移。如果ECU检测到由于ABS减压阶段所施加的制动力减小而导致左后轮速度大于其他三个车轮的速度。则ECU将切换到ABS增压阶段，ECU向HCU发送控制信号以关闭（常态位置）左后出口阀；打开（常态位置）左后进口阀。

在ABS阶段继续运行液压调节泵 产生下列效应：

总泵的制动液象常规制动操作那样被再次引入左后制动钳，先前减小的制动液压力现在增加了从而减小了左后轮的速度。

ABS同时带电子制动分配系统，简称EBD系统，其功能就像一个后比例阀。EBD系统利用ABS系统在部分制动工况时控制后轮滑移。一旦进入EBD，进口阀就被接通，因此来自总泵的液体供给被切断。为了降低后制动压力，输出阀进行脉动，使液体进入HCU内的储能器，以降低后制动器的制动液压力。为了增加后制动压力，则输出阀被关闭，输入阀进行脉动，增加后制动器的压力。这个过程一直继续，直至达到所要求的滑移率。在EBD制动结束时（没有制动力施加），输出阀开启，储能器中的制动液通过输入阀、单向阀排回到制动总泵。与此同时，输入阀开启，以防止在另一次施加制动的情况下液压系统发生短路。

在许多种ABS故障模式下，EBD仍能起作用。每次打开点火开关驾驶汽车时，当车速大于3 km/h时，系统进行自检。ECU监视着系统的输入和输出回路，以确认系统是否工作正常。如果车载诊断系统发现某个电路有故障，则系统将在内存中设置一个故障码，并在组合仪表放置故障指示灯。系统在进行自检时有正常工作声音。本防抱死制动系统采用的是DELPHI-DBC7.4系统。

## 二、ABS系统故障代码

ABS系统故障代码见表7-3。

表7-3 ABS系统故障代码

| OBD-Ⅱ故障码 | 故障诊断 | 故障部位 |
|---|---|---|
| C0011 | ABS报警灯故障 | 1. ECU与仪表灯通信故障<br>2. ECU故障 |
| C0012 | 制动报警灯故障 | ECU与仪表灯通信故障 |
| C0014 | 系统继电器接触或线圈回路开 | 1. 蓄电池电压过低或电源线路故障<br>2. ABS熔丝接触不良或断开<br>3. ECU内部故障 |

（续表）

| OBD-Ⅱ故障码 | 故障诊断 | 故障部位 |
| --- | --- | --- |
| C0017 | 泵电机接地故障 | 电源线路故障或 ECU 故障 |
| C0018 | 泵电机与蓄电池短路或电机接地开/电阻值高 | 1. 泵电机接地电路故障<br>2. ECU 故障 |
| C0021 | 左前轮速为 0 kph | 1. 拆除保护性导管，并检查线路是否损坏、短路、和受污染<br>2. 检查端子是否形变或受损坏<br>3. 利用备用的阴阳端子，检查端子的接触（保持力）<br>4. 从插接器上拆卸端子，检查导线压接的端子是否正确 |
| C0022 | 右前轮速为 0 kph | |
| C0023 | 左后轮速为 0 kph | |
| C0024 | 右后轮速为 0 kph | |
| C0025 | 左前轮速变化过大 | 1. 拆除保护性导管，并检查线路是否损坏、短路和受污染<br>2. 检查端子是否形变或受损坏<br>3. 利用备用的阴阳端子，检查端子的接触（保持力）<br>4. 从插接器上拆卸端子，检查导线压接的端子是否正确<br>5. 齿圈可能损坏 |
| C0026 | 右前轮速变化过大 | |
| C0027 | 左后轮速变化过大 | |
| C0028 | 右后轮速变化过大 | |
| C0032 | 左前轮速回路打开或接地/蓄电池短路 | 1. 拆除保护性导管，并检查线路是否损坏、短路和受污染<br>2. 检查端子是否形变或受损坏<br>3. 利用备用的阴阳端子，检查端子的接触（保持力）<br>4. 从插接器上拆卸端子，检查压接的导线端子是否虚接 |
| C0033 | 右前轮速回路打开或接地/蓄电池短路 | |
| C0034 | 左后轮速回路打开或接地/蓄电池短路 | |
| C0035 | 右后轮速回路打开或接地/蓄电池短路 | |
| C0036 | 电压过低 | 1. 蓄电池电压弱或已用完<br>2. 蓄电池端子接触不良<br>3. 售后加装的设备（附加负载）从蓄电池上引出的电压太多<br>4. 蓄电池负极接地不良<br>5. ECU 上端子接触不良<br>6. ECU 接地连接不良<br>7. 充电系统故障（发电机） |
| C0037 | 电压过高 | 1. 充电系统故障<br>2. 连接不良<br>3. ECU 故障 |
| C0042 | 泵电机开路 | 1. 从泵马达到 ECU 插接器电路开路或高电阻<br>2. 泵马达电路开路<br>3. ECU 故障 |
| C0043 | 泵电机停转 | 1. 泵马达故障<br>2. ECU 故障 |

（续表）

| OBD-Ⅱ故障码 | 故障诊断 | 故障部位 |
|---|---|---|
| C0055 | 内部故障 | 1. ECU与液压控制装置（HCU）连接是否可靠、紧固、腐蚀<br>2. ECU内部故障 |
| C0056 | 系统继电器始终接通 | |
| C0061 | 左前加压电磁阀故障 | |
| C0062 | 左前泄放电磁阀故障 | |
| C0063 | 右前加压电磁阀故障 | |
| C0064 | 右前泄放电磁阀故障 | |
| C0065 | 左后加压电磁阀故障 | |
| C0066 | 左后泄放电磁阀故障 | |
| C0067 | 右后加压电磁阀故障 | |
| C0068 | 右后泄放电磁阀故障 | |
| C0091 | 减速时制动踏板无效 | 1. 制动灯开关输出电压低于制动要求<br>2. 制动灯开关故障 |
| C0093 | 前一个点火周期减速制动踏板无效 | 测试进行的最后时刻减速，探测到制动踏板无效 |
| C0094 | 无减速制动踏板一直有效故障 | 1. 制动灯开关故障<br>2. 线束故障 |
| C0095 | 制动灯开关开路 | 1. 一个或多个制动灯灯泡灯丝开路<br>2. 一个或多个制动灯灯泡或插座连接松动<br>3. 一个或多个制动灯接地松动或开路<br>4. 制动灯开关输入端子连接不良或开路<br>5. 制动灯开关输入电路开路 |
| C0118 | 左后加压电磁阀相关故障 | ECU内部故障 |
| C0121 | 右后加压电磁阀相关故障 | |
| C0122 | 泄放或前加压电磁阀相关故障 | |
| C0127 | 前一个点火周期无减速制动踏板一直有效故障 | 测试进行的最后时刻，探测到制动踏板一直应用 |
| C0151 | 左前轮泄放时间过长 | 1. 液压装置受到污染<br>2. 间歇性轮速传感器信号<br>3. 电磁阀粘住<br>4. 基本制动系统制动拖曳力过大或阻力大 |
| C0152 | 右前轮泄放时间过长 | |
| C0153 | 左后轮泄放时间过长 | |
| C0154 | 右后轮泄放时间过长 | |
| C0191 | 无泵电机起动电流 | 1. 泵电机线圈高阻抗<br>2. 泵电机接地高阻抗 |
| C0192 | 泵电机电流过载 | 1. 泵电机线圈低阻抗<br>2. 电机或泵没有被卡住，而需要额外转矩来转动 |
| C0194 | 泵电机电路电流短路 | 1. 泵电机线圈阻抗极低<br>2. 泵电机高电位端接地短路 |

## 三、ABS 动态测试

连上故障诊断仪，点火开关置 ON，根据测试仪上的显示进行“动态测试”，见表 7-4。

表 7-4 ABS 动态测试

| 项　　目 | 测试内容 | 诊断注释 |
|---|---|---|
| ABS 电磁线圈(LF Release) | 操作电磁线圈 ON 或 OFF | 可以听到电磁线圈工作的“咔哒”声 |
| ABS 电磁线圈(RF Release) | 操作电磁线圈 ON 或 OFF | 可以听到电磁线圈工作的“咔哒”声 |
| ABS 电磁线圈(LR Release) | 操作电磁线圈 ON 或 OFF | 可以听到电磁线圈工作的“咔哒”声 |
| ABS 电磁线圈(RR Release) | 操作电磁线圈 ON 或 OFF | 可以听到电磁线圈工作的“咔哒”声 |
| ABS 电磁线圈(LF Apply) | 操作电磁线圈 ON 或 OFF | 可以听到电磁线圈工作的“咔哒”声 |
| ABS 电磁线圈(RF Apply) | 操作电磁线圈 ON 或 OFF | 可以听到电磁线圈工作的“咔哒”声 |
| ABS 电磁线圈(LR Apply) | 操作电磁线圈 ON 或 OFF | 可以听到电磁线圈工作的“咔哒”声 |
| ABS 电磁线圈(RR Apply) | 操作电磁线圈 ON 或 OFF | 可以听到电磁线圈工作的“咔哒”声 |
| 电磁线圈继电器 | 操作电磁线圈继电器 ON 或 OFF | 可以听到电磁线圈继电器工作的“咔哒”声 |
| 带子脉电机继电器 | 操作 ABS 电机继电器 ON 或 OFF | 可以听到 ABS 电机继电器工作的“咔哒”声 |
| 带子脉警告灯 | 操作 ABS 警告灯 ON 或 OFF | 观察组合仪表 ABS 警告灯亮或灭 |
| 制动警告灯 | 操作制动警告灯 ON 或 OFF | 观察组合仪表制动警告灯亮或灭 |

## 四、零部件检查

1. 前轮速传感器

阻抗：$R=(1\,780\pm150)\ \Omega$　(20 ℃)。

感抗：$L=(800\pm100)\ \mathrm{mH}$　(1 kHz)。

信号电压峰一峰值：$U\mathrm{pp}=2.0\sim3.0\ \mathrm{V}$；　$U\mathrm{pp}=35\sim45\ \mathrm{V}$。

输出信号波形：如图 7-24a 所示，确定正常与否。

安装要求：如图 7-24b 所示，按规定力矩要求安装，传感器与信号齿间间隙要求 0.1～0.7 mm。

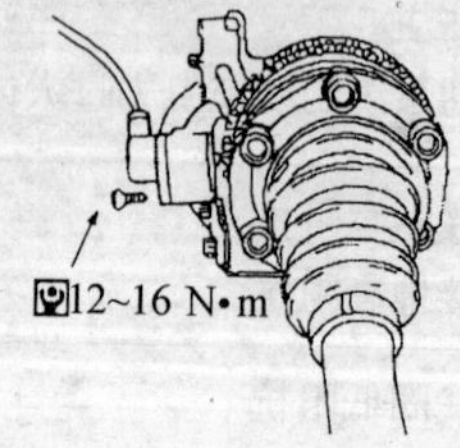


a）安装要求

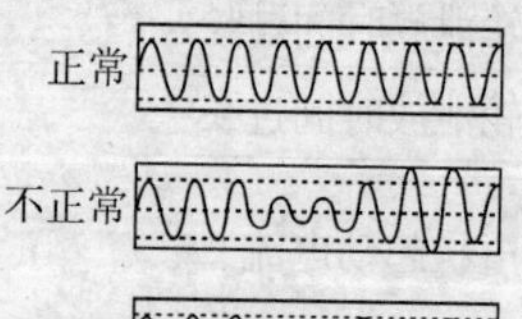


b）输出信号波形

图 7-24 前转速度传感器的检查

2. 后轮速传感器

阻抗：$R=$（1 200 ±100）Ω（20 ℃）。

安装要求：如图 7-25 所示，按规定要求安装 其余见“前轮速传感器”。

3. ECU 电气接口拆卸（图 7-26）。

沿图示 1 方向扳动自锁片 1，沿图示 2 方向卸下电气插接器。

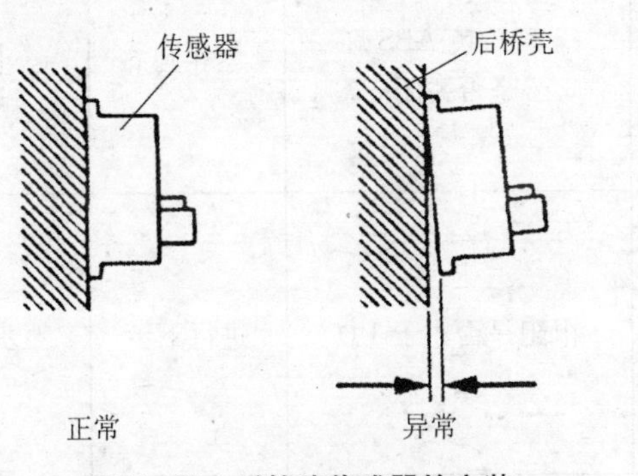

图 7-25 后轮速传感器的安装

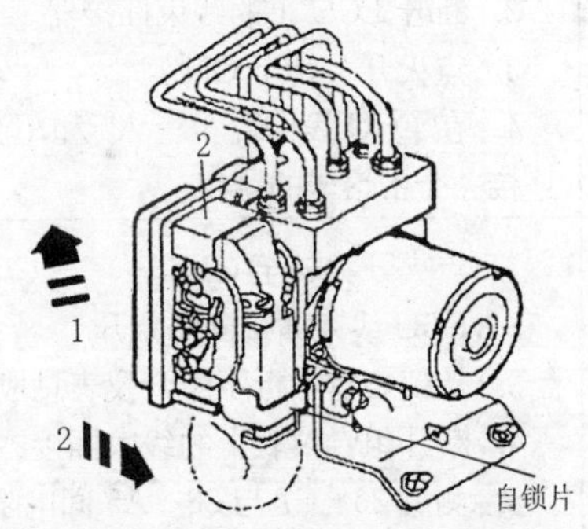

图 7-26 ECU 电气接口拆卸

# 第三节 防抱死制动系统故障码和电路检查

## 一、故障码 C0011 的检查

故障码 C0011 的相关电路。其插接器如图 7-27 所示。

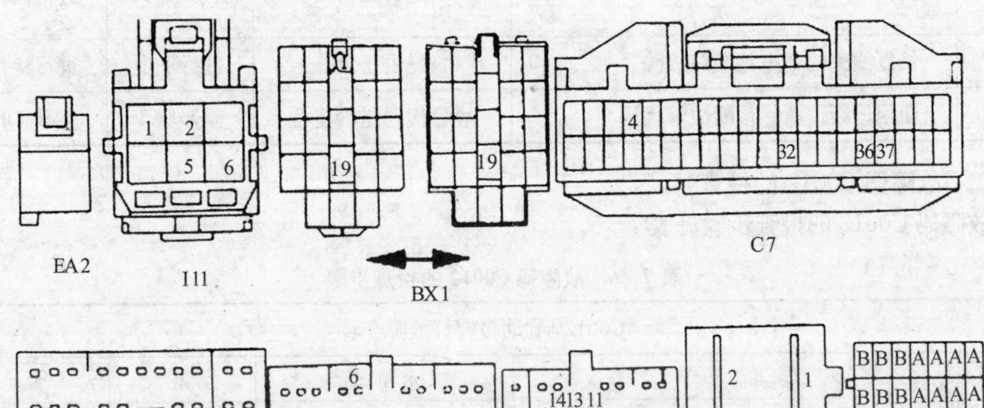

图 7-27 故障码 C0011 的相关插接器

故障码 C0011 的检查步骤见表 7-5。

表 7-5 故障码 C0011 的检查步骤

| C0011-ABS 报警灯故障 | | | | |
|---|---|---|---|---|
| 步骤 | 诊断动作 | 标准值 | 是 | 否 |
| 1 | 系统自诊断过程 | 是否完成 | 至步骤 2 | 至步骤 5 |

（续表）

| C0011 - ABS 报警灯故障 | | | | |
|---|---|---|---|---|
| 步骤 | 诊断动作 | 标准值 | 是 | 否 |
| 2 | 1. 点火开关转至 OFF<br>2. 断开 ECU 上的线束插接器<br>3. 点火开关转至 ON<br>4. 在 ECU 线束端 38 - A5 和车身之间连接一个带熔丝的跳线 | 琥珀色 ABS 灯是否关闭 | 至步骤 6 | 至步骤 3 |
| 3 | 1. 点火开关转至 OFF<br>2. ECU 线束插接器仍断开<br>3. 从仪表盘中拆下组合仪表总成<br>4. 断开组合仪表上的线束插接器<br>5. 测量 36 - C7 与 38 - A5 间电阻 | 电阻是否小于 1 Ω | 进行下步 | 至步骤 7 |
| 4 | 更换仪表总成 | 是否正常 | 至步骤 10 | 至步骤 7 |
| 5 | 执行对线路的诊断检查 | 是否完成 | 至步骤 1 | 检查 |
| 6 | 更换 ECU | 是否正常 | 至步骤 10 | 进行下步 |
| 7 | 在更换 ECU 之前需进行某些关于 ECU 接地的阻抗检测 | 电阻是否小于 1 Ω | 进行下步 | 至步骤 9 |
| 8 | 修复 ECU 与仪表之间的开路或高电阻故障 | 是否正常 | 至步骤 10 | 进行检修 |
| 9 | 修复线束的蓄电池短路故障 | 是否正常 | 进行下步 | 进行检修 |
| 10 | 使用诊断仪清除诊断故障代码 | 故障代码是否复位 | 至步骤 1 | 系统 OK |

## 二、故障码 C0012 的检查

故障码 C0012 的检查步骤见表 7 - 6。

**表 7 - 6 故障码 C0012 的检查步骤**

| C0012 - 制动报警灯故障 | | | | |
|---|---|---|---|---|
| 步骤 | 诊断动作 | 标准值 | 是 | 否 |
| 1 | 系统自诊断过程 | 是否完成 | 进行下步 | 至步骤 4 |
| 2 | 1. 蓄电池负荷测试<br>2. 充电系统负荷测试 | 电压是否在 10～14 V | 进行下步 | 至步骤 5 |
| 3 | 1. 点火开关转至 OFF<br>2. 断开 ECU 上的线束插接器<br>3. 检测 ECU 线束端 1 - A5 与车身阻抗是否小于 1 Ω<br>4. 检测 ECU 线束端 46 - A5 与车身电压是否为 10～14 V<br>5. 点火开关转至 ON<br>6. 检测 ECU 线束端 16 - A5 与车身电压是否为 10～14 V | 是否正常 | 至步骤 8 | 至步骤 6 |

(续表)

| C0012 -制动报警灯故障 | | | | |
|---|---|---|---|---|
| 步骤 | 诊断动作 | 标准值 | 是 | 否 |
| 4 | 执行系统诊断电路检查 | 是否完成 | 至步骤1 | 检查 |
| 5 | 修复蓄电池或充电系统 | 是否正常 | 至步骤10 | 至步骤3 |
| 6 | 修复配线或插接器 | 是否正常 | 至步骤10 | 进行下步 |
| 7 | 检修蓄电池负极线与ECU线束插接器1-A5间电阻高故障 | 是否正常 | 至步骤10 | 进行下步 |
| 8 | 检修ECU端子25-A5低电压故障 | 是否正常 | 至步骤10 | 进行下步 |
| 9 | 更换ECU | 是否正常 | 进行下步 | 更换组合表 |
| 10 | 使用诊断仪清理诊断故障代码 | 故障代码是否复位 | 至步骤1 | 系统OK |

## 三、故障码C0014的检查

故障码C0014的检查步骤见表7-7。

**表7-7 故障码C0014的相关电路的检查步骤**

| C0014 -系统继电器接触开 | | | | |
|---|---|---|---|---|
| 步骤 | 诊断动作 | 标准值 | 是 | 否 |
| 1 | 系统自诊断过程 | 是否完成 | 进行下步 | 至步骤4 |
| 2 | 1. 蓄电池负荷测试<br>2. 充电系统负荷测试 | 电压是否在10～14 V | 进行下步 | 至步骤5 |
| 3 | 1. 点火开关转至OFF<br>2. 断开ECU上的线束插接器<br>3. 检测ECU线束端1-A5与车身阻抗是否小于1 Ω<br>4. 检测ECU线束端46-A5与车身电压是否为10～14 V<br>5. 点火开关转至ON<br>6. 检测ECU线束端16-A5与车身电压是否为10～14 V | 是否正常 | 至步骤9 | 至步骤6 |
| 4 | 进行系统诊断电路检查 | 是否完成 | 至步骤1 | 检查 |
| 5 | 修复蓄电池或充电系统 | 是否正常 | 至步骤10 | 至步骤3 |
| 6 | 修复配线或插接器 | 是否正常 | 至步骤10 | 进行下步 |
| 7 | 检修蓄电池负极线与ECU线束插接器1-A5间电阻高故障 | 是否正常 | 至步骤10 | 进行下步 |
| 8 | 检修ECU端子16、46-A5电压低故障 | 是否正常 | 至步骤10 | 进行下步 |
| 9 | 更换ECU | 是否正常 | 进行下步 | |
| 10 | 使用诊断仪清理诊断故障代码 | 故障代码是否复位 | 至步骤1 | 系统OK |

## 四、故障码 C0017 的检查

故障码 C0017 的检查步骤见表 7－8。

**表 7－8　故障码 C0017 的检查步骤**

| C0017－泵电机电源电路开路 | | | | |
|---|---|---|---|---|
| 步骤 | 诊断动作 | 标准值 | 是 | 否 |
| 1 | 系统自诊断过程 | 是否完成 | 进行下步 | 至步骤 4 |
| 2 | 1. 点火开关转至 OFF<br>2. 断开 ECU 上的线束插接器<br>3. 检测 ECU 线束端 1、31－A5 与车身阻抗是否小于 1 Ω<br>4. 检测 ECU 线束端 46－A5 与车身电压是否为 10～14 V | 是否正常 | 至步骤 5 | 进行下步 |
| 3 | 检修蓄电池负极和 ECU 线束端 46－A5 之间高电阻或开路的故障 | 是否正常 | 至步骤 6 | 至步骤 5 |
| 4 | 进行系统诊断电路检查 | 是否完成 | 至步骤 1 | 检查 |
| 5 | 更换 ECU | 是否正常 | 进行下步 | |
| 6 | 使用诊断仪清理诊断故障代码 | 故障代码是否复位 | 至步骤 1 | 系统 OK |

## 五、故障码 C0018 的检查

故障码 C0018 的检查步骤见表 7－9。

**表 7－9　故障码 C0018 的检查步骤**

| C0018－泵电机与蓄电池短路或电机接地开路/高阻抗 | | | | |
|---|---|---|---|---|
| 步骤 | 诊断动作 | 标准值 | 是 | 否 |
| 1 | 系统自诊断过程 | 是否完成 | 进行下步 | 至步骤 6 |
| 2 | 1. 点火开关转至 OFF<br>2. 断开 ECU 上的线束插接器<br>3. 检测 ECU 线束端 1、31－A5 与车身阻抗是否小于 1 Ω<br>4. 检测 ECU 线束端 46－A5 与车身电压是否为 10～14 V | 是否正常 | 进行下步 | 至步骤 7 |
| 3 | 1. 从 HCU 上拆下 ECU<br>2. 检查 ECU 至 HCU 的插接器是否有损坏、锈蚀、接触不良或制动液冒出等情况 | 是否正常 | 至步骤 6 | 至步骤 9 |
| 4 | 检测 HCU 的端子 1 和 2 之间电阻 | 是否小于 2 Ω | 至步骤 7 | 至步骤 10 |
| 5 | 更换 ECU | 是否正常 | 至步骤 11 | 进行下步 |
| 6 | 进行系统诊断电路检查 | 是否完成 | 至步骤 1 | 检查 |

（续表）

| C0018-泵电机与蓄电池短路或电机接地开路/高阻抗 | | | | |
|---|---|---|---|---|
| 步骤 | 诊断动作 | 标准值 | 是 | 否 |
| 7 | 检修ECU端子31－A5接地电路断路的故障 | 是否完成 | 至步骤11 | 进行下步 |
| 8 | 修复不良接地连接 | 是否完成 | 至步骤11 | 进行下步 |
| 9 | 1. 如果出现损坏或锈蚀，必要时更换ECU或HCU<br>2. 如果出现制动液泄漏，更换ECU和HCU | 是否完成 | 至步骤11 | 进行下步 |
| 10 | 修复HCU | 是否完成 | 至步骤11 | 进行下步 |
| 11 | 使用诊断仪清理诊断故障代码 | 故障代码是否复位 | 至步骤1 | 系统OK |

## 六、故障码C0021的检查

C0021的检查步骤见表7－10。

**表7－10 故障码C0021的检查步骤**

| C0021-左前轮速传感器输入信号为0 kph | | | | |
|---|---|---|---|---|
| 步骤 | 诊断动作 | 标准值 | 是 | 否 |
| 1 | 系统自诊断过程 | 是否完成 | 进行下步 | 至步骤11 |
| 2 | 1. 点火开关转至OFF<br>2. 检查左前轮速传感器、线束和齿环外观 | 是否有物理损伤 | 至步骤12 | 进行下步 |
| 3 | 检查DTC－C0021显示状态 | 是否为当前代码 | 至步骤12 | 进行下步 |
| 4 | 1. 连接故障诊断仪，并选择数据清单，监控轮速传感器<br>2. 以24 km/h的速度试车，后缓慢将车速减到零，重复几次 | C0021是否复位或左前轮速是否突然下降到零 | 进行下步 | 至步骤14 |
| 5 | 1. 停车，熄火，点火开关转至OFF<br>2. 抬升并适当支撑车辆<br>3. 断开ECU上的线束插接器<br>4. 将电压表连接到ECU线束端子28和27上<br>5. 选择交流毫伏标度<br>6. 旋转左前车轮，观察电压表（轮速增加时，电压应当增加） | 输出应至少100 mV | 至步骤15 | 进行下步 |
| 6 | 1. 从左前轮速传感器上断开线束插接器<br>2. 将欧姆表连接到左前轮速传感器的两个端子之间 | 是否为（1 780±150）Ω | 进行下步 | 至步骤16 |

（续表）

| C0021-左前轮速传感器输入信号为 0 kph | | | | |
|---|---|---|---|---|
| 步骤 | 诊断动作 | 标准值 | 是 | 否 |
| 7 | 1. 左前轮速传感器线束插接器仍然断开<br>2. 将电压表连接到左前轮速传感器的两个端子之间<br>3. 选择交流毫伏标度<br>4. 旋转左前车轮，观察电压表（轮速增加时，电压应当增加） | 输出应至少 100 mV | 进行下步 | 至步骤 16 |
| 8 | 1. 左前轮速传感器线束插接器仍然断开<br>2. ECU 线束插接器仍与 ECU 断开<br>3. 将欧姆表连接到 ECU 线束端子 28-A5 和 27-A5 上 | 电阻值是否大于 1 MΩ | 进行下步 | 至步骤 17 |
| 9 | 1. ECU 线束插接器仍与 ECU 断开<br>2. 左前轮速传感器线束插接器仍然断开<br>3. 将欧姆表一端连接到 ECU 线束端子 27-A5 上，另一端接到轮速传感器线束接插件端子 2-A6 | 电阻值是否小于 1 Ω | 进行下步 | 至步骤 18 |
| 10 | 1. ECU 线束插接器仍与 ECU 断开<br>2. 左前轮速传感器线束插接器仍然断开<br>3. 将欧姆表一端连接到 ECU 线束端子 28-A5 上，另一端接到轮速传感器线束接插件端子 1-A6 | 电阻值是否小于 1 Ω | 至步骤 15 | 至步骤 19 |
| 11 | 进行此故障树之前，进行诊断电路检查 | 是否完成 | 至步骤 1 | 检查 |
| 12 | 检修已损坏的左前轮速传感器或齿圈 | 是否损坏 | 至步骤 20 | 至步骤 15 |
| 13 | 检测之前，对诊断故障代码 C0021 进行诊断 | 是否存在 | 进行下步 | 至步骤 4 |
| 14 | 诊断故障代码 C0021 是间歇性的 | 是否存在 | 进行下步 | 至步骤 4 |
| 15 | 更换 ECU | 是否修复 | 至步骤 20 | 进行下步 |
| 16 | 更换左前轮速传感器 | 是否修复 | 至步骤 20 | 进行下步 |
| 17 | 查找并维修两端子 27-A5、28-A5 之间的短路故障 | 是否修复 | 至步骤 20 | 进行下步 |
| 18 | 维修端子 27-A5 与 2-A6 之间的开路或高阻抗 | 是否修复 | 至步骤 20 | 进行下步 |
| 19 | 维修端子 28-A5 与 1-A6 之间的开路或高阻抗 | 是否修复 | 进行下步 | |
| 20 | 使用诊断仪清理诊断故障代码 | 故障代码是否复位 | 至步骤 1 | 系统 OK |

## 七、故障码 C0022、C0023、C0024 的检查

故障码 C0022、C0023、C0024 的检查原理和步骤与检查故障码 C0021 相同。右前轮速传感器与 ECU 的线束端子 39 - A5、24 - A5 相连，轮速传感器电阻值为（1 780±150）Ω；左后轮速传感器与 ECU 的线束端子 13 - A5、12 - A5 相连，轮速传感器电阻值为（1 200±120）Ω；右后轮速传感器与 ECU 的线束端子 42 - A5、43 - A5 相连，轮速传感器电阻值为（1 200±120）Ω。

## 八、故障码 C0025 的检查

故障码 C0025 的检查步骤见表 7 - 11。

**表 7 - 11 故障码 C0025 的检查步骤**

| C0025 -左前轮速传感器轮速变化过大 | | | | |
|---|---|---|---|---|
| 步骤 | 诊断动作 | 标准值 | 是 | 否 |
| 1 | 系统自诊断过程 | 是否完成 | 进行下步 | 至步骤 11 |
| 2 | 检查 DTC - C0025 显示状态 | 是否为当前代码 | 至步骤 12 | 进行下步 |
| 3 | 1. 点火开关转至 OFF<br>2. 检查左前轮速传感器外观<br>3. 检查左前轮速传感器信号齿圈外观 | 是否有物理损伤 | 至步骤 13 | 进行下步 |
| 4 | 1. 停车，熄火，点火开关转至 OFF<br>2. 连接故障诊断仪，并选择数据清单，监控轮速传感器<br>3. 起动发动机，车辆不移动<br>4. 轻轻踩下油门踏板，以提高发动机空转速度 | C0025 是否复位或此时轮速传感器是否有信号 | 至步骤 14 | 进行下步 |
| 5 | 1. 连接故障诊断仪，并选择数据清单，监控轮速传感器<br>2. 进行试车，至最大极限速度，后慢慢减速到零，重复几次 | C0025 是否复位或此时与其他车轮信号相比，变化是否超过5 km/h | 进行下步 | 至步骤 15 |
| 6 | 1. 停车，点火开关转至 OFF<br>2. 抬升并适当支撑车辆<br>3. 从左前轮速传感器上断开线束<br>4. 将欧姆表连接到左前轮速传感器的两个端子 1 - A6、2 - A6 上，测量阻值 | 阻值是否为（1 780±150）Ω | 进行下步 | 至步骤 16 |
| 7 | 1. 轮速传感器仍与线束断开<br>2. 将电压表连接到左前轮速传感器的两个端子上<br>3. 选择交流毫伏标度<br>4. 旋转左前轮，同时观察量表上电压 | 输出应至少 100 mV | 进行下步 | 至步骤 16 |
| 8 | 1. 断开 ECU 上的线束插接器<br>2. 将欧姆表一端连接到 ECU 线束端子 28 - A5 上，另一端接到轮速传感器线束接插件端子 1 - A6 | 阻值是否小于 1 Ω | 进行下步 | 至步骤 17 |

（续表）

| C0025 -左前轮速传感器轮速变化过大 | | | | |
|---|---|---|---|---|
| 步骤 | 诊断动作 | 标准值 | 是 | 否 |
| 9 | 1. 断开 ECU 上的线束插接器<br>2. 将欧姆表一端连接到 ECU 线束端子 27 - A5 上，另一端接到轮速传感器线束接插件端子 2 - A6 | 阻值是否小于 1 Ω | 进行下步 | 至步骤 18 |
| 10 | 1. 断开 ECU 上的线束插接器<br>2. 将欧姆表连接到 ECU 线束端子 28 - A5 和 27 - A5 上 | 电阻值是否大于 1 MΩ | 至步骤 20 | 至步骤 19 |
| 11 | 进行此故障树之前，进行诊断电路检查 | 是否完成 | 至步骤 1 | 检查 |
| 12 | 在作 C0025 故障图表之前，制作 C0025 诊断图表 | 是否完成 | 至步骤 1 | 制作 |
| 13 | 维修已损坏的左前轮速传感器或齿圈 | 是否修复 | 至步骤 21 | 至步骤 16 |
| 14 | 检查左前 ABS 模块线束有无潜在点火噪声源，诸如火花塞导线等 | 是否存在 | 至步骤 21 | 至步骤 16 |
| 15 | 诊断故障代码 C0021 是间歇性的 | 是否存在 | 进行下步 | 至步骤 4 |
| 16 | 更换左前轮速传感器 | 是否修复 | 至步骤 21 | 进行下步 |
| 17 | 维修端子 28 - A5 与 2 - A6 之间的开路或高电阻 | 是否修复 | 至步骤 21 | 进行下步 |
| 18 | 维修端子 27 - A5 与 1 - A6 之间的开路或高电阻 | 是否修复 | 至步骤 21 | 进行下步 |
| 19 | 维修端子 28 - A5 和端子 27 - A5 之间的短路故障 | 是否修复 | 至步骤 21 | 进行下步 |
| 20 | 更换 ECU | 是否修复 | 进行下步 | |
| 21 | 使用诊断仪清理诊断故障代码 | 故障代码是否复位 | 至步骤 1 | 系统 OK |

## 九、故障码 C0026、C0027、C0028 的检查

故障码 C0026、C0027、C0028 的检查原理和步骤与检查故障码 C0025 相同。

## 十、故障码 C0032 的检查

故障码 C0032 的检查步骤见表 7 - 12。

**表 7 - 12　故障码 C0032 的检查步骤**

| C0032 -左前轮速传感器电路开路或短路 | | | | |
|---|---|---|---|---|
| 步骤 | 诊断动作 | 标准值 | 是 | 否 |
| 1 | 系统自诊断过程 | 是否完成 | 进行下步 | 至步骤 13 |
| 2 | 1. 点火开关转至 OFF<br>2. 检查左前轮速传感器和齿圈外观 | 是否有物理损伤 | 至步骤 14 | 进行下步 |

（续表）

| C0032 -左前轮速传感器电路开路或短路 | | | | |
|---|---|---|---|---|
| 步骤 | 诊断动作 | 标准值 | 是 | 否 |
| 3 | 在各种车速和路面上进行试车 | C0032 是否复位 | 进行下步 | 至步骤 15 |
| 4 | 1. 停车，点火开关转至 OFF<br>2. 抬升并适当支撑车辆<br>3. 从左前轮速传感器上断开线束插接器<br>4. 将欧姆表连接到左前轮速传感器的端子 1 - A6 和 2 - A6 上，测量阻值 | 阻值是否为（1 780±150）Ω | 进行下步 | 至步骤 16 |
| 5 | 1. 轮速传感器仍与线束断开<br>2. 将欧姆表一端连接到左前轮速传感器的端子 2 - A6 上，另一端连接到车身，测量阻值 | 电阻值是否大于 1 MΩ | 进行下步 | 至步骤 16 |
| 6 | 1. 断开 ECU 上的线束插接器<br>2. 将欧姆表一端连接到 ECU 线束端子 28 - A5 上，另一端接到轮速传感器线束接插件端子 1 - A6，测量阻值 | 阻值是否小于 1 Ω | 进行下步 | 至步骤 17 |
| 7 | 1. 断开 ECU 上的线束插接器<br>2. 轮速传感器仍与线束断开<br>3. 将欧姆表一端连接到 ECU 线束端子 27 - A5 上，另一端接到轮速传感器线束接插件端子 2 - A6，测量阻值 | 阻值是否小于 1 Ω | 进行下步 | 至步骤 18 |
| 8 | 1. 断开 ECU 上的线束插接器<br>2. 轮速传感器仍与线束断开<br>3. 将电压表一端连接到 ECU 线束端子 28 - A5，另一端接到车身，测量电压 | 电压是否小于 1 V | 进行下步 | 至步骤 19 |
| 9 | 1. 断开 ECU 上的线束插接器<br>2. 轮速传感器仍与线束断开<br>3. 将电压表一端连接到 ECU 线束端子 27 - A5，另一端接到车身，测量电压 | 电压是否小于 1 V | 进行下步 | 至步骤 20 |
| 10 | 1. 断开 ECU 上的线束插接器<br>2. 轮速传感器仍与线束断开<br>3. 将欧姆表一端连接到 ECU 线束端子 28 - A5 上，另一端连接到车身，测量阻值 | 电阻值是否大于 1 MΩ | 进行下步 | 至步骤 21 |
| 11 | 1. 断开 ECU 上的线束插接器<br>2. 轮速传感器仍与线束断开<br>3. 将欧姆表一端连接到 ECU 线束端子 27 - A5 上，另一端连接到车身，测量阻值 | 电阻值是否大于 1 MΩ | 进行下步 | 至步骤 22 |

(续表)

| C0032 -左前轮速传感器电路开路或短路 | | | | |
|---|---|---|---|---|
| 步骤 | 诊断动作 | 标准值 | 是 | 否 |
| 12 | 1. 断开 ECU 上的线束插接器<br>2. 轮速传感器仍与线束断开<br>3. 将欧姆表一端连接到 ECU 线束端子 27- A5上,另一端接到 ECU 线束端子28- A5,测量阻值 | 电阻值是否大于1MΩ | 至步骤 24 | 至步骤 23 |
| 13 | 进行此故障树之前，进行诊断电路检查 | 是否完成 | 至步骤 1 | 检查 |
| 14 | 维修损坏的左前轮速传感器或齿圈 | 是否修复 | 至步骤 25 | 至步骤 3 |
| 15 | DTC C0032 是否间歇性的 | 是否存在 | 进行下步 | 进行下步 |
| 16 | 更换左前轮速传感器 | 是否修复 | 至步骤 25 | 进行下步 |
| 17 | 维修端子 28 - A5 与 1 - A6 之间的开路或高电阻 | 是否修复 | 至步骤 25 | 进行下步 |
| 18 | 维修端子 27 - A5 与 2 - A6 之间的开路或高电阻 | 是否修复 | 至步骤 25 | 进行下步 |
| 19 | 维修端子 28 - A5 与 1 - A6 之间对电压短路 | 是否修复 | 至步骤 25 | 进行下步 |
| 20 | 维修端子 27 - A5 与 2 - A6 之间对电压短路 | 是否修复 | 至步骤 25 | 进行下步 |
| 21 | 维修端子 28 - A5 与 1 - A6 之间接地短路 | 是否修复 | 至步骤 25 | 进行下步 |
| 22 | 维修端子 27 - A5 与 2 - A6 之间接地短路 | 是否修复 | 至步骤 25 | 进行下步 |
| 23 | 维修端子 27 - A5 和 28 - A5 之间的短路故障 | 是否修复 | 至步骤 25 | 进行下步 |
| 24 | 更换 ECU | 是否修复 | 进行下步 | |
| 25 | 使用诊断仪清理诊断故障代码 | 故障代码是否复位 | 至步骤 1 | 系统 OK |

## 十一、故障码 C0033、C0034、C0035 的检查

故障码 C0033、C0034、C0035 的检查原理和步骤与检查故障码 C0032 相同。

## 十二、故障码 C0036 的检查

故障码 C0036 的检查步骤见表 7 - 13。

**表 7 - 13　故障码 C0036 检查步骤**

| C0036 -系统低电压 | | | | |
|---|---|---|---|---|
| 步骤 | 诊断动作 | 标准值 | 是 | 否 |
| 1 | 系统自诊断过程 | 是否完成 | 进行下步 | 至步骤 6 |

(续表)

| C0036 -系统低电压 | | | | |
|---|---|---|---|---|
| 步骤 | 诊断动作 | 标准值 | 是 | 否 |
| 2 | 1. 蓄电池负荷测试<br>2. 充电系统负荷测试 | 电压是否在 10～14 V | 进行下步 | 至步骤 7 |
| 3 | 1. 点火开关转至 OFF<br>2. 断开蓄电池正、负极线<br>3. 断开 ECU 上的线束插接器<br>4. 检查相应配线连接情况 | 是否接触不良 | 进行下步 | 至步骤 8 |
| 4 | 1. 断开 ECU 上的线束插接器<br>2. ECU 上的线束插接器仍断开<br>3. 在 ECU 线束端子 1 - A5 和蓄电池负极线束之间连接一个欧姆表，测量电阻 | 电阻是否小于 1 Ω | 进行下步 | 至步骤 9 |
| 5 | 1. 连上蓄电池正、负极线<br>2. ECU 上的线束插接器仍断开<br>3. 点火开关转至 ON<br>4. 用电压表测量 ECU 线束端子 16 - A5 和 46 - A5 的电压值 | 电压是否在 10～14 V | 至步骤 11 | 至步骤 10 |
| 6 | 进行此故障树之前，进行诊断电路检查 | 是否完成 | 至步骤 1 | 检查 |
| 7 | 修复蓄电池或充电系统 | 是否正常 | 至步骤 12 | 进行下步 |
| 8 | 修复线束或插接器 | 是否正常 | 至步骤 12 | 进行下步 |
| 9 | 检修蓄电池负极线束和 ECU 线束插接器之间高阻抗的故障 | 是否正常 | 至步骤 12 | 进行下步 |
| 10 | 检修 ECU 端子低电压的故障 | 是否正常 | 至步骤 12 | 进行下步 |
| 11 | 更换 ECU | 是否正常 | 进行下步 | |
| 12 | 使用诊断仪清理诊断故障代码 | 故障代码是否复位 | 至步骤 1 | 系统 OK |

## 十三、故障码 C0037 的检查

故障码 C0037 的检查步骤见表 7 - 14。

**表 7 - 14 故障码 C0037 的检查步骤**

| C0037 -系统高电压 | | | | |
|---|---|---|---|---|
| 步骤 | 诊断动作 | 标准值 | 是 | 否 |
| 1 | 系统自诊断过程 | 是否完成 | 进行下步 | 至步骤 4 |
| 2 | 1. 在蓄电池正极与负极之间连一个电压表<br>2. 关掉所有配件<br>3. 起动发动机<br>4. 发动机以 2 000 r/min 的速度运行几秒钟的情况下，监控电压表的电压 | 电压是否小于 16.0 V | 进行下步 | 至步骤 5 |

（续表）

| C0037-系统高电压 | | | | |
|---|---|---|---|---|
| 步骤 | 诊断动作 | 标准值 | 是 | 否 |
| 3 | 1. 连接故障诊断仪，并选择ABS数据清单<br>2. 发动机以2 000 r/min的速度运行几秒钟的情况下，监控ABS数据清单上蓄电池电压值 | 电压是否小于16.0 V | 至步骤6 | 至步骤7 |
| 4 | 进行此故障树之前，进行诊断电路检查 | 是否完成 | 至步骤1 | 检查 |
| 5 | 检修起动和充电系统 | 是否正常 | 至步骤8 | 至步骤7 |
| 6 | 是否状况间歇性的 | 是否存在 | 至步骤2 | 至步骤7 |
| 7 | 更换ECU | 是否正常 | 进行下步 | |
| 8 | 使用诊断仪清理诊断故障代码 | 故障代码是否复位 | 至步骤1 | 系统OK |

## 十四、故障码C0042的检查

故障码C0042的检查步骤见表7-15。

**表7-15 故障码C0042的检查步骤**

| C0042-泵电动机电路开路 | | | | |
|---|---|---|---|---|
| 步骤 | 诊断动作 | 标准值 | 是 | 否 |
| 1 | 系统自诊断过程 | 是否完成 | 进行下步 | 至步骤4 |
| 2 | 1. 点火开关转至OFF<br>2. 断开ECU上的线束插接器<br>3. 从HCU上拆下ECU<br>4. 检查ECU至HCU的插接器有无出现损坏、腐蚀、端子接触不良或制动液泄漏的情况 | 是否完好 | 进行下步 | 至步骤5 |
| 3 | 将欧姆表连接到HCU的端子1和2上，测量电阻 | 是否小于2 Ω | 至步骤6 | 至步骤7 |
| 4 | 进行此故障树之前，进行诊断电路检查 | 是否完成 | 至步骤1 | 检查 |
| 5 | 1. 若存在损坏或腐蚀，更换ECU或HCU<br>2. 若存在制动液泄漏，更换ECU和HCU | 是否存在 | 至步骤8 | 进行下步 |
| 6 | 更换ECU | 是否修复 | 至步骤8 | 进行下步 |
| 7 | 更换HCU | 是否修复 | 进行下步 | |
| 8 | 使用诊断仪清理诊断故障代码 | 故障代码是否复位 | 至步骤1 | 系统OK |

## 十五、故障码 C0055、C0056 等的检查

故障码 C0055、C0056、C0061、C0062、C0063、C0064、C0065、C0066、C0067、C0068 的检查步骤见表 7－16。

**表 7－16 故障码 C0055、C0056 等的检查步骤**

| C0055－ECU 内部故障 | | | | |
|---|---|---|---|---|
| 步骤 | 诊断动作 | 标准值 | 是 | 否 |
| 1 | 系统自诊断过程 | 是否完成 | 进行下步 | 至步骤 5 |
| 2 | 1. 连接故障诊断仪<br>2. 在发动机关闭的情况下，将点火开关转至 ON<br>3. 利用故障诊断仪，观察诊断故障代码（DTC）信息 | 是否有其他 DTC | 至步骤 6 | 进行下步 |
| 3 | 1. 点火开关转至 OFF<br>2. 断开 ECU 上的线束插接器<br>3. 检查插接器有无损坏、腐蚀和端子接触不良 | 是否完好 | 至步骤 7 | 进行下步 |
| 4 | 更换 ECU | 是否修复 | 至步骤 8 | 进行下步 |
| 5 | 进行此故障树之前，进行诊断电路检查 | 是否完成 | 至步骤 1 | 检查 |
| 6 | 为其他诊断故障代码进行有关的诊断故障代码的诊断 | 是否正常 | 至步骤 2 | 进行下步 |
| 7 | 根据需要进行故障检修 | 是否修复 | 进行下步 | |
| 8 | 使用诊断仪清理诊断故障代码 | 故障代码是否复位 | 至步骤 1 | 系统 OK |

## 十六、故障码 C0091、C0093 等的检查

故障码 C0091、C0093、C0094、C0095 的检查步骤见表 7－17。

**表 7－17 故障码 C0091、C0093、C0094、C0095 的检查步骤**

| C0091、C0093、C0094、C0095 | | | | |
|---|---|---|---|---|
| 步骤 | 诊断动作 | 标准值 | 是 | 否 |
| 1 | 系统自诊断过程 | 是否完成 | 进行下步 | 至步骤 5 |
| 2 | 踏下制动踏板，检查制动灯工作情况 | 是否有不亮 | 至步骤 6 | 进行下步 |
| 3 | 1. 点火开关转至 OFF<br>2. 断开 ECU 上的线束插接器<br>3. 用电压表检测 ECU 线束端子 41－A5 与车身接地间的电压 | 是否小于 1 V | 进行下步 | 至步骤 7 |
| 4 | 更换 ECU | 是否修复 | 至步骤 8 | 进行下步 |
| 5 | 进行制动电路检测 | 是否完好 | 进行下步 | 至步骤 2 |

（续表）

| C0091、C0093、C0094、C0095 | | | | |
|---|---|---|---|---|
| 步骤 | 诊断动作 | 标准值 | 是 | 否 |
| 6 | 检修不亮的灯泡电路是否有接触不良 | 是否修复 | 至步骤 8 | 进行下步 |
| 7 | 检查所有后制动灯回路有无连接不良或高电阻，ECU 的 5 V 参照电压有无接到小于 2 V 的低电压上 | 是否修复 | 进行下步 | |
| 8 | 使用诊断仪清理诊断故障代码 | 故障代码是否复位 | 至步骤 1 | 系统 OK |

## 十七、故障码 C0127 的检查

故障码 C0127 的检查步骤见表 7－18。

**表 7－18　故障码 C0127 的检查步骤**

| C0127－前一个点火周期无减速制动踏板一直有效故障 | | | | |
|---|---|---|---|---|
| 步骤 | 诊断动作 | 标准值 | 是 | 否 |
| 1 | 比作系统自诊断过程 | 是否完成 | 进行下步 | 至步骤 5 |
| 2 | 踏下制动踏板，检查制动灯工作情况 | 是否有不亮 | 至步骤 6 | 进行下步 |
| 3 | 1. 点火开关转至 OFF<br>2. 断开 ECU 上的线束插接器<br>3. 用电压表检测 ECU 端子 41－A5 与车身接地间的电压 | 电压是否小于 2 V | 进行下步 | 至步骤 7 |
| 4 | 更换 ECU | 是否修复 | 至步骤 2 | 进行下步 |
| 5 | 进行制动电路检测 | 是否完好 | 进行下步 | 系统 OK |
| 6 | 踩下制动踏板时，检修不亮的灯泡电路是否有接触不良 | 是否修复 | 至步骤 8 | 进行下步 |
| 7 | 检查所有后制动灯回路有无连接不良或高电阻，ECU 的 5 V 参照电压有无接到小于 2 V 的低电压上 | 是否修复 | 进行下步 | |
| 8 | 使用诊断仪清理诊断故障代码 | 故障代码是否复位 | 至步骤 1 | 系统 OK |

# 第八章　大众高尔夫车系制动系统的故障检修

## 第一节　制动防抱死系统的故障维修

### 一、制动防抱死系统说明

集成 EPS 传感器的 ABS Mark60ECABS 制动系统呈对角分布。真空制动助力器通过气动方式产生制动力助力。配备 ABS 的汽车上没有机械式制动力调节器。控制单元内的专用软件负责后轮制动力的分配。ABS 的故障不会影响常规制动系统。没有 ABS 时普通制动系统也能正常工作。必须考虑到制动特性已经改变。ABS 指示灯亮起后，后轮制动时可能提前抱死！左置方向盘车辆上 ABS 的布置如图 8-1 所示。其控制单元结构如图 8-2 所示。控制单元 1 和液压单元 2 和组成一个单元。只能在已拆卸的状态下将两者分开。不允许将液压泵 3 从液压单元上脱开。

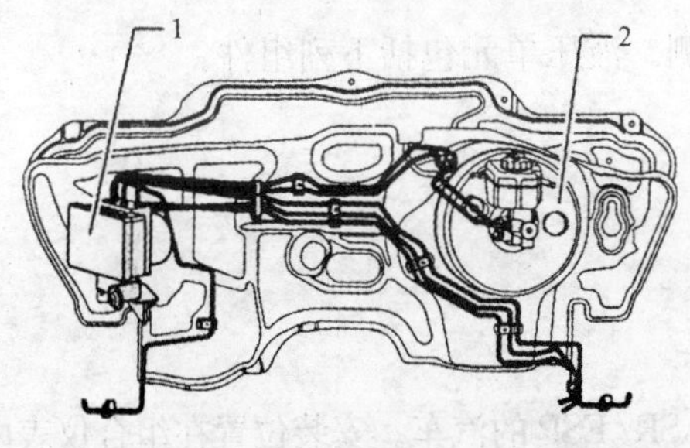


**图 8-1　左置方向盘车辆上 ABS 的布置**

1—液压单元和控制单元；2—制动助力器

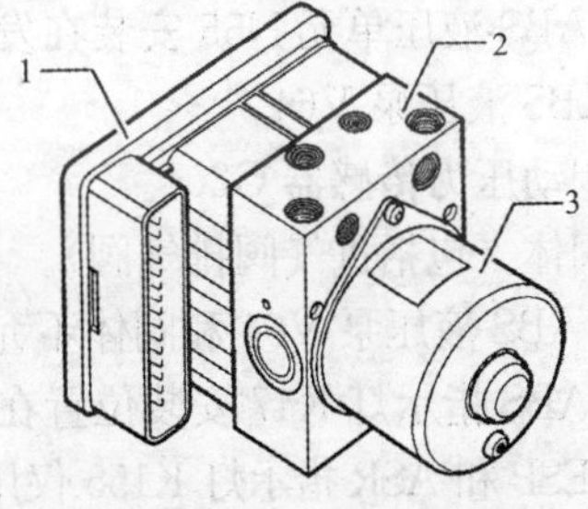


**图 8-2　控制单元的结构**

1—控制单元；2—液压单元；3—液压泵

### 二、连接汽车诊断系统、测量和信息系统 VAS5051B 或汽车诊断和保养系统 VAS5052A 并选择功能

1. 所需要的专用工具和维修设备

(1) 汽车诊断系统、测量和信息系统 VAS5051B，或汽车诊断和保养信息系统 VAS5052A。VAS5051B 的结构如图 8-3 所示。

(2) 诊断导线 VAS5051/6A 如图 8-4 所示。

(3) 蓄电池电压至少 11.5 V。

(4) 电路的所有熔丝正常。

2. 汽车诊断系统、测量和信息系统 VAS5051B 或汽车诊断和保养系统 VAS5052A 的连接与功能的选择

首先连接汽车诊断系统、测量和信息系统（VAS5051B）或汽车诊断和保养信息系统（VAS5052A），如图 8-5 所示。打开点火开关触摸显示屏上的“引导型故障查询”依次选择：品牌、型号、年款、版本和发动机代码并确定车辆标识。请等待，直到测试仪完成对汽车中所有控制单元的查询。按下按钮“跳转”，并选择“功能或部件选择”。在显示屏上选择“悬架”。

在显示屏上选择显示的“功能”。汽车上制动防抱死系统的所有可选功能都已出现在显示屏上。在显示屏上选择需要的功能。

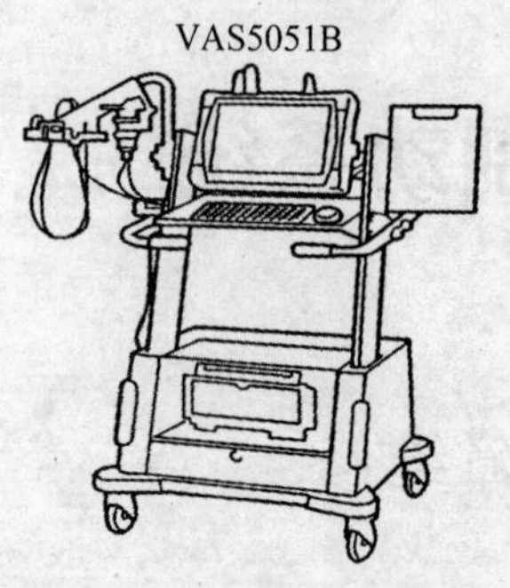


图 8-3　VAS5051B 的结构

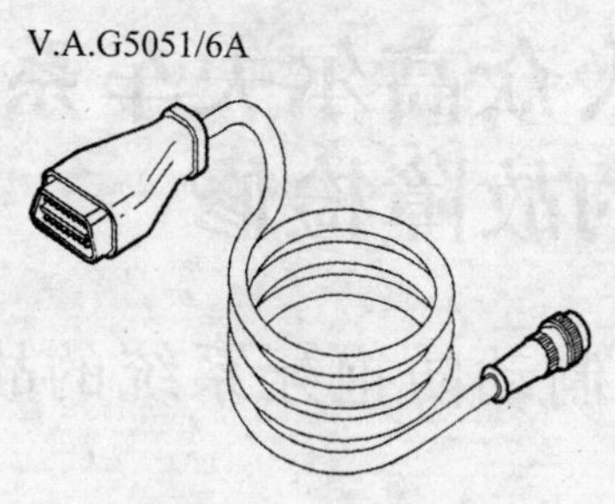


图 8-4　诊断导线

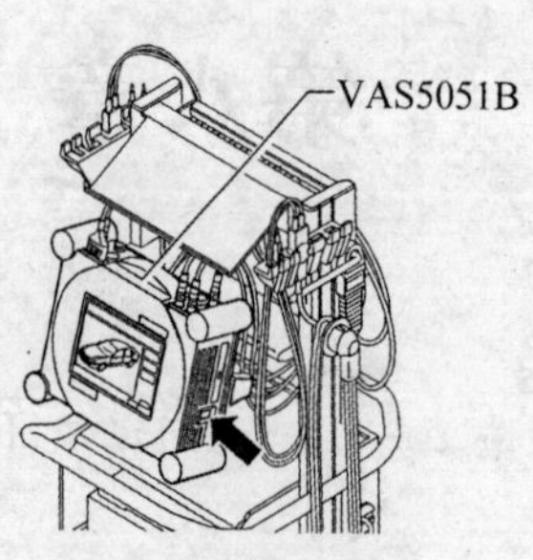


图 8-5　诊断系统的连接

### 三、电气或电子零件及安装位置

(1) ABS 控制单元 J104 安装位置在发动机舱的右侧液压单元上。自诊断完成前不能脱开插头连接。脱开插头连接前必须关闭点火开关，控制单元内集成有下列部件：

① 横向加速度传感器 G200。

② 偏转率传感器 G202。

③ 纵向加速度传感器 G251。

(2) ABS 液压单元 N55 安装在发动机舱内的右侧。液压单元包括下列组件：

① ABS 液压泵 V64。

② 制动压力传感器 G201。

③ 阀体（包括进气阀排气阀）。

注：ABS 液压泵 V64 和阀体不允许相互分离。

(3) ABS 指示灯 K47 安装位置在组合仪表内。

(4) ESP 和 ASR 指示灯 K155 仅用于装备 ABS/ASR/ESP 的汽车。安装位置在组合仪表内。

(5) 制动系统指示灯 K118 安装位置在组合仪表内。

(6) 制动摩擦片指示灯 K32 安装位置在组合仪表内。

(7) 诊断接口安装位置在驾驶员侧脚部空间盖板。

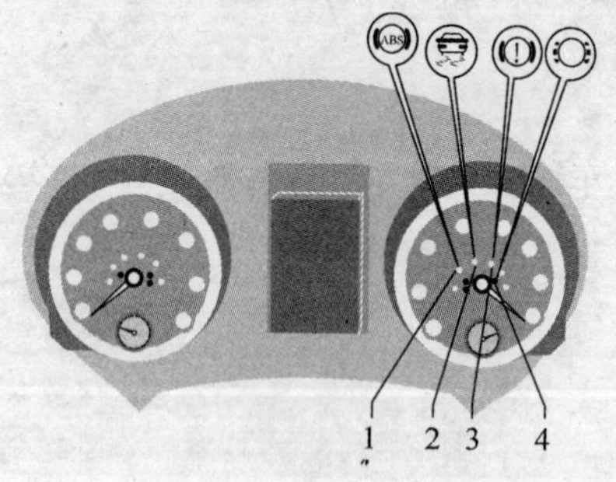


图 8-6　用来显示故障的指示灯位置

1—ABS 指示灯 K47；
2—驱动防滑系统指示灯 K86，ESP 和 ASR 指示灯 K155；
3—制动系统指示灯 K118；
4—制动摩擦片指示灯 K32 不同的安装位置

(8) ASR 和 ESP 按钮 E256 仅用于装备 ABS/ASR/ESP 的汽车。安装位置在中控台内。

(9) 转向角传感器 G85 在配备第三代电子机械式转向系的汽车上，转向角传感器位于转向器内。

(10) 右后/左后转速传感器 G44/G46

(11) 车轮轴承/轮毂单元，ABS 感应齿圈安装在车轮轴承内。

(12) 车轮轴承/轮毂单元，ABS 感应齿圈安装在车轮轴承内。

(13) 右前/左前转速传感器 G45/G47。

(14) 制动信号灯开关，包括制动踏板开关 F47，安装位置在制动主缸上。

### 四、通过指示灯显示故障

用来显示故障的指示灯位置如图 8-6 所示。

1. 制动摩擦片指示灯 K32

制动摩擦片指示灯 K32 在打开点火开关 3 s 后不熄灭或行驶期间亮起，可能的故障原因如下：

(1) 制动摩擦片磨损过度。应检查前后制动摩擦片，如果摩擦片磨损过度，则更换制动摩擦片。

(2) 布线中存在故障，应按电路查寻故障。

2. ABS 指示灯 K47

ABS 指示灯 K47 在打开点火开关且检测过程结束后仍不熄灭，可能的故障原因如下：

(1) 供电电压低于 10 V。

(2) ABS 有故障。

(3) 在上次汽车起动后转速传感器出现暂时性故障。在这种情况下，汽车重新起动且车速超过 20 km/h 后 ABS 指示灯自动熄灭。

(4) 在组合仪表到 ABS 控制单元 J104 的连接断路。

(5) 组合仪表损坏。

3. ABS 指示灯 K47 和制动系统指示灯 K118

若 ABS 指示灯 K47 熄灭，但制动系统指示灯 K118 亮起，可能的故障原因如下：

(1) 手动变速器被拉紧。

(2) 制动液液位过低（指示灯闪烁）。打开点火开关后报警声响起三次。

(3) 制动系统指示灯 K118 的线路出现故障。

如果 ABS 指示灯 K47 和制动系统指示灯 K118 一起亮起，说明 ABS 系统有故障。必须考虑到制动特性已经改变。

4. 驱动防滑系统指示灯 K86

如果驱动防滑系统指示灯 K86 在点火开关打开并在检测结束后不熄灭，可能的故障原因如下：

(1) ASR 按钮 E256 内对正极短路。

(2) 驱动防滑系统指示灯 K86 控制器中存在故障。

(3) ASR 系统已通过 ASR 按钮 E256 关闭。

如果驱动防滑系统指示灯 K86 在行驶期间闪烁，则说明 ASR 系统运行正常；如果驱动防滑系统指示灯 K86 在自检期间未曾亮起，则存在的故障是驱动防滑系统指示灯 K86 损坏，并进行电气检测。

5. ESP 和 ASR 指示灯 K155

如果 ESP 和 ASR 指示灯 K155 在点火开关打开并在检测结束后不熄灭，可能的故障原因如下：

(1) ASR 和 ESP 按钮 E256 中对正极短路。

(2) 在 ESP 和 ASR 指示灯 K155 控制电路中存在故障。

(3) ASR/ESP 系统已通过 ASR 和 ESP 按钮 E256 关闭。

如果 ESP 和 ASR 指示灯 K155 在行驶期间闪烁，说明 ASR 或 ESP 系统运行正常；如果 ESP 和 ASR 指示灯 K155 在自检期间未曾亮起，则存在的故障是 ESP 和 ASR 指示灯 K155 损坏，并进行电气检测。

## 五、前后轮上的 ABS 装置部件的拆装

前轮上的 ABS 装置部件如图 8-7 所示。

1. 前轮上的转速传感器的拆装

(1) 拆卸方法。拆卸部件位置如图 8-8 所示。

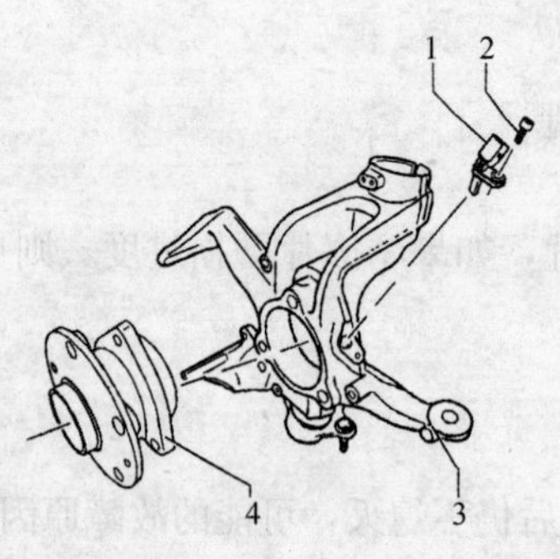


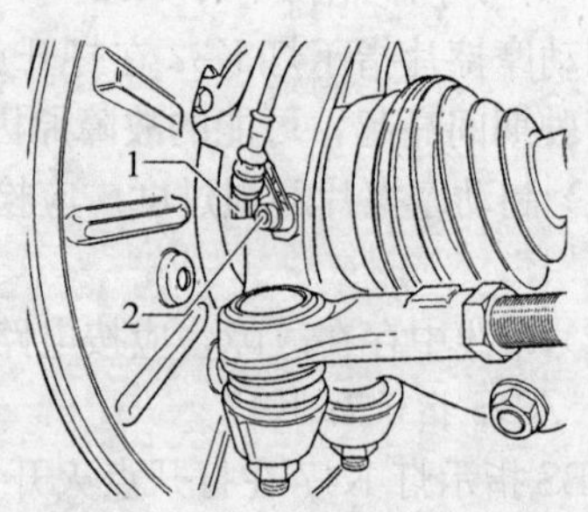


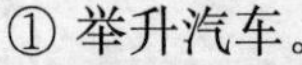

**图 8-7 前轮上的 ABS 装置部件**

1—ABS 转速传感器；2—内六角螺栓；
3—车轮轴承支架；4—车轮轴承/轮毂单元

**图 8-8 拆卸部件位置**

1—连接插头；2—螺栓

① 举升汽车。

② 脱开转速传感器上的连接插头 1。

③ 从车轮轴承壳体中拧出螺栓 2。

④ 将 ABS 转速传感器从车轮轴承壳体中拉出。

(2) 安装方法。

① 在装入转速传感器前要清洁孔的内表面，用热的螺栓膏 G052 112A3 涂抹转速传感器一圈。

② 将转速传感器装入车轮轴承壳体的孔中，并用 8 N·m的力矩拧紧螺栓。

③ 连接转速传感器插头。

2. 后轮上的转速传感器的卸装

后轮上的转速传感器位置如图 8-9 所示。

(1) 拆卸部件位置如图 8-10 所示。

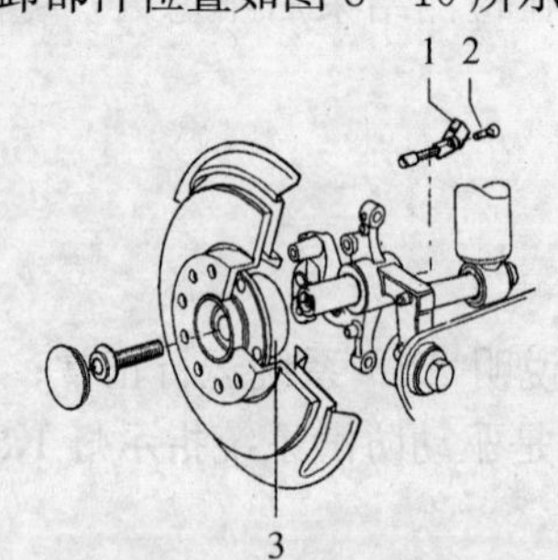


**图 8-9 转速传感器的位置**

1—ABS 转速传感器；2—同六角螺栓；
3—车轮轴承/轮毂单元

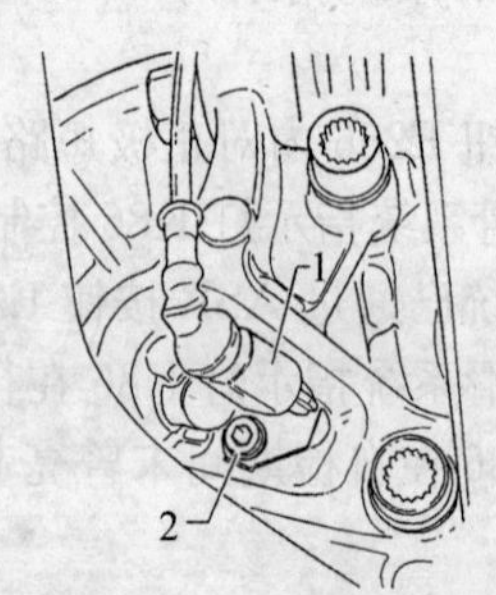


**图 8-10 拆卸部件位置**

1—连接插头；2—螺栓

(2) 拆卸方法。

① 举升汽车。

② 脱开转速传感器上的连接插头 1。

③ 从车轮轴承支架中拧出螺栓 2。

④ 将 ABS 转速传感器从车轮轴承支架中拉出。

(3) 安装方法。

① 在装入转速传感器前要清洁孔的内表面，用热的螺栓膏 G052 112A3 涂抹转速传感器一圈。

② 将转速传感器装入车轮轴承支架的孔中，并用 8 N·m 的力矩拧紧螺栓。

③ 连接转速传感器插头。

# 第二节 制动器和制动机构的故障检修

## 一、维修前轮制动器

1. 制动摩擦片的拆装

(1) 拆卸方法：拆卸时应在继续使用的制动摩擦片上做好标记。在相同的部位重新安装，否则制动效果不均匀。

① 拆下车轮。

② 脱开制动摩擦片磨损显示的连接插头，如图 8－11 所示。

③ 拆下盖罩，如图 8－12 所示。

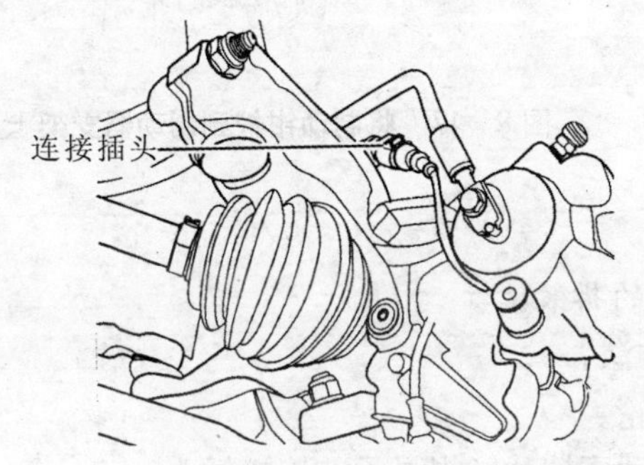


图 8－11 脱开制动摩擦片磨损显示的连接插头

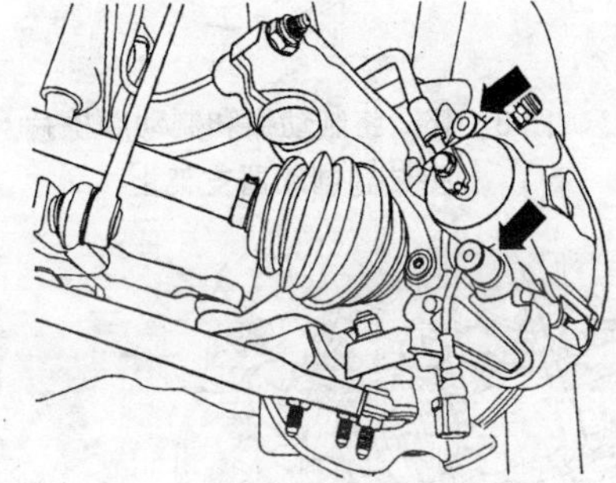

图 8－12 拆下盖罩箭头

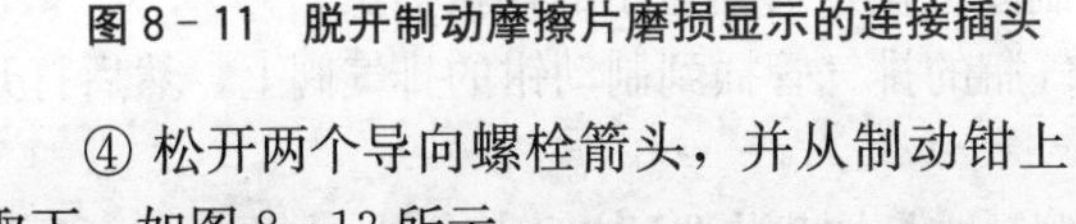

④ 松开两个导向螺栓箭头，并从制动钳上取下，如图 8－13 所示。

⑤ 取下制动钳并用钢丝固定，避免制动软管因承受制动钳的重量而损坏。

⑥ 从制动钳中取同制动摩擦片。

(2) 安装方法：用活塞复位装置将活塞压入气缸前，必须从制动液储液罐内吸出制动液。否则，如果在此期间添加制动液，制动液会溢出并造成损坏。

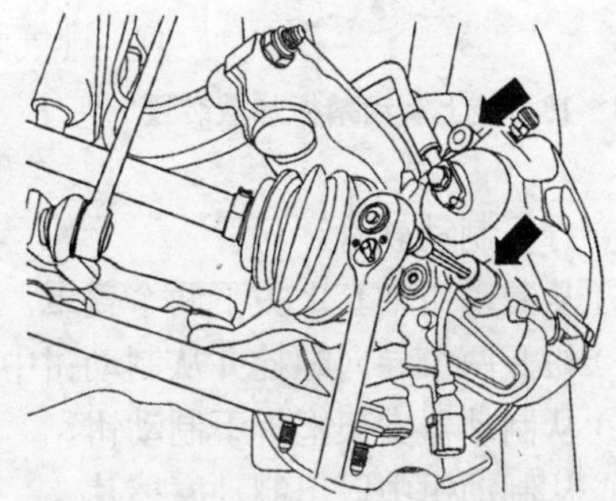

图 8－13 松开两个导向螺栓箭头

① 活塞复位，如图 8－14 所示。

② 用止动弹簧将内部制动摩擦片（活塞侧）1 和外部制动摩擦片 2 安装在制动钳内，如图 8－15 所示。

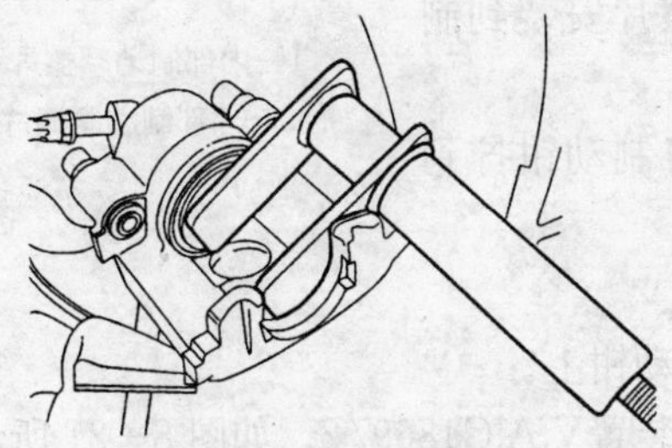

图 8－14 活塞复位

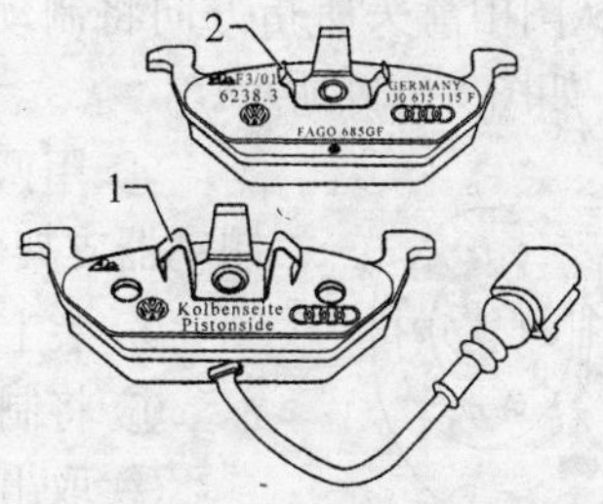


图 8－15 用止动弹簧将内部制动摩擦片

1—内部制动摩擦片；2—外部制动摩擦片

③ 首先从图中箭头所指位置将制动钳和制动摩擦片安装到制动器支架上，如图 8－16 所示。

④ 用两个导向螺栓的箭头方向将制动钳拧到制动器支架上，如图 8－17 所示。

⑤ 装上两个盖罩。

⑥ 连接制动摩擦片磨损显示的连接插头。

⑦ 安装车轮。

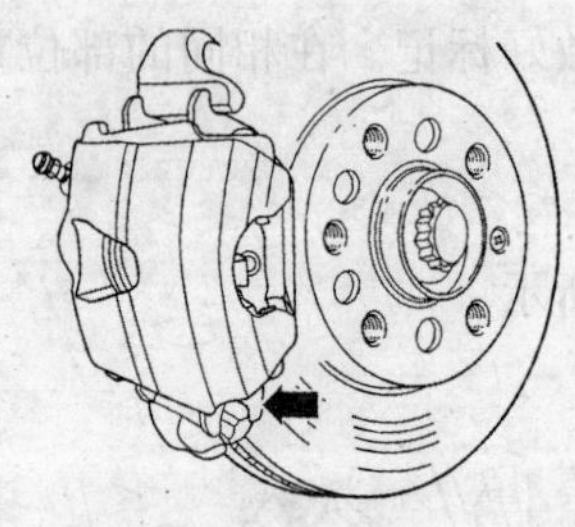

图 8－16 将制动钳和制动摩擦片安装到制动器支架上

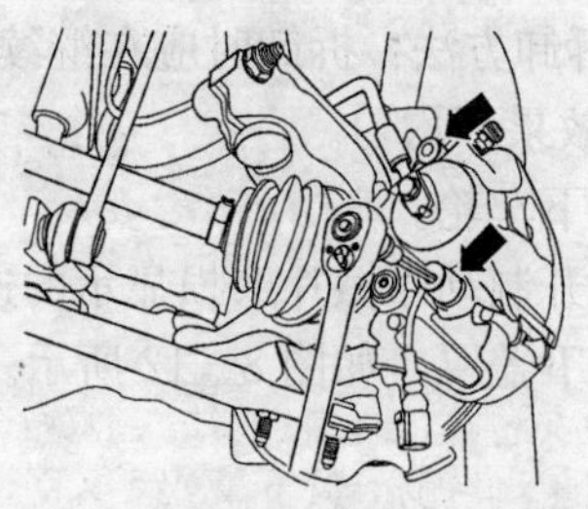

图 8－17 将制动钳拧到制动器支架上

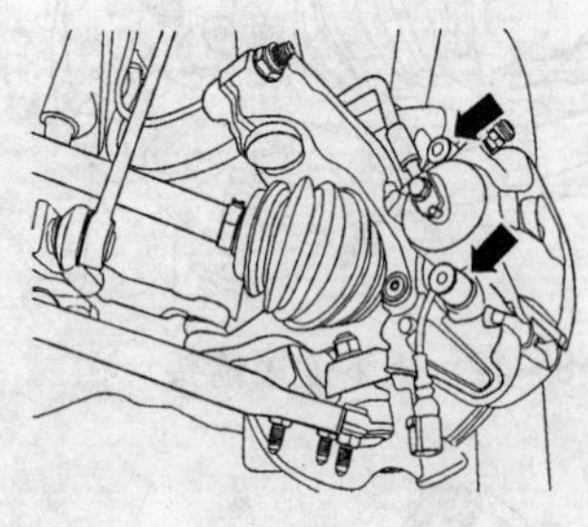

图 8－18 装上制动踏板加载装置

2. 制动钳的拆装

(1) 拆卸方法。

① 拆下车轮。

② 脱开制动摩擦片磨损显示的连接插头。

③ 将排气瓶的排气管插到制动钳的排气阀上，然后打开排气阀。

④ 装上制动踏板加载装置V.A.G1869/2，如图8－18所示。

⑤ 关闭排气阀并取下排气瓶。

⑥ 拧下制动软管。

⑦ 从制动钳轴套上拔下两个盖罩。

⑧ 松开两个导向螺栓并从制动钳中取出。

⑨ 从制动器支架上拆下制动钳。

⑩ 从制动钳中取出制动摩擦片。

(2) 安装方法。

① 压回活塞。

② 用止动弹簧将内部制动摩擦片（活塞侧）1 和外部制动摩擦片 2 安装在制动钳内，如图8－19所示。

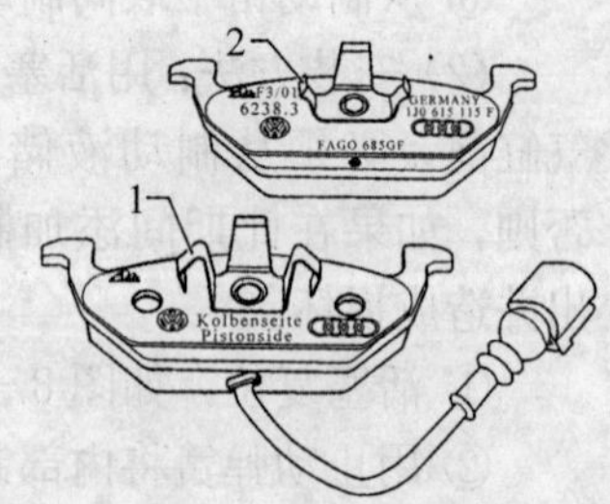


图 8－19 摩擦片的安装

1—内部制动摩擦片；

2—外部制动摩擦片

③ 首先从图中箭头所指方向将制动钳和制动摩擦片安装到制动器支架上，如图 8－20 所示。

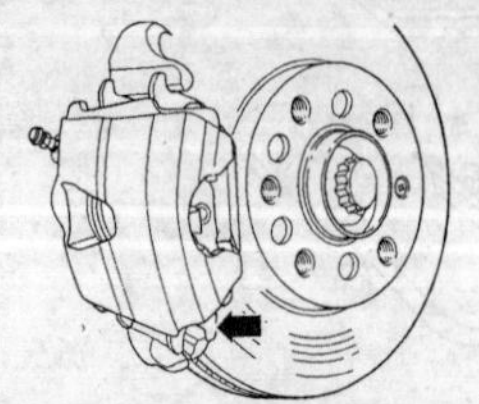

图 8－20 安装制动钳和制动摩擦片

④ 用两个导向螺栓将制动钳拧到制动器支架上。

⑤ 装上两个盖罩。

⑥ 将制动软管拧到制动钳上。

⑦ 取出制动踏板加载装置V.A.G1869/2，如图 8－21 所示。

⑧ 连接制动摩擦片磨损显示的连接插头。

⑨ 制动系统排气。

⑩ 安装车轮。

3. 前轮制动摩擦片的拆装

(1) 拆卸方法。拆卸时需要继续使用的制动摩擦片上做好标记。在相同的部件重新安装，否则制动效果不均匀！前轮制动器和制动钳 FN3 如图8-22 所示。

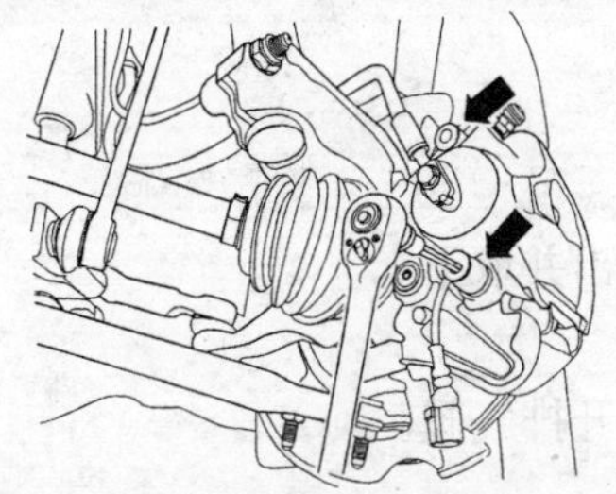

图 8-21 取出制动踏板加载装置

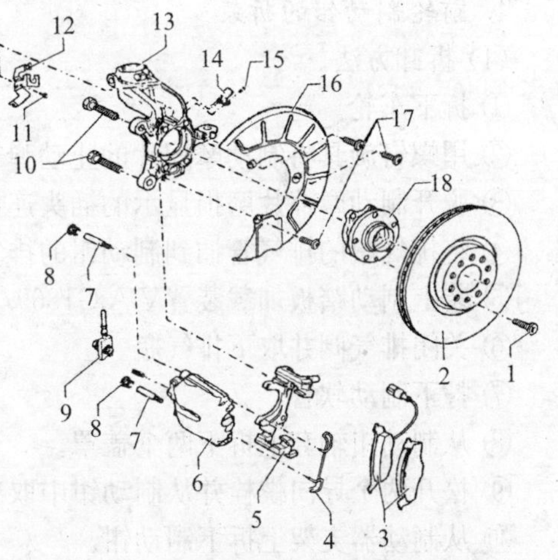


图 8-22 前轮制动器和制动钳 FN3

1—星形螺栓；2—制动盘；3—制动摩擦片；4—止动弹簧；5—制动器支架；6—制动钳；7—导向螺栓；8—盖罩；9—带环形插头和带孔螺栓的制动软管；10—带筋螺栓；11—螺栓；12—支架；13—车轮轴承壳体；14—ABS 转速传感器；15—内六角螺栓；16—盖板；17—星形螺栓；18—车轮轴承/轮毂单元

① 拆下车轮。

② 用螺钉旋具将制动摩擦片的止动弹簧从制动钳箭头处撬出并取下，如图 8-23 所示。

③ 脱开制动摩擦片磨损显示的插头连接。

④ 拆下盖罩如图 8-24 所示。

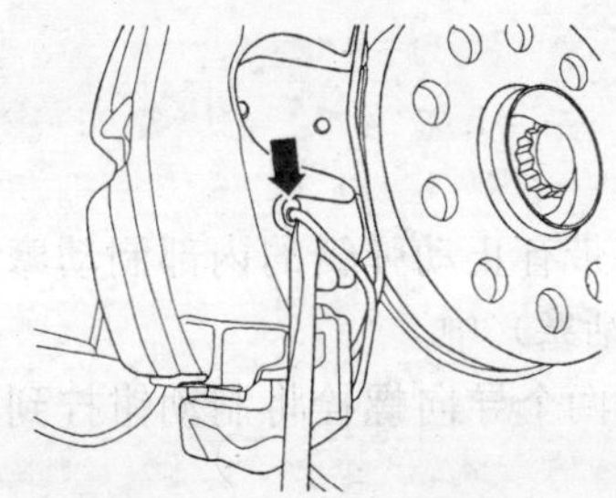

图 8-23 止动弹簧的取出

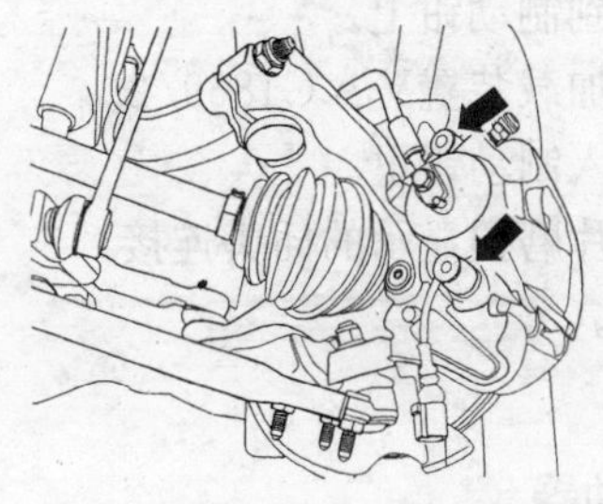

图 8-24 拆下盖罩

⑤ 松开两个导向螺栓，并从制动钳上取出。

⑥ 将制动钳从制动器支架上取出，取下制动片。

⑦ 将制动钳用钢丝固定，避免制动软管承受制动钳的重量损坏。

⑧ 彻底清洁制动器支架上制动摩擦片的支撑面。

⑨ 清洁制动钳，尤其是制动摩擦片的黏接表面必须无残留黏接剂和油脂。

(2) 安装方法。在用活塞复位装置将活塞压入气缸前，必须从制动液储液罐内吸出制动液。否则，如果在此期间添加制动液，制动液会溢出并造成损坏。

① 活塞复位。

② 取下外侧制动摩擦片背板上的保护膜。

③ 将外侧制动摩擦片安装在制动器支架上。

④ 将带有止动弹簧的内部制动摩擦片装入制动钳（活塞）中。

⑤ 用两个导向螺栓往箭头方向将制动钳拧到制动器支架上，如图 8-25 所示。

⑥ 装上两个盖罩。

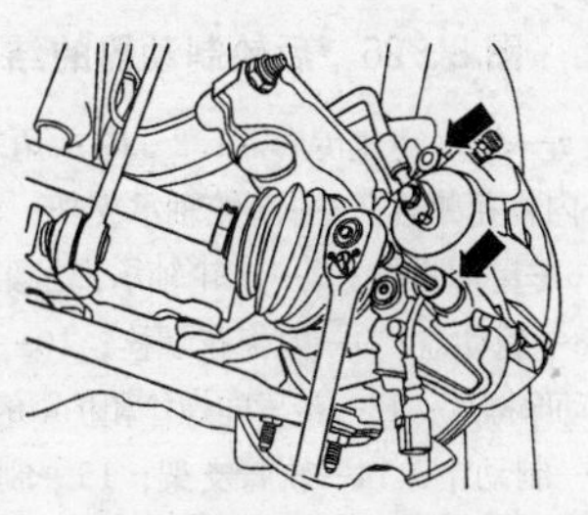

图 8-25 安装制动钳拧到制动器支架上

⑦ 将止动弹簧装入制动钳里。

⑧ 连接制动摩擦片磨损显示的插头连接。

⑨ 安装车轮。

4. 前轮制动钳的拆装

(1) 拆卸方法。

① 拆下车轮。

② 用螺钉旋具将制动摩擦片的止动弹簧从制动钳中撬出并取下。

③ 脱开制动摩擦片磨损显示的插头连接。

④ 将排气瓶的排气管插到制动钳的排气阀上，然后打开排气阀。

⑤ 装上制动踏板加载装置V.A.G1869/2。

⑥ 关闭排气阀并取下排气瓶。

⑦ 拧下制动软管。

⑧ 从制动钳轴套上拆下两个盖罩。

⑨ 松开两个导向螺栓并从制动钳中取出。

⑩ 从制动器支架上拆下制动钳。

⑪ 从制动钳中取出制动摩擦片。

(2) 安装方法。

① 压回活塞。

② 外部制动摩擦片位于制动器支架上。

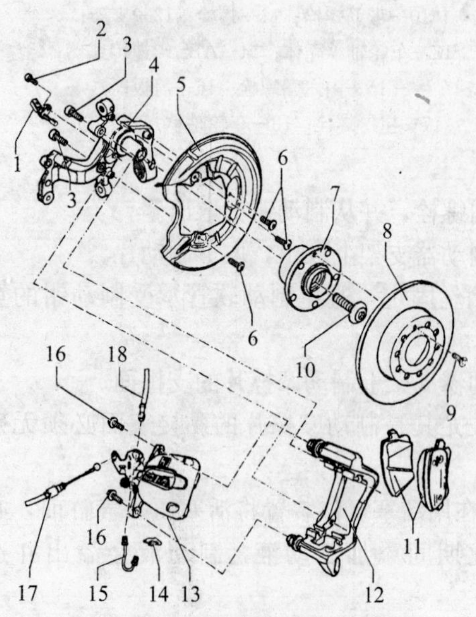


**图 8-26 后轮制动器的结构**

1—ABS转速传感器；2—内六角螺栓；3—内梅花螺栓；4—车轮轴承支架；5—盖板；6—星形螺栓；7—车轮轴承/轮毂单元；8—制动盘；9—内梅花螺栓；10—螺栓；11—制动摩擦片；12—带导向螺栓和护罩的制动器支架；13—制动钳；14—软管支架；15—制动管路；16—自锁式六角螺栓；17—驻车制动拉线；18—制动软管

③ 将带有止动弹簧的内部制动摩擦片装入制动钳（活塞）中。

④ 用两个导向螺栓将制动钳拧到制动器支架上。

⑤ 装上两个盖罩。

⑥ 将制动软管拧到制动钳上。

⑦ 取出制动踏板加载装置V.A.G1869/2。

⑧ 将止动弹簧装入制动钳里。

⑨ 连接制动摩擦片磨损显示的插头连接。

⑩ 制动系统排气。

⑪ 安装车轮。

## 二、维修后轮制动器

后轮制动器的结构如图 8-26 所示。

1. 后轮制动摩擦片的拆装

(1) 拆卸方法。拆卸前要在继续使用的制动摩擦片上做好标记，在相同的部位重新安装，否则制动效果不均匀！

① 拆下车轮。

② 固定导向螺栓，从制动钳上拧下紧固螺栓，如图 8-27 所示。

③ 取下制动钳并用钢丝固定，避免制动软管承受制动钳的重要损坏。

④ 取出制动摩擦片。

⑤ 清洁制动器支架上制动摩擦片的支撑面。

⑥ 清洁制动钳，尤其是制动摩擦片的黏接表面必须无残留黏接剂和油脂。

(2) 安装方法。活塞复位前用排气瓶从制动液储液罐中抽吸一些制动液。否则，如果在此期间添加过制动液，制动液会溢出并造成损坏。

① 向右旋转复位及旋出工具的手柄，使滚花轮连接到复位活塞上，同时注意不要损坏护罩。

② 拧入时应使用专用工具。活塞活动不灵活时，可将一个开口扳手（扳手开口度 13）置于规定的扳手平面上箭头 A，如图 8－28 所示。

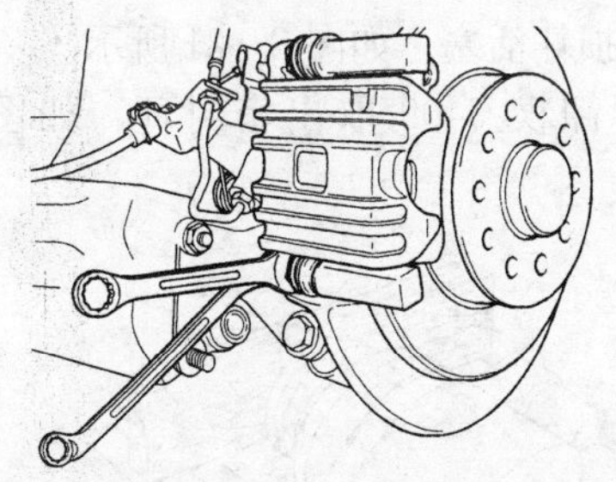

图 8－27 从制动钳上拧下紧固螺栓

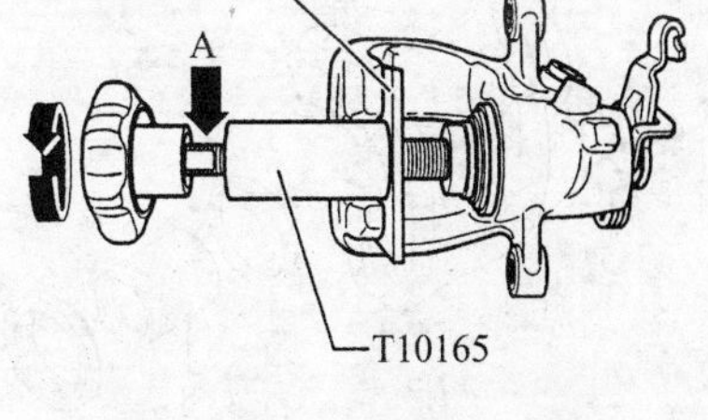


图 8－28 开口扳手的位置

③ 从制动摩擦片的背板上拉下保护膜。

④ 将制动摩擦片装入制动钳，如图 8－29 所示。安装制动钳时要注意，在到达正确的安装位置前不要黏接制动摩擦片与制动钳。

⑤ 用新的自锁式螺栓固定制动钳。维修套件中包括四个需安装的自锁式六角螺栓。

⑥ 安装车轮。

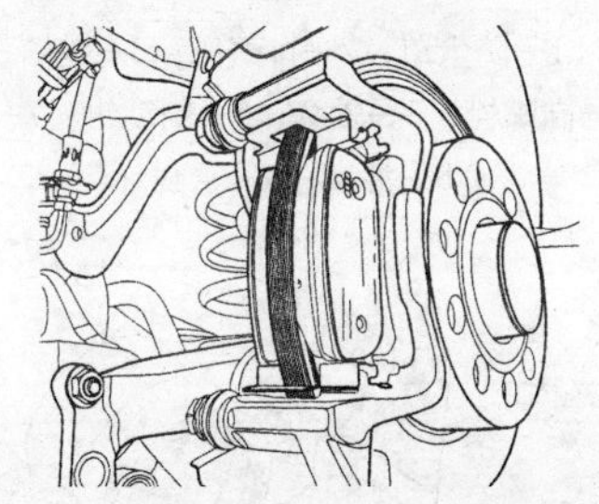

图 8－29 将制动摩擦片装入制动钳

2. 后轮制动钳的拆装

(1) 拆卸方法。

① 拆下车轮。

② 从制动钳拉杆上取下驻车制动器拉线。

③ 按下弹簧卡，并从制动钳支架中拔出驻车制动器拉索。

④ 将排气瓶的排气管插到制动钳的排气阀上，然后打开排气阀。

⑤ 装上制动踏板加载装置V.A.G1869/2。

⑥ 关闭排气阀并取下排气瓶。

⑦ 拧下制动管。

⑧ 固定导向螺栓，从制动钳上拧下两个紧固螺拴。

⑨ 从制动器支架上拆下制动钳。

(2) 安装方法。

① 压回活塞。

② 制动摩擦片位于制动器支架上的止动弹簧里。

③ 用新的自锁式螺栓将制动钳固定在制动器支架上。

④ 将制动管路拧到制动钳上。

⑤ 制动系统排气。

⑥ 驻车制动器拉线挂入制动钳拉杆。

⑦ 调节驻车制动器。

⑧ 安装车轮。

# 第三节 制动器和液压制动系统的故障检修

前制动钳的结构如图 8－30 所示。

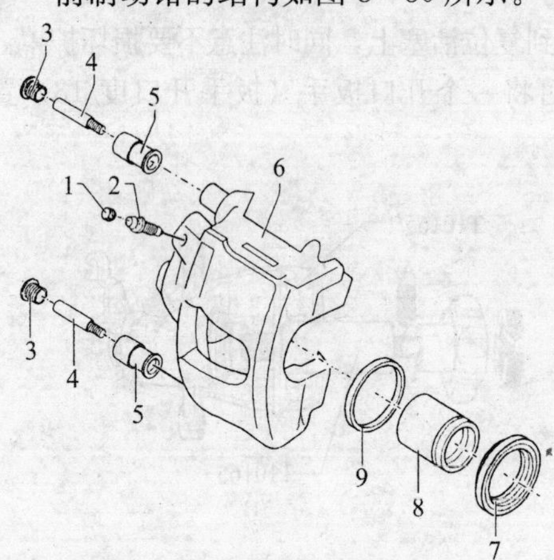


**图 8－30 前制动钳的结构**

1—防尘罩；2—排气阀；3—盖罩；
4—导向螺栓；5—轴套；6—制动钳；7—护罩；
8—活塞；9—密封环

## 一、前制动钳活塞的拆装

1. 拆卸方法

(1) 用压缩空气将活塞从制动钳中压出将木板放入槽中，以免损坏活塞，如图 8－31 所示。

(2) 用拆卸楔 3409 取出密封环，如图 8－32 所示。

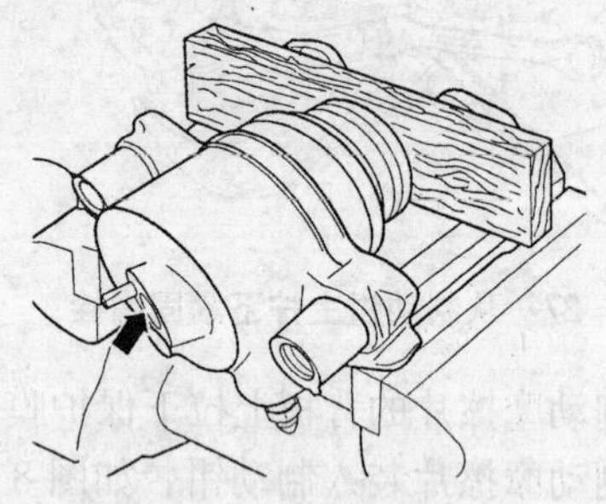

**图 8－31 将木板放入槽中**

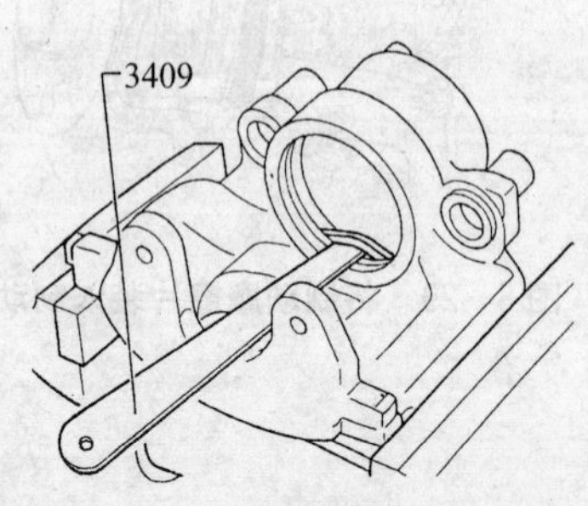


**图 8－32 用拆卸楔 3409 取出密封环**

2. 安装方法

(1) 活塞和密封环的表面只能用酒精清洁，随后将其擦干。

(2) 装入前在活塞和密封环上涂一层薄薄的装配膏。

(3) 将密封环装入制动钳中。

(4) 安装护罩时外侧密封唇需套到活塞上。

(5) 将活塞放在制动钳前。

(6) 用拆卸楔 3409，将内侧密封唇装入缸的凹槽内，如图 8－33 所示。

(7) 用活塞复位装置 T10145，将活塞压入制动钳，如图 8－34 所示。此时护罩的外密封唇嵌入活塞的凹槽中。

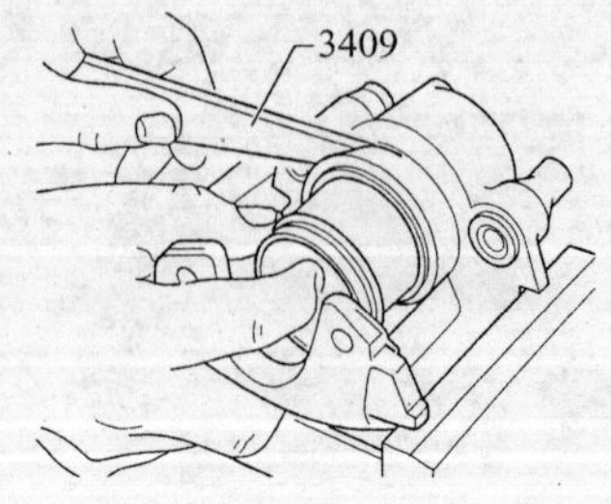


**图 8－33 将内侧密封唇装入缸的凹槽内**

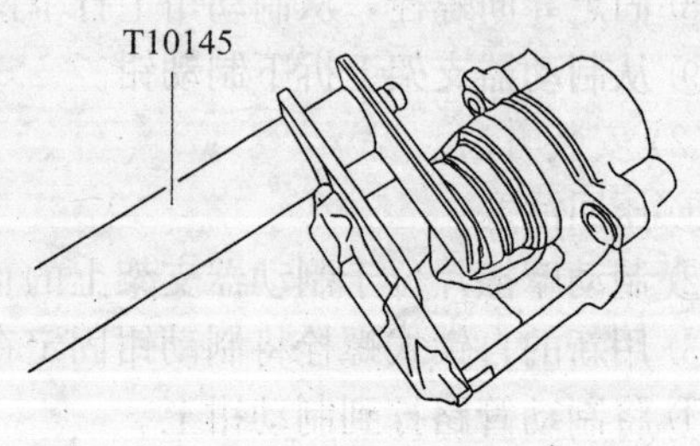


**图 8－34 将活塞压入制动钳**

## 二、后制动钳的拆装

后制动钳的结构如图 8－35 所示。

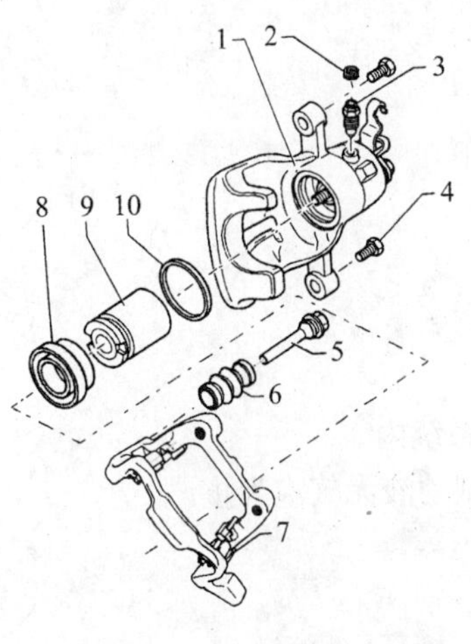


图 8－35　后制动钳的结构

1—制动钳，带驻车制动器拉索连杆；2—防尘罩；3—自锁式六角螺栓；4—导向螺栓；5—护罩；6—带导向螺栓和护罩的制动器支架；7—护罩；8—带自动调节装置的活塞；9—密封环

1. 拆卸方法

(1) 若活塞活动不灵活，可将一个开口板子（扳手开口度13）置于规定的板手平面上的箭头 A 处，如图 8－36 所示。

(2) 通过逆时针方向旋转滚花轮将活塞从制动钳中拧出。

(3) 用拆卸楔 3409 取出密封环，如图 8－37 所示。

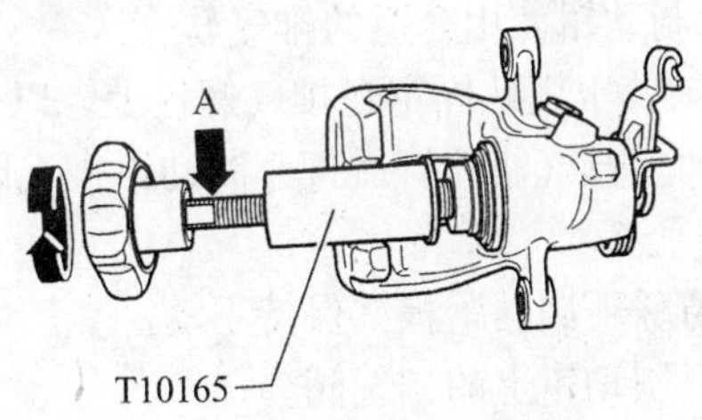


图 8－36　扳手的位置

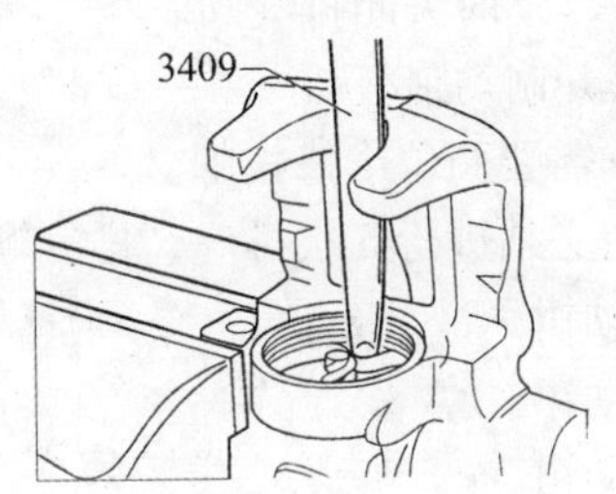


图 8－37　取出密封环

2. 安装方法

(1) 活塞和密封环的表面只能用酒精清洁，随后将其擦干。

(2) 装入前应在活塞和密封环上涂一层薄薄的装配膏。

(3) 将护罩外侧密封唇安装在活塞上。

(4) 将活塞放在制动钳前。

(5) 将内密封唇用拆卸楔 3409 安装在制动缸凹槽中，如图 8－38 所示。

(6) 使用专用工具 T10165/1 按顺时针方向旋转滚花轮旋入活塞。

(7) 安装复位及旋出工具，使凸肩紧贴制动钳。

(8) 用活塞复位装置将活塞直接推入会损坏制动钳内的自动调整装置。

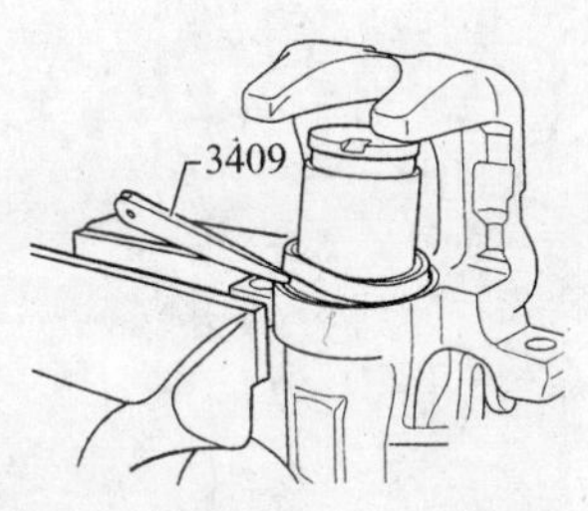


图 8－38　内密封唇的安装

## 三、制动系统的排气

1. 预排气

(1) 连接制动液加注和排气装置 VAS5234 或V.A.G1869。排气顺序如下：

① 将左前和右前的制动钳同时排气。

② 将左后和右后的制动钳同时排气。

(2) 插上排气瓶软管后打开排气阀，直至排出的制动液无气泡为止。

(3) 接着通过功能“基本设置”使用汽车诊断系统、测量和信息系统 VAS5051B 或 VAS5052A 再次对液压单元进行排气。开始基本设置（已对制动系统进行排气），连接汽车诊断系统、测量和信息系统 VAS5051B 或 VAS5052A，并选择功能，然后对制动系统再次排气。

2. 排气（正常）

(1) 连接制动液加注和排气装置 VAS5234 或V.A.G1869。

(2) 以规定的顺序打开排气阀并对制动钳排气。其顺序如下：

① 左前制动钳。

② 右前制动钳。

③ 左后制动钳。

④ 右后制动钳使用合适的排气软管。

注：将软管牢固地固定在排气螺栓上，以免空气进入制动系统内。

(3) 在插上排气瓶软管后打开制动钳排气阀，直至排出的制动液无气泡为止。

3. 再排气

(1) 用力踩下制动踏板并保持不动。

(2) 打开制动钳上的排气阀。

(3) 将制动踏板踩到底。

(4) 在踏板踩下时关闭排气阀。

(5) 慢慢松开制动踏板。

注：此操作需要两位维修技师。

每个制动钳必须进行 5 次排气。排气顺序如下：

① 左前制动钳。

② 右前制动钳。

③ 左后制动钳。

④ 右后制动钳。

排气后必须进行试车。同时必须进行至少一次 ABS 调节！

# 第九章　马自达3车系制动系统的故障检修

## 第一节　制动系统典型部件的检查和拆装

### 一、制动踏板的拆装

制动踏板的拆装如图9-1所示。

(1) 当制动器开关被插入在制动踏板上的安装孔中，并且被转动、固定到位时，制动器开关与制动踏板之间的间隙会自动被调整为正确间隙。如果制动器开关的安装不正确，间隙也可能不正确，从而使制动灯发生故障。因此，把制动器开关安装到踏板上之前，一定要确定制动踏板的安装是正确的，而且被完全释放。

(2) 一旦制动开关间隙得到自动调整，则不能再次对其进行调整。因此，当更换动力制动装置或者踏板，或者执行任何能够改变踏板行程的程序时，应更换新的开关。步骤如下：

① 拆下蓄电池和电瓶座。

② 断开制动管（主缸侧）。

③ 拆下油门踏板。

④ 按表中所示的顺序进行拆卸。

⑤ 按与拆卸相反的顺序进行安装。

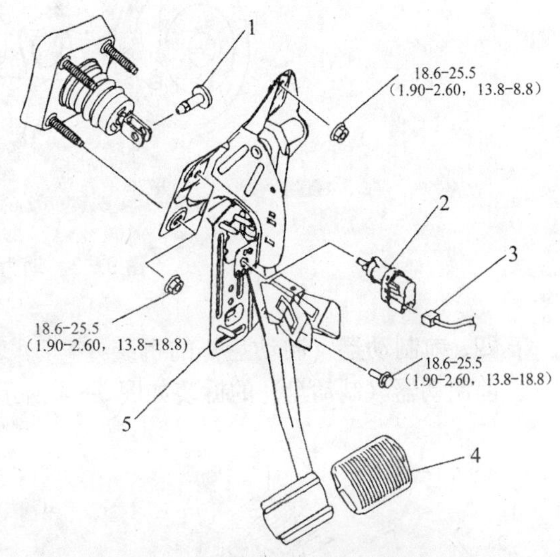


**图9-1　制动踏板的拆装**

1—连接销；2—制动开关；3—制动开关插接器；4—踏板垫；5—制动踏板

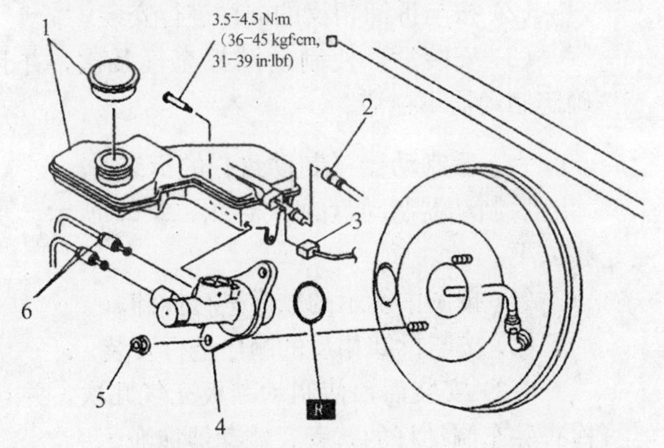


**图9-2　主缸的拆装**

1—储液罐，储液杯；2—储油管；3—制动器液位传感器插接器；4—主缸；5—螺母；6—制动管

### 二、主缸的拆装

主缸的拆装如图9-2所示。

(1) 拆下蓄电池和蓄电池座。

(2) 按图中所示的顺序进行拆卸。

(3) 按与拆卸相反的顺序进行安装。

### 三、动力制动装置的拆装

动力制动装置的拆装如图9-3所示。

步骤如下：

(1) 拆下蓄电池和电瓶座。

(2) 拆下主缸。

(3) 拆下制动开关插接器。

(4) 拆下油门踏板。

(5) 按图中所示的顺序进行拆卸。

(6) 按与拆卸相反的顺序进行安装。

(7) 安装后，检查制动器踏板。

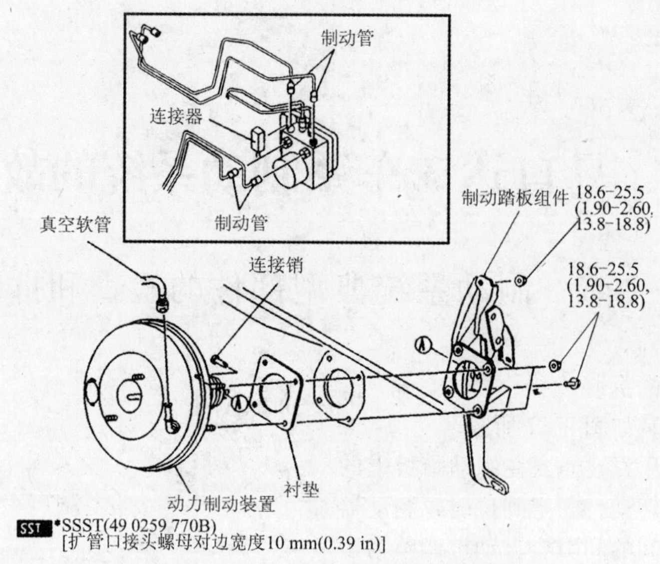


图 9-3 动力制动装置的拆装

## 四、前制动器（制动盘）的拆装

前制动器（制动盘）的拆装如图 9-4 所示。步骤如下：

(1) 按图中所示的顺序进行拆卸。

(2) 按与拆卸相反的顺序进行安装。

(3) 在安装之后，使制动踏板充气几次，并且确定制动器不拖滞。

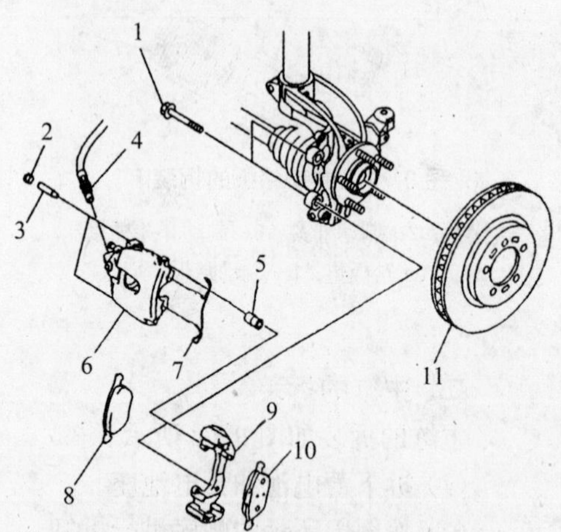


图 9-4 前制动器（制动盘）的拆装

1、3—螺栓；2—雨刮器罩；4—制动软管；
5—保护罩；6—制动钳；7—固定夹；
8、10—盘式制动摩擦片；
9—安装支架；11—制动盘

## 五、盘式制动摩擦片（前）的更换

盘式制动摩擦片（前）的更换如图 9-5 所示。步骤如下：

(1) 按图中所示的顺序进行拆卸。

(2) 按与拆卸相反的顺序进行安装。

(3) 安装后，使制动踏板充气几次，并且确定制动器不拖滞。

## 六、后制动器（制动盘）的拆装

后制动器制动盘的拆装如图 9-6 所示。步骤如下：

(1) 按图中所示的顺序进行拆卸。

(2) 按与拆卸相反的顺序进行安装。

(3) 安装后，使制动踏板充气几次，并且检查驻车制动杆的行程；制动器拖滞。

## 七、ABS HU/CM 的拆装

ABS HU/CM 的拆装如图 9-7 所示。

除进行更换外，不要拆下 ABS HU 和 ABS CM，否则 ABS HU/CM 可能无法正常工作。用新部件更换时，应按照在新部件中包括的说明执行程序。如果跌落，ABS HU/CM 的内部零件可能会损坏。如果 ABS HU/CM 受到冲击，则将其更换。步骤如下：

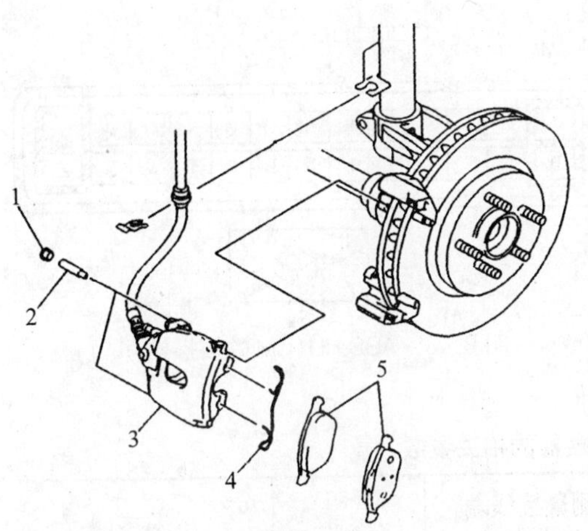


图9-5 盘式制动摩擦片（前）的更换

1—雨刮器罩；2—螺栓；3—制动钳；
4—固定夹；5—盘式制动摩擦片

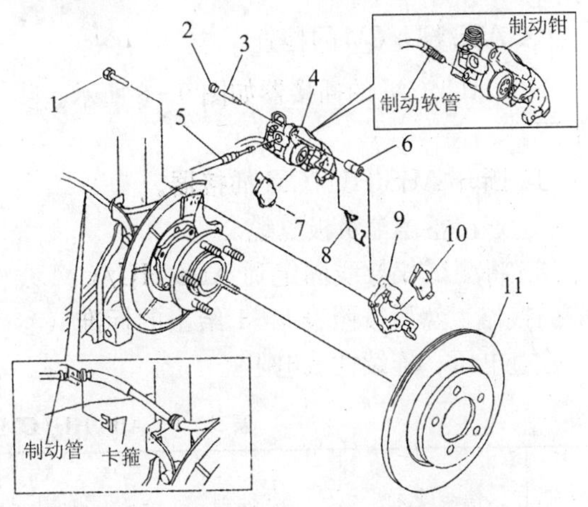


图9-6 后制动器（制动盘）的拆装

1、3—螺栓；2—雨刮器罩；4—制动钳，制动管；
5—驻车制动器拉线；6—保护罩；
7、10—盘式制动摩擦片；
8—固定夹；9—安装支架；11—制动盘

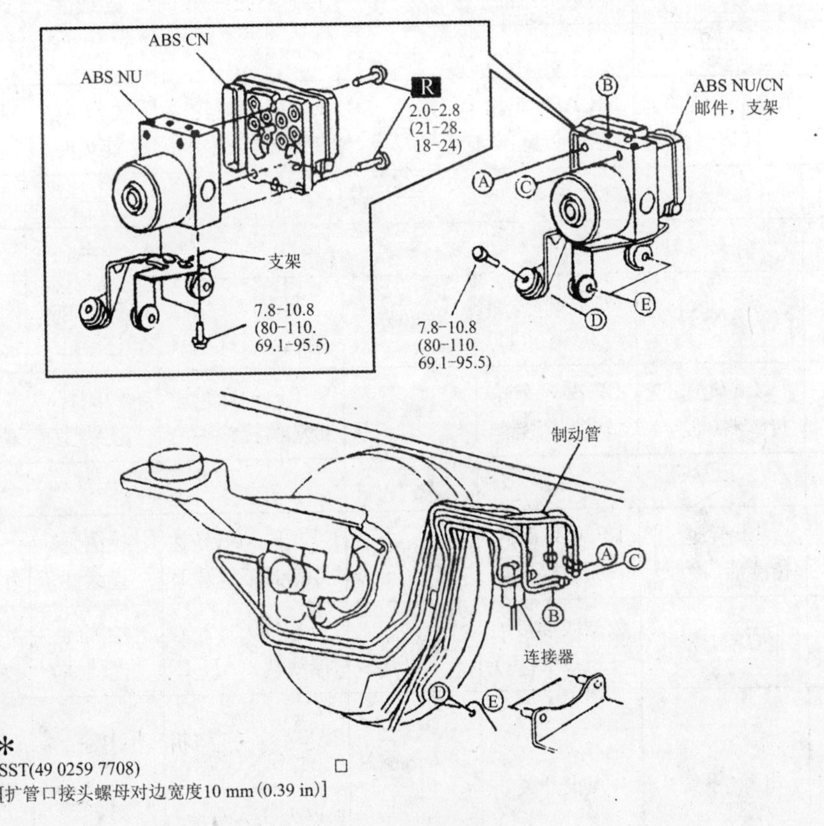


SST *
SST(49 0259 7708)
[扩管口接头螺母对边宽度10 mm(0.39 in)]

图9-7 ABS HU/CM的拆装

(1) 拆下蓄电池和电瓶座。

(2) 拆下储油管。

(3) 按图中所示的顺序进行拆卸。

(4) 按与拆卸相反的顺序进行安装。

## 八、ABS HU/CM 的检查

ABS HU/CM 的插接器如图 9-8 所示。步骤如下：

（1）断开 ABS HU/CM 插接器。

（2）连接蓄电池负极电缆。

（3）将测试仪导线固定到 ABS HU/CM 线束侧插接器，然后按照表 9-1 给出的标准（参考）检查电压、连续性或电阻。

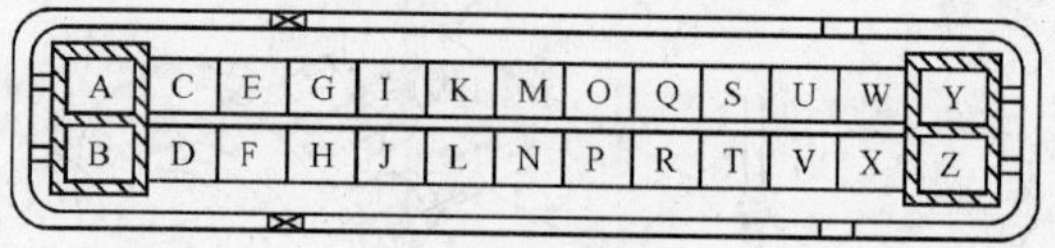

图 9-8　ABS HU/CM 的插接器

**表 9-1　ABS HU/CM 插接器的相关参数**

| 接线端 | 信号名称 | 连接到 | 测量项目 | 测量接线端（测量情况） | 标准 | 检查项目 |
|---|---|---|---|---|---|---|
| A | — | — | — | — | — | — |
| B | 接地（ABS 电机） | 接地点 | 连续性 | B—接地点 | 检测到连续性 | 线束(B 接地点) |
| C | RR 轮速传感器（接地） | RR ABS 车轮转速传感器 | 连续性 | CRR ABS 轮速传感器接线端 B | 检测到连续性 | 线束(CRR ABS 轮速传感器接线端 B) |
| D | — | — | — | — | — | — |
| E | RR 轮速传感器（信号） | RR ABS 车轮转速传感器 | 连续性 | E RR ABS 轮速传感器接线端 A | 检测到连续性 | 线束(E RR ABS 轮速传感器接线端 A) |
| F | — | — | — | — | — | — |
| G | — | — | — | — | — | — |
| H | CAN_H | 数据线插接器－2(CAN_H) | 连续性 | H DLC-2 接线端 CAN_H | 检测到连续性 | 线束(H-DLC-2 接线端 CAN-H) |
| I | LF 轮速传感器(信号) | LF ABS 车轮转速传感器 | 连续性 | I-LF ABS 轮速传感器接线端 A | 检测到连续性 | 线束(I-LF ABS 轮速传感器接线端 A) |
| J | — | — | — | — | — | — |
| K | LF 轮速传感器(接地) | LF ABS 车轮转速传感器 | 连续性 | K-LF ABS 轮速传感器接线端 B | 检测到连续性 | 线束(K-LF ABS 轮速传感器接线端 B) |
| L | CAN_L | 数据线插接器－2(CAN_L) | 连续性 | L DLC-2 接线端 CAN_L | 检测到连续性 | 线束(L-DLC-2 接线端 CAN-L) |
| N | 电源(系统) | 点火开关 | 电压 | 点火开关位于 ON 位置 | B+ | 线束(N—点火开关) |
| | | | | 点火开关位于 OFF 位置 | 1 V 或更低 | — |
| O | RF 转速（信号） | RF ABS 车轮转速传感器 | 连续性 | O-RF ABS 转速传感器接线端 A | 检测到连续性 | 线束（O-RF ABS 轮速传感器接线端 B) |
| P | — | — | — | — | — | — |

(续表)

| 接线端 | 信号名称 | 连接到 | 测量项目 | 测量接线端(测量情况) | 标准 | 检查项目 |
|---|---|---|---|---|---|---|
| Q | RF转速(信号) | RF ABS车轮转速传感器 | 连续性 | Q-RF ABS转速传感器接线端A | 检测到连续性 | 线束(Q-RF ABS轮速传感器接线端A) |
| U | LR轮速(信号) | LR ABS车轮转速传感器 | 连续性 | U-LR ABS轮速传感器接线端A | 检测到连续性 | 线束(U-LR ABS转速传感器接线端A) |
| V | — | — | — | — | — | — |
| W | LR轮速(接地) | LR ABS车轮转速传感器 | 连续性 | W-LR ABS轮速传感器接线端B | 检测到连续性 | 线束(W-LR ABS转速传感器接线端B) |
| Y | 电源(电磁线圈的操作) | 蓄电池 | 电压 | 在任何条件下 | B+ | 线束(Y-蓄电池) |
| Z | 电源(ABS电机的操作) | 蓄电池 | 电压 | 在任何条件下 | B+ | 线束(Z-蓄电池) |

# 第二节 制动系统的故障检修

## 一、故障码 DTC B1342、C1267 的检修

B1342、C1267故障码的检测条件和原因见表9-2。DTC B1342、C1267的诊断程序见表9-3。

**表9-2 B1342、C1267故障码的检测条件和原因**

| DTC B1342, C1267 | ABS HU /CM (内部故障) |
|---|---|
| 检测条件 | ABS HU/CM车载诊断功能检测到控制模块的内部故障 |
| 可能的原因 | ABS HU/CM内部故障 |

**表9-3 DTC B1342、C1267的诊断程序**

| 步骤 | 检查 | | 措施 |
|---|---|---|---|
| 1 | 确定没有ABS HU /CM故障<br>1. 清除存储器中的DTC<br>2. 起动发动机,并以10km /h (6.2m /h)或者更高的速度驾驶汽车<br>3. 是否出现相同的DTC | 是 | 更换ABS HU/CM, 然后执行下一步 |
| | | 否 | 执行下一步 |
| 2 | 确认未出现其他DTC<br>是否有其他DTC输出 | 是 | 执行适用的DTC检查 |
| | | 否 | DTC故障检修完成 |

## 二、故障码 DTC C1095 的检修

DTC C1095 故障码的检测条件和原因如图 9－9 所示。

| DTC C1095 | 泵用电动机、电动机继电器 |
|---|---|
| 检测条件 | 1. ABS 电机监控器信号与 ABS HU/CM OFF 信号不对应<br>2. ABS 电机监控器信号与 ABS HU/CM ON 信号不对应<br>3. 当电机的信号被 ABS HU/CM 从 ON 切换到 OFF 时，ABS 电机监控器 OFF 信号在规定的时间限定内被输入 |
| 可能的原因 | 1. ABS 熔丝（ABS 1 30 A）故障<br>2. 在蓄电池与 ABS HU/CM 接线端 Z 之间的线束存在接地电路的开路或短路<br>3. 在 ABS HU/CM 接线端 B 和接地体之间的线束存在开路<br>4. 在 ABS HU/CM 内部电机继电器中存在开路或短路，或者电机继电器被卡住<br>5. 在 ABS HU/CM 内部泵用电动机中存在开路或短路，或者泵用电动机被冻结<br>6. 在插接器（内孔接线端）处连接不良 |

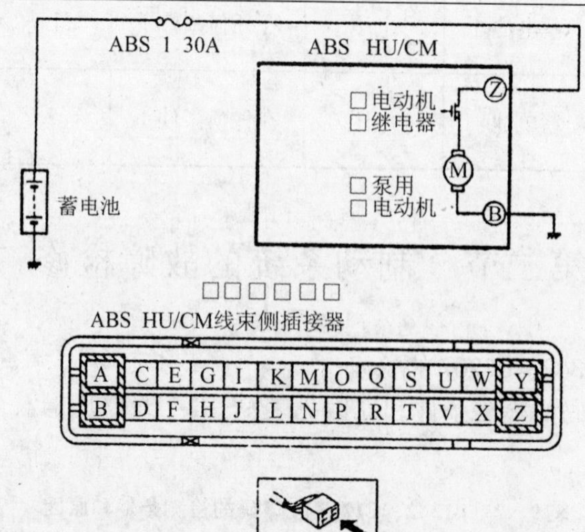


图 9－9 DTC C1095 故障码的检测条件和原因

DTC C1095 的故障码的诊断程序见表 9－4。

表 9－4 DTC C1095 故障码的诊断程序

| 步骤 | 检 查 | | 措 施 |
|---|---|---|---|
| 1 | 检查 ABS 熔丝的情况。ABS 熔丝（ABS 130A）是否正常 | 是 | 执行下一步 |
| | | 否 | 更换 ABS 熔丝，然后执行步骤 6 |
| 2 | 检查泵用电动机的运转<br>1. 关闭点火开关<br>2. 将 WDS 或等效装置连接至 DLC－2<br>3. 将点火开关转至 ON 的位置<br>4. 用 WDS 或者等效装置访问 PMP _ MOTOR 有效命令模式<br>5. 泵用电动机是否运转 | 是 | 执行下一步 |
| | | 否 | 更换 ABS HU/CM，然后执行步骤 6 |

（续表）

| 步骤 | 检　查 | | 措　施 |
|---|---|---|---|
| 3 | 检查电机继电器的电源电路是否出现开路<br>1. 关闭点火开关<br>2. 断开 ABS HU /CM 插接器<br>3. 检查在 ABS HU /CM 的接线端 Z 与蓄电池正极接线端之间的连续性<br>4. 是否有连续性 | 是 | 执行下一步 |
| | | 否 | 修理或者更换线束，然后执行步骤 6 |
| 4 | 检查电机继电器的电源电路是否出现短路<br>1. 检查在 ABS HU /CM 的接线端 Z 与接地体之间的连续性<br>2. 是否有连续性 | 是 | 修理或者更换线束，然后执行步骤 6 |
| | | 否 | 执行下一步 |
| 5 | 检查泵用电动机的接地电路是否开路<br>1. 检查在 ABS HU /CM 的接线端 B 与接地体之间的连续性<br>2. 是否有连续性 | 是 | 执行下一步 |
| | | 否 | 维修或更换线束，然后转至下一步 |
| 6 | 确认没有相同的 DTC 的存在<br>1. 重新连接所有断开的插接器<br>2. 清除存储器中的 DTC<br>3. 起动发动机，并以 10 km /h（6.2 m /h）或者更高的速度驾驶汽车<br>4. 是否出现相同的 DTC | 是 | 从步骤 1 开始重复进行检查。如果故障复发，更换 ABS HU / CM，然后执行下一步 |
| | | 否 | 执行下一步 |
| 7 | 确认未出现其他 DTC。是否有其他 DTC 输出 | 是 | 执行适用的 DTC 检查 |
| | | 否 | DTC 故障检修完成 |

## 三、故障码 DTC C1141、C1142、C1143、C1144、C1233、C1234、C1235、C1236 的检修

DTC C1141、C1142、C1143、C1144、C1233、C1234、C1235、C1236 故障码的检测条件和原因见表 9－5，其相关插接器如图 9－10 所示，其诊断程序见表 9－6。当汽车被千斤顶顶起的时候，如果只转动主动轮，则 DTC C1235 和 C1236 会被输入内存。

**表 9－5　DTC C1141、C1142、C1143、C1144、C1233、C1234、C1235、C1236 故障码的检测条件和原因**

| DTC C1141、C1142、C1143、C1144、C1233、C1234、C1235、C1236 | ABS 轮速传感器 /ABS 传感器转子 |
|---|---|
| 检测条件 | 1. C1141，C1142，C1143，C1144<br>从 ABS 轮速传感器的信号波形模式中检测到有周期的异常<br>2. C1234，C1233，C1235，C1236<br>当以10km /h（6.2m /h）或更高的速度驾驶汽车的时候，轮速信号未被输入，或者四个车轮中任何一个车轮的极低转速被输入<br>检测到轮速信号中存在一个非常大的突发性变化<br>ABS 控制运转 28 s 或更长时间 |
| 可能的原因 | 1. ABS 轮速传感器故障<br>2. ABS 传感器转子故障（吸附异物）<br>3. ABS 轮速传感器或传感器转子的安装不正确<br>4. 在 ABS 轮速传感器和传感器转子之间的间隙过大<br>5. ABS 持续工作 |

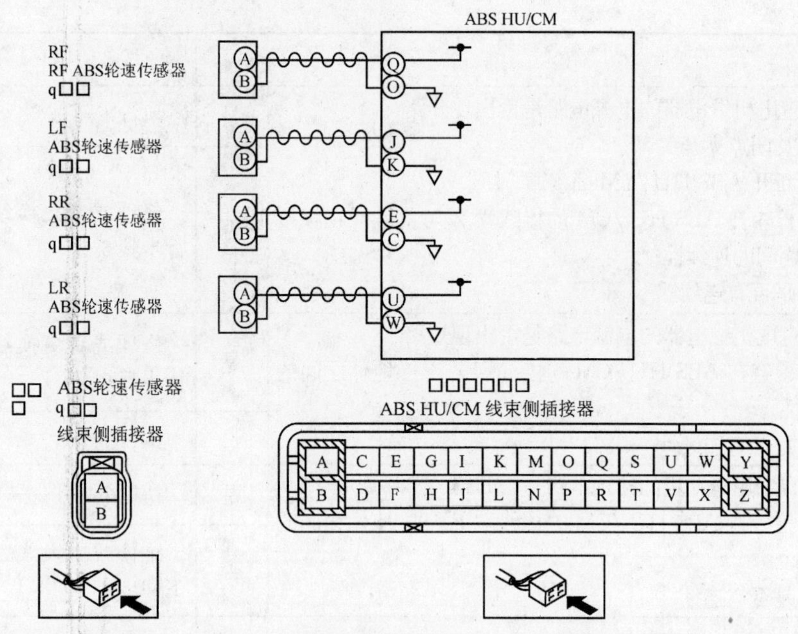


图 9－10　插接器

**表 9－6　DTC C1141、C1142、C1143、C1144、C1233、C1234、C1235、C1236 故障码的诊断程序**

| 步骤 | 检　查 | 措　施 | |
|---|---|---|---|
| 1 | 利用 WDS 或等效装置检查 ABS 轮速传感器输出错误的 PID<br>1. 关闭点火开关<br>2. 将 WDS 或等效装置连接至 DLC－2<br>3. 使用 WDS 或等效装置选择下列 PID：<br>LF _ WSPD<br>LR _ WSPD<br>RF _ WSPD<br>RR _ WSPD<br>4. 驾驶车辆<br>5. 确保由四个 ABS 轮速传感器检测到的车速大致上是相同的<br>6. 车速是否大致相同 | 是 | 执行步骤 3 |
| | | 否 | 执行下一步 |
| 2 | 检查在 ABS 轮速传感器的插接器与接地之间是否存在接地短路<br>1. 断开 ABS 轮速传感器插接器<br>2. 检查在下述 ABS 轮速传感器插接器的接线端（汽车线束侧）与接地体之间是否无连续性：<br>ABS 轮速传感器（RF）：B—接地体<br>ABS 轮速传感器（LF）：B—接地体<br>ABS 轮速传感器（RR）：B—接地体<br>ABS 轮速传感器（LR）：B—接地体<br>3. 连续性是否正常 | 是 | 执行下一步 |
| | | 否 | 修理或者更换线束，然后执行步骤 6 |

（续表）

| 步骤 | 检查 | | 措施 |
|---|---|---|---|
| 3 | 检查是否由于传感器的间隙不当导致故障<br>检查在ABS轮速传感器和ABS传感器转子之间的间隙，看该间隙是否正常<br>间隙前为2.1 mm或更小；后为1.46 mm或更小 | 是 | 执行下一步 |
| | | 否 | 修理或者更换线束，然后执行步骤6 |
| 4 | 目视检查ABS传感器转子是否吸附有异物或安装不正确及结果是否正常 | 是 | 执行下一步 |
| | | 否 | 更换轮毂组件，然后执行步骤6 |
| 5 | 检查是否由于液压装置的内部问题（管道内阻塞）引发故障<br>1. 执行ABS系统的操作检查<br>2. 该系统是否正常 | 是 | 执行下一步。 |
| | | 否 | 更换液压装置，然后执行下一步骤 |
| 6 | 确认没有相同的DTC的存在<br>1. 清除存储器中的DTC<br>2. 起动发动机，并以10 km /h或更高的速度驾驶汽车<br>3. 是否出现相同的DTC | 是 | 从步骤1开始重复进行检查。如果故障复发，更换ABS HU /CM，然后执行下一步骤 |
| | | 否 | 执行下一步 |
| 7 | 确认未出现其他DTC。是否有其他DTC输出 | 是 | 执行适用的DTC检查 |
| | | 否 | DTC故障检修完成 |

## 四、故障码DTC C1145、C1155、C1165、C1175的检修

DTC C1145、C1155、C1165、C1175故障码的检测条件、原因和插接器如图9－11所示，其诊断程序见表9－7。

| DTC C1145，C1155，C1165，C1175 | ABS轮速传感器 |
|---|---|
| 检测条件 | 在四个汽车车轮中的任何一个车轮上的ABS轮速传感器线束中检测到接地电路的开路或短路 |
| 可能的原因 | 在下述ABS HU /CM接线端与ABS轮速传感器接线端之间的线束中存在接地电路的开路或短路<br>ABS HU /CM接线端Q RF ABS轮速传感器接线端A<br>ABS HU /CM接线端O RF ABS轮速传感器接线端B<br>ABS HU /CM接线端I LF ABS轮速传感器接线端A<br>ABS HU /CM接线端K LF ABS轮速传感器接线端B<br>ABS HU /CM接线端E RR ABS轮速传感器接线端A<br>ABS HU /CM接线端H RR ABS轮速传感器接线端B<br>ABS HU /CM接线端U LR ABS轮速传感器接线端A<br>ABS HU /CM接线端W LR ABS轮速传感器接线端B<br>ABS轮速传感器故障<br>在插接器（内孔接线端）处连接不良 |

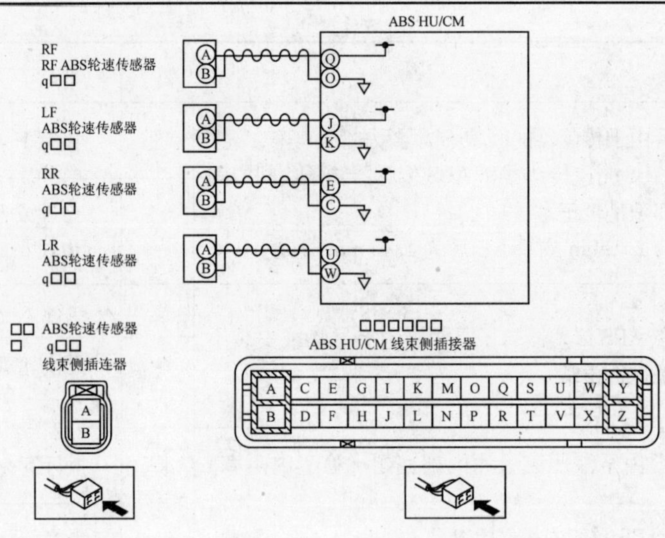


图 9-11　DTC C1145，C1155，C1165，C1175 故障码的检测条件、原因和插接器

表 9-7　DTC C1145，C1155，C1165，C1175 故障码的诊断程序

| 步骤 | 检　查 | 措　施 | |
|---|---|---|---|
| 1 | 检查 ABS 轮速传感器是否存在接地短路<br>1. 关闭点火开关<br>2. 断开 ABS HU/CM 插接器<br>3. 检查在下述 ABS HU/CM 插接器的接线端（汽车线束侧）与接地体之间是否存在连续性：<br>RF ABS 车轮转速传感器（+）：Q<br>RF ABS 轮速传感器（-）：O<br>LF ABS 车轮转速传感器（+）：I<br>LF ABS 轮速传感器（-）：K<br>RR ABS 车轮转速传感器（+）：E<br>RR ABS 轮速传感器（-）：C<br>LR ABS 车轮转速传感器（+）：U<br>LR ABS 轮速传感器（-）：W<br>4. 是否有连续性 | 是 | 执行下一步 |
| | | 否 | 执行步骤 3 |
| 2 | 检查 ABS 轮速传感器的线束是否存在接地短路<br>1. 断开 ABS 轮速传感器插接器<br>2. 检查在下述 ABS HU/CM 插接器的接线端（汽车线束侧）与接地体之间是否存在连续性：<br>RF ABS 车轮转速传感器（+）：Q<br>RF ABS 轮速传感器（-）：O<br>LF ABS 车轮转速传感器（+）：I<br>LF ABS 轮速传感器（-）：K<br>RR ABS 车轮转速传感器（+）：E<br>RR ABS 轮速传感器（-）：C<br>LR ABS 车轮转速传感器（+）：U<br>LR ABS 轮速传感器（-）：W<br>3. 是否有连续性 | 是 | 修理或者更换线束，然后执行步骤 4 |
| | | 否 | 更换 ABS 轮速传感器，然后执行步骤 4 |

（续表）

| 步骤 | 检查 | | 措施 |
|---|---|---|---|
| 3 | 检查在 ABS 轮速传感器的线束中是否存在开路<br>1. 检查在 ABS HU/CM 插接器（汽车线束侧）与下述 ABS 轮速传感器的汽车线束侧插接器接线端之间是否存在连续性：<br>RF ABS 车轮转速传感器（+）：Q—A<br>RF ABS 轮速传感器（−）：O—B<br>LF ABS 车轮转速传感器（+）：I—A<br>LF ABS 轮速传感器（−）：K—B<br>RR ABS 车轮转速传感器（+）：E—A<br>RR ABS 轮速传感器（−）：C—B<br>LR ABS 车轮转速传感器（+）：U—A<br>LR ABS 轮速传感器（−）：W—B<br>2. 是否有连续性 | 是 | 执行下一步 |
| | | 否 | 更换 ABS 轮速传感器，然后执行下一步 |
| 4 | 确认没有相同的 DTC 的存在<br>1. 重新连接所有断开的插接器<br>2. 清除存储器中的 DTC<br>3. 是否出现相同的 DTC | 是 | 从步骤 1 开始重复进行检查。如果故障复发，更换 ABS HU/CM，然后执行下一步骤 |
| | | 否 | 执行下一步 |
| 5 | 确认未出现其他 DTC<br>是否有其他 DTC 输出 | 是 | 执行适用的 DTC 检查 |
| | | 否 | DTC 故障检修完成 |

## 五、故障码 DTC C1446 的检修

DTC C1446 故障码的检测条件、原因和插接器如图 9－12 所示，其诊断程序见表 9－8。

| DTC C1446 | 制动开关 |
|---|---|
| 检测条件 | 1. 制动开关 ON 信号持续 6 min 或更长的时间被输入［在以 20 km/h（12.4 mile/h）或更高的速度驾驶汽车时］<br>2. 即使控制模块确定汽车在减速，但是制动开关 ON 信号仍未被输入 |
| 可能的原因 | 1. 在制动开关与 PJB 接线端之间的线束存在开路或短路<br>2. 在 PJB 与 PCM 接线端之间的线束存在开路或短路<br>3. 制动开关故障<br>4. 在插接器（内孔接线端）处连接不良 |

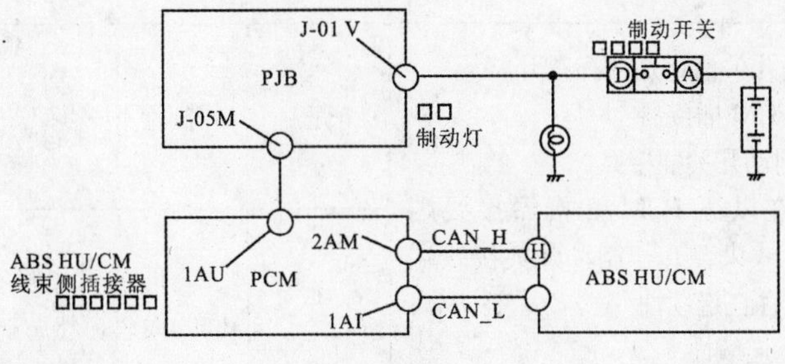

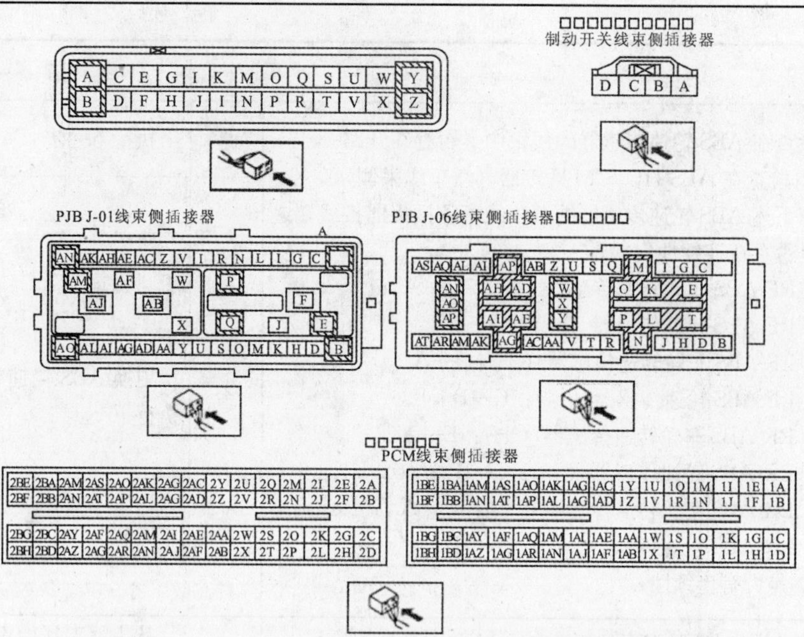


图 9－12　DTC C1446 故障码的检测条件、原因和插接器

**表 9－8　DTC C1446 故障码的诊断程序**

| 步骤 | 检　查 | 措　施 | |
|---|---|---|---|
| 1 | 确定在制动开关信号中是否存在开路或短路<br>1. 将点火开关转至 ON 的位置<br>2. 在制动踏板被踩下及被释放时，测量在 PCM 插接器接线端 1AU 与接地体之间的电压<br>制动踏板被踩下：B+<br>制动踏板被松开：1 V 或更低 | 是 | 执行步骤 5 |
| | | 否 | 如果在任何条件下均为 B+，则执行下一步骤<br>如果在任何条件下均为 1 V 或者更低，则执行步骤 3 |
| 2 | 检查制动开关信号，确认是否存在电源电路短路<br>1. 断开制动开关插接器<br>2. 测量在制动开关插接器接线端 D（车辆线束侧）和接地体之间的电压<br>3. 电压是否为 1 V 或更低 | 是 | 执行步骤 4。 |
| | | 否 | 修理或者更换在 PCM 和制动开关之间的线束，然后执行步骤 5 |
| 3 | 检查制动开关信号是否存在开路<br>1. 断开 PCM 插接器<br>2. 断开制动开关插接器<br>3. 检查在以下 PCM 插接器接线端 1AU（汽车线束侧）和制动开关接线端 D 之间是否存在连续性<br>4. 是否有连续性 | 是 | 执行下一步 |
| | | 否 | 修理或者更换在 PCM 和制动开关之间的线束，然后执行步骤 5 |

（续表）

| 步骤 | 检　　查 | 措　　施 | |
|---|---|---|---|
| 4 | 检查制动开关<br>1. 检查制动开关<br>2. 制动开关是否正常 | 是 | 执行下一步 |
| | | 否 | 更换制动开关，然后转至下一步 |
| 5 | 确认没有相同的DTC的存在<br>1. 重新连接所有断开的插接器<br>2. 清除存储器中的DTC<br>3. 起动发动机，并以20 km/h或更高的速度驾驶汽车<br>4. 是否出现相同的DTC | 是 | 从步骤1开始重复进行检查。如果故障复发，更换ABS HU/CM，然后执行下一步骤 |
| | | 否 | 执行下一步 |
| 6 | 确认未出现其他DTC。是否有其他DTC输出 | 是 | 执行适用的DTC检查 |
| | | 否 | DTC故障检修完成 |

# 第十章　福特嘉年华车系制动系统的故障检修

## 第一节　防抱死制动系统概述

ABS除具备传统的对角独立分布制动系统回路外，ABS还包含一液压装置，四个车轮速度传感器及一个仪表板内的ABS警告灯。

ABS控制模块中的控制软件控制制动力的分配，并不断调整前后各车轮的制动力以符合驾驶条件的变化。

ABS作为制动系统中的闭环控制系统，目的是防止在车轮制动抱死时而出现的转向和驾驶性能失效的现象。

### 一、ABS控制模块

ABS控制模块不停地比较其本身储存的减速极限值来自各车车轮速度传感器检测到的减速值这样就可检测到各车轮的抱死倾向。

如果ABS控制模块检测到某个车轮有抱死的倾向时，阀体内的相应的液力阀将会被打开或关闭。

ABS控制模块还会将检测到的车轮速度传感器的信号传给动力控制模块（PCM）。

当打开点火开关时，ABS控制模块打开位于仪表盘内的ABS警告灯。直到ABS完成系统自检，警告灯才会熄灭。在系统出现故障时警告灯也会被打开，以示警告。

ABS控制模块不停地监控系统可能出现的任何故障，一旦出现，就自动储存。可以通过DLC连接WDS来查出故障代码。ABS通过一诊断数据接口与直接DLC相连。

### 二、阀体总成

阀体总成包含四个进油阀与四个出油阀。每个车轮有一个进油阀和出有阀。当其处于无电状态时，进油阀打开而出油阀关闭。阀体总成还包含一个低压储液罐和一个减噪室。

### 三、ABS泵

当ABS起作用时，ABS泵为制动总泵提供足够的压力以确保各通道的独立调节作用。

### 四、ABS调节循环

一个ABS调节循环包含以下三个阶段：

第一阶段为保压阶段。进油阀关闭，车轮制动器（分泵）上的压力不再改变，即制动踏板再向下踩时分泵的压力也不会再改变。

第二阶段为减压阶段。出油阀临时打开，车轮制动器（分泵）上的压力按控制的方式递减

第三阶段为升压阶段。进油阀逐渐打开，制动压力按所控制的方式增加以获得最理想的制动效果。

# 第二节　防抱死制动系统的拆装技巧

## 一、液压控制机构（HCU）的拆装

1. HCU 的拆卸

(1) 旋开制动液储液罐盖。

① 拆下制动液低油位开关插接器。

② 取下加油盖，如图 10－1 所示。

(2) 排出储液罐中的制动液。

① 选一根适当的干净的塑料软管，一端接上排气阀另一端放入一适当的容器中。

② 松开排气阀。

③ 不停地踩制动踏板直到所有制动液全部排完。

④ 旋紧排气阀，如图 10－2 所示。

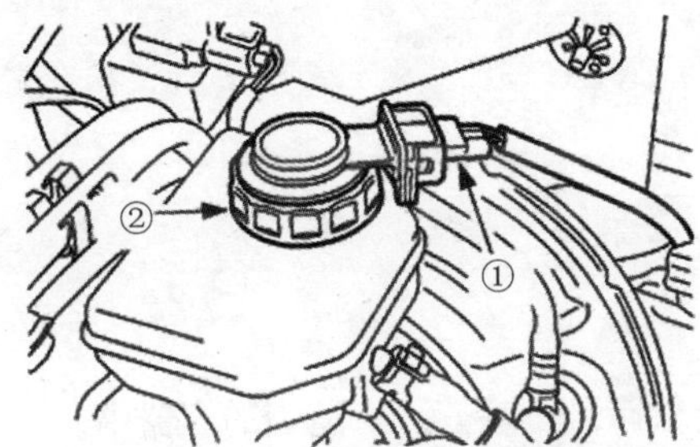


图 10－1　旋开制动液储液罐盖

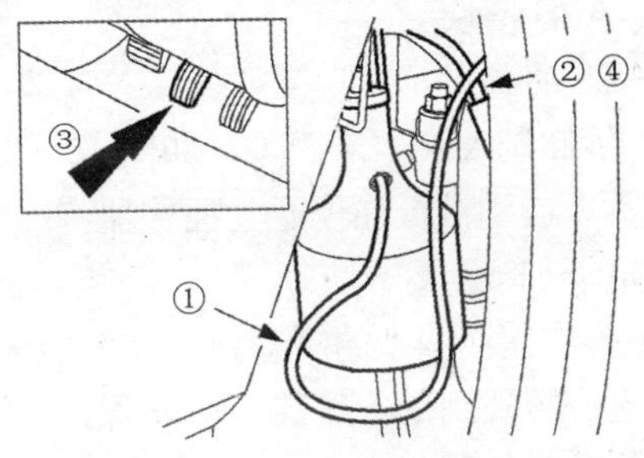


图 10－2　排出储液罐中的制动液

(3) 安装制动储液罐盖。取下 ABS 模块插接器。

(4) 盖上制动油管以免制动液的流出或进入污物。同时堵住 HCU 防止制动出或进入脏物。并请记下各制动油管的位置以便安装。从液压控制模块上拆卸 HCU。

(5) 从制动总泵拆下与 HCU 连接的制动油管，如图 10－3 所示。

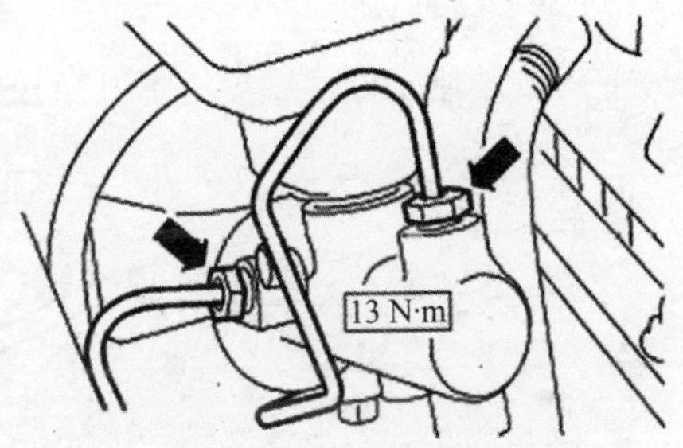


图 10－3　拆卸制动油管

(6) 从防火墙取下制动油管，如图 10－4 所示。

(7) 拆下 HCU 下部固定螺栓，如图10－5所示。

(8) 从支撑架上拆下 HCU 和 ABS 模块总成，如图 10－6 所示。

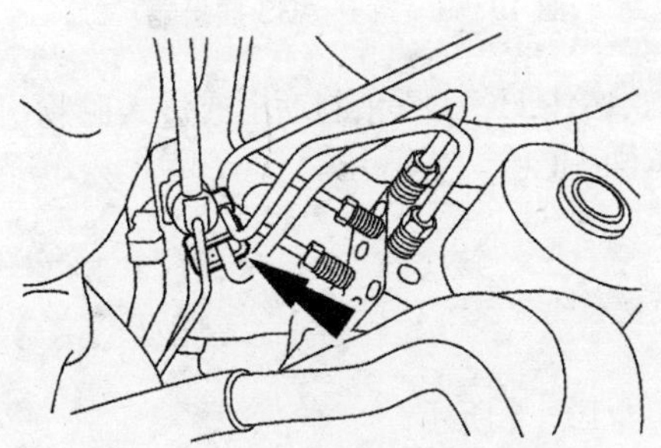

图 10－4　从防火墙取下制动油管

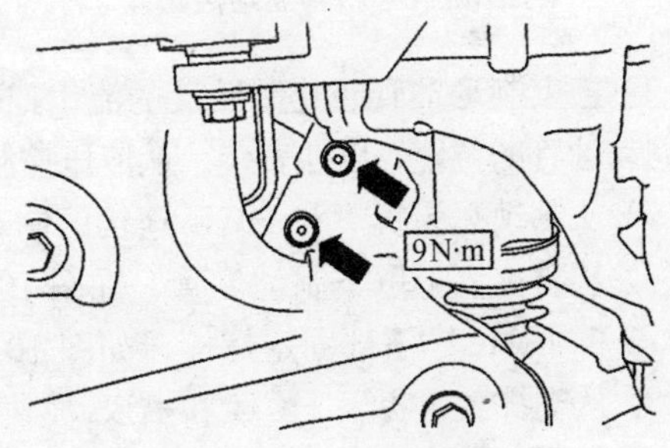


图 10－5　拆卸螺栓

(9) 拆下液压控制模块与 ABS 模块的固定螺栓，取下液压控制模块，如图 10-7 所示。

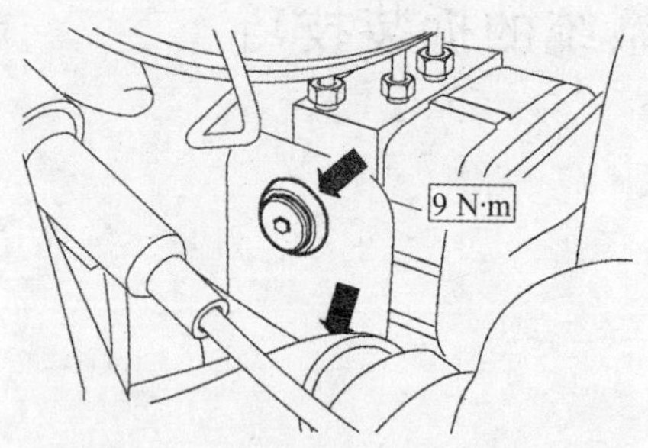


图 10-6 HCU 和 ABS 模块的拆卸

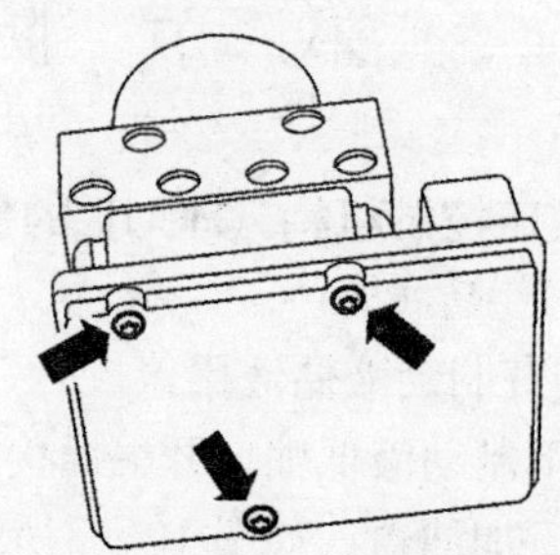

图 10-7 模块固定螺栓的拆卸

2. HCU 的安装

(1) 按与拆卸步骤相反的顺序安装。

(2) 对系统进行排气。

## 二、ABS 模块

1. ABS 的拆卸

(1) 拆卸制动液储液罐盖，如图 10-8 所示。

① 拆下制动液低油位开关插接器。

② 取下加油盖。

(2) 排出储液罐中的制动液，如图 10-2 所示。

① 选一根适当的干净的塑料软管，一端接上排气阀另一端放入一适当的容器中。

② 松开排气阀。

③ 不停地踩制动踏板直到所有制动液全部排完。

④ 旋紧排气阀。

(3) 安装制动储液罐盖。拆开 ABS 插接器，如图 10-9 所示。

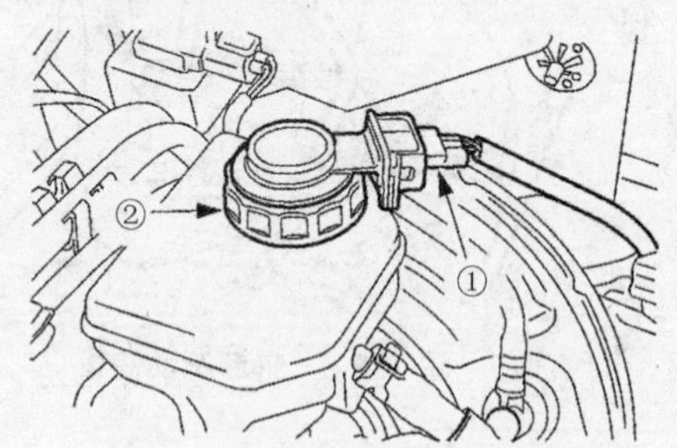


图 10-8 拆卸制动液罐盖

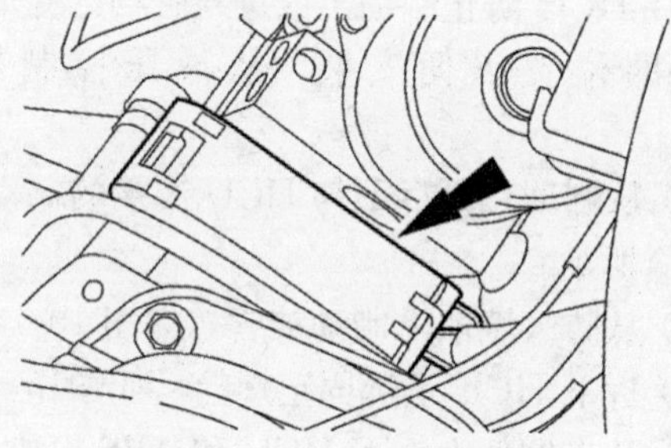

图 10-9 拆开 ABS 插接器

(4) 盖上制动油管防止制动液的流出或进入脏物。堵住 HCU 防止制动出或进入脏物，并记下各制动油管的位置，以便安装。从液压控制模块上拆卸 HCU。

(5) 从制动总泵拆下与 HCU 连接的制动油管。

(6) 从防火墙上取下制动油管，如图 10-4 所示。

(7) 拆下 HCU 下部固定螺栓，如图 10-5 所示。

(8) 从支撑架上拆下 HCU 和 ABS 模块总成，如图 10-6 所示。

(9) 拆下 HCU 与 ABS 模块的固定螺栓，如图 10-7 所示。

(10) 取下 ABS 模块。

2. ABS 的安装

（1）安装步骤与拆卸步骤相反。

（2）对系统进行排气。

## 三、后车轮速度传感器

1. 后车轮速度传感器的拆卸

（1）举起车辆。

（2）从两侧车轮制动底板上拆下车轮速度传感器，如图10－10所示。

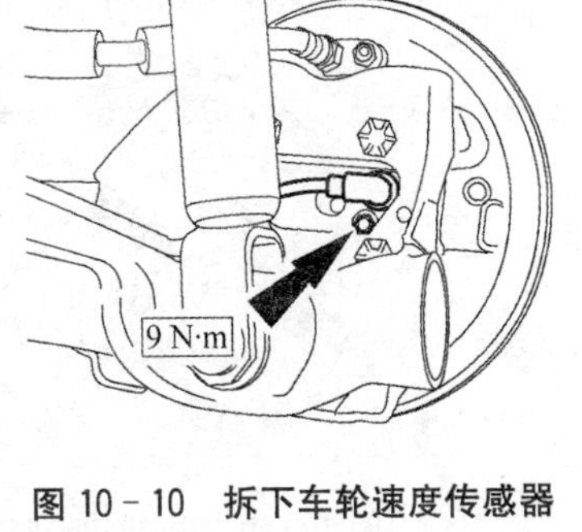


图10－10　拆下车轮速度传感器

（3）拆下车轮速度传感器插接器，如图10－11所示。

（4）从后桥拆下车轮速度传感器支撑支架及线束，如图10－12所示。

（5）将线束从支撑夹上分开，如图10－13所示。

（6）从后桥上拆下两侧车轮速度传感器线束，如图10－14所示。

（7）取下后车轮速度传感器。

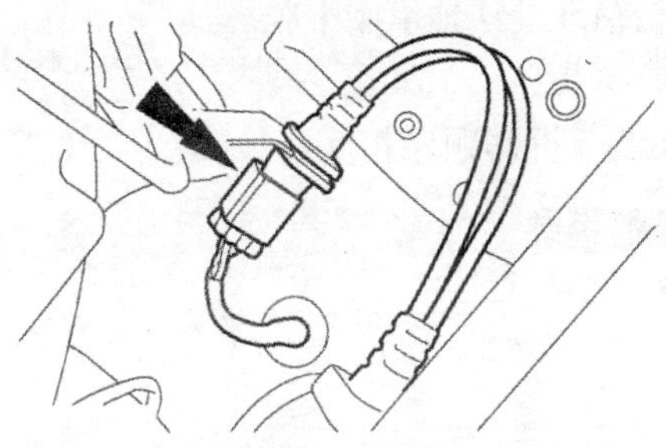

图10－11　拆下车轮速度传感器插接器

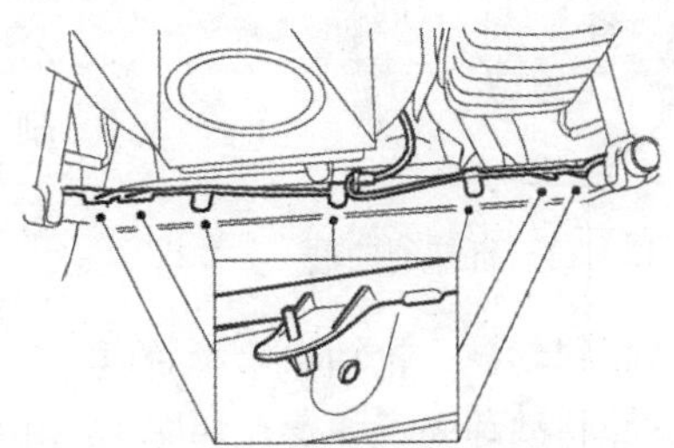

图10－12　拆下车轮速度传感器支撑支架及线束

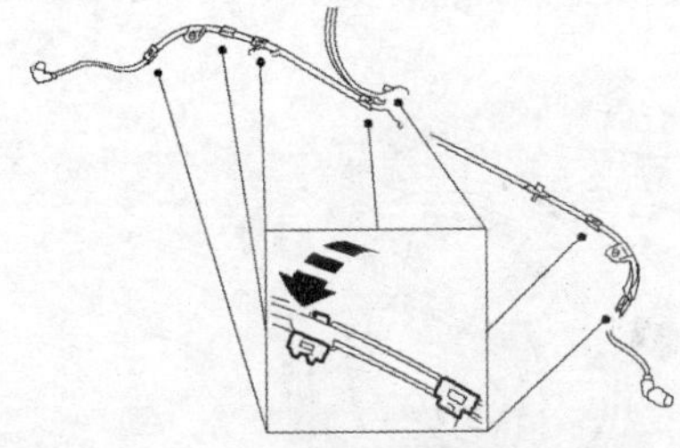

图10－13　将线束从支撑夹上分开

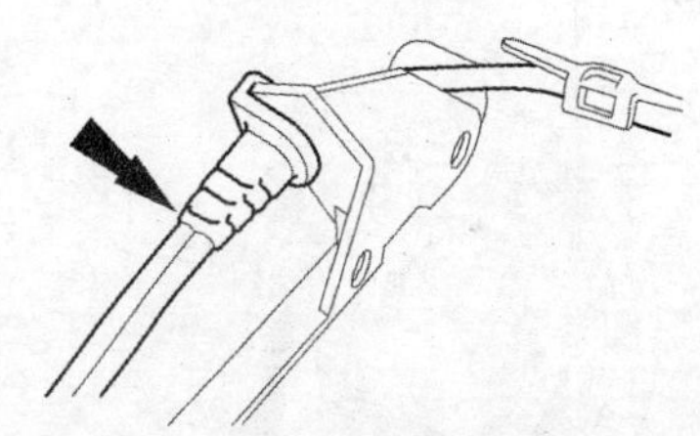

图10－14　拆下两侧车轮速度传感器线束

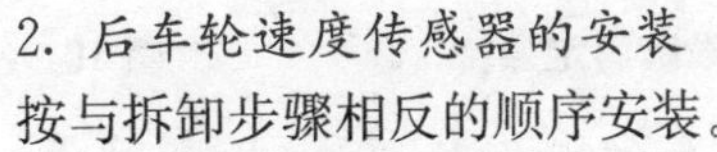

2. 后车轮速度传感器的安装

按与拆卸步骤相反的顺序安装。

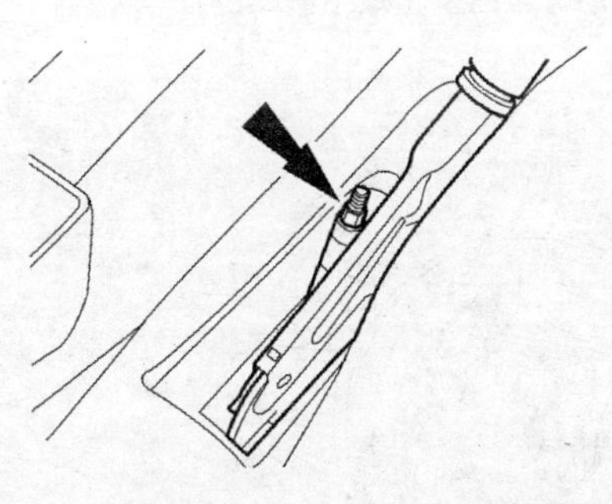

图10－15　松开调整螺母

## 四、制动鼓的拆装

1. 制动鼓的拆卸

（1）拆卸驻车制动控制杆饰板。

（2）放下驻车制动控制杆并松开调整螺母，如图10-15所示。

（3）松开车轮螺母。

（4）举升汽车。

（5）拆卸车轮。

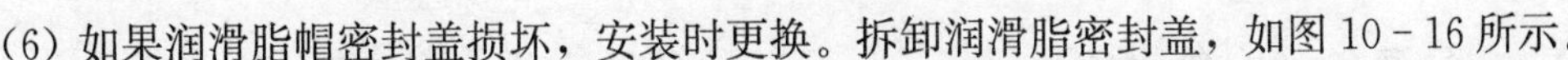

（6）如果润滑脂帽密封盖损坏，安装时更换。拆卸润滑脂密封盖，如图10－16所示。

(7) 松开制动鼓固定螺母，如图 10－17 所示。

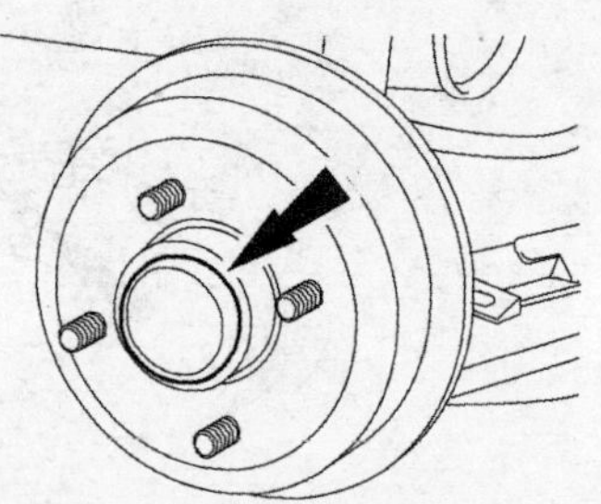

图 10－16　拆卸润滑脂密封盖

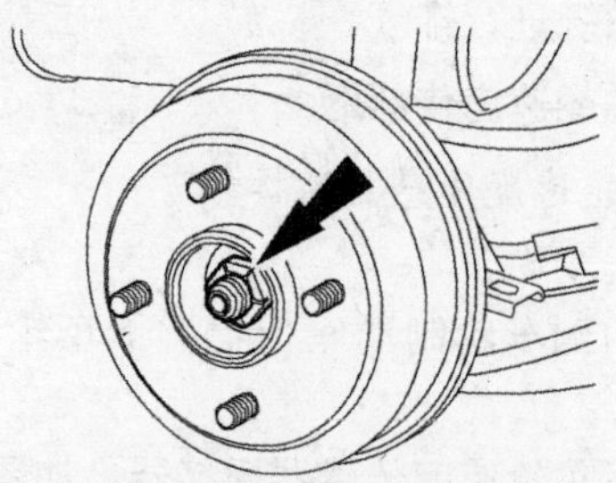

图 10－17　松开制动鼓固定螺母

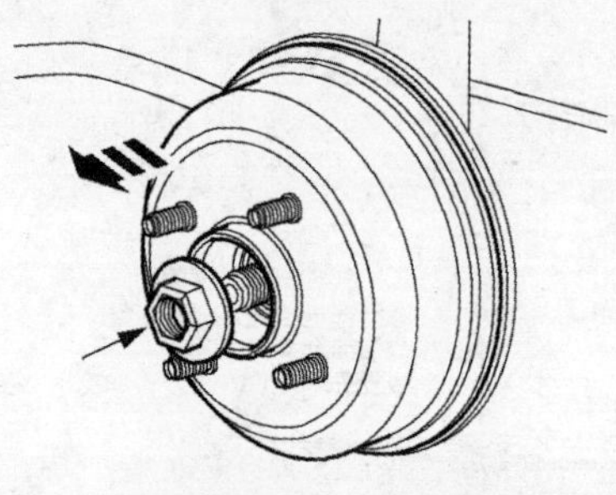

图 10－18　拆卸制动鼓

(8) 拆卸制动鼓时，确保车轮轴承没和轴承座分离。拆卸制动鼓如图 10－18 所示。

① 拆卸螺母。拆卸制动鼓。

② 确保车轮轴承没从轴承座中脱离。

2. 制动鼓的安装

制动鼓的安装与拆卸顺序相反。

## 五、制动蹄的拆装

1. 制动蹄的拆卸

(1) 拆卸制动鼓，轮轴和轮毂总成。

(2) 拆卸制动蹄固定弹簧，如图 10－19 所示。

(3) 用橡皮带固定制动分泵活塞。

(4) 取出制动蹄片时不要损坏制动分泵防尘套。从制动分泵活塞上取下制动蹄片，如图 10－20所示。

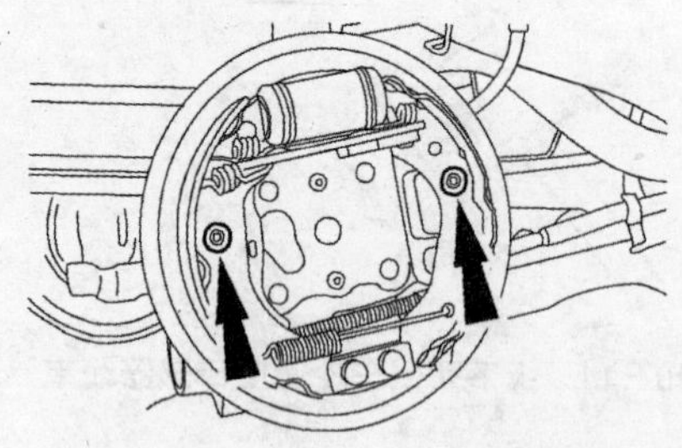

图 10－19　拆卸制动蹄固定弹簧

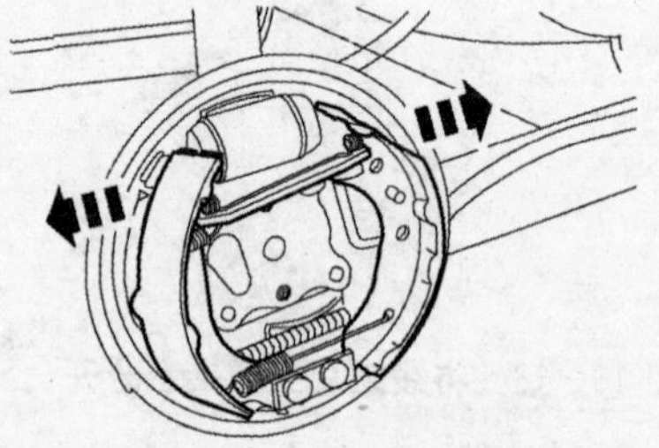

图 10－20　从制动分泵活塞上取下制动蹄片

(5) 从连接支架上取下制动蹄片，如图 10－21 所示。

(6) 取下驻车制动拉索，如图 10－22 所示。

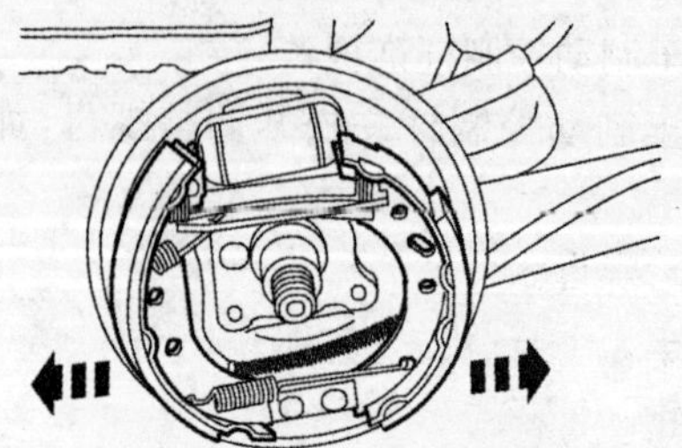

图 10－21　取下制动蹄片

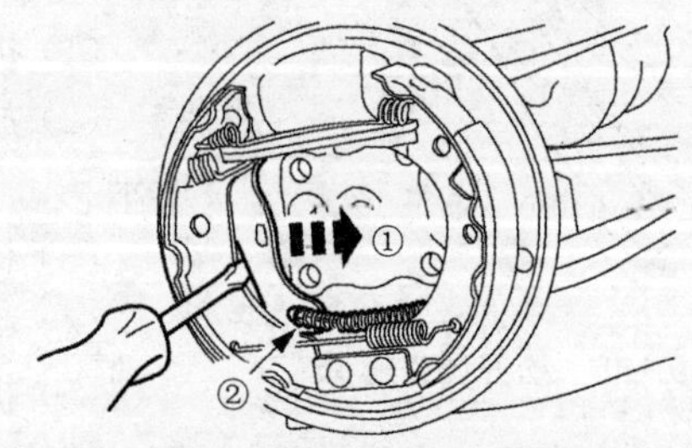


图 10－22　取下驻车制动拉索

① 向后推从蹄杆。

② 从制动蹄上取下拉索。

(7) 拆卸制动蹄回位弹簧，如图 10－23 所示。

① 拆卸下弹簧。

② 拆卸上弹簧。

(8) 从支撑销上取下领蹄，如图 10－24 所示。

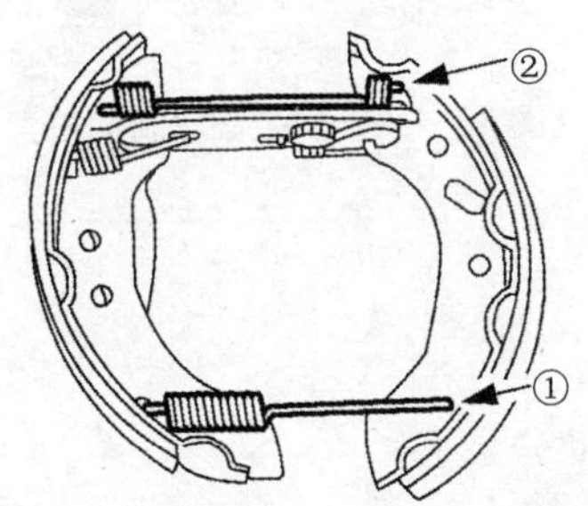


图 10－23 拆卸制动蹄回位弹簧

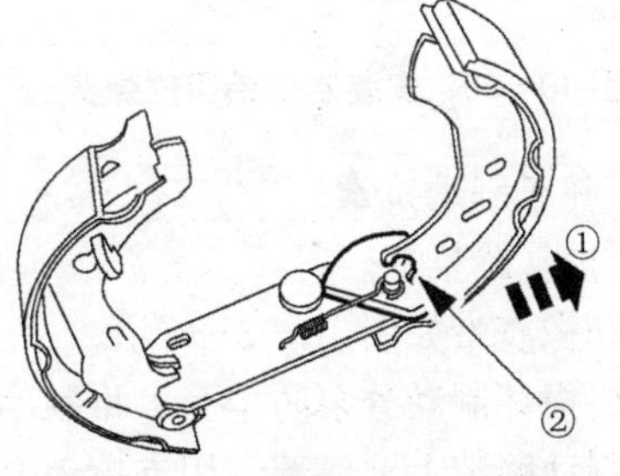


图 10－24 从支撑销上取下领蹄

① 从支撑销上向后推领蹄。

② 取下制动领蹄。

(9) 从支撑销上取下制动从蹄，如图 10－25 所示。

① 转动制动蹄 90°。

② 取下弹簧。

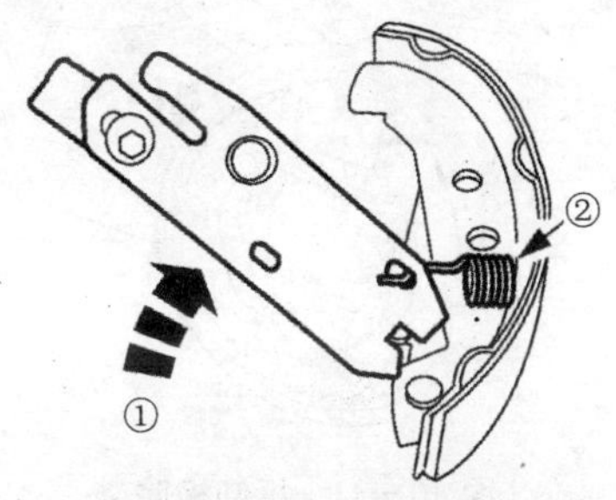


图 10－25 取下制动从蹄

2. 制动蹄的安装

(1) 给制动底板的接触区域进行清洁、检查和涂抹润滑脂，如图 10－26 所示。

(2) 将支撑销装进从蹄中，如图 10－27 所示。

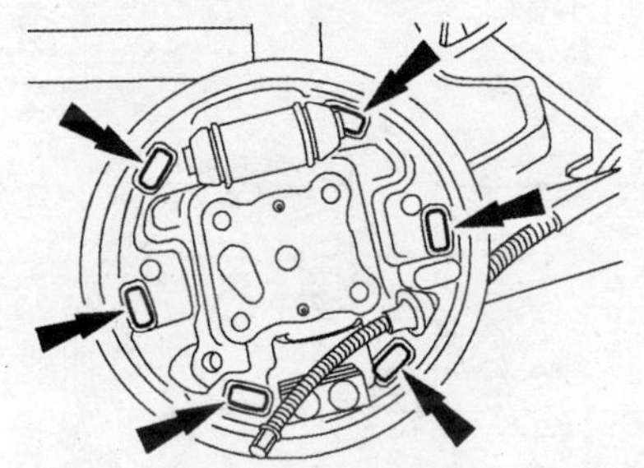

图 10－26 清洁、检查和涂抹润滑脂

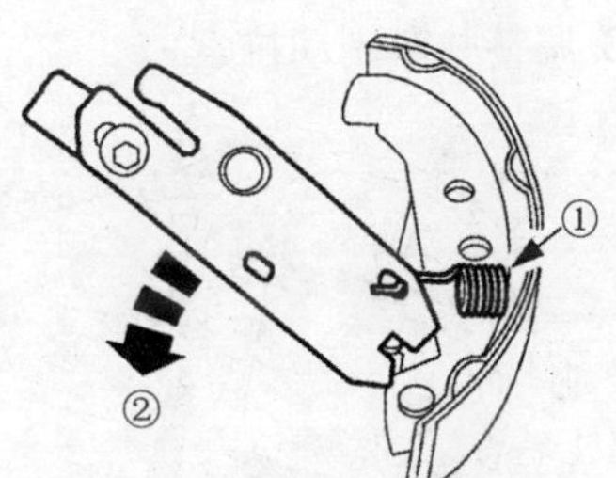


图 10－27 将支撑销装进从蹄中

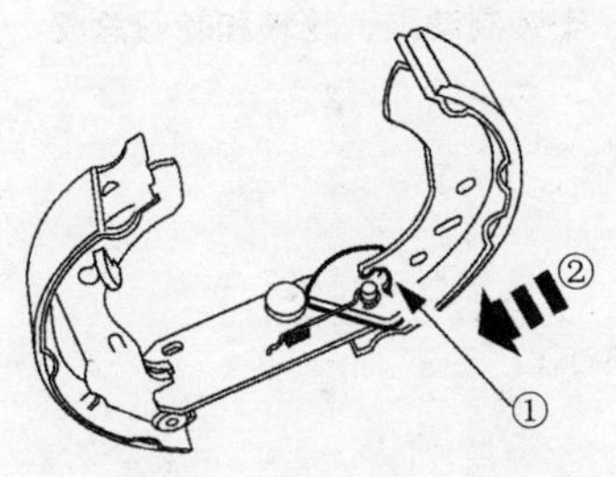


图 10－28 安装领蹄到支撑销上

① 安装弹簧。

② 旋转制动蹄 90°，安装到位。

(3) 安装领蹄到支撑销上，如图 10－28 所示。

① 安装制动蹄。

② 安装领蹄到支撑销上。

(4) 安装制动蹄回位弹簧，如图 10－29 所示。

① 安装上弹簧。

② 安装下弹簧。

(5) 安装驻车制动拉索，如图 10－30 所示。

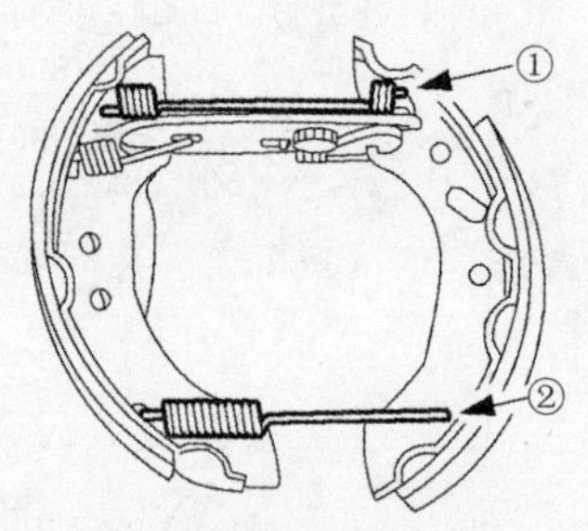


图 10-29 安装制动蹄回位弹簧

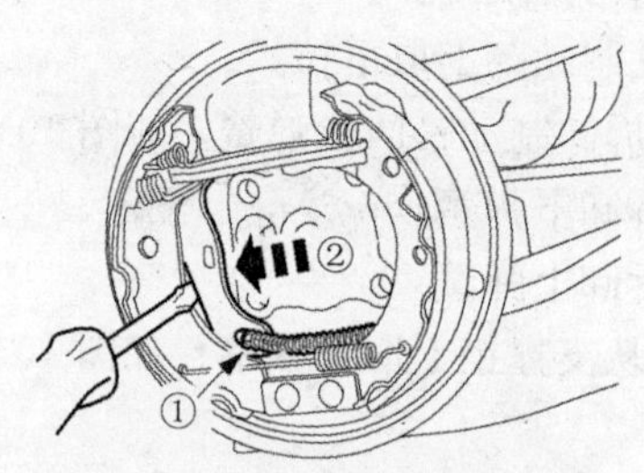


图 10-30 安装驻车制动拉索

① 接上驻车制动拉索。

② 向前推从蹄推杆。

(6) 拆卸橡胶带如图 10-31 所示。

(7) 不要损坏制动分泵防尘套。将制动蹄装上到制动分泵上。

(8) 将制动蹄装上到底部专用支撑销上，如图 10-32 所示。

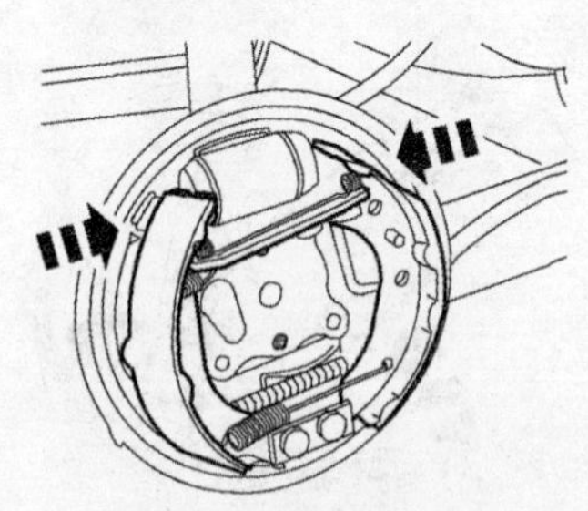

图 10-31 拆卸橡胶带

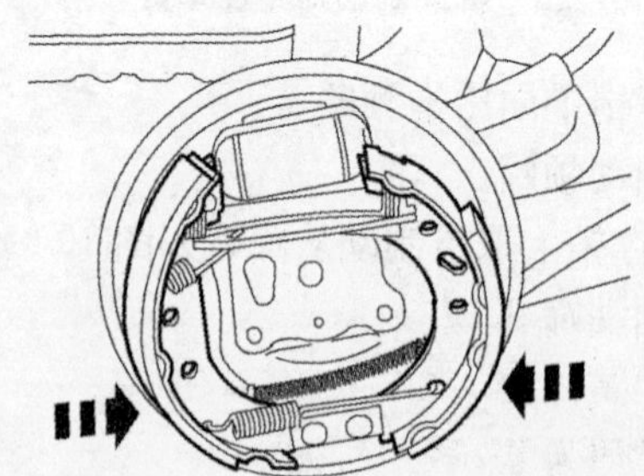

图 10-32 将制动蹄装上到底部专用支撑销上

(9) 安装制动蹄弹簧，如图 10-33 所示。

(10) 安装制动鼓、轮轴和轮毂总成，如图10-34所示。

(11) 调整驻车制动拉索。

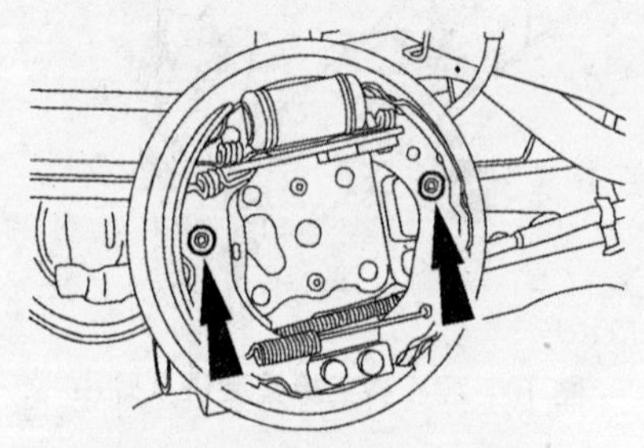

图 10-33 安装制动蹄弹簧

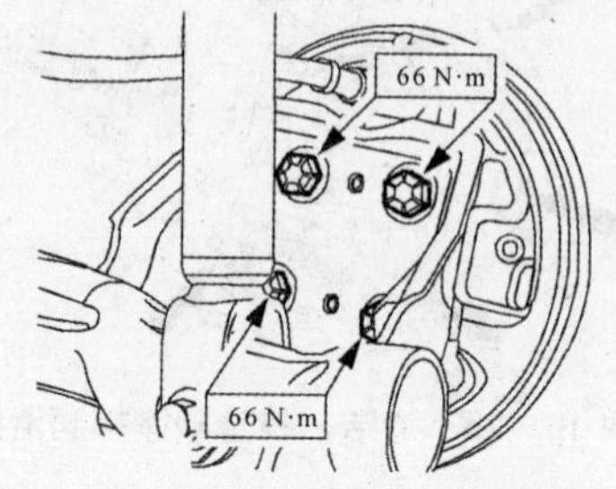


图 10-34 安装制动鼓、轮轴和轮毂总成

## 六、制动分泵的拆装

### 1. 制动分泵的拆卸

(1) 拆卸制动蹄片。

(2) 使用合适的制动软管夹夹住制动软管，如图 10-35 所示。

(3) 拆卸制动分泵，如图 10-36 所示。

① 取下制动软管插头。

② 拆卸螺栓。

③ 拆卸制动分泵。

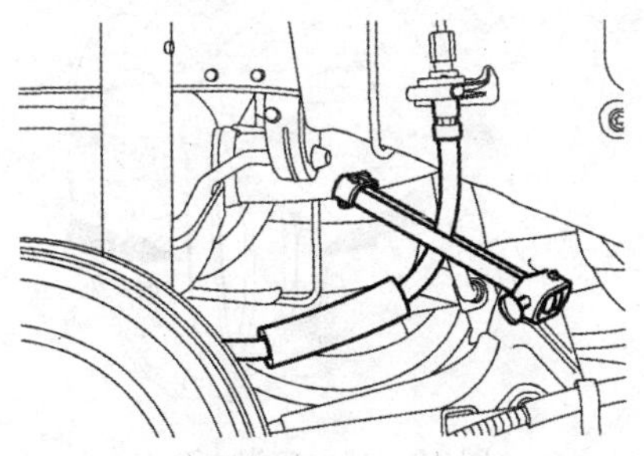

图 10－35 夹住制动软管

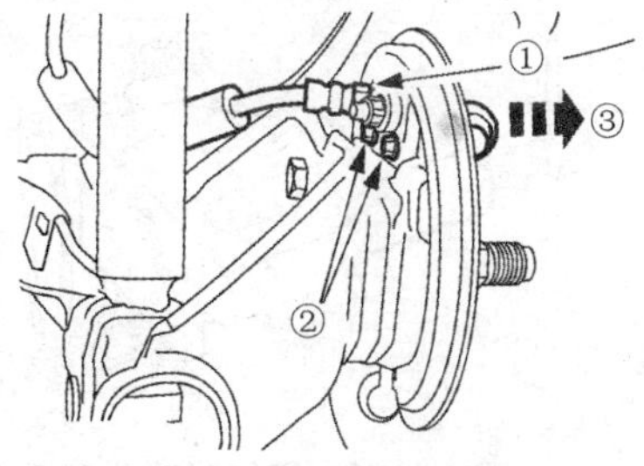


图 10－36 拆卸制动分泵

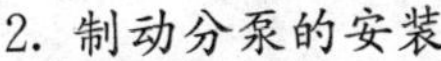

2. 制动分泵的安装

注：确保在制动缸与底板之间装上衬垫。

(1) 安装制动分泵如图 10－37 所示。

① 安装制动分泵螺栓。

② 安装制动软管插头。

(2) 拆卸制动软管夹。

(3) 制动系统排气。

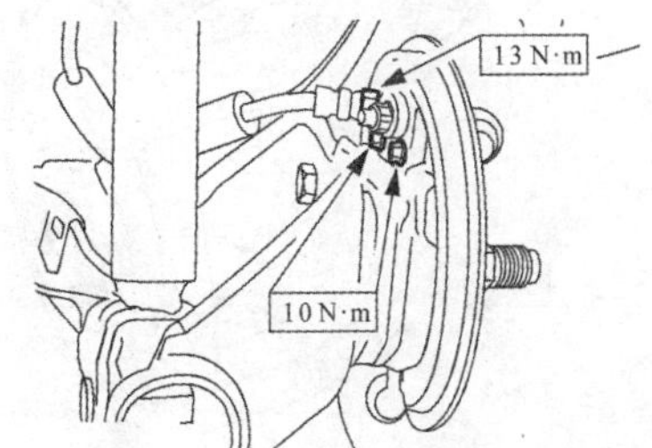


图 10－37 安装制动分泵

## 七、制动片的拆装

1. 制动片的拆卸

注：如果制动液溅到漆面上，应立即清水冲洗。

(1) 松开轮胎螺母。

(2) 举升汽车。

(3) 拆卸车轮。

(4) 取下制动钳，如图 10－38 所示。

① 拆卸制动钳下螺栓。

② 将制动钳向上转动。

(5) 拆卸制动片如图 10－39 所示。

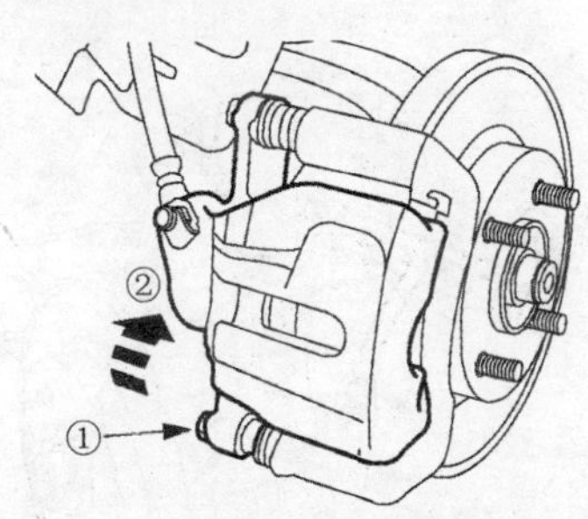


图 10－38 取下制动钳

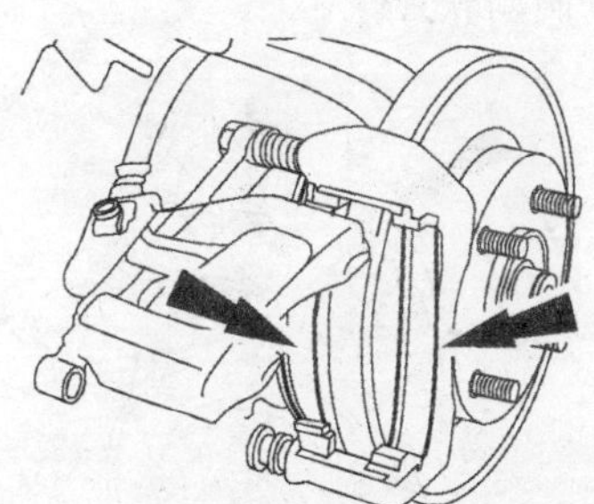

图 10－39 拆卸制动片

2. 制动片的安装

(1) 当将制动分泵活塞压紧到活塞缸体里，制动液会从制动主缸中冒出。使用专用工具，压缩制动分泵活塞，如图 10－40 所示。

(2) 安装制动片，如图 10－41 所示。

(3) 安装制动钳下螺栓，如图 10－42 所示。

(4) 安装车轮，如图 10－43 所示。

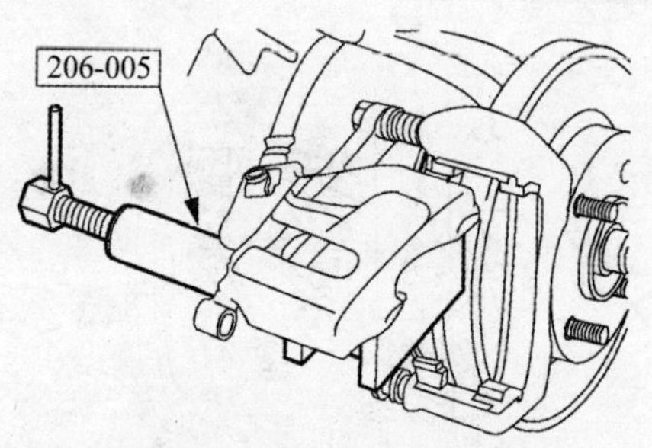


图 10-40　压缩制动分泵活塞

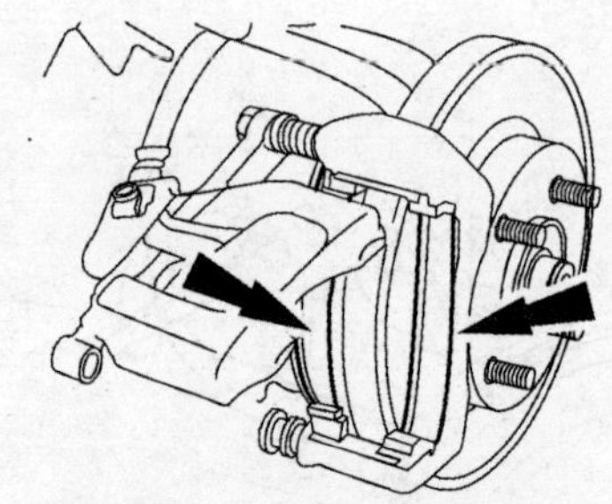

图 10-41　安装制动片

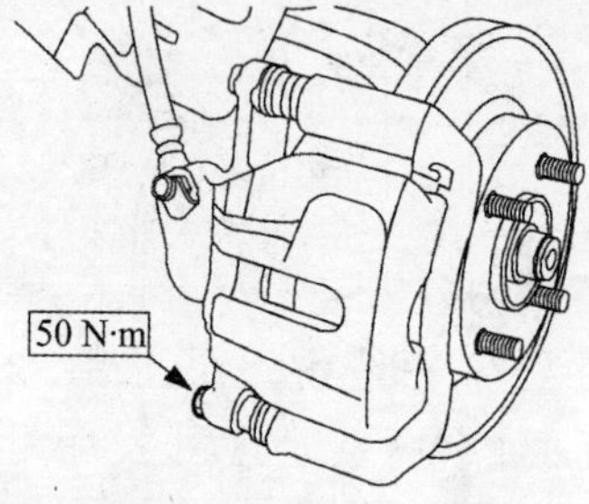


图 10-42　安装制动钳下螺栓

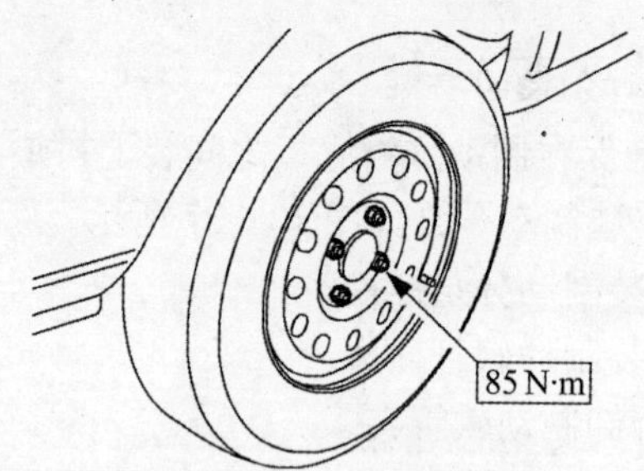


图 10-43　安装车轮

(5) 踩制动踏板两次。

(6) 检查制动液位。

## 八、制动钳的拆装

### 1. 制动钳的拆卸

注：如果制动液溅落在油漆面上，必须立即用冷水冲洗该区域。

(1) 拆卸制动片。

(2) 从转向节总成上取下制动软管，如图 10-44 所示。

(3) 从制动钳上松开制动软管，如图 10-45 所示。

① 使用合适的制动软管夹夹住制动软管。

② 松开制动软管。

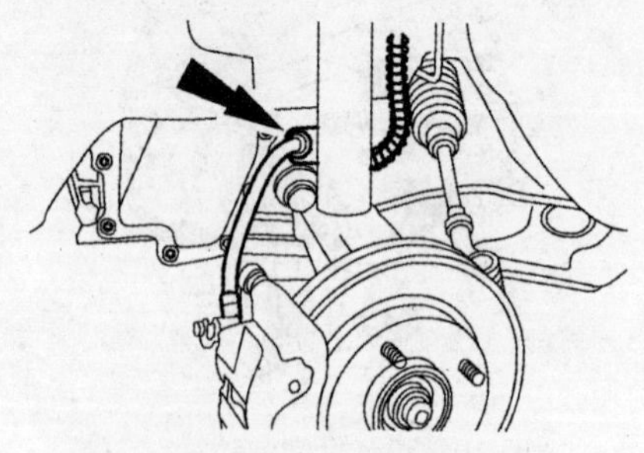

图 10-44　取下制动软管

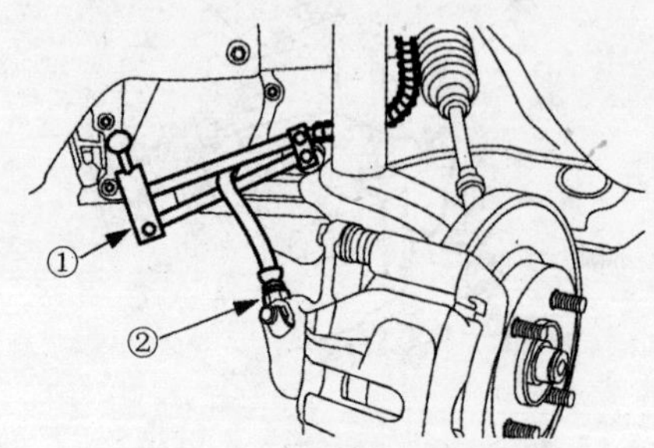


图 10-45　松开制动软管

(4) 取下制动钳，如图 10-46 所示。

(5) 封住制动软管防止油液流失和脏物进入。拆卸制动钳并转动制动钳总成，如图 10-47 所示。

### 2. 制动钳的安装

(1) 按与拆卸顺序相反的步骤安装，如图 10-48～图 10-49 所示。

(2) 制动系统排气。

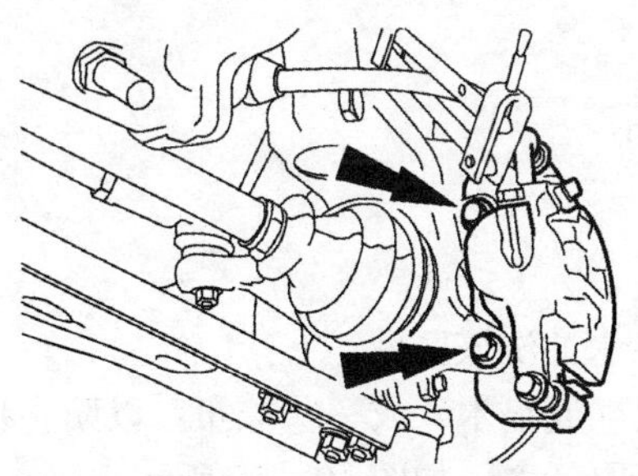
图 10-46 取下制动钳

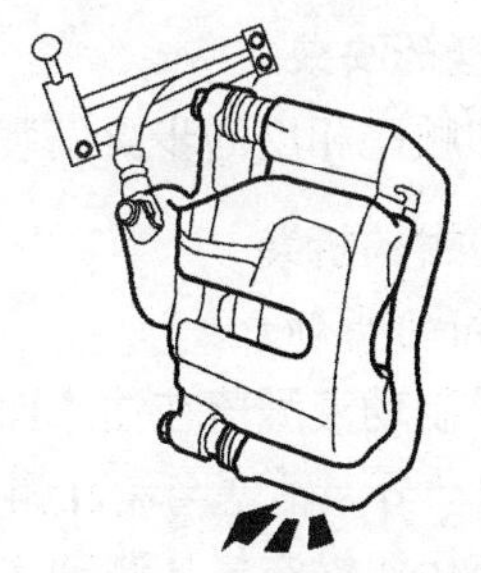
图 10-47 转动制动钳总成

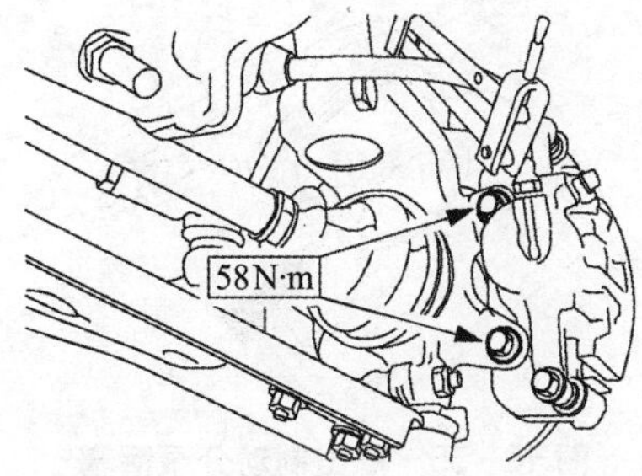

图 10-48 制动钳的安装（一）

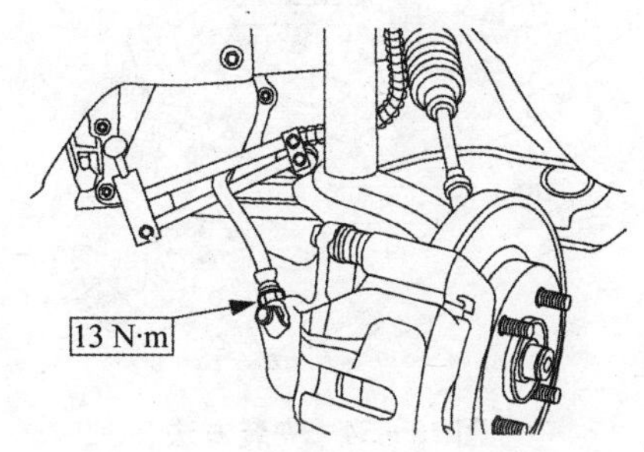

图 10-49 制动钳的安装（二）

## 九、制动盘的拆装

1. 制动盘的拆卸

(1) 拆卸制动片。

(2) 从转向节总成上取下制动软管，如图10-50所示。

(3) 取下制动钳，如图 10-51 所示。

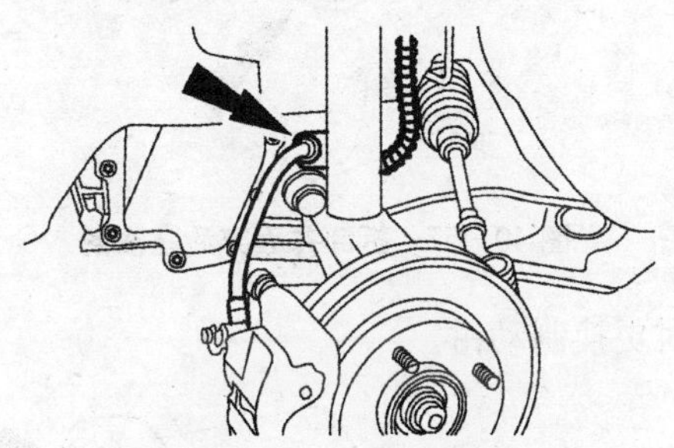
图 10-50 取下制动软管

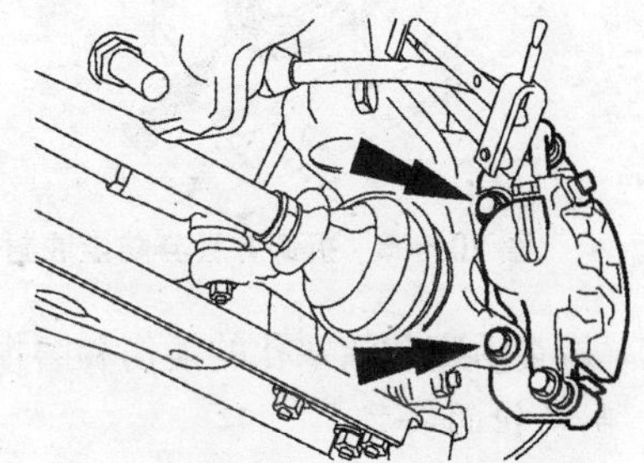
图 10-51 取下制动钳

(4) 将制动钳挂起，以拉伸防止制动软管。悬挂制动钳如图 10-52 所示。

(5) 拆卸制动盘如图 10-53 所示。

图 10-52 悬挂制动钳

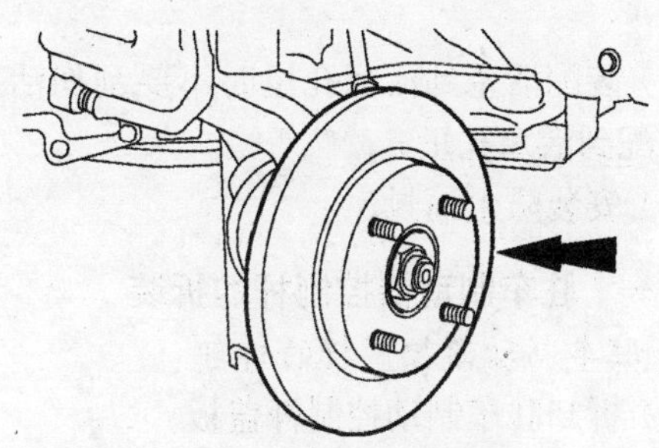
图 10-53 拆卸制动盘

2. 制动盘的安装

按与拆卸顺序相反的步骤安装，如图 10－54 所示。

## 十、制动钳的拆装

1. 制动钳的拆卸

注：如果制动液溅落在油漆面上，必须立即用冷水冲洗该区域。

(1) 在制动分泵活塞与制动钳壳体之间放置木块（或垫木）或一些抹布，以防止损坏制动分泵活塞。使用压缩空气从制动钳壳体里取出制动分泵活塞，如图 10－55 所示。

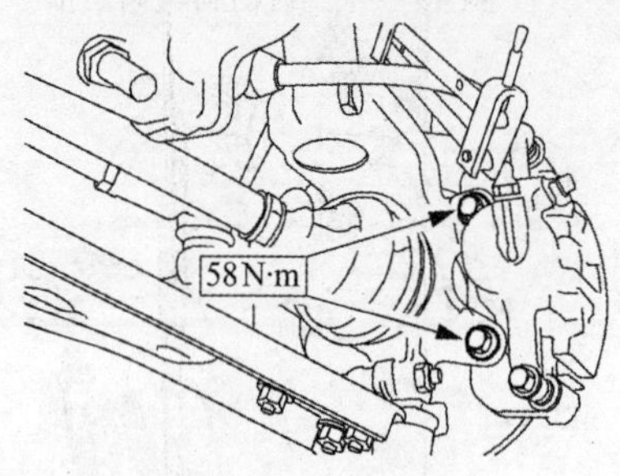


图 10－54　安装方法

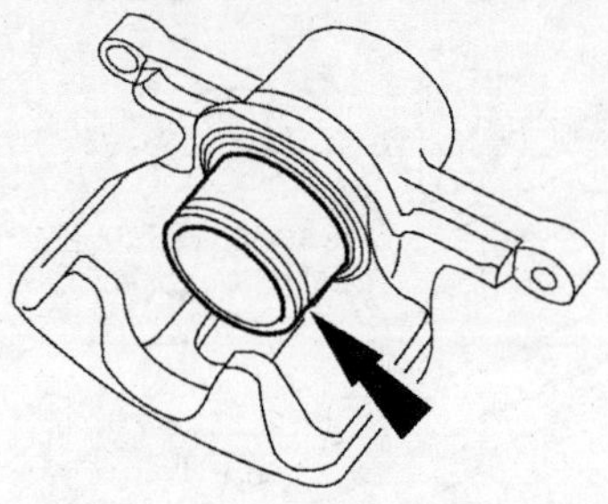

图 10－55　取出制动分泵活塞

(2) 拆卸并丢弃防尘油封，如图 10－56 所示。

(3) 拆卸并丢弃活塞油封，如图 10－57 所示。

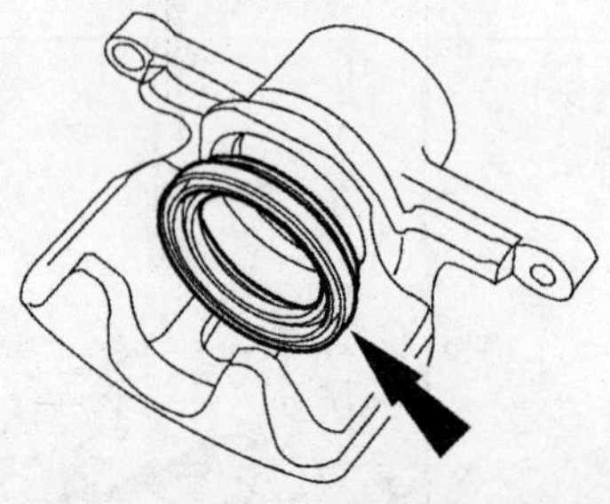

图 10－56　拆卸并丢弃防尘油封

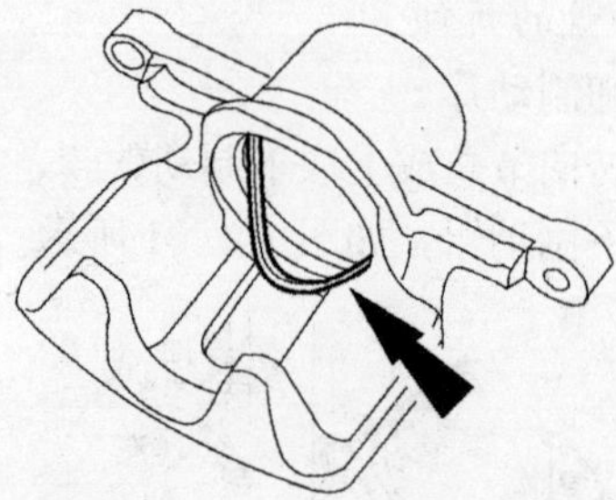

图 10－57　拆卸并丢弃活塞油封

(4) 检查活塞和活塞孔的损伤和磨损。必要时更换制动钳。

2. 制动钳的安装

(1) 用制动液润滑活塞孔、活塞油封和制动钳。

(2) 安装新的活塞油封到活塞孔里。

注：活塞油封必须安装活塞孔的槽里。

(3) 安装新的防尘油封到制动分泵活塞上，如图10－58所示。

(4) 装配活塞到活塞孔里时不要刮伤活塞。将制动分泵活塞装配到活塞孔里。

(5) 安装防尘油封。

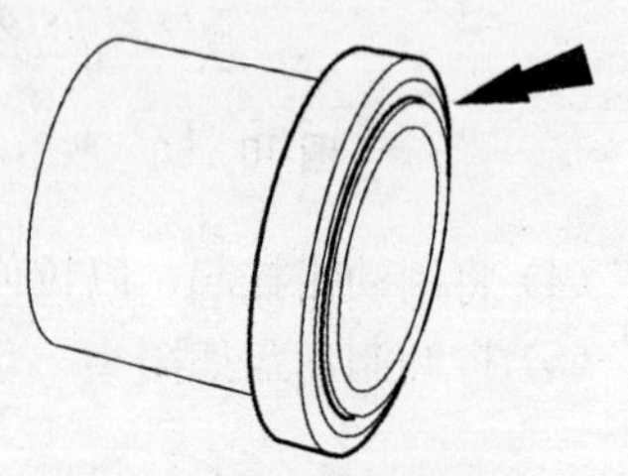

图 10－58　安装新的防尘油封

## 十一、驻车制动器控制杆的拆装

1. 驻车制动器控制杆的拆卸

(1) 拆卸驻车制动控制杆盖板。

(2) 放下驻车制动控制杆，拆卸调整螺母，如图 10－59 所示。

(3) 拆卸驻车制动控制杆螺母，如图 10－60 所示。

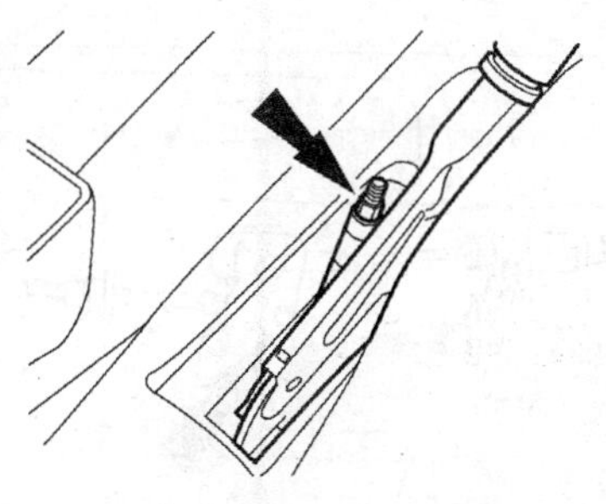
图 10-59　拆卸调整螺母

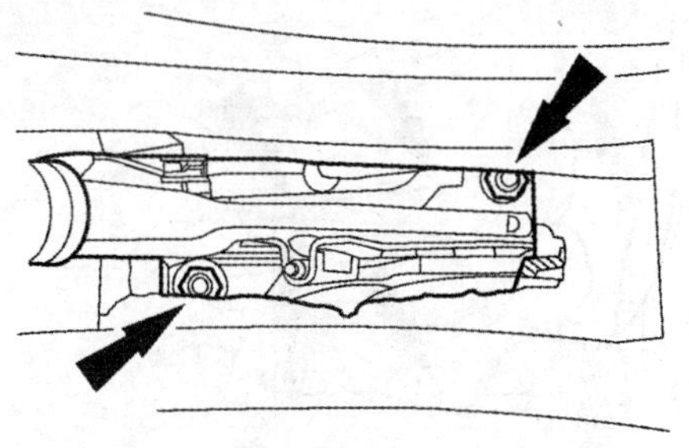
图 10-60　拆卸驻车制动控制杆螺母

(4) 从驻车制动控制杆上取出拉索，如图 10-61 所示。

(5) 拆卸驻车制动控制杆，如图 10-62 所示。

① 断开驻车制动警告指示灯开关插头。

② 拆卸驻车制动控制杆。

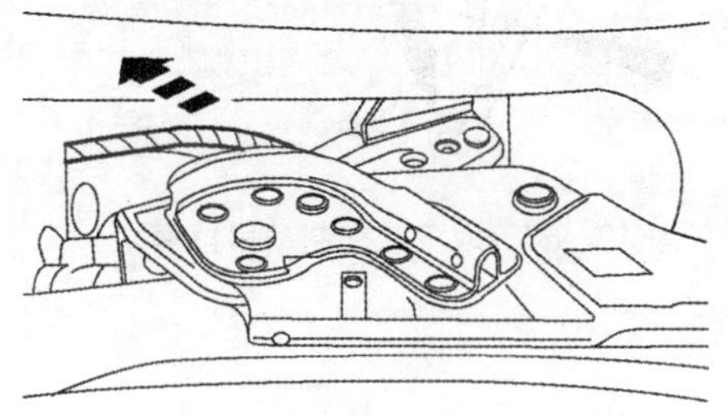
图 10-61　取出拉索

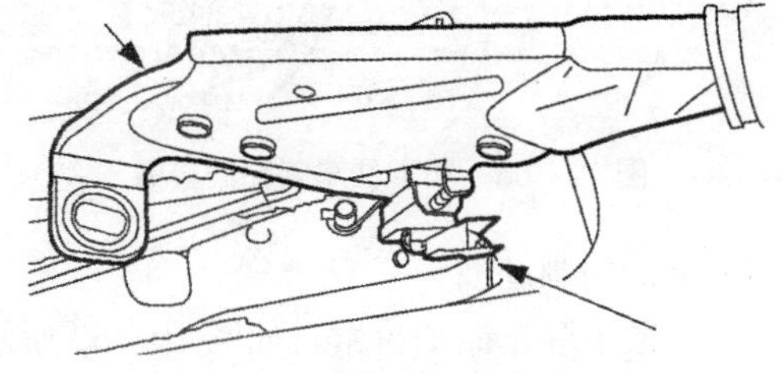
图 10-62　拆卸驻车制动控制杆

2. 驻车制动器控制杆的安装

(1) 安装过程与拆卸顺序相反。

(2) 调整驻车制动拉索。

## 十二、驻车制动器拉索的拆装

1. 驻车制动器拉索的拆卸

(1) 拆卸驻车制动控制杆盖板。

(2) 放下驻车制动控制杆和松开调整螺母，如图 10-59 所示。

(3) 松开后轮轮胎螺母。

(4) 举升汽车。

(5) 拆卸车轮。

(6) 从后面的绝热支架上取下销声器，如图 10-63 所示。

(7) 拆卸排气系统隔热罩中间部分，脱离底座如图 10-64 所示。

(8) 从驻车制动前拉索上取下平衡器，如图 10-65 所示。转动驻车制动前拉索插头 90°。

(9) 取下驻车制动后拉索，如图 10-66、图 10-67 所示。

(10) 从后桥上取下驻车制动拉索，如图 10-68 所示。

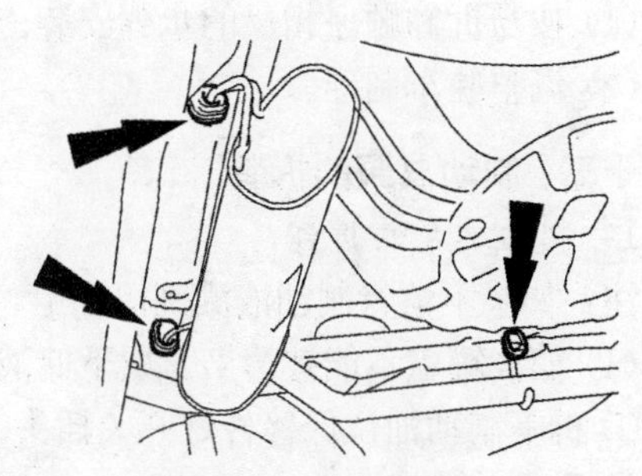
图 10-63　取下销声器

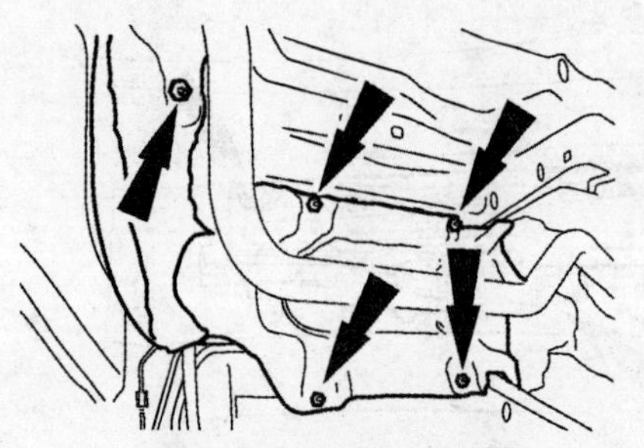

图 10-64 脱离底座

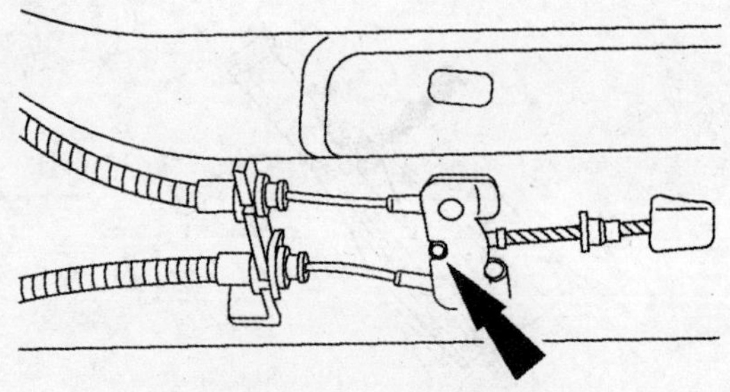

图 10-65 取下平衡器

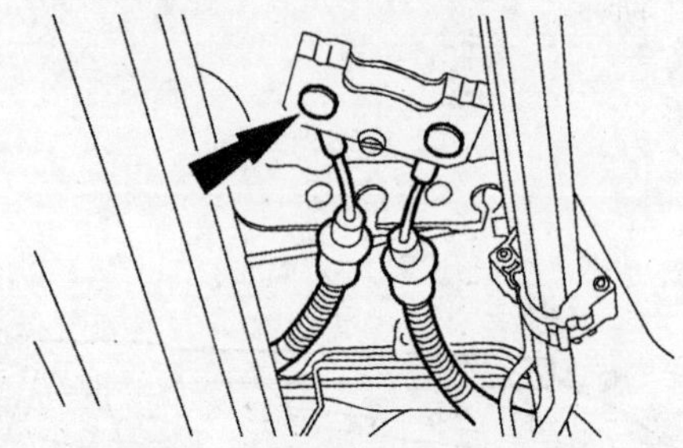

图 10-66 取下驻车制动后拉索

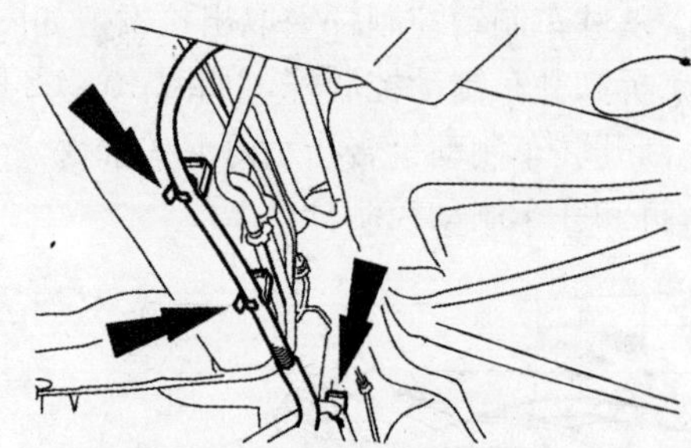

图 10-67 取下驻车制动后拉索

(11) 拆卸制动鼓。

(12) 取下驻车制动拉索，如图 10-69 所示。

① 向后推制动从蹄杆。

② 从制动从蹄上取下拉索。

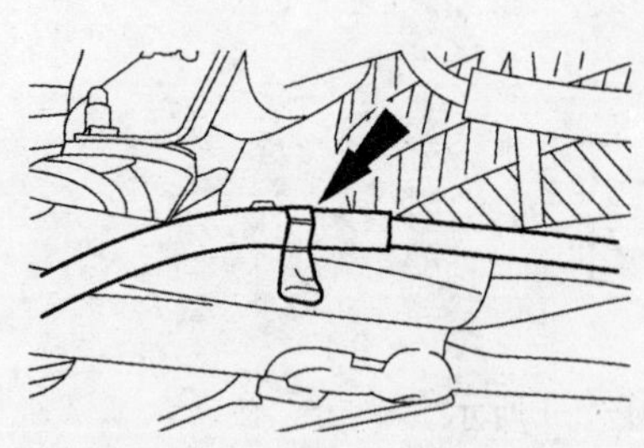

图 10-68 取下驻车制动拉索

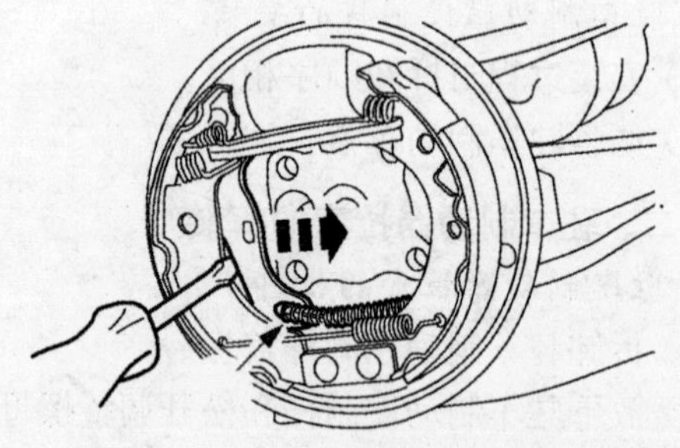

图 10-69 取下驻车制动拉索

2. 驻车制动拉索的安装

(1) 按与拆卸顺序相反的步骤安装。

(2) 调整驻车制动。

## 十三、制动总泵的拆装

1. 制动总泵的拆卸

注：如果不慎将制动液溅到漆面上，应立即用清水冲洗。

(1) 储液罐盖不能被污染。取下储液罐盖如图10-70所示。

① 拆下制动油位低警告灯开关插头。

② 取下储液罐盖。

(2) 储液罐制动液的排放如图 10-2 所示。

① 使用一适当干净的塑料管，一端接上系统排气嘴，另一端通入一适当的容器中。

② 旋松排气嘴。

③ 反复踩制动踏板直到储液罐中所有制动液全部排出。

④ 旋紧排气嘴。

(3) 从制动液储液缸上拆下离合器总泵油管，如图 10－71 所示。

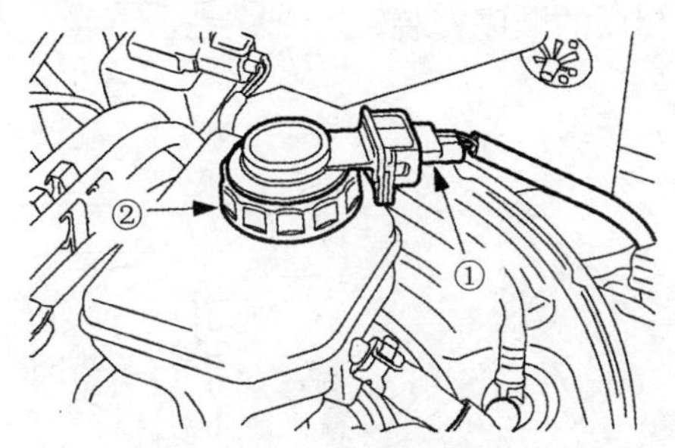

图 10－70 取下储液罐盖

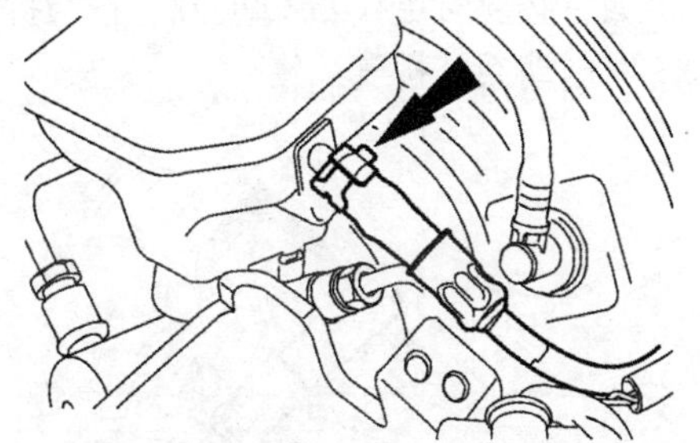
图 10－71 拆下离合器总泵油管

(4) 从制动总泵上拆下制动油管，如图 10－72 所示。

(5) 拆卸制动总泵和制动储液罐总成，如图10－73所示。

① 拆下固定螺母。

② 取下制动总泵。

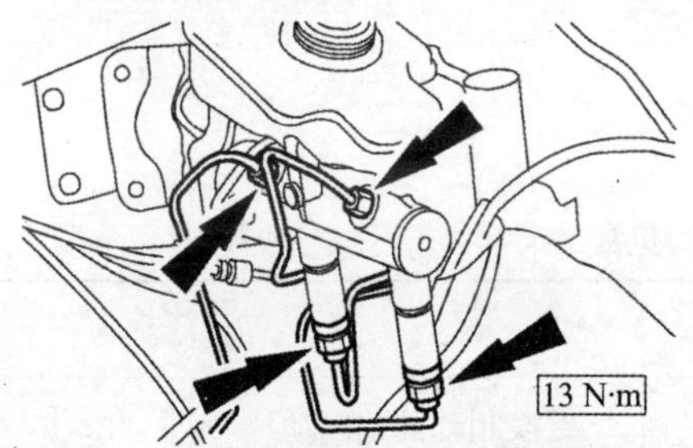

图 10－72 从制动总泵上拆下制动油管

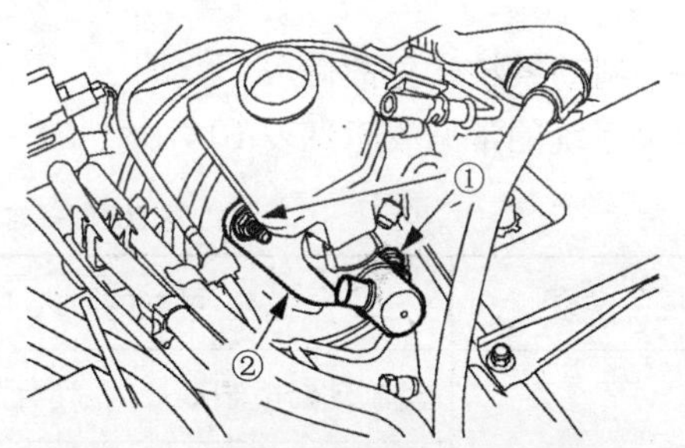

图 10－73 拆卸制动总泵和制动储液罐总成

2. 制动总泵的安装

注：安装前请确认制动助力器推杆处于正确的位置和制动总泵真空密封件处于正确的位置。

(1) 安装过程与拆卸顺序相反。

(2) 对制动系统进行排气。

## 十四、制动液储液罐的拆装

1. 制动液储液罐的拆卸

注：如果不慎将制动液溅到车漆表面上，应立即用清水冲洗。

(1) 确保储液罐盖不要被污染。

① 拆下制动液液面警告灯开关插头。

② 取下储液罐盖，如图 10－70 所示。

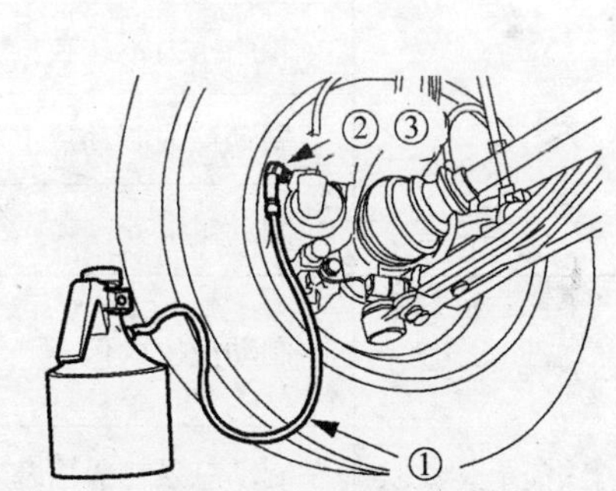

图 10－74 排放制动液

(2) 排放制动液如图 10－74 所示。

① 使用一软管一端接上右前制动排气嘴，另一端接入适当的容器内。

② 旋松排气嘴，反复地踩制动踏板直到所有的油液全部排出。

③ 旋紧排气嘴。对左前轮排气嘴执行同样的操作。

(3) 拆开离合器进油管，如图 10－75 所示。

(4) 拆下制动液储液罐，拆开两边的固定夹如图10－76所示。

2. 制动液储液罐的安装

(1) 如有必要时更换新 O 形圈。按与拆卸步骤相反的顺序安装。

(2) 对制动系统排气。

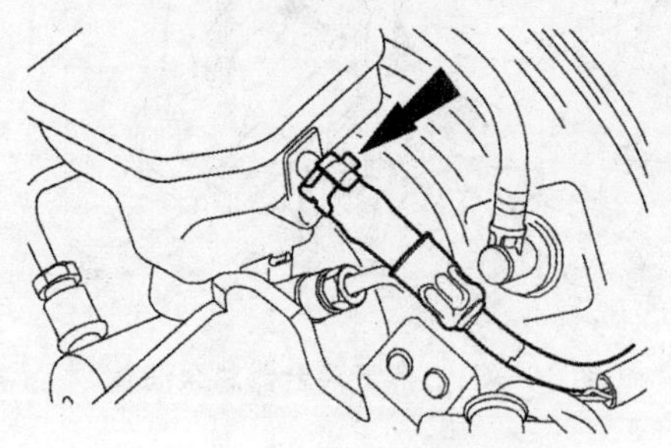

图 10－75 拆开离合器进油管

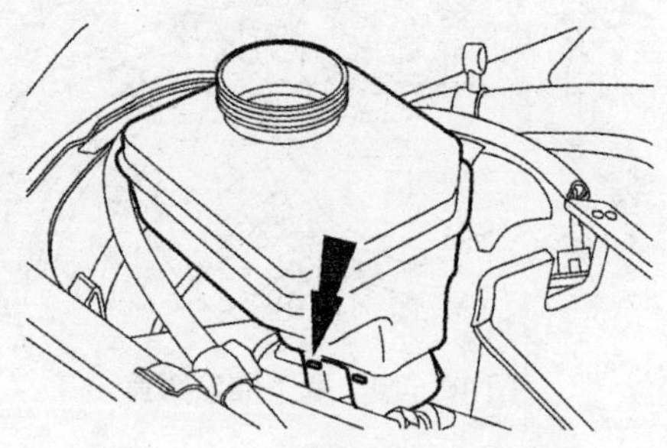

图 10－76 拆下制动液储液罐

# 第三节 制动系统的故障检修

## 一、制动系统常见故障

制动系统的常见故障见表 10－1。

**表 10－1 制动系统的常见故障**

| 现 象 | 可能的原因 | 措 施 |
|---|---|---|
| 制动跑偏或飘移 | 制动蹄或制动片内衬磨损或损坏 | 更换制动蹄或制动片 |
| | 前制动盘不正常磨损或扭曲 | 更换前制动盘 |
| | 后制动调整不正确 | 调整驻车制动拉索 |
| | 车轮定位不正确 | 进行车轮定位 |
| | 车轮轴承负荷调整不正确 | 调整或更换车轮轴承 |
| | 轮胎压力不一致 | 调整轮胎压力 |
| | 制动蹄或制动片上粘有油液或黄油 | 更换制动蹄或制动片 |
| | 制动钳卡死 | 转到制动跑偏或飘移 |
| 制动警告指示灯常亮 | 制动液位太低 | 加注制动液。检查制动和离合系统包括制动助力器渗漏 |
| | 制动总泵初级活塞帽泄漏 | 更换制动总泵 |
| | 驻车制动控制没完全释放 | 放松和调整驻车制动拉索。必要时更换部件 |
| | 指示灯线路短路 | 转到制动警告灯常亮 |

（续表）

| 现　　象 | 可能的原因 | 措　　施 |
| --- | --- | --- |
| 制动时发生振动 | 制动蹄或制动片上附油 | 更换制动蹄或制动片 |
| | 制动片或制动蹄磨损或损坏 | 更换制动蹄或制动片 |
| | 制动钳安装螺栓松动 | 紧固制动钳安装螺栓 |
| | 滑动部件润滑不足 | 必要时注油 |
| | 制动鼓接触表面损坏 | 更换制动鼓 |
| | 轮毂螺栓松动或丢失 | 紧固或更换轮毂螺栓<br>转到制动时振动 |
| 踏板快速下沉 | 液压系统泄漏 | 修复泄漏。检查整个液压系统。制动系统加注和排气 |
| | 系统中有空气 | 检查泄漏。制动系统排气 |
| | 制动总泵初级活塞帽磨损或缸体裂纹 | 更换制动总泵 |
| | 制动盘“后振”（摩擦片将制动钳活塞向后推入制动钳内。制动盘轴向跳动过大或车轮轴承松动所造成） | 更换制动盘 |
| | 制动蹄或制动片磨损 | 更换制动蹄或制动盘<br>转到制动踏板快速下沉 |
| 踏板下沉缓慢 | 系统中有空气 | 制动系统排气 |
| | 制动总泵故障 | 转到踏板下降缓慢 |
| 踏板位置低或感觉软绵 | 制动蹄磨损 | 更换制动蹄或制动片 |
| | 液压系统 | 转到踏板位置低或感觉软绵 |
| 轻踩踏板时制动抱死 | 轮胎压力不正确 | 调整轮胎气压 |
| | 轮胎磨损 | 更换轮胎 |
| | 制动蹄或制动片打滑或磨损制动助力 | 更换制动蹄或制动片<br>转到轻踩制动时，出现制动抱死 |
| 踏板行程过大或不稳定 | 制动蹄或制动片磨损 | 更换制动蹄或制动片 |
| | 制动盘 | 转到制动踏板自由行程过大不稳定 |
| 制动拖曳 | 制动助力器<br>制动灯开关调整不正确<br>制动压力控制阀 | 转到制动拖曳<br>调整制动灯开关 |

（续表）

| 现　象 | 可能的原因 | 措　施 |
| --- | --- | --- |
| 制动拖曳 | 制动钳或制动泵卡死<br>驻车制动起作用或故障<br>驻车制动拉索卡住<br>驻车制动滑动销卡住 | 转到制动拖曳<br>调整制动灯开关 |
| 制动踏板用力过大 | 制动助力器不起作用 | 进行制动助力器测试 |
| | 制动蹄或制动片磨损或污染 | 更换制动蹄或制动片<br>转到制动踏板用力过大 |
| 制动噪声 | 制动蹄或制动片磨损 | 更换制动蹄或制动片 |
| | 制动助力器 | 转到制动噪声 |
| 踏板回位慢或不完全 | 制动助力器<br>制动总泵 | 转到制动踏板回位慢或不正常 |

## 二、制动跑偏或飘移

### 1. 路试

对汽车进行路试和踩制动踏板。检查汽车是否跑偏或飘移，若是应按下项检查。

### 2. 轮胎气压

检查轮胎磨损或轮胎气压。若轮胎状况良好，应按下项检查。否则，应调整轮胎气压。轮胎磨损严重的应更换轮胎。测试并运行系统是否正常。

### 3. 制动蹄或制动片和内衬检查

检查制动蹄或制动片上的内衬是否漏油和磨损。若是应更换制动蹄或制动片。测试并运行系统是否正常。否则，应按下项检查。

### 4. 测量右后压力控制阀

在左前和右后排气口接上压力表。踩制动踏板，左前轮读数为 6 895 kPa（1 000 psi）。检查压力表读数是否在 4 692～5 164 kPa（680～750 psi）之间。若是，应检查制动钳和必要时更换部件，并按下项检查。否则，应更换右后轮压力控制阀并对制动系统排气。

### 5. 检查左后压力控制阀

在右前和左后排气口接上压力表。踩制动踏板，右前轮读数为 6 895 kPa（1 000 psi）。检查压力表读数是否在 4 692～5 164 kPa（680～750 psi）之间。若是，应检查制动钳。必要时更换部件。测试并运行系统是否正常。否则，应更换作后制动控制阀并对制动系统排气。

## 三、制动警告灯常亮

### 1. 检查制动警告灯

当点火钥匙转到 START 或 RUN 位置时，以及驻车制动起作用时，制动警告灯会闪亮。

（1）将点火钥匙转到 ON 位置。

（2）释放驻车制动。

检查制动液液位在 MAX 位置时，制动警告灯是否闪亮。否则，应按下项检查。

### 2. 检查制动系统泄漏

检查制动总泵储液壶密封处和制动和离合器系统泄漏。检查系统是否泄漏。若是应进行修复并加液和排气。同时测试并运行系统是否工作正常。否则，应按下项检查。

3. 检查制动警告开关或线路

(1) 将点火开关转到 ON 位置。

(2) 拆卸制动总泵储液壶过滤帽或开关。允许液位在最低（高）点。

检查制动警告指示灯是否闪亮。若是，表明开关或线路正常。应测试并运行系统是否正常。否则，应对相关部件进行检查。

## 四、制动时振动

1. 路试

汽车进行路试，在 40～80 km/h（25～50 mile/h）进行制动。观察此时振动是否出现。若是，应维修并测试和运行系统是否工作正常。否则，应按下项检查。

2. 检查后制动颤动

驻车制动控制起作用时，保持驻车制动释放按钮在释放位置。路试，汽车在 40～80 km/h（25～50 mile/h）时将驻车制动拉到中等结合位置。观察此时颤动是否出现。若是，应检查后制动鼓是否过度磨损。必要时更换部件。测试并运行系统是否正常。否则，应按下项检查。

3. 检查前轮制动颤动

路试，汽车在 40～80 km/h（25～50 mile/h）用轻轻踩下制动。观察此时颤动是否出现。若是，应检查前制动盘是否过度磨损或裂纹。必要时更换部件。测试并运行系统是否正常。否则，表明汽车正常。

## 五、制动踏板快速下沉

1. 路试

汽车进行路试，踩下制动踏板。检查作用在踏板上力是否正常。若是，表明汽车正常。否则，应按下项检查。

2. 检查制动液位

检查制动总泵储液壶部位。检查制动液位是否正常。若是，应按下项检查。否则，应检查制动总泵储液壶密封处是否泄漏。

3. 系统加压

快速踩制动踏板 5 次。检查制动踏板高度是否升高并保持。若是，应检查驻车制动的调整。必要时调整。如故障继续存在，应对制动系统排气。最后测试并运行系统是否工作正常。否则，应按下项检查。

4. 检查制动系统泄漏

检查制动和离合器系统外部是否泄漏。若是，应进行修复并添加制动液和排气。测试并运行系统是否正常。否则，应按下项检查。

5. 进行一次制动总泵旁路状况检查

测试制动总泵旁路。是否发现故障。若是，应更换制动总泵，并添加制动液和排气。测试并运行系统是否正常。否则，表明系统完好。

## 六、踏板下降缓慢

1. 检查制动踏板运行

当汽车行驶时，踩下制动踏板，检查故障。当汽车停止时，故障是否发生。若是，应按下项检查。否则，应对制动总泵元件进行测试。

2. 检查制动系统泄漏

检查制动系统外部是否泄漏。若是，应进行修复。添加制动液和排气。测试并运行系统是否正常。否则，应按下项检查。

3. 进行制动总泵旁路测试

测试制动总泵旁路是否发现故障。若是，应更换制动总泵。添加制动液和排气。测试并运行系统是否正常。否则，表明系统正常，同时测试并运行系统是否正常。

## 七、踏板位置低或感觉软绵

1. 路试

汽车进行路试，踩制动。检查制动踏板感觉是否软绵。若是，应按下项检查。否则，表明汽车正常。

2. 检查制动液位

检查制动总泵储液壶液位是否正常。若是，应按下项检查。否则，应检查制动总泵储液壶密封部位。添加制动液和排气。测试并运行系统是否正常。

3. 检查储液壶盖上的通风孔

检查储液壶盖上的通风孔是否堵塞或变脏。若是，应进行清洁。测试并运行系统是否正常。否则，应按下项检查。

4. 对制动系统排气

检查制动系统中的空气。对制动系统排气。观察情况是否继续存在。若是，应按下项检查。否则，表明汽车正常。

5. 检查前轮轮毂保持螺母

检查前轮轮毂保持螺母是否松动。若是，应更换前轮轮毂保持螺母，注意：前轮轮毂保持螺母不能重新使用。测试并运行系统是否工作正常。否则，应检查驻车制动调整。

## 八、轻踩制动时，出现制动抱死

1. 路试

让汽车进行路试，轻踩制动踏板。检查后轮是否出现抱死。若是，应按下项检查。否则，表明汽车正常。

2. 检查轮胎

检查轮胎过度磨损或轮胎气压不对。检查所有轮胎状况是否正常。否则，应更换轮胎。调整轮胎气压。测试并运行系统是否正常。若是，应按下项检查。

3. 检查制动蹄或制动片

检查制动蹄或制动片是否正确安装或遭油液污染或过度磨损。检查是否存在这些情况。若是，应修复或必要时更换部件。测试并运行系统是否正常。否则，应按下项检查。

4. 检查右后制动减压阀

在左前和右后排气孔上接上压力表。踩制动踏板，左前轮读数为 6 895 kPa（1 000 psi）。检查右后轮的压力表读数在 4 692～5 164 kPa（680～750 psi）之间。若是，应测试制动助力器。否则，应更换右后压力控制阀。测试并运行系统是否正常。

5. 检查左后压力控制阀

左右前和左后排气孔上接上压力表。踩制动踏板，右前轮压力表读数为 6 895 kPa（1 000 psi）。检查左后轮上的压力表读数在 4 692～5 164 kPa（680～750 psi）之间。若是，应测试制动助力器。转到制动拖曳。否则，应更换左后压力控制阀。测试并运行系统是否正常。

## 九、制动踏板自由行程过大不稳定

1. 路试

在起伏的路面进行路试。踩制动踏板。检查制动踏板行程是否正常。若是，则表明汽车正常。否则，应按下项检查。

2. 检查车轮轴承

检查前轮轴承是否松动。若是，应检查前轮轮毂固定螺母。前轮轴承如果磨损或损坏，更换。测试并运行系统是否正常。否则，应检查前制动盘的厚度变化情况。必要时更换部件。测试并运行系统是否工作正常。

## 十、制动拖曳

1. 检查制动助力器

检查制动助力器推杆和制动动踏板行程是否正常。否则，更换制动助力器。测试并运行系统是否正常。若是，应按下项检查。

2. 路试

汽车进行路试，踩制动。检查制动器性能正常。若是，则表明汽车正常。否则，应检查各车轮制动分泵或制动钳是否有黏滞部件，必要时更换部件。测试并运行系统是否工作正常。

## 十一、制动踏板用力过大

1. 检查制动情况

发动机停止运转，踩踏板 5 次消除制动助力器中的真空。踩踏板，保持轻微压力。起动发动机。检查制动踏板是否保持原位置。若是，应按下项检查。否则，应跳转到步骤 6。

2. 检查制动助力器泄漏

保持发动机怠速转速，放开加速踏板，关闭发动机。90s 后踩制动踏板，两次或多次能使制动起作用。检查制动助力器是否工作。若是，表明汽车正常。否则，应按下项检查。

3. 检查制动助力器止回阀

从进气支管处取下制动助力器的真空管，向真空管吹气。检查空气是否通过止回阀。若是，应更换助力器止回阀。测试并运行系统是否工作正常。否则，应按下项检查。

4. 检查制动助力器止回阀真空

从制动助力器止回阀真空管使发动机怠速运转，接上真空表，检查真空。检查制动助力器的真空压力是否在 40.5 kPa（12 in - Hg）以上。否则，应修复或更换真空管。测试并运行系统是否工作正常。若是，应按下项检查。

5. 检查制动助力器

检查制动助力器是否正常。否则，应更换制动助力器。测试并运行系统是否正常。若是，应按下项检查。

6. 检查制动踏板机构

从制动销轴上拆下推杆，将制动踏板踩到底。检查制动踏板是否自由移动？否则，应修复或更换制动踏板轴衬。测试并运行系统是否正常。若是，应按下项检查。

7. 检查制动压力控制阀

检查制动压力控制阀的污染。检查制动液是否受污染。若是，应更换制动压力控制阀。添加制动液。测试并运行系统是否正常。否则，表明汽车正常。

## 十二、制动噪声

1. 检查制动踏板噪声

检查制动片和制动蹄过度磨损。怠速运转发动机至少 10 s，踩制动踏板，听噪声和正常情况下比较。倾听是否有噪声存在。否则，表明汽车正常。若是，应按下项检查。

2. 检查推杆位置

检查制动助力器推杆位置和行程。检查推杆是否正常。若是，应给制动系统排气，测试并运行系统是否正常。否则，应更换制动助力器。测试并运行系统是否正常。

### 十三、制动踏板回位慢或不正常

1. 检查制动踏板回位

快怠速运转发动机，踩几次制动。以大约 44.5 N（10 lbf）的力往后拉制动踏板。松开制动踏板，测量其离地板距离。制动踏板应回到原来的位置。检查制动踏板是否回到原来位置。若是，表明汽车正常。否则，应按下项检查。

2. 检查制动踏板卡滞

检查制动踏板是否自由运作。若是，应更换制动助力器。测试并运行系统是否正常。否则，应修复或更换制动踏板轴衬。测试并运行系统是否正常。

## 第四节　元件的检测技巧

### 一、检测液压泄漏

由于离合器和制动器共用一个储液壶，这样就有可能因为离合器泄漏而导致储液壶内的制动液减少。

如果汽车是在雨中或雪中行驶，泄漏的痕迹有可能会被冲洗掉，因为制动液是水溶性。添加制动液后，踩几次制动。检查系统里的制动液下降。确定并修复外部泄漏。如果液面下降而又找不到泄漏处，检查制动总泵孔端的油封是否泄漏。

### 二、检测制动踏板行程余量

当感觉制动踏板低或触到底时，应检查制动踏板的行程余量。

(1) 怠速运转发动机，将变速器放在空挡。

(2) 轻轻踩制动踏板 3 或 4 次。

(3) 保持 15 s 以使助力器补充真空。

注：阻力增加会有已经踩到底的感觉。

(4) 踩制动踏板直至停止向下运动或没有阻力增加。

(5) 保持制动踏板在使制动起作用的位置，提高发动机转速至 2 000 r/min。

注：制动踏板的附加的移动是发动机进气支管真空度增加的结果。这样就使附加的行程作用在制动总泵上和使制动系统就不能触底。

(6) 松开加速踏板，观察发动机转速下降至怠速过程中，制动踏板向下的移动。

### 三、检测制动助力器状况

检查所有真空管和插头。所有未使用的真空插头都应堵塞好。真空管和插头都正确紧固，没有漏洞和老化。检查制动助力器的止回阀是否损坏。

### 四、检测制动助力器功能

(1) 检查液压制动系统泄漏或低液位。

(2) 将变速器放在空挡，停转发动机，拉上驻车制动。踩制动踏板几次消除系统内真空。

(3) 关闭发动机，消除系统内真空，踩制动踏板并保持。起动发动机。如果真空系统起作用，制动踏板将向下运动。如果感觉不到运动的话，真空助力系统不起作用。

(4) 取下制动助力器上的真空软管。发动机空挡怠速时，进气支管的真空作用在软管的制动助力器端。确保所有的未使用的出口都已堵塞好、插头都完好以及真空管也都正常。如果进气支管的真空度能发挥了作用，那就把软管接回制动助力器，再重复步骤（3）。如果还不能感觉到制动踏板向下运动，就更换制动助力器。

(5) 快怠速运转发动机 10 s。关闭发动机后 10 min，用大约 889 N（20 lbf）的力踩制动踏板，制动踏板感觉应该和发动机运转时的感觉相同。如果制动踏板感觉很硬，更换真空止回阀。如果还是感觉很硬，更换制动助力器。如果制动踏板感觉软绵，给制动系统排气。

## 五、检测制动总泵

通常，制动系统的任何故障，最先和最有力的方法就是对制动踏板的感受。诊断制动总泵故障时，检查制动踏板的感觉作为制动问题的证据。检查制动警告指示灯闪亮和制动液位。

1. 正常情况

以下状况是正常的，并不表示制动总泵需要维修。

(1) 新的制动系统设计与以往不同，所需的踩制动踏板的力较轻。因此，对踏板作用太轻的抱怨，应与另一辆同型同年份的汽车的踏板作用相比。

(2) 制动器正常运作工作时，制动液位应上升，释放时下降。制动液总量不变。

(3) 总泵固定凸缘下的制动助力器外壳上，会有制动液的痕迹。这是总泵缸径末端油封的正常润滑作用所造成的。

(4) 制动液高度会随着制动块的磨损而下降。

2. 不正常情况

在进行诊断前，应确保制动系统警告指示灯正常。以下的状况是不正常的，且表示制动总泵需要维修。

(1) 制动踏板的快速下降。这可能是内部或外部的泄漏造成的。

(2) 制动踏板自行缓慢下降。这可能是内部或外部的泄漏所造成的。

(3) 制动踏板低感觉软绵。这可能是制动总泵储液壶内没油，储液壶通风孔堵塞或液压系统中有空气所造成的。

(4) 制动踏板用力过大。这可能是踏板或推杆卡滞或受阻，液体控制阀堵塞或制动助力器真空不足所造成的。

(5) 轻踩制动踏板时，后制动抱死。这可能是轮胎气压不正确，制动蹄或内衬上有油，驻车制动调整不当或制动压力控制阀损坏或污染所造成的。

(6) 制动踏板作用力不稳定。这可能是制动助力器故障，制动钳活塞回振过大或制动蹄安装不正确所造成的。

(7) 制动警告指示灯亮。这可能是制动液位低，点火线路过于靠近制动液位指示灯总成或浮子总成损坏所至。

## 六、旁路状况测试

(1) 检查制动总泵。如果制动总泵储液壶液位太低或缺油，添加制动液。

(2) 观察制动总泵储液壶液面。如果在踩制动踏板几次后，制动液面保持不变，在制动作用时测量车轮向后转动所需的扭矩，步骤如下：

① 将变速器置于空挡，举升汽车。

② 以最少 445 N（100 lbf）踩制动并保持大约 15 s。在制动仍然作用的情况下给车轮施加 10.1 N·m(75 lbf·ft) 的扭矩。如果有任何一个车轮发生转动，则更换制动总泵。

## 七、非压力泄漏

任何制动总泵储液壶没油的状况，有可能由两种非压力外部泄漏所造成的。

类型 1：因为垫片与盖的位置不正确，制动总泵储液壶盖可能有外部泄漏。

类型 2：制动液储罐安装密封垫可能有外部泄漏。安装新的油封，以维修此类的泄漏。

## 八、制动系统压力排气

警告：制动液含有聚乙二醇醚与聚乙二醇。避免接触眼睛。处理后须彻底地洗手。如果制动液接触到眼睛，用水龙头的冷水冲洗眼睛 15 min。如果仍然感到疼痛，则须送医。如果不慎吞下，需喝水并催吐，并立即送医。否则，会导致人身伤害。

小心：确保汽车停放在平坦的地面上。

小心：如果制动液溅到漆面上，受影响部位必须立即用清水冲洗。

小心：确认配置 ABS 汽车，其蓄电池负极线已被取下。

注：系统是由交叉相对之前和后轮的独立回路所构成的。各回路可独立排气。

注：由于维修用 ABS HCU 供应时已充满制动液。常规的排气程序即可。

(1) 向制动液储液壶添加至 MAX 处，如图 10－77 所示。

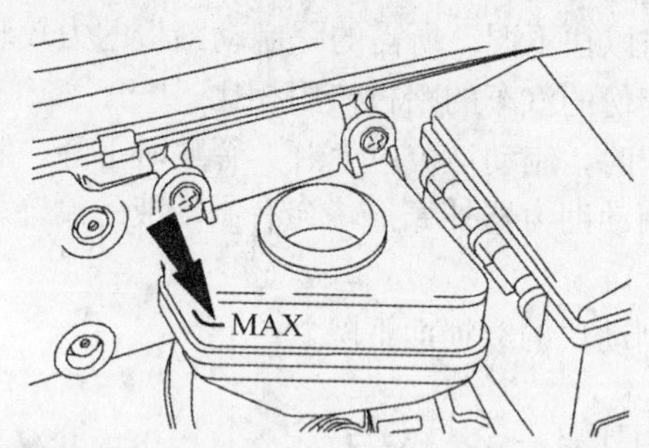


图 10－77　向制动液储液壶添加至 MAX 处

(2) 对系统加压排气需要使用合适的压力排气机，使用时，请遵守厂家说明。

(3) 在排空制动管路的空气后，务必将排气孔盖装上。如此可防止排气孔的腐蚀，未遵守此说明，可能会导致排气孔堵塞。必要时，添加制动液至 MAX 处。

## 九、制动盘跳动测量

(1) 松开轮胎螺母。

(2) 举升汽车。

(3) 拆卸车轮。

(4) 拆卸制动片。

(5) 按相反的顺序安装轮胎螺母，将制动盘固定到位。

(6) 在悬挂支柱上安装千分表和固定支座。

(7) 注：如果跳动量超出规定值，测量轮毂面的跳动。

使用合适的千分表测量制动盘的内外表面。在距离制动外缘 10 mm 的位置安装千分表。慢慢旋转制动盘，如图 10－78 所示。千分表上的总读数不应超出给定的标准。

(8) 测量制动盘的厚度变化值，如图 10－79 所示。

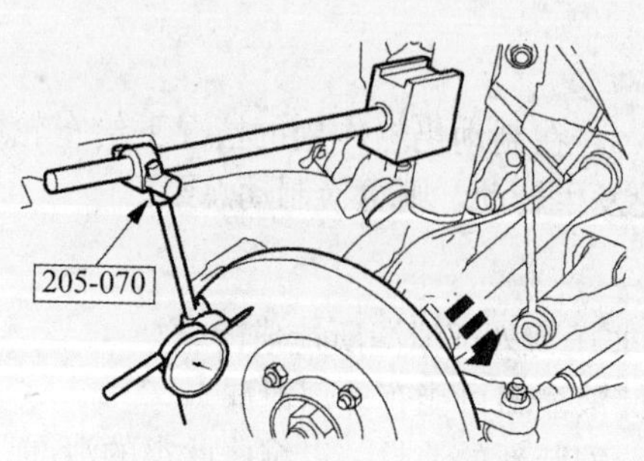


图 10－78　慢慢旋转制动盘

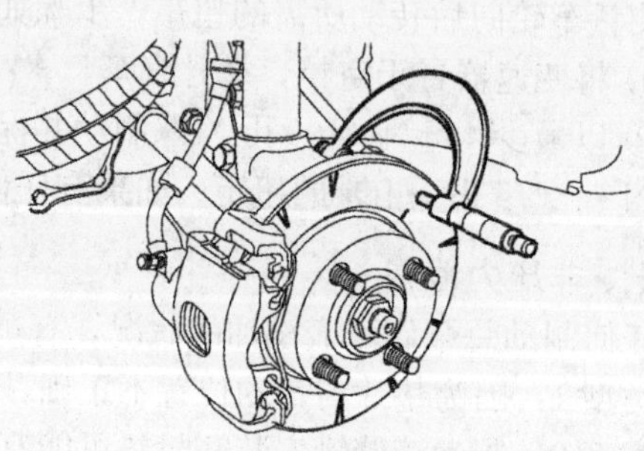

图 10－79　测量制动盘的厚度变化值

使用千分尺，在距制动盘外缘 15 mm 处按间隔 45°的 8 个位置处测量制动盘的厚度。如果变化值达到或超过 0.015 mm，或者制动盘的厚度已经少于规定的最小值，就应该更换制动盘。

(9) 拆卸制动盘。

(10) 使用专用工具，测量轮毂面的跳动，慢慢地转动轮毂检查跳动。如果超出了规定的范围，换一个轮毂再检查，如图 10－80 所示。

(11) 如果轮毂面跳动在规定值内，安装一新的制动盘重新测量制动盘的跳动。

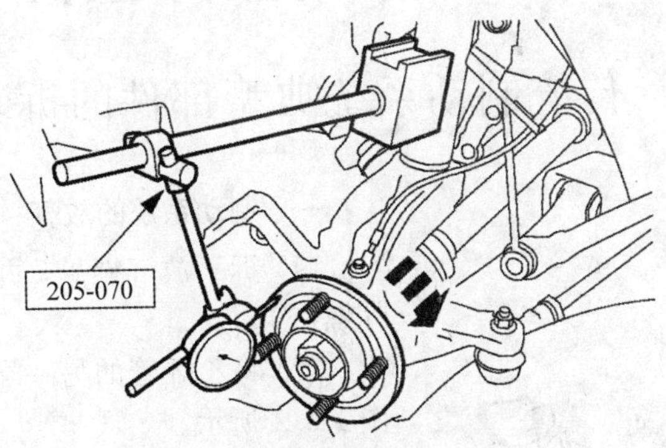


图 10－80 测量轮毂面的跳动

# 第十一章 马自达6睿翼车系制动系统的故障检修

## 第一节 传统制动系统典型部件的拆装和检查

### 一、制动系统的放气

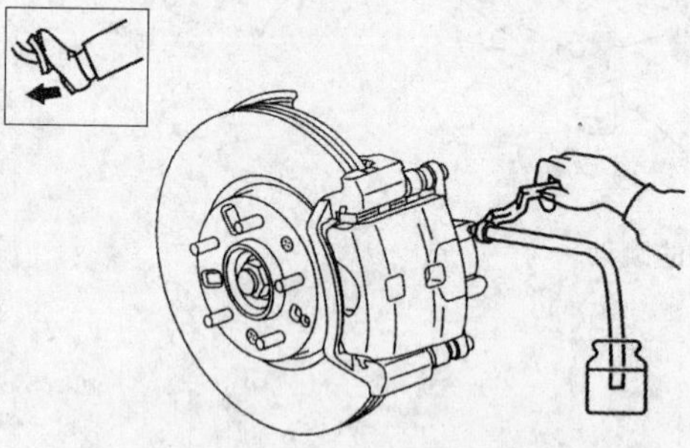

(1) 拆下放气螺母，并将一根乙烯管连接到放气螺钉。

(2) 将乙烯管的另一端放在透明的容器中，如图11-1所示。

(3) 由一个人踩几次制动踏板，然后将制动踏板踩住。

(4) 由另一个人松开放气螺母，排出制动液，然后用开口扳手合上螺钉。

(5) 重复步骤 (3) 和步骤 (4)，直至无气泡为止。

图11-1 拆下放气螺母

(6) 按上述程序放去各部件的空气。

(7) 排气以后应检查制动器的操作、液体渗漏和液位。

### 二、真空管路的检查

(1) 拆下真空软管。

(2) 确认当从动力制动装置的真空软管侧用嘴吹气时，空气可以流过进气支管，当从进气支管的相反侧吹气时，空气不会流至动力制动装置，如图11-2所示。

如果止回阀的内部有故障，应将其连同真空软管一起作为一个整体装置更换掉。

(3) 安装真空软管。

### 三、真空软管的拆装

(1) 拆下卡箍和真空软管（动力制动装置侧）（左侧驾驶）。

(2) 用钳子夹开夹子，断开真空软管，如图11-3所示。（右侧驾驶）

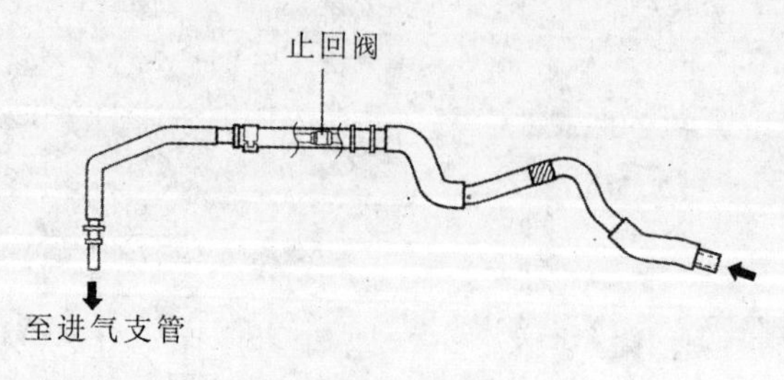


图11-2 通气方式

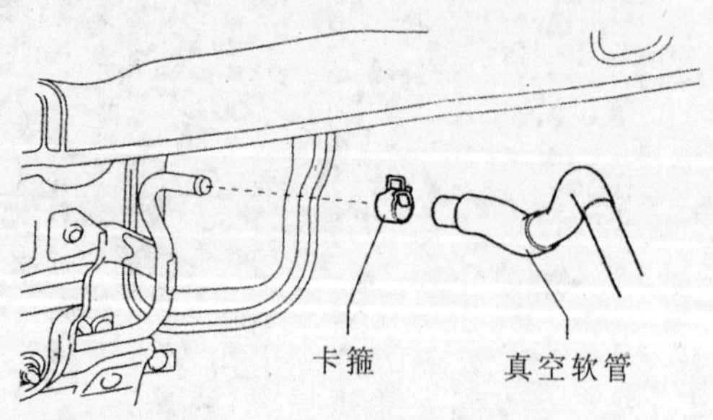


图11-3 断开真空软管

(3) 在图 11-4 中箭头所示的位置插入一把薄的平头螺钉旋具，将环往下推，再将真空软管与进气支管断开。

(4) 拆下真空软管。

(5) 按与拆卸相反的顺序进行安装。

(6) 确认插入了真空软管，这样插头就可以接触到进气支管卡环。

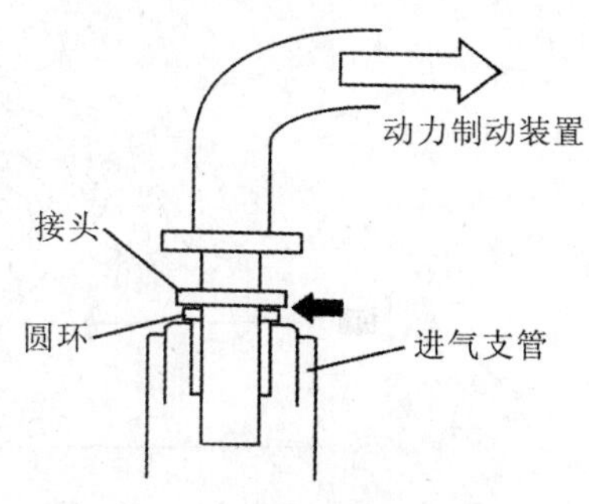


图 11-4 插入螺钉旋具

**四、制动踏板高度的调整**

调整后踏板高度后，制动开关可能不正常运行。每次调整踏板高度时，都应更换一个新的制动开关。

(1) 松开锁紧螺母并转动叉以调整高度，如图 11-5 所示。

(2) 拧紧锁紧螺母。

(3) 调整后，应检查踏板游隙和制动灯的运行情况。

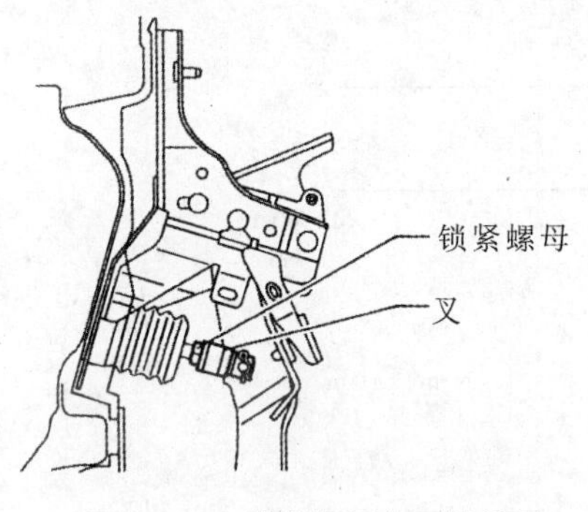


图 11-5 锁止螺母和叉的位置

**五、制动踏板游隙的检查**

(1) 踩下踏板几次，以消除系统内的真空。

(2) 拆下弹性锁销，确认叉里的孔和踏板里的孔成一直线，并重新安装。

(3) 轻轻用手压踏板，直至感到阻力，然后检查踏板游隙应为 4～8 mm。

**六、踏板与底板之间的间隙的检查**

(1) 起动发动机，并用 147N 的力踩下制动踏板。

(2) 确认压下踏板时，从底板至踏板垫中心的距离应符合规定要求。

若距离比规定值小，则检查制动系统有无空气。制动踏板与底板之间的间隙为 95 mm（以 147 N 的力压制动踏板时）。

**七、制动踏板的拆装**

当制动器开关插入制动踏板上的安装孔，并且被转动、固定到位时，制动器开关与制动踏板之间的间隙会自动调整为正确间隙。如果制动器开关的安装不正确，间隙也可能不正确，从而使制动灯发生故障。因此，把制动器开关安装到踏板之前，一定要确定制动踏板的安装是正确且完全释放。

(1) 拆下油门踏板。

(2) 拆下泊车雷达控制模块。

(3) 按图 11-6 中的顺序进行拆卸。

(4) 按与拆卸相反的顺序进行安装。

**八、主缸的拆装**

拆卸/安装主缸时，在不必要时应避免手与主活塞相接触。否则有可能损坏主汽缸。

(1) 拆下电池

(2) 拆下蓄电池和电瓶座［MZR-CD（RF Turbo)］。

(3) 按图 11-7 中的顺序进行拆卸。

(4) 按与拆卸相反的顺序进行安装。

(5) 安装完成之后，添加制动液，放出制动器液体，并检查有无泄漏情况。

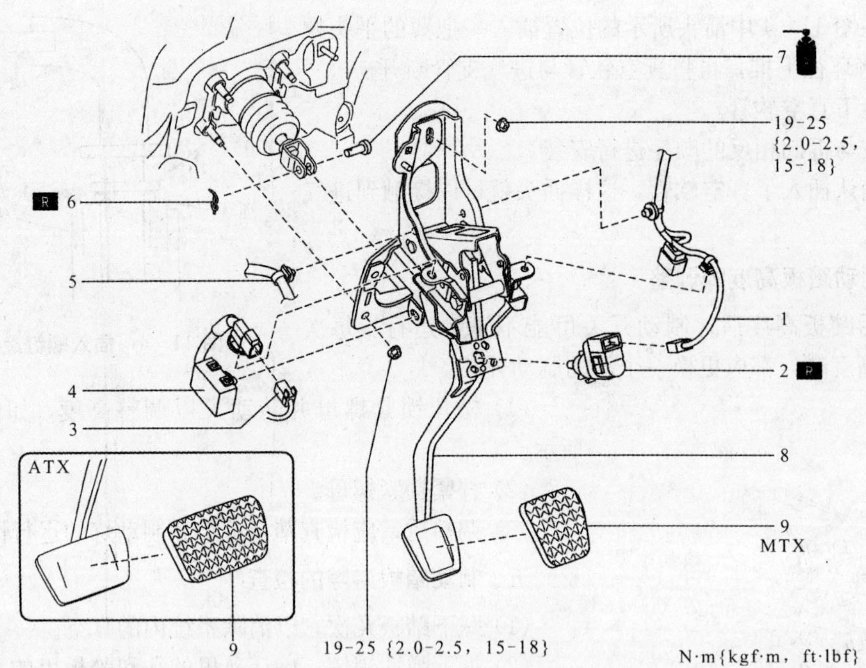


**图 11-6 制动踏板的拆装**

1—制动开关插接器；2—制动开关；3—噪声滤波器插接器；4—噪声滤波器；5—线束；6—止动销钉；7—U 形夹销；8—制动踏板；9—踏板垫

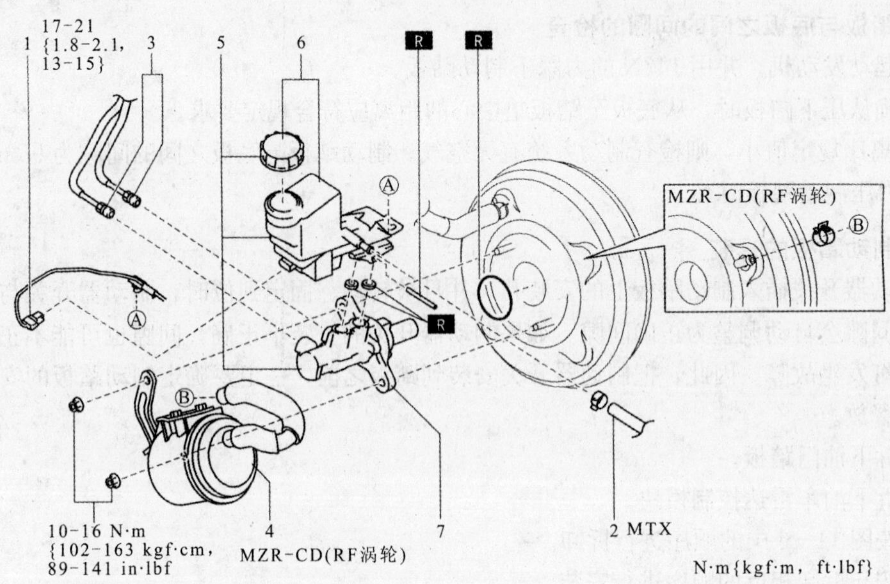


**图 11-7 主缸的拆装**

1—制动液位传感器插接器；2—储罐管；3—制动管；4—真空管；5—主缸组件；6—储液罐和储液杯；7—主缸

## 九、动力制动装置的检查

如果动力制动装置里出现故障，应将动力制动装置作为一个单独部件进行更换。

1. 不使用 SST 时

① 在关闭发动机后，压下制动踏板几次。

② 在压住踏板的情况下，起动发动机。

③ 如果踏板在发动机起动之后立即出现稍微的下降，则装置正常。

(1) 真空功能的检查。

① 起动发动机。

② 驾驶汽车 1～2 min 后，使发动机停止运转。

③ 用一般的作用力压下踏板。

④ 如果第一个踏板行程很长，接下来的行程变短，则装置正常。

如果发现故障，则检查止回阀和真空软管是否损坏或安装正确。维修之后，再次进行检查。

(2) 真空损失功能的检查。

① 起动发动机。

② 用一般的作用力压下踏板。

③ 在这种情况下，停止发动机运转。

④ 按住踏板约 30 s。

⑤ 如果在此期间踏板的高度不变，则表明装置正常。

2. 使用 SST 时

当使用 SST 进行检查时，必须检查左前轮和右前轮上的制动管。

(1) 检查前的准备。

① 断开制动管扩管口插头螺母。

② 断开制动管 (LF)。

③ 拆下支架。

④ 按图 11－8，将 SST 安装到制动管上

⑤ 用放气螺钉 A 使 SST 和制动管路排气。

⑥ 将踏板测力器安装在制动踏板上。

⑦ 将真空管连接至真空计上，如图 11－9 所示。

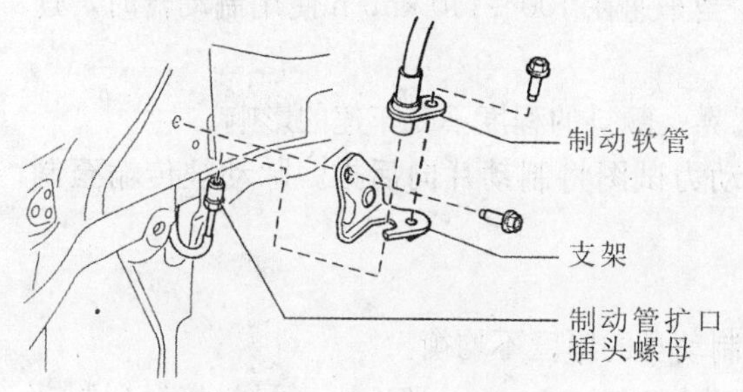


图 11－8 将 SST 安装到制动管上

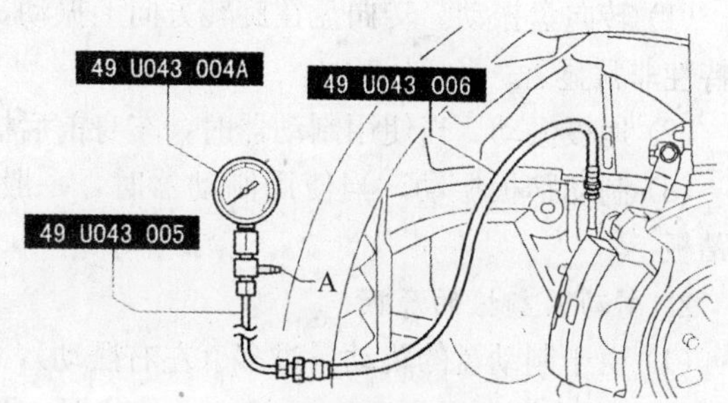


图 11－9 将真空管连接至真空计上

(2) 检查真空的损失情况（负载条件）。

① 起动发动机。

② 用 200 N 的力压下制动踏板。

③ 在踏板被踩下时，如果真空计的度数达到 68 kPa，则使发动机停止运转。

④ 停止发动机之后，立即测量真空减少量 15 s。

⑤ 若真空计的读数降低 3.3 kPa 或更少，则表明装置正常。

## 十、动力制动装置的拆装

① 拆下蓄电池和电瓶座。

② 拆下当风玻璃雨刮器臂和刮片。

③ 拆下前翼子板密封条。

④ 拆卸水槽。

⑤ 拆下风窗玻璃刮水器电机。

⑥ 拆下水槽盖板。

⑦ 拆下绝缘体。

⑧ 拆下主缸

⑨ 卸下 EPS 控制模块。

⑩ 拆下 EPS 控制模块支架。

⑪ 按图 11－10 中所示的顺序进行拆卸。

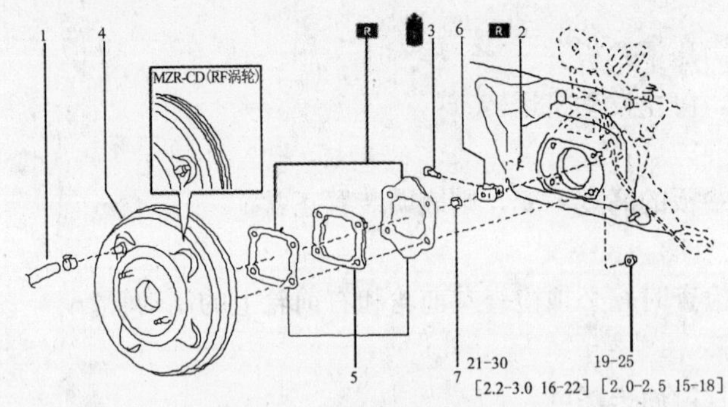


**图 11－10　动力制动器的拆装**

1—真空软管；2—止动销钉；3—U 形夹销；4—动力制动装置；5—垫片，板；6—叉；7—锁紧螺母

⑫ 按与拆卸相反的顺序进行安装。

## 十一、前制动器（制动盘）的检查

### 1. 制动器颤振修理提示

(1) 转向盘振动。转向盘在旋转方向上振动，当车速在 100～140 km/h 使用制动器时，这种特性非常显著。

(2) 地板振动。当使用制动器时，车身前后摇晃。颤抖的程度不受车速的影响。

(3) 制动踏板振动。当使用制动器时，一股动力试图将制动片向后推。脉动被传输至制动踏板。

### 2. 制动器颤振的原因

(1) 由于制动盘的跳动量过多（左右摆动），制动盘的厚度不均衡。

① 如果在距制动盘边缘 0.05 mm 的位置，跳动量超过 10 mm，那么由于衬垫接触到制动盘时不均衡，出现了不均衡的磨损。

② 若跳动量少于 0.05 mm，则不会出现不均衡的磨损。

(2) 热使制动盘变形。反复使用制动可以使制动盘某些部位的温度上升约 1.000 ℃，从而导致制动盘变形。

(3) 由于腐蚀的原因，制动盘的厚度和摩擦因数会发生改变。

① 如果车辆长时间停放在潮湿的环境中，在制动盘的摩擦表面会出现腐蚀。

② 腐蚀的厚度是不均衡的，有时像波浪一样出现改变摩擦因数，并引起反作用力。

## 十二、前制动器横向跳动的检查

(1) 将千分表置于离制动盘边缘 10 mm 的制动盘摩擦面。

(2) 转动制动盘。并测量跳动量。前制动盘跳动量的极限值为 0.05 mm，测量方法如图 11－11所示。

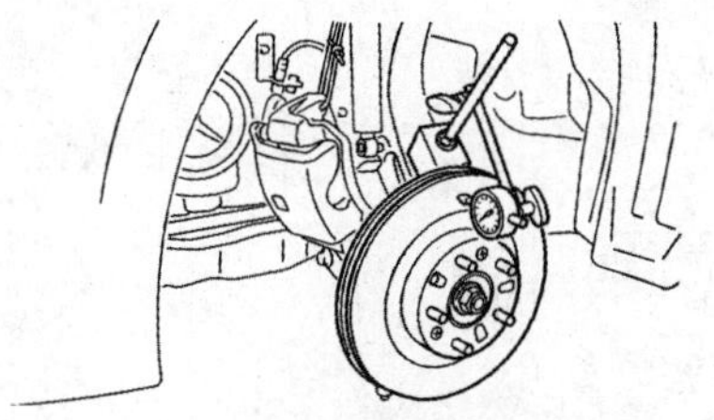
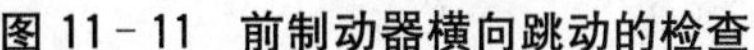

图 11-11 前制动器横向跳动的检查

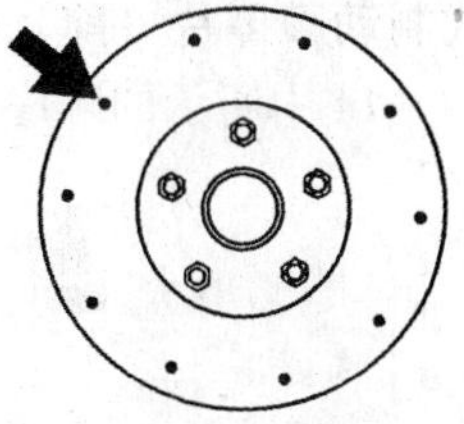

图 11-12 前制动器厚度变化的检查

## 十三、前制动器厚度变化的检查

(1) 用制动器冲洗器清洁制动盘到动力摩擦片的摩擦表面。

(2) 用卡钳（测微器）来测量图 11-12 中的各点。

(3) 从最大值中减最小值，如果结果不在范围内，则使用车床对制动盘进行加工。厚度变化极限为 0.015 mm。

## 十四、前制动器（制动盘）的拆装

(1) 按图 11-13 中的顺序进行拆卸。

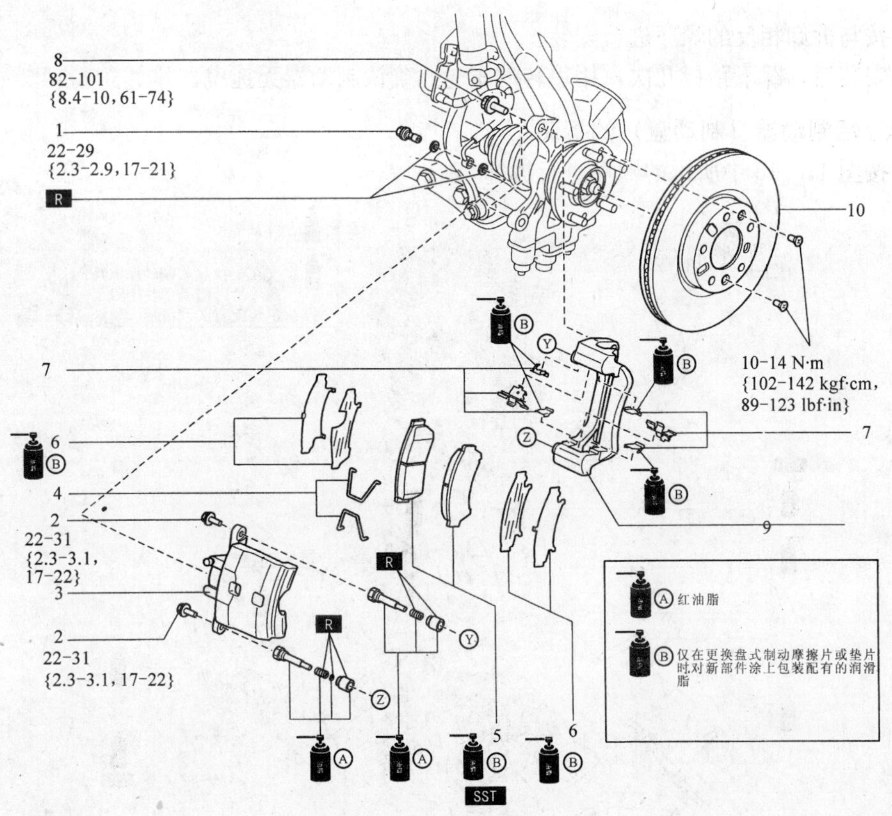


图 11-13 前制动器的拆装

1—螺栓；2—螺栓；3—制动钳；4—弹簧；5—盘式制动摩擦片；6—垫片；7—导向板；8—螺栓；9—安装支架；10—制动盘

(2) 按与拆卸相反的顺序进行安装。

(3) 安装完成后，添加制动液，放出制动器液体，并检查有无泄漏情况。

(4) 安装之后，踩下踏板几次，用手转动车轮，确认制动器无拖曳。

## 十五、盘式制动摩擦片（前）的更换

(1) 按图 11-14 中所示的顺序进行拆卸。

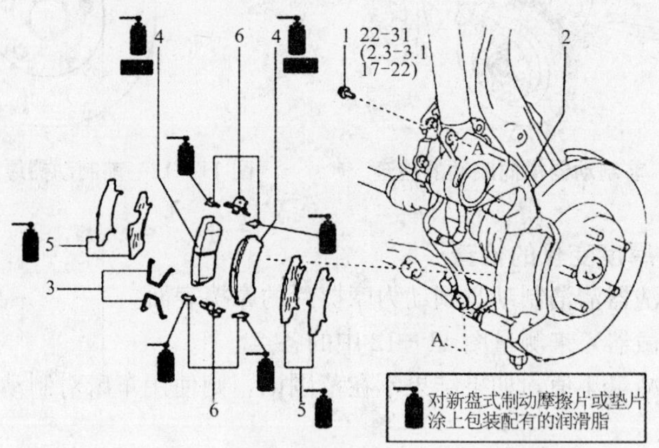


**图 11-14　盘式制动摩擦片（前）的更换**

1—螺栓；2—制动钳；3—弹簧；4—盘式制动摩擦片；5—垫片；6—导向板

(2) 按与拆卸相反的顺序进行安装。

(3) 安装后，踩下踏板几次，用手转动车轮，确认制动器无拖曳。

## 十六、后制动器（制动盘）的拆装

(1) 按图 11-15 中所示的顺序进行拆卸。

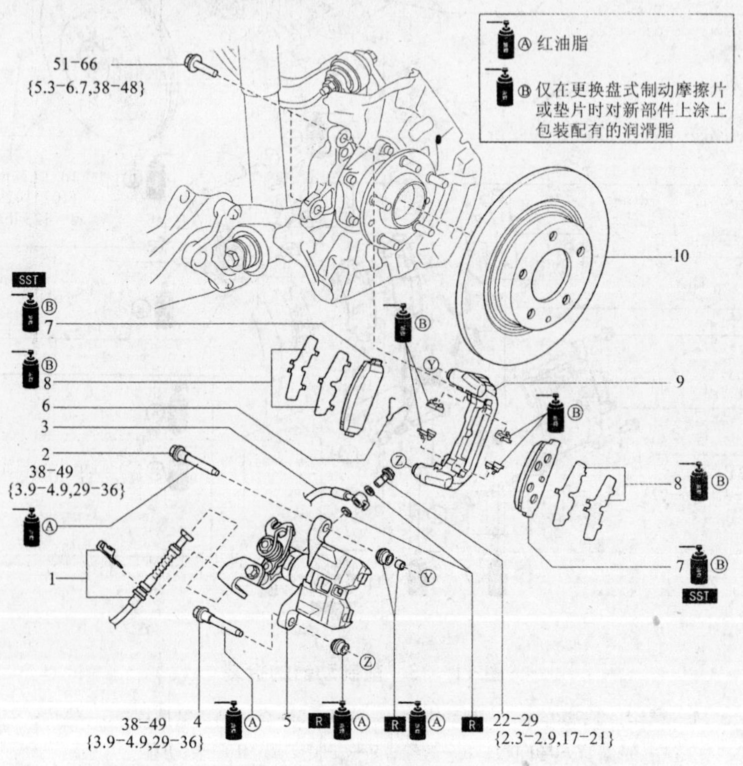


**图 11-15　后制动器的拆装**

1—驻车制动器拉索，夹子；2—螺栓；3—挠性软管；4—螺栓；5—制动钳；

6—弹簧；7—盘式制动摩擦片；8—垫片；9—安装支架；10—制动盘

(2) 按与拆卸相反的顺序进行安装。

(3) 安装完成后，添加制动液，放出制动器液体，并检查有无泄漏情况。

(4) 安装之后，踩下踏板几次。用手转动车轮，确认制动器无拖曳。

## 十七、制动钳（后）的拆装

(1) 按图 11－16 中指示的顺序进行拆卸。

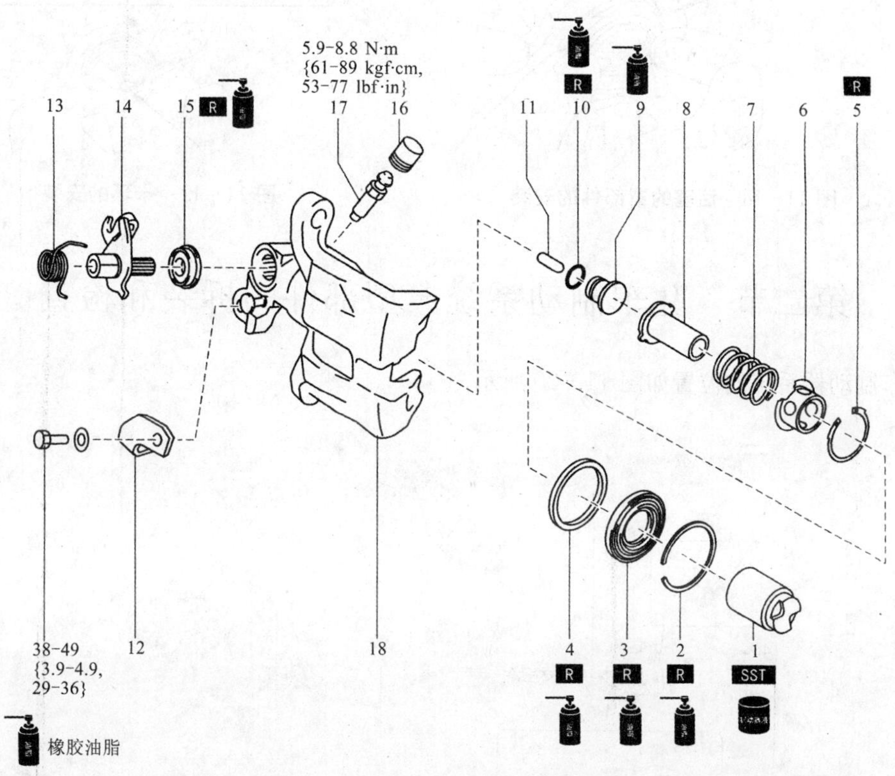


**图 11－16 制动钳（后）的拆装**

1—活塞；2—环盖；3—活塞密封套；4—活塞密封圈；5—卡环；6—罩盖；7—弹簧；8—调整器；9—插接器；10—O 形密封圈；11—连接杆；12—支架；13—弹簧；14—运转变速杆；15—杆罩；16—放气螺母；17—钻入螺钉；18—制动钳本体

(2) 按照与拆卸相反的顺序进行组装。

## 十八、活塞密封套、卡环与活塞的装配

(1) 用 SST 按顺时针方向慢慢转动活塞，并将活塞完全压入制动钳体内，如图 11－17 所示。

(2) 将活塞的罩部件安装到制动钳体槽上，如图 11－18所示。

(3) 按图 11－19 所示位置将卡环安装到活塞密封套上，然后执行以下程序。

① 用圆头工具将活塞密封套压入制动钳体槽中(用尖头工具会导致活塞密封套受损，务必使圆头工具)。

② 检查活塞密封套是否在制动钳体上安装好。

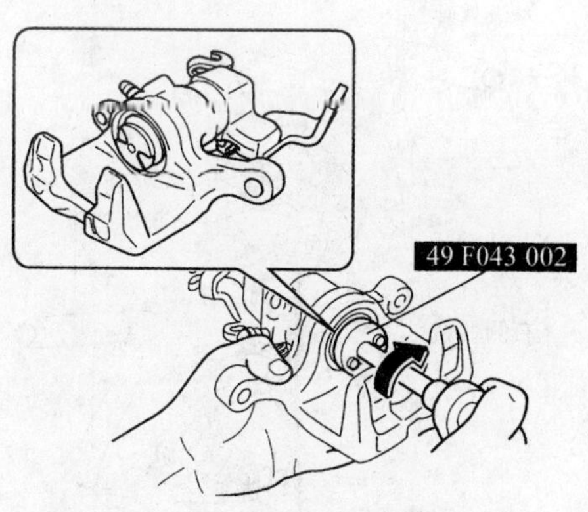


**图 11－17 将活塞压入制动钳体内**

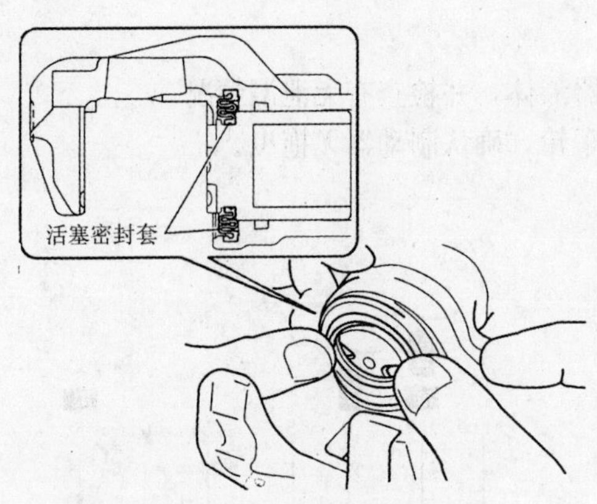


图 11－18　活塞的罩部件的安装

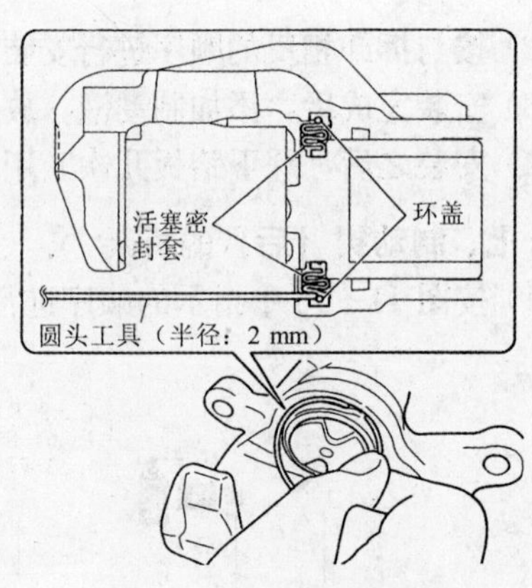


图 11－19　卡环的安装

# 第二节　驻车制动系统典型部件的拆装和检查

驻车制动器系统的位置如图 11－20 所示。

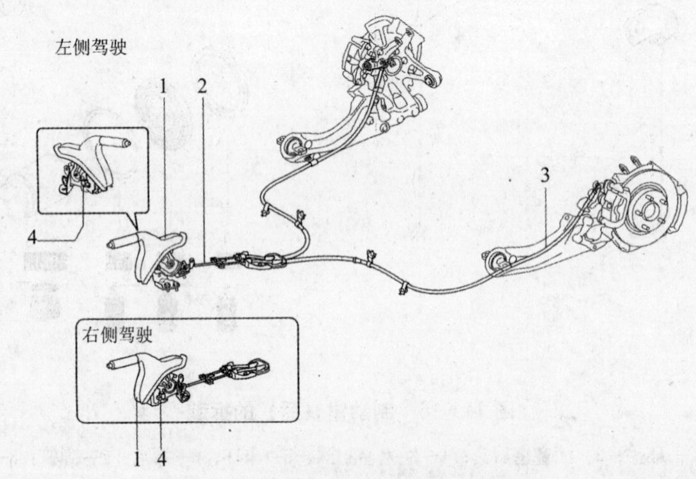


图 11－20　驻车制动器系统的位置

1—驻车制动杆；2—前驻车制动器拉紧；3—后驻车制动器拉索；4—驻车制动器开关

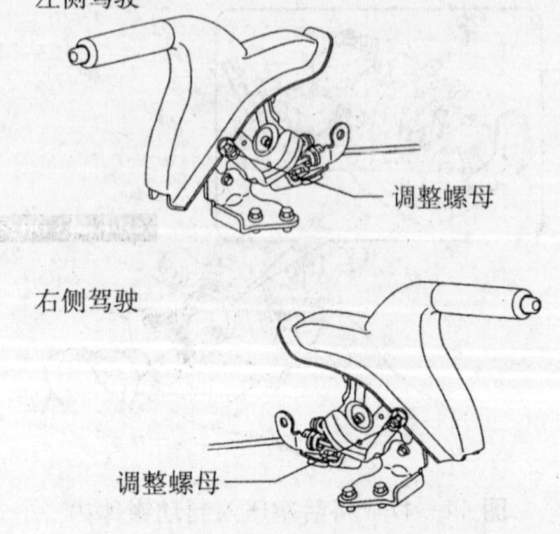


图 11－21　在 A 点拉起驻车制动杆

## 一、驻车制动杆的检查

1. 行程的检查

(1) 将驻车制动杆拉起 2～3 次。

(2) 在距离驻车制动杆末端 50 mm 的 A 点，通过用98 N的力缓慢拉起驻车制动杆如图 11－21 所示，并计算凹槽的数目（“咔嗒”声）来检查驻车制动行程。如果不在规定范围内，应调整高速驻车制动杆，以 98N 的力拉动时制动杆的行程 1～3 个凹槽。

2. 驻车制动杆的调整

对制动踏板进行几次踩踏后，即可对驻车制动杠杆进行调整。

(1) 拆下上板件。

(2) 按图 11－22 旋转调整螺母并进行调整。

(3) 调整后，如有故障，则再次检查驻车制动杠杆。

① 将驻车制动杠杆拉过一个凹槽，并确认驻车制动器的报警信号灯变亮。

② 完全释放驻车制动杆，确认后制动器无制动拖曳现象。

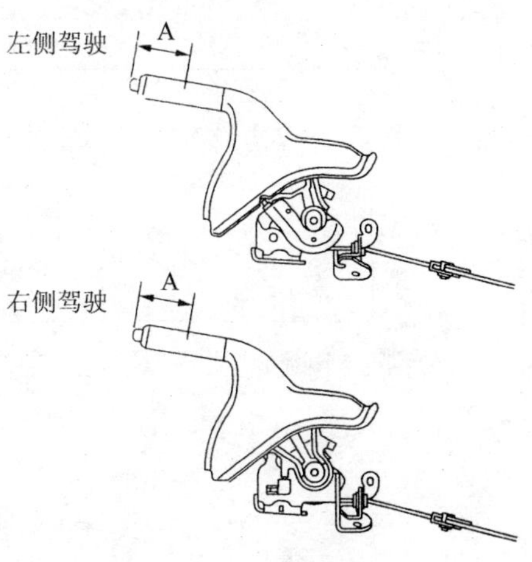


图 11－22 旋转调整螺母

## 二、驻车制动杆的拆装

(1) 需拆下的部件有上面板、换挡面板、中央面板下板、装饰面板和控制台。

(2) 按图 11－23 所示的顺序进行拆卸。

(3) 按与拆卸相反的顺序进行安装。

(4) 安装后，检查驻车制动行程，必要时进行调整。

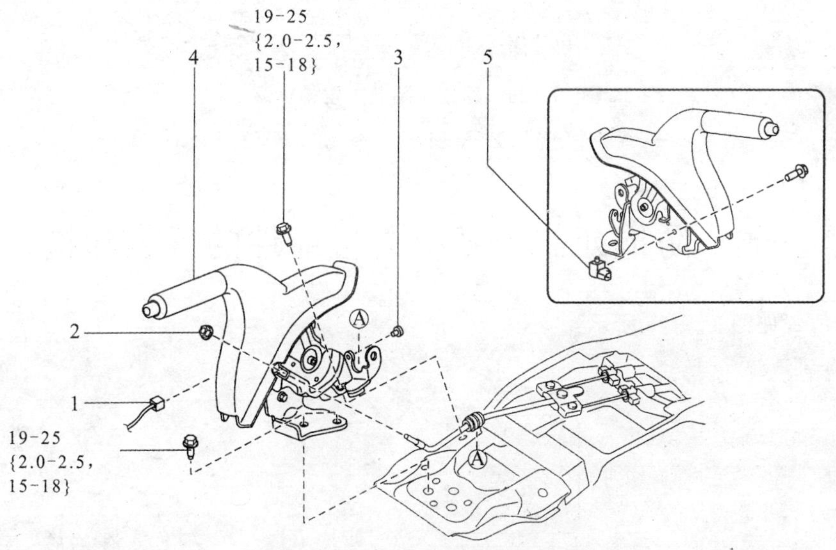


图 11－23 驻车制动杆的拆装

1—驻车制动器开关插接器；2—调整螺母；
3—卡箍；4—驻车制动杆；5—驻车制动器开关

## 三、后驻车制动拉索的拆装

(1) 需拆下的部件有上面板、换挡面板、中央面板下板、装饰面板和控制台。

(2) 松开调整螺母。

(3) 拆下盖下地板。

(4) 拆下中间导管。

(5) 拆下隔热罩。

(6) 拆下盖子。

(7) 按图 11－24 所示的顺序进行拆卸。

(8) 按与拆卸相反的顺序进行安装。

(9) 安装之后，检查驻车制动行程，必要时进行调整。

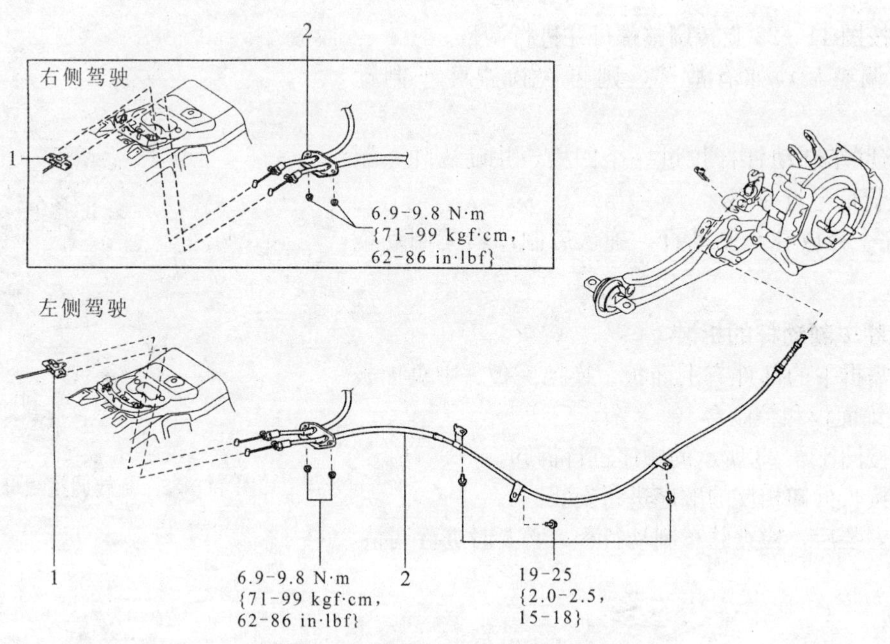


**图 11-24　后驻车制动拉索的拆装**

1—前驻车制动拉索，平衡器；2—后驻车制动器拉索

# 第三节　防抱死制动系统典型部件的拆装和检查

ABS 的位置如图 11-25 所示。

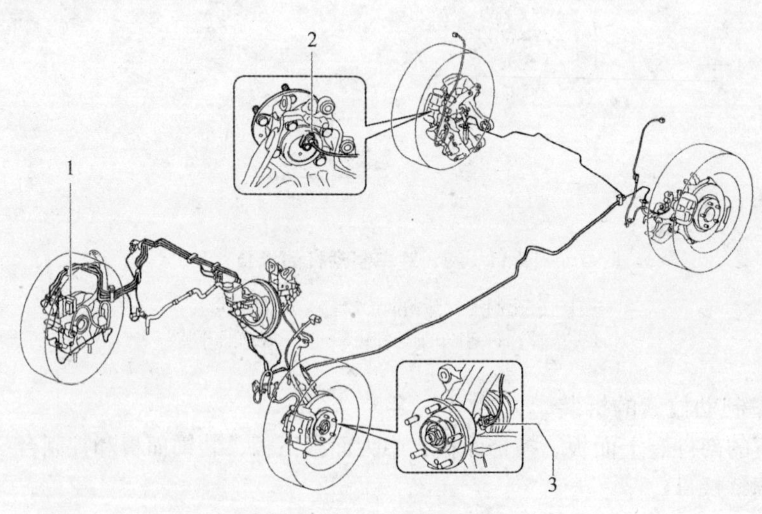


**图 11-25　ABS 的位置**

1—ABS HU/CM；2—后 ABS 车轮转速传感器；3—前 ABS 车轮转速传感器

## 一、ABS HU/CM 的拆装

更换 ABS HU/CM 时，在拆下 ABS HU/CM 前必须进行配置程序。若在拆下 ABS HU/CM 前未完成配置，安装 ABS HU/CM 后 ABS 将不正确工作。

如果跌落，ABS HU/CM 的内部零部件可能会损坏。注：不要使 ABS HU/CM 坠落。如果 ABS HU/CM 受到冲击，则将其更换。

(1) 按图 11－26 中所示的顺序进行拆卸。

(2) 按与拆卸相反的顺序进行安装

(3) 安装完成之后，添加制动液，放出制动器液体，并检查有无泄漏情况。

(4) 配置 ABS HU/CM（仅当对其进行更换时）。

(5) 清除存储器中的 DTC。

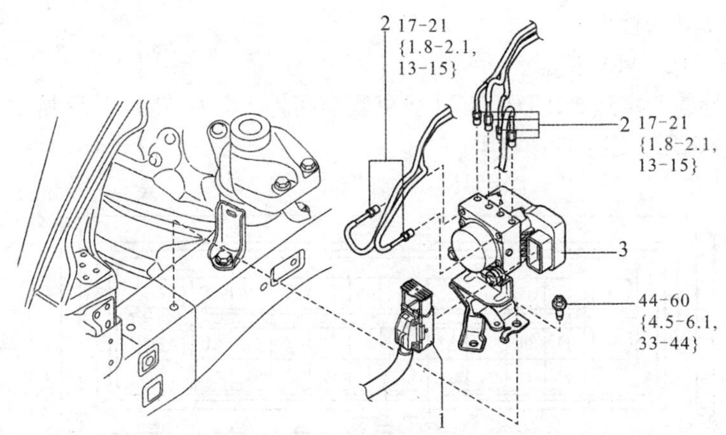


图 11－26 ABS HU/CM 的拆装

1—插接器；2—制动管；3—ABS HU/CM 部件

## 二、制动管的拆装

1. 制动管的拆装

(1) 在制动管和 ABS HU/CM 上设置一个对准标记，如图 11－27 所示。

(2) 在插接器上贴上保护带，从而避免制动液流入。

(3) 拆下制动管。

(4) 在 ABS HU/CM 制动液管的安装区域贴上保护带，以防止杂质进入。

2. 制动管的安装

拆卸前做好的标记，并将制动管安装到 ABS HU/CM 上，如图 11－28 所示。

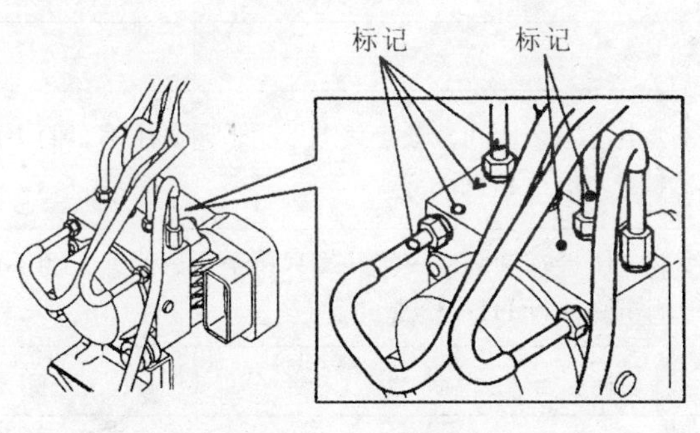


图 11－27 设置标记

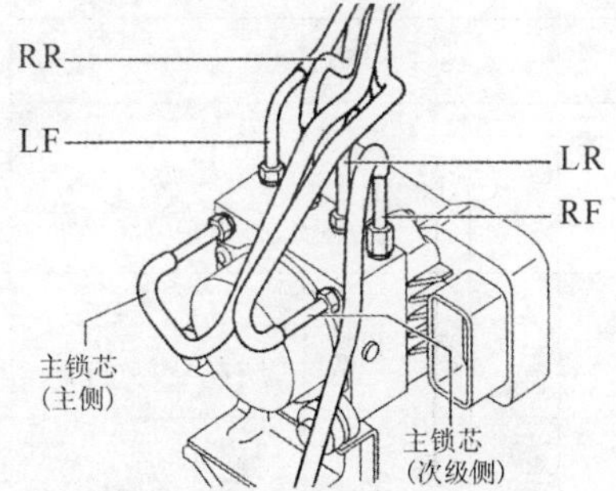


图 11－28 制动管的安装

## 三、ABS 的配置

应使用 IDS（笔记本电脑），因为 PDS（掌上电脑）不支持 ABS 配置。

(1) 将 M－MDS 连接至 DLC－2。

(2) 在车辆得到识别后，如果使用 IDS（笔记本电脑）从 M－MDS 的初始化屏面中选择“模块编程”。

(3) 然后，按以下的顺序，从屏幕菜单中选择项目。

① 选择“可编程模块安装”。

② 选择“ABS”。

(4) 根据屏面上的指示进行配置。

(5) 使用 WDS 提取 DTC，然后确认无 DTC 存在。如检测到 DTC，请执行相关的 DTC 检查。

## 四、ABS HU/CM 的检查

(1) 断开 ABS/HUCM 插接器。

(2) 将测试仪导线固定到 AB HU/CM 线束侧插接器上，如图 11－29 所示，然后按照表 11－1中的标准检查电压、连续性或电阻。

图 11－29　插接器内的插针

表 11－1　ABS HU/CM 插接器内插针标准值

| 接线端 | 信号名称 | 连接到 | 测量项目 | 测量接线端（测量的情况） | 标　准 | 检查项目 |
| --- | --- | --- | --- | --- | --- | --- |
| A | 接地（系统） | 接地点 | 连续性 | A—接地点 | 检测到连续性 | 线束（A—接地点） |
| B | 接地（ABS 电机） | 接地点 | 连续性 | B—接地点 | 检测到连续性 | 线束（B—接地点） |
| C | — | — | — | — | — | — |
| D | CAN－L | DLC－2（CAN－L） | 在接线端电压检查期间，该接线端只用于通讯用途，而不能用于故障测定。执行 DTC 检查 | | | |
| E | CAN－H | DLC－2（CAN－H） | 在接线端电压检查期间，该接线端只用于通讯用途，而不能用于故障测定。执行 DTC 检查 | | | |
| F | — | — | — | — | — | — |
| G | — | — | — | — | — | — |
| H | — | — | — | — | — | — |
| I | LR 轮速传感器（一） | LR ABS 车轮转速传感器 | 连续性 | I－LR ABS 轮速传感器插接器接线端 A | 检测到连续性 | (I－LR ABS 车轮转速传感器插接器接线端 A) |

（续表）

| 接线端 | 信号名称 | 连接到 | 测量项目 | 测量接线端（测量的情况） | 标 准 | 检查项目 |
|---|---|---|---|---|---|---|
| J | RR轮速传感器（一） | RRABS车轮转速传感器 | 连续性 | J-RR ABS轮速传感器插接器接线端A | 检测到连续性 | （J-RR ABS转速传感器插接器接线端A） |
| K | — | — | — | — | — | — |
| L | LR轮速传感器（+） | LR ABS车轮转速传感器 | 连续性 | L-LR ABS轮速传感器插接器接线端B | 检测到连续性 | （L-LR ABS轮速传感器插接器接线端B） |
| M | RR轮速传感器（+） | RRABS车轮转速传感器 | 连续性 | M-RR ABS轮速传感器插接器接线端B | 检测到连续性 | （M-RR ABS轮速传感器插接器接线端B） |
| N | 制动开关 | 制动开关 | 连续性 | N-制动开关接线端 | 检测到连续性 | （N-制动开关） |
| O | RF轮速传感器（一） | RF ABS车轮转速传感器 | 连续性 | O-RF ABS轮速传感器插接器接线端A | 检测到连续性 | （O-RF ABS轮速传感器插接器接线端A） |
| P | LF轮速传感器（一） | LF ABS车轮转速传感器 | 连续性 | P-LF ABS转速传感器插接器接线端A | 检测到连续性 | （P-LF ABS轮速传感器插接器接线端A） |
| R | RF轮速传感器（+） | RF ABS车轮转速传感器 | 连续性 | R-RF ABS轮速传感器插接器接线端B | 检测到连续性 | （R-RF ABS轮速传感器插接器接线端B） |
| S | LF轮速传感器（+） | LF ABS车轮转速传感器 | 连续性 | S-LF ABS转速传感器插接器接线端B | 检测到连续性 | 线束（S-LF ABS轮速传感器插接器接线端B） |
| AF | 电源（系统） | 点火 | 电压 | 把点火开关转至ON位置 | B+ | 线束（AF-点火） |
| | | | | 把点火开关转至OFF位置 | 小于等于1 V | |
| AG | 电源（电磁线圈的操作） | 蓄电池 | 电压 | 在任何条件下 | B+ | 线束（AG-蓄电池） |
| AH | 电源（ABS电机的操作） | 蓄电池 | 电压 | 在任何条件下 | B+ | 线束（AH-蓄电池） |

## 五、前 ABS 轮速传感器的拆装

(1) 按图 11-30 中所示的顺序进行拆卸。

(2) 按与拆卸相反的顺序进行安装。

(3) 安装完毕后，确认 ABS 轮速传感器无扭曲。

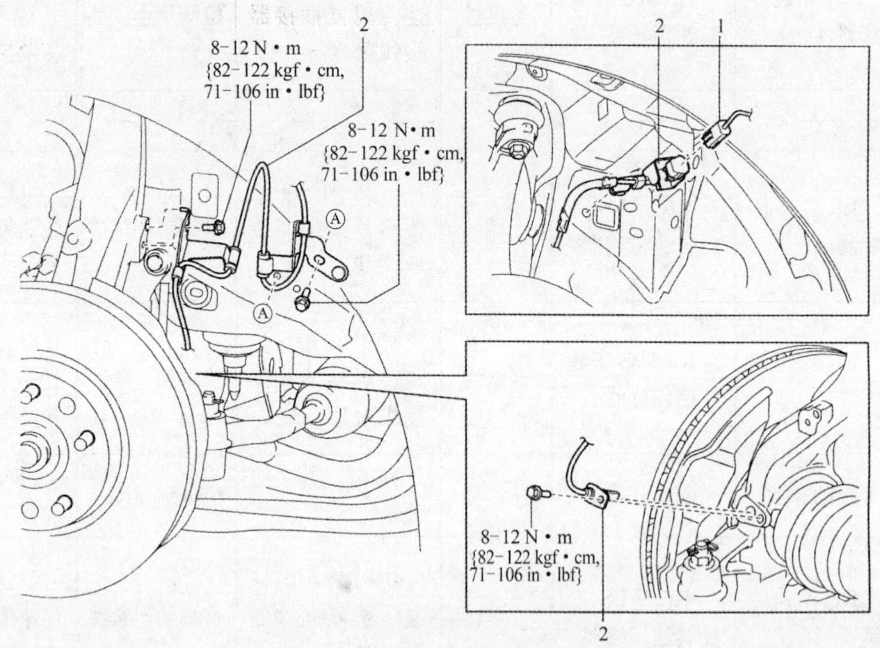


图 11-30　前 ABS 轮速传感器的拆装

1—插接器；2—前 ABS 车轮转速传感器

## 六、前 ABS 轮速传感器的检查

1. 安装的目视检查

如果出现故障，请更换相应的部件。检查项目如下：

(1) 传感器是否有松脱和间隙。

(2) 传感器是否变形。

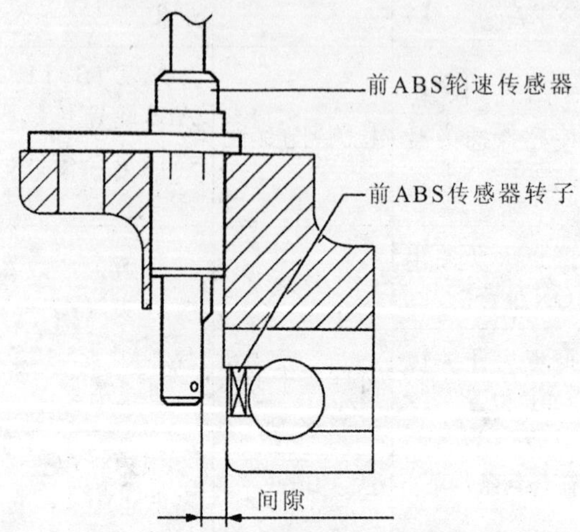


图 11-31　前 ABS 传感器转子与传感器之间的间隙

(3) ABS 传感器转子是否变形或损坏。

2. 间隙的检查

确定前 ABS 传感器转子与前 ABS 轮速传感器之间的间隙应为 0.9～1.6mm，测量方法如图 11-31 所示。

如果出现故障，则检查安装情况，必要时予以更换。

3. 传感器输入值的检查

如果使用检测器进行电阻检查，则可能损坏 ABS 轮速传感器的内部电路。必须使用 M-MDS 来检查 ABS 轮速传感器。

(1) 把点火开关转至 OFF 位置。

(2) 将 M-MDS 连接至 DLC-2，如图 11-32所示

(3) 利用M-MDS选择以下PID。

① WSPD-LF（LF轮速传感器）

② WSPD-RF（RF轮速传感器）

(4) 起动发动机，并驾驶汽车。

(5) 确认M-MDS的显示器显示与速度计相同的数值。

如果有故障，则更换ABS轮速传感器。

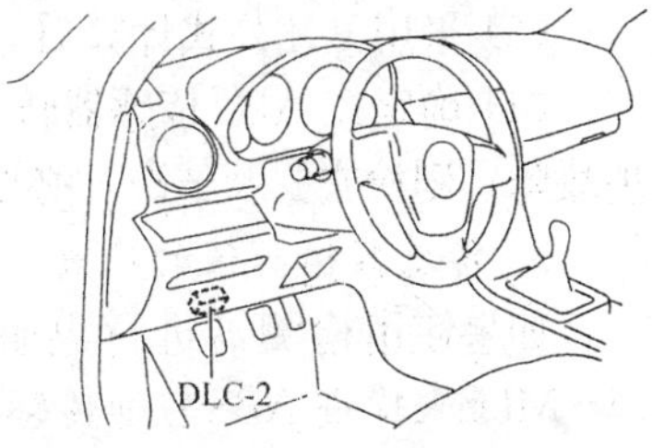

DLC-2

图 11-32 DLC-2的位置

## 七、后ABS轮速传感器的拆装

(1) 对于4SD，必须移除以下部分：

① 拆下后座椅坐垫。

② 拆下后侧椅背。

(2) 对于5HB或WGN，必须移除以下部分：

① 拆下后防滑压板。

② 拆下轮胎外罩边饰。

(3) 断开后ABS轮速传感器插接器，如图11-33所示。

(4) 按下后ABS轮速传感器凸耳，朝车辆的外部方向压紧传感器。

(5) 按图11-34中所示的顺序进行拆卸。

(6) 按与拆卸相反的顺序进行安装。

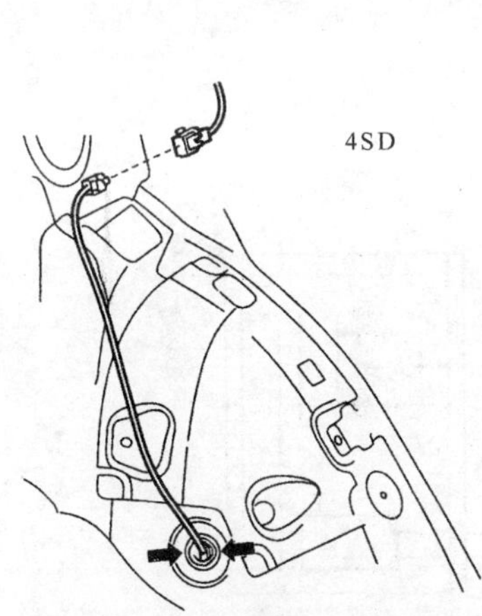


图 11-33 断开后ABS轮速传感器插接器

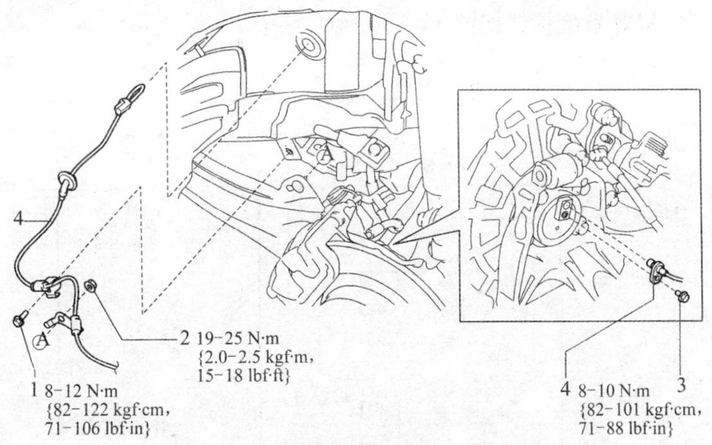


图 11-34 后ABS轮速传感器的拆装

1—螺栓；2—螺母；3—螺栓；4—后ABS车轮转速传感器

## 八、后ABS轮速传感器的检查

1. 安装的目视检查

如果出现故障，请更换相应的部件。检查的项目：

(1) 传感器的安装中是否出现松脱或间隙。

(2) 传感器是否变形。

(3) ABS传感器转子是否变形或损坏。

2. 间隙的检查

(1) 拆下后ABS轮速传感器。

(2) 测量在后ABS轮速传感器的安装表面与后ABS传感器转子之间的距离，即是A尺寸，如图11-35所示。

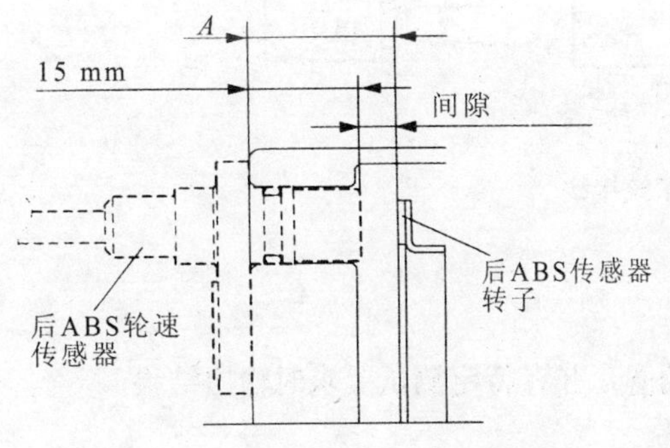


图 11-35 间隙的确定

(3) 采用下述公式计算后 ABS 轮速传感器和转子之间的间隙为：A～15 mm。

(4) 确定在 ABS 传感器转子与后 ABS 轮速传感器之间的间隙应为 0.3～1.1 mm。如果出现故障，则检查安装情况，必要时予以更换。

3. 传感器输入值的检查

如果使用检测器进行电阻检查，则可能损坏 ABS 轮速传感器的内部电路。必须使用 M－MDS来检查 ABS 轮速传感器。

(1) 把点火开关转至 OFF 位置。

(2) 将 M－MDS 连接至 DLC－2。

(3) 利用 M－MDS 选择以下 PID：

① WSPD－LR（LR 轮速传感器）。

② WSPD－RR（RR 轮速传感器信号）。

(4) 起动发动机，并驾驶汽车。

(5) 确认 M－MDS 的显示器与速度计相同的数值。

如果有故障，则更换 ABS 轮速传感器。

## 第四节　ABS 车载诊断

ABS 系统接线如图 11－36 所示。

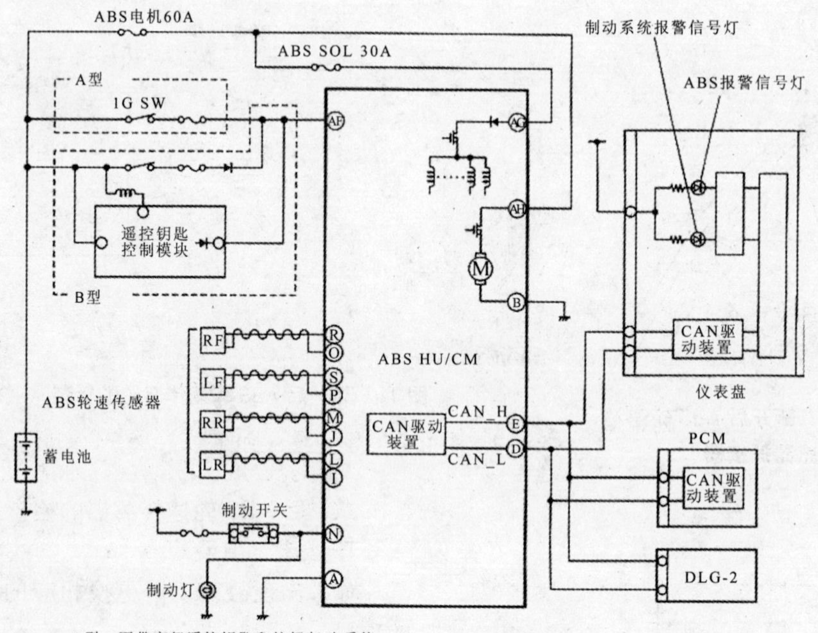


图 11－36　ABS 系统接线

### 一、ABS 车载诊断步骤

1. 车载诊断（OBD）测试说明

(1) 通过 OBD 测试，可检查 ABS 的完整性和功能，并在特定测试要求时输出结果。

(2) 车载诊断测试还可以：

① 通常在每次诊断程序的开始阶段进行 ABS 快速检查。

② 进行修理后的确认，以确保在维修期间未发生其他故障。

(3) OBD测试分为三个测试：

读取/清除诊断结果、PID监控与记录和有效命令模式。

2. 读取/清除诊断结果

利用这一功能可以读取或清除在ABS HU/CM内存中的DTC。

3. PID/数据监控和记录

本功能允许操作者访问某些数据值、输入信号、计算数值以及系统状态信息。

4. 有效命令模式

本功能允许操作者通过M-MDS来控制执行元件。

5. 读出DTC程序

(1) 将M-MDS连接至DLC-2，如图11-37所示。

(2) 在车辆得到识别后，从M-MDS的初始化屏面中选择下述项目：

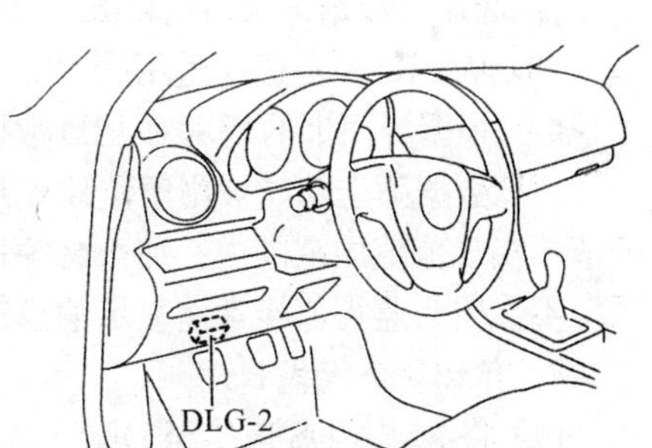

图11-37 DLC-2的位置

使用IDS（笔记本电脑）的选择如下：

① 选择“自检”。

② 选择“模块”。

③ 选择“ABS”。

如果使用PDS（掌上电脑）的选择如下：

① 选择“模块测试”。

② 选择“ABS”。

③ 选择“自检”。

(3) 根据屏面上的指示对DTC数据进行检查。

如果显示了任何DTC，请根据相关的DTC检查进行故障检修。

(4) 在完成维修之后，清除储存在ABS中的所有DTC。

6. 清除DTC程序

选择或执行所有CMDTC即使用IDS（笔记本电脑）时或车辆测试（使用PDS）以外的项目时，可能DTC不能被删除。

(1) 将M-MDS连接至DLC-2。

(2) 在车辆得到识别后，从M-MDS的初始化屏面中选择下述项目。

如果使用IDS（笔记本电脑）的选择如下：

① 选择“自检”。

② 选择“所有CMDTC”。

如果使用PDS（掌上电脑）的选择如下：

① 选择“车辆测试”。

② 选择“所有CMDTC”。

(3) 根据屏面上的指示对DTC数据进行检查。

(4) 按下DTC屏幕上的清除按钮，以清除DTC。

(5) 把点火开关转至OFF位置。

(6) 把点火开关打在ON位置并等待5 s或更久。

(7) 按DTC屏幕上的重新测试按钮。

(8) 确认未显示任何DTC。

7. PID/数据监控及记示程序

(1) 将M-MDS连接至DLC-2。

(2) 在车辆得到识别后，从M-MDS的初始化屏面中选择下述项目：

如果使用 IDS（笔记本电脑）的选择如下：

① 选择“数据记录器（DataLogger）”。

② 选择“模块”。

③ 选择“ABS”。

如果使用 PDS（掌上电脑）的选择如下：

① 选择“模块测试”。

② 选择“ABS”。

③ 选择“数据记录器（DataLogger）”。

(3) 从 PID 表中选择适用的 PID。

(4) 根据屏面上的指示对 PID 数据进行检查。

PID 数据筛选功能被用于监控模块输入/输出信号的计算值。因此，如果输出部件的被监控值不在规范值的范围内。那么必须检查与输出部件控制相应的输入部件的被监控值。此外，系统不会因为监控值异常而显示输出部件故障，所以必须独立检查输出部件。

8. 有效命令模式程序

(1) 将 M－MDS 连接至 DLC—2。

(2) 在车辆得到识别之后，从 M－MDS 的初始化屏面中选择下述项目：

如果使用 IDS（笔记本电脑）的选择如下：

① 选择“数据记录器（DataLogger）”。

② 选择“模块”。

③ 选择“ABS”。

如果使用 PDS（掌上电脑）的选择如下：

① 选择“模块测试”。

② 选择“ABS”。

③ 选择“数据记录器（DataLogger）”。

(3) 从 PID 表中选择有效命令模式。

(4) 执行有效命令模式，检查各部件的操作。

如果在检查之后不能验证输出部件的操作，那么这表示在输出部分中有可能存在断路或短路、被卡住或操作故障等情形。

9. DTC 说明

DTC 说明见表 11－2。

**表 11－2　DTC 说明**

| DTC<br>M－MDS | 系统故障位置 |
|---|---|
| C0010：01 | ABS HU/CM 内部故障（LF 进口电磁阀） |
| C0011：01 | ABS HU/CM 内部故障（LF 出口电磁阀） |
| C0014：01 | ABS HU/CM 内部故障（RF 进口电磁阀） |
| C0015：01 | ABS HU/CM 内部故障（RF 出口电磁阀） |
| C0018：01 | ABS HU/CM 内部故障（LR 进口电磁阀） |
| C0019：01 | ABS HU/CM 内部故障（LR 出口电磁阀） |
| C001C：01 | ABS HU/CM 内部故障（RR 进口电磁阀） |

(续表)

| DTC<br>M-MDS | 系统故障位置 |
|---|---|
| C001D：01 | ABS HU/CM 内部故障（RR 出口电磁阀） |
| C0020：01 | 泵用电动机、电动机继电器 |
| C0020：11 | 泵用电动机、电动机继电器 |
| C0020：13 | 泵用电动机、电动机继电器 |
| C0020：1C | 泵用电动机、电动机继电器 |
| C0020：71 | 泵用电动机、电动机继电器 |
| C0031：01<br>C0031：13 | LF ABS 车轮转速传感器 |
| C0031：23<br>C0031：27<br>C0031：62 | LF ABS 轮速传感器/ABS 传感器转子 |
| C0034：01<br>C0034：13 | RF ABS 车轮转速传感器 |
| C0034：23<br>C0034：27<br>C0034：62 | RF ABS 轮速传感器/ABS 传感器转子 |
| C0037：01<br>C0037：13 | LR ABS 轮速传感器 |
| C0037：23<br>C0037：27<br>C0037：62 | LR ABS 车轮转速传感器/ABS 传感器转子 |
| C003A：01<br>C003A：13 | RR ABS 轮速传感器 |
| C003A：23<br>C003A：27<br>C003A：62 | RR ABS 车轮转速传感器/ABS 传感器转子 |
| C0040：13<br>C0040：64 | 制动开关 |
| C1A77：12<br>C1A77：13<br>C1A77：16 | 阀继电器 |
| U0001：88 | CAN 线路 |
| U0100：00 | CAN 线路 |

（续表）

| DTC<br>M-MDS | 系统故障位置 |
|---|---|
| U0214：00 | CAN 线路 |
| U2100：00 | 组件配置 |
| U3000：4A | ABS 装置失配安装 |
| U3000：96 | ABS HU/CM（内部故障） |
| U3003：16 | 电源系统 |
| U3003：17 | 电源系统 |
| U3003：1C | 电源系统 |

10. PID/数据监控

PID/数据监控（见表 11-3）。

**表 11-3　PID/数据监控**

| PID 名称(定义) | 设备/情况 | 操作条件（参考） | 措　施 | ABS HU/CM 接线端 |
|---|---|---|---|---|
| BRAKE_SW | ON/OFF | 1. 制动踏板被踩下：打开<br>2. 制动踏板被松开：关闭 | 检查制动开关 | N |
| PMP_MTR | ON/OFF | 1. 泵电机起动：打开<br>2. 泵电机未起动：关闭 | 检查 ABS HU/CM | — |
| VPWR | V | 1. 把点火开关转至 ON 位置：约 12.2 V<br>2. 怠速运转：约 14.1 V | 检查电源电路 | AF |
| V_LF_INL | ON/OFF | 1. 电磁阀起动：打开<br>2. 电磁阀未起动：关闭 | 检查 ABS HU/CM | — |
| V_LF_ONL | ON/OFF | 1. 电磁阀起动：打开<br>2. 电磁阀未起动：关闭 | | — |
| V_LR_INL | ON/OFF | 1. 电磁阀起动：打开<br>2. 电磁阀未起动：关闭 | | — |
| V_LR_ONL | ON/OFF | 1. 电磁阀起动：打开<br>2. 电磁阀未起动：关闭 | | — |
| V_RF_INL | ON/OFF | 1. 电磁阀起动：打开<br>2. 电磁阀未起动：关闭 | | — |
| V_RF_ONL | ON/OFF | 1. 电磁阀起动：打开<br>2. 电磁阀未起动：关闭 | | — |
| V_RR_INL | ON/OFF | 1. 电磁阀起动：打开<br>2. 电磁阀未起动：关闭 | | — |
| V_RR_ONL | ON/OFF | 1. 电磁阀起动：打开<br>2. 电磁阀未起动：关闭 | | — |

（续表）

| PID 名称(定义) | 设备/情况 | 操作条件（参考） | 措 施 | ABS HU/CM 接线端 |
|---|---|---|---|---|
| WSPD_LF | k/h，m/h | 汽车停走：0 k/h，0 m/h<br>汽车行驶：车速 | 检查 ABS<br>轮速传感器 | S，P |
| WSPD_LR | k/h，m/h | 汽车停走：0 k/h，0 m/h<br>汽车行驶：车速 | 检查 ABS<br>轮速传感器 | L，I |
| WSPD_RF | k/h，m/h | 汽车停走：0 k/h，0 m/h<br>汽车行驶：车速 | 检查 ABS<br>轮速传感器 | R，O |
| WSPD_RR | k/h，m/h | 汽车停走：0 k/h，0 m/h<br>汽车行驶：车速 | 检查 ABS<br>轮速传感器 | M，J |

## 二、故障码 DTC C0010：01/C0011：01/C0014：01/C0015：01/C0018：01/C0019：01/C001C：01/C001D：01 的检查

DTC C0010：01/C0011：01/C0014：01/C0015：01/C0018：01/C0019：01/C001C：01/C001D：01 的检测条件和原因见表 11-4，其诊断程序见表 11-5。

**表 11-4 DTC C0010：01/C0011：01/C0014：01/C0015：01/C0018：01/C0019：01/C001C：01/C001D：01 的检测条件和原因**

| | | |
|---|---|---|
| DTC | C0010：01 | LF 进口电磁阀系统 |
| | C0011：01 | LF 出口电磁阀系统 |
| | C0014：01 | RF 进口电磁阀系统 |
| | C0015：01 | RF 出口电磁阀系统 |
| | C0018：01 | LR 进口电磁阀系统 |
| | C0019：01 | LR 出口电磁阀系统 |
| | C001C：01 | RR 进口电磁阀系统 |
| | C001D：01 | RR 出口电磁阀系统 |
| 检测条件 | | 通过 ABS HU/CM 车载诊断功能检查出 ABS HU/CM 电磁阀或内部电路中有故障 |
| 可能的原因 | | 1. ABS HU/CM 内部电磁阀内发生开路或短路<br>2. 电磁阀故障<br>3. 在插接器（内孔接线端）处连接不良 |

**表 11-5 DTC C0010：01/C0011：01/C0014：01/C0015：01/C0018：01/C0019：01/C001C：01/C001D：01 诊断程序**

| 步骤 | 检 查 | 措 施 | |
|---|---|---|---|
| 1 | 检查电磁阀工作情况<br>1. 把点火开关转至 OFF 位置<br>2. 将 M-MDS 连接至 DLC-2<br>3. 打开点火开关（发动机关闭）<br>4. 用 M-MDS 访问电磁阀的有效命令模式<br>5. 电磁阀是否工作 | 是 | 执行下一步 |
| | | 否 | 更换 ABS HU/CM，然后执行下一步 |

（续表）

| 步骤 | 检查 | 措施 | |
|---|---|---|---|
| 2 | 确认 DTC 故障检修完成<br>1. 清除记忆中的 DTC<br>2. 起动发动机，以大于或等于 6 km/h 的车速驾驶汽车<br>3. 逐渐减速直至让车辆停止行驶<br>4. 是否出现相同的 DTC | 是 | 从步骤 1 开始重复进行检查如果故障复发，更换 ABS HU/CM，然后执行下一步骤 |
| | | 否 | 执行下一步 |
| 3 | 确认维修后程序。是否有 DTC | 是 | 执行适用的 DTC 检查 |
| | | 否 | DTC 故障检修完 |

### 三、故障码 DTC C0020：01/C0020：11/C0020：13/C0020：1C/C0020：71 的检查

DTC C0020：01/C0020：11/C0020：13/C0020：1C/C0020：71 的检查条件和原因如图 11－38 所示，其诊断程序见表 11－6。

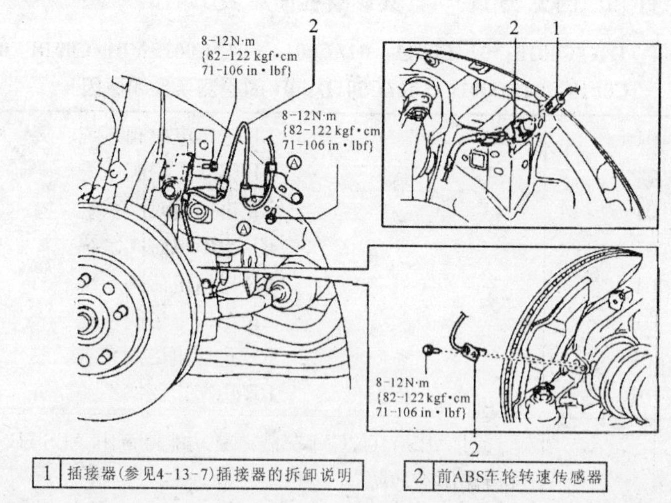


图 11－38　DTC C0020：01/C0020：11/C0020：13/C0020：1C/C0020：71 的检查条件、原因和相关电路

表 11－6　DTC C0020：01/C0020：11/C0020：13/C0020：1C/C0020：71 的诊断程序

| 步骤 | 检查 | 措施 | |
|---|---|---|---|
| 1 | 检查 ABS 熔丝的情况<br>ABS 熔丝（ABS MOTOR 60A）是否正常 | 是 | 执行下一步 |
| | | 否 | 更换 ABS 熔丝，然后执行步骤 6 |
| 2 | 检查泵用电机的运转<br>1. 把点火开关转至 OFF 位置<br>2. 将 M－MDS 连接至 DLC－2<br>3. 把点火开关转至 ON 位置<br>4. 用 M－MDS 访问 PMP _ MTP 有效命令模式<br>5. 泵用电动机是否运转 | 是 | 执行下一步 |
| | | 否 | 更换 ABS HU/CM，然后执行步骤 6 |

（续表）

| 步骤 | 检查 | 措施 | |
|---|---|---|---|
| 3 | 检查电机继电器的电源电路是否出现开路<br>1. 把点火开关转至 OFF 位置<br>2. 断开 ABS HU/CM 插接器<br>3. 检查 ABS HU/CM 接线端 AH 与蓄电池正极接线端之间的连通性<br>4. 是否有连续性 | 是 | 执行下一步 |
| | | 否 | 修理或更换线束，然后执行步骤 6 |
| 4 | 检查电机继电器的电源电路是否出现短路<br>1. 检查 ABS HU/CM 的接线端 AH 与车身搭铁之间的连通性<br>2. 是否有连续性 | 是 | 修理或更换线束，然后执行步骤 6 |
| | | 否 | 执行下一步 |
| 5 | 检查泵用电机的接地电路是否开路<br>1. 检查在 ABS HU/CM 的接线端 B 与接地之间的连续性<br>2. 是否有连续性 | 是 | 执行下一步 |
| | | 否 | 修理或更换线束，然后执行下一步 |
| 6 | 确认没有相同的 DTC 的存在<br>1. 重新连接所有断开的插接器<br>2. 清除存储器中的 DTC［参见 04-02A-2 车载诊断（ABS）］<br>3. 起动发动机，以大于等于 6 km/h（4m/h）的车速驾驶汽车<br>4. 是否出现相同的 DTC | 是 | 从步骤 1 开始重复进行检查。如果故障复发，更换 ABS HU/CM，然后执行下一步 |
| | | 否 | 执行下一步 |
| 7 | 确认未出现其他 DTC<br>是否有其他 DTC 输出 | 是 | 执行适用的 DTC 检查 |
| | | 否 | DTC 故障检修完 |

## 四、故障码 DTC C0031：01/C0031：13/C0034：13/C0037：13/C003A：01/C003A：13 的检查

DTC C0031：01/C0031：13/C0034：13/C0037：13/C003A：01/C003A：13 的检测条件、原因和相关电路如图 11-39 所示，其诊断程序见表 11-7。

| DTC | C0031：01/C0031：13<br>C0034：01/C0034：13<br>C0037：01/C0037：13<br>C003A：01/C003A：13 | LF ABS 车轮转速传感器<br>RF ABS 车轮转速传感器<br>LR ABS 车轮转速传感器<br>RR ABS 车轮转速传感器 |
|---|---|---|
| 检测条件 | | ·C0031：01/C0034：01/C0037：01/C003A：01<br>—在任何一个车轮上的 ABS 轮速传感器线束中检测到接地电路的短路<br>·C0031：13/C0034：13/C0037：13/C003A：13<br>—在任何一个车轮上的 ABS 轮速传感器线束中检测到接地电路的开路 |
| 可能的原因 | | ·在下述 ABS HU/CM 接线端与 ABS 轮速传感器接线端之间的线束中存在接地电路的开路或短路<br>—ABS HU/CM 接线端 R—RF ABS 轮速传感器接线端 B |

| | |
|---|---|
| 可能的原因 | —ABS HU/CM 接线端 O—RF ABS 轮速传感器接线端 A<br>—ABS HU/CM 接线端 S—LF ABS 轮速传感器接线端 B<br>—ABS HU/CM 接线端 P—LF ABS 轮速传感器接线端 A<br>—ABS HU/CM 接线端 M—RR ABS 轮速传感器接线端 B<br>—ABS HU/CM 接线端 J—RR ABS 轮速传感器接线端 A<br>—ABS HU/CM 接线端 L—LR ABS 轮速传感器接线端 B<br>—ABS HU/CM 接线端 I—LR ABS 轮速传感器接线端 A<br>· ABS 轮速传感器中有故障<br>· 在插接器处连接不良 |

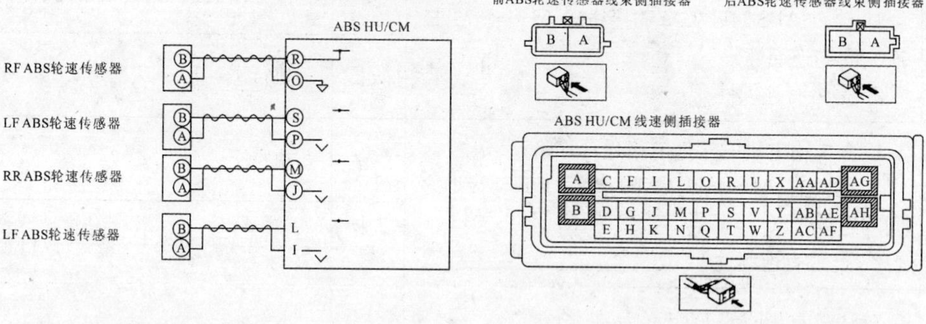


图 11-39 DTC C0031：01/C0031：13/C0034：13/C0037：13/C003A：01/C003A：13 的检测条件、原因和相关电路

**表 11-7 DTC C0031：01/C0031：13/C0034：13/C0037：13/C003A：01/C003A：13 诊断程序**

| 步骤 | 检查 | 措施 | |
|---|---|---|---|
| 1 | 检查 ABS 轮速传感器是否存在接地短路<br>1. 把点火开关转至 OFF 位置<br>2. 断开 ABS HU/CM 插接器<br>3. 检查在下述 ABS HU/CM 插接器的接线端（汽车线束侧）与接地体之间是否存在连续性：<br>RF ABS 车轮转速传感器（+）：R<br>RF ABS 转速传感器（-）：O<br>LF ABS 车轮转速传感器（+）：S<br>LF ABS 转速传感器（-）：P<br>RR ABS 车轮转速传感器（+）：M<br>RR ABS 转速传感器（-）：J<br>LR ABS 车轮转速传感器（+）：L<br>LR ABS 转速传感器（-）：I<br>4. 是否有连续性 | 是 | 执行下一步 |
| | | 否 | 执行步骤 3 |
| 2 | 检查 ABS 轮速传感器的线束是否存在接地短路<br>1. 断开 ABS 轮速传感器插接器<br>2. 检查在下述 ABS HU/CM 插接器的接线端（汽车线束侧）与接地体之间是否存在连续性：<br>RF ABS 车轮转速传感器（+）：R<br>RF ABS 转速传感器（-）：O<br>LF ABS 车轮转速传感器（+）：S | 是 | 修理或者更换线束，然后执行步骤 4 |
| | | 否 | 更换 ABS 轮速传感器，然后执行步骤 4 |

（续表）

| 步骤 | 检　查 | 措　施 | |
|---|---|---|---|
| 2 | LF ABS 转速传感器（－）：P<br>RR ABS 车轮转速传感器（＋）：M<br>RR ABS 转速传感器（－）：J<br>LR ABS 车轮转速传感器（＋）：L<br>LR ABS 转速传感器（－）：I<br>3. 是否有连续性 | 是 | 修理或者更换线束，然后执行步骤 4 |
| | | 否 | 更换 ABS 轮速传感器，然后执行步骤 4 |
| 3 | 检查在 ABS 轮速传感器的线束中是否存在开路<br>1. 检查在 ABS HU/CM 插接器（汽车线束侧）与下述 ABS 轮速传感器的汽车线束侧插接器接线端之间是否存连续性：<br>RF ABS 车轮转速传感器（＋）：R—B<br>RF ABS 转速传感器（－）：O—A<br>LF ABS 车轮转速传感器（＋）：S—B<br>LF ABS 转速传感器（－）：P—A<br>RR ABS 车轮转速传感器（＋）：M—B<br>RR ABS 转速传感器（－）：J—A<br>LR ABS 车轮转速传感器（＋）：L—B<br>LR ABS 转速传感器（－）：I—A<br>2. 是否有连续性 | 是 | 执行下一步 |
| | | 否 | 更换 ABS 轮速传感器，然后执行下一步 |
| 4 | 确认没有相同的 DTC 的存在<br>1. 重新连接所有断开的插接器<br>2. 清除存储器中的 DTC<br>3. 是否出现相同的 DTC | 是 | 从步骤 1 开始重复进行检查。如果故障复发，更换 ABS HU/CM，然后执行下一步 |
| | | 否 | 执行下一步 |
| 5 | 确认未出现其他 DTC。是否有其他 DTC 输出 | 是 | 执行适用的 DTC 检查 |
| | | 否 | DTC 故障检修完 |

## 五、故障码 DTC C0031：23/C0031：27/C0031：62/C0034：27/C0034：62/C0037：23/C0037：27/C0037：62/C003A：23/C003A：27/C003A：62 的检查

DTC C0031：23/C0031：27/C0031：62/C0034：27/C0034：62/C0037：23/C0037：27/C0037：62/C003A：23/C003A：27/C003A：62 的检测条件、原因和相关电路如图 11－40 所示，其诊断程序见表 11－8。

| DTC | C0031：23C0031：27C0031：62<br>C0034：23C0034：27C0034：62<br>C0037：23C0037：27C0037：62<br>C003A：23C003A：27C003A：62 | LF ABS 轮速传感器/ABS 传感器转子<br>RF ABS 轮速传感器/ABS 传感器转子<br>LR ABS 轮速传感器/ABS 传感器转子<br>RR ABS 轮速传感器/ABS 传感器转子 |
|---|---|---|
| 检测条件 | | · C0031：23/C0031：62/C0034：23/C0034：62/C0037：23/C0037：62/C003A：23/C003A：62<br>—从车辆起动至行驶速度为 10km/h（6.2 m/h）期间，检测到车辆四个车轮的 ABS 传感器输出异常<br>—车辆起动时，ABS 前轮传感器大于规定值 |

| | |
|---|---|
| 检测条件 | —连续 8 次检测到以下情况（点火开关从 ON 到 OFF 为一个检测周期）<br>· 车以大于等于 20 km/h 的车速行驶时，后轮输出的轮速信号连续 20 s 未对 ABS HU/CM 输入<br>· C0031：27/C0034：27/C0037：27/C003A：27<br>—从 ABS 轮速传感器的信号波形模式中检测到有周期的异常<br>—ABS 控制继续工作 45 s 以上 |
| 可能的原因 | · ABS 车轮转速传感器故障<br>· 传感器转子损坏<br>· ABS 车轮转速传感器和传感器转子之间的间隙不正确<br>· ABS 车轮转速传感器或传感器转子安装不良（如果传感器转子安装后出现扭曲，在高速条件下可导致异常波型输出）<br>· ABS HU/CM 内部受损（电磁阀故障、泵电机故障或管路阻塞） |

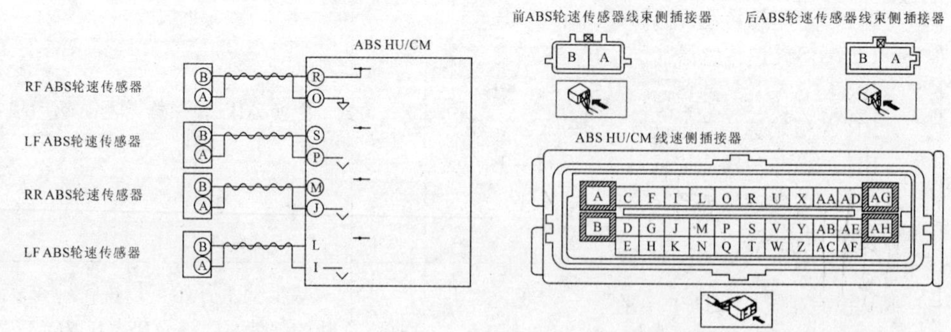


图 11-40 DTC C0031：23/C0031：27/C0031：62/C0034：27/C0034：62/C0037：23/C0037：27/C0037：62/C003A：23/C003A：27/C003A：62 的检测条件、原因和相关电路

当用于千斤顶顶起汽车时，若只转动主动轮，则 DTC C0037：23 和 C003A：23 会输入内存。

**表 11-8 DTC C0031：23/C0031：27/C0031：62/C0034：27/C0034：62/C0037：23/C0037：27/C0037：62/C003A：23/C003A：27/C003A：62 诊断程序**

| 步骤 | 检　查 | 措　施 | |
|---|---|---|---|
| 1 | 利用 M-MDS 检查 ABS 轮速传感器输出错误相关的 PID<br>1. 把点火开关转至 OFF 位置<br>2. 将 M-MDS 连接至 DLC-2<br>3. 利用 M-MDS 选择以下 PID：<br>WSPD_LF<br>WSPD_LR<br>WSPD_RF<br>WSPD_RR<br>4. 驾驶车辆<br>5. 确保由四个 ABS 轮速传感器检测到的车速大致上是相同的<br>6. 车速是否大致相同 | 是 | 执行步骤 3 |
| | | 否 | 执行下一步 |

（续表）

| 步骤 | 检　查 | 措　施 | |
|---|---|---|---|
| 2 | 检查在ABS轮速传感器的插接器与接地之间是否存在接地短路<br>1. 断开ABS轮速传感器插接器<br>2. 检查在下述ABS轮速传感器插接器的接线端（汽车线束侧）与接地体之间是否无连续性：<br>ABS轮速传感器（RF）：A—接地体<br>ABS轮速传感器（LF）：A—接地体<br>ABS轮速传感器（RR）：A—接地体<br>ABS轮速传感器（LR）：A—接地体<br>3. 连续性是否正常 | 是 | 执行下一步 |
| | | 否 | 维修或者更换线束，然后执行步骤5 |
| 3 | 检查是否由于传感器的间隙不当导致故障<br>1. 检查在ABS轮速传感器和ABS传感器转子之间的间隙<br>2. 该间隙是否正常 | 是 | 执行下一步 |
| | | 否 | 更换ABS轮速传感器，然后执行步骤5 |
| 4 | 目视检查ABS传感器转子是否吸附有异物或安装不正确。结果是否正常 | 是 | 执行下一步骤 |
| | | 否 | 更换轮毂组件，然后执行下一步 |
| 5 | 确认没有相同的DTC的存在<br>1. 清除存储器中的DTC<br>2. 起动发动机，并以10 km/h（6.2 m/h）或者更高的速度驾驶汽车<br>3. 是否出现相同的DTC | 是 | 从步骤1开始重复进行检查如果故障复发，更换ABS HU/CM，然后执行下一步 |
| | | 否 | 执行下一步 |
| 6 | 确认未出现其他DTC。是否有其他DTC输出 | 是 | 执行适用的DTC检查 |
| | | 否 | DTC故障检修完 |

## 六、故障码DTC C0040：13/C0040：64的检查

DTC C0040：13/C0040：64的检测条件、原因和相关电路如图11－41所示。其诊断程序见表11－9。

| DTC C0040：13　C0040：64 | 制动开关 |
|---|---|
| 检测条件 | · C0040：13<br>—ABS HU/CM接线端与制动开关接线端之间的线束断路<br>· C0040：64<br>—当车速为15 km/h（9.3 mile/h）或更快时，制动开关ON信号输入15 min或更长时间 |
| 可能的原因 | · 制动开关与ABS HU/CM接线端N之间的线束断路或短路<br>· 制动开关故障<br>· 在插接器处连接不良 |

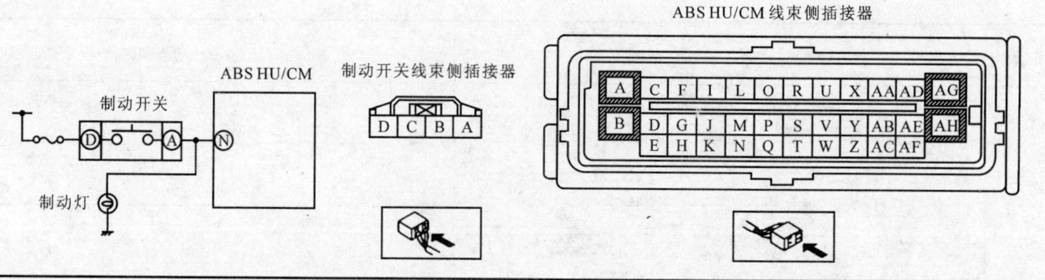


图 11-41 DTC C0040：13/C0040：64 的检测条件、原因和相关电路

**表 11-9 DTC C0040：13/C0040：64 的诊断程序**

| 步骤 | 检查 | 措施 | |
|---|---|---|---|
| 1 | 确定在制动开关信号中是否存在开路或短路<br>1. 把点火开关转至 ON 位置<br>2. 踩下或松开制动踏板时，测量 ABS HU/CM 接线端 N 与车身搭铁之间的电压<br>电压：<br>制动踏板被踩下：B+<br>制动踏板被松开：1 V 或更小 | 是 | 执行步骤 5 |
| | | 否 | 如果在任何条件下均为 B+，则执行下一步骤<br>若在任何条件下均为 1 V 或更低，则执行步骤 3 |
| 2 | 检查制动开关信号，确认是否存在电源电路短路<br>1. 断开制动开关插接器<br>2. 测量在制动开关插接器接线端 A（车辆线束侧）和接地体之间的电压<br>3. 电压为 1 V 或更低 | 是 | 执行步骤 4 |
| | | 否 | 修理或更换 ABS HU/CM 与制动开关之间的线束，然后执行第 5 步 |
| 3 | 检查制动开关信号是否存在开路<br>1. 断开 ABS HU/CM 插接器<br>2. 断开制动开关插接器<br>3. 检查 ABS HU/CM 插接器接线端 N（车辆线束侧）与制动开关接线端 A 之间的连通性<br>4. 是否有连续性 | 是 | 执行下一步 |
| | | 否 | 修理或更换 ABS HU/CM 与制动开关之间的线束，然后执行第 5 步 |
| 4 | 检查制动开关<br>1. 检查制动开关<br>2. 制动开关是否正常 | 是 | 执行下一步 |
| | | 否 | 更换制动开关，然后转至下一步 |
| 5 | 确认没有相同的 DTC 的存在<br>1. 重新连接所有断开的插接器<br>2. 清除存储器中的 DTC<br>3. 起动发动机，驱动车辆的速度为 15 km/h (9.3 mile/h) 或者更快<br>4. 是否出现相同的 DTC | 是 | 从步骤 1 开始重复进行检查。如果故障复发，更换 ABS HU/CM，然后执行下一步 |
| | | 否 | 执行下一步 |
| 6 | 确认未出现其他 DTC。是否有其他 DTC 输出 | 是 | 执行适用的 DTC 检查 |
| | | 否 | DTC 故障检修完 |

## 七、故障码DTC C1A77：12/C1A77：13/C1A77：16的检查

DTC C1A77：12/C1A77：13/C1A77：16的检测条件、原因和相关电路如图11－42所示，其诊断程序见表11－10。

| DTC C1A77:12 C1A77:13 C1A77:16 | 阀继电器 |
|---|---|
| 检测条件 | · C1A77：12<br>—点火开关切换至ON挡并发出ABS HU/CM阀继电器断开命令时，阀继电器仍停在接通位置<br>· C1A77 13/C1A77：16<br>—发出ABS HU/CM阀继电器接通命令时，阀继电器仍处在断开位置 |
| 可能的原因 | · 熔断器故障（ABS电机60A和ABS SOL 30A）<br>· ABS HU/CM接线端AG和蓄电池正极接线端之间线束断路<br>· ABS HU/CM阀继电器断路或短路<br>· ABS HU/CM阀继电器受卡 |

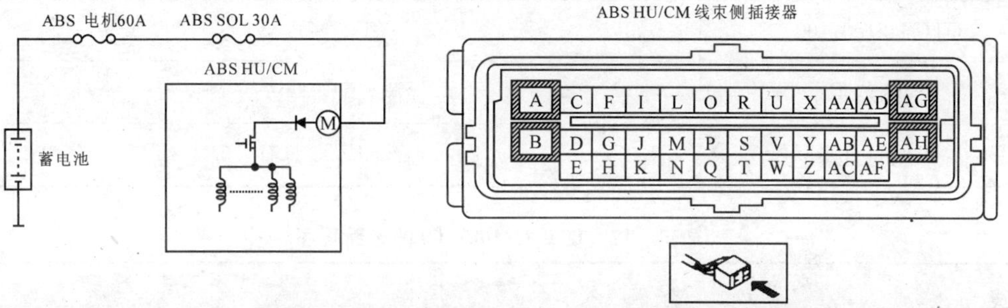

ABS 电机60A
ABS SOL 30A
ABS HU/CM
蓄电池
ABS HU/CM线束侧插接器
A C F I L O R U X AA AD AG
B D G J M P S V Y AB AE AH
E H K N Q T W Z AC AF

图11－42 DTC C1A77：12/C1A77：13/C1A77：16的检测条件、原因和相关电路

表11－10 DTC C1A77：12/C1A77：13/C1A77：16的诊断程序

| 步骤 | 检查 | 措施 | |
|---|---|---|---|
| 1 | 检查ABS熔丝的情况<br>ABS熔丝故障（ABS MOTOR 60A和ABS SOL 30A）是否正常 | 是 | 执行下一步 |
| | | 否 | 更换熔丝，然后执行步骤4 |
| 2 | 检查阀继电器的电源电路是否出现开路<br>1. 把点火开关转至OFF位置<br>2. 断开ABS HU/CM插接器<br>3. 打开点火开关（发动机关闭）<br>4. 测量ABS HU/CM接线端AG（线束侧）与地之间的电压<br>5. 电压是否为B+ | 是 | 执行下一步 |
| | | 否 | 修理或更换蓄电池正极接线端和ABS HU/CM接线端C之间的断路线束，然后执行步骤4 |
| 3 | 检查阀继电器操作<br>1. 把点火开关转至OFF位置<br>2. 将M－MDS连接至DLC－2<br>3. 打开点火开关（发动机关闭）<br>4. 使用M－MDS接通VPWR<br>5. 阀继电器运作吗 | 是 | 执行下一步 |
| | | 否 | 更换ABS HU/CM，然后执行下一步 |

（续表）

| 步骤 | 检查 | 措施 | |
|---|---|---|---|
| 4 | 确认故障检修完成<br>1. 清除记忆中的 DTC<br>2. 出现相同的 DTC | 是 | 更换 ABS HU/CM，然后执行下一步 |
| | | 否 | 执行下一步 |
| 5 | 确认维修后程序。是否出现其他 DTC | 是 | 执行适用的 DTC 检查 |
| | | 否 | 故障检修完成 |

## 八、故障码 DTC U2100：00 的检查

DTC U2100：00 的检测条件、原因见表 11－11。其诊断程序见表 11－12。

**表 11－11　DTC U2100：00 的检测条件、原因**

| DTC U2100：00 | 组件配置 |
|---|---|
| 检测条件 | 检测到配置写入故障 |
| 可能的原因 | 组件配置步骤不正确 |

**表 11－12　DTC U2100：00 的诊断程序**

| 步骤 | 检查 | 措施 | |
|---|---|---|---|
| 1 | 检查 ABS HU/CM 是否已配置<br>是否配置 ABS HU/CM | 是 | 执行下一步 |
| | | 否 | 通过 M－MDS 配置 ABS |
| 2 | 确认故障检修完成<br>1. 清除记忆中的 DTC<br>2. 是否出现相同的 DTC | 是 | 更换 ABS HU/CM，然后执行下一步 |
| | | 否 | 执行下一步 |
| 3 | 确认维修后程序。是否出现其他 DTC | 是 | 执行适用的 DTC 检查 |
| | | 否 | 故障检修完成 |

## 九、故障码 DTC U3000：4A 的检查

DTC U3000：4A 的检测条件和原因见表 11－13。其诊断程序见表 11－14。

**表 11－13　DTC U3000：4A 的检测条件和原因**

| DTC U3000：4A | ABS 装置失配安装 |
|---|---|
| 检测条件 | 对通过 CAN 信息而出现的车型、驱动系统输入信号和 ABS HU/CM 不一致情况进行检测 |
| 可能的原因 | ABS HU/CM 的安装不匹配 |

表 11-14 DTC U3000：4A［ABS］诊断程序

<table>
<tr><th>步骤</th><th>检　　查</th><th colspan="2">措　　施</th></tr>
<tr><td rowspan="2">1</td><td rowspan="2">检查 ABS HU/CM 是否存在安装误配<br>1. 检查 ABS HU/CM 件号<br>2. 是否安装了带有正确部件号的 ABS HU/CM</td><td>是</td><td>执行下一步</td></tr>
<tr><td>否</td><td>更换正确的 ABS HU/CM 件号，然后执行步骤 4</td></tr>
<tr><td rowspan="2">2</td><td rowspan="2">检查相关线束是否存在安装误配<br>1. 确认线束部件号<br>2. 是否安装了带有正确部件号的线束</td><td>是</td><td>执行下一步</td></tr>
<tr><td>否</td><td>更换正确的 ABS HU/CM 件号，然后执行步骤 4</td></tr>
<tr><td rowspan="2">3</td><td rowspan="2">配置 ABS HU/CM<br>是否能正确配置 ABS HU/CM</td><td>是</td><td>执行下一步</td></tr>
<tr><td>否</td><td>更换 ABS HU/CM</td></tr>
<tr><td rowspan="2">4</td><td rowspan="2">确认故障检修完成<br>1. 确保重新连接所有断开的接电器<br>2. 清除记忆中的 DTC［参见 04-02A-2 车载诊断（ABS)］<br>3. 出现相同的 DTC</td><td>是</td><td>更换 ABS HU/CM，然后执行下一步</td></tr>
<tr><td>否</td><td>执行下一步</td></tr>
<tr><td rowspan="2">5</td><td rowspan="2">确认维修后程序。是否出现其他 DTC</td><td>是</td><td>执行适用的 DTC 检查<br>［参见 04-02A-2 车载诊断（ABS)］。</td></tr>
<tr><td>否</td><td>故障检修完成</td></tr>
</table>

## 十、故障码 DTC U3000：96 的检查

DTC U3000：96 的检测条件和原因见表 11-15，其诊断程序见表 11-16。

表 11-15 DTC U3000：96 的检测条件和原因

| DTC U3000：96 | ABS HU/CM（内部故障） |
|---|---|
| 检测条件 | ABS HU/CM 车载诊断功能检测到控制模块的内部故障 |
| 可能的原因 | ABS HU/CM 内部故障 |

表 11-16 DTC U3000：96 的诊断程序

<table>
<tr><th>步骤</th><th>检　　查</th><th colspan="2">措　　施</th></tr>
<tr><td rowspan="2">1</td><td rowspan="2">确定没有 ABS HU/CM 故障<br>1. 清除存储器中的 DTC<br>2. 起动发动机，并以 10 km/h（6.2mile/h）或者更高的速度驾驶汽车<br>3. 是否出现相同的 DTC</td><td>是</td><td>更换 ABS HU/CM，然后执行下一步</td></tr>
<tr><td>否</td><td>执行下一步</td></tr>
<tr><td rowspan="2">2</td><td rowspan="2">确认未出现其他 DTC。是否有其他 DTC 输出</td><td>是</td><td>执行适用的 DTC 检查</td></tr>
<tr><td>否</td><td>DTC 故障检修完</td></tr>
</table>

## 十一、故障码 DTC U3003：16/U3003：17/U3003：1C［ABS］的检查

DTC U3003：16/ U3003：17/ U3003：1C［ABS］的检测条件、原因和相关电路如图11－43所示，其诊断程序见表 11－17。

| DTC U3003:16 U3003:17 U3003:10 | 电 源 系 统 |
|---|---|
| 检测条件 | 1. U3003：16<br>—车速超过 3 km/h（2 mile/h）且 ABS HU/CM 接线端 AF 处的电压小于 10 V<br>2. U3003：17<br>—ABS HU/CM 接线端 AF 处的电压大于等于 16 V<br>3. U3003：1C<br>—电磁阀电压监测设备或电机监测设备监测到点火开关电压低于 10 V<br>—点火开关电压小于等于 10 V，导致四轮 ABS 轮速传感器供电电压持续下降 60 |
| 可能的原因 | 1. ABS 电机 60 A 或 ABS SOL 30 A 熔断器故障<br>2. ABS HU/CM 接线端 AF 与蓄电池之间的线束断路或短路<br>3. ABS HU/CM 接线端 AG 与蓄电池之间的线束断路或短路<br>4. ABS HU/CM 接线端 AH 与蓄电池之间的线束断路或短路<br>5. ABS HU/CM 接线端 A 与车身搭铁之间的线束断路<br>6. ABS HU/CM 接线端 B 与车身搭铁之间的线束断路<br>7. 蓄电池的性能降低<br>8. 发电机故障<br>9. 在插接器（内孔接线端）处连接不良 |

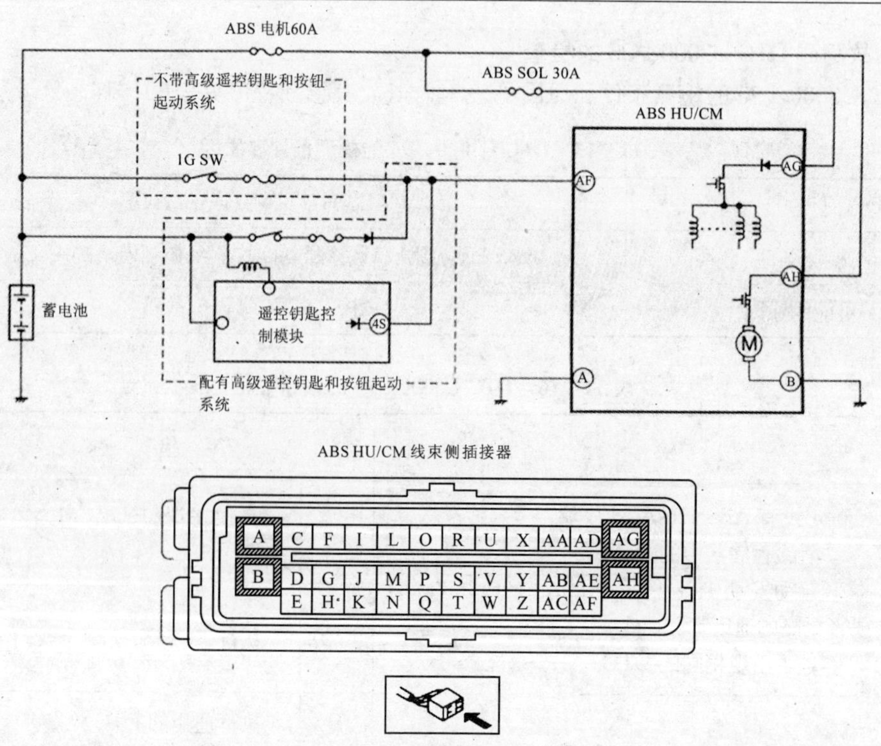


图 11－43 DTC U3003：16/U3003：17/U3003：1C 的检测条件、原因和相关电路

**表 11－17 DTC U3003：16/U3003：17/U3003：1C 的诊断程序**

<table>
<tr><th>步骤</th><th>检 查</th><th colspan="2">措 施</th></tr>
<tr><td rowspan="2">1</td><td rowspan="2">检查蓄电池电压。蓄电池正极接线端电压是否正常</td><td>是</td><td>检查蓄电池接线端的连接是否正常<br>执行下一步</td></tr>
<tr><td>否</td><td>充电或更换蓄电池，然后执行步骤 5</td></tr>
<tr><td rowspan="2">2</td><td rowspan="2">检查蓄电池相对密度。蓄电池比重是否符合规定</td><td>是</td><td>执行下一步</td></tr>
<tr><td>否</td><td>更换蓄电池，然后执行步骤 6</td></tr>
<tr><td rowspan="2">3</td><td rowspan="2">检查充电系统。发电机和驱动带张力是否正常</td><td>是</td><td>执行下一步</td></tr>
<tr><td>否</td><td>如需要，更换发动机或驱动带<br>执行步骤 6</td></tr>
<tr><td rowspan="2">4</td><td rowspan="2">检查 ABS/HU CM 电源电路是否存在开路<br>1. 断开 ABS HU/CM 插接器<br>2. 把点火开关转至 ON 位置<br>3. 测量在 ABS HU/CM 的下述插接器接线端（汽车线束侧）与接地体之间的电压：<br>ABS HU/CM：AF—接地体<br>ABS HU/CM：AG—接地体<br>ABS HU/CM：AH—接地体<br>4. 电压为 10 V 或更高</td><td>是</td><td>执行下一步</td></tr>
<tr><td>否</td><td>修理或者更换线束，然后执行步骤 6</td></tr>
<tr><td rowspan="2">5</td><td rowspan="2">检查 ABS HU/CM 接地电路是否出现接地不良或者开路现象<br>1. 把点火开关转至 OFF 位置<br>2. 测量在 ABS HU/CM 的下述插接器接线端（汽车线束侧）与接地体之间的电阻：<br>ABS HU/CM：A—接地体<br>ABS HU/CM：B—接地体<br>3. 电阻是否在 0～1 Ω 的范围内</td><td>是</td><td>执行下一步</td></tr>
<tr><td>否</td><td>如果存在开路：<br>修理或更换线束，然后执行下一步<br>如果电阻不在规定范围内：<br>修理或者更换接地不良的零部件，然后执行下一步骤</td></tr>
<tr><td rowspan="2">6</td><td rowspan="2">确认没有相同的 DTC 的存在<br>1. 重新连接所有断开的插接器<br>2. 清除存储器中的 DTC<br>3. 起动发动机并以大于等于 20 km/h 的速度驾驶汽车<br>4. 是否出现相同的 DTC</td><td>是</td><td>从步骤 1 开始重复进行检查</td></tr>
<tr><td>否</td><td>执行下一步</td></tr>
<tr><td rowspan="2">7</td><td rowspan="2">确认未出现其他 DTC。是否有其他 DTC 输出</td><td>是</td><td>执行适用的 DTC 检查</td></tr>
<tr><td>否</td><td>DTC 故障检修完</td></tr>
</table>

# 第五节　动态稳定控制（DSC）车载诊断

## 一、DSC车载诊断步骤

### 1. 车载诊断（OBD）测试说明

(1) 通过OBD测试，可检查DSC的完善性和功能，并在特定测试提出要求时输出结果。

(2) 车载诊断测试，通常在每次诊断程序的开始阶段进行DSC快速检查；进行修理后的确认，以确保在维修期间未发生其他故障。

(3) OBD测试分为三个测试：

读取/清除诊断结果，PID监控与记录，有效命令模式。

### 2. 读取/清除诊断结果

利用这一功能可以读取或清除DSC HU/CM内存中的DTC。

### 3. PID/数据监控和记录

本功能允许操作者访问某些数据值、输入信号、计算数值以及系统状态信息。

### 4. 有效命令模式

本功能允许操作者通过M-MDS来控制执行元件。

### 5. 读取DTC程序

读取DTC程序时，可能发生DSC指示灯点亮，DSC OFF灯闪烁，且DTC C0051：54保存在DSC HU/CM中；AFS OFF灯闪烁。[使用AFS（自适应前照灯系统）]；DTC B10D7：94保存在摇控钥匙控制模块中。（使用高级遥控钥匙和按钮起动系统）。如果这些情况发生，对相应的模块DTC执行单独的检查并着手维修。

(1) 将M-MDS连接至DLC-2。

(2) 在车辆得到识别之后，从M-MDS的初始化屏面中选择下述项目。

如果使用IDS（笔记本电脑）的选择如下：

① 选择“自检”。

② 选择“模块”。

③ 选择“ABS”。

如果使用PDS（掌上电脑）的选择如下：

① 选择“模块测试”。

② 选择“ABS”。

③ 选择“自检”。

(3) 根据屏面上的指示对DTC数据进行检查。

如果显示了任何DTC，请根据相关的DTC检查进行故障检修。

(4) 在完成维修之后，清除储存在DSC中的所有DTC。

### 6. 清除DTC程序

如果在步骤2中选择或执行了“所有CMDTC”（使用IDS（笔记本电脑）时）或“车辆测试”（使用PDS时）以外的项目时，可能DTC不能被删除。

(1) 将M-MDS连接至DLC-2。

(2) 在车辆得到识别之后，从M-MDS的初始化屏面中选择下述项目。

如果使用IDS（笔记本电脑）的选择如下：

① 选择“自检”。

② 选择“所有CMDTC”。

如果使用PDS（掌上电脑）的选择如下：

① 选择“车辆测试”。

② 选择“所有CMDTC”。

(3) 根据屏面上的指示对DTC数据进行检查。

(4) 按下DTC屏幕上的清除按钮，以清除DTC。

(5) 把点火开关转至OFF位置。

(6) 把点火开关打在ON位置并等待5s或更久。

(7) 按DTC屏幕上的重测试按钮。

(8) 确认未显示任何DTC。

7. PID数据监控及记示程序

(1) 将M-MDS连接至DLC-2。

(2) 在车辆得到识别之后，从M-MDS的初始化屏面中选择下述项目。

如果使用IDS（笔记本电脑）的选择如下：

① 选择“数据记录器（DataLogger)”。

② 选择“模块”。

③ 选择“ABS”。

如果使用PDS（掌上电脑）的选择如下：

① 选择“模块测试”。

② 选择“ABS”。

③ 选择“数据记录器（DataLogger)”，

(3) 从PID表中选择适用的PID。

(4) 根据屏面上的指示对PID数据进行检查。

PID数据数据筛选功能被用于监控模块内输入/输出信号的计算值。因此，如果输出部件的被监控值不在规范值的范围内，那么必须检查与输出部件控制相应的输入部件的被监控值。此外，系统不会因为监控值异常而显示输出部件故障，所以必须独立检查输出部件。

8. 有效命令模式程序

(1) 将M-MDS连接至DLC-2。

(2) 在车辆得到识别之后，从M-MDS的初始化屏面中选择下述项目：

如果使用IDS（笔记本电脑）的选择如下：

① 选择“数据记录器（DataLogger)”。

② 选择“模块”。

③ 选择“ABS”。

如果使用PDS（掌上电脑）的选择如下：

① 选择“模块测试”。

② 选择“ABS”。

③ 选择“数据记录器（DataLogger)”。

(3) 从PID表中选择有效命令模式。

(4) 执行有效命令模式，检查各部件的操作。

如果在执行有效命令模式检查之后不能验正输出部件的操作，那么这表示在输出部件中有可能存在断路或断路、被卡住或操作故障等情形。

9. DTC

DTC见表11-18。

**表 11－18　DTC 表**

| DTC<br>M－MDS | 系统故障位置 |
|---|---|
| C0001：01 | DSC HU/CM 内部故障（直线控制电磁阀） |
| C0003：01 | DSC HU/CM 内部故障（直线控制电磁阀） |
| C0010：01 | DSC HU/CM 内部故障（LF 进口电磁阀） |
| C0011：01 | DSC HU/CM 内部故障（LF 出口电磁阀） |
| C0014：01 | DSC HU/CM 内部故障（RF 进口电磁阀） |
| C0015：01 | DSC HU/CM 内部故障（RF 出口电磁阀） |
| C0018：01 | DSC HU/CM 内部故障（LR 进口电磁阀） |
| C0019：01 | DSC HU/CM 内部故障（LR 出口电磁阀） |
| C001C：01 | DSC HU/CM 内部故障（RR 进口电磁阀） |
| C001D：01 | DSC HU/CM 内部故障（RR 出口电磁阀） |
| C0020：01 | 泵用电动机、电动机继电器 |
| C0020：11 | 泵用电动机、电动机继电器 |
| C0020：13 | 泵用电动机、电动机继电器 |
| C0020：16 | 泵用电动机、电动机继电器 |
| C0020：1C | 泵用电动机、电动机继电器 |
| C0020：71 | 泵用电动机、电动机继电器 |
| C0031：01 | LF ABS 车轮转速传感器 |
| C0031：13 | |
| C0031：23 | LF ABS 轮速传感器/ABS 传感器转子 |
| C0031：27 | |
| C0031：62 | |
| C0034：01 | RF ABS 车轮转速传感器 |
| C0034：13 | |
| C0034：23 | RF ABS 轮速传感器/ABS 传感器转子 |
| C0034：27 | |
| C0034：62 | |
| C0037：01 | RR ABS 转速传感器 |
| C0037：13 | |
| C0037：23 | LR ABS 车轮转速传感器/ABS 传感器转子 |
| C0037：27 | |
| C0037：62 | |

(续表)

| DTC<br>M-MDS | 系统故障位置 |
|---|---|
| C003A：01 | RR ABS 轮速传感器 |
| C003A：13 | |
| C003A：23 | RR ABS 车轮转速传感器/ABS 传感器转子 |
| C003A：27 | |
| C003A：62 | |
| C0040：13 | 制动开关 |
| C0040：64 | 制动开关 |
| C0044：14 | 制动液压力传感器 |
| C0044：1C | 制动液压力传感器 |
| C0044：65 | 制动液压力传感器 |
| C0044：66 | 制动液压力传感器 |
| C0044：67 | 制动液压力传感器 |
| C0051：54 | 转向角传感器 |
| C0062：62 | 组合传感器系统 |
| C0062：65 | 组合传感器系统 |
| C0062：84 | 组合传感器系统 |
| C0062：86 | 组合传感器系统 |
| C0062：8F | 组合传感器系统 |
| C0063：1C | 组合传感器系统 |
| C0063：27 | 组合传感器系统 |
| C0063：28 | 组合传感器系统 |
| C0063：61 | 组合传感器系统 |
| C0063：62 | 组合传感器系统 |
| C0063：86 | 组合传感器系统 |
| C1137：64 | 倒车信号（MTX） |
| C1A77：12 | 阀继电器 |
| C1A77：13 | |
| C1A77：16 | |
| U0001：88 | CAN 线路 |
| U0100：00 | CAN 线路 |
| U0101：00 | CAN 线路 |
| U0123：00 | 组合传感器系统（CAN2 线故障） |
| U0124：00 | 组合传感器系统（CAN2 线故障） |

（续表）

| DTC<br>M-MDS | 系统故障位置 |
|---|---|
| U0140：00 | CAN 线路 |
| U0155：00 | CAN 线路 |
| U0214：00 | CAN 线路 |
| U0401：00 | 来自 PCM 的异常信息 |
| U0401：68 | 来自 PCM 的异常信息 |
| U0402：00 | TCM（ATX）发送信息异常 |
| U0422：00 | 转向角传感器 |
| U0422：28 | |
| U0422：64 | |
| U0422：86 | |
| U0423：29 | 制动器液位传感器 |
| U0423：7B | |
| U2100：00 | 组合配置 |
| U3000：4A | DSC 装置失配安装 |
| U3000：96 | DSC HU/CM（内部故障） |
| U3003：16 | 电源系统 |
| U3003：17 | 电源系统 |
| U3003：1C | 电源系统 |

10. PID/数据监控表

PID/数据监控表见表 11-19。

**表 11-19　PID/数据监控表**

| PID 名称（定义） | 设备/情况 | 操作条件（参考） | 措　施 | DSC HU/CM 接线端 |
|---|---|---|---|---|
| 制动 _ SW | ON/OFF | 1. 制动踏板被踩下：打开<br>2. 制动踏板被松开：关闭 | 检查制动开关 | C |
| LAT _ ACCL | G | 1. 停止车辆或以恒速驾驶：0 G<br>2. 右转弯：改变 0 G 为正<br>3. 向左转弯：改变 0 G 为负 | 检查组合传感器 | — |
| MCYLI _ P | Pa，psi | 1. 制动踏板被松开：0 Pa 0 Psi<br>2. 制动踏板被踩下：根据制动液压更改 | 检查制动液压传感器 | — |

（续表）

| PID名称（定义） | 设备/情况 | 操作条件（参考） | 措施 | DSC HU/CM接线端 |
|---|---|---|---|---|
| PMP_MTR | ON/OFF | 1. 泵电机起动：打开<br>2. 泵电机未起动：关闭 | 检查 DSC HU/CM | — |
| STEER_ANGL | ° | 1. 方向盘于空挡位置（未转动）：0G°<br>2. 转向方向盘左转：改变0 G°为负<br>3. 转向方向盘右转：改变0 G°为正 | 检查转向角传感器 | — |
| VPWP | V | 1. 把点火开关转至ON位置：约12.2 V<br>2. 怠速运转：约14.1 V | 检查电源电路 | AF |
| V_LF_INL | ON/OFF | 1. 电磁阀起动：打开<br>2. 电磁阀未起动：关闭 | 检查DSC HU/CM | — |
| V_LF_OTL | ON/OFF | 1. 电磁阀起动：打开<br>2. 电磁阀未起动：关闭 | | — |
| V_LR_INL | ON/OFF | 1. 电磁阀起动：打开<br>2. 电磁阀未起动：关闭 | | — |
| V_LR_OTL | ON/OFF | 1. 电磁阀起动：打开<br>2. 电磁阀未起动：关闭 | | — |
| V_RF_INL | ON/OFF | 1. 电磁阀起动：打开<br>2. 电磁阀未起动：关闭 | | — |
| V_RF_OTL | ON/OFF | 1. 电磁阀起动：打开<br>2. 电磁阀未起动：关闭 | | — |
| V_RR_INL | ON/OFF | 1. 电磁阀起动：打开<br>2. 电磁阀未起动：关闭 | | — |
| V_RR_OTL | ON/OFF | 1. 电磁阀起动：打开<br>2. 电磁阀未起动：关闭 | | — |
| V_LIN_L | ON/OFF | 1. 电磁阀起动：打开<br>2. 电磁阀未起动：关闭 | 检查DSC HU/CM | — |
| V_LIN_R | ON/OFF | 1. 电磁阀起动：打开<br>2. 电磁阀未起动：关闭 | | — |
| YAM_RATE | °/s | 1. 车辆停止行驶或直线行驶：0°/s<br>2. 向左转弯：改变0°/s为负<br>3. 右转弯：改变0°/s为正 | 检查组合传感器 | — |
| WSPD_LF | k/h，m/h | 1. 汽车停车：0 k/h，0 m/h<br>2. 汽车行驶：车速 | 检查ABS轮速传感器 | S，P |
| WSPD_LR | k/h，m/h | 1. 汽车停车：0 k/h，0 m/h<br>2. 汽车行驶：车速 | 检查ABS轮速传感器 | L，I |
| WSPD_RF | k/h，m/h | 1. 汽车停车：0 k/h，0 m/h<br>2. 汽车行驶：车速 | 检查ABS轮速传感器 | R，O |
| WSPD_RR | k/h，m/h | 1. 汽车停车：0 k/h，0 m/h<br>2. 汽车行驶：车速 | 检查ABS轮速传感器 | M，J |

动态稳定控制系统接线如图 11－44 所示。

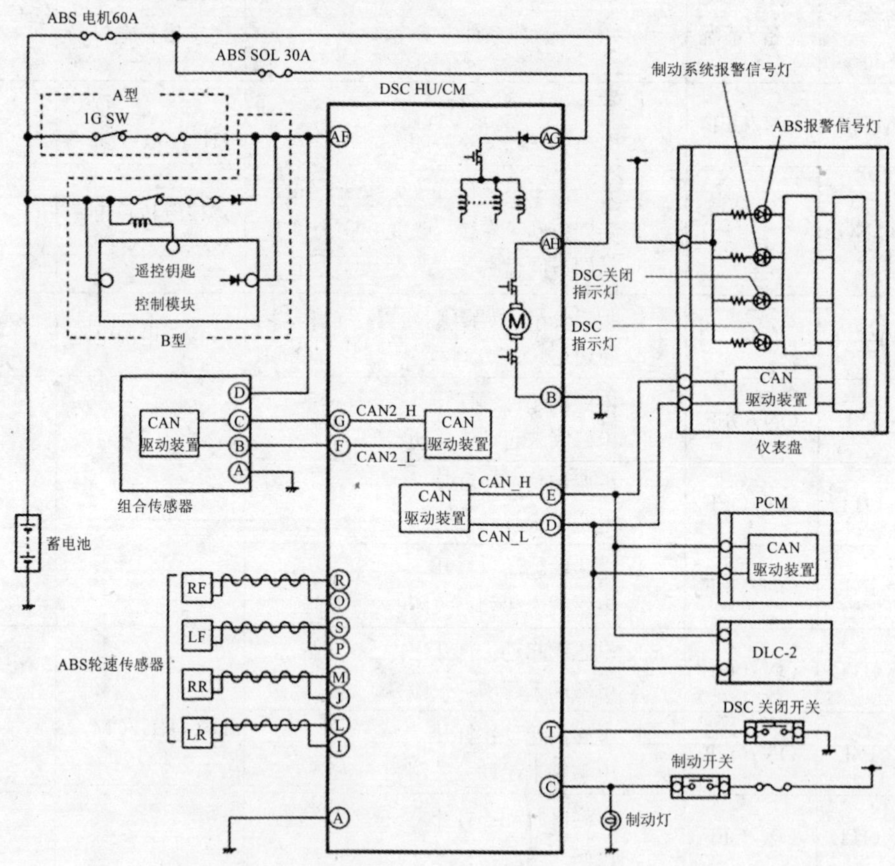


图 11－44　动态稳定控制系统

## 二、故障码 DTC C0001：01/C0003：01/C0010：01/C0011：01/C0014：01/C0015：01/C0018：01/C0019：01/C001C：01/C001D：01 的检查

DTC C0001：01/C0003：01/C0010：01/C0011：01/C0014：01/C0015：01/C0018：01/C0019：01/C001C：01/C001D：01 的检测条件和原因见表 11－20，其诊断程序见表 11－21。

**表 11－20　DTC C0001：01/C0003：01/C0010：01/C0011：01/C0014：01/C0015：01/C0018：01/C0019：01/C001C：01/C001D：01 的检测条件和原因**

| | | | 检测条件 | 可能的原因 |
|---|---|---|---|---|
| DTC | C0001：01 | 直线控制电磁阀系统 | 通过 DSC HU/CM 车载诊断功能检查出 DSC HU/CM 电磁阀或内部电路中有故障 | 1. DSC HU/CM 内部电磁阀内发生开路或短路<br>2. 电磁阀故障<br>3. 在插接器处连接不良 |
| | C0003：01 | 直线控制电磁阀系统 | | |
| | C0010：01 | LF 进口电磁阀系统 | | |
| | C0011：01 | LF 出口电磁阀系统 | | |
| | C0014：01 | RF 进口电磁阀系统 | | |
| | C0015：01 | RF 出口电磁阀系统 | | |
| | C0018：01 | LR 进口电磁阀系统 | | |
| | C0019：01 | LR 出口电磁阀系统 | | |
| | C001C：01 | RR 进口电磁阀系统 | | |
| | C001D：01 | RR 出口电磁阀系统 | | |

表11-21 DTC C0001：01/C0003：01/C0010：01/C0011：01/C0014：01/C0015：01/C0018：01/C0019：01/C001C：01/C001D：01诊断程序

| 步骤 | 检查 | 措施 | |
|---|---|---|---|
| 1 | 检查电磁阀工作情况<br>1. 把点火开关转至OFF位置<br>2. 将M-MDS连接至DLC-2<br>3. 打开点火开关（发动机关闭）<br>4. 用M-MDS访问电磁阀的有效命令模式<br>5. 电磁阀是否工作 | 是 | 执行下一步 |
| | | 否 | 更换DSC HU/CM，然后执行下一步 |
| 2 | 确认DTC故障检修完成<br>1. 清除记忆中的DTC<br>2. 起动发动机，并驾驶汽车，已大于等于6 km/h车速<br>3. 逐渐减速直至让车辆停止行驶<br>4. 是否出现相同的DTC | 是 | 从步骤1开始重复进行检查。若故障复发，更换DSC HU/CM，然后执行下一步骤 |
| | | 否 | — |
| 3 | 确认维修后程序。是否有DTC | 是 | 执行适用的DTC检查 |
| | | 否 | DTC故障检修完 |

## 三、故障码DTC C0020：01/C0020：11/C0020：13/C0020：1C/C0020：71的检查

DTC C0020：01/C0020：11/C0020：13/C0020：1C/C0020：71的检测条件、原因和相关电路如图11-45所示，其诊断程序见表11-22。

| DTC C0020：01，C0021：11，C0020：13<br>C0020：16，C0020：1C，C0020：71 | 泵用电动机、电动机继电器 |
|---|---|
| 检测条件 | ·C0020：01，C0020：11，C0020：16<br>—电机继电器信号与DSC HU/CM OFF信号不对应<br>·C0020：13，C0020：1C<br>—电机继电器信号与DSC HU/CM ON信号不对应<br>·C0020：71<br>—当电机信号从ON通过DSC HU/CM切换为OFF时，DSC HU/CM电机监控ON信号未在规定时间内输入 |
| 可能的原因 | ·ABS电机60 A熔丝故障<br>·蓄电池与DSC HU/CM接线端AH之间的线束存在断路或对地短路<br>·在DSC HU/CM接线端B和接地体之间的线束存在开路<br>·在DSC HU/CM内部电机继电器中存在开路或短路，或者电机继电器被卡住<br>·在DSC HU/CM内部泵用电动机中存在开路或短路，或乾泵用电动机被冻结<br>·在插接器（内孔接线端）处连接不良 |

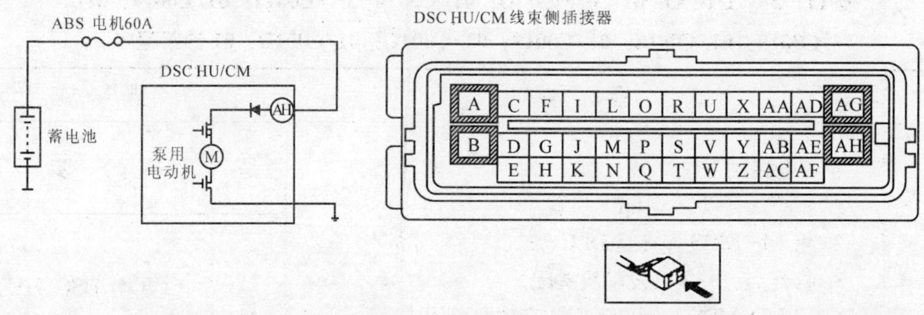


图 11－45 DTC C0020:01/C0020:11/C0020:13/C0020:1C/C0020:71的检测条件、原因和相关电路

表 11－22 DTC C0020：01/C0020：11/C0020：13/C0020：1C/C0020：71 的诊断程序

| 步骤 | 检查 | 措施 | |
|---|---|---|---|
| 1 | 检查 DSC 熔丝状态<br>DSC 熔丝（ABS MOTOR 60A）是否正常 | 是 | 执行下一步 |
| | | 否 | 更换 DSC 熔丝，然后执行步骤 6 |
| 2 | 检查泵用电动机的运转<br>1. 把点火开关转至 OFF 位置<br>2. 将 M－MDS 连接至 DLC－2<br>3. 把点火开关转到 ON 位置<br>4. 用 M－MDS 访问 PMP _ MTR 有效命令模式<br>5. 泵用电动机是否运转 | 是 | 执行下一步 |
| | | 否 | 更换 DSC HU/CM，然后执行步骤 6 |
| 3 | 检查电机继电器的电源电路是否出现开路<br>1. 把点火开关转至 OFF 位置<br>2. 断开 DSC HU/CM 插接器<br>3. 检查 DSC HU/CM 的接线端 AH 与蓄电池正极接线端之间的连通性<br>4. 是否有连续性 | 是 | 执行下一步 |
| | | 否 | 修理或者更换线束，然后执行步骤 6 |
| 4 | 检查电机继电器的电源电路是否出短路<br>1. 检查 DSC HU/CM 的接线端 B 与车身搭铁之间是否连续<br>2. 是否有连续性 | 是 | 修理或者更换线束，然后执行步骤 6 |
| | | 否 | 执行下一步 |
| 5 | 检查泵用电动机的接地电路是否开路<br>1. 检查在 DSC HU/CM 的接线端 B 与车身搭铁之间是否连续<br>2. 是否有连续性 | 是 | 执行下一步 |
| | | 否 | 修理或更换线束，然后执行下一步 |
| 6 | 确认没有相同的 DTC 存在<br>1. 重新连接所有断开的插接器<br>2. 清除储存器中的 DTC<br>3. 起动发动机，并驾驶汽车，以大于等于 6 km/h<br>4. 是否出现相同的 DTC | 是 | 从步骤 1 开始重复进行检查<br>如果故障复发，更换 DSC HU/CM，并进行下一步骤 |
| | | 否 | 执行下一步 |
| 7 | 确认未出现其他 DTC。是否有其他 DTC 输出 | 是 | 执行适用的 DTC 检查 |
| | | 否 | DTC 故障检修完 |

### 四、故障码 DTC C0031：01/C0031：13/C0034：01/C0034：13/C0037：01/C0037：13/C003A：01/C003A：13 的检查

DTC C0031：01/C0031：13/C0034：01/C0034：13/C0037：01/C0037：13/C003A：01/C003A：13 的检测条件、原因和相关电路如图 11－46 所示，其诊断程序见表 11－23。

| | |
|---|---|
| DTC | C0031：01/C0031：13　LF ABS 车轮转速传感器<br>C0034：01/C0034：13　RF ABS 车轮转速传感器<br>C0037：01/C0037：13　LR ABS 车轮转速传感器<br>C003A：01/C003A：13　RR ABS 车轮转速传感器 |
| 检测条件 | · C0031：01/C0034：01/C0037：01/C003A：01<br>—在任何一个车轮上的 ABS 轮速传感器线束中检测到接地电器的短路<br>· C0031：13/C0034：13/C0037：13/C003A：13<br>—在任何一个车轮上的 ABS 轮速传感器线束中检测到接地电路的开路 |
| 可能的原因 | · 在下述 DSC HU/CM 接线端与 ABS 轮速传感器接线端之间的线束中存在开路或对地短路<br>—DSC HU/CM 接线端 R—RF ABS 轮速传感器接线端 B<br>—DSC HU/CM 接线端 O—RF ABS 轮速传感器接线端 A<br>—DSC HU/CM 接线端 S—LF ABS 轮速传感器接线端 B<br>—DSC HU/CM 接线端 P—LF ABS 轮速传感器接线端 A<br>—DSC HU/CM 接线端 M—RR ABS 轮速传感器接线端 B<br>—DSC HU/CM 接线端 J—RR ABS 轮速传感器接线端 A<br>—DSC HU/CM 接线端 L—LR ABS 轮速传感器接线端 B<br>—DSC HU/CM 接线端 I—LR ABS 轮速传感器接线端 A<br>· ABS 轮速传感器中有故障<br>· 在插接器处连接不良 |

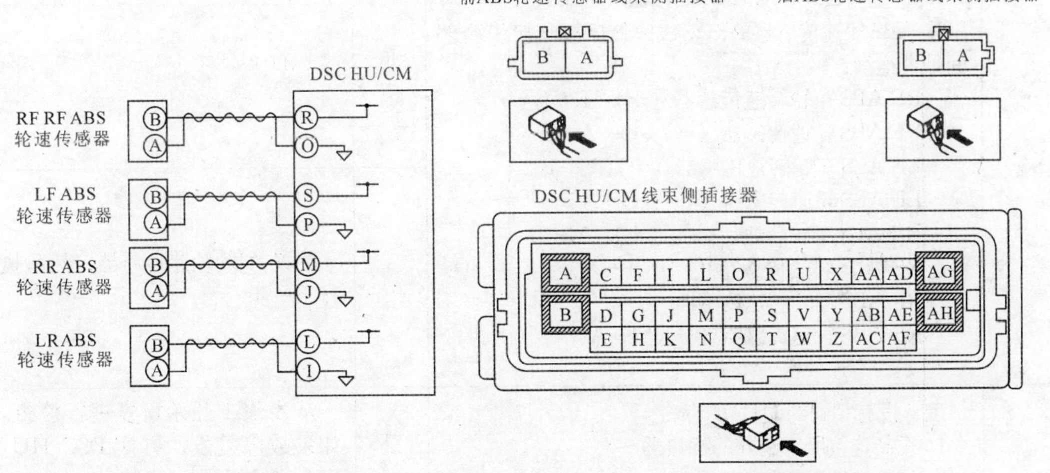


图 11－46　DTC C0031：01/C0031：13/C0034：01/C0034：13/C0037：01/C0037：13/C003A：01/C003A：13 的检测条件、原因和相关电路

**表 11-23　DTC C0031：01/C0031：13/C0034：01/C0034：13/C0037：01/C0037：13/C003A：01/C003A：13 的诊断程序**

<table>
<tr><th>步骤</th><th>检　查</th><th colspan="2">措　施</th></tr>
<tr><td rowspan="2">1</td><td rowspan="2">检查 ABS 轮速传感器是否存在接地短路<br>1. 把点火开关转至 OFF 位置<br>2. 断开 DSC HU/CM 插接器<br>3. 检查在下述 DSC HU/CM 插接器的接线端（汽车线束侧）与接地体之间是否存在连续性：<br>RF ABS 车轮转速传感器（+）：R<br>RF ABS 轮速传感器（-）：O<br>LF ABS 车轮转速传感器（+）：S<br>LF ABS 轮速传感器（-）：O<br>RR ABS 车轮转速传感器（+）：M<br>RR ABS 轮速传感器（-）：J<br>RF ABS 车轮转速传感器（+）：L<br>RF ABS 轮速传感器（-）：I<br>4. 是否有连续性</td><td>是</td><td>执行下一步</td></tr>
<tr><td>否</td><td>执行步骤 3</td></tr>
<tr><td rowspan="2">2</td><td rowspan="2">检查 ABS 轮速传感器的线束是否存在接地短路<br>1. 断开 ABS 轮速传感器插接器<br>2. 检查在下述 DSC HU/CM 插接器的接线端（汽车线束侧）与接地体之间是否存在连续性：<br>RF ABS 车轮转速传感器（+）：R<br>RF ABS 轮速传感器（-）：O<br>LF ABS 车轮转速传感器（+）：S<br>LF ABS 轮速传感器（-）：O<br>RR ABS 车轮转速传感器（+）：M<br>RR ABS 轮速传感器（-）：J<br>RF ABS 车轮转速传感器（+）：L<br>RF ABS 轮速传感器（-）：I<br>3. 是否有连续性</td><td>是</td><td>修理或者更换线束，然后执行步骤 4</td></tr>
<tr><td>否</td><td>更换 ABS 轮速传感器，然后执行步骤 4</td></tr>
<tr><td rowspan="2">3</td><td rowspan="2">检查在 ABS 轮速传感器的线束中是否存在开路<br>1. 检查在 DSC HU/CM 插接器（汽车线束侧）与下述 ABS 轮速传感器的汽车线束侧插接器接线端之间是否连续：<br>RF ABS 车轮转速传感器（+）：R—B<br>RF ABS 轮速传感器（-）：O—A<br>LF ABS 车轮转速传感器（+）：S—B<br>LF ABS 轮速传感器（-）：O—A<br>RR ABS 车轮转速传感器（+）：M—B<br>RR ABS 轮速传感器（-）：J—A<br>RF ABS 车轮转速传感器（+）：L—B<br>RF ABS 轮速传感器（-）：I—A<br>2. 是否有连续性</td><td>是</td><td>执行下一步</td></tr>
<tr><td>否</td><td>更换 ABS 轮速传感器，然后执行下一步</td></tr>
<tr><td rowspan="2">4</td><td rowspan="2">确认没有相同的 DTC 的存在<br>1. 重新连接所有断开的插接器<br>2. 清除储存器中的 DTC<br>3. 是否出现相同的 DTC</td><td>是</td><td>从步骤 1 开始重复进行检查。如果故障复发，更换 DSC HU/CM，并进行下一步骤</td></tr>
<tr><td>否</td><td>执行下一步</td></tr>
<tr><td rowspan="2">5</td><td rowspan="2">确认未出现其他 DTC。是否有其他 DTC 输出</td><td>是</td><td>执行适用的 DTC 检查</td></tr>
<tr><td>否</td><td>DTC 故障检修完</td></tr>
</table>

## 五、故障码 DTC C0031：23/C0031：27/C0031：62/C0034：23/C0034：27/C0034：62/C0037：23/C0037：27/C0037：62/C003A：23/C003A：27/C003A：62 的检查

DTC C0031：23/C0031：27/C0031：62/C0034：23/C0034：27/C0034：62/C0037：23/C0037：27/C0037：62/C003A：23/C003A：27/C003A：62 的检测条件、原因和相关电路如图 11－47 所示，其诊断程序见表 11－24。

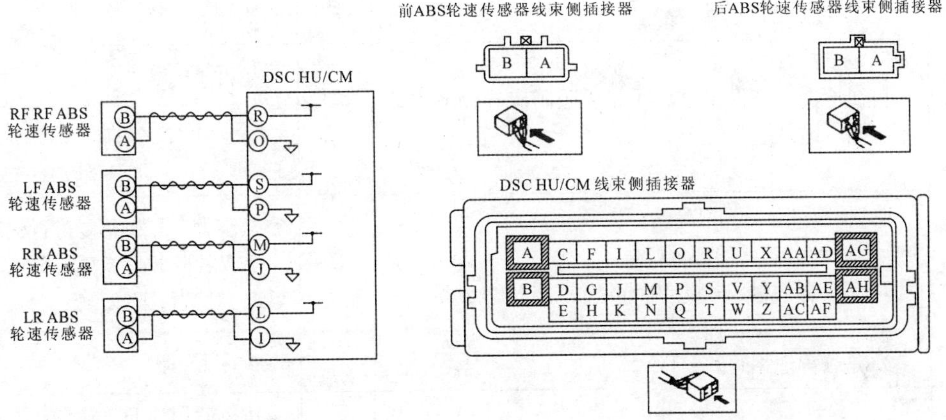


图 11－47 DTC C0031：23/C0031：27/C0031：62/C0034：23/C0034：27/C0034：62/C0037：23/C0037：27/C0037：62/C003A：23/C003A：27/C003A：62 的检测条件、原因和相关电路

表 11－24 DTC C0031：23/C0031：27/C0031：62/C0034：23/C0034：27/C0034：62/C0037：23/C0037：27/C0037：62/C003A：23/C003A：27/C003A：62 的诊断程序

<table>
<tr><th>步骤</th><th>检　查</th><th colspan="2">措　施</th></tr>
<tr><td rowspan="2">1</td><td rowspan="2">利用 M－MDS 检查 ABS 轮速传感器输出错误相关的 PID<br>1. 把点火开关转至 OFF 位置<br>2. 将 M－MDS 连接至 DLC－2<br>3. 利用 M－MDS 选择以下 PID<br>WSPD_LF<br>WSPD_LR<br>WSPD_RF<br>WSPD_RR<br>4. 驾驶车辆<br>5. 确保由四个 ABS 轮速传感器检测到的车速大致上是相同的<br>6. 车速是否大致相同</td><td>是</td><td>执行步骤 3</td></tr>
<tr><td>否</td><td>执行下一步</td></tr>
<tr><td rowspan="2">2</td><td rowspan="2">检查在 ABS 轮速传感器的插接器与接地之间是否存在接地短路<br>1. 断开 ABS 轮速传感器插接器<br>2. 检查在下述 ABS 轮速传感器插接器的接线端（汽车线束侧）与接地体之间是否无连续性：<br>ABS 轮速传感器（RF）：A—接地体<br>ABS 轮速传感器（LF）：A—接地体<br>ABS 轮速传感器（RR）：A—接地体<br>ABS 轮速传感器（LR）：A—接地体<br>3. 连续性是否正常</td><td>是</td><td>执行下一步</td></tr>
<tr><td>否</td><td>维修或者更换线束，然后执行步骤 5</td></tr>
</table>

（续表）

| 步骤 | 检　查 | 措　施 | |
|---|---|---|---|
| 3 | 检查是否由于传感器的间隙不当导致故障<br>1. 检查在 ABS 轮速传感器和 ABS 传感器转子之间的间隙<br>2. 该间隙是否正常 | 是 | 执行下一步 |
| | | 否 | 更换 ABS 轮速传感器，然后执行步骤 5 |
| 4 | 目视检查 ABS 传感器转子是否吸附有异物或安装不正确。结果是否正常 | 是 | 执行下一步 |
| | | 否 | 更换轮毂组件，然后执行下一步 |
| 5 | 确认没有相同的 DTC 的存在<br>1. 清除存储器中的 DTC<br>2. 起动发动机，并以 10 km/h 或更高的速度驾驶汽车<br>3. 是否出现相同的 DTC | 是 | 从步骤 1 开始重复进行检查<br>如果故障复发，更换 DSC HU/CM，并进行下一步骤 |
| | | 否 | 执行下一步 |
| 6 | 确认未出现其他 DTC。是否有其他 DTC 输出 | 是 | 执行适用的 DTC 检查 |
| | | 否 | DTC 故障检修完 |

当用于千斤顶顶起汽车时，若只转动主动轮，则 STCs C0037：23 和 C003A：23 会输入内存。

## 六、故障码 DTC C0040：13/C0040：64 的检查

DTC C0040：13/C0040：64 的检测条件、原因和相关电路如图 11－48 所示，其诊断程序见表 11－25。

| DTC C0040：13 C0040：64 | 制动开关 |
|---|---|
| 检测条件 | ·C0040：13<br>—DSC HU/CM 接线端与制动开关接线端之间的线束断路<br>·C0040：64<br>—当车速为 15 km/h（9.3 mile/h）或更高时，制动开关 ON 信号输入时间达15 min或更长 |
| 可能的原因 | ·制动开关与 DSC HU/CM 接线端 C 之间的线束断路或短路<br>·制动开关故障<br>·在插接器处连接不良 |

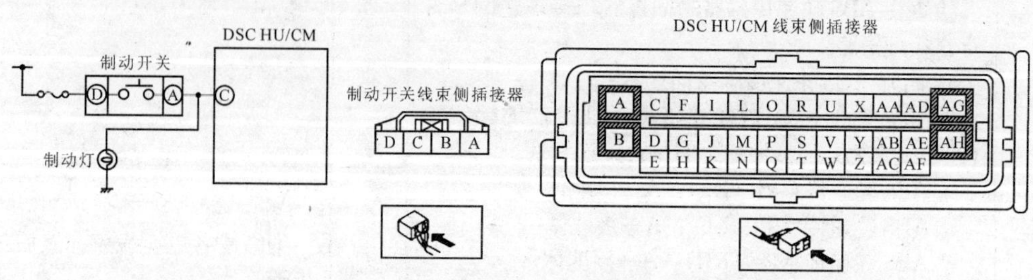


图 11－48　DTC C0040：13/C0040：64 的检测条件、原因和相关电路

表 11-25 DTC C0040：13/C0040：64 的诊断程序

| 步骤 | 检查 | 措施 | |
|---|---|---|---|
| 1 | 确定在制动开关信号中是否存在开路或短路<br>1. 把点火开关转至 ON 位置<br>2. 踩下或松开制动踏板时，测量 DSC HU/CM 接线端 C 与车身搭铁之间的电压<br>电压：<br>制动踏板被踩下：B+<br>制动踏板被松开：1 V 或更小 | 是 | 执行步骤 5 |
| | | 否 | 如果在任何条件下均为 B+，则执行下一步骤<br>若在任何条件下均为 1 V 或更低，则执行步骤 3 |
| 2 | 检查制动开关信号，确认是否存在电源电路短路<br>1. 断开制动开关插接器<br>2. 测量在制动开关插接器接线端 A（车辆线束侧）和接地体之间的电压<br>3. 电压为 1 V 或更低吗 | 是 | 执行步骤 4 |
| | | 否 | 修理或更换 DSC HU/CM 与制动开关之间的线束，然后执行步骤 5 |
| 3 | 检查制动开关信号是否开路<br>1. 断开 DSC HU/CM 插接器<br>2. 断开制动开关插接器<br>3. 检查 DSC | 是 | 执行下一步 |
| | | 否 | 修理或更换 DSC HU/CM 与制动开关之间的线束，然后执行步骤 5 |
| 4 | 检查制动开关<br>1. 检查制动开关<br>2. 制动开关是否正常 | 是 | 执行下一步 |
| | | 否 | 更换制动开关，然后转至下一步 |
| 5 | 确认没有相同的 DTC 的存在<br>1. 重新连接所有断开的插接器<br>2. 清除存储器中的 DTC<br>3. 起动发动机，驱动车辆的速度为 15 km/h 或更快<br>4. 是否出现相同的 DTC | 是 | 从步骤 1 开始重复进行检查<br>如果故障复发，更换 DSC HU/CM，并进行下一步骤 |
| | | 否 | 执行下一步 |
| 6 | 确认未出现其他 DTC。是否有其他 DTC 输出 | 是 | 执行适用的 DTC 检查 |
| | | 否 | DTC 故障检修完 |

## 七、故障码 DTC C0044：14/C0044：1C/C0044：65/C0044：66/C0044：67 的检查

DTC C0044：14/C0044：1C/C0044：65/C0044：66/C0044：67 的检测条件、原因见表 11-26，其诊断程序见表 11-27。

表 11-26 DTC C0044：14/C0044：1C/C0044：65/C0044：66/C0044：67 的检测条件、原因

| DTC C0044：14，C0044：1C，C0044：65，C0044：66，C0044：67 | 制动液压力传感器 |
|---|---|
| 检测条件 | 1. C0044：14<br>接线端电压处于正常范围时，制动液压传感器电源电压连续 1.2s，小于等于 4.4 V 或大于等于 5.6 V 或制动液压传感器输出电压连续 1.2 s，小于等于 0.19 V 或大于 4.5 V |

（续表）

| DTC　C0044：14，C0044：1C，C0044：65，C0044：66，C0044：67 | 制动液压力传感器 |
|---|---|
| 检测条件 | 2. C0044：1C<br>0 点输出<br>制动开关断开（OFF）时，制动液压传感器输出值连续 5s 小于等于 0.27 V 或大于 0.86 V<br>输出增加<br>连续 9 次检测到以下情况（点火开关从 ON 到 OFF 为一个检测周期）<br>3. 车速大于等于 7 km/h 时，在 1 s 内连续 5 次或 5 次以上检测到根据制动液压传感器信号值计算的减速率小于等于正常值的$\frac{1}{4}$<br>4. C0044：65 C0044：67<br>拖滞<br>以大于等于 7 km/h 的车速行驶时，制动液压力传感器的输出电压大于 0.86 V 时，检测到输出电压没有 0.005 V 以上的波动<br>制动期间拖滞<br>以大于等于 40 km/h 的车速行驶时，在踩下制动直到车速为 0 期间，连续 5 次检测到制动液压力传感器值波动量小于等于 0.048 Mpa，且此现象在打开制动开关时车速达到 0 km/h 为止<br>5. C0044：66<br>以大于等于 10 km/h 的车速行驶时，在 5s 内 7 次或以上检测到制动液压力传感器信号值大于等于 1 000 MPa/s |
| 可能的原因 | 1. 制动液压力传感器故障<br>2. DSC HU/CM 内的制动液压传感器电路开路或短路 |

**表 11－27　DTC C0044：14/C0044：1C/C0044：65/C0044：66/C0044：67 的诊断程序**

| 步骤 | 检　查 | 措　施 | |
|---|---|---|---|
| 1 | 确认制动液压传感器是否异常<br>1. 清除存储器中的 DTC<br>2. 起动发动机，以大于等于 40 km/h 驾驶汽车<br>3. 是否出现相同的 DTC | 是 | 更换 DSC HU/CM，并执行下一步骤 |
| | | 否 | 执行下一步 |
| 2 | 确认未出现其他 DTC。是否有其他 DTC 输出 | 是 | 执行适用的 DTC 检查 |
| | | 否 | DTC 故障检修完 |

## 八、故障码 DTC C0051：54 的检查

DTC C0051：54 的检测条件和原因见表 11－28，其诊断程序见表 11－29。

**表 11-28 DTC C0051：54 的检测条件和原因**

| DTC C0051：54 | 转向角传感器（异常初始化）系统 |
| --- | --- |
| 检测条件 | 转向角传感器检测到未执行初始化程序 |
| 可能的原因 | 1. 未执行转向角传感器的初始化程序<br>2. 转向角传感器故障<br>3. BCM 故障<br>4. 断开了蓄电池负极电缆插接器<br>5. 断开了转向角传感器插接器<br>6. 断开了 BCM 插接器<br>7. 通过 M-MDS 执行特定模块配置、模块编程、DTC 检查或 Mazda 车辆检查 |

**表 11-29 DTC C0051：54 的诊断程序**

| 步骤 | 检 查 | 措 施 | |
| --- | --- | --- | --- |
| 1 | 检查初始化程序<br>是否已执行转向角传感器初始化程序 | 是 | 执行下一步 |
| | | 否 | 执行转向角传感器初始化程序，然后执行步骤 3 |
| 2 | 检查 BCM 故障<br>1. 把点火开关转至 OFF 位置<br>2. 使用 M-MDS，对 BCM 进行 DTC 检查<br>3. 是否检测到 DTC | 是 | 执行相关的 DTC 检查 |
| | | 否 | 执行下一步 |
| 3 | 确认 DTC 故障检修完成<br>1. 通过 M-MDS 执行以下 DTC 搜索程序<br>如果使用 IDS（笔记本电脑）的选择如下：<br>① 选择“自检”<br>② 选择“所有 CMDTC”<br>如果使用 PDS（掌上电脑）的选择如下：<br>① 选择“车辆测试”<br>② 选择“所有 CMDTC”<br>2. 根据屏面上的指示对 DTC 数据进行检查<br>3. 是否出现相同的 DTC | 是 | 从步骤 1 开始重复进行检查<br>若故障重发，则更换 DSC HU/CM，然后执行下一步骤 |
| | | 否 | 执行下一步 |
| 4 | 确认维修后程序。是否有 DTC | 是 | 执行适用的 DTC 检查 |
| | | 否 | DTC 故障检修完 |

## 九、故障码 DTC C0062：62/C0062：65/C0062：84/C0062：8F/C0063：1C/C0063：27/C0063：28/C0063：61/C0063：62 的检查

DTC C0062：62/C0062：65/C0062：84/C0062：8F/C0063：1C/C0063：27/C0063：28/C0063：61/C0063：62 的检测条件、原因和相关电路如图 11-49 所示，其诊断程序见表11-30。

| DTC | C0062:62,C0062:65,C0062:84,<br>C0062:8F,C0063:1C,C0063:27,<br>C0063:28,C0063:61,C0063:62 | 组合传感器系统 |
|---|---|---|
| 检测条件 | | ·C0062：62<br>—车以大于等于 30 km /h 车速行驶时，G 传感器（集成在组合传感器上）计算前/后 G 值与轮速计算前/后 G 值之差连续 60 s大于 0.35 G<br>·C0062：65 C0062：84<br>—横向 G 传感器的输出电压值完全保持不变<br>—车以大于等于 10 km /h 行驶时，其中一个 G 传感器信号值的波动范围连续 3 s 以上大于等于0.0879 G，而另一个 G 传感器信号值的波动范围仅为0.0147 G<br>·C0062：8F<br>—车辆停止时组合传感器的横向惯性力值大于规定值<br>·C0063：1C<br>—检测到组合传感器的电压超出规定的范围<br>·C0063：27<br>—从组合传感器（横摆率部件）上探测到不符合规范的信号调制或横摆率值<br>·C0063：28<br>—车辆停止时组合传感器的横摆率值大于规定值<br>·C0063：61<br>—根据 ABS 车轮转速传感器、横向 G 传感器、以及转向角传感器计算得出的横摆率值，与横摆率传感器输出值之间的差值，大于技术规格所要求的值<br>·C0063：62<br>—根据 ABS 轮速传感器、横向惯性力传感器计算所得的横摆率值，与横摆率传感器输出值之差大于规定值 |
| 可能的原因 | | ·组合传感器接线端 D 与蓄电池之间的线束断路或短路<br>·中间传感器 A 端与车身搭铁之间的线束断路<br>·组合传感器故障<br>·在插接器处连接不良 |

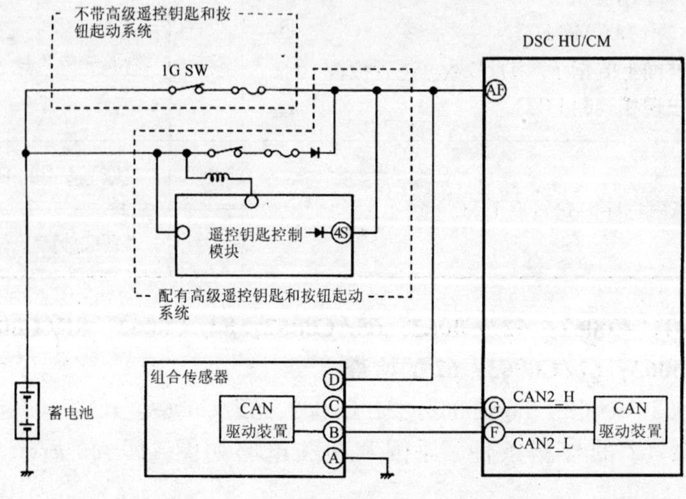

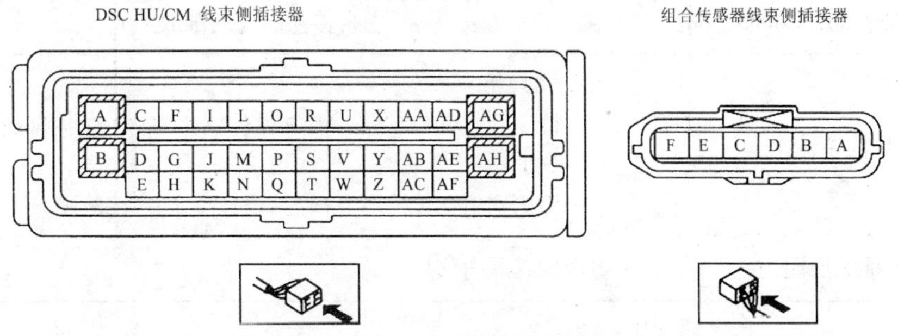


图 11－49 DTC C0062：62/C0062：65/C0062：84/C0062：8F/C0063：1C/C0063：27/C0063：28/C0063：61/C0063：62 的检测条件、原因和相关电路

表 11－30 DTC C0062：62/C0062：65/C0062：84/C0062：8F/C0063：1C/C0063：27/C0063：28/C0063：61/C0063：62 的诊断程序

| 步骤 | 检查 | 措施 | |
|---|---|---|---|
| 1 | 检查组合传感器电源是否存在开路<br>1. 把点火开关转至 ON 位置<br>2. 测量传感器接线端 D 与接地体之间的电压<br>3. 电压是否为 B+ | 是 | 执行下一步 |
| | | 否 | 修理或者更换线束，然后执行步骤 4 |
| 2 | 检查组合传感器的接地是否存在开路<br>1. 把点火开关转至 OFF 位置<br>2. 检查组合传感器接线端 A 与车身搭铁之间的连通性<br>3. 是否有连续性 | 是 | 执行下一步 |
| | | 否 | 修理或者更换线束，然后执行步骤 4 |
| 3 | 检查组合传感器<br>1. 检查组合传感器<br>2. 组合传感器是否正常 | 是 | 执行下一步 |
| | | 否 | 更换组合传感器，然后执行下一步 |
| 4 | 确认没有相同的 DTC 的存在<br>1. 清除存储器中的 DTC<br>2. 起动发动机，以大于等于 30 km/h 驾驶汽车<br>3. 是否出现相同的 DTC | 是 | 从步骤 1 开始重复进行检查<br>如果故障复发，更换 DSC HU/CM，并进行下一步骤 |
| | | 否 | 执行下一步 |
| 5 | 确认未出现其他 DTC。是否有其他 DTC 输出 | 是 | 执行适用的 DTC 检查 |
| | | 否 | DTC 故障检修完 |

## 十、故障码 DTC C0062：86/C0063：86 的检查

DTC C0062：86/C0063：86 的检测条件、原因和相关电路如图 11－50 所示，其诊断程序见表 11－31。

| DTC C0062：86，C0063：86 | 组合传感器（内部故障） |
|---|---|
| 检测条件 | ·C0062：86<br>—检测到组合传感器（横向 G 传感器部分）的内部故障<br>·C0063：86<br>—检测到组合传感器（横摆率部分）的内部故障 |
| 可能的原因 | ·组合传感器内部故障 |

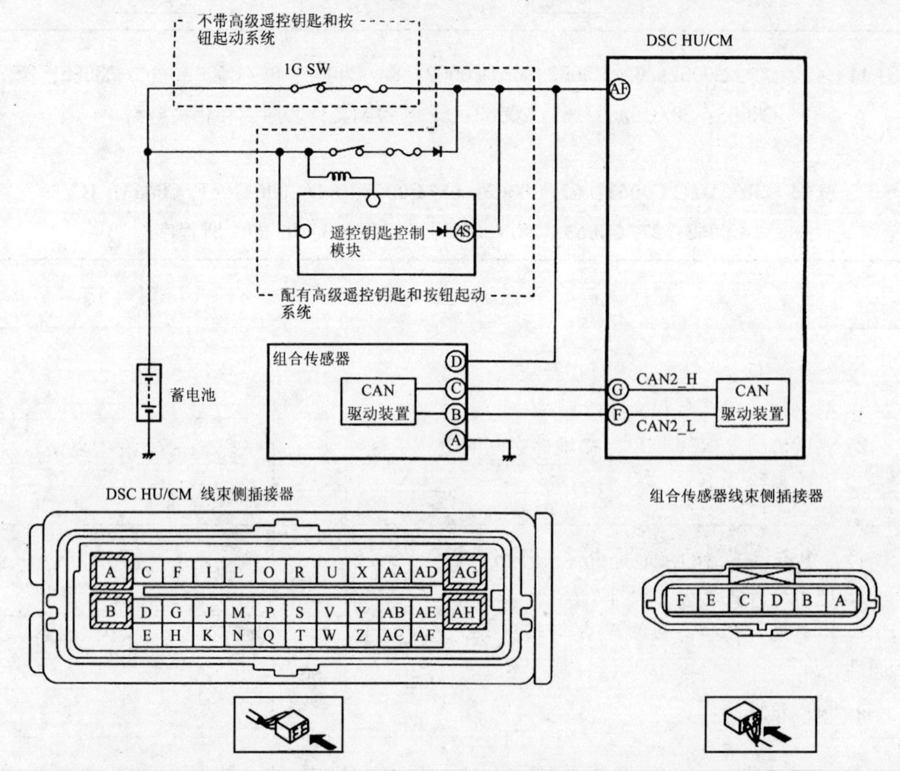


**图 11-50　DTC C0062：86/C0063：86 的检测条件、原因和相关电路**

**表 11-31　DTC C0062：86/C0063：86 的诊断程序**

| 步骤 | 检　查 | 措　施 | |
|---|---|---|---|
| 1 | 检查组合传感器故障<br>1. 清除存储器中的 DTC<br>2. 起动发动机，以大于等于 3 km/h {2 mile/h} 的车速驾驶汽车<br>3. 是否出现相同的 DTC | 是 | 更换组合传感器，然后执行下一步 |
| | | 否 | 执行下一步 |
| 2 | 确认 DTC 故障检修完成<br>1. 清除存储器中的 DTC<br>2. 起动发动机，以大于等于 3 km/h 的车速驾驶汽车<br>3. 是否出现相同的 DTC | 是 | 从步骤 1 开始重复进行检查<br>若故障复发，更换 DSC HU/CM，然后执行下一步骤 |
| | | 否 | 执行下一步 |
| 3 | 确认未出现其他 DTC。是否有其他 DTC 输出 | 是 | 执行适用的 DTC 检查 |
| | | 否 | DTC 故障检修完 |

## 十一、故障码 DTC C1137：64 的检查

DTC C1137：64 的检测条件、原因和相关电路如图 11－51 所示，其诊断程序见表 11－32。

| DTC C1137：64 | 倒车信号（MTX） |
| --- | --- |
| 检测条件 | ·以 60 km/h（37 mile/h）车速行驶时，倒挡信号输入 10 s 以上 |
| 可能的原因 | ·BCM 接线端 2 H 与倒车灯开关之间的线束对地短路<br>·倒车灯开关故障 |

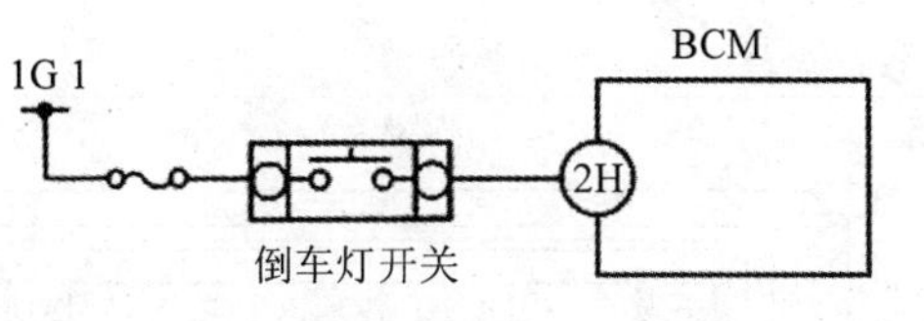


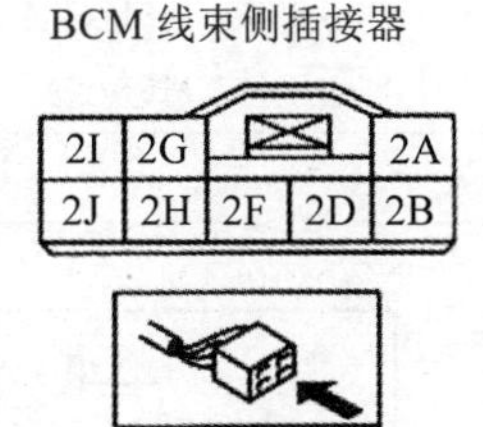


图 11－51 DTC C1137：64 的检测条件、原因和相关电路

表 11－32 DTC C1137：64 的诊断程序

| 步骤 | 检查 | 措施 | |
| --- | --- | --- | --- |
| 1 | 检查倒挡信号电路是否接地<br>1. 将变速杆拨到空挡位置<br>2. 把点火开关转至 ON 位置<br>3. 检查 BCM 插接器接线端 2H 与车身搭铁之间的连通性<br>4. 是否有连续性 | 是 | 维修或者更换线束，然后执行步骤 3 |
| | | 否 | 执行下一步骤 |
| 2 | 检查倒车灯开关<br>1. 检查倒车灯开关<br>2. 是否正常 | 是 | 执行下一步骤 |
| | | 否 | 更换倒车灯开关，然后执行下一步 |
| 3 | 确认故障检修完成<br>1. 从存储器中清除 DTC<br>2. 起动发动机，以大于等于 60 km/h 的车速驾驶汽车<br>3. 出现相同的 DTC | 是 | 更换 DSC HU/CM，并执行下一步 |
| | | 否 | 执行下一步 |
| 4 | 确认未出现其他 DTC。是否有其他 DTC 输出 | 是 | 执行适用的 DTC 检查 |
| | | 否 | DTC 故障检修完 |

## 十二、故障码 DTC C1A77：12/C1A77：13/C1A77：13 的检查

DTC C1A77：12/C1A77：13/C1A77：13 的检测条件、原因和相关电路如图 11－52 所示，其诊断程序见表11－33。

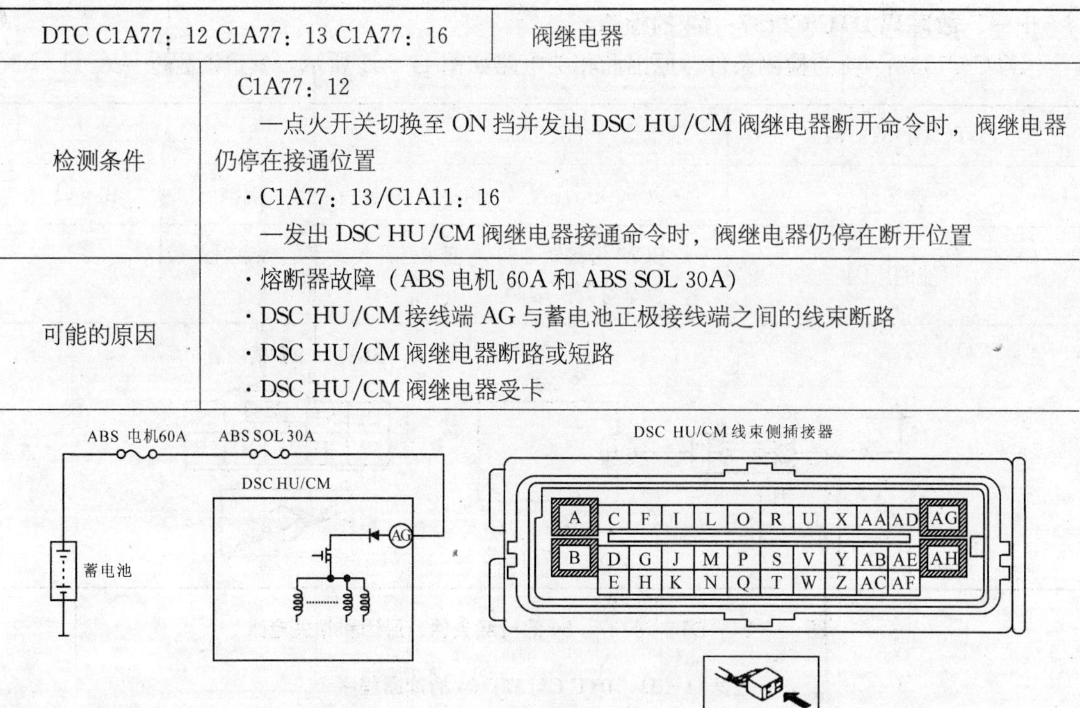

| DTC C1A77：12 C1A77：13 C1A77：16 | 阀继电器 |
|---|---|
| 检测条件 | C1A77：12<br>—点火开关切换至 ON 挡并发出 DSC HU/CM 阀继电器断开命令时，阀继电器仍停在接通位置<br>· C1A77：13/C1A11：16<br>—发出 DSC HU/CM 阀继电器接通命令时，阀继电器仍停在断开位置 |
| 可能的原因 | · 熔断器故障（ABS 电机 60A 和 ABS SOL 30A）<br>· DSC HU/CM 接线端 AG 与蓄电池正极接线端之间的线束断路<br>· DSC HU/CM 阀继电器断路或短路<br>· DSC HU/CM 阀继电器受卡 |



**图 11－52　DTC C1A77：12/C1A77：13/C1A77：13 的检测条件、原因和相关电路**

**表 11－33　DTC C1A77：12/C1A77：13/C1A77：13 的诊断程序**

| 步骤 | 检　查 | 措　施 | |
|---|---|---|---|
| 1 | 检查 DSC 熔丝状态<br>DSC 熔丝故障（ABS MTOTOR 60A 和 ABS 30A）是否正常 | 是 | 执行下一步 |
| | | 否 | 更换熔丝，然后执行步骤 4 |
| 2 | 检查阀继电器的电源电路是否出现开路<br>1. 把点火开关转至 OFF 位置<br>2. 断开 DSC HU/CM 插接器<br>3. 打开点火开关（发动机关闭）<br>4. 测量 DSC HU/CM 接线端 AG（线束侧）与地之间的电压<br>5. 电压是否为 B+ | 是 | 执行下一步 |
| | | 否 | 修理或更换蓄电池正极接线端和 DSC HuU/CM 接线端 AG 之间的断路线束，然后执行步骤 4 |
| 3 | 检查阀继电器操作<br>1. 把点火开关转至 OFF 位置<br>2. 将 M－MDS 连接至 DLC－2<br>3. 打开点火开关（发动机关闭）<br>4. 使用 M－MDS 接通 VPWR<br>5. 阀继电器运作吗 | 是 | 执行下一步 |
| | | 否 | 更换 DSC HU/CM，并进行下一步 |
| 4 | 确认故障检修完成<br>1. 清除记忆中的 DTC<br>2. 出现相同的 DTC | 是 | 更换 DSC HU/CM，并进行下一步 |
| | | 否 | 执行下一步 |
| 5 | 确认维修后程序。是否出现其他 DTC | 是 | 执行适用的 DTC 检查 |
| | | 否 | 故障检修完成 |

## 十三、故障码 DTC U0123：00/U0124：00 的检查

DTC U0123：00/U0124：00 的检测条件、原因和相关电路如图 11-53 所示，其诊断程序见表 11-34。

| DTC U0123：00 U0124：00 | 组合传感器系统（CAN2 线故障） |
|---|---|
| 检测条件 | · U0123：00<br>—组合传感器输出的信号（横摆率部分）超出规定值范围<br>· U0124：00<br>—组合传感器的信号（G 部分）超出规定值范围 |
| 可能的原因 | · 组合传感器接线端 C 与 DSC HU/CM 接线端 G 之间的 GAN2 _ H 线束内断路或短路<br>· 组合传感器接线端 A 与 DSC HU/CM 接线端 F 之间的 CAN2 _ L 线束断路或短路<br>· 组合传感器故障<br>· DSC HU/CM 故障<br>· 在插接器处连接不良 |

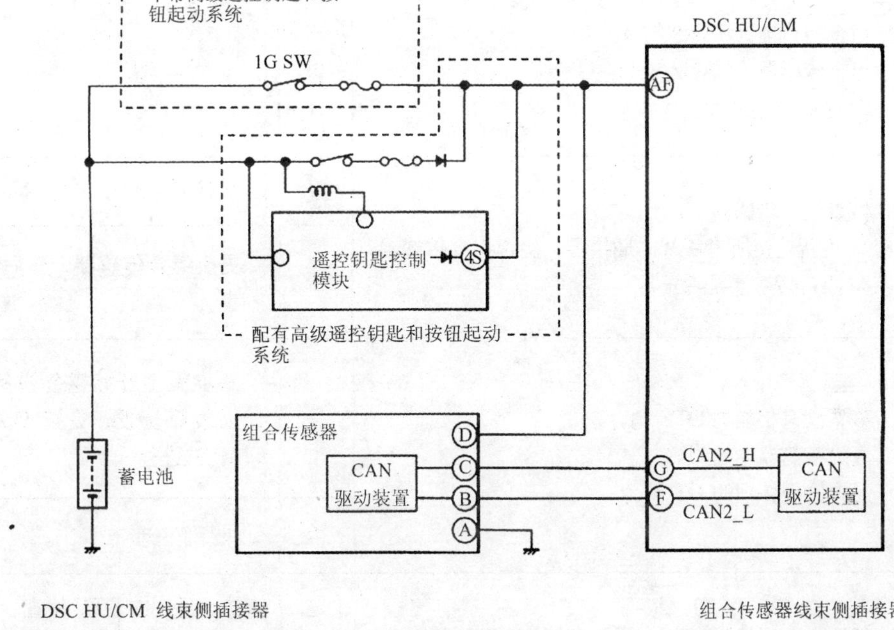


DSC HU/CM 线束侧插接器

组合传感器线束侧插接器

| A | C | F | I | L | O | R | U | X | AA | AD | AG |
|---|---|---|---|---|---|---|---|---|---|---|---|
| B | D | G | J | M | P | S | V | Y | AB | AE | AH |
| | E | H | K | N | Q | T | W | Z | AC | AF | |

| F | E | C | D | B | A |
|---|---|---|---|---|---|

图 11-53 DTC U0123：00/U0124：00 的检测条件、原因和相关电路

表 11－34 DTC U0123：00/U0124：00 的诊断程序

| 步骤 | 检查 | 措施 | |
|---|---|---|---|
| 1 | 从组合传感器信号（CAN2）检查是否存在开路<br>1. 断开 DSC HU/CM 插接器<br>2. 断开组合传感器插接器<br>3. 检查在 DSC HU/CM 插接器（汽车线束侧）与下述组合传感器的插接器接线端（汽车线束侧）之间是否连续：<br>组合传感器（CAN2 _ L）：F—B<br>组合传感器（CAN2 _ H）：G－C<br>4. 是否有连续性 | 是 | 执行下一步 |
| | | 否 | 修理或者更换线束，然后执行步骤 4 |
| 2 | 从组合传感器信号（CAN2 线）检查是否存在短路<br>1. 检查在下述 DSC HU/CM 插接器的接线端（汽车线束侧）与接地体之间是否存在连续性：<br>组合传感器（CAN2 _ L）：F<br>组合传感器（CAN2 _ H）：G<br>2. 是否有连续性 | 是 | 修理或者更换线束，然后执行步骤 4 |
| | | 否 | 执行下一步 |
| 3 | 检查组合传感器<br>1. 重新连接所有断开的插接器，检查组合传感器<br>2. 组合传感器是否正常 | 是 | 执行下一步 |
| | | 否 | 更换组合传感器，然后执行下一步 |
| 4 | 确认没有相同的 DTC 的存在<br>清除存储器中的 DTC<br>是否出现相同的 DTC | 是 | 从步骤 1 开始重复进行检查。如果故障复发，更换 DSC HU/CM，并进行一下步 |
| | | 否 | 执行下一步 |
| 5 | 确认未出现其他 DTC。是否有其他 DTC 输出 | 是 | 执行适用的 DTC 检查 |
| | | 否 | DTC 故障检修完 |

## 十四、故障码 DTC U0101：00/U0401：68 的检查

DTC U0101：00/U0401：68 的检测条件和原因见表 11－35，其诊断程序见表 11－36。

表 11－35 DTC U0101：00/U0401：68 的检测条件和原因

| DTC U0101：00，U0401：68 | 源于 PCM 的信号错误 |
|---|---|
| 检查条件 | 不能接收到 PCM 输出的正确数据 |
| 可能的原因 | PCM 故障 |

表 11-36 DTC U0101：00/U0401：68 的诊断程序

| 步骤 | 检　查 | 措　施 | |
|---|---|---|---|
| 1 | 检查 PCM 是否有故障<br>1. 把点火开关转至 OFF 位置<br>2. 利用 M-MDS 对 PCM 执行 DTC 检查<br>3. 是否检测到 DTC | 是 | 执行相关的 DTC 检查 |
| | | 否 | 执行下一步 |
| 2 | 确认没有相同的 DTC 的存在<br>1. 清除存储器中的 DTC<br>2. 是否出现相同的 DTC | 是 | 从步骤 1 开始重复进行检查<br>如果故障复发，更换 PCM，然后执行下一步 |
| | | 否 | 执行下一步 |
| 3 | 确认未出现其他 DTC。是否有其他 DTC 输出 | 是 | 执行适用的 DTC 检查 |
| | | 否 | DTC 故障检修完 |

## 十五、故障码 DTC U0402：00 的检查

DTC U0402：00 的检测条件和原因见表 11-37，其诊断程序见表 11-38。

表 11-37 DTC U0402：00 的检测条件和原因

| DTC U0402：00 | 源于 TCM 的信号错误 |
|---|---|
| 检测条件 | 不能接收到来自 TCM 的正确数据 |
| 可能的原因 | TCM 故障 |

表 11-38 DTC U0402：00 的诊断程序

| 步骤 | 检　查 | 措　施 | |
|---|---|---|---|
| 1 | 检查 TCM 是否有故障<br>1. 把点火开关转至 OFF 位置<br>2. 利用 M-MDS 执行 TCM DTC 检查<br>3. 是否检测到 DTC | 是 | 执行相关的 DTC 检查 |
| | | 否 | 执行下一步 |
| 2 | 确认没有相同的 DTC 的存在<br>1. 清除存储器中的 DTC<br>2. 是否出现相同的 DTC | 是 | 从步骤 1 开始重复进行检查<br>若故障复发，则更换 PMC，然后执行下一步 |
| | | 否 | 执行下一步 |
| 3 | 确认未出现其他 DTC。是否有其他 DTC 输出 | 是 | 执行适用的 DTC 检查 |
| | | 否 | DTC 故障检修完 |

## 十六、故障码 DTC U0422：00/U0422：28/U0422：64/U0422：86 的检查

DTC U0422：00/U0422：28/U0422：64/U0422：86 的检测条件和原因见表 11-39，其诊断程序见表 11-40。

表 11-39　DTC U0422：00/U0422：28/U0422：64/U0422：86 的检测条件和原因

| DTC　U0422:00, U0422:28, U0422:64, U0422:86 | 转向角传感器 |
|---|---|
| 检测条件 | 1. U0422：00，U0422：64<br>转向角传感器检测到信号调制或转向角超出规定范围<br>2. U0422：28<br>不能从 ABS 轮速传感器及组合传感器输出的信号估计转向角的空挡位置<br>3. U0422：64<br>转向角转右和转左时转向角传感器输出的信号保持不变 |
| 可能的原因 | 1. 转向角传感器非正确安装或安置<br>2. ABS 轮速传感器输出的信号错误<br>3. 组合传感器输出的信号错误<br>4. 粗糙路面行驶下导致传感器输出信号错误<br>5. 转向角传感器故障<br>6. 在插接器处连接不良 |

表 11-40　DTC U0422：00/U0422：28/U0422：64/U0422：86 的诊断程序

| 步骤 | 检　查 | 措　施 | |
|---|---|---|---|
| 1 | 检查 BCM 故障<br>1. 把点火开关转至 OFF 位置<br>2. 使用 M-MDS，对 BCM 进行 DTC 检查<br>3. 是否显示 DTC | 是 | 执行相关的 DTC 检查 |
| | | 否 | 执行下一步 |
| 2 | 确认没有相同的 DTC 的存在<br>1. 清除存储器中的 DTC<br>2. 起动发动机，并以 10 km/h（6.2mile/h）或者更高的速度驾驶汽车<br>3. 是否出现相同的 DTC | 是 | 从步骤 1 开始重复进行检查。如果故障重发，更换 DSC HU/CM，并进行下一步 |
| | | 否 | 执行下一步 |
| 3 | 确认未出现其他 DTC。是否有其他 DTC 输出 | 是 | 执行适用的 DTC 检查 |
| | | 否 | DTC 故障检修完 |

## 十七、故障码 DTC U0423：29/U0423：78 的检查

DTC U0423：29/U0423：78 的检测条件和原因见表 11-41，其诊断程序见表 11-42。

表 11-41　DTC U0423：29/U0423：78 的检测条件和原因

| DTC U0423：29，U0423：78 | 制动器液位传感器 |
|---|---|
| 检测条件 | 1. U0423：29<br>液位传感器的信号是否 0.5 s 以上，超出规定值范围<br>2. U0423：78<br>制动液位低持续 5 s 或更长时间 |
| 可能的原因 | 1. 制动液量下降<br>2. 制动器液位传感器故障<br>3. 仪表盘故障<br>4. BCM 故障 |

表 11-42 DTC U0423：29/U0423：78 的诊断程序

| 步骤 | 检　查 | 措　施 | |
|---|---|---|---|
| 1 | 检查制动器液位<br>1. 检查制动液位<br>2. 是否正常 | 是 | 执行下一步 |
| | | 否 | 添加制动液到规定的液位高度，然后执行步骤 3 |
| 2 | 检查制动器液位传感器<br>1. 把点火开关转至 OFF 位置<br>2. 检查制动器液位传感器<br>3. 是否正常 | 是 | 执行下一步 |
| | | 否 | 修理制动器液位传感器，然后执行下一步 |
| 3 | 检查仪表盘是否有故障<br>1. 利用 M-MDS 执行仪表盘 DTC 检查<br>2. 是否显示 DTC | 是 | 执行适用的 DTC 检查 |
| | | 否 | 执行下一步 |
| 4 | 确认故障检修完成<br>1. 确保重新连接所有断开的插接器<br>2. 把点火开关转至 ON 位置<br>3. 是否出现相同的 DTC | 是 | 更换 DSC HU/CM，并执行下一步 |
| | | 否 | 执行下一步 |
| 5 | 确认未出现其他 DTC。是否有其他 DTC 输出 | 是 | 执行适用的 DTC 检查 |
| | | 否 | DTC 故障检修完 |

## 十八、故障码 DTC U2100：00 的检查

DTC U2100：00 的检测条件和原因见表 11-43。其诊断程序见表 11-44。

表 11-43 DTC U2100：00 的检测条件和原因

| DTC U2100：00 | 组件配置 |
|---|---|
| 检测条件 | 检测到配置写入故障 |
| 可能的原因 | 组件配置步骤不正确 |

表 11-44 DTC U2100：00 的诊断程序

| 步骤 | 检　查 | 措　施 | |
|---|---|---|---|
| 1 | 检查 DSC HU/CM 是否经过配置。DSC HU/CM 是否经过配置 | 是 | 执行下一步 |
| | | 否 | 通过 M-MDS 配置 DSC HU/CM |
| 2 | 确认故障检修完成<br>1. 从存储器中清除 DTC<br>2. 出现相同的 DTC | 是 | 更换 DSC HU/CM，并执行下一步 |
| | | 否 | 执行下一步 |
| 3 | 确认未出现其他 DTC。是否有其他 DTC 输出 | 是 | 执行适用的 DTC 检查 |
| | | 否 | DTC 故障检修完 |

## 十九、故障码 DTC U3000：4A 的检查

DTC U3000：4A 的检测条件和原因见表 11－45，其诊断程序见表 11－46。

**表 11－45　DTC U3000：4A 的检测条件和原因**

| DTC U3000：4A | DSC 装置失配安装 |
|---|---|
| 检测条件 | 对通过 CAN 信息而出现的车型、驱动系统输入信号和 DSC HU/CM 不一致情况进行检测 |
| 可能的原因 | DSC HU/CM 的安装不匹配 |

**表 11－46　DTC U3000：4A 的诊断程序**

| 步骤 | 检　　查 | 措　　施 | |
|---|---|---|---|
| 1 | 检查 DSC HU/CM 是否存在安装误配<br>1. 确认 DSC HU/CM 部件号<br>2. 是否安装了带有正确部件的 DSC HU/CM | 是 | 执行下一步 |
| | | 否 | 更换正确的 DSC HU/CM 部件号，然后执行步骤 4 |
| 2 | 检查相关线束是否存在安装误配<br>1. 确认线束部件号<br>2. 是否安装了带有正确部件号的线束 | 是 | 执行下一步 |
| | | 否 | 更换正确的 DSC HU/CM 部件号，然后执行下一步 |
| 3 | 配置 DSC HU/CM<br>DSC HU/CM 能否正确配置 | 是 | 执行下一步 |
| | | 否 | 更换 DSC HU/CM |
| 4 | 确认故障检修完成<br>1. 确保重新连接所有断开的插接器<br>2. 从存储器中清除 DTC<br>3. 是否出现相同的 DTC | 是 | 更换 DSC HU/CM，并执行下一步 |
| | | 否 | 执行下一步 |
| 5 | 确认未出现其他 DTC。是否有其他 DTC 输出 | 是 | 执行适用的 DTC 检查 |
| | | 否 | DTC 故障检修完 |

## 二十、故障码 DTC U3000：96 的检查

DTC U3000：96 的检测条件和原因见表 11－47，其诊断程序见表 11－48。

**表 11－47　DTC U3000：96 的检测条件和原因**

| DTC U3000：96 | DSC HU/CM（内部故障） |
|---|---|
| 检测条件 | DSC HU/CM 车载诊断功能检测到控制模块的内部故障 |
| 可能的原因 | DSC HU/CM 内部故障 |

表 11-48 DTC U3000：96［动态稳定控制（DSC）］的诊断程序

| 步骤 | 检查 | 措施 | |
|---|---|---|---|
| 1 | 确定没有 DSC HU/CM 故障<br>1. 清除存储器中的 DTC<br>2. 起动发动机，并以 10 km/h（6.2m/h）或者更高的速度驾驶汽车<br>3. 是否出现相同的 DTC | 是 | 更换 DSC HU/CM，并进行下一步 |
| | | 否 | 执行下一步 |
| 2 | 确认未出现其他 DTC。是否有其他 DTC 输出 | 是 | 执行适用的 DTC 检查 |
| | | 否 | DTC 故障检修完 |

## 二十一、故障码 DTC U3003：16/U3003：17/U3003：1C 的检查

DTC U3003：16/U3003：17/U3003：1C 的检测条件、原因和相关电路如图 11-54 所示，其诊断程序见表 11-49。

| DTC U3003：16，U3003：17，U3003：1C | 电源系统 |
|---|---|
| 检测条件 | · U3003：16<br>—车速超过 3 km/h（2 mile/h）且 DSC HU/CM 接线端 AF 处的电压小于 10 V<br>· U3003：17<br>—DSC HU/CM 接线端 AF 处的电压大于等于 16 V<br>· U3003：1C<br>—电磁阀电压监测设备或电机监测设备监测到点火电压低于 10 V<br>—点火开关电压小于等于 10 V 时，四轮 ABS 轮速传感器电源连续减少 60 s |
| 可能的原因 | · ABS 电机 60 A 或 ABS SOL 30 A 熔断器故障<br>· DSC HU/CM 接线端 AF 与蓄电池之间的线束断路或短路<br>· DSC HU/CM 接线端 AG 与蓄电池之间的线束断路或短路<br>· DSC HU/CM 接线端 AH 与蓄电池之间的线束断路或短路<br>· 在 DSC HU/CM 接线端 A 和接地体之间的线束存在开路<br>· 在 DSC HU/CM 接线端 B 与车身搭铁之间的线束存在开路<br>· 蓄电池的性能降低<br>· 发电机故障<br>· 在插接器处连接不良 |

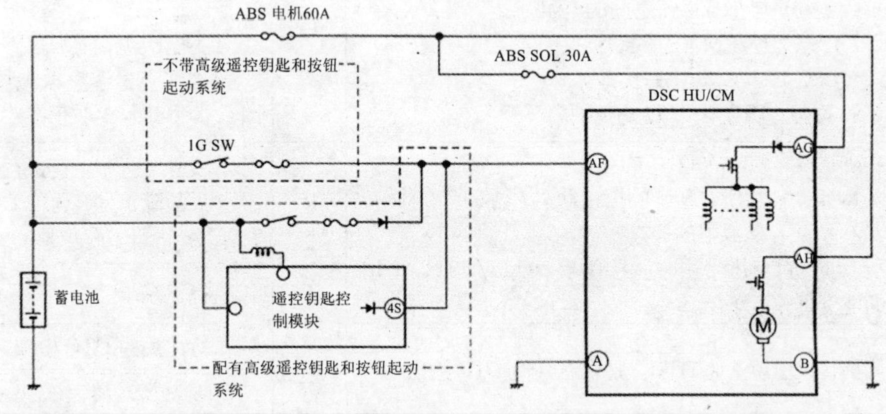

图 11－54　DTC U3003：16/U3003：17/U3003：1C 的检测条件、原因和相关电路

表 11－49　DTC U3003：16/U3003：17/U3003：1C 的诊断程序

| 步骤 | 检　查 | 措　施 | |
|---|---|---|---|
| 1 | 蓄电池正极接线端电压是否正常 | 是 | 检查蓄电池接线端的连接是否正常<br>执行下一步 |
| | | 否 | 充电或更换蓄电池，然后执行步骤 6 |
| 2 | 蓄电池比重是否符合规定 | 是 | 执行下一步 |
| | | 否 | 更换蓄电池，然后执行步骤 6 |
| 3 | 发动机和驱动带张力是否正常 | 是 | 执行下一步 |
| | | 否 | 如需要，更换发动机或驱动带 |
| 4 | 检查 DSC HU/CM 电源电路是否存在开路<br>1. 断开 DSC HU/CM 插接器<br>2. 把点火开关转至 ON 位置<br>3. 测量在 DSC HU/CM 的下述插接器接线端（汽车线束侧）与接地之间的电压：<br>DSC HU/CM：AF—接地体<br>DSC HU/CM：AG—接地体<br>DSC HU/CM：AH—接地体<br>4. 电压为 10 V 或更高吗 | 是 | 执行下一步 |
| | | 否 | 修理或者更换线束，然后执行步骤 6 |
| 5 | 检查 DSC HU/CM 接地电路是否出现接地不良或者开路现象<br>1. 把点火开关转至 OFF 位置<br>2. 测量在 DSC HU/CM 的下述插接器接线端（汽车线束侧）与车身搭铁之间的电阻：<br>DSC HU/CM：A—接地体<br>DSC HU/CM：B—接地体<br>3. 电阻是否在 0～1 Ω 的范围内 | 是 | 执行下一步 |
| | | 否 | 如果存在开路：<br>修理或更换线束，然后执行下一步<br>如果电阻不在规定范围内：<br>修理或者更换接地不良的零部件，然后执行下一步骤 |
| 6 | 确认没有相同的 DTC 的存在<br>1. 重新连接所有断开的插接器<br>2. 清除存储器中的 DTC<br>3. 起动发动机，并以大于等于 20 km/h（12 m/h）的速度驾驶汽车 | 是 | 从步骤 1 开始重复进行检查<br>如果故障重发，更换 DSC HU/CM，并进行下一步骤 |
| | | 否 | 执行下一步 |
| 7 | 确认未出现其他 DTC。是否有其他 DTC 输出 | 是 | 执行适用的 DTC 检查 |
| | | 否 | DTC 故障检修完 |

# 第六节 ABS故障症状的检修

ABS系统接线如图11-55所示。

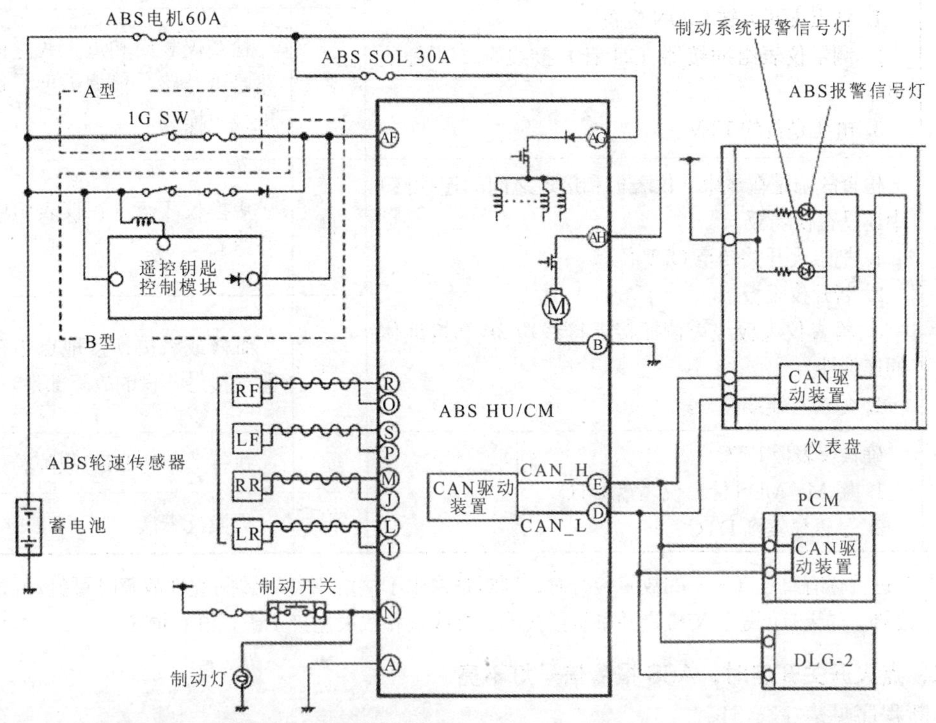


图11-55 ABS系统接线图

## 一、点火开关开启时，ABS报警信号灯和制动系统报警信号灯不亮

诊断程序见表11-50。

**表11-50 点火开关开启时，ABS报警信号灯和制动系统报警信号灯不亮的诊断程序**

| 步骤 | 检查 | 措施 | |
|---|---|---|---|
| 1 | 检查故障位于报警信号灯和指示灯的哪个位置，共用电源还是其他报警信号灯和指示灯部位<br>1. 将M-MDS连接至DLC-2<br>2. 使用有效命令模式的仪表板PID WL+IL，打开所有报警信号灯和指示灯<br>3. 其他警报和指示灯是否点亮 | 是 | 执行步骤5 |
| | | 否 | 如果M-MDS屏显示通信错误信息，执行下一步。如果未显示通信错误信息，更换仪表板 |
| 2 | 检查仪表组电源熔丝。仪表组点火电源熔丝是否正常 | 是 | 执行下一步 |
| | | 否 | 检查熔丝熔断的电路是否出现接地短路。根据需要，进行修理或更换，安装合适安培数的熔丝 |

（续表）

| 步骤 | 检　查 | 措　施 | |
|---|---|---|---|
| *3 | 检查故障是在线束（仪表组电源和仪表组之间的连续性）中还是在其他地方<br>1. 把点火开关转至 ON 位置<br>2. 测量仪表组插接器（24 针）接线端 2 V 处的电压<br>3. 电压是否约 12 V | 是 | 执行下一步 |
| | | 否 | 检查仪表组和点火线之间的线路是否开路。根据需要，进行修理或更换 |
| *4 | 检查故障是在线束（仪表板和接地之间的连续性）中还是在仪表板<br>1. 把点火开关转至 OFF 位置<br>2. 断开仪表板<br>3. 检查仪表板线束侧插接器接线端 2B 和接地体的连续性<br>4. 是否有连续性 | 是 | 更换仪表盘（在仪表组中存在开路） |
| | | 否 | 维修或者更换接地点中存在开路或接触不良的故障部件 |
| 5 | 确认仪表板 DTC<br>1. 用 M－MDS 检索仪表盘 DTC<br>2. 是否检索到 DTC | 是 | 执行适用的 DTC 故障检修程序 |
| | | 否 | 更换仪表盘 |

注：在进行标有星号（*）的故障检查时，判断是否由于接触不良导致间歇性故障时可抖动线束和插接器。如果有问题，应检查并确认插接器、接线端和线束连接正确且没有损坏。

## 二、点火开关开启时，ABS 报警信号灯不亮

诊断程序见表 11－51。

**表 11－51　点火开关开启时，ABS 报警信号灯不亮的诊断程序**

| 步骤 | 检　查 | 措　施 | |
|---|---|---|---|
| 1 | 确认 ABS HU/CM DTC<br>1. 使用 M－MDS 检过 ABS HU/CM DTC<br>2. 是否检索到 DTC | 是 | 执行适用的 DTC 故障检修程序 |
| | | 否 | 如果 M－MDS 屏显示通信错误信息，执行下一步。如果未显示通信错误信息，至步骤 5 |
| 2 | 检查 ABS 电源熔丝。ABS 电源熔丝是否正常 | 是 | 执行下一步 |
| | | 否 | 检查熔断的熔丝电路是否出现接地短路。根据需要，进行修理或更换，安装合适安培数的熔丝 |
| *3 | 检查故障位于线束（ABS HU/CM 电源供给与 ABS HU/CM 之间的连续性）还是其他位置<br>1. 把点火开关转至 ON 位置<br>2. 测量 ABS HU/CM 接线端 AF 的电压<br>3. 电压是否为约 12 V | 是 | 执行下一步 |
| | | 否 | 检查 ABS HU/CM 和点火线之间有无开路。根据需要，进行修理或更换 |

（续表）

| 步骤 | 检　查 | 措　施 | |
|---|---|---|---|
| *4 | 检查故障是在线束（仪表板和接地体之间的连续性）中还是在 ABS HU/CM 位置<br>1. 把点火开关转至 OFF 位置<br>2. 断开 ABS HU/CM 插接器<br>3. 检查线束侧插接器接线端 A 和接地体之间的连续性<br>4. 是否有连续性 | 是 | 更换 ABS HU/CM（内部故障） |
| | | 否 | 维修或者更换接地点中存在开路或接触不良的故障部件 |
| 5 | 检查故障位于报警信号灯和指示灯的哪个位置共用电源还是其他报警信号灯和指示灯部位<br>1. 使用 M-MDS 有效命令模式的仪表板 PID WL+IL，打开所有报警信号灯和指示灯<br>2. 其他警报和指示灯是否点亮 | 是 | 执行下一步 |
| | | 否 | 更换仪表盘 |
| 6 | 确认仪表板 DTC<br>1. 用 M-MDS 检索仪表盘 DTC<br>2. 是否检索到 DTC | 是 | 执行适用的 DTC 故障检修程序 |
| | | 否 | 更换仪表盘 |

注：在进行标有星号（*）的故障检查时，判断是否由于接触不良导致间歇性故障时可抖动线束和插接器。如果有问题，应检查并确认插接器、接线端和线束连接正确且没有损坏。

## 三、点火开关开启时，ABS 报警信号灯和制动系统报警信号灯亮达 4 s

诊断程序见表 11-52。

**表 11-52　点火开关开启时，ABS 报警信号灯和制动系统报警信号灯亮达 4s 的诊断程序**

| 步骤 | 检　查 | 措　施 | |
|---|---|---|---|
| 1 | 确认仪表板 DTC<br>1. 用 M-MDS 检索仪表盘 DTC<br>2. 是否检索到 DTC U0415：92 | 是 | 执行下一步 |
| | | 否 | 执行步骤 11 |
| 2 | 确认 ABS HU/CM DTC<br>1. 使用 M-MDS 检索 ABS HU/CM DTC<br>2. 是否检索到 DTC | 是 | 执行适用的 DTC 故障检修程序 |
| | | 否 | 如果 M-MDS 屏显示通信错误信息，执行一步。如果未显示通信错误信息，至步骤 7 |
| 3 | 检查 ABS HU/CM 插接器是否连接好。ABS 插接器是否牢固地连接好 | 是 | 执行下一步 |
| | | 否 | 重新接上插接器，然后转至步骤 7 |
| 4 | 检查 ABS 电源熔丝。ABS 电源熔丝是否正常 | 是 | 执行下一步 |
| | | 否 | 检查熔断的熔丝电路是否出现接地短路。根据需要，进行修理或更换，安装合适安培数的熔丝 |

（续表）

| 步骤 | 检　查 | 措　施 | |
|---|---|---|---|
| *5 | 检查故障位于线束（ABS HU/CM 电源供给与 ABS HU/CM之间的连续性）还是其他位置<br>1. 把点火开关转至 ON 位置<br>2. 测量 ABS HU/CM 接线端 AF 的电压<br>3. 电压是否约为 12 V | 是 | 执行下一步 |
| | | 否 | 检查 ABS HU/CM 和点火线之间有无开路。根据需要，进行修理或更换 |
| *6 | 检查故障是在线束（仪表板和接地体之间的连续性）中还是在 ABS HU/CM<br>1. 把点火开关转至 OFF 位置<br>2. 断开仪表板<br>3. 检查线束侧插接器接线端 A 和接地体之间的连续性<br>4. 是否有连续性 | 是 | 更换 ABS HU/CM（内部故障） |
| | | 否 | 维修或者更换接地点中存在开路或接触不良的故障部件 |
| 7 | 检查故障是在 ABS HU/CM 点火电源系统（接线端 AF）中还是在其他位置<br>1. 把点火开关转至 ON 位置<br>2. 使用 M-MDS 监测 ABS HU/CM PID VPWR<br>3. 电压监控值是否大于 10 V | 是 | 执行步骤 11 |
| | | 否 | 执行下一步 |
| 8 | 检查蓄电池。蓄电池电压是否正常 | 是 | 执行下一步 |
| | | 否 | 给蓄电池充电或更换蓄电池，然后执行下一步 |
| 9 | 改变用电负荷检查充电系统。发动机怠速，有电力负荷（A/C、前照灯、后窗除霜器等）时，蓄电池电压是否正常 | 是 | 执行下一步 |
| | | 否 | 检查充电系统（驱动带紧张、发电机等） |
| *10 | 检查故障位于线束（ABS HU/CM 电源供给与 ABS HU/CM之间的连续性）还是其他位置<br>1. 把点火开关转至 ON 位置<br>2. 测量 ABS HU/CM 接线端 AF 的电压<br>3. 电压是否大于 10 V | 是 | 更换 ABS HU/CM(内部缺陷) |
| | | 否 | 检查 ABS HU/CM 和点火线之间有无开路。根据需要，进行修理或更换 |
| 11 | 检查 ABS HU/CM 或仪表盘中是否有故障<br>1. 使用 M-MDS 有效命令模式的仪表板 PID WL+IL，打开然后关闭所有警告灯和指示灯<br>2. ABS 警告灯和制动警告灯是否根据模拟状态亮灭 | 是 | 更换 ABS HU/CM（内部缺陷） |
| | | 否 | 更换仪表盘 |

注：在进行标有星号（*）的故障检查时，判断是否由于接触不良导致间歇性故障时可抖动线束和插接器。如果有问题，应检查并确认插接器、接线端和线束连接正确且没有损坏。

## 四、点火开关闭合时，ABS报警信号灯、制动系统报警信号灯、DSC指示灯或DSC OFF指示灯均未亮

诊断程序见表11-53。

**表11-53 点火开关闭合时，ABS报警信号灯、制动系统报警信号灯、DSC指示灯或DSC OFF指示灯均未亮的诊断程序**

| 步骤 | 检查 | 措施 | |
|---|---|---|---|
| 1 | 检查故障是否位于报警信号灯和指示灯共用电源、或位于其他报警信号灯和指示灯部位<br>1. 将M-MDS连接至DLC-2<br>2. 使用有效命令模式的仪表板PID WL+IL，打开所有报警信号灯和指示灯<br>3. 其他警报和指示灯是否点亮 | 是 | 执行步骤5 |
| | | 否 | 如果M-MDS屏显示通信错误信息，执行下一步。如果未显示通信错误信息，更换仪表板 |
| 2 | 仪表盘点火开关电源熔丝是否正常 | 是 | 执行下一步 |
| | | 否 | 检查熔丝熔断的电路是否对地短路。根据需要，进行修理或更换，安装合适安培数的熔丝 |
| *3 | 检查故障是在线束（仪表盘电源与仪表盘之间）中还是在其他地方<br>1. 把点火开关转至ON位置<br>2. 测量仪表盘插接器（24针）接线端2 V处的电压<br>3. 电压是否约为12 V | 是 | 执行下一步 |
| | | 否 | 检查仪表组和点火线之间的线路是否开路。根据需要，进行修理或更换 |
| *4 | 检查故障是在线束（仪表板和接地之间的连续性）中还是在仪表板上<br>1. 把点火开关转至OFF位置<br>2. 断开仪表组的插接器<br>3. 检查仪表板线束侧插接器接线端2B和接地体的连续性<br>4. 是否有连续性 | 是 | 更换仪表盘（在仪表组中存在开路） |
| | | 否 | 维修或者更换接地点中存在开路或接触不良的故障部件 |
| 5 | 确认DSC HU/CM DTC<br>1. 使用M-MDS，检索DSC HU/CM DTC<br>2. 是否检索到DTC | 是 | 执行适用的DTC故障检修程序 |
| | | 否 | 如果M-MDS屏显示通信错误信息，执行下一步。如果未显示通信错误信息，至步骤9 |
| 6 | 检查DSC HU/CM电源供给熔丝。DSC HU/CM点火电源熔断器是否正常 | 是 | 执行下一步 |
| | | 否 | 检查熔断的熔丝电路是否对地短路。根据需要，进行修理或更换，安装合适安培数的熔丝 |

（续表）

| 步骤 | 检　查 | 措　施 | |
|---|---|---|---|
| *7 | 检查故障位于线束（DSC HU/CM 电源供给与 DSC HU/CM之间的连续性）还是其他位置<br>1. 把点火开关转至 ON 位置<br>2. 测量 DSC HU/CM 接线端 AF 之间的电压<br>3. 电压是否约为 12 V | 是 | 执行下一步 |
| | | 否 | 检查 DSC HU/CM 与点火线之间有无开路。根据需要，进行修理或更换 |
| *8 | 检查故障位于线束（DSC HU/CM 与接地体之间的连续性）还是其他位置<br>1. 把点火开关转至 OFF 位置<br>2. 断开 DSC HU/CM 插接器<br>3. 检查 DSC HU/CM 插接器线束侧接线端 A 与接地体之间的连续性<br>4. 是否有连续性 | 是 | 更换 DSC HU/CM（DSC HU/CM 中存在开路） |
| | | 否 | 维修或者更换接地点中存在开路或接触不良的故障部件 |
| 9 | 确认仪表板 DTC<br>1. 用 M－MDS 检索仪表盘 DTC<br>2. 是否检索到 DTC | 是 | 执行适用的 DTC 故障检修程序 |
| | | 否 | 更换仪表盘 |

注：在进行标有星号（*）的故障检查时，判断是否由于接触不良导致间歇性故障时可抖动线束和插接器。如果有问题，应检查并确认插接器、接线端和线束连接正确且没有损坏。

## 五、ABS 报警信号灯、制动系统报警信号灯、DSC 指示灯或 DSC OFF 指示灯均不熄

诊断程序见表 11－54。

**表 11－54　ABS 报警信号灯、制动系统报警信号灯、DSC 指示灯或 DSC OFF 指示灯均不熄的诊断程序**

| 步骤 | 检　查 | 措　施 | |
|---|---|---|---|
| 1 | 检查制动液量，并确认驻车制动器已松开<br>1. 制动液量是否正常<br>2. 驻车制动杆是否松开 | 是 | 执行下一步骤 |
| | | 否 | 添加制动液，或者松开驻车制动杆。若添加制动液，则需检查和修理制动管路是否有泄漏 |
| 2 | 确定症状<br>1. 确定制动系统警告灯<br>2. 是否仅制动系统警告灯仍点亮 | 是 | 执行下一步 |
| | | 否 | 执行步骤 5 |
| 3 | 检查故障是在制动系统报警信号灯相关的开关还是其他部位<br>1. 检查下列部件的连通性<br>驻车制动器开关<br>制动器液位传感器<br>2. 是否正常连续 | 是 | 执行下一步 |
| | | 否 | 更换有故障的零件 |

（续表）

| 步骤 | 检查 | | 措施 |
|---|---|---|---|
| *4 | 检查BCM与制动系统报警信号灯相关的开关之间的接地线路是否存在短路<br>1. 检查以下位置有无接地电路短路：<br>驻车制动开关与BCM接线端8A之间<br>制动液位传感器与BCM接线端1Q之间<br>2. 是否检测到对地短路 | 是 | 维修时更换对地短路的故障部件 |
| | | 否 | 用M-MDS检索BCM DTC。若仍有DTC，则执行适用的DTC故障排除程序。若无DTC，则更换BCM |
| 5 | 确认DSC HU/CM DTC<br>1. 使用M-MDS，检索DSC HU/CM DTC<br>2. 是否检测到DTC | 是 | 执行相关的DTC故障检修程序 |
| | | 否 | 如果M-MDS屏显示通信错误信息，执行下一步。若未显示通信错误信息，则执行步骤10 |
| 6 | 检查DSC HU/CM插接器是否连接好。DSC HU/CM是否连接好 | 是 | 执行下一步 |
| | | 否 | 重新接上插接器，然后转至步骤10 |
| 7 | 检查DSC HU/CM电源供给熔丝。DSC HU/CM点火电源熔断器是否正常 | 是 | 执行下一步 |
| | | 否 | 检查DSC HU/CM与点火线之间有无开路 |
| *8 | 检查故障位于线束（DSC HU/CM电源供给与DSC HU/CM之间的连续性）还是其他位置<br>1. 把点火开关转至ON位置<br>2. 测量DSC HU/CM接线端AF之间的电压<br>3. 电压是否约12 V | 是 | 执行下一步 |
| | | 否 | 检查DSC HU/CM与点火线之间有无开路。根据需要，进行修理或更换 |
| *9 | 检查故障位于线束（DSC HU/CM与接地体之间的连续性）还是其他位置<br>1. 把点火开关转至OFF位置<br>2. 断开DSC HU/CM插接器<br>3. 检查DSC HU/CM插接器线束侧接线端A与接地体之间的连续性<br>4. 是否有连续性 | 是 | 更换DSC HU/CM（DSC HU/CM中存在开路） |
| | | 否 | 维修或者更换接地点中存在开路或接触不良的故障部件 |
| 10 | 确认仪表板DTC<br>1. 用M-MDS检索仪表组DTC<br>2. 是否检索到DTC | 是 | 执行相关的DTC故障检修程序 |
| | | 否 | 执行下一步 |
| 11 | 确认故障是发生在仪表盘内或BCM<br>1. 使用M-MDS有效命令模式的仪表板PID WL+IL，打开然后关闭所有警告灯和指示灯<br>2. ABS警告灯、制动系统警告灯、DSC指示灯和DSC OFF灯是否根据有效命令模式亮灭 | 是 | 更换ABS HU/CM(内部缺陷) |
| | | 否 | 更换仪表盘 |

注：在进行标有星号（*）的故障检查时，判断是否由于接触不良导致间歇性故障时可抖动线束和插接器。如果有问题，应检查并确认插接器、接线端和线束连接正确且没有损坏。

## 六、系统出现故障，但是ABS报警信号灯、制动系统报警信号灯、DSC指示灯以及DSC OFF指示灯均未亮

诊断程序见表11－55。

**表11－55　系统出现故障，但是ABS报警信号灯、制动系统报警信号灯、DSC指示灯、以及DSC OFF指示灯均未亮的诊断程序**

| 步骤 | 检　查 | 措　施 | |
|---|---|---|---|
| 1 | 确认DSC HU/CM DTC<br>1. 使用M－MDS，检索DSC HU/CM DTC<br>2. 是否检索到DTC | 是 | 执行相关的DTC故障检修程序 |
| | | 否 | 执行下一步 |
| 2 | 检查电磁阀工作情况<br>1. 把点火开关转至OFF位置<br>2. 将M－MDS连接至DLC－2<br>3. 打开点火开关（发动机关闭）<br>4. 用M－MDS访问电磁阀的有效命令模式<br>5. 电磁阀是否工作 | 是 | 检查常规制动系统 |
| | | 否 | 修理或者更换故障部件 |

# 第十二章　丰田凯美瑞车系制动系统的故障检修

## 第一节　制动器的拆装和检查

### 一、制动液的检查

1. 检查并调节储液罐中的液位

如果使用滴管调节制动液量，则确保滴管未滴过矿物油、水或失效的制动液。密封部位可能会老化并导致制动液泄漏，或制动液可能失效从而导致效率降低。

液位检查如图 12－1 所示。如果制动液液位低于 MIN 线，则检查制动液是否泄漏以及制动衬块是否磨损。维修或更换后，按规定调节储液罐中的制动液液位。

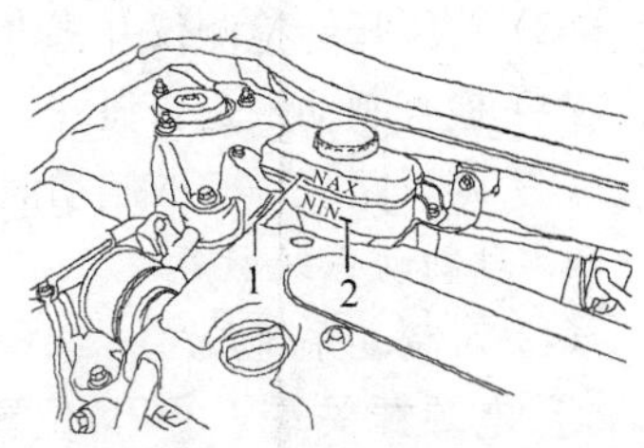


**图 12－1　液位的检查**

1—MAX 线；2—MIN 线

2. 更换制动液

(1) 更换制动液。

① 电源开关置于 OFF 位置时，拆下两个 ABS 马达继电器（ABS MTR1 继电器和 ABS MTR2 继电器），以禁用制动控制，如图 12－2 所示。

② 拆下制动主缸储液罐加注口盖总成，如图 12－3 所示。

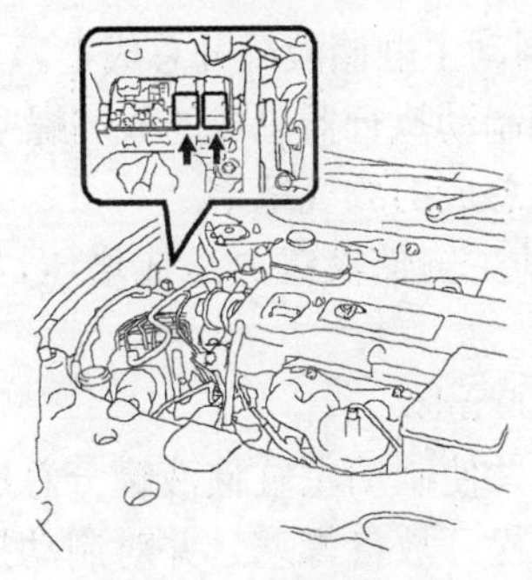

**图 12－2　拆下继电器**

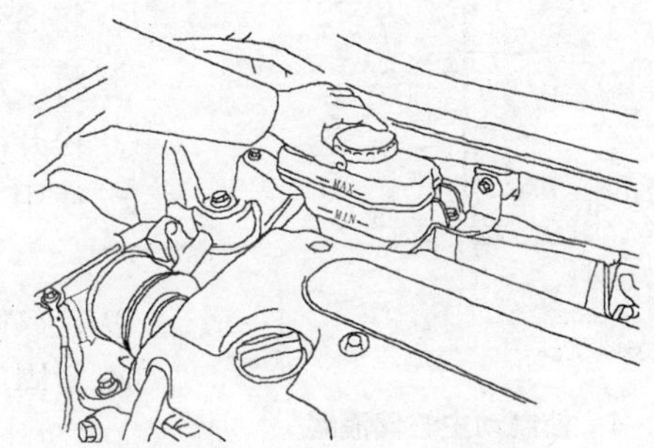


**图 12－3　拆下加注口盖总成**

③ 向储液罐添加制动液，使液位在制动液储液罐的 MAX 和 MIN 之间。

④ 将智能检测仪连接到 DLC3 并将电源开关置于 ON（IG）位置。

⑤ 打开智能检测仪并进入以下菜单：Chassis / ABS/ VSC/ TRC / Utility / Air Bleeding。

⑥ 在智能检测仪显示屏上选择“Usual air bleeding / All Line”，并根据智能检测仪的显示更换制动液。

⑦ 更换制动液后，紧固各放气螺塞。扭矩为 8.3 N·m。

(2) 清除 DTC。

(3) 关闭智能检测仪并将电源开关置于 OFF 位置。

(4) 检查制动液是否泄漏。

(5) 调节储液罐中的制动液液位。

(6) 安装制动主缸储液罐加注口盖总成。

3. 对制动管路放气

(1) 对制动管路放气。

① 拆下制动主缸储液罐加注口盖总成。

② 向储液罐添加制动液，使液位在制动液储液罐的 MAX 和 MIN 线之间。

③ 将智能检测仪连接到 DLC3 并将电源开关置于 ON (IG) 位置。

④ 打开智能检测仪并进入以下菜单：Chassis / ABS/VSC/TRC / Utility / Air Bleeding。

⑤ 选择“Usual air bleeding / All Line”并根据智能。检测仪的显示对制动管路放气。

⑥ 放气后，紧固各放气螺塞。

(2) 清除 DTC

(3) 关闭智能检测仪并将电源开关置于 OFF 位置。

(4) 检查制动液是否泄漏。

(5) 调节储液罐中的制动液液位。

4. 对制动系统放气

(1) 对制动系统放气。

① 电源开关置于 OFF 位置时，拆下两个 ABS 马达继电器（ABS MTR1 继电器和 ABS MTR2 继电器）以禁用制动控制。

提示：如果已拆下两个 ABS 马达继电器（ABS MTR1 继电器和 ABS MTR2 继电器），则无需执行此程序。

② 电源开关置于 OFF 位置时，将智能检测仪连接到 DLC3。

③ 拆下制动主缸储液罐加注口盖总成。

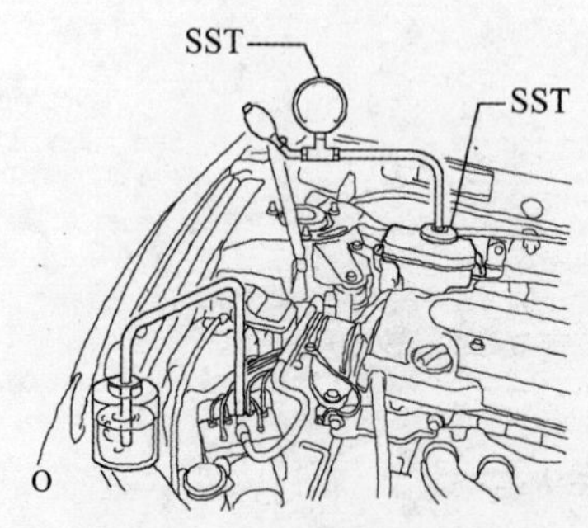


图 12-4　使制动主缸储液罐分总成增加

④ 向储液罐添加制动液，使液位在制动液储液罐的 MAX 和 MIN 线之间。

⑤ 将 SST 安装到制动主缸储液罐分总成上。

⑥ 将乙烯管连接到制动执行器总成的放气螺塞上。

⑦ 松开制动执行器总成的放气螺塞。

⑧ 使用 SST 使制动主缸储液罐分总成增压，如图12-4 所示。

⑨ 排放制动液约 100 mL。

⑩ 紧固放气螺塞，并使制动主缸储液罐分总成再次增压（50～80 kPa）。然后松开放气螺塞，并对制动执行器软管放气。

⑪ 将空气从制动主缸储液罐分总成和制动执行器总成的软管中完全排出后，紧固制动执行器总成的放气螺塞。

⑫ 将电源开关置于 ON (IG) 位置。

⑬ 进入以下菜单：Chassis / ABS/VSC/TRC / Utility / Air Bleeding。

⑭ 选择“Actuator has been removed”，并根据智能检测仪上的显示对制动系统放气。

⑮ 放气后，紧固各放气螺塞。

(2) 清除 DTC。

(3) 关闭智能检测仪并将电源开关置于 OFF 位置。

(4) 检查制动液是否泄漏。

(5) 调节储液罐中的制动液液位。

5. 对制动主缸放气

(1) 对制动主缸放气。

① 拆下制动主缸储液罐加注口盖总成。

② 向储液罐添加制动液，使液位在制动液储液罐的 MAX 和 MIN 线之间。

③ 将智能检测仪连接到 DLC3 并将电源开关置于 ON（IG）位置。

④ 打开智能检测仪并进入以下菜单：Chassis / ABS/ VSC/ TRC / Utility / Air Bleeding。

⑤ 选择“Master Cylinder or Stroke Simulator has been removed”并根据智能检测仪上的显示对制动主缸放气。

⑥ 放气后，紧固各放气螺塞。

(2) 清除 DTC。

(3) 关闭智能检测仪并将电源开关置于 OFF 位置。

(4) 检查制动液是否泄漏。

(5) 调节储液罐中的制动液液位。

## 二、制动主缸的检查

1. 检查制动主缸分总成

(1) 检查蓄电池电压。

标准值为 10～14 V（电源开关置于 OFF 位置时）。

(2) 连接智能检测仪和踏板测力计。

① 固定踏板测力计。

② 将换挡杆移至 P，并施加驻车制动。

③ 将智能检测仪连接到 DLC3。

④ 将电源开关置于 ON（IG）位置并打开智能检测仪。

⑤ 清除 DTC。

(3) 检查不带制动助力器时的工作情况。

① 检查并调节制动踏板。

② 为禁止制动控制，可进入以下菜单：Chassis/ABS/VSC/TRAC/Utility/Electronically Controlled Brake system Utility/ECB（Electronically Controlled Brake system）Invalid。

③ 进入以下菜单：Chassis / ABS / VSC / TRAC / Data List “Master Cylinder Sensor”, “Master Cylinder Sensor 2”, “Stroke Sensor” and “Stroke Sensor 2”。

④ 通过踩下制动踏板，检查“主缸传感器”、“主缸传感器 2”、“行程传感器”和“行程传感器 2”输出的值，见表 12－1。

⑤ 使用智能检测仪完成禁止制动控制。

**表 12－1　标准电压（一）**　　(V)

| 踏板作用力 [N(kgf, lbf)] | 主缸传感器 | 主缸传感器 2 | 行程传感器 | 行程传感器 2 |
|---|---|---|---|---|
| 200 (20, 45.0) | 0.75～1.05 | 0.75～1.05 | 1.80～2.20 | 2.80～3.20 |
| 500 (51, 112.4) | 1.45～1.75 | 1.45～1.75 | 2.05～2.45 | 2.55～2.95 |

2. 检查行程模拟器

(1) 检查蓄电池电压应为 10～14 V（电源开关置于 OFF 位置时）。

(2) 连接智能检测仪和踏板测力计。

① 固定踏板测力计。

② 将换挡杆移至 P 并施加驻车制动。

③ 将智能检测仪连接到 DLC3。

④ 将电源开关置于 ON（IG）位置并打开智能检测仪。

⑤ 清除 DTC。

(3) 检查不带制动助力器时的工作情况。

① 检查并调节制动踏板。

② 为禁止制动控制，进入以下菜单：Chassis / ABS/VSC/TRAC / Utility / Electronically Controlled Brake system Utility / ECB (Electronically Controlled Brake system) Invalid。

③ 进入以下菜单：Chassis / ABS/ VSC/ TRAC / Data List "Master Cylinder Sensor", "Master Cylinder Sensor 2", "Stroke Sensor" and "Stroke Sensor 2"。

④ 通过踩下制动踏板检查"主缸传感器"、"主缸传感器 2"、"行程传感器"和"行程传感器 2"输出的值见表 12 - 1。

⑤ 使用智能检测仪完成禁止制动控制。

(4) 检查带制动助力器时的工作情况。

① 将电源开关置于 ON（IG）位置并打开智能检测仪。

② 进入以下菜单：Chassis/ ABS/ VSC/ TRAC/ Data List "StrokeSensor" and "Stroke Sensor2"。

③ 踩下制动踏板 4 或 5 次。

④ 通过踩下制动踏板检查"行程传感器"和"行程传感器 2 "的输出值见表 12 - 2。

**表 12 - 2 标准电压（二）** (V)

| 踏板作用力 (N) | 行程传感器 | 行程传感器 2 |
|---|---|---|
| 50 | 1.4～1.8 | 3.2～3.6 |
| 100 | 1.55～1.95 | 3.05～3.45 |
| 150 | 1.65～2.05 | 2.95～3.35 |
| 200 | 1.7～2.1 | 2.9～3.3 |

### 三、制动主缸的拆装

(1) 拆卸 ABS 马达继电器。电源开关置于 OFF 位置时，拆下两个 ABS 马达继电器（ABS MTR1 继电器和 ABS MTR2 继电器），如图 12 - 5 所示。

(2) 执行蓄压器压力归零。

① 将储液罐内的制动液排空至 MIN 线附近，如图 12 - 6 所示。

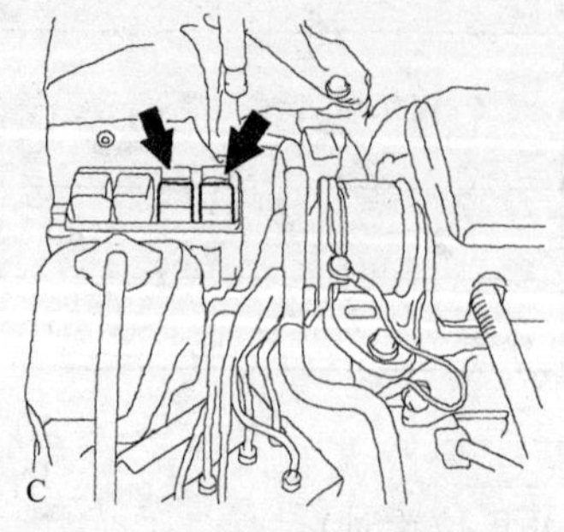


图 12 - 5 拆卸 ABS 马达继电器

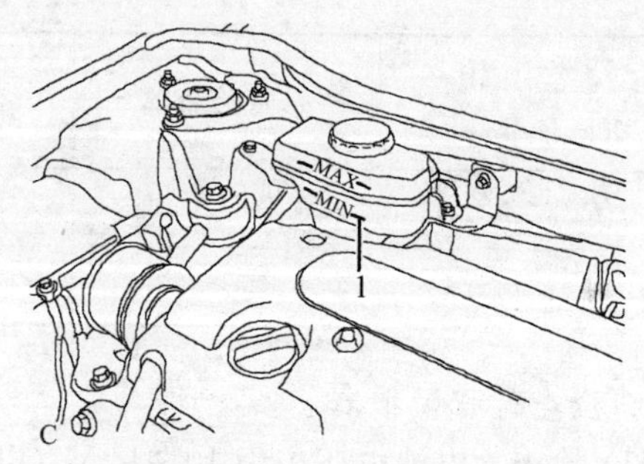


图 12 - 6 MIN 线

② 电源开关置于 OFF 位置时，将智能检测仪连接到 DLC3。

③ 将电源开关置于 ON（IG）位置。

④ 打开智能检测仪并进入以下菜单：Chassis / ABS/ VSC/ TRC/ Utility/ ECB（Electronically Controlled Brake system）Utility/ Zero Down。

注：使用智能检测仪执行蓄压器压力归零，将导致蓄压器中的加压制动液返回制动液储液罐中。

⑤ 蜂鸣器鸣响时，将电源开关置于 OFF 位置。

⑥ 关闭智能检测仪。

(3) 从蓄电池负极端子上断开电缆，并重新连接电缆后，某些系统需要初始化。

(4) 拆卸发动机 1 号盖分总成。

(5) 拆卸冷气进气管密封。

(6) 拆卸空气滤清器进气口总成。

(7) 拆卸空气滤清器盖分总成。

(8) 拆卸空气滤清器壳分总成。

(9) 排空制动液。如果制动液泄漏到任何油漆表面上，则立即将其清洗干净。

(10) 拆下 2 个螺栓并分离制动主缸储液罐分总成。

(11) 拆卸左前刮水器臂和刮水片总成。

(12) 拆卸右前刮水器臂和刮水片总成。

(13) 拆卸前翼子板至左前围侧密封。

(14) 拆卸前翼子板至右前围侧密封。

(15) 拆卸前围板上通风栅板分总成。

(16) 拆卸挡风玻璃刮水器马达及连杆总成。

(17) 拆卸前围上外板分总成，如图 12－7 所示。

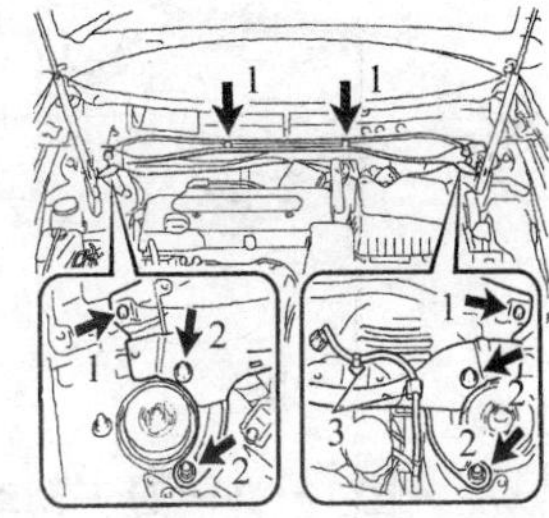


图 12－7 拆卸前围上外板总成

1—螺栓；2—螺母；3—卡夹

分离 2 个卡夹，拆下 4 个螺母、4 个螺栓和前围上外板分总成。

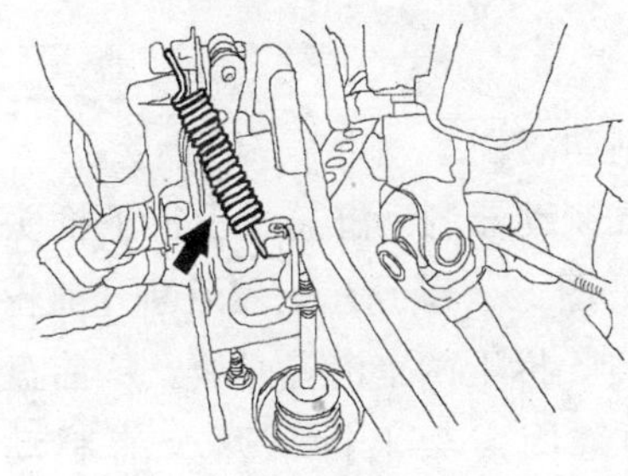

图 12－8 拆卸制动踏板回位弹簧

(18) 拆卸动力转向 ECU 总成。

(19) 分离加热器水泵总成。

(20) 拆卸制动踏板回位弹簧，如图 12－8 所示。

(21) 拆下卡子和推杆销，并从制动踏板分总成上断开主缸推杆 U 形夹，如图 12－9 所示。

(22) 移动卡子并断开 1 号储液罐软管，如图 12－10 所示。

(23) 移动卡子并断开 2 号储液罐软管。

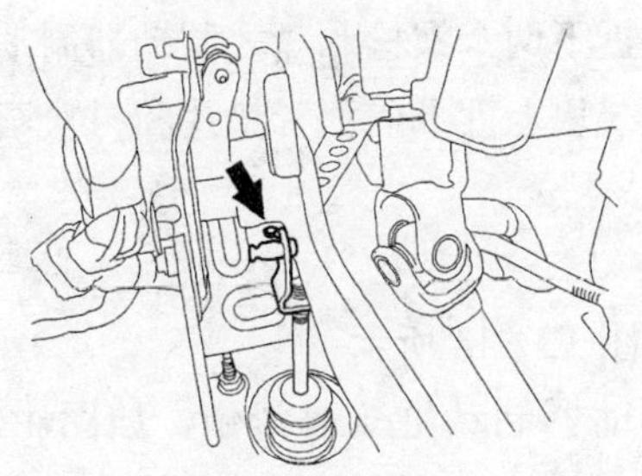

图 12－9 断开主缸推杆 U 形夹

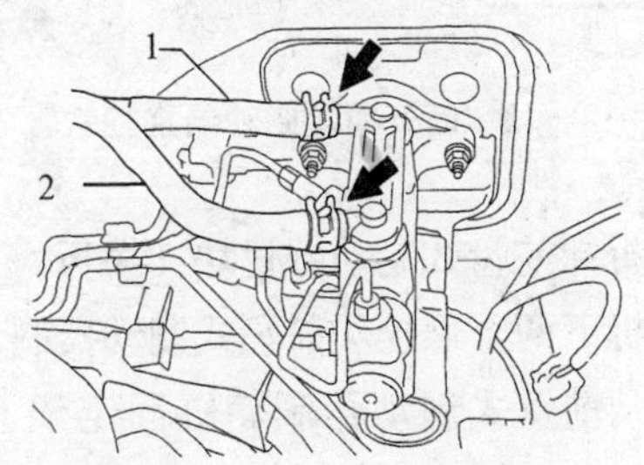


图 12－10 移开 1、2 号储液罐软管

1—11 号储液罐软管；2—22 号储液罐软管

(24) 拆卸制动主缸行程模拟器管，使用连接螺母扳手断开制动主缸行程模拟器管；使用连接螺母扳手断开制动主缸行程模拟器管，以将其拆下。

(25) 拆卸制动主缸分总成，使用连接螺母扳手断开制动管路。拆下两个螺母、制动主缸分总成和制动主缸支架。

(26) 拆卸带支架的制动主缸行程模拟器

① 使用连接螺母扳手从制动主缸行程模拟器分总成上断开制动管路，如图 12 - 11 所示。

② 断开插接器。

③ 拆下带支架的制动主缸行程模拟器和制动主缸衬垫。

(27) 拆下 4 个螺母和制动主缸支架，如图 12 - 12 所示。

(28) 拆卸制动助力器衬垫。

安装制动主缸与其拆卸方法相反。

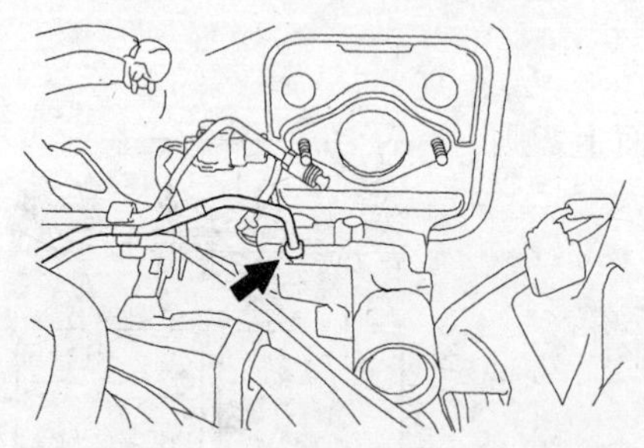

图 12 - 11　断开制动管路

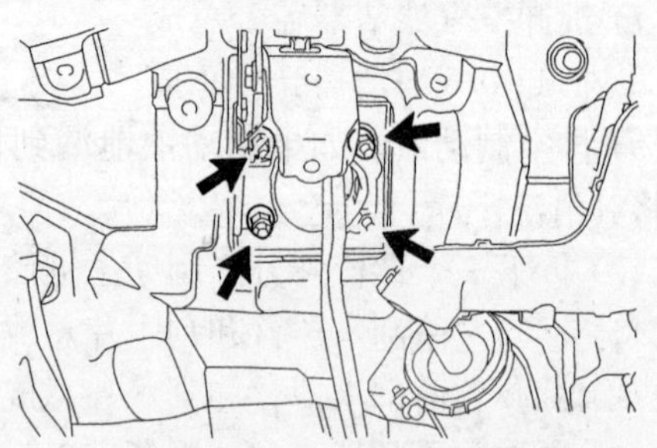

图 12 - 12　拆卸制动主缸支架

## 四、前轮制动器的拆卸

1. 拆卸方法

(1) 拆卸 ABS 马达继电器。

(2) 拆卸前轮。

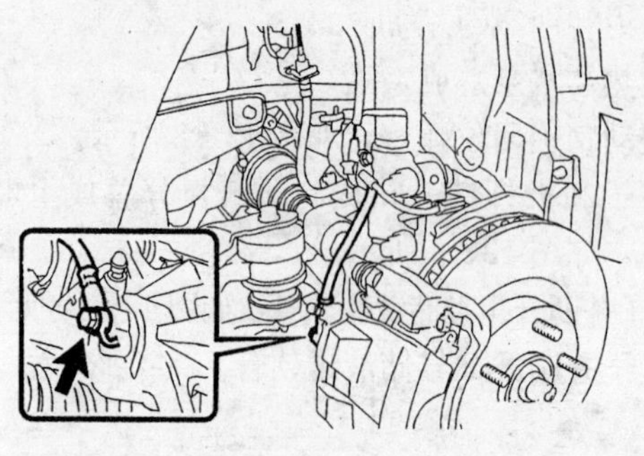

图 12 - 13　断开前轮制动器挠性软管

(3) 排空制动液。

(4) 从盘式制动器制动缸总成上拆下插头螺栓和衬垫，如图 12 - 13 所示，然后断开前轮制动器挠性软管。拆下两个消音弹簧。从前盘式制动器制动缸固定架上拆下两个前制动衬块。

(5) 固定前盘式制动器制动缸 1 号和 2 号滑销，并拆下两个螺栓和盘式制动器制动缸总成。从各衬块上拆下前消音垫片和衬块磨损指示器。

(6) 拆卸前盘式制动器衬块支撑板

(7) 拆下两个螺栓和前盘式制动器制动缸固定架，如图 12 - 14 所示。

(8) 从前盘式制动器制动缸固定架上拆下前盘式制动器制动缸 1 号滑销，如图 12 - 15 所示。

(9) 从前盘式制动器制动缸固定架上拆下前盘式制动器制动缸 2 号滑销。

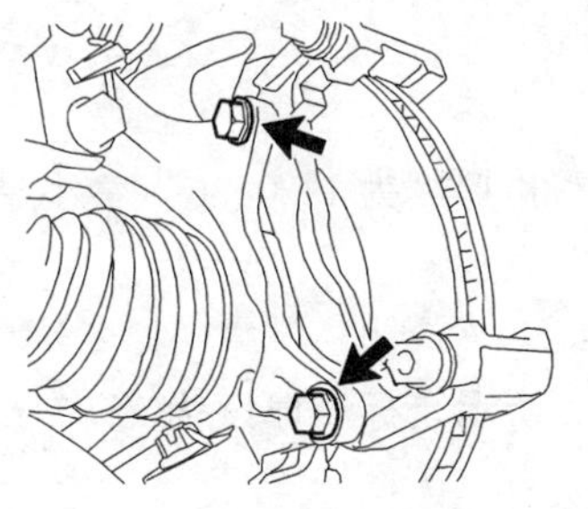

图 12－14　拆卸螺栓

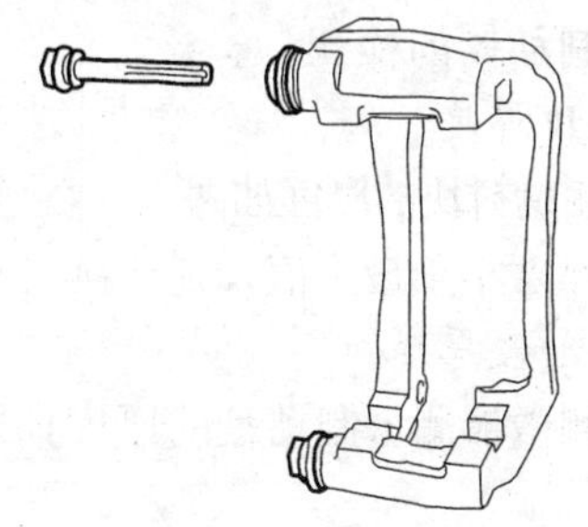

图 12－15　拆下 1 号滑销

(10) 使用头部缠有乙烯绝缘带的螺钉旋具，从前盘式制动器制动缸 2 号滑销上拆下前盘式制动器制动缸滑套。

(11) 从前盘式制动器制动缸固定架上拆下两个前盘式制动器衬套防尘罩，如图 12－16所示。

(12) 用螺钉旋具拆下制动缸防尘罩定位环和制动缸防尘罩，如图 12－17 所示。

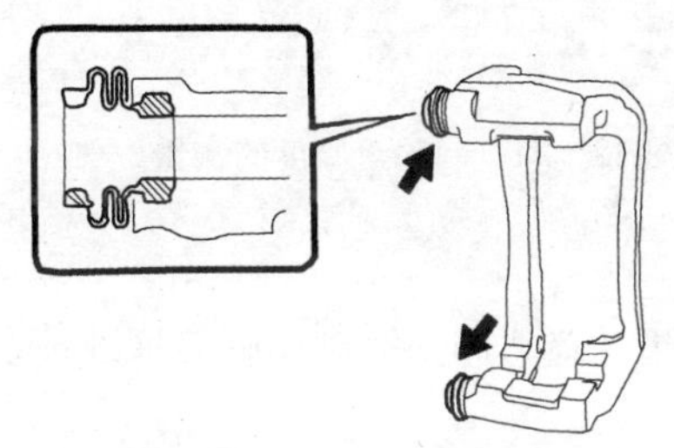

图 12－16　拆下防尘罩

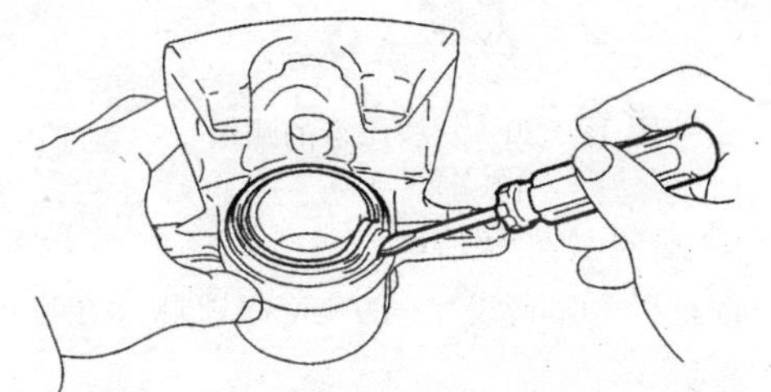

图 12－17　定位环和防波尘罩的拆卸

(13) 拆卸前盘式制动器活塞。

① 准备一块木板，用来固定前盘式制动器活塞。

② 将木板置于前盘式制动器活塞和盘式制动器制动缸总成之间。

③ 使用压缩空气从盘式制动器制动缸总成上拆下前盘式制动器活塞，如图 12－18 所示。

(14) 使用头部缠有乙烯绝缘带的螺钉旋具从盘式制动器制动缸总成上拆下活塞密封。

(15) 拆卸前盘式制动器放气螺塞盖

(16) 拆卸前盘式制动器放气螺塞

(17) 拆卸前制动盘，并在前制动盘和车毂上做装配标记，如图 12－19 所示。

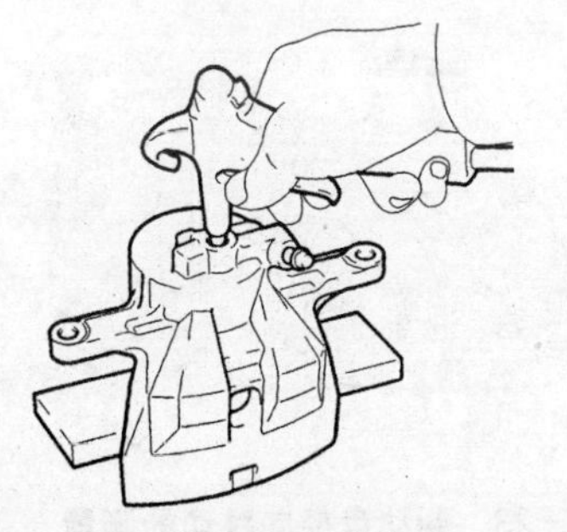

图 12－18　压缩空气工具的的使用

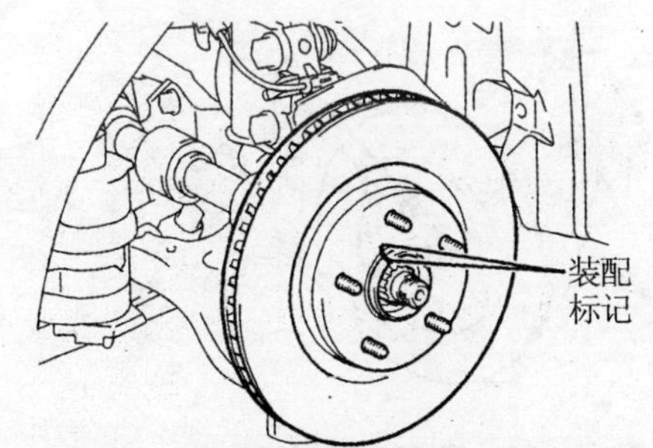


图 12－19　拆卸前制动盘

2. 安装方法

前轮制动器的安装方法与其拆卸相反。

## 五、前轮制动器的检查

1. 检查衬块厚度

使用直尺测量衬块的厚度如图 12－20 所示。其标准厚度为 12.0 mm，最小厚度为 1.0 mm。

如果衬块厚度小于最小值，则更换前制动衬块。

2. 检查制动盘厚度

使用螺旋测微器测量制动盘的厚度如图 12－21 所示。标准厚度为 28.0 mm，最小厚度为 25.0 mm。

如果制动盘厚度小于最小值，则更换前制动盘。

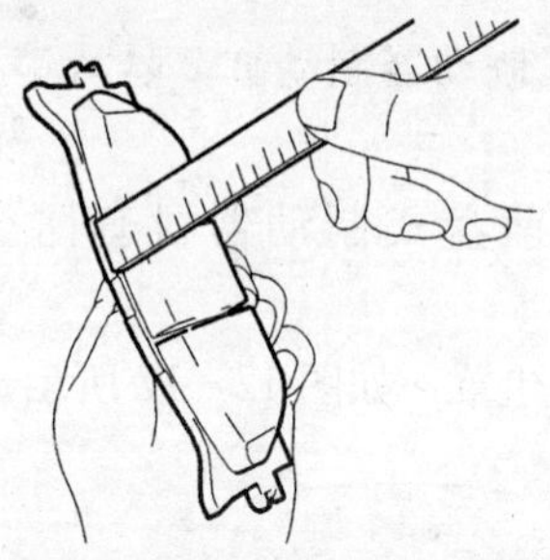

图 12－20　衬块厚度的测量

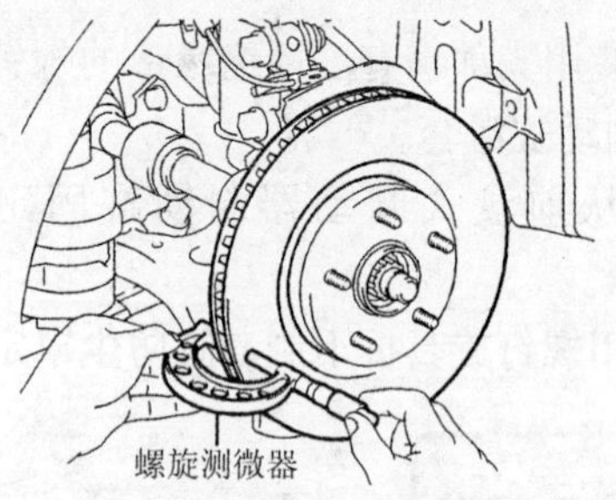


图 12－21　制动盘厚度的测量

3. 检查制动缸和活塞

检查缸径和活塞是否生锈或有划痕。如有必要，则更换盘式制动器制动缸总成或前盘式制动器活塞。

4. 检查前盘式制动器衬块支撑板

检查制动器衬块支撑板。如有必要，则更换制动器衬块支撑板。

5. 检查制动盘径向跳动

(1) 安装前制动盘。

(2) 使用 SST 固定制动盘，并用 5 个轮毂螺母紧固制动盘，如图 12－22 所示。

(3) 使用百分表，在距离前制动盘外缘 10 mm 的地方测量制动盘的径向跳动，如图 12－23 所示。制动盘最大径向跳动为 0.05 mm。如果径向跳动超过最大值，则改变制动盘和车桥的安装位置，从而使径向跳动降到最小。如果改变安装位置后径向跳动仍超过最大值，则检查前桥轮毂轴承松弛度和前桥轮毂径向跳动如果前桥轮毂轴承松弛度和前桥轮毂径向跳动正常，但制动盘厚度不在规定范围内，则研磨制动盘。如果制动盘厚度小于最小值，则更换制动盘。

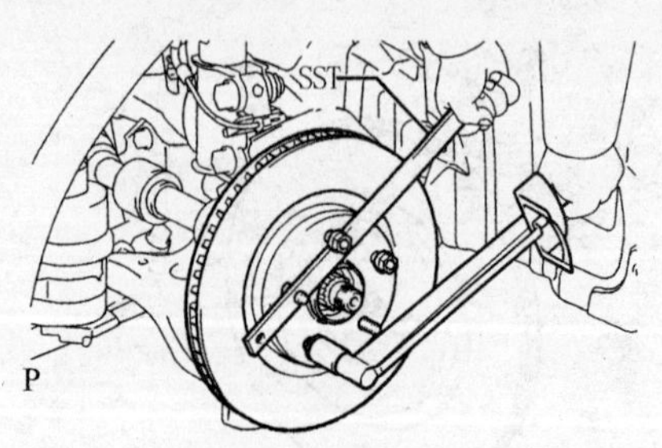


图 12－22　用 SST 固定制动盘

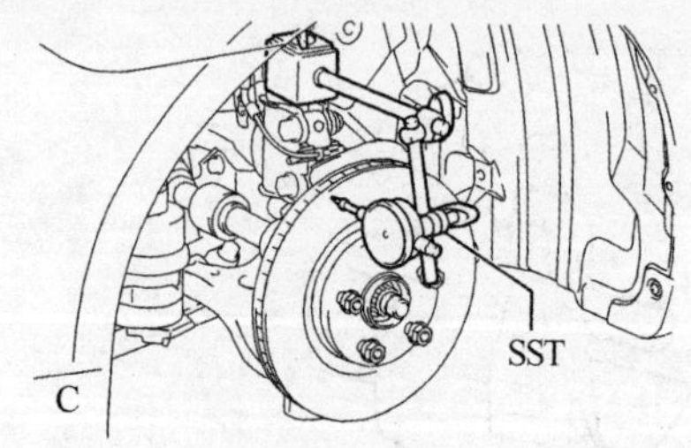


图 12－23　制动盘径向跳动的测量

(4) 拆下 5 个轮毂螺母。

(5) 拆下前制动盘。

安装方法与其拆卸相反。

## 六、后制动器的拆装

(1) 拆卸 ABS 马达继电器。

(2) 拆卸后轮。

(3) 排空制动液。

(4) 从后盘式制动器制动缸总成上拆下插头螺栓和衬垫，然后断开后轮制动器挠性软管，如图 12 - 24 所示。

(5) 固定住各后盘式制动器制动缸滑销，拆下两个螺栓和后盘式制动器制动缸总成。

(6) 拆下带两个后消音垫片的两个后制动衬块。

(7) 从各衬块上拆下后消音垫片和衬块磨损指示器。

(8) 从后盘式制动器制动缸固定架上拆下两个后盘式制动器衬块支撑板。

(9) 拆下两个螺栓和后盘式制动器制动缸固定架，如图 12 - 25 所示。

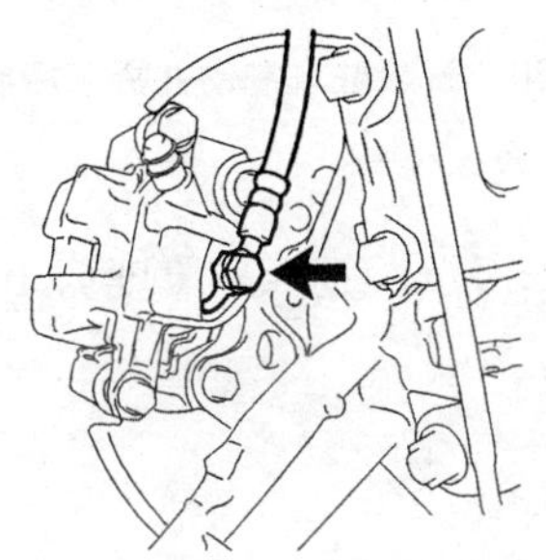

图 12 - 24　断开挠性软管

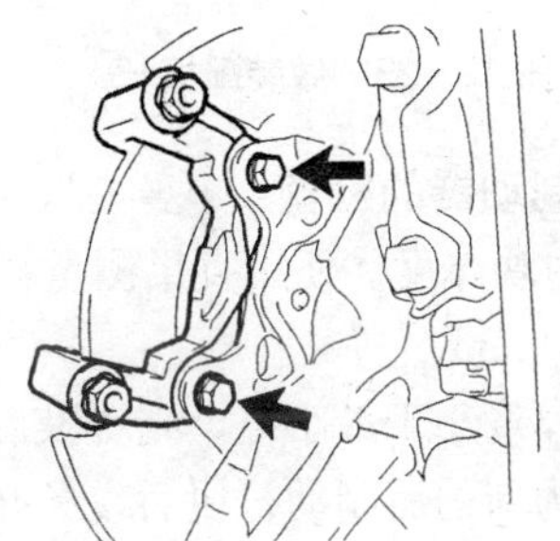

图 12 - 25　拆下螺栓

(10) 从后盘式制动器制动缸固定架上拆下两个后盘式制动器制动缸滑销（上和下）。

(11) 使用头部缠有乙烯绝缘带的螺钉旋具，从后盘式制动器制动缸滑销（下）上拆下后盘式制动器制动缸滑套。

(12) 从后盘式制动器制动缸固定架上拆下两个后盘式制动器衬套防尘罩。

(13) 使用头部缠有乙烯绝缘带的螺钉旋具撬出制动缸防尘罩定位环和制动缸防尘罩，如图 12 - 26 所示。

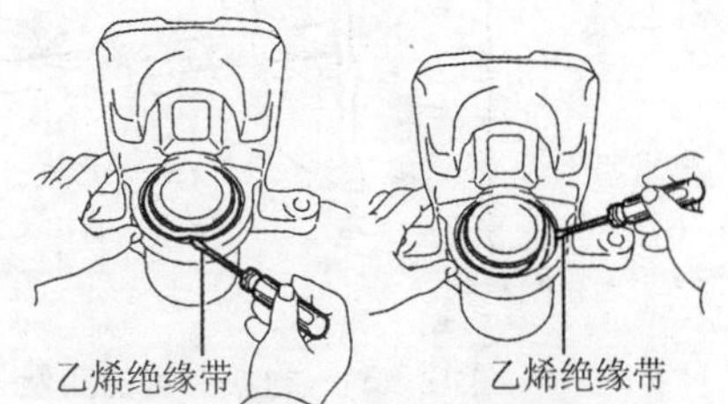


图 12 - 26　拆卸制动缸防尘罩

(14) 拆卸后盘式制动器活塞。

① 准备一块木板，用来固定后盘式制动器活塞。

② 将木板置于后盘式制动器活塞和后盘式制动器制动缸总成之间。

③ 使用压缩空气从盘式制动器制动缸总成上拆下后盘式制动器活塞，如图 12 - 27 所示。

(15) 使用头部缠有乙烯绝缘带的螺钉旋具从后盘式制动器制动缸总成上拆下活塞密封，如图 12 - 28 所示。

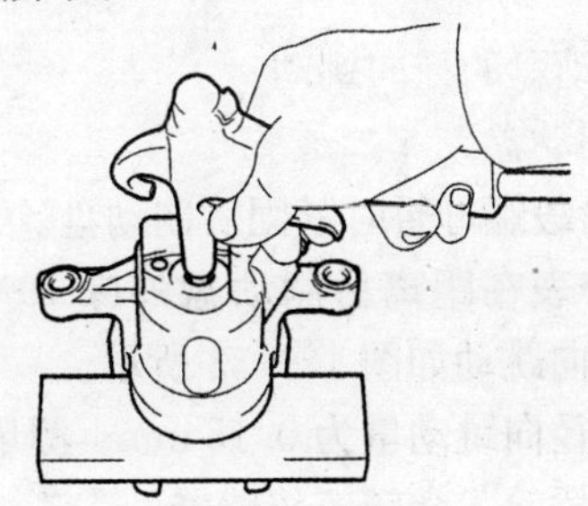

图 12 - 27　拆下后盘式制动活塞

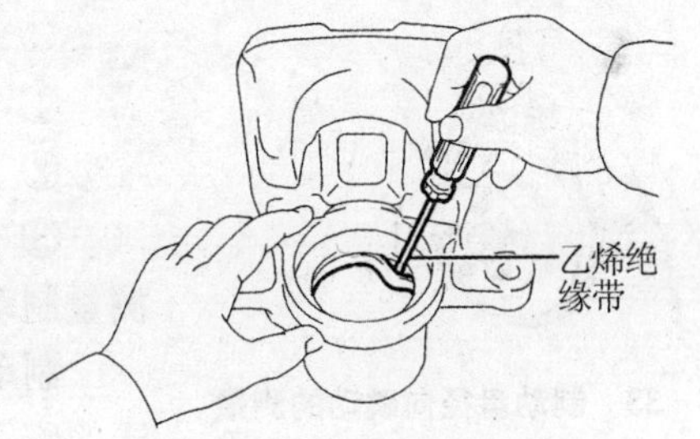


图 12 - 28　拆卸活塞密封

(16) 从后盘式制动器放气螺塞上拆下放气螺塞盖。

(17) 从后盘式制动器制动缸总成上拆下后盘式制动器放气螺塞。

(18) 拆卸驻车制动蹄调节孔塞。

(19) 在后制动盘和车桥轮毂上做装配标记，如图 12-29 所示；解除驻车制动并拆下后制动盘，如图 12-30 所示。

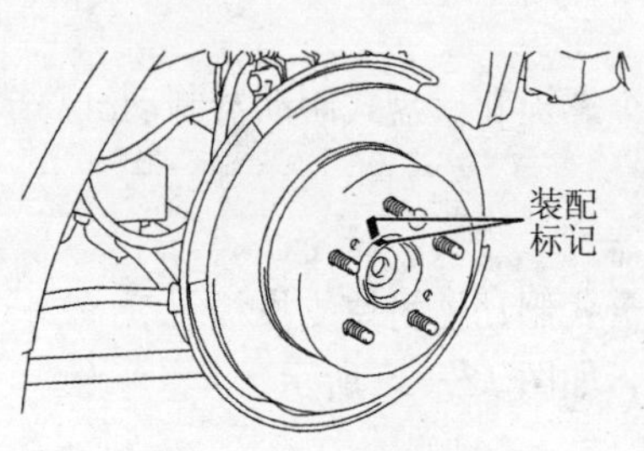


图 12-29 做装配标记

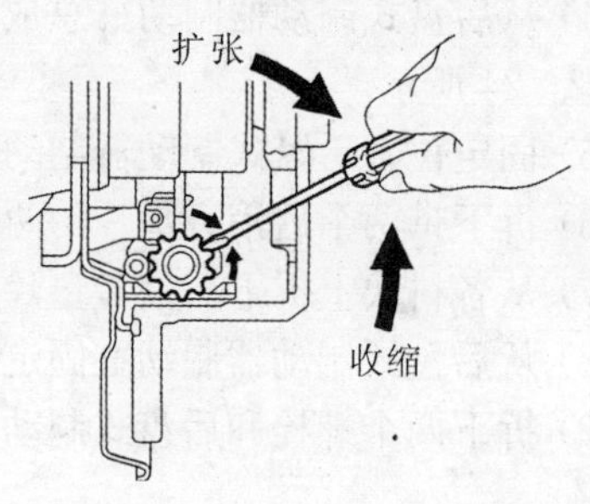


图 12-30 解除驻车制动并拆下后制动盘

## 七、后轮制动器的检查

(1) 检查衬块厚度。使用直尺测量衬块的厚度如图 12-31 所示。其标准厚度为 10.5 mm，最小厚度为 1.0 mm。

如果衬块厚度小于最小值，则更换后制动衬块。

注：更换为新的后制动衬块后，务必检查后制动盘是否磨损。

(2) 使用螺旋测微器测量后制动盘的厚度如图 12-32 所示。其标准厚度为 10.0 mm，最小厚度为 8.5 mm。

如果制动盘厚度小于最小值，则更换后制动盘。

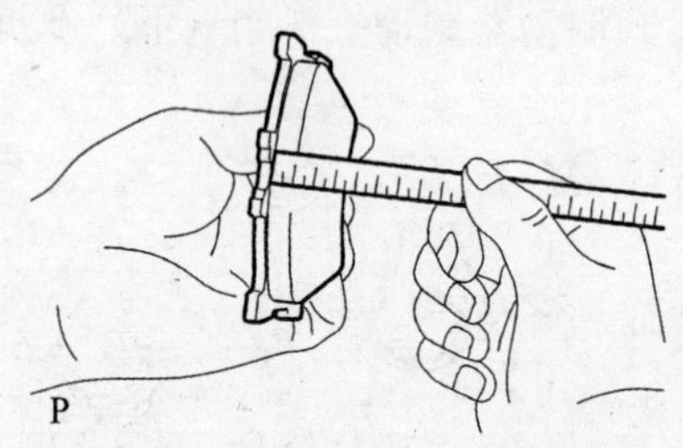


图 12-31 衬块厚度的测量

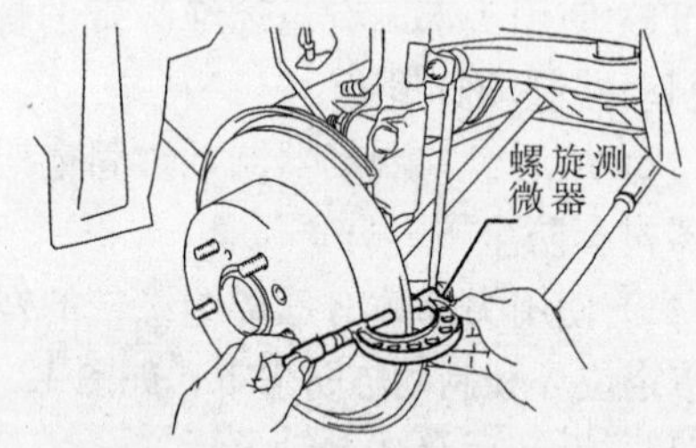


图 12-32 制动盘厚度的测量

(3) 检查缸径和活塞是否生锈或有划痕。如有必要，则更换后盘式制动器制动缸总成或后盘式制动器活塞。

(4) 检查后盘式制动器衬块支撑板。如有必要，则更换后盘式制动器衬块 1 号支撑板。

注：确保衬块支撑板有足够的反弹性，没有变形、破裂或磨损，并清除所有的锈迹和污物。

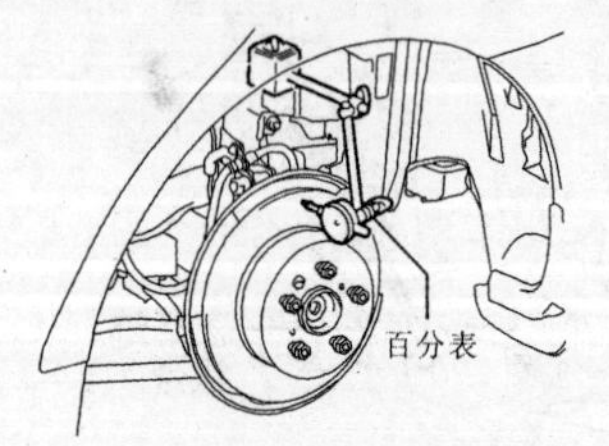


图 12-33 制动盘径向跳动的测量

(5) 检查制动盘的径向跳动。

① 安装后制动盘。

② 用 5 个轮毂螺母暂时紧固后制动盘。

③ 使用百分表在距离后制动盘外缘 10 mm 的地方，测量制动盘的径向跳动如图 12-33 所示。

制动盘最大径向跳动量为 0.15 mm。测量时应使百分表的磁铁远离车桥轮毂和转速传感器。

如果径向跳动超过最大值，则改变制动盘和车桥的安装位置，从而使径向跳动降到最小。如果改变了安装位置后径向跳动仍超过最大值，则检查后桥轮毂轴承松弛度和后桥轮毂径向跳动。如果后桥轮毂轴承松弛度和后桥轮毂径向跳动正常，但制动盘厚度不在规定范围内，则研磨制动盘。如果制动盘厚度小于最小值，则更换制动盘。

④ 拆下 5 个轮毂螺母。

⑤ 拆下后制动盘。

## 第二节　制动控制系统的拆装与检查

### 一、制动执行器的车上检查

1. 检查制动执行器的工作情况

(1) 准备工作。

① 将换挡杆移至 P，施加驻车制动并将智能检测仪连接到 DLC3。

② 将电源开关置于 ON（IG）位置。

③ 打开智能检测仪。

④ 进入以下菜单：Chassis/ ABS/ VSC/ TRC/ Data List/ Master Cylinder Sensor，Master Cylinder Sensor 2，FR W/C Sensor，FL W/C Sensor，RR W/C Sensor，and RL W/C Sensor。

(2) 检查右前系统电磁阀［SLA＃＃、SLR＃＃、电子控制制动系统电磁阀（SMC1）、电子控制制动系统电磁阀（SMC2）］。选择当前测试：电子控制制动系统电磁阀（SLAFR）断开。检查输出电压应符合表 12－3 中的规定。如果结果不符合规定，则对制动系统进行故障排除。

**表 12－3　标准电压（三）**　　(V)

| 传感器 | 检查开始后 10～20 s | 检查开始后 35 s 或更长时间 |
|---|---|---|
| 主缸传感器 | 0.3～0.7 | 0.3～0.7 |
| 主缸传感器 2 | 0.3～0.7 | 0.3～0.7 |
| 右前轮缸传感器 | 2.5～4.5 | 0.3～0.7 |
| 左前轮缸传感器 | 0.3～0.7 | 0.3～0.7 |
| 右后轮缸传感器 | 0.3～0.7 | 0.3～0.7 |
| 左后轮缸传感器 | 0.3～0.7 | 0.3～0.7 |

(3) 检查左前系统电磁阀［SLA＃＃、SLR＃＃、电子控制制动系统电磁阀（SMC1）、电子控制制动系统电磁阀（SMC2）］。选择当前测试：电子控制制动系统电磁阀（SLAFL）断开。检查输出电压应符合表 12－4 中的规定。如果结果不符合规定，则对制动系统进行故障排除。

**表 12－4　标准电压（四）**　　(V)

| 传感器 | 检查开始后 10～20 s | 检查开始后 35 s 或更长时间 |
|---|---|---|
| 主缸传感器 | 0.3～0.7 | 0.3～0.7 |
| 主缸传感器 2 | 0.3～0.7 | 0.3～0.7 |
| 右前轮缸传感器 | 0.3～0.7 | 0.3～0.7 |
| 左前轮缸传感器 | 2.5～4.5 | 0.3～0.7 |

（续表）

| 传感器 | 检查开始后 10～20 s | 检查开始后 35 s 或更长时间 |
| --- | --- | --- |
| 右后轮缸传感器 | 0.3～0.7 | 0.3～0.7 |
| 左后轮缸传感器 | 0.3～0.7 | 0.3～0.7 |

（4）检查右后系统电磁阀［SLA＃＃、SLR＃＃、电子控制制动系统电磁阀（SMC1）、电子控制制动系统电磁阀（SMC2）］。选择当前测试：电子控制制动系统电磁阀（SLARR）断开。检查输出电压应符合表 12－5 中的规定。如果结果不符合规定，则对制动系统进行故障排除。

**表 12－5　标准电压（五）**　　（V）

| 传感器 | 检查开始后 10～20 s | 检查开始后 35 s 或更长时间 |
| --- | --- | --- |
| 主缸传感器 | 0.3～0.7 | 0.3～0.7 |
| 主缸传感器 2 | 0.3～0.7 | 0.3～0.7 |
| 右前轮缸传感器 | 0.3～0.7 | 0.3～0.7 |
| 左前轮缸传感器 | 0.3～0.7 | 0.3～0.7 |
| 右后轮缸传感器 | 2.5～4.5 | 0.3～0.7 |
| 左后轮缸传感器 | 0.3～0.7 | 0.3～0.7 |

（5）检查左后系统电磁阀［SLA＃＃、SLR＃＃、电子控制制动系统电磁阀（SMC1）、电子控制制动系统电磁阀（SMC2）］。选择当前测试：电子控制制动系统电磁阀（SLARL）断开。检查输出电压应符合表 12－6 中的规定。如果结果不符合规定，则对制动系统进行故障排除。

**表 12－6　标准电压（六）**　　（V）

| 传感器 | 检查开始后 10～20 s | 检查开始后 35 s 或更长时间 |
| --- | --- | --- |
| 主缸传感器 | 0.3～0.7 | 0.3～0.7 |
| 主缸传感器 2 | 0.3～0.7 | 0.3～0.7 |
| 右前轮缸传感器 | 0.3～0.7 | 0.3～0.7 |
| 左前轮缸传感器 | 0.3～0.7 | 0.3～0.7 |
| 右后轮缸传感器 | 0.3～0.7 | 0.3～0.7 |
| 左后轮缸传感器 | 2.5～4.5 | 0.3～0.7 |

（6）检查转换电磁阀（SMC1，SMC2）。

① 进入以下菜单：Chassis/ ABS/ VSC/ TRC/ Electronically Controlled Brake Utility/ Electronically Controlled Brake Invalid/ enter Electronically Controlled Brake system Invalid to prohibit the brake control。

② 检查并确认制动控制警告灯点亮。

③ 进入以下菜单：Chassis/ ABS/ VSC/ TRC/ Data List/ Master Cylinder Sensor，Master Cylinder Sensor 2，FR W/C Sensor and FL W/C Sensor。

④ 通过踩下制动踏板检查输出电压。标准电压："主缸传感器"和"右前轮缸传感器"输出电压的差低于 0.4 V。"主缸传感器 2"和"左前轮缸传感器"输出电压的差低于 0.4 V。

⑤ 进入以下菜单：Chassis/ ABS/ VSC/ TRC/ Electronically Controlled Brake Utility/ Electronically Controlled Brake Invalid/ and cancel brake control prohibition（Electronically Controlled Brake Invalid)。

2. 检查压力传感器的工作情况

(1) 检查蓄电池电压应为 11～14 V（发动机停止)。

(2) 连接液压 LSPV 仪表（SST）和制动踏板测力计。

① 安装液压 LSPV 仪表（SST）和制动踏板测力计，如图 12-34 所示。

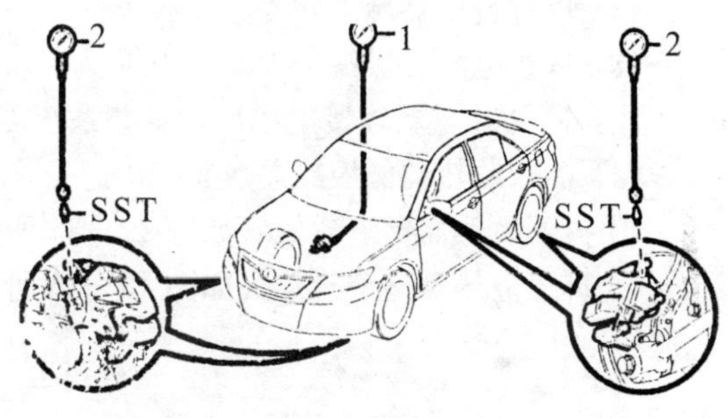


图 12-34 液压仪表和测力计的连接

1—踏板测力计；2—仪表

② 对 LSPV 仪表（SST）放气。

③ 将换挡杆移至 P。在施加驻车制动的情况下，将智能检测仪连接到 DLC3。

④ 将电源开关置于 ON（IG）位置。

⑤ 清除 DTC。

(3) 检查轮缸压力传感器和主缸压力传感器。

① 打开智能检测仪。

② 进入以下菜单：Chassis/ ABS/ VSC/ TRC/ Data List/ Master Cylinder Sensor，Master Cylinder Sensor 2，FR W/C Sensor，FL W/C Sensor，RR W/C Sensor，and RL W/C Sensor。

③ 检查制动踏板测力计和 LSPV 仪表(SST)的读数和输出电压应符合表 12-7、表12-8所示。如果结果不符合规定，则对制动系统进行故障排除。

表 12-7 标准结果（一）

| 制动力 (N) | 主缸传感器 (V) | 主缸传感器 2 (V) |
|---|---|---|
| 200 | 0.85～1.15 | 0.85～1.15 |
| 500 | 1.85～2.15 | 1.85～2.15 |

表 12-8 标准结果（二）

| 制动力 [N (kgf, lbf)] | 右前轮液压 MPa (kgf/cm², psi) | 右前、左前、右后、左后轮缸传感器 (V) |
|---|---|---|
| 50 | 2.4 | 0.85～1.15 |
| 100 | 5.0 | 1.35～1.65 |
| 150 | 5.0 | 1.35～1.65 |
| 200 | 5.1 | 1.4～1.7 |

(4) 检查蓄压器传感器。

① 将换挡杆移至 P。施加驻车制动并将智能检测仪连接到 DLC3。

② 将电源开关置于 ON（IG）位置。

③ 打开智能检测仪。

④ 进入以下菜单：Chassis/ ABS/ VSC/ TRC/ Data List/ Accumulator Sensor

⑤ 踩下制动踏板 4 或 5 次暂时运行泵马达。

⑥ 确认泵马达停止后，检查输出电压应为 2.6～3.8 V。如果结果不符合规定，则对制动系统进行故障排除。

## 二、制动执行器的拆装

(1) 为了禁止制动控制，在电源开关置于 OFF 位置时，拆下两个 ABS 马达继电器。

(2) 执行蓄压器压力归零。

(3) 从蓄电池负极端子上断开电缆。

注：断开并重新连接电缆后，某些系统需要初始化。

(4) 拆卸散热器储液罐总成

① 拆下散热器储液罐软管如图 12－35 所示。

② 拆下散热器储液罐总成如图 12－36 所示。

图 12－35　拆下散热器储液罐软管

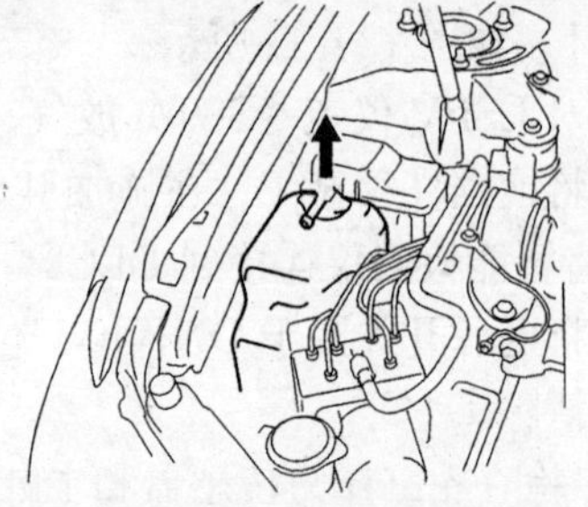

图 12－36　拆下散热器储液罐总成

(5) 拆卸带 1 号制动执行器支架的制动执行器。

① 分离卡夹，并分离空调管路和附件。

② 移动卡子如图 12－37 所示，并从带 1 号制动执行器支架的制动执行器上断开制动执行器软管。

③ 使用连接螺母扳手从带 1 号制动执行器支架的制动执行器上断开 6 根制动管路，如图 13－38所示。

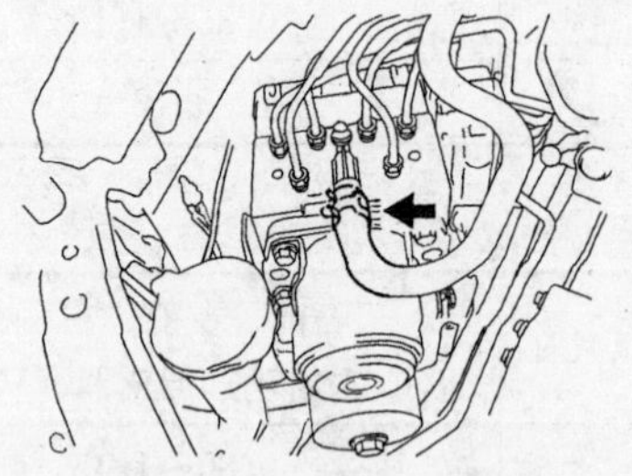

图 12－37　移动卡子

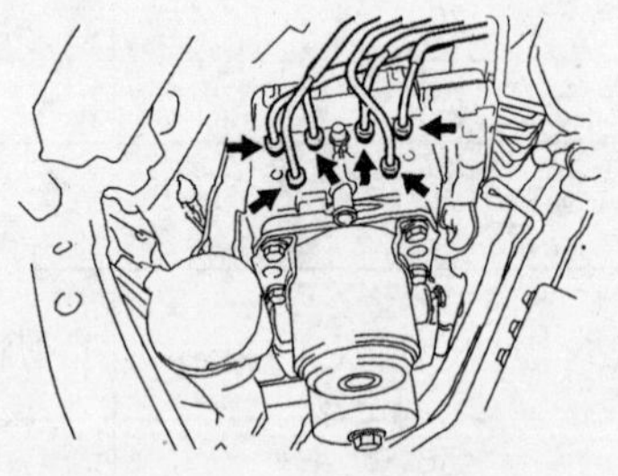

图 12－38　断开制动管路

④ 使用标签或做好记录，以识别重新连接时的位置。

⑤ 松开锁杆，然后断开制动执行器插接器。

⑥ 拆下 3 个螺母和带 1 号制动执行器支架的制动执行器。

(6) 拆卸制动执行器支架总成拆下 3 个螺栓和制动执行器支架总成。

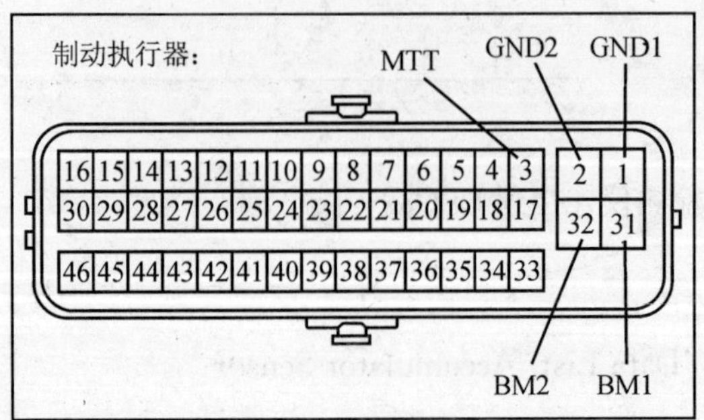


图 12－39　制动执行器总成的测量

## 三、制动执行器总成的检查

检查制动执行器总成如图 12－39 所示。

根据下表中的值测量电阻见表 12-9。

**表 12-9 相关参数**

| 检测仪连接 | 条 件 | 规定状态 |
|---|---|---|
| 31 (BM1) -1 (GND1) | 始终 | 小于 10 Ω |
| 32 (BM2) -1 (GND1) | 始终 | 小于 10 Ω |
| 31 (BM1) -32 (BM2) | 始终 | 小于 1 Ω |
| 1 (GND1) -2 (GND2) | 始终 | 小于 1 Ω |
| 31 (BM1) -3 (MTT) | 始终 | 450～550 Ω |
| 32 (BM2) -3 (MTT) | 始终 | 450～550 Ω |

如果结果不符合规定，则更换制动执行器总成。

**四、前轮转速传感器的拆卸**

(1) 从蓄电池负极端子上断开电缆。注：断开并重新连接电缆后，某些系统需要初始化。

(2) 拆卸前轮。

(3) 拆卸前翼子板外接板衬块。

(4) 拆卸前翼子板内衬。

(5) 拆卸前轮转速传感器

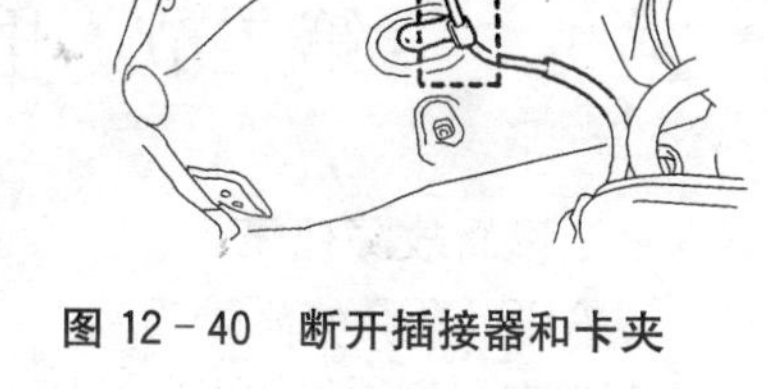

图 12-40 断开插接器和卡夹

① 断开前轮转速传感器插接器和卡夹，如图 12-40 所示。

② 从车身和减振器总成上拆下两个螺栓。

③ 从转向节上分离两个卡爪，如图 12-41 所示。

④ 拆下螺栓和前轮转速传感器。每次拆下转速传感器时，清洁转速传感器的安装孔和表面。

**五、前轮转速传感器的检查**

1. 检查前轮转速传感器

(1) 检查前轮转速传感器。如果发生下列任一情况，则更换为新的前轮转速传感器：

① 前轮转速传感器的表面出现破裂、凹痕或缺口。

② 插接器或线束有划痕、破裂或受损。

③ 前轮转速传感器曾经掉落。

(2) 根据表 12-10、表 12-11 中的值测量电阻，如图 12-42 所示。

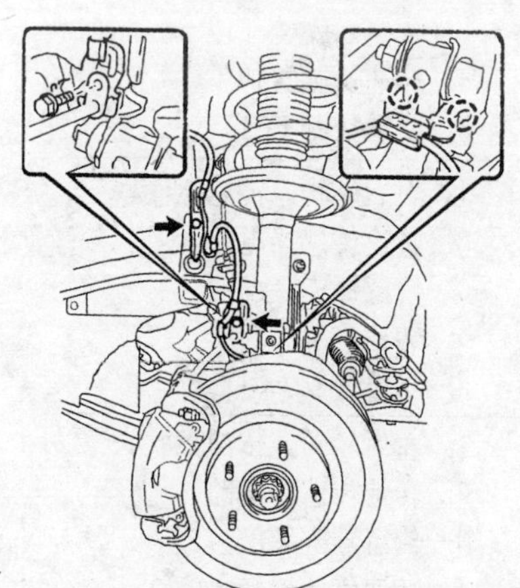


图 12-41 分离卡爪

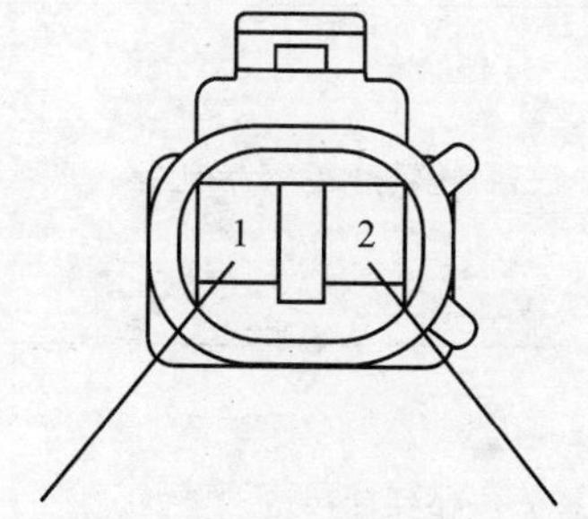


图 12-42 前轮转速传感器的测量

表 12－10 右侧标准电阻

| 检测仪连接 | 条 件 | 规定状态 |
| --- | --- | --- |
| 1（FR＋）－2（FR－） | 始终 | 在 20 ℃时为 1.4 ～1.8 kΩ |
| 1（FR＋）－车身搭铁 | 始终 | 10 kΩ 或更大 |
| 2（FR－）－车身搭铁 | 始终 | 10 kΩ 或更大 |

表 12－11 左侧标准电阻

| 检测仪连接 | 条 件 | 规定状态 |
| --- | --- | --- |
| 1（FL＋）－2（FL－） | 始终 | 在 20 ℃时为 1.4 ～1.8 kΩ |
| 1（FL＋）－车身搭铁 | 始终 | 10 kΩ 或更大 |
| 2（FL－）－车身搭铁 | 始终 | 10 kΩ 或更大 |

如果结果不符合规定，则更换前轮转速传感器。

# 第三节 电子制动控制系统的故障检修

## 一、诊断故障码表

1. ABS DTC 的故障码

ABS DTC 的故障码见表 12－12。

表 12－12 ABS DTC 的故障码

| DTC 代码 | 检测项目 | INF 代码 | 故障部位 |
| --- | --- | --- | --- |
| 42 | 电子控制制动系统故障 | — | 电子控制制动系统 |
| C0200/31 | 右前轮转速传感器电路 | 251<br>252<br>253<br>254<br>255 | 1. 右前轮转速传感器<br>2. 转速传感器电路<br>3. 传感器安装部位<br>4. 转速传感器转子<br>5. 防滑控制 ECU |
| C0205/32 | 左前轮转速传感器电路 | 264<br>265<br>266<br>267<br>268 | 1. 左前轮转速传感器<br>2. 转速传感器电路<br>3. 传感器安装部位<br>4. 转速传感器转子<br>5. 防滑控制 ECU |
| C0210/33 | 右后轮转速传感器电路 | 277<br>278<br>279<br>280<br>281 | 1. 右后轮转速传感器<br>2. 转速传感器电路<br>3. 传感器安装部位<br>4. 转速传感器转子<br>5. 防滑控制 ECU |
| C0215/34 | 左后轮转速传感器电路 | 290<br>291<br>292<br>293<br>294 | 1. 左后轮转速传感器<br>2. 转速传感器电路<br>3. 传感器安装部位<br>4. 转速传感器转子<br>5. 防滑控制 ECU |

（续表）

| DTC代码 | 检测项目 | INF代码 | 故障部位 |
| --- | --- | --- | --- |
| C1235/35 | 右前轮转速传感器端部粘附异物 | 302 | 1. 右前轮转速传感器<br>2. 转速传感器电路<br>3. 传感器安装部位<br>4. 转速传感器转子<br>5. 防滑控制ECU |
| C1236/36 | 左前轮转速传感器端部粘附异物 | 303 | 1. 左前轮转速传感器<br>2. 转速传感器电路<br>3. 传感器安装部位<br>4. 转速传感器转子<br>5. 防滑控制ECU |
| C1238/38 | 右后轮转速传感器端部粘附异物 | 304 | 1. 右后轮转速传感器<br>2. 转速传感器电路<br>3. 传感器安装部位<br>4. 转速传感器转子<br>5. 防滑控制ECU |
| C1239/39 | 左后轮转速传感器端部粘附异物 | 305 | 1. 左后轮转速传感器<br>2. 转速传感器电路<br>3. 传感器安装部位<br>4. 转速传感器转子<br>5. 防滑控制ECU |
| C1243/43 | 加速度传感器卡滞故障 | 311<br>312<br>317 | 横摆率和加速度传感器 |
| C1244/44 | 加速度传感器电路断路或短路 | 314 | 1. 横摆率和加速度传感器<br>2. 传感器安装部位 |
| C1245/45 | 加速度传感器输出故障 | 313 | 1. 横摆率和加速度传感器<br>2. 传感器安装部位 |
| C1336/98 | 加速度传感器的零点校准未进行 | — | 1. 防滑控制ECU<br>2. 横摆率和加速度传感器<br>3. 零点校准未进行 |
| C1381/97 | 加速度传感器电源电压故障 | 315 | 1. 横摆率和加速度传感器<br>2. 横摆率和加速度传感器电源电路<br>3. 防滑控制ECU |
| C1442/44 | 从加速度传感器接收的无效数据 | 322 | 横摆率和加速度传感器 |
| U0124/95 | 与横向加速度传感器模块失去通信 | 319 | CAN通信系统（防滑控制ECU至横摆率和加速度传感器） |

（续表）

| DTC 代码 | 检测项目 | INF 代码 | 故障部位 |
|---|---|---|---|
| 43 | ABS 控制系统故障 | — | ABS 控制系统 |
| 45 | 电子控制制动系统故障 | — | 电子控制制动系统 |
| C1210/36 | 横摆率传感器的零点校准未进行 | — | 1. 防滑控制 ECU<br>2. 横摆率和加速度传感器<br>3. 零点校准未进行 |
| C1231/31 | 转向角传感器电路故障 | — | 1. 转向角传感器<br>2. 转向角传感器电路<br>3. 转向角传感器电源<br>4. 防滑控制 ECU |
| C1234/34 | 横摆率传感器故障 | 333<br>334<br>335<br>337 | 横摆率和加速度传感器 |
| C1290/66 | 转向角传感器零点故障 | — | 1. 横摆率和加速度传感器零点校准未完成<br>2. 方向盘中心位置调节不佳<br>3. 前轮定位调节不佳 |
| C1310/51 | HV 系统故障 | 156 | 混合动力控制系统 |
| C1439/66 | 转向角传感器初始化未完成 | 352 | 1. 转向角传感器<br>2. 横摆率和加速度传感器<br>3. 防滑控制 ECU |
| C1440/98 | 检测到侧倾角异常 | 630 | 横摆率和加速度传感器 |
| C1443/34 | 从横摆率传感器接收的无效数据 | 340 | 横摆率和加速度传感器 |
| C1445/66 | 在转向角传感器未初始化的情况下驾驶车辆 | 353 | 1. 转向角传感器<br>2. 横摆率和加速度传感器<br>3. 防滑控制 ECU |
| U0123/62 | 与横摆率传感器模块失去通信 | 338 | CAN 通信系统（防滑控制 ECU 至横摆率和加速度传感器） |
| U0126/63 | 与转向角传感器模块失去通信 | 350 | CAN 通信系统（防滑控制 ECU 至转向角传感器） |

2. 电子控制制动系统 DTC

电子控制制动系统 DTC 见表 12-13。

表 12-13 电子控制制动系统 DTC

| DTC 代码 | 检测项目 | INF 代码 | 故障部位 |
| --- | --- | --- | --- |
| 36 | ABS 控制系统故障 | — | ABS 控制系统 |
| C1202/68 | 主储液罐液位故障 | 512 | 1. 漏液<br>2. 制动液液位<br>3. 制动液液位警告开关<br>4. 制动液液位警告开关电路<br>5. 防滑控制 ECU |
| C1203/95 | ECM 通信电路故障 | — | 混合动力车辆控制 ECU |
| C1242/42 | IG1/IG2 电源电路断路 | 87<br>88 | 1. 辅助蓄电池<br>2. IG1 电源电路<br>3. G2 电源电路<br>4. 混合动力控制系统(充电电路)<br>5. 防滑控制 ECU |
| C1246/46 | 主缸压力传感器故障 | 191<br>192<br>194<br>195<br>197<br>198<br>199<br>200<br>201<br>202<br>205 | 1. 制动执行器总成（主缸压力传感器）<br>2. 主缸压力传感器电路<br>3. 主缸压力传感器电源<br>4. 制动执行器总成<br>5. 防滑控制 ECU |
| C1247/47 | 行程传感器故障 | 171<br>172<br>173<br>174<br>175<br>176<br>177<br>179<br>180 | 1. 制动踏板行程传感器<br>2. 制动踏板行程传感器电路<br>3. 制动踏板行程传感器电源<br>4. 传感器安装部位<br>5. 防滑控制 ECU |
| C1249/49 | 制动灯开关电路断路 | 520 | 1. STOP 熔丝<br>2. 制动灯开关<br>3. 制动灯开关电路<br>4. 防滑控制 ECU |
| C1252/52 | 制动助力器泵马达运行时间过长 | 130 | 1. ABS MTR1 继电器<br>2. ABS MTR1 继电器电路<br>3. ABS MTR2 继电器<br>4. ABS MTR2 继电器电路<br>5. 制动执行器总成（蓄压器压力传感器电路） |

（续表）

| DTC代码 | 检测项目 | INF代码 | 故障部位 |
|---|---|---|---|
| C1253/53 | 泵马达继电器故障 | 132<br>133<br>134<br>136<br>137<br>138<br>140 | 1. ABS MTR1 熔丝<br>2. ABS MTR2 熔丝<br>3. ABS MTR1 继电器<br>4. ABS MTR2 继电器<br>5. ABS MTR1 继电器电路<br>6. ABS MTR2 继电器电路<br>7. 制动执行器总成（泵马达）<br>8. 泵马达电路 |
| C1256/57 | 蓄压器压力低 | 141<br>143 | 1. 蓄压器压力<br>2. 制动执行器总成（蓄压器压力传感器）<br>3. 制动执行器总成（泵马达） |
| C1259/58 | HV系统再生故障 | 150 | 混合动力控制系统 |
| C1300 | 防滑控制ECU故障 | — | 防滑控制ECU |
| C1311/11 | MAIN继电器1电路断路 | 1 | 1.1号ABS继电器<br>2.1号ABS继电器电路<br>3. 防滑控制ECU |
| C1312/12 | MAIN继电器1电路短路 | 3 | 1.1号ABS继电器<br>2.1号ABS继电器电路<br>3. 防滑控制ECU |
| C1313/13 | MAIN继电器2电路断路 | 4 | 1.2号ABS继电器<br>2.2号ABS继电器电路<br>3. 防滑控制ECU |
| C1314/14 | MAIN继电器2电路短路 | 6 | 1.2号ABS继电器<br>2.2号ABS继电器电路<br>3. 防滑控制ECU |
| C1315/31 | SMC1转换电磁阀故障 | 61<br>62<br>63<br>64 | 1. 制动执行器总成（SMC1）<br>2. SMC1电路<br>3. 防滑控制ECU |
| C1316/32 | SMC2转换电磁阀故障 | 66<br>67<br>68<br>69 | 1. 制动执行器总成（SMC2）<br>2. SMC2电路<br>3. 防滑控制ECU |
| C1319/35 | SCSS转换电磁阀故障 | 71<br>72<br>73<br>74 | 1. 制动主缸行程模拟器<br>2. 制动主缸行程模拟器电路<br>3. 防滑控制ECU |

(续表)

| DTC代码 | 检测项目 | INF代码 | 故障部位 |
|---|---|---|---|
| C1341/62 | 右前液压系统故障 | 551<br>552<br>553<br>554<br>555 | 1. 漏液<br>2. 制动盘转子<br>3. 制动执行器总成 |
| C1342/63 | 左前液压系统故障 | 561<br>562<br>563<br>564<br>565 | 1. 漏液<br>2. 制动盘转子<br>3. 制动执行器总成 |
| C1343/64 | 右后液压系统故障 | 571<br>572<br>573<br>574<br>575 | 1. 漏液<br>2. 制动盘转子<br>3. 制动执行器总成 |
| C1344/65 | 左后液压系统故障 | 581<br>582<br>583<br>584<br>585 | 1. 漏液<br>2. 制动盘转子<br>3. 制动执行器总成 |
| C1345/66 | 线性电磁阀偏移学习未进行 | — | 线性电磁阀的初始化和校准未进行 |
| C1352/21 | 右前增压电磁阀故障 | 11<br>12<br>13<br>14 | 1. 制动执行器总成（FRA）<br>2. FRA 电路<br>3. 防滑控制 ECU |
| C1353/23 | 左前增压电磁阀故障 | 21<br>22<br>23<br>24 | 1. 制动执行器总成（FLA）<br>2. FLA 电路<br>3. 防滑控制 ECU |
| C1354/25 | 右后增压电磁阀故障 | 31<br>32<br>33<br>34 | 1. 制动执行器总成（RRA）<br>2. RRA 电路<br>3. 防滑控制 ECU |
| C1355/27 | 左后增压电磁阀故障 | 41<br>42<br>43<br>44 | 1. 制动执行器总成（RLA）<br>2. RLA 电路<br>3. 防滑控制 ECU |

（续表）

| DTC 代码 | 检测项目 | INF 代码 | 故障部位 |
|---|---|---|---|
| C1356/22 | 右前减压电磁阀故障 | 16<br>17<br>18<br>19 | 1. 制动执行器总成（FRR）<br>2. FRR 电路<br>3. 防滑控制 ECU |
| C1357/24 | 左前减压电磁阀故障 | 26<br>27<br>28<br>29 | 1. 制动执行器总成（FLR）<br>2. FLR 电路<br>3. 防滑控制 ECU |
| C1358/26 | 右后减压电磁阀故障 | 36<br>37<br>38<br>39 | 1. 制动执行器总成（RRR）<br>2. RRR 电路<br>3. 防滑控制 ECU |
| C1359/28 | 左后减压电磁阀故障 | 46<br>47<br>48<br>49 | 1. 制动执行器总成（RLR）<br>2. RLR 电路<br>3. 防滑控制 ECU |
| C1364/61 | 轮缸压力传感器故障 | 221<br>222<br>224<br>225<br>227<br>228<br>230<br>231<br>233<br>234<br>236<br>237<br>239<br>240<br>242<br>243 | 1. 制动执行器总成（轮缸压力传感器）<br>2. 轮缸压力传感器电路<br>3. 轮缸压力传感器电源<br>4. 制动执行器总成<br>5. 防滑控制 ECU |
| C1365/54 | 蓄压器压力传感器故障 | 211<br>212<br>214<br>215<br>216 | 1. 制动执行器总成（蓄压器压力传感器）<br>2. 蓄压器压力传感器电路<br>3. 蓄压器压力传感器电源<br>4. 制动执行器总成<br>5. 防滑控制 ECU |

（续表）

| DTC 代码 | 检 测 项 目 | INF 代码 | 故 障 部 位 |
|---|---|---|---|
| C1368/67 | 线性电磁阀偏移故障 | — | 1. 线性电磁阀的初始化和校准未进行<br>2. 制动执行器总成 |
| C1377/43 | 电容器故障 | 101<br>102<br>103<br>105<br>106<br>107<br>108<br>109<br>110 | 1. 1 号 ABS MAIN 熔丝<br>2. 2 号 ABS MAIN 熔丝<br>3. 3 号 ABS MAIN 熔丝<br>4. 施加高电压<br>5. 制动控制电源<br>6. 制动控制电源电路 |
| C1378/44 | 电容器通信故障 | 112 | 1. 制动控制电源<br>2. 制动控制电源电路 |
| C1391/69 | 蓄压器泄漏故障 | 591 | 1. 漏液<br>2. 制动执行器总成 |
| C1392/48 | 行程传感器零点校准未进行 | — | 1. 制动踏板行程传感器零点校准未完成（线性电磁阀的初始化和校准未完成）<br>2. 防滑控制 ECU |
| U0073/94 | 控制模块通信总线通信中断 | 360 | CAN 通信系统 |
| U0293/59 | HV ECU 通信故障 | 152<br>153<br>154 | CAN 通信系统（防滑控制 ECU 至混合动力车辆控制 ECU） |

3. ABS 测试模式 DTC

ABS 测试模式 DTC 见表 12-14。

**表 12-14 ABS 测试模式 DTC**

| DTC 代码 | 检测项目 | INF 代码 | 故障部位 |
|---|---|---|---|
| C1271/71 | 右前轮转速传感器低输出信号（测试模式 DTC） | — | 1. 右前轮转速传感器<br>2. 传感器安装部位<br>3. 转速传感器转子 |
| C1272/72 | 左前轮转速传感器低输出信号（测试模式 DTC） | — | 1. 左前轮转速传感器<br>2. 传感器安装部位<br>3. 转速传感器转子 |

（续表）

| DTC代码 | 检测项目 | INF代码 | 故障部位 |
|---|---|---|---|
| C1273/73 | 右后轮转速传感器低输出信号（测试模式DTC） | — | 1. 右后轮转速传感器<br>2. 传感器安装部位<br>3. 转速传感器转子 |
| C1274/74 | 左后轮转速传感器低输出信号（测试模式DTC） | — | 1. 左后轮转速传感器<br>2. 传感器安装部位<br>3. 转速传感器转子 |
| C1275/75 | 右前轮转速传感器输出信号变化异常（测试模式DTC） | — | 转速传感器转子 |
| C1276/76 | 左前轮转速传感器输出信号变化异常（测试模式DTC） | — | 转速传感器转子 |
| C1277/77 | 右后轮转速传感器输出信号变化异常（测试模式DTC） | — | 转速传感器转子 |
| C1278/78 | 左后轮转速传感器输出信号变化异常（测试模式DTC） | — | 转速传感器转子 |
| C1279/79 | 加速度传感器输出电压故障（测试模式DTC） | — | 1. 横摆率和加速度传感器<br>2. 传感器安装部位 |

## 二、故障码DTC 36/43的检修

1. 描述

VSC或电子控制制动系统检测到ABS控制系统故障时，便输出该DTC。其相关内容见表12-15。

**表12-15 DTC的相关内容（一）**

| DTC代码 | INF代码 | DTC检测条件 | 故障部位 |
|---|---|---|---|
| 36 | — | ABS控制系统故障 | ABS控制系统 |
| 43 | — | ABS控制系统故障 | ABS控制系统 |

2. 检查程序

(1) 检查ABS控制系统，清除DTC，将电源开关置于ON（IG）位置。

若未输出DTC（ABS控制系统DTC），应维修输出DTC指示的电路。

若未输出DTC（ABS控制系统DTC），应按下项检查。

(2) 重新确认DTC，将电源开关置于OFF位置，清除DTC，将电源开关置于ON（IG）位置。检查是否记录相同的DTC。

若未输出DTC（36或43），应检查是否存在间歇性故障。

若未输出DTC（36或43），应更换防滑控制ECU。

## 三、故障码 DTC 42/45 的检修

1. 描述

ABS 或 VSC 系统检测到电子控制制动系统故障时，便输出该 DTC。其相关内容见表12－16。

**表 12－16　DTC 的相关内容（二）**

| DTC 代码 | INF 代码 | DTC 检测条件 | 故 障 部 位 |
|---|---|---|---|
| 42 | — | 电子控制制动系统故障 | 电子控制制动系统 |
| 45 | — | 电子控制制动系统故障 | 电子控制制动系统 |

2. 检查程序

(1) 检查电子控制制动系统，清除 DTC，将电源开关置于 ON（IG）位置。检查是否记录相同的 DTC。

若未输出 DTC（电子控制制动系统 DTC），应维修输出 DTC 指示的电路。

若未输出 DTC（电子控制制动系统 DTC），应进行下项检查。

(2) 重新确认 DTC 将电源开关置于 OFF 位置，清除 DTC，将电源开关置于 ON（IG）位置。检查是否记录相同的 DTC。

若未输出 DTC（42 或 45），应检查是否存在间隙性故障。

若未输出 DTC（42 或 45），应更换防滑控制 ECU。

## 四、故障码 DTC C0200/31、C0205/32、C1271/71、C1272/72 的检修

1. 描述

转速传感器检测车轮转速并将信号发送至 ECU。这些信号用来控制 ABS 控制系统。前后转子各有 48 个锯齿。转子旋转时，转速传感器上的永久磁铁生成的磁场将产生交流电压。由于此交流电压变化的频率与转子的转速成正比，因此 ECU 使用此频率来检测各车轮的转速。转速传感器发送车轮转速信号时，或测试模式结束时，可清除 DTC C1271/71 和 C1272/72。仅在测试模式下输出 DTC C1271/71 和 C1272/72。DTC 的相关内容见表 12－17。

**表 12－17　DTC 的相关内容（三）**

| DTC 代码 | INF 代码 | DTC 检测条件 | 故 障 部 位 |
|---|---|---|---|
| C0200/31 | 251 | 车速为 10 km/h（6 m/h）或更高时，异常车轮的传感器信号电路断路或短路达 1 s 或更长时间 | 1. 右前轮转速传感器<br>2. 转速传感器电路<br>3. 传感器安装部位<br>4. 转速传感器转子<br>5. 防滑控制 ECU |
| | 252 | 多个车轮出现异常 | |
| | 253 | 转速传感器信号电路断路达 0.5 s 钟或更长时间 | |
| | 254 | 来自异常车轮的传感器信号瞬间中断出现 7 次或以上 | |
| | 255 | 输入的频率为 2.7 kHz 或更高 | 1. 右前轮转速传感器<br>2. 转速传感器电路<br>3. 转速传感器转子<br>4. 防滑控制 ECU |

（续表）

| DTC 代码 | INF 代码 | DTC 检测条件 | 故障部位 |
| --- | --- | --- | --- |
| C0205/32 | 264 | 车速为 10 km/h（6 mile/h）或更高时，异常车轮的传感器信号电路断路或短路达 1 s 或更长时间 | 1. 左前轮转速传感器<br>2. 转速传感器电路<br>3. 传感器安装部位<br>4. 转速传感器转子<br>5. 防滑控制 ECU |
| | 265 | 多个车轮出现异常 | |
| | 266 | 转速传感器信号电路断路达 0.5 s 或更长时间 | |
| | 267 | 来自异常车轮的传感器信号瞬间中断出现 7 次或以上 | |
| | 268 | 输入的频率为 2.7 kHz 或更高 | 1. 左前轮转速传感器<br>2. 转速传感器电路<br>3. 转速传感器转子<br>4. 防滑控制 ECU |
| C1271/71<br>C1272/72 | — | 仅在测试模式下检测到 | 1. 左前/右前轮转速传感器<br>2. 传感器安装部位<br>3. 转速传感器转子 |

注：1. DTC C0200/31 和 C1271/71 针对右前轮转速传感器。
  2. DTC C0205/32 和 C1272/72 针对左前轮转速传感器。

检测到两个或多个车轮转速传感器发生故障时，制动警告灯或红色（故障）点亮。

2. 电子控制制动系统电路

电子控制制动系统电路如图 12-43 所示。

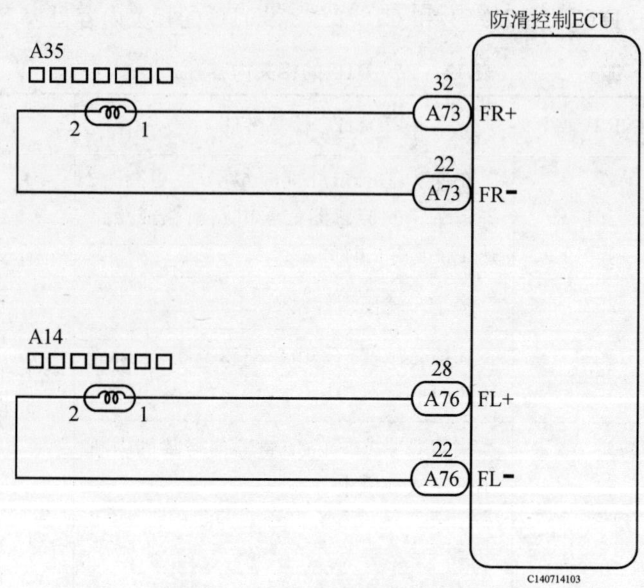


图 12-43 电子控制系统电路

3. 检查程序

注：更换防滑控制 ECU 时，执行线性电磁阀的初始化和校准。

(1) 检查线束和插接器（瞬间中断）应使用智能检测仪，检查 DTC 所对应的线束和插接器有无任何瞬间中断。正常时无瞬间中断，则按下项检查。若异常，应维修或更换线束或插接器。

(2) 使用智能检测仪读取值（前轮转速传感器）。

① 选择智能检测仪上的数据列表。

② 检查并确认智能检测仪上显示的转速传感器输出的速度值。

正常情况下，智能检测仪上显示的转速传感器输出的速度值与速度表上显示的速度接近应按下项检查。若异常，应转至步骤（5）。

(3) 执行测试模式检查（信号检查）。

① 将电源开关置于 OFF 位置。

② 在测试模式程序下执行传感器检查。若正常应清除所有测试模式 DTC。并按下项检查，若异常，应转至步骤（5）。

(4) 重新确认 DTC。将电源开关置于 OFF 位置。清除 DTC，将电源开关置于 ON（READY）位置。以 10 km/h或更高的速度驾驶车辆至少 60 s。检查是否记录相同的 DTC。

若未输出 DTC（C0200/31 和 C0205/32），应检查是否存在间歇性故障。若输出 DTC（C0200/31 或 C0205/32），应转至步骤（7）。

(5) 检查前轮转速传感器的安装情况

将电源开关置于 OFF 位置。检查转速传感器的安装情况如图 12-44 所示。正常时传感器与前转向节之间无间隙。若异常，应正确安装前轮转速传感器。若正常，应按下项检查。

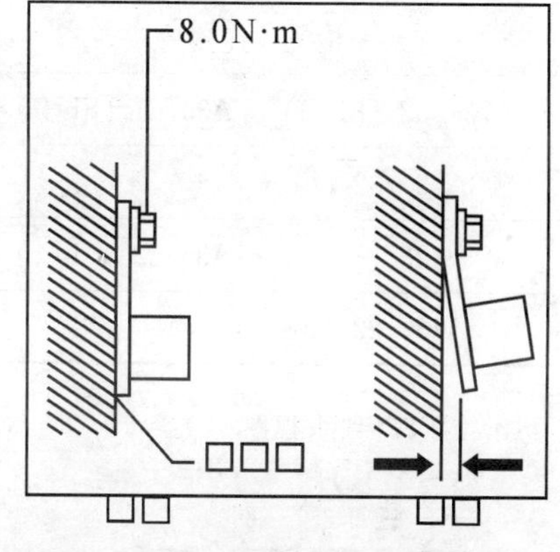


图 12-44 前轮转速传感器的安装

(6) 检查前轮转速传感器端部。拆下前轮转速传感器，检查转速传感器端部，正常时传感器端部无划痕或异物，若异常，应清洁或更换前轮转速传感器，若正常，应按下项检查。

(7) 检查前轮转速传感器。将电源开关置于 OFF 位置，安装前轮转速传感器。断开前轮转速传感器插接器，根据下表中的值测量电阻见表 12-18、表 12-19。

表 12-18 右侧标准电阻（一）

| 检测仪连接 | 条件 | 规定状态 |
|---|---|---|
| 1 (FR+) -2 (FR-) | 始终 | 在 20 ℃时为 1.4～1.8 kΩ |
| 1 (FR+) -车身搭铁 | 始终 | 10 kΩ 或更大 |
| 2 (FR-) -车身搭铁 | 始终 | 10 kΩ 或更大 |

表 12-19 左侧标准电阻（一）

| 检测仪连接 | 条件 | 规定状态 |
|---|---|---|
| 1 (FL+) -2 (FL-) | 始终 | 在 20 ℃时为 1.4～1.8 kΩ |
| 1 (FL+) -车身搭铁 | 始终 | 10 kΩ 或更大 |
| 2 (FL-) -车身搭铁 | 始终 | 10 kΩ 或更大 |

若异常，应更换前轮转速传感器。若正常，应按下项检查。

(8) 检查线束和插接器（防滑控制 ECU—前轮转速传感器）。断开防滑控制 ECU 插接器，根据下表中的值测量电阻。其标准电阻值见表 12-20、表 12-21。

表 12-20　右侧标准电阻（二）

| 检测仪连接 | 条　件 | 规 定 状 态 |
|---|---|---|
| A73—32（FR+）—A35—1（FR+） | 始终 | 小于 1 Ω |
| A73—32（FR+）—车身搭铁 | 始终 | 10 kΩ 或更大 |
| A73—22（FR—）—A35—2（FR—） | 始终 | 小于 1 Ω |
| A73—22（FR—）—车身搭铁 | 始终 | 10 kΩ 或更大 |

表 12-21　左侧标准电阻（二）

| 检测仪连接 | 条　件 | 规 定 状 态 |
|---|---|---|
| A73—32（FL+）—A35—1（FL+） | 始终 | 小于 1 Ω |
| A73—32（FL+）—车身搭铁 | 始终 | 10 kΩ 或更大 |
| A73—22（FL—）—A35—2（FL—） | 始终 | 小于 1 Ω |
| A73—22（FL—）—车身搭铁 | 始终 | 10 kΩ 或更大 |

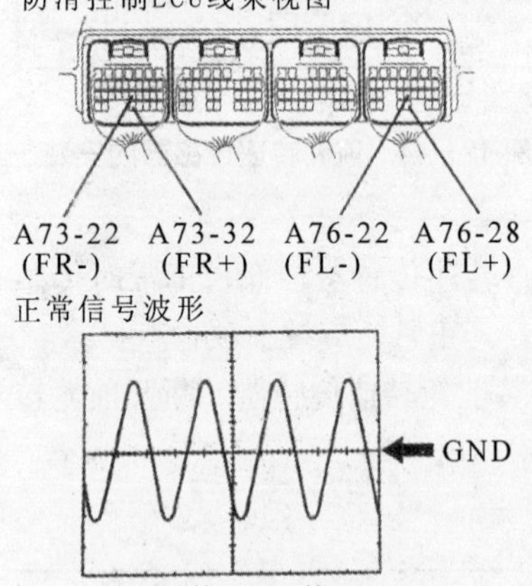


图 12-45　波形输出情况

若异常，应维修或更换线束或插接器。若正常，应接下项检查。

(9) 检查转速传感器和转速传感器转子锯齿。

重新连接防滑控制 ECU 插接器和前轮转速传感器插接器。将示波器连接到防滑控制 ECU 的前轮转速传感器端子上。轮胎换位时，检查并确认波形输出如图 12-45 所示。正常时 4 个车轮输出的波形均相同，并且波形中没有噪声或干扰。

若异常，应清洁或更换转速传感器或转速传感器转子。若正常，应按下项检查。

(10) 重新确认 DTC。

将电源开关置于 OFF 位置，清除 DTC。将电源开关置于 ON（READY）位置，以 10 km/h 或更高的速度驾驶车辆至少 60 s。检查是否有记录相同的 DTC。

若未输出 DTC C0200/31 和 C0205/32)，应检查是否存在间歇性故障。

若输出 DTC C0200/31 和 C0205/32)，应更换防滑控制 ECU。

## 五、故障码 DTC C0210/33、C0215/34、C1273/73 和 C1274/74 的检修

1. 描述

转速传感器检测车轮转速并将信号发送至 ECU。这些信号用来控制 ABS 控制系统。前后转子各有 48 个锯齿。转子旋转时，转速传感器上的永久磁铁生成的磁场将产生交流电压。由于此交流电压变化的频率与转子的转速成正比，因此 ECU 使用此频率来检测各车轮的转速。转速传感器发送车轮转速信号时，或测试模式结束时，可清除 DTC C1273/73 和 C1274/74。

仅在测试模式下输出 DTC C1273/73 和 C1274/74。DTC 的相关内容见表 12 - 22。

**表 12 - 22 DTC 的相关内容（四）**

| DTC 代码 | INF 代码 | DTC 检测条件 | 故障部位 |
| --- | --- | --- | --- |
| C0210/33 | 277 | 车速为 10 km/h 或更高时，异常车轮的传感器信号电路断路或短路达 1 s 或更长时间 | 1. 右后轮转速传感器<br>2. 转速传感器电路<br>3. 传感器安装部位<br>4. 转速传感器转子<br>5. 防滑控制 ECU |
| | 278 | 多个车轮出现异常 | |
| | 279 | 转速传感器信号电路断路达 0.5s 或更长时间 | |
| | 280 | 来自异常车轮的传感器信号瞬间中断出现 7 次或以上 | |
| | 281 | 输入的频率为 2.7 kHz 或更高 | 1. 右后轮转速传感器<br>2. 转速传感器电路<br>3. 转速传感器转子<br>4. 防滑控制 ECU |
| C0215/34 | 290 | 车速为 10 km/h 或更高时，异常车轮的传感器信号电路断路或短路达 1s 或更长时间 | 1. 左后轮转速传感器<br>2. 转速传感器电路<br>3. 传感器安装部位<br>4. 转速传感器转子<br>5. 防滑控制 ECU |
| | 291 | 多个车轮出现异常 | |
| | 292 | 转速传感器信号电路断路达 0.5s 或更长时间 | |
| | 293 | 来自异常车轮的传感器信号瞬间中断出现 7 次或以上 | |
| | 294 | 输入的频率为 2.7 kHz 或更高 | 1. 左后轮转速传感器<br>2. 转速传感器电路<br>3. 转速传感器转子<br>4. 防滑控制 ECU |
| C1273/73<br>C1274/74 | — | 仅在测试模式下检测到 | 1. 左后/右后轮转速传感器<br>2. 传感器安装部位<br>3. 转速传感器转子 |

注：1. DTC C0210/33 和 C1273/73 针对右后轮转速传感器。
2. DTC C0215/34 和 C1274/74 针对左后轮转速传感器。

检测到两个或多个车轮转速传感器发生故障时，制动警告灯或红色（故障）点亮。

2. 电路图

故障码相关电路如图 12 - 46 所示。

3. 检查程序

更换防滑控制 ECU 时，执行线性电磁阀的初始化和校准。

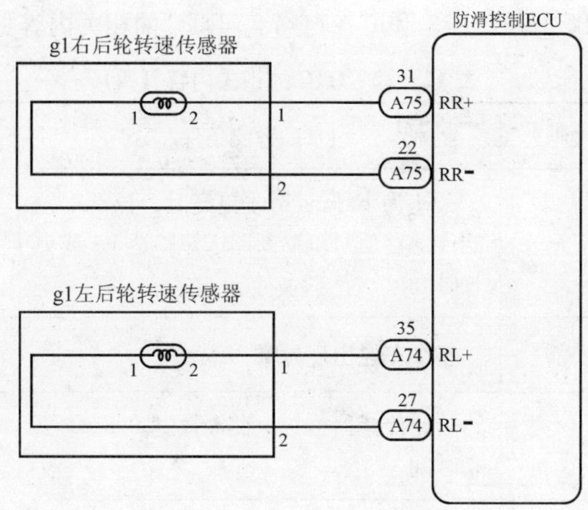


图 12-46　故障码相关电路

(1) 检查线束和插接器（瞬间中断）。

使用智能检测仪检查 DTC 所对应的线束和插接器有无任何瞬间中断。正常时应无瞬间中断。若异常，应维修或更换线束或插接器。若正常，应按下项检查。

(2) 使用智能检测仪读取值（后轮转速传感器）。

① 选择智能检测仪上的数据见表 12-23。

表 12-23　检测数据

| 检测仪显示 | 测量项目/范围 | 正常状态 |
| --- | --- | --- |
| RR Wheel Speed | 右后轮转速传感器读数<br>最低：0 km/h<br>最高：326.4 km/h | 车辆停止：0 km/h |
| RL Wheel Speed | 左后轮转速传感器读数<br>最低：0 km/h<br>最高：326.4 km/h | 车辆停止：0 km/h |

② 检查并确认智能检测仪上显示的转速传感器输出的速度值。

正常时，智能检测仪上显示的转速传感器输出的速度值与速度表上显示的速度接近。若异常，应转至步骤 (5)。若正常，应按下项检查。

(3) 执行测试模式检查（信号检查）。

将电源开关置于 OFF 位置。在测试模式程序下执行传感器检查正常时，清除所有测试模式 DTC。若异常，应转至步骤 (5)，若正常，应按下项检查。

(4) 重新确认 DTC。

将电源开关置于 OFF 位置，清除 DTC。将电源开关置于 ON(READY)位置，以10km/h 或更高的速度驾驶车辆至少 30 s，检查有是否有记录相同的 DTC。若未输出 DTC（C0210/33 和 C0215/34），应检查是否存在间歇性故障。若输出 DTC（C0210/33 或 C0215/34），应转至步骤 (6)。

(5) 检查后轮转速传感器的安装情况。

将电源开关置于 OFF 位置，检查转速传感器的安装情况。正常时传感器和后桥支架之间没有间隙。若异常，应正确安装后轮转速传感器。若正常，应按下项检查。

(6) 检查后轮转速传感器。

将电源开关置于OFF位置，断开防滑控制传感器线束，根据表12-24、12-25中的值测量电阻。

**表12-24 右侧的标准电阻（三）**

| 检测仪连接 | 条 件 | 规定状态 |
| --- | --- | --- |
| 2（RR+）-1（RR-） | 始终 | 在20℃时小于1.45 kΩ |
| 2（RR+）-车身搭铁 | 始终 | 10 kΩ或更大 |
| 1（RR-）-车身搭铁 | 始终 | 10 kΩ或更大 |

**表12-25 左侧的标准电阻（三）**

| 检测仪连接 | 条 件 | 规定状态 |
| --- | --- | --- |
| 2（RR+）-1（RR-） | 始终 | 在20℃时小于1.45 kΩ |
| 2（RR+）-车身搭铁 | 始终 | 10 kΩ或更大 |
| 1（RR-）-车身搭铁 | 始终 | 10 kΩ或更大 |

若异常，应更换后轮转速传感器。若正常，应按下项检查。

(7) 检查线束和插接器（防滑控制传感器线束）。

若异常，应更换防滑控制传感器线束。若正常，应按下项检查。

(8) 检查线束和插接器（防滑控制ECU—后轮转速传感器）。

重新连接防滑控制传感器线束（车辆侧），断开防滑控制ECU插接器，根据表12-26、12-27中的值测量电阻。

**表12-26 右侧的标准电阻（四）**

| 检测仪连接 | 条 件 | 规定状态 |
| --- | --- | --- |
| A75-31（RR+）-f1-2（RR+） | 始终 | 小于1 Ω |
| A75-31（RR+）-车身搭铁 | 始终 | 10 kΩ或更大 |
| A75-23（RR-）-f1-1（RR-） | 始终 | 小于1 Ω |
| A75-23（RR-）-车身搭铁 | 始终 | 10 kΩ或更大 |

**表12-27 左侧的标准电阻（四）**

| 检测仪连接 | 条 件 | 规定状态 |
| --- | --- | --- |
| A75-31（RL+）-g1-2（RL+） | 始终 | 小于1 Ω |
| A75-31（RL+）-车身搭铁 | 始终 | 10 kΩ或更大 |
| A75-23（RL-）-g1-1（RL-） | 始终 | 小于1 Ω |
| A75-23（RL-）-车身搭铁 | 始终 | 10 kΩ或更大 |

若异常，应维修或更换线束或插接器。若正常，应按下项检查。

(9) 检查转速传感器和转速传感器转子锯齿。

重新连接防滑控制传感器线束（传感器侧）和防滑控制 ECU 插接器。将示波器连接到防滑控制 ECU 的后轮转速传感器端子上。轮胎换位时，检查并确认波形输出。正常时 4 个车轮输出的波形均相同，并且波形中没有噪声或干扰。若异常，应清洁或更换转速传感器或转速传感器转子，若正常，应按下项检查。

(10) 重新确认 DTC

将电源开关置于 OFF 位置，清除 DTC。将电源开关置于 ON(READY)位置，以10km/h 或更高的速度驾驶车辆至少 60 s，检查是否记录相同的 DTC。若未输出 DTC（C0210/33 和 C0215/34），应更换防滑控制 ECU。若输出 DTC（C0210/33 或 C0215/34）应检查是否存在间歇性故障。

## 六、故障码 DTC C0371/71、C1234/34、C1243/43、C1244/44、C1245/45、C1279/79 和 C1381/97 的检修

1. 描述

防滑控制 ECU 通过 CAN 通信系统接收来自横摆率和加速度传感器的信号。横摆率传感器有内置式加速度传感器，并使用两个电路（GL1，GL2）来检测车辆状况。如果横摆率和加速度传感器与 CAN 通信系统之间的总线有故障，将输出 DTC U0123/6（与横摆率传感器模块失去通信）和 U0124/95（与横向加速度传感器模块失去通信）。未完成校准时，也会输出这些 DTC。横摆率和加速度传感器发送横摆率或加速度信号时，或测试模式结束时，会清除 DTC C0371/71 和 C1279/79。仅在测试模式下输出 DTC C0371/71 和 C1279/79。DTC 相关内容见表 12－28。

**表 12－28　DTC 相关内容（五）**

| DTC 代码 | INF 代码 | DTC 检测条件 | 故障部位 |
|---|---|---|---|
| C1234/34 | 333<br>334<br>335<br>337 | 与传感器的通信有效时，接收到传感器自检时检测到的故障信号 | 横摆率和加速度传感器 |
| C1243/43 | 311<br>312<br>317 | 车速为 30 km/h 和 0 km/h 之间时，连续发生 16 次或更多次传感器卡滞 | 横摆率和加速度传感器 |
| C1244/44 | 314 | 车速为 0 km/h 时，GL1 和 GL2 之间的差为 0.6 G 或更大后，至少在 60 s 内此差不会小于 0.4 G。从加速度传感器接收到故障信号 | 1. 横摆率和加速度传感器<br>2. 传感器安装部位 |
| C1245/45 | 313 | 车速为 30 km/h 时，至少在 60 s 内根据减速度传感器值计算出的 G 值与车速之差超过 0.35 G | 1. 横摆率和加速度传感器<br>2. 传感器安装部位 |
| C1381/97 | 315 | 防滑控制 ECU 和传感器之间的通信有效时，电源电压不在规定范围内 | 1. 横摆率和加速度传感器<br>2. 横摆率和加速度传感器电源电路<br>3. 防滑控制 ECU |
| C0371/71 | — | 仅在测试模式下检测到 | 横摆率和加速度传感器 |
| C1279/79 | — | 仅在测试模式下检测到 | 1. 横摆率和加速度传感器<br>2. 传感器安装部位 |

2. DTC 的相关电路

DTC 的相关电路如图 12－47 所示。

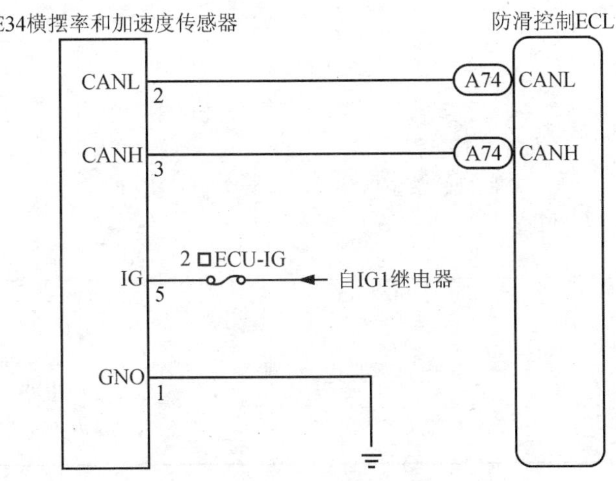


图 12－47 DTC 的相关电路

3. 检查程序

U0123/62 或 U0124/95 与 C1234/34、C1243/43、C1244/44、C1245/45 或 C1381/97 同时输出时，应首先检查并维修 U0123/62 或 U0124/95 指示的故障部位。

(1) 检查 DTC。清除 DTC，将电源开关置于 OFF 位置。将电源开关置于 ON（READY）位置，以 30 km/h 或更高的速度驾驶车辆，转动方向盘，并减速（踩下制动踏板）。再次将电源开关置于 ON（IG）位置，检查并确认未输出 CAN 通信系统 DTC。检查是否输出 DTC C1210/36（横摆率传感器的零点校准未进行）或 C1336/98（加速度传感器的零点校准未进行）。若未输出 DTC（C1210/36、C1336/98 和 CAN 通信系统 DTC），应按下项检查。若输出 CAN 通信系统 DTC，应检查 CAN 通信系统。若输出 DTC（C1210/36 或 C1336/98），应维修输出 DTC 指示的电路。

(2) 检查横摆率和加速度传感器的安装情况。将电源开关置于 OFF 位置，检查并确认横摆率和加速度传感器已正确安装。正常时传感器不能倾斜。若异常应正确安装横摆率和加速度传感器。若正常，应按下项检查。

(3) 检查横摆率和加速度传感器（端子 IG）。断开横摆率和加速度传感器插接器，将电源开关置于 ON（IG）位置，E34—5（IG）与车身搭铁间的电压应为 11～14 V。若异常，应维修或更换线束或插接器（IG 电路），若正常，应按下项检查。

(4) 检查横摆率和加速度传感器（端子 GND）。将电源开关置于 OFF 位置，测量 E34－1（GND）与车身搭铁间的电阻应小于 1 Ω。若异常，应维修或更换线束或插接器（GND 电路）。若正常，应更换横摆率和加速度传感器。

## 七、DTC C1202/68 主储液罐液位故障的检修

1. 描述

检测到主缸储液罐液位下降时，信号输入至防滑控制 ECU。存储液位下降的 DTC 时，停止警告，且如果液位恢复正常则不存储 DTC。相关内容见表 12－29。

2. DTC 的相关电路

DTC 的相关电路如图 12－48 所示。

表 12－29　DTC 的相关内容（六）

| DTC 代码 | INF 代码 | DTC 检测条件 | 故障部位 |
|---|---|---|---|
| C1202/68 | — | 检测到以下任一条件时：<br>1. 储液罐液位下降时，泵电动机将在规定的时间内运行<br>2. 储液罐液位异常且电源开关置 ON（IG）位置时输入制动操作信号 | 1. 漏液<br>2. 制动液液位<br>3. 制动液液位警告开关<br>4. 制动液液位警告开关电路<br>5. 防滑控制 ECU |
| | 512 | 开关信号电路断路达 2 s 或更长时间 | 1. 制动液液位警告开关<br>2. 制动液液位警告开关电路<br>3. 防滑控制 ECU |

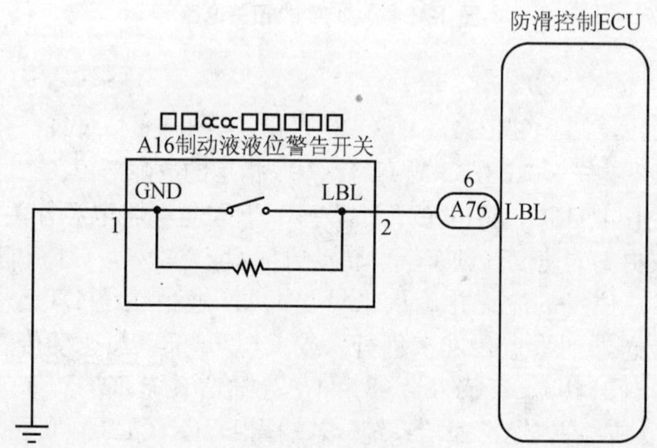


图 12－48　DTC 的相关电路

3. 检查程序

(1) 检查并确认有充足的制动液。若异常，应检查并维修制动液泄漏部位或添加制动液，若正常，应按下项检查。

(2) 检查制动液液位警告开关。拆下储液罐加注口盖和滤网，断开制动液液位警告开关插接器，根据表 12－30 中的值测量电阻。

表 12－30　标准电阻（一）

| 检测仪连接 | 开关状态 | 规定状态 |
|---|---|---|
| 2（LBL）－1（GND） | 开关 OFF（上浮） | 1.9～2.1 kΩ |
| 2（LBL）－1（GND） | 开关 ON（下浮） | 小于 1 Ω |

若异常，应更换制动主缸储液罐（制动液液位警告开关）。若正常，应按下项检查。

(3) 检查线束和插接器（防滑控制 ECU，制动液液位警告开关）。断开防滑控制 ECU 插接器。根据表 12－31 中的值测量电阻。

若异常，应维修或更换线束或插接器。若正常，应按下项检查。

表 12-31 标准电阻（二）

| 检测仪连接 | 条 件 | 规定状态 |
|---|---|---|
| A76−6（LBL）−A16−2（LBL） | 始终 | 小于 1 Ω |
| A76−6（LBL）−车身搭铁 | 始终 | 10 kΩ 或更大 |
| A16−1（GND）−车身搭铁 | 始终 | 小于 1 Ω |

(4) 检查防滑控制 ECU（开关输入）。重新连接防滑控制 ECU 插接器和制动液液位警告开关插接器，将电源开关置于 ON（IG）位置。测量 A76-6（LBL）与车身搭铁间的电压应为 8～14 V。若异常，应更换防滑控制 ECU。若正常，应按下项检查。

(5) 重新确认 DTC。将电源开关置于 OFF 位置，清除 DTC。将电源开关置于 ON（IG）位置，检查是否记录相同的 DTC。若输出 DTC（C1202/68），应检查是否存在间歇性故障。若输出 DTC（C1202/68），应更换防滑控制 ECU。

## 八、DTC C1203/95、ECM 通信电路故障的检修

1. 描述

通过 CAN 通信系统，此电路用于将 TRC 和 VSC 信息从防滑控制 ECU 发送至混合动力车辆控制 ECU，并将混合动力控制系统信息从混合动力车辆控制 ECU 发送至防滑控制 ECU。DTC 的相关内容见表 12-32。

表 12-32 DTC 的相关内容（七）

| DTC 代码 | INF 代码 | DTC 检测条件 | 故 障 部 位 |
|---|---|---|---|
| C1203/95 | — | 检测到以下任一条件时：<br>1. 没有目的地存储信息<br>2. 没有 VSC 是否处于工作状态的存储信息<br>3. 混合动力车辆控制 ECU 的目的地信息与存储值不匹配 | 混合动力车辆控制 ECU |

2. 检查程序

(1) 执行线性电磁阀的初始化和校准。

(2) 重新确认 DTC。

将电源开关置于 OFF 位置，清除 DTC。将电源开关置于 ON（IG）位置，检查是否记录相同的 DTC。若输出 DTC（C1203/95），应按下项检查。若未输出 DTC（C120/95），结束。

(3) 检查混合动力车辆控制 ECU。

将电源开关置于 OFF 位置，检查并确认安装了正确的混合动力车辆控制 ECU。正常时安装了正确的混合动力车辆控制 ECU。检查记录 DTC 之前是否更换过混合动力车辆控制 ECU。若正常，应按下项检查。若异常（未安装正确的混合动力车辆控制 ECU 或更换过混合动力车辆控制 ECU），应更换混合动力车辆控制 ECU。

(4) 检查零件号（防滑控制 ECU）。

① 检查并确认安装了正确的防滑控制 ECU。正常是安装了正确的防滑控制 ECU。

② 检查记录 DTC 之前是否更换过防滑控制 ECU。正常是未更换过防滑控制 ECU。

(5) 重新确认 DTC。

清除DTC，将电源开关置于ON（IG）位置。检查是否记录相同的DTC。若未输出DTC（C1203/95），应检查是否存在间歇性故障。若输出DTC（C1203/95），应更换防滑控制ECU。

## 九、故障码DTC C1210/36、C1336/98的检修

1. 描述

防滑控制ECU通过CAN通信系统接收来自横摆率和加速度传感器的信号。横摆率传感器有内置式加速度传感器，通过两个电路（GL1，GL2）来检查车辆状况。如果横摆率和加速度传感器与CAN通信系统之间的总线有故障，将输出DTC U0123/62（与横摆率传感器模块失去通信）和U0124/95（与横向加速度传感器模块失去通信）。校准未完成时，也会输出这些DTC。DTC的相关内容见表12-33。

表12-33 DTC的相关内容（八）

| DTC代码 | DTC检测条件 | 故障部位 |
| --- | --- | --- |
| C1210/36 | 横摆率传感器零点校准未完成 | 1. 防滑控制ECU<br>2. 横摆率和加速度传感器<br>3. 零点校准未进行（执行零点校准并检查DTC。如果不再输出DTC，则传感器正常） |
| C1336/98 | 检测到以下任一条件时：<br>1. 车速随未完成的零点校准而提高<br>2. 零点校准完成时，零点计算不在规定范围内 | 1. 防滑控制ECU<br>2. 横摆率和加速度传感器<br>3. 零点校准未进行（执行零点校准并检查DTC。如果不再输出DTC，则传感器正常）1 执行横摆率和加速度传感器的零点校准 |

2. 检查程序

U0123/62或U0124/95与C1210/36或C1336/98同时输出时，应首先检查并维修U0123/62或U0124/95指示的故障部位。

(1) 执行横摆率和加速度传感器的零点校准。

(2) 重新确认DTC。

将电源开关置于OFF位置,清除DTC。将电源开关置于ON(READY)位置。以30km/h或更高的速度驾驶车辆，转动方向盘，并使车辆减速（踩下制动踏板），检查是否记录相同的DTC。若输出DTC（C1210/36或C1336/98），应按下项检查。若未输出DTC（C1210/36和C1336/98），结束操作。

(3) 检查横摆率和加速度传感器的安装情况。将电源开关置于OFF位置，检查并确认横摆率和加速度传感器已正确安装，正常时传感器不能倾斜。若异常，应正确安装横摆率和加速度传感器。若正常，应按下项检查。

(4) 更换横摆率和加速度传感器。

(5) 重新确认DTC。

清除DTC，将电源开关置于ON（READY）位置，以30 km/h或更高的速度驾驶车辆，转动方向盘，并使车辆减速（踩下制动踏板），检查是否有记录相同的DTC。若输出DTC（C1210/36或C1336/98），应更换防滑控制ECU。若未输出DTC（C1210/36和C1336/98）结束操作。

## 十、DTC C1231/31 转向角传感器电路故障的检修

1. 描述

防滑控制 ECU 通过 CAN 通信输入转向角传感器信号。转向角传感器的通信线路出现故障时，输出 DTC U0126/63（与转向角传感器模块失去通信）。DTC 的相关内容见表 12－34。

表 12－34 DTC 的相关内容（九）

| DTC 代码 | DTC 检测条件 | 故障部位 |
| --- | --- | --- |
| C1231/31 | 检测到以下任一条件时：<br>1. 数据传输有效时，接收转向角传感器故障信号（传感器自检时检测到内部故障）<br>2. 与传感器的通信有效时，接收转向角传感器对＋B 短路的信号 | 1. 转向角传感器<br>2. 转向角传感器电路<br>3. 转向角传感器电源<br>4. 防滑控制 ECU |

2. DTC 的相关电路

DTC 的相关电路如图 12－49 所示。

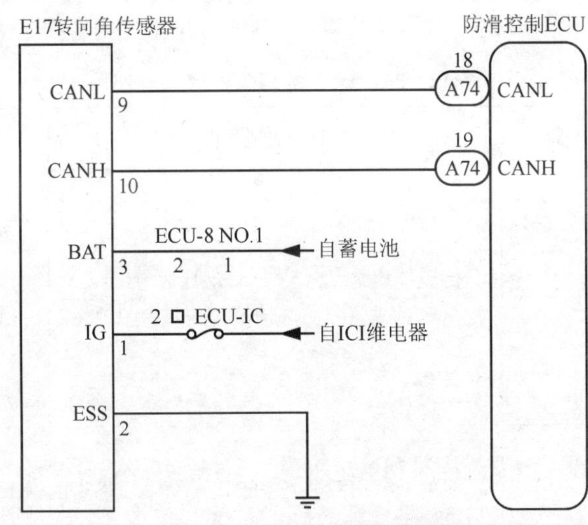


图 12－49 DTC 的相关电路

3. 检查程序

如果转速传感器或横摆率和加速度传感器有故障，即使转向角传感器正常，也可能输出转向角传感器 DTC。转速传感器或横摆率和加速度传感器 DTC 与转向角传感器其他 DTC 同时输出时，应首先检查并维修转速传感器及横摆率和加速度传感器，然后检查并维修转向角传感器。

(1) 检查 DTC。

清除 DTC，将电源开关置于 OFF 位置。再次将电源开关置于 ON（IG）位置，检查并确认未输出 CAN 通信系统 DTC。以 35 km/h 的速度驾驶车辆并左右转动方向盘，检查并确认未输出转速传感器和横摆率传感器 DTC。若未输出 CAN 通信系统、转速传感器、横摆率和加速度传感器 DTC，应按下项检查。若输出 CAN 通信系统 DTC，应检查 CAN 通信系统。若输出转速传感器或横摆率和加速度传感器 DTC，应维修输出 DTC 指示的电路。

(2) 检查转向角传感器（电源端子）。

将电源开关置于 OFF 位置，拆下方向盘和转向柱下罩，断开转向角传感器插接器。根据

表 12-35 中的值测量电压。若异常，应维修或更换线束或插接器（电源电路）。若正常，应按下项检查。

**表 12-35　标准电压（七）**

| 检测仪连接 | 条　件 | 规定状态 |
|---|---|---|
| E17－1（IG）－车身搭铁 | 电源开关置于 ON（IG）位置 | 11～14 V |
| E17－3（BAT）－车身搭铁 | 始终 | 11～14 V |

（3）检查转向角传感器（搭铁端子）。

将电源开关置于 OFF 位置，测量 E17－2（ESS）与车身搭铁的电阻应小于 1 Ω。若异常，应维修或更换线束或插接器（搭铁电路）。若正常，应更换转向角传感器。

## 十一、故障码 DTC C1246/46、C1281/81、C1364/61 的检修

1. 描述

主缸压力传感器和轮缸压力传感器内置于制动执行器，并测量发送至防滑控制 ECU 的主缸压力和轮缸压力。主缸压力传感器发送主缸压力信号时或测试模式结束时，可以清除 DTC C1281/81。仅在测试模式下输出 DTC C1281/81。DTC 的相关内容见表 12-36。

**表 12-36　DTC 的相关内容（十）**

| DTC 代码 | INF 代码 | DTC 检测条件 | 故障部位 |
|---|---|---|---|
| C1246/46 | 191 | 传感器电源 1（VCM）电压低于 4.7 V 或 5.3 V 或更高，此情况至少持续 0.05 s | 1. 制动执行器总成（主缸压力传感器）<br>2. 主缸压力传感器电路<br>3. 主缸压力传感器电源<br>4. 制动执行器总成<br>5. 防滑控制 ECU |
| | 192 | M/C 压力传感器输出电压 1（PMC1）与传感器电源 1（VCM）的比值小于 5% 或为 90.5% 或更大，此情况至少持续 0.05 s | 1. 制动执行器总成（主缸压力传感器）<br>2. 主缸压力传感器电路<br>3. 制动执行器总成<br>4. 防滑控制 ECU |
| | 194 | 传感器电源 2（VCM2）电压低于 4.7 V 或 5.3 V 或更高，此情况至少持续 0.05 s | 1. 制动执行器总成（主缸压力传感器）<br>2. 主缸压力传感器电路<br>3. 主缸压力传感器电源<br>4. 制动执行器总成<br>5. 防滑控制 ECU |
| | 195 | M/C 压力传感器输出电压 2（PMC2）与传感器电源 2（VCM2）的比值小于 5% 或为 90.5% 或更大，此情况至少持续 0.05 s | 1. 制动执行器总成（主缸压力传感器）<br>2. 主缸压力传感器电路<br>3. 制动执行器总成<br>4. 防滑控制 ECU |

（续表）

| DTC 代码 | INF 代码 | DTC 检测条件 | 故障部位 |
|---|---|---|---|
| C1246/46 | 197 | M/C 压力传感器输出电压 1（PMC1）异常 | 1. 制动执行器总成<br>2. 防滑控制 ECU |
| | 198 | M/C 压力传感器输出电压 2（PMC2）异常 | |
| | 199 | 未施加制动时，M/C 压力传感器输出 1（PMC1）并非约为 0 MPa | 1. 制动执行器总成（主缸压力传感器）<br>2. 主缸压力传感器电路<br>3. 制动执行器总成<br>4. 防滑控制 ECU |
| | 200 | 未施加制动时，M/C 压力传感器输出 2（PMC2）并非约为 0 MPa | |
| | 201 | 施加制动时 PMC1 和 PMC2 电压不同 | |
| | 202 | M/C 压力传感器 1 数据（PMC1）无效 | 1. 主缸压力传感器电源<br>2. 制动执行器总成<br>3. 防滑控制 ECU |
| | 205 | M/C 压力传感器 2 数据（PMC2）无效 | |
| C1364/61 | 221 | 传感器电源 1（VCM）电压低于 4.7 V 或为 5.3 V 或更高，此情况至少持续 0.05 s | 1. 轮缸压力传感器电源<br>2. 制动执行器总成<br>3. 防滑控制 ECU |
| | 222 | 右前传感器输出电压（PFR）与传感器电源 1（VCM）的比值小于 5%或为 90.5%或更大，此情况至少持续 0.05 s | 1. 制动执行器总成（轮缸压力传感器）<br>2. 轮缸压力传感器电路<br>3. 制动执行器总成<br>4. 防滑控制 ECU |
| | 224 | 检测到以下任一条件时：<br>1. 未施加制动时，右前传感器输出（PFR）并非约为 0 MPa<br>2. 右前传感器（PFR）零点故障<br>3. 右前传感器（PFR）电路断路或短路 | |
| | 225 | 输出自诊断信号时，右前传感器输出电压（PFR）与传感器电源 1（VCM）的比值小于 90.5%，此情况至少持续 0.1 s | |
| | 227 | 传感器电源 2（VCM2）电压低于 4.7 V或为 5.3 V 或更高，此情况至少持续 0.05 s | 1. 轮缸压力传感器电源<br>2. 制动执行器总成<br>3. 防滑控制 ECU |
| | 228 | 左前传感器输出电压（PFL）与传感器电源 2（VCM2）的比值小于 5%或为 90.5%或更大，此情况至少持续 0.05 s | 1. 制动执行器总成（轮缸压力传感器）<br>2. 轮缸压力传感器电路<br>3. 制动执行器总成<br>4. 防滑控制 ECU |

（续表）

| DTC 代码 | INF 代码 | DTC 检测条件 | 故 障 部 位 |
|---|---|---|---|
| C1364/61 | 230 | 检测到以下任一条件时：<br>1. 未施加制动时，左前传感器输出（PFL）并非约为 0 MPa<br>2. 左前传感器（PFL）零点故障<br>3. 左前传感器（PFL）电路断路或短路 | 1. 制动执行器总成（轮缸压力传感器）<br>2. 轮缸压力传感器电路<br>3. 制动执行器总成<br>4. 防滑控制 ECU |
| | 231 | 输出自诊断信号时，左前传感器输出电压（PFL）与传感器电源 2（VCM2）的比值小于 90.5%，此情况至少持续 0.1 s | |
| | 233 | 传感器电源 2（VCM2）电压低于 4.7 V或为 5.3 V 或更高，此情况至少持续 0.05 s | 1. 轮缸压力传感器电源<br>2. 制动执行器总成<br>3. 防滑控制 ECU |
| | 234 | 左后传感器输出电压（PRR）与传感器电源 2（VCM2）的比值小于 5%或为 90.5%或更大，此情况至少持续 0.05 s | 1. 制动执行器总成（轮缸压力传感器）<br>2. 轮缸压力传感器电路<br>3. 制动执行器总成<br>4. 防滑控制 ECU |
| | 236 | 检测到以下任一条件时：<br>1. 未施加制动时，右后传感器输出（PRR）并非约为 0 MPa<br>2. 右后传感器（PRR）零点故障<br>3. 右后传感器（PRR）电路断路或短路 | |
| | 237 | 输出自诊断信号时，右后传感器输出电压（PRR）与传感器电源 2（VCM2）的比值小于 90.5%，此情况至少持续 0.1 s | |
| | 239 | 传感器电源 1（VCM）电压低于 4.7 V 或为 5.3 V 或更高，此情况至少持续 0.05 s | 1. 轮缸压力传感器电源<br>2. 制动执行器总成<br>3. 防滑控制 ECU |
| | 240 | 左后传感器输出电压（PRL）与传感器电源 1（VCM）的比值小于 5%或为 90.5%或更大，此情况至少持续 0.05 s | 1. 制动执行器总成（轮缸压力传感器）<br>2. 轮缸压力传感器电路<br>3. 制动执行器总成<br>4. 防滑控制 ECU |
| | 242 | 检测到以下任一条件时：<br>1. 未施加制动时，左后传感器输出（PRL）并非约为 0 MPa<br>2. 左后传感器（PRL）零点故障<br>3. 左后传感器（PRL）电路断路或短路 | |
| | 243 | 输出自诊断信号时，左后传感器输出电压（PRL）与传感器电源 1（VCM）的比值小于 90.5%，此情况至少持续 0.1 s | |
| C1281/81 | — | 仅在测试模式下检测到 | 1. 制动灯开关<br>2. 主缸压力传感器 |

2. DTC 的相关电路

DTC 的相关电路如图 12-50 所示。

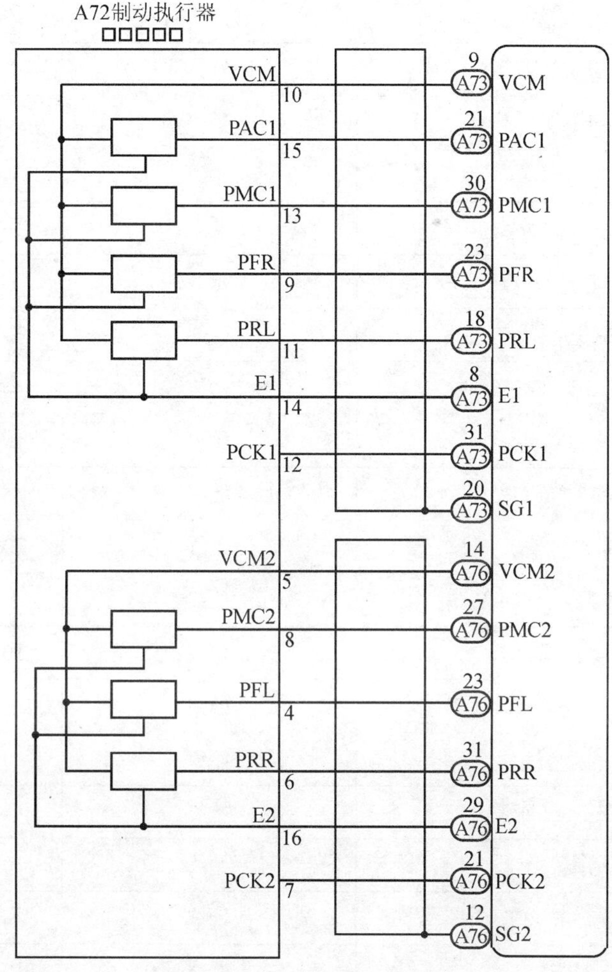


图 12-50 DTC 的相关电路

3. 检查程序

(1) 检查线束和插接器（防滑控制 ECU-制动执行器）。

断开防滑控制 ECU 插接器和制动执行器插接器。根据表 12-37 中的值测量电阻。

**表 12-37 标准电阻（三）**

| 检测仪连接 | 条 件 | 规定状态 |
|---|---|---|
| A73—8（E）—A72—14（E1） | 始终 | 小于 1 Ω |
| A73—8（E）—车身搭铁 | 始终 | 10 kΩ 或更大 |
| A73—9（VCM）—A72—10（VCM） | 始终 | 小于 1 Ω |
| A73—9（VCM）—车身搭铁 | 始终 | 10 kΩ 或更大 |
| A73—18（PRL）—A72—11（PRL） | 始终 | 小于 1 Ω |
| A73—18（PRL）—车身搭铁 | 始终 | 10 kΩ 或更大 |
| A73—21（PAC1）—A72—15（PAC1） | 始终 | 小于 1 Ω |

（续表）

| 检测仪连接 | 条　件 | 规定状态 |
| --- | --- | --- |
| A73－21（PAC1）－车身搭铁 | 始终 | 10 kΩ或更大 |
| A73－23（PFR）－A72－9（PFR） | 始终 | 小于1 Ω |
| A73－23（PFR）－车身搭铁 | 始终 | 10 kΩ或更大 |
| A73－30（PMC1）－A72－13（PMC1） | 始终 | 小于1 Ω |
| A73－30（PMC1）－车身搭铁 | 始终 | 10 kΩ或更大 |
| A73－31（PCK1）－A72－12（PCK1） | 始终 | 小于1 Ω |
| A73－31（PCK1）－车身搭铁 | 始终 | 10 kΩ或更大 |
| A76－14（VCM2）－A72－5（VCM2） | 始终 | 小于1 Ω |
| A76－14（VCM2）－车身搭铁 | 始终 | 10 kΩ或更大 |
| A76－21（PCK2）－A72－7（PCK2） | 始终 | 小于1 Ω |
| A76－21（PCK2）－车身搭铁 | 始终 | 10 kΩ或更大 |
| A76－23（PFL）－A72－4（PFL） | 始终 | 小于1 Ω |
| A76－23（PFL）－车身搭铁 | 始终 | 10 kΩ或更大 |
| A76－27（PMC2）－A72－8（PMC2） | 始终 | 小于1 Ω |
| A76－27（PMC2）－车身搭铁 | 始终 | 10 kΩ或更大 |
| A76－29（E2）－A72－16（E2） | 始终 | 小于1 Ω |
| A76－29（E2）－车身搭铁 | 始终 | 10 kΩ或更大 |
| A76－31（PRR）－A72－6（PRR） | 始终 | 小于1 Ω |
| A76－31（PRR）－车身搭铁 | 始终 | 10 kΩ或更大 |

（2）检查防滑控制ECU（传感器输出）。

重新连接防滑控制ECU插接器和制动执行器插接器。将电源开关置于ON（IG）位置，根据表12－38中的值测量电压。将电源开关置于OFF位置，根据表12－39中的值测量电阻。

**表12－38　标准电压（八）**

| 检测仪连接 | 开关状态 | 规定状态 |
| --- | --- | --- |
| A73－9（VCM）－车身搭铁 | 电源开关置于ON（IG）位置 | 4.75～5.25 V |
| A76－14（VCM2）－车身搭铁 | 电源开关置于ON（IG）位置 | 4.75～5.25 V |

**表12－39　标准电阻（四）**

| 检测仪连接 | 条　件 | 规定状态 |
| --- | --- | --- |
| A73－8（E）－车身搭铁 | 始终 | <1 Ω |
| A76－29（E2）－车身搭铁 | 始终 | <1 Ω |

若异常，应更换防滑控制 ECU。若正常，应按下项检查。

(3) 使用智能检测仪读取值（主缸压力传感器）。

连接踏板测力计，将智能检测仪连接到 DLC3，将电源开关置于 ON（IG）位置。选择智能检测仪上的数据列表。如表 12－40 所示。检查主缸压力传感器在各种液压下的输出值如表 12－41所示。

**表 12－40 数据列表（一）**

| 检测仪显示 | 测量项目/范围 | 正常状态 |
| --- | --- | --- |
| Master Cylinder Sensor | 主缸压力传感器 1 读数/最低：0 V，最高：5 V | 松开制动踏板时：0.3～0.9 V |
| Master Cylinder Sensor2 | 主缸压力传感器 2 读数/最低 0 V，最高：5 V | 松开制动踏板时：0.3～0.9 V |

**表 12－41 标准电压（九）** (V)

| 制动力［N（kgf，lbf)］ | 主缸传感器（数据列表显示） | 主缸传感器 2（数据列表显示） |
| --- | --- | --- |
| 200（20，45.0） | 0.85 ～1.15 | 0.85 ～1.15 |
| 500（51，112.4） | 1.85 ～2.15 | 1.85 ～2.15 |

若异常，应更换制动执行器总成；若正常，应按下项检查。

(4) 使用智能检测仪读取值（轮缸压力传感器）。

将电源开关置于 OFF 位置，安装液位 LSPV 仪表（SST），然后放气。将电源开关置于 ON（IG）位置，选择智能检测仪上的数据见表 12－42。进行电子控制制动系统控制时，检查轮缸压力传感器在各种液压下的输出值，见表 12－43、12－44。若异常，应更换制动执行器总成。若正常，应按下项检查。

**表 12－42 数据列表（二）**

| 检测仪显示 | 测量项目/范围 | 正常状态 |
| --- | --- | --- |
| FR W/C Sensor | 右前轮缸压力传感器/最低：0 V，最高：5 V | 松开制动踏板时：0.3～0.9 V |
| FL W/C Sensor | 左前轮缸压力传感器/最低：0 V，最高：5 V | 松开制动踏板时：0.3～0.9 V |
| RR W/C Sensor | 右后轮缸压力传感器/最低：0 V，最高：5 V | 松开制动踏板时：0.3～0.9 V |
| RL W/C Sensor | 左后轮缸压力传感器/最低：0 V，最高：5 V | 松开制动踏板时：0.3～0.9 V |

**表 12－43 前轮缸压力传感器的标准电压**

| 液压（MPa） | 右前轮缸传感器（数据列表显示） | 左前轮缸传感器（数据列表显示） |
| --- | --- | --- |
| 2.6 | 0.85～1.15 V | 0.85～1.15 V |
| 6.3 | 1.60～1.90 V | 1.60～1.90 V |
| 8.1 | 1.95～2.25 V | 1.95～2.25 V |
| 8.2 | 2.00～2.30 V | 2.00～2.30 V |

表 12-44 后轮缸压力传感器的标准电压

| 液压（MPa） | 右后轮缸传感器（数据列表显示） | 左后轮缸传感器（数据列表显示） |
|---|---|---|
| 2.6 | 0.85～1.15 V | 0.85～1.15 V |
| 5.0 | 1.35～1.65 V | 1.35～1.65 V |

（5）重新确认 DTC。

将电源电压开关置于 OFF 位置，清除 DTC。执行路试，检查是否有记录相同的 DTC。若未输出 DTC（C1246/46 和 C1364/61），应检查是否存在间歇性故障。若输出 DTC（C1246/46 或 C1364/61），应更换防滑控制 ECU。

## 十二、故障码 DTC C1247/47、C1346/71、C1392/48 的检修

1. 描述

行程传感器将踏板行程输入至防滑控制 ECU。制动踏板行程传感器发送行程传感器信号时或测试模式结束时，可以清除 DTC C1346/71。仅在测试模式下输出 DTC C1346/71。DTC 的相关内容见表 12-45。

表 12-45 DTC 的相关内容（十一）

| DTC 代码 | INF 代码 | DTC 检测条件 | 故障部位 |
|---|---|---|---|
| C1247/47 | 171 | 传感器电源电压（VCSK）为 3.6 V 或更低或 4.95 V 或更高，此情况至少持续 1.2 s | 1. 制动踏板行程传感器<br>2. 制动踏板行程传感器电源<br>3. 防滑控制 ECU |
| | 172 | 传感器输出电压 1（SKS）与传感器电源电压（VCSK）的比值小于 3% 或为 97% 或更大，此情况至少持续 1.2 s | 1. 制动踏板行程传感器<br>2. 制动踏板行程传感器电路 |
| | 173 | 传感器输出电压 2（SKS2）与传感器电源电压（VCSK）的比值小于 3% 或为 97% 或更大，此情况至少持续 1.2 s | |
| | 174 | 传感器输出 1(SKS) 计算值变为 20mm 或更大，此情况至少持续 1.2 s，间隔时间为 0.006 s（会因干扰而有所变化） | |
| | 175 | 传感器输出 2(SKS2) 计算值变为 20mm 或更大，此情况至少持续 1.2 s，间隔时间为 0.006 s（会因干扰而有所变化） | |
| | 176 | 传感器输出 1（SKS）的零点存储值（与电源电压的比值）为 0.46 s 或更大或为 0.03 s 或更小 | 1. 制动踏板行程传感器<br>2. 制动踏板行程传感器电路<br>3. 传感器安装部位 |
| | 177 | 传感器输出 2（SKS2）的零点存储值（与电源电压的比值）为 0.46 s 或更大或为 0.03 s 或更小 | |

（续表）

| DTC 代码 | INF 代码 | DTC 检测条件 | 故障部位 |
|---|---|---|---|
| C1247/47 | 179 | 检测到以下任一条件时：<br>1. SKS/VCSK 与 SKS2/VCSK 的和为 1.155 s 或更大或为 0.845 s 或更小，此情况至少持续 1 s<br>2. 传感器输出 1（SKS）和传感器输出 2（SKS2）的差值非常大，此情况至少持续 0.2 s | 1. 制动踏板行程传感器<br>2. 制动踏板行程传感器电路 |
| | 180 | 检测到以下任一条件时：<br>1. 零点输出值和存储值之间的差值为 0.5 s 或更大，此情况至少持续 0.05 s<br>2. SKS 和 SKS2 之间的输出线路短路 | 1. 制动踏板行程传感器<br>2. 制动踏板行程传感器电路<br>3. 防滑控制 ECU |
| C1392/48 | — | 行程传感器的零点校准未完成 | 制动踏板行程传感器零点校准未完成（线性电磁阀的初始化和校准未完成）防滑控制 ECU |
| C1346/71 | — | 仅在测试模式下检测到 | 制动踏板行程传感器 |

2. DTC 的相关电路

DTC 的相关电路如图 12-51 所示。

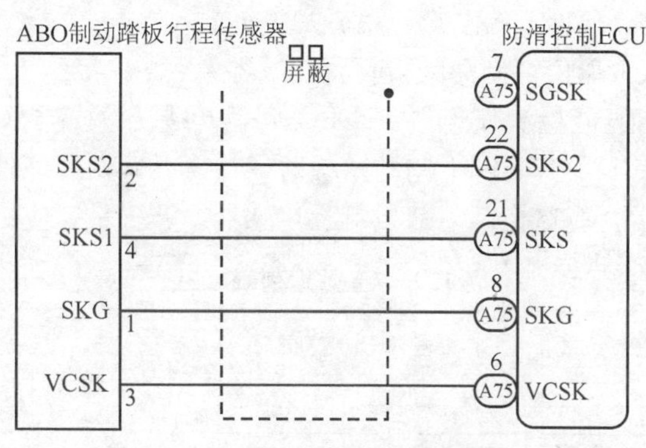


图 12-51 DTC 的相关内容

3. 检查程序

(1) 检查制动踏板。

检查并确认已正确安装制动踏板和制动踏板行程传感器，且可以正常操作踏板。检查并调节制动踏板高度调节制动踏板行程传感器。

(2) 检查线束和插接器（防滑控制 ECU—制动踏板行程传感器）。

确认防滑控制 ECU 插接器和制动踏板行程传感器插接器已连接，断开防滑控制 ECU 插接器和制动踏板行程传感器插接器检查插接器壳和端子是否变形和腐蚀。正常应无变形或腐蚀。根据表 12-46 中的值测量电阻。

表 12-46 标准电阻（五）

| 检测仪连接 | 条　件 | 规定状态 |
| --- | --- | --- |
| A75−6（VCSK）−A80−3（VCSK） | 始终 | 小于 1 Ω |
| A75−6（VCSK）−车身搭铁 | 始终 | 10 kΩ 或更大 |
| A75−8（SKG）−A80−1（SKG） | 始终 | 小于 1 Ω |
| A75−8（SKG）−车身搭铁 | 始终 | 10 kΩ 或更大 |
| A75−21（SKS）−A80−4（SKS1） | 始终 | 小于 1 Ω |
| A75−21（SKS）−车身搭铁 | 始终 | 10 kΩ 或更大 |
| A75−22（SKS2）−A80−2（SKS2） | 始终 | 小于 1 Ω |
| A75−22（SKS2）−车身搭铁 | 始终 | 10 kΩ 或更大 |

若异常，应维修或更换线束或插接器。若正常，应按下项检查。

(3) 执行线性电磁阀的初始化和校准。

重新连接防滑控制 ECU 插接器和制动踏板行程传感器插接器。执行线性电磁阀的初始化和校准。

(4) 重新确认 DTC。

将电源开关置于 OFF 位置。清除 DTC。执行路试，检查是否记录相同的 DTC。若输出 DTC（C1247/47 或 C1392/48），应按下项检查。若未输出 DTC（C1247/47 或 C1392/48），应按下项检查。若未输出 DTC（C1247/47 和 1392/48），结束操作。

(5) 检查防滑控制 ECU（传感器输出）。

将电源开关置于 ON（IG）位置，测量 A75−6（VCSK）与车身搭铁间的电压应为 3.75～4.95 V。将电源开关置于 OFF 位置，测量 A75−8（SKG）与车身搭铁间的电阻应小于 1 Ω。若异常，应更换防滑控制 ECU。若正常，应按下项检查。

(6) 使用智能检测仪读取值（制动踏板行程传感器）。

连接踏板测力计，将智能检测仪连接到 DLC3，将电源开关置于 ON（IG）位置。选择智能检测仪上的数据。见表 12-47。踩下制动踏板时，检查并确认智能检测仪上显示的输出值正常，见表 12-48。若异常，应更换制动踏板行程传感器。若正常，应更换防滑控制 ECU。

表 12-47 数据列表（三）

| 检测仪显示 | 测量项目/范围 | 正常状态 |
| --- | --- | --- |
| Stroke Sensor | 行程传感器最低：0 V，最高：5 V | 松开制动踏板时：0.7～1.3 V |
| Stroke Sensor2 | 行程传感器 2 最低：0 V，最高：5 V | 松开制动踏板时：3.7～4.3 V |

表 12-48 标准电压（十）

| 制动力（N） | 行程传感器（数据列表显示） | 行程传感器 2（数据列表显示） |
| --- | --- | --- |
| 50 | 1.40～1.8 V | 3.20～3.60 V |
| 100 | 1.55～1.95 V | 3.05～3.45 V |
| 150 | 1.65～2.05 V | 2.95～3.35 V |
| 200 | 1.70～2.10 V | 2.90～3.30 V |